CONTENTS

第二部分 圓型組織的概念與實踐

推薦序一

現代烏托邦：圓型組織的治理模式

加州大學聖地牙哥校區社會學系榮譽教授
趙文詞

何日生博士將其一生大部分的時間都投入慈濟慈善基金會，致力於推動慈濟志業的發展。慈濟是由證嚴法師所創辦的居士佛教組織，希望藉由菩薩道的推廣，啟發全球人人的愛心。慈濟有超過四百萬名會員，他們定期捐款並參與志工活動；此外，慈濟有超過八萬名的「慈濟委員」和「慈誠成員」，他們以行動落實慈濟志業作為修行的法門。慈濟在世界各地都設有分支會聯絡處，落實慈濟四大志業——慈善、醫療、教育與人文，結合國際賑災、骨髓捐贈、環境保護、社區志工，稱為慈濟的「八大腳印」。

靜思精舍是慈濟的核心精神所在，約有兩百名比丘尼法師跟隨著證嚴法師修行。靜思精舍與慈濟慈善基金會各自獨立運作，法師們透過製作各種手工藝品來自力更生，並沒有接受慈濟的任何財務協助，但它對於慈濟的理念與精神，具有極其重要的影響。這些核心理念在「靜思法脈」中得以表達，在每次共修或活動開始前，靜思精舍與慈濟全球各地的志工們一同念誦：「靜思法脈勤行道，我們承繼佛法的精神，並以此發願。」共修或活動結束時會說：「立體琉璃同心圓，菩提林立同根生，隊組合心耕福田，慧根深植菩薩道。」

慈濟成功的祕訣在於將這些精神理念，融入靜思精舍的修行中，並在一個擁有數百萬成員、慈善足跡遍及全球的國際性組織中獲得實踐。身為慈濟高階主管之一的何日生博士，創造了這種融合的機會，並從促進慈濟發展的過程中體驗到了喜悅與挑戰。

除了實際參與促進慈濟發展的工作外，何日生博士深入思考了這項工作的意義。立基於證嚴法師的菩薩道思想，何日生博士在北京大學撰寫了「利他到覺悟」的博士論文；加上在哈佛大學兩年的訪問學者經驗，他撰寫了這本融合社會學理論的書籍，內容涵蓋了從亞里士多德到馬克斯・韋伯等西方主要政治哲學家，以及孔子、佛陀與現代亞洲傳統哲學家的思想。經由比較、對比、綜合東、西方哲學家的想法，何日生博士將它們應用到慈濟的實踐經驗中。這是一個龐大的學術研究計畫，他提出了一個新的理想組織型態——圓型組織。

何日生博士將「圓型組織」與著名社會學家馬克斯・韋伯所歸納的三種治理形式進行對比：家長制，這個社會是由大家族中的家長所領導；聖格制，由具有鼓舞人心的魅力型領袖所領導；以及法治型，透過系統性的制度所治理。這些形式都會產生一種由上而下的組織型態，在這個組織中，追隨者從屬於最高領導人或官僚機構的官員。而在圓型組織中，沒有統治階層的等級差別，有些人在教育與幫助他人中扮演著特殊的角色，每個人都會將這種教育內化，並培養出互愛的共同美德。每個人都會自主行動，並根據自己的能力做出決定；由於這些決定都是基於共同的愛，因此結果是一種動態的和諧。

何日生博士根據他在慈濟中的經驗，得出了這樣一個願景。在不同的時間與情境下，慈濟同時展現了韋伯所歸納的三種領導形式。慈濟的創始人、領袖，證嚴法師極具領袖魅力，他的魅力吸引了數百萬忠實的追隨者。在某種程度上，他像一個大家庭的家長，他的追隨者稱自己為慈濟家人，證嚴法師的權威是無庸置疑的。靜思精舍是根據佛教戒律所組織而成的，而慈濟慈善基金會的大規模分工，則是根據一個專業組織運作的規則所構成的。然而，在某些時候、某些地方，人們可以觀察到一種超越這些形式的生活方式，慈濟遍布全球的分支會聯絡處，根據當地的情況擬定計畫，以落實慈濟志業。這裡有一種啟發性的團結與多樣性，慈濟志工彼此之間表現出強大的相互尊重與寬容，並真誠地實踐慈濟的大愛使命。這些是何日生博士所稱的「圓型組織」形式的標誌。

當然，這樣一個由不同世代的成員組成、與複雜社會有著複雜關係的大型組織，難免存在各種張力。慈濟在現實中並不是一個「圓型組織」，「圓型組織」的概念是一個烏托邦。何日生博士在本書一開始引用了托馬斯・莫爾的書《烏托邦》。但是，烏托邦引導我們的思想與心靈超越當前問題，形成了一種的新生活方式。慈濟向我們展示了這樣一個烏托邦的可能性，它的實踐成果激發了人們相信，這樣一個烏托邦的願景是有可能實現的。

面對嚴重的不平等、種族衝突、道德秩序的瓦解，以及似乎缺乏回應各種問題的能力，世界迫切需要希望，何日生博士完美地闡述了慈濟的願景，讓我們相信在末法時期，還是有趨向人間淨土的可能。

推薦序二——

融合「治理」與「管理」的圓型組織

慈濟慈善基金會執行長
顏博文

何日生師兄是我在慈濟的同事；在我心中，何師兄是一位對知識與思想的追求都具備著高度熱忱的學者。他從接受傳播教育之後，一路以來從記者、主播、主持人到新聞節目製作人等，在傳媒領域完整的歷練，養成了他對於真、善、美近乎極致的追求。

他皈依證嚴上人已三十二年，全心投入慈濟二十一年，這期間他歷練了對外溝通、危機處理，人文傳播等工作。他在處理新聞事件時總是保持真誠、堅毅，並信守原則。在這些事件處理中，他也體認到慈濟組織的諸多需要優化與轉化之處，這激發他對於組織善治理的研究與探索。

《善治理》是何日生師兄二〇一九年到二〇二〇年期間到美國哈佛大學甘迺迪學院以及哥倫比亞大學宗教學院所進行的研究。本書重新審視人類歷史以來各文明階段的治理的特質，從遠古時代人類組織的形成，包括希臘的民主、羅馬的共和、中世紀的城邦、儒家的聖王的治理，以及佛陀對治理的觀點，特別是何師兄以慈濟證嚴上人立體琉璃同心圓的概念，發展出圓型組織的思想與其可能的實現之道。

我看到的何日生師兄，是永遠在學習的一個「學問有機體」，在我的眼中，他是一位有著崇高理想的學者，他所描述的慈濟圓型組織，不只是呈現理想的治理類型——善治理，也考慮如何實踐之可能。這反應出他人格的特質，對一切事都希望理想與務實能夠兼顧。

我自己是從企業出身，在聯電服務了三十多年，從基層的主管做到執行長，從我的角度來看，企業的治理特別重要，一個組織最高層的董事會，如果能夠多元核心、精神理念很清楚，整個公司的運作就會更為健全。雖然我現在在的慈濟是NGO組織，但是不管是大到國家，小到NGO或是一個公司，治理都是一樣的重要。

一個團體最高的領導團隊，不管是國家或公司的最高層領導人，即使之前就已經做對的事，但如果沒有掌握時勢的變化而相對的因應，就會錯失良機。國家的強盛、公司的成長，一個組織的永續關鍵就在治理（governance）。

我認為治理國家與治理企業、治理家庭，雖然功能不一，但屬性都是一樣的，原理也都是一樣的，這也是老子所講的「治大國如烹小鮮」，我們得非常謹慎，每個動作、每個判斷，如果有失誤，就會讓這個國家、這個公司或這個組織，在往後幾年失去它的優勢和競爭力。或許幾十年後，你掌握對的時機，你又能夠重新出發、能夠發展，這也是我們在歷史上常看到的治理的重要性。

治理，第一個就是要建立策略遠景方針，就是願景使命。在最高層的董事會需要做的事情，當然要確定對於法的遵守，包括我們慈濟在資金的募集上，必須完全符合法律的規定與政治的規範，為了要遵法，我們必須要訂定標準作業流程；當然也要注意風險管理，很多人或許會覺得很奇怪，我們做善事，哪有什麼風險？其實不管做任何事都有風險，做壞事有風險、做善事也有很大的風險、不做事也有風險的，風險是無所不在。

行政院在二〇二〇年強調，公司治理好的企業，根基才會穩固；我把這樣的想法放在我們的慈善事業裡面，有好的組織治理的慈善事業，根基才會穩固。所以我認為強化董事會的職能是非常重要。

董事會，第一個就是要強化董事會的職能；第二個就是資訊的透明度；第三個是所謂的公益關係人，在公司叫做利害關係人（Stakeholder）的溝通，與我們有相關的人，不管是上游、下游，或者我們的平輩同儕，包括會員、職工、志工、照顧戶、政府、媒體等，都是我們的公益或利害關係人。

第四個是盡職治理，就是盡職調查（due diligence）。我們也常常跟人家合作、簽約、重大工程的合約外包或買賣，都是要做盡職調查，我們要徹底瞭解對方的誠信，以及他們的營運狀況。

董事會成員要多元化，「多元化」這三個字大家都看得懂，就是董事要有各種不同的背景；在不同的多元背景下，代表不同的想法，不管是性別或是專業。多元代表讓我們在思考未來的治理方向或策略，不會過度單一，不會過度狹隘。

另外，獨立董事的席次不得少於董事席次的三分之一，也就是保持這個董事會的獨立性。什麼叫獨立董事？獨立董事是指在董事會中，具有獨立地位和獨立判斷能力的董事。通常，獨立董事並非公司的管理人員，而是由公司外部聘任的專業人士或公眾人物擔任。

獨立董事的角色是監督公司的經營和管理，並保護公司的利益與股東的權益。他們的職責包括參與董事會的決策、審核公司的財務報告、制定公司治理政策、監督公司的風險管理與合乎法規等方面。

相對於其他董事，獨立董事具有更高的獨立性和客觀性，他們的職位不受公司高層的影響，可以為公司提供獨立的監督和建議，幫助公司實現長期穩健發展。獨立董事通常具有一定的社會聲望與公信力，對公司的形象和信譽有重要的影響。

在慈濟，一個層面是法脈，一個層面是宗門。法脈重要的就是治理、觀念、使命的領導，執行團隊重要的是落實徹底執行、強調效率等等，所以法脈跟宗門不是一刀切，我鼓勵治理跟管理要分開，但不是完全地切開，而是要分工，要密切地合作。

有時候「治權」與「管理權」，大家還不是很清楚。「治權」指的是公司董事會對公司決策和戰略方向的制定和監督權力，董事會應該專注於為公司長遠發展制定政策與目標，並確保公司的經營策略符合法律、法規與道德準則等各種標準，保護公司的股東利益和社會公眾利益。治權通常由董事會主席和獨立董事等擔任，以保障其獨立性和客觀性。

「管理權」指的是公司管理層對公司日常經營和管理的權力。管理層通常由公司高級管理人員擔任，負責制定和執行公司的營運策略，監督公司的運營情況，管理公司的員工與資源等。管理權負責實現董事會制定的公司治理政策與目標，實現公司營運的穩健，以及可持續發展。

總體而言，治權和管理權在公司治理中有區分，但又有密不可分的關係。治權和管理權的協調與平衡，是公司治理中實現長期穩健發展的關鍵。

簡單來說，治理就是Do the right thing，做對的事情，你的方向要對、理念要對、心態要對；管理就是把事情做對，你用對的方法做有效率的事，包括成本、淨值等，長遠的未來是董事會要去制定，執行單位是看當年度。

所以何師兄在寫《善治理：圓型組織的思想與實踐探究》的時候，從慈濟的層面，他就試著把治理與管理用委員會的形式來行使，委員會成為治理與管理重疊的平臺，從這裡去協商、去共識，這樣的設計基本上是符合宗教慈善類型的治理模式。慈濟的永續，在未來一、二十年會是一個很迫切的議題。

我很樂見何師兄能夠以學者的角度深入去探討，闡發證嚴上人立體琉璃同心圓的精神，以及比較世界各文明的治理模式，試著為慈濟的永續發展找到一個出路。不管他的見解，慈濟內部和外部是否同意，但是一個對於組織永續的探討跟嘗試，這樣的探討是非常重要的。期望他的書出版能夠成功，不管在慈濟、國家或人類的永續治理，對於何師兄所提出的新的治理形式，能得到廣泛的迴響。

推薦序三

王道精神與善治理

宏碁集團創辦人兼榮譽董事長
施振榮

「以善治理」是何博士撰寫《善治理：圓型組織的思想與實踐探究》一書的核心議題。我個人在創業之初，就以「人性本善」作為核心，公司一切的制度設計都是以信任員工的善念為本。雖然當時臺灣外部環境並不普遍認為善能做為企業管理的制度，但我一直相信也保有「人性本善」的信念治理宏碁，對我來說這是企業的根本精神。宏碁是一個國際化的企業，經過了近半世紀，公司有三分之二的員工都是非華人，但是這種以善為制度的體系仍然維持著。我想宏碁就是一個以善為治理的典型。

討論「善治理」，不可避免會談到我在企業界推廣多年的「王道精神」。從我創業開始，就有王道的文化思維在裡面，只是那個時候還沒有用「王道」這個名稱。何副執行長所主張的「善治理」，其背後便是以「利他」、「和合」、「共善」作為治理的核心理念，來達到「利他即是利己」的概念；這與我所講的王道理念是一氣相通的，也可以說善治理即是王道。

談到政治領導人的為王之道，春秋戰國的時期，周氏王朝雖然保有天下共主的名義，但是各國諸侯早已紛紛擁兵自重，力求圖強。有鑑於世風敗壞，綱紀崩毀，孟子與孔子一脈相承，於各國諸侯間倡議王道和仁政，期許諸侯們能以品德修養，來治理國家。面對各國諸侯的短視近利，孟子則力勸為政者應該要以身作則，「由仁義行，非行仁義也」。

一個企業家是需要被賦予社會責任的。回到現代的眼光來看，全球性的金融災難紛至沓來，不正是因為企業經營者短視近利、唯利是圖所造成？我曾經看過一個非常成功的公司，只因為企業經營者欠缺公司治理的觀念，認為公司是屬於他自己的，於是以借貸把公司的錢借給經營困難家族企業，也因此拖累了原本非常賺錢的公司，最後資金收不回來因此倒閉。要知道每個企業都是獨立的法人，都要對自己的利害相關人負責，就算是個人獨資的企業，一切作為也都要合乎法令規範才行，因為公司不是你自己的，公司裡有員工、有客戶，可能還有銀行的債權人，還有社會大眾。

這是一個整體的治理文化，是一個道德素養，也是觀念的問題。我們不僅僅要建構一個六面向總價值：「包括有形、直接、現在的顯性價值與無形、間接、未來的隱性價值」，更重要的是要達到「相對利益平衡」的機制，這要能夠實踐、落實在組織的善治理之中。所以孟子說：「人要有所不為，然後才能有所為。」以王道作為治理，不要苟且行事，而後企業才能持續獲得利潤，並且成就永續經營的大作為。

我一直強調，臺灣的價值一定要放眼天下、要國際化。一九八九年我在總統府一個演講中，以「心懷科技，放眼天下」題目，我提出了科技島與世界公民的概念。要把自己定位在一個當地的企業公民，要建構一個與當地利益相對平衡的觀念，這也是以王道思維來創造價值和追求利益平衡。創業如果只是為了賺錢，這會成為經營中的一個盲點；如果能對社會有所貢獻而去創業，這樣社會也會回饋你一個適當的利潤，「共善」的經營，可以讓企業永續發展下去。

所以我在創業的理念中，始終有一個王道精神在裡面，從我創業的第一天就開始具體落實 ESG，就是環境、社會、治理三個面向，而這三個層面正是共善的經營，也是永續的共榮。我提出新的王道是以

「利他」為主，也就是共善主義，以共善與利他來創造企業的永續經營。

呼應何副執行長的善治理，我提出王道的三大核心信念，一是要為社會創造價值，二要考慮到所有利害相關人的利益相對平衡，三是讓組織能夠永續發展。何副執行長所闡述的善治理，就是一個信念，也就是「愛」，要愛所有利害相關人。

臺灣最美的風景是「人」，人的溫度是ＡＩ取代不了的。何副執行長提到立體琉璃同心圓的組織架構，就我所理解的慈濟志工，組織非常嚴明，層層負責，但在動員時如螞蟻雄兵一般，不需要命令與全程管控，志工們會自動自發行動，並且有條理、有秩序地進行整合。這都是來自於慈濟志工心中有愛，他們把愛作為使命，並化作行動力去執行任務。在慈濟的組織中落實了善治理，並以使命為嚮導，每個人都把自己縮小成一隻小螞蟻，並且使命必達。

我在創業的初始就是以集體創業為出發，公司有我、施太太，再加上五位創業夥伴。公司經營決策採取除了我之外的多數決，不是我一個人說了算，雖然我和施太太在當時的持份占了百分之五十，其它共同創業者則占百分之十，後來有百分之十讓給第一層的管理者、經理人，他們各占百分之二，他們會輪流來參加公司的董事會。這個就是我們公司治理，我們尊重每一位和我們一起共同創業的夥伴的聲音。

高科技產業在我們創業當時大家還不是很了解，所以也不容易直接從資本市場找到資金來挹注，所以我們以員工入股的方式來籌措資金。我們讓員工用兩年時間來分期付款，從他們的薪水中繳百分之二十，年終獎金繳百分之五十，分二年繳齊，他們就擁有公司的股份，並且可以參加公司的分紅。

我在創業初期因為資金不足，我的母親一直很掛心，也時常叮嚀我不要借太多錢做太大。我就是一直安撫她，不要讓她太擔心。創業以來，我一直如實遵循母親從小到大對我的諄諄教誨，做生意要誠實、要講信用。因為母親，我始終相信「人品」是長期經營企業最大的關鍵，而事實也證明，我的母親是對的。日後我也以母親愛我的心來對待員工，我希望在照顧公司員工的同時，也可以一起照顧到他們的家人，讓他們的家人都可以過得安心。我覺得這也是實現善治理的一環。

我有一個基本概念，企業回饋社會不是因為有賺錢才有回饋，做環保也不是說因為你有壓力才做環保，你是由內而外地認為是我們本來就應該要做的事。在經營企業當中，我隨時都在想辦法回饋，而回饋社會不一定用錢，也可以靠你在企業界的影響力。譬如說，我們在一九八二年推出小教授二號（宏碁品牌電腦）時，我們針對小學生舉辦中文程式競賽；後來宏碁基金會還陸續舉辦了龍騰論文獎（針對研究生）、數位創作獎（針對中學生）、龍騰微笑競賽（針對大學生）；我們也提供一些預算，希望可以提供臺灣未來的學者與年輕學子一個舞臺，讓他們可以一起來參與這些活動。

二〇〇六年，美國《時代》週刊為慶祝亞洲版發行六十周年，特別從全亞洲地區選出近六十年來的亞洲英雄人物，當時我也是獲選人之一，其他獲選的人物還有李光耀、鄧小平等人。宏碁是那時期臺灣最大的科技公司，而我獲選的原因是因為帶動了全世界個人電腦的普及化，並讓全世界的人買電腦不需要用到一萬美金買電腦，只要一千美金就可以買得到。對於資訊產品的普及化，臺灣扮演很重要的角色。在對全世界的物質文明做出貢獻後，未來我們要再強化對於人類精神文明的貢獻。

我非常高興、也非常榮幸，在這個凡是講求效率與利益關係的世界潮流中，可以與何副執行長有志一同，一起來推行共善的治理理想。雖然現今世界對於我們呼籲「善治理」的聲量還很微小，還沒有受到太多人的關注，但是我們仍需要持續地發聲，有伴同行也才顯得不寂寞。

臺灣實在太小了，如果不對國際社會做出貢獻，臺灣就沒有存在的價值，沒有足夠的存在意義。相對於某些西方強權的「霸道」，我們真心的希望以「王道」作為使命，來驅動整個臺灣未來的善治理思維，進一步擴大對世界的貢獻。

推薦序四——

東方之善的三層治理

哈佛大學甘迺迪學院訪問學者
張文娟

如何更好自我治理，以和平、可持續的方式過群居生活，這是一個伴隨著人類自身的恆久命題。

從國內治理層面，氏族、部落、城邦制、封建制、共和制等，人類歷史上有過不同探索。尤其近現代以來，我們對公權力建構的目的有了更清晰的認識，也即權力配置的最終目的是在精神上、物質上和政治上更好解放我們人類自己，並有利於促進和平與發展，為此，民主與共和理念深入人心，並在實踐中開展了多元探索。上世紀八、九十年代，隨著冷戰的結束，很多學者以為我們已經找到了成熟且持久的制度安排，也即自由民主制度，並對人類公共治理的探索宣告歷史終結。但人們很快就發現，這種良好預判不過是個幻覺：那些轉型為自由民主制度的國家，很多陷入了新威權主義，投票程序成了威權的包裝；即便那些相對成熟的自由民主國家，也開始出現始料不及的新轉向，如英國脫歐，美國特朗普當選總統……而那些沒有選擇自由民主制度的國家，也各有各的掙扎。

從國際治理看，地緣政治和民粹主義愈演愈烈，脫鉤、分裂、對抗等正在主導著決策方向。雖然人類正面臨著越多越多的共同挑戰，疫情、自然災害、環境汙染、新科技對傳統治理的挑戰……，但我們卻已失去了同舟共濟的信念與能力。以這次新冠疫情應對為例，各國之間的團結合作煩善可陳。人類被標籤化的權力所分割，民粹主義和競爭性權力角逐，讓政治家和人類的精力和智慧消耗在短期、局部、狹隘的利益之上，增加了對抗和動蕩。這種缺乏信任的消極氛圍，還讓人類的可貴品質，如愛、共情、謙卑、好學等受到了極大抑制。

可以說，各個國家都在政治權力的逆淘汰漩渦中掙扎。最終，不同模式的制度韌性，取決於自我糾錯能力。這說明，人類的自我管理本身就沒有終結性方案，只有永不放棄的探索。而在全球治理層面，人類失去了團結之心，也削弱了合作之能，在這樣一個歷史節點上，我們急需要從「惡」與「對抗」邏輯轉向「善」與「和合」邏輯的治理再思考。

這種破解努力需要從我們人類自身已有的不同智慧中去尋找。至少從我自身在中國大陸、印度和美國的生活經歷來看，我能感覺到明顯的東、西方文化差異及這種差異對治理邏輯的可能影響。雖然基督教也是一種以「愛」為信念的文化，但是，基督教文明國家在其現代化過程中強調世俗化，放棄了對人性善的期待，國家權力制度設計建立在一種外部化的、他律的防止「惡」的工具理性主義邏輯之上，所以，西方國家權力制度設計中特別看重程序化和競爭化，讓權力運行盡量透明、規範，減少權力作惡的機會。東方的思維邏輯中，至少從東亞和南亞的文化邏輯中，我們可看到這種對人性善的深深期待，所以，內省（或自律）和賢能還是非常重要的文化組成部分，這在某種程度上也影響著權力的配置邏輯。不過值得關注的是，從近現代以來，這種向善的東方自律文化邏輯並沒有在現代國家治理探索上有亮眼貢獻，反而滑向了反面，成為這些國家在近、現代化過程中制度和科技落後的關鍵原因。因此，二戰之後，韓國、日本、印度等東亞和南亞國家紛紛轉向了西方自由民主的制度設計。

雖然向善的東方自律文化邏輯下尚沒有生產出特別值得推廣的大國治理典範，但我們並不能因此放棄這種文化邏輯對破解當前權力運行困境的可能貢獻。在不同國家權力制度面臨著重重挑戰的當下，何日生先生作為一位成長於東方文化，但對西方哲學文化深有研究的知識分子，從「抑惡揚善」的邏輯出發，站在先賢們打造的平臺上，繼續探尋以東、西方文化邏輯融合為基礎的治理邏輯重構可行性，這是非常寶貴的一種努力。

他總結了歷史上不同制度類型的可貴之處，提出了善治理的理念框架，也即以愛為出發點，以信念為核心，以平等為基礎，從而建構了一個兼顧家長愛德、賢能菁英與法治原則的圓組織治理結構。他的圓組織中，有六個權力圓：立法圓、行政圓、司法圓、信念圓、信息圓和教育圓。他認為西方的三權分立，只是討論了權力的配置邏輯，但在憲法中沒有強調權力使用的價值理念，也即愛與信念。因此，在立法、行政、司法的基礎上他增加了第四個圓——信念圓，也即一個國家中必須有這樣一個委員會有能力讓權力擁有者時時注意，他們在權力獲得和使用上，不能只維持程序正當即可，而是要滿足更高的標準，也即「愛」的價值標準。另外，他認為，社會中人與人之間的平等，及自主行為能力與有機協同，取決於他們能否獲得透明信息，所以，他增加了第五個圓——信息圓。他還認識到，教育政治化或黨派化所存在的問題，而提出了第六個圓——教育圓，希望教育政策的制定和規劃跳出狹隘利益局限，能夠站在人類自身發展需求角度來進行長遠規劃和考量。

何老師這看似烏托邦的治理設計並不是空穴來風，而是基於他對慈濟運作的參與式觀察及經驗提煉。據他的觀察，慈濟的大家長是證嚴上人，她就是慈濟的大家長，這裡家長制的權威是基於愛而不是強制力。慈濟獲得了法律註冊，是一個法治型組織。全球的慈濟志願者雖然分工不同，但是平等的，他們在服務中有很強的自主性，每個人都是一個中心。慈濟的治理結構是一個圓型組織，且包含了家長制、菁英制及民主制的構思理念，如法派宗門委員會，是菁英執行，代表信念與智慧；慈濟全球合心大會制定慈濟的宗規，是民主立法，是平等與法治原則的體現；再加上證嚴上人以愛為基礎的家長制。慈濟的資源動員效率與能力及慈濟志願者發現和解決問題的自主性與能動性，具有很多同伴組織所不及的優勢，再加上何老師具有很強內部視角的參與式觀察總結，這大大增強了我們對其善治理構思嚴肅性和可行性的興趣和好奇心。

何老師的「善治理」在應然層面構建了三重邏輯：「以愛為發心、以信念為核心、以平等為基礎」的權力生成理念邏輯，以「家長制、菁英制、民主制」為基礎的權力構建原則邏輯和以六圓為基礎的權力運行實踐邏輯。但讀完之後腦海中還是會產生一些實然運行的疑問：何老師的這三重邏輯之間的邏輯是否實現了通暢與自洽呢？對六圓的各自邊界與相互關係，以及在現實中可能遇到的衝突及衝突處理，是否已做到了充分考慮和相應的制度設計？一個宗教面向的民間非營利組織的組織設計邏輯，可否直接上升為國家權力的配置邏輯呢？……

當然，這些疑問並不能影響何老師這本書的獨特價值。雖然西方在現代化過程中所探索出的「以防止惡」為起點的權力配置邏輯曾經在保障制度運行的效率、公平及穩定性方面發揮了很大作用，但也正讓國內和國際治理陷入「懷疑」和「對抗」的低效與撕裂困境，因此，如何讓東方文化中的「善」與「和合」為現有治理困境提供另類思維和另類智慧，是很值得探索的一個命題。何老師的「善治理」，顯然是比較珍貴的系統性努力之一。即便我們很難在國家治理層面完全實現他的設想，但他的「善治理」思維，對企業治理、組織治理甚至國家治理中如何更大限度實現「善」與「合作」，仍然有很重要參考價值。當微觀層面的善治理做到了很好的運行，宏觀層面的善治理便不會遙不可及。

最後，也感謝何老師的作序邀請，讓我有機會借其大作出版機會，與關注治理優化的各界同仁有了一個寶貴交流機會。

二〇二三年三月二十六日
作序於哈佛甘迺迪學院

推薦序五

從參與者到理論者

香港理工大學助理教授
李鎮邦

認識何日生兄是在一個很奇妙的情況下，大概是在二〇一五年左右，當時剛結束臺灣的一個項目，回到美國準備開始完成博士論文的寫作，我的博士論文是以慈濟為研究對象，從組織社會學的角度討論了慈濟的發展，與臺灣社會變化的關係，尤其是八〇年代後與醫療和新興的資本階級間的互動，為了對慈濟的歷史有更全面的掌握，我將慈濟從一九六七年後發行的月刊電子化，一頁一頁地整理以及編碼，一九八二年十一月號開始，月刊上多了隨師行紀一項，記錄人是德宣法師，隨師行紀巨細靡遺的記錄了當時證嚴上人每日的行程，見了誰，說了什麼話，有什麼新的想法，閱讀隨師行紀讓我彷彿回到了那生氣勃勃的八〇年代，感受到了當時準備從一個以花蓮本地為主的團體破繭而出成為日後世界級慈善團體的熱情，我有幾次看著隨師行紀不明所以地紅了眼眶，現在想想應該就是被那股淳樸地內在於所有慈濟人，那股純粹的善所感動。

何日生兄的名字第一次出現在隨師行紀是在一九九〇年十二月號的慈濟月刊，我把行紀的那一段話摘錄下來作為紀念：

「十一月二十三日……上人感冒仍未痊癒，整日待在書房改稿、看文件。夜，曾院長夫婦入內拜見上人，一位師兄笑說：『院長來迴診他的病人了。』曾夫人關心的問候上人體力可曾恢復些？此時正巧何日生在美國分會來電話，何在洛城製作並主持華語電視節目。何報告，這些節目帶將打上英文字幕，透過各種管道送到美國各地，甚至日本東京。希望這份有聲、有影的資料，能在國際間推動慈濟的精神。」

之後何兄的名字持續地出現在月刊的隻字片語中，在一九九七年十月號的月刊中，何兄還成為了佛化婚姻的主角，這也是我印象最深的一段，出現在慈濟月刊中有成千上萬的名字，但我一直記得何日生這個名字，知道他是位主播還在慈濟舉辦了婚禮，但在二〇二三年前我跟何兄一直是不相識的。二〇二三年因為一些學術上的交流，我與何兄開始有了接觸，並且邀請他與香港慈濟的同仁一起給我任教的香港理工大學社工碩士班學生介紹慈濟，我一直稱呼何兄為何老師，除了年紀外，何兄在北京大學師從當代著名哲學家樓宇烈教授取得博士學位後，近年來積極地在國際推廣從慈濟經驗出發的各種學術研究，成果有目共睹，從在哈佛與甘迺迪公共政策學院教授探討慈濟經驗對國際救災到與牛津，英屬哥倫比亞大學（University of British Columbia）的宗教學者推動從佛教出發的慈濟學，何兄從三十年前慈濟的參與者，傳播者到現在慈濟的領導者和理論者，何兄的經歷是他這本新書最好的見證，一個好的組織能讓參與者不斷地成長，同時組織也能從參與者的轉變中獲得新的力量，進而不斷地延續組織創立時的使命。

何兄的新書《善治理：圓型組織的思想與實踐研究》不是一本普通的書，嚴格說來，這本書與現在多數的學術書籍不大一樣，如同何兄在書中所說現今的學術研究分工使得不同領域的交流越來越困難，學術看來是專業化了，但問的問題越來越小越來越瑣碎，除了學術社群內部以外，學術的價值反而是變小了。何兄的新書不一樣的地方就在於這是一本問大問題的書，是一本企圖心極強的書，是一本關懷人類社會發展同時又有實際經驗支持的書。何兄在本書中提出了許多大問題，在此無法一一列舉，從我的角度來看，所有的問題可以回到一個終極的問題上，用何兄自己的話來說就是：「歷史以來人類一直在探索一個理想的組織類型，這個組織能夠造福每一個社群或國家的人，能夠永續這樣的幸福與快樂。」

從組織社會學的角度來看，人類的歷史就是組織的歷史，人出生在名為家庭的組織中，家庭的成員又各自處於不同的工作組織，社區組織乃至於國家組織。組織技術的優劣對文明有重大的意義，義大利政治學者莫斯卡說過有組織的少數人總是能輕易戰勝沒有組織的多數人，誠然當代的社會科學探討的組織現象都是流於技術控制的一面，比如追求投入產出的最大化，這個傳統部分來自於何兄書中一個重要的西方思想對話者韋伯（Max Weber）所說的科層制 bureaucracy（中文翻譯成官僚其實誤導了讀者），科層制之所以有效率在於職位的所有者都具備該領域的專門知識，將負責的任務分解為不同的過程，從而最大化終端產出，然而科層制帶來的負面效果也是顯而易見的，科層制將原本鮮活的社會生活變為冷酷無情的規範，讓現代社會成為韋伯說的鐵牢籠（iron cage）。

韋伯對現代性的預測無寧是悲觀的，科層制的歷史進程啟動後，就獲得了自己的生命，從而具有不斷自我強化的特性，這一點無論是在選舉制的所謂的民主社會或是以改革資本主義的共產主義社會都出現了科層制取代革命最初的民主動力，在蘇聯，官僚形成了新階級，在西方社會，韋伯的學生米歇爾（Robert Michels）提出了著名的寡頭鐵律（iron law of oligarchy），現代社會的複雜性與龐大使得任何大型組織最後都只能依賴少數人的領導。在政治場域上，選民或許還被自己擁有的一票所迷惑，但在經濟的場域上，當代大型的公司幾乎都是仰賴著少數人的領導，一些商業領導者從而成為了明星（例如亞馬遜的貝佐斯，特斯拉的穆斯克等）。在這樣的情況下，我們還能找到像何兄說的理想組織嗎？

在西方社會科學界，何兄的問題通常會被認為是不可處理的，不可處理的原因除了學術分工外，還在於晚近的西方社會科學界拋棄了價值這一重要的變數，理想的組織本身就會被認為是帶有價值取向的，以美國為例，早期的天主教會積極地參與了社會學的建立，但在二十世紀中期之後，這樣的結合被拋棄，學術研究（表面上）必須沒有價值取向，當然這種拋棄本身也是受到一種特定價值取向的驅動，既然理想組織不可欲和不可測，那研究者關心的便轉向為問那些組織形式更容易成功這樣行為主義觀點下的問題。

然而從我的角度來看，追尋理想組織是非常有價值的，特別是何兄在此書中用善治理和圓型組織的概念將理想組織擴大到了政治和公共治理的層面，將他在慈濟多年來觀察的經驗理論化延伸到我們對理想公共生活和政治秩序的想象上，同時何兄此書並不像一些類似的書籍，空談泛議，而是緊扣著當代社會出現的問題，尤其是晚近以美國為代表的西方代議制民主社會出現的各種弊病，何兄綜合了西哲如柏拉圖，亞里士多德等人對政府體制的討論，再融匯了中國政治思想如道家對善惡的討論，將韋伯的三種統治類型或是組織類型結合，形成了帶有高度原創性的理論體系，在這體系的中心是何兄所說的圓型組織，圓型組織也是慈濟的組織原型。從我粗淺的理解來看，圓型組織就是既能擁有科層制的效率，傳統制（家長）的關係以及卡理斯瑪（何兄所說的聖格制）的動力。

對於圓型組織的詳細論述還請見何兄書中章節，在次我特別想提出的是何兄書中的對於圓型組織的一段話：

「圓型組織強調信念的深化，一切行動以信念為中心。也別於科層金字塔型的組織，圓型組織是一個以信念或律法為中心，組織當中的每一個環，與核心等距，核心不是權力，核心是信念，核心是律則。遵循這個信念或律則，大家彼此獨立運作，又互相協同，彼此交流，形成一個完整的體系，而非破碎分裂的體系。」

在圓型組織裡的每個人因為具有信念上的高度認同，使得他們的行動雖然表面上看來沒有收到來自上面的指令卻顯現出高度的一致性與協調感，同時因為每個人在其中身分上的平等，地位上的區分並非來自於如俗世社會中以占有的財產多寡而定，這樣的組織運作無疑是一種理想的形態，眾人不分俗世中的地位高低，為了善的信念而齊心協力，這樣的理想組織形態體現在慈濟的運作上，何兄書中想更進一步問的是能不能將這樣的以善的信念為基礎的圓型組織形態開展到更廣的政治社會治理上，因此本書二十章處理了大量不同的議題，例如對各種共識決的討論，對吾人思考當代多數決背後零和造成的社會撕裂當有所啟發。

在世界局勢風雲變遷的現在，何兄書中提出的許多問題更顯珍貴，善治理的背後是建立在對基本人性以及人類尊嚴的平等尊重上，強調和合與共善，在當今世界霸權動輒以價值觀不同區別敵我的現在，這樣的觀點更值得我們認真思考，同時本書涵蓋範圍極為寬廣，不同背景的讀者都能從閱讀本書中獲得收穫。

二〇二三年五月二十日
香港沙田坳

前言——善治理與圓型組織初探

一九九九年九月二十一日臺灣發生百年不遇的大地震，清晨一點四十七分，大地發出極大的震動及聲響，長達近一百二秒，震醒了全臺尚在睡夢中的兩千多萬居民。[1]地震芮氏規模七．三，震央在南投，但波及全臺灣，其中臺中、南投、臺北的災難最大。災難一發生，第一個到達現場救援的不是消防人員，而是慈濟志工。災後四十八秒，管不到自己家裡有無破損，他立刻衝到隔壁倒榻的房舍，進行受困人員的救援。一位慈濟志工自家也毀損了，牆壁已經垮了，無法進入，但是她所做的不是搜尋自家的貴重物品，而是趕快在夾縫裡，找出藍天白雲的制服，穿上，立刻投入救災。

當時電話中斷，無法聯繫彼此。

但是南投、臺中、臺北，慈濟志工不約而同地前往災區賑濟，提供水、協助消防人員搶救困在瓦礫中的居民；搭起服務站，慈濟的香積志工開始煮熱食，人醫會醫師、護理師搭起醫護站，志工提供水、毛毯給受災的災民。一切資源都自動自發地匯聚過來，沒有人動員，每一位志工都自動自發，一種井然有序的默契，在災後不到一小時，已經全部完備賑災所有的元素。

遠在花蓮的慈濟本會靜思精舍，也受到地震巨大的聲響驚醒了。慈濟創辦人證嚴上人知道此次地震極為巨大，他請弟子們試著聯繫各地志工，但是災區電話中斷，雖然如此，靜思精舍的常住師父及慈濟本會主管也立即啟動，成立救災指揮中心，在精舍準備各種物資，以做為馳援災區的準備。

災後一小時，在無相互聯繫的情況下，在無任何臺會的指示下，慈濟志工在全臺災區各地已經搭起三十一個服務站。

從慈濟各地分會的志工，到本會的領導人，在地震的同一時間，立即自發地啟動——或準備物資，或投入救助受困災民，或準備醫療物品，或準備鍋碗及食物，或購買水，或心靈關懷、或籌備屍袋、或幫忙收拾遺體、或舉辦祈福會、或發放慰問金、或評估重建的方式等，一種自然而然的默契與自發的愛心，在無相互聯繫地情況下，瞬間同步完成。

九二一地震後，慈濟在三年內一共完成五十一所學校的重建，投入一百億新臺幣，動員近三十萬名志工，物資、熱食、及現金發放超過一萬戶。

從第一個慈濟人在震後四十八秒投入救援，到三年後的重建完成，慈濟從創辦人證嚴上人到數十萬的志工，都投入到第一線去為災民服務，而全世界的海外慈濟人也紛紛捐款幫助災後重建。

是什麼力量造就慈濟如此強大的動員力？瞬間即時，又長遠完備？

慈濟志工以「無私為眾生付出」為核心信念，以「遵循原則」為基礎，在任何災難發生之際，他們立即自發啟動，無須他人動員。「信念」，驅動志工立即馳援苦難，賑濟苦難；無須指示，無須動員，這是信念之於組織的力量。「原則」，使他們謹然有序，互相合作。不管是企業大老闆、賣菜的小販、法官、建築師、公務員、專業經理人或青年學生，穿上慈濟藍天白雲的制服都是平等的志工，都遵循著「慈濟十戒」，「賑災五原則」。[2] 這是「原則」之於組織的力量。

「信念」與「原則」為核心，能締造一個平等、有效能的組織，這是善治理——圓型組織思想的發軔。

一個組織的成員基於信念、基於原則，能夠平等地從事組織的使命，創造組織效能。圓型組織不是金字塔型組織，它不遵從上下命令，一個指令一個動作的控制形式；在以信念及原則的前提下，人人都能平等的付出，所以災難發生時能即時啟動。平等的前提是賦能，慈濟志工在長期的培訓及實踐中，已經具備完好的賑災的智慧。賦能要能分工，慈濟志工在九二一地震所展現的就是自動分工，協助救災、物資籌備、心靈關懷、醫療服務等，一一就緒。慈濟也遵循共責的信念，人人有責，所以互相補位，看到哪裡有需要，立刻支援必須的行動，因而不是課責，是共責，因為共責，所以完成共善。這是善治理圓型組織的必要元素。

信念、原則、平等、賦能、分工、共責、共善。

一個組織能以「信念」及「原則」為核心，實現人人平等。人人基於信念與原則的基礎下，平等地為組織服務。既是平等，或要做到平等，就必須讓每一位成員充分發揮自己所長。因此賦能，而非控制，給予每一位成員充分展現自我智慧及能力，是賦能的目標。人人各有所長，各盡所能，還必須要合理合宜地分工，才能各自發揮所長。將不同能力的人會聚一起，協同是必要的，協同能夠成立是因為共責的觀念，人人有責，不分彼此，才是共責，共責才能夠共善。善己之善，善人之善，善善與共，才能天下大同。對於組織內部如此，對於人類社會亦是如此，這是吾人對於善治理——圓型組織的基本論述。

第一部分：圓型組織的發軔

善治理，圓型組織如何實現？

歷史以來人類一直在探索一個理想的組織類型，這個組織能夠造福每一個社群或國家的人，能夠永續這樣的幸福與快樂。

在政治的運作層面，有雅典城邦民主制、斯巴達的權力集中制，羅馬的共和制——將民主、君主與貴族融合一起。

在哲學的層面，有柏拉圖（Plato）的理想國，強調君主與貴族治理；亞里斯多德（Aristotle）的民主與貴族治理，到波力比烏斯（Polybius）的民主、君主與貴族三體融合的理想。這些制度支配了古代及中世紀西方的政治體制，決定了人民的生活方式及價值依歸。

在古代中國，家長制及君主制延續兩千多年，期待聖君的出現，期待賢人的輔佐是儒家治理的核心思想。

西方到了中古時期，威尼斯城邦共和維持八百年，英國國王的君主立憲制，以及法國大革命、美國獨立戰爭，實現憲政民主制。在哲學層面，從馬基維利的君主制，洛克的天賦人權、盧梭的社會契約，到孟德斯鳩的三權分立，確立當代西方政治組織的理想。將古代羅馬的君主、貴族與民主，轉譯成行政、司法、立法，三權分立。通過權力的分立，避免一人或少數暴力；通過憲政司法，避免多數暴力，落入民粹主義。

人類在二十世紀末葉已宣稱西方的民主制的勝利與永續。所謂的歷史終結論，即宣稱人類最好的生活模式是西方的民主政治。但是隨著中國經濟實力的崛起，俄羅斯政治與軍事的擴張，不禁讓西方學界懷疑權力集中制是否更為有效？世界從美蘇兩極對抗，在柏林圍牆倒榻之後成為美國獨大的局面，美國的模式成為全世界的模式，但是到了二十一世紀初業，多極世界的產生似乎亦是一個必然？

究竟人類社會遵循哪一種組織模式是最好的模式？或是最善的模式？

人類組織的類型不只是政治組織，還包括宗教組織、社會的企業組織，這些組織類型的運作都極不相同。何種組織類型才是宗教與社會企業組織理想的類型？

天主教的教會組織維持了一千多年於不墜，羅馬共和給予天主教整個組織的範型，亦即宗主制的教皇、貴族制的主教、以及民主制的教宗選舉以及全體主教參與的大公會。君主、民主與貴族的融合讓千年的天主教持續的發展。雖歷經中世紀的腐敗，歷經新教的挑戰，然其制度依然維持著教會的統一，梵蒂岡及各地教會仍是十二億天主教人口的信仰核心。

另一方面，中國的禪宗從慧能大師以後，就不再傳衣缽。誰得其法，各為法主。所以禪宗開枝散葉，全世界有無數的禪宗道場，各自獨立，各不隸屬。雖然如此，祖庭的溯源然然相當清晰。臺灣的佛光山溯源到臨濟宗的第四十九代。法脈傳承，但運作獨立自主創新，這是另一種分散式的組織類型。與天主教梵蒂岡的核心統一制大異其趣。

馬克思・韋伯（Max Weber）是近代對於政治組織與宗教組織提出治理類型的一位偉大的社會學家。韋伯的思想涵蓋政治組織、宗教組織以及社會組織。韋伯提出的三種組之類型是「家長制（Patriarch），聖格制（Charisma），以及法制型（Legal Rational）」。家長制是指以血緣為核心，將組織的權力傳給子孫，用人以親屬與親近忠誠之幹部為主，通常謂之家臣。

在宗教上，中國佛教寺廟中的弟子廟，就是師父將寺廟管理傳給自己的嫡傳弟子，這亦是家長制的延伸。聖格制意味著一位英雄式的領導人，以一個新的信念，及特殊的個人力量及智慧，號召一群人跟隨他，近而取代傳統的家長制治理，建立新的組織，如中國古代社會朝代的更迭。環繞著聖格領導的核心是聖格個人以及聖格的信念與智慧。但是聖人之後，組織進入科層與官僚體制，亦即法治的建立，是聖格制之後的必然現象。

王朝的初期是環繞著開國建基者的意志所建立，逐漸地走向分工，權力開始分立，科層逐漸發展，形成法制型組織。韋伯的理論點程度上支配著當代研究組織的方向及限制。將韋伯的組織類型放進宗教組織，可以看到聖格制與家長制的融合，也可以看到科層制的建立。如天主教是聖格制如教宗，也是家長制，主教與教宗如同信徒的父親，代表天父的慈愛。也是科層制，龐大的教會體系是官僚制度的典型之一。

而佛教的組織類型，以漢傳佛教言之，從百丈禪師建立的農禪體制，一直影響著中國佛教組織，以住持為中心，是家長制，也是聖格制。寺廟的分工體制也有科層的概念於其中。尤其臺灣佛教組織如佛光山、法鼓山與慈濟等，龐大的宗教跨國體制，是聖格、家長與科層的結合。

企業組織以當代的類型有家長制的傳承，自承父業，但融合著董事會的治理，以及法治與家長制的結合。另一企業類型是以法治為主，董事會治理，向全體股東負責，透明、歸責、績效等，任何一個執行長或董事長都是遵循法治的形式運作，連創立蘋果公司的賈伯斯都被董事會開除過。董事會不只為全體股東負責，尤其上市公司規範繁多，一切遵循國家法律以及公司的治理規則行事。這應該是韋伯眼中科層制、法治的總其成。

然而，韋伯的三種治理家長、聖格、法治，與當代政治的三種權力分立：行政、立法、司法，是否就是人類組織的終結版？人類的組織類型，不管是政治組織、宗教組織、社會組織，有否創新類型？有否能超越韋伯以及孟德斯鳩的三權分立的可能性？

圓型組織的芻議

本書探討善治理，圓型組織，企欲超越或融合韋伯的三種組織類型，超越或修正孟德斯鳩的三權分立之優點與局限。然而這樣的企圖與思想格局如何可能？

善為利他與和合；利益個人、利益群體、和合共善。因此，一個組織必須能夠平等地利益每一個人，能利益群體的永續發展，才是善。雖然個人利益千差萬別，雖然群體的利益與時更迭，而組織如何持續地利他，有賴於組織的適應性、變革性與合理性的設計。利他，以中國的儒家即是以民為本——國家君王以百姓幸福為依歸；以西方的話語是天賦人權——政權的存在是由人民最終決定；以佛教的話語是「慈悲等觀」——平等地愛一切人。

和合是組織的持續運作關鍵。對抗無法避免，但是除了三權分立的模式，組織如何化解對抗？和合的制度如何建立。

本書將羅馬哲學家波力比烏斯的三種體制：君主、貴族、民主；與韋伯的家長、聖格與法治的核心元素融合一起。是本書提出圓型善治理的雛形。

於君主制，波力比烏斯的君主制代表的是一種愛德。君主，必須愛民，就像韋伯的家長制一樣，家長最重要的核心是愛。愛德，是君主制與家長制的共同元素。於貴族制，其核心是智慧，其類型如同韋伯所提出的聖格，聖格領導就是有新的信念、願景和智慧，來領導群眾邁向新的社會榮景。

於民主制，核心是 Rule of Law，在法律之前人人平等。這是韋伯科層制的核心元素。科層制與民主制可以等量齊觀，就是體現平等觀。

因此，韋伯講的家長、聖格、法治類型，與波力比烏斯所提出來的君主、貴族與民主，這兩種政治型與社會型組織的理念其實是有它相同契合之處。

圓型組織希望能夠把這兩種人類有史以來所歸納的治理模式融合在一起。以家長制的愛德，如君主制當中的愛；聖格制當中的信念與能力，如貴族當中的智慧與信念；以及民主制當中的平等，如同科層制就是依法治理，在法律面前人人平等。

圓型組織融合了「信念、愛與平等」於一爐，希望締造人類組織的理想類型。

人類能「以信念為核心」，「以平等為基礎」，「以愛為初發心」，培養有智慧與能力的人才，治理國家與社會，這是善治理的範型。

家長制與君主制的原型，從歷史來看是「以愛為初發心」。家庭的組成是從愛開始，一個國家的建立也應該是從愛開始。商湯推翻紂桀，是基於對百姓的愛。漢朝推翻秦暴政，是愛百姓，所以劉邦能得天下；如果沒有愛，國家只是一群利益相交、或傾權相害的組織。家長制與君主制之本質是反對以暴力或持續以暴力構建政權，反對少數人壟斷權力，亦即反對「少數暴力」，而是以民為本，以愛為出發新建立組織。這是家長制與君主制的善原型。

聖格制與貴族制的原型，聖格非為一人，而是培養「人人皆可為聖賢」；這是古代柏拉圖的政治理想，是孔子的治理願景，是印度佛陀「人人皆可成佛」的願力。從聖格制的理想出發，培養有品格、有智慧、有能力的無數菁英治理社會。美國的大法官必須兼具品格與智慧，他們是民主憲政的最終守護者，美國的大法官體制是波力比烏斯的菁英制的理念，是韋伯的聖格制的體現。聖格制與貴族制即是菁英治理，這免於民主制墮落成民粹主義。但是菁英治理避免成為寡頭治理的關鍵是能堅守信念的品格與智慧，這是聖格制與貴族制的善原型。

科層制與民主制的原型，即平等，人人平等。平等才是民本，民本才有民主，民主才有民治，民治才有民享。科層制度是以法為基礎，這跟民主憲政一樣，基於法治，人人在法律面前平等。但平等必須基於法，平等不取消差異，而是容許差異，讓差異不是對抗，而是融合，所以善治理必須和合。平等是科層制與民主制的善原型。

善治理的前提是平等，是基於原則的平等，基於信念的平等，與基於愛的平等。組織中不可能人人的能力與興趣都是一樣，平等非齊頭式的平等，如荀子所言：「唯齊非齊。」平等是基於信念的平等，愛的平等，與原則的平等。一個醫院的醫師、護理師與清潔工專業不同，能力偏向不同，但是對於愛護病人的信念是平等的。

信念、愛、原則，是圓型組織的三個支柱。圓型組織所創造的組織架構是每一個點都是中心點，是在一個人人平等的前提下，以信任為核心，以愛為連結，以原則為基礎，建構一個高智慧的、共責的、和合共善的治理。

不同於金字塔的組織，圓型組織期望的每一個點都是中心，每一個人都可以是中心，這是組織人人平等的意義。要達到這個目標組織必須賦能給每一個人，讓人人能發揮自我所長，都能各善其善，如《易經》所言，人人能「各安其位，各獲其利，各正其命」，這是賦能的最高目標。

歷史以來組織常常是壓抑著個人，個人對抗組織的剝削與壓迫，圓型組織的善治理創造一個環境讓人人得以發揮自我。如何做到？關鍵就是愛。

組織中有愛才能人人被賦能。巴塔哥尼亞公司（Patagonia）的信念是地球是家，公司也是家。他們推動環境的保護，讓每一個產品都符合環保的信念。他們讓員工帶孩子到公司上班，公司就是家。慈濟功德會所屬的靜思精舍或靜思堂，強調是為人群付出的道場，更是一個家，走入靜思堂讓人人都有回到家的感覺，所以慈濟人常常說歡迎回家。回到靜思精舍是回到心靈的故鄉，亦即信念的源頭，愛的源頭。

圓型組織之理想類型

吾人試以「理想化」及「概念化」的慈濟運作做為圓型組織的雛型；（雖然現實的慈濟之運作仍有諸多的不足），但吾人把慈濟的運作理想化與概念化，藉此探討圓型組織的運作模式。

圓型組織希望人人平等，因此強調賦能與共責，而非控制與支配。在慈濟，志工人人平等，人人在接受培訓、賦能之後，成為一個能具備智慧與愛的志工，在全球幫助需要幫助的人。任何一個地方發生災難，只要有慈濟人在，他們會自主地發動賑災，無需中央指示，無需花蓮本會許可，基於信念與原則的前提，發揮他們的愛心。然後在後續的賑災中，來自全球的慈濟資源，本會與分會都一起支持這一個災難點，這是圓型組織的體現。每一個點都是中心點，這是慈濟慈善成功的模式。

慈濟運作核心就是信念、愛與原則。信念是「無所求的付出」，這是創辦人證嚴上人的核心思想，「付出無所求，付出還要感恩」。志工的凝聚是愛與原則。慈濟是個家，不只是彼此為家人，更視天下為一家人。世界是一體的，所以無緣大慈、同體大悲。這是佛教因緣生法的體現，萬物的存在都是相生相依，愛他人即是愛自己，所以付出無求，付出還要感恩。

這種深具宗教情懷的圓型組織類型之運作，如何能放諸在其他的政治組織與社會組織之中？

圓型組織與憲政善治理

政治組織中的信念、愛與原則如何可能？

當代政治組織的治理思想似乎是去價值化，以法治理，其實法的背後就是價值與信念。國家的組成是信念，是基於人與人的愛。所以各種的憲法才都有對基本人權的保障，這是信念、愛與原則。然而政治組織諸多對人民的壓迫，對人民的權利的剝削情況之所以產生，其原因是未將信念、愛與原則植入憲法的架構之中。孟德斯鳩的三權分立溯源自波力比烏斯的君主、貴族與民主的三合一。然而行政、司法、立法，必未將信念放入憲政體系之中。

吾人主張的圓型組織付諸憲政結構應該加入信念的體系。三權分立對於憲政的信念之最終維護交給司法，尤其是大法官是維護信念的最終力量。但是司法對於信念的維護是被動的，不是主動的。吾人主張信念的元素必須放進當代的憲政體制之中，讓信念是三權之外的另一權，吾人將之稱為「信念圓」。信念圓是以委員會的方式運作，成員涵蓋國家之中各種不同理念與信仰的領袖於一體，對於國家的信念提出看法與建議，委員會採共識決，其決議之意見不能具備強制力與約束力，而是著眼於對政府領導人與廣大人民的影響力。[3]

信念之重要性正如塞繆爾．芬納（Samuel Edward Finer）在他的名著《統治史》（*The History of Government*）中所言：「信仰系統比當權者更強大，統治者之所以能實施統治，正是借助於信仰系統。統治者如果無法使自己的統治合法化，就無法維持自己的權威。而這種合法化是通過信仰系統所實現。」

無論民主共和的體制或權力集中的體制，我們都是希望能夠有一位賢明的聖君。既聖且智，其實從現實政治言之這幾乎不可能。智者未必是聖者，聖者未必是治理國家的智者。因此政治組織的善治理主張將聖者與智者可以分立。「信念圓」代表信念的持守與討論，行政領導人是智者，未必品格完美的聖者。信念委員會發揮信念的影響力，匡正或平衡行政官員或立法官員對於國家共同信念的偏離與偏執。

當今的政治體制問題在於相信民選的或經由各種方式產生的政治領袖能提供我們一個合理與長遠的信念。實然基於政黨的利益提出的信念經常都是個別性的，非基於全民考量的，非奠基於傳承憲政理念的，非基於國家長遠發展需要的信念。常常是符合政黨一時利益，甚或領導人一己的理念，加諸在一切國家資源運用之上。因此信念圓的建立能夠平衡行政權與立法權的專斷，造成權力與利益寡占的局面。所以「信念圓」應該是憲政體制的一環。

避免權力與利益的寡占，訊息的透明非常重要。訊息的權力不能掌握在立法（如美國FCC）或行政體系之下（如臺灣的ＮＣＣ）。訊息必須植基於憲政體制，讓他獨立運作。訊息包括商業訊息，人民的言論權，媒體使用權，都應該歸納在憲政體制之中，成為獨立的第五權「訊息圓」。只有人民享有訊息的自由，與擁有進入各項公共利益有關的訊息，或與自我權利相關的訊息，人民才能夠真正被賦能。訊息的透明與自由是實現人人平等的關鍵，是人民能被賦能的前提。因此圓型組織付諸政治體制強調建立第五權「訊息圓」。

再者，教育的權利應該獨立於行政權與立法權之外，教育是人民免於被奴役、被壓迫，並實現自我的重要力量。憲政體制應該將教育獨立出來，成為第六權「教育圓」。包括經費的獨立，以及運作都需獨立於行政之外，才能避免政黨政治以一己的、單向的意識形態決定長遠人民教育的方向與內容。教育不應該被政治化與政黨意識化。教育應該是長遠的、多元的、吸納傳統與現代，吸納本土與全球的格局，讓人民成為國家的公民，也是世界的公民。讓教育回歸教育者，而非由政黨輪替所決定。因此圓型組織付諸政治體制強調建立第六權「教育圓」。

圓型組織的政治體制以六圓為核心，並主張立法圓必須採納常態型議員與任務型議員。常態型議員是當前各國國會運作的模式，民選產生的議員，決定一切的立法與施政方向。任務型議員是針對特定公共議題公平地遴選出該領域的菁英與代表，參與常態議員的立法與施政決議，如此才不致造成議會壟斷一切權力與謀取特定利益的弊端。常態議員的任期逐漸地長久化、家族化、職業化，將國家所有的施政與立法交付一群常態議員，無法實現全民民主的理想。任務型議員的加入立法與施政決議，避免民粹主義的紊亂與無秩序，也避免當今全世界格局底下逐漸出現的國會政治寡占的局面。

圓型組織與宗教善治理

圓型組織放諸宗教組織的建立以慈濟為例如何建置？

慈濟作為佛教的一個重要宗派，是繼中國唐朝八大宗之後的另一宗。臺灣各佛教之立宗包括中華禪法鼓宗，以及佛光山的佛光宗等。慈濟宗作為華人社會最大的宗教慈善組織，其永續組織的設計與傳承如何建置，是吾人研究撰寫善治理的核心目的之一。慈濟涵蓋韋伯所說的三種組織類型，家長制、聖格制、以及科層制。韋伯認為這三種治理是互相取代，不能並存；但是在慈濟這三種體系同時並存。

證嚴上人是慈濟的大家長，對於僧團，對於全球的慈濟人，證嚴上人都是大家長的角色。證嚴上人是以信念號召全世界數百萬的志工加入慈濟，他是典型的聖格領導（Charismatic Leadership）。慈濟的四大志業慈善、醫療、教育、人文設立基金會，是法治型的組織，證嚴上人是董事長。慈濟具備三種體制，家長制的核心是愛，不是權威。聖格制的核心是信念，法治的核心是原則。慈濟的圓型組織一如證嚴上人於二零零七年所提出的立體琉璃同心圓，就是圓型組織的概念。證嚴上人希望人人能夠平等地在第一線服務需要幫助的人。不管資深志工、新進志工，都平等地為社區服務。慈濟全球各分會基於信念與原則的前提，自主地在當地開展慈善工作，體現每一個點都是中心點的圓型組織的樣態。這樣的體制如何能傳承永續下去？

家長、聖格與法治，這三種體制由聖格者證嚴上人所維繫與領導。然而期待千年宗教組織的永續其制度設計必須考慮將聖人的領導轉化成聖座，將宗主的精神與理念建制為宗座。從聖人到聖座，從宗主到宗座，就是將宗教組織中的聖人與宗主的精神理念制度化。

吾人於本書主張慈濟應該設立三個委員會，分別體現三種體制的融合——家長（君主制）、聖格（菁英制）以及法治（民主制）。這是韋伯與波力比烏斯（或孟德斯鳩）三種體系的融合。

慈濟宗的核心支幹是靜思法脈，慈濟宗門。靜思法脈是以證嚴上人開展的佛教思想與實踐為核心。慈濟宗門是靜思法脈面向世間的運作與實踐。一個強調宗教性——法脈，一個強調公共性——宗門。慈濟的制度設計必須兼顧宗教性與公共性，兩者缺一不可。

吾人認為，慈濟宗的組織設計可以分為三個圓。第一個圓是以靜思精舍為主體的法師們可以組成「靜思法脈委員會」，指導全球慈濟志工與四大志業主管的思想與精神理念。靜思法脈委員會就是將聖人轉譯成聖座，從一位聖格領導到一群賢者領導。聖格之後很難產生另一個聖者，但是聖格精神傳承的菁英制度的設計，有助於延續聖格領領導的理念與精神。

慈濟宗的第二個圓是「法脈宗門委員會」；由靜思法脈委員會遴選若干代表結合慈濟四大志業的領導代表組織「法脈宗門委員會」，統籌全球慈濟四大志業的發展。這兼顧了宗教性與公共性的並行不悖。

慈濟宗組織的第三個圓是「慈濟全球合心大會」；邀集全世界各分會的志工領導團隊每年召開，匯報各地會務，討論各自會務發展，相互借鑒。重要的是訂定慈濟宗規，如天主教的大公會訂定天主教法典（Canon Law）。慈濟應制定慈濟宗規，將所有慈濟創辦人證嚴上人所實踐的精神理念，慈濟各志業的運作規則，慈濟人的行儀等，付諸法典，頒布施行。

慈濟宗規不同於世俗的法律的制定，非由下而上，而是承上啟下之共識決。真理，漢娜．鄂蘭所言，不是經由投票決定的，這是我們從雅典蘇格拉底的遭遇可以得到的啟示。真理是智者通過辯證，或是聖者通過實證所獲致的。慈濟宗的宗規是聖者的思想與實踐所提煉的智慧與原則，吾人認為應該由「法脈宗門委員會」提出草案，經由全球合心大會討論、共識，再經由創辦人證嚴上人認可後頒布之。

這種宗規的制定兼具了民主制（全球合心大會）、菁英制（法脈宗門委員會）與聖格制（慈濟創辦人）融合於一起。慈濟宗規可以修改，宗規中訂定修改辦法，修改辦法必須兼顧法脈本質之穩定性與時代之適應性。

慈濟宗的全球合心大會代表的是一種民主的精神，法治的精神，全球各分會都是以宗規為依歸相當自主的運作，並與其他分會協作，這是圓型組織的理想。圓球上的每一個點都是中心，每一個點都在圓球上，這是既合心又協力。這是圓型組織中三大要素的原則治理。

慈濟宗的「法脈宗門委員會」是由聖格轉化的菁英治理、賢能治理，強調信念與智慧的培育。

慈濟宗的「靜思法脈委員會」是由家長制的愛為核心，靜思精舍永遠是慈濟人的家，慈濟人心靈的故鄉。以愛為出發，愛全球慈濟人，愛全世界的人，是慈濟基金會的核心，愛德之養成是精舍師父的核心指標。一切的佛法、一切的思想、一切的修行都是指向愛德之培育。以愛養德，以德成聖，實踐慈濟宗聖格治理之衍伸。

愛、信念與原則的三大支柱在慈濟宗通過三大圓而確立實踐。每個圓各有使命與定位，而每一個圓也都需要具備這三種元素，才能實現圓型組織的善治理之理想。

撰寫動機與考量

這本《善治理》的研究是吾人從二〇一九年至二〇二〇年間，在哈佛大學甘迺迪學院以及哥倫比亞大學宗教研究所訪學時的研究課題。本書撰寫動機是在二〇一五年慈濟受到各界許多意見之後（其中不乏中肯意見，也有許多似是而非的意見）。然而，那個時節，吾人作為慈濟發言人，興起了應該對慈濟的組織治理作一個深入的研究。因此申請到哈佛大學及哥倫比亞大學進行研究。我以證嚴上人提出之「立體琉璃同心圓」，歸結闡述為圓型組織；以慈濟組織的理想概念為起點，建構圓型組織的理論與實踐，並將此圓型組織理論放諸於憲政體制、放諸於社會企業組織、放諸於宗教組織，尤其是慈濟組織的永續發展之設計。

本書之撰寫，吾人內心有不少的掙扎。作為一位慈濟人，是不宜談論政治的，但是本書對於憲政體制提出了新思維與觀點的可能性探索。

作為慈濟主管，本書對慈濟組織的建置意見也只是個人見解，不能代表慈濟機構的整體意見。但是從外部人士看來，吾人的任何一個見解，都難免被認為是慈濟機構的見解。這是吾人撰寫本書的擔憂與掙扎。何況「立體琉璃同心圓」是證嚴上人對組織的原創思想；吾人所探討的圓型組織的概念來源於此，並將它作結構性的衍伸、闡發與論述。

吾人是慈濟人，但也是一位學者；任何一個機構都有一定的話語框架，機構成員似應遵循既有的話語範疇；然而以一位學者似乎可以單獨地提出個人研究的心得與看法。本書付梓之後的各種可能的反應，的確可以一探吾人的自我表述空間究竟有多大？畢竟，吾人所闡述的圓型組織中人人都是中心點，人人都可以合理地擁有自我的意見與表述。

希望吾人初淺的研究能給當今人類的組織治理，以及慈濟宗的永續組織發展些許的助益。

第二部分：關於善的討論

何謂善？

本書提出善的中心思想是利他與和合，組織與個人都能利他、和合，是善組織，是善治理。有別於金字塔型的傳統組織，圓型組織強調個人與組織的平衡發展，它能實現的可能性是基於信念，基於利他，基於和合。

善治理組織的設計並「不排除防止惡」，但更著眼於「擴大善」。

善治理的設計讓人人在組織中都可以是中心點，能在信念中平等、自主、共責、共善。這樣的組織設計如何可能實現？

人性是善？是惡？

這是一個人類自遠古以來始終在追尋與辯論的議題。人類的整個治理體制都是在設計防止惡，特別是西方社會。制衡人性的惡，是西方的治理體制一項遵循的原則。

幾個世紀的人類花費大量的時間在治理制度上設計防止惡，但似乎沒有花時間設計擴大善。

閱讀本文的諸君，或許與吾人一樣，在經歷過數十年的人生之後，在經歷了人性或自己的善與非善之後，我們對人性的善還存在信心嗎？

在佛法的觀點，「善惡無記」，是說明世間「有善、有惡、有無記」。有善行，有惡行，有無記行。「無記」是說有些行為非善非惡，如睡覺、走路等都是非善非惡。而「善惡無記」的深層意義，並不是說善惡都無所謂，或善惡都是相對的。善惡無記在佛法之另一層意義是善惡沒有本質，一切都是因緣所生，一切都是因緣造作。人可為善，可為惡。人的善可為聖人，人的惡比禽獸不如。如莎士比亞（William Shakespeare，一五六四—一六一六）所言：「再兇殘的野獸也有一絲的憐憫，我沒有憐憫，所以我不是禽獸。」當今人類社會每年集體屠殺八百億隻動物，只為了滿足口欲。希特勒及納粹集團屠殺猶太人超過六百萬人。這些從佛法或從普世觀點言之都歸屬於人性集體的惡。雖然殺牲畜滿足口欲，在許多人看來非惡，這當然衍生出善、惡是相對的觀點。

誰來決定善與惡？權力決定？金錢決定？或文化意識決定？

對一人之善，可能是對他人之惡？善與惡的難分難解，是人類歷史的大議題。善，究竟如何理解？

善，從吾人觀點：善，就是利他與和合。善要利益他人，善的實踐必須和合。利他才是善，和合是善。換言之，善是利他，也必須和合才能達到共善；善的達成，其動機是利他，方法是和合，才能達到共善。

孔子曾說：「雖有至道，弗學，不知其善矣。」真正最高的真理，「弗學」，是指實踐，最高的真理如果沒有實踐，不知道他善不善？換句話說，真理還要善。

善不是拿一個「真理」去指責別人是「非真理」，真理是要能夠利益一切生命才是善。善，在中國字的原型就是「一人一口羊」，每一個人都有才是善。這不是轉型正義，而是兼容並蓄。

西方追尋一個最高的真理，用這個最高的真理來檢驗世間的一切事物。如柏拉圖（Plato，西元前四二三—三四七）強調理型（Form, The Theory of Ideas）是至高的善（Summun Bonum），康德（Kant）所言的善意志是建立在一個堅固的真理之上，再去檢驗一切的行為。這種最高真理被政治權力運用，容易形成為某民族是至高的，最優秀的，因此他們可以統治其他民族，甚而消滅其他民族；這種至高的真理，運用到現實世界，產生自我的政治體制是至高的，非我體制是邪惡的。我的意識形態是最高的，至善的，其他都是非善的。秉持正義的一方，可以打擊非正義的一方。

如同老羅斯福總統（Theodore Roosevelt，一八五八—一九一九）所言，如果正義與和平兩者不可得兼，我寧取正義，不取和平。公義的一方，必要時以武力壓制不公義是合理合法的範疇與手段。然而，如果我們能界定出普世性的、絕對性的公義與非公義的範疇，我們對待非公義，對待惡的態度與方法是什麼？懲處、打擊、消滅是個手段；限制、寬容、教化是另一個手段。

而東方卻是從一個比較相對的觀點看待善，任何的善，任何的真理，都應該要利益他人。所以老子說：「上善若水，水善萬物而不爭，處眾人之所惡，故幾於道。」

善沒有離開惡，而是就惡救惡。

佛教對善的看法是以「慈、悲、喜、捨」四無量心，歸向十善法。

善，從「四無量心」的意涵有六：

第一是「不害」；善必須不害，對他人不造成傷害。

第二是「不恚」，不怨、悔，所行之事自己不怨悔，他人對己亦不怨、不悔。

第三是「以他為自」，把自己當作他人一樣的來關照，來付出。

第四是「勸諫惡」，善不只是自己行善，更必須教化惡，轉惡為善。

第五是「同理智慧」，善是方便智慧具足，能同理，能引導他人向善。

第六是「圓滿清淨梵行」，亦即自他都能到達「清淨智慧圓滿」是為善。四無量心的實踐，通向佛陀所言的十善法。[4]

十善法引導人們身、口、意皆行善。它涵蓋了個人及社會的所有善的內涵。不殺生、不偷盜、不邪淫、不說謊、不誹謗、不兩舌、不貪婪、不嗔怒、不邪見、不執著。十善法期待讓人人都能「身行好事，心想好意，口說好話」。

善是利他

善的根本核心是利他、和合。何謂利他？

利他當然有許多不同主觀的認定。真正的利他，有十個論述要件：

一、利他是自願的行為；非強迫性的利他。利他不能以強制的方式為之，那會變成如心理學家卡倫荷妮（Karen Horney，一八八五—一九五二）所言是「應該之暴行」。

二、利他是基於同理心；利他不是將自己的價值觀加諸在他人身上，或強迫他人接受自己的價值真理。真正的利他能夠同理他人，理解他人之需求，給予他人認為真正有益的事物。而長期觀之也是有意的事物。

三、利他不必害己；利益他人不等於要傷害自己。利益他人本身必須以智慧行之，慈濟證嚴上人在創立慈濟骨髓庫之際曾言：「我不會為了救一個生病的人，而去傷害一個健康的人。捐髓救人，無損己身。」利他，必須無損己身。利他需要提高智慧。

四、利他不是為一己之利益；利益他人如果一開始就為自己，那不是真正的利他。這種利己式的利他，是一種對價關係，是互利，不是利他真正追求的境界。最高的利他是無所求。有所求的利他固然不惡，但是非真正的善。

西方心理學家也認為，人的利他多少都有利己的成分，利他讓自己成為更好的人，也是一種形式的利己。利他體現自我的價值，也是利己。這種利己是佛教式的利己；佛教的利己與西方心理學說的利己不同，西方心理學講的利己是為自己謀取某些利益或福利。佛教的利己不是謀求自我的利益，而是修行自己的清淨與智慧。這種自我心靈提升的利己與利他是平行價值，是為善。平行非等同，從這個立場上利他即是利己。

五、利他是更好的利己；利他終究是會利己，雖然無所求的付出，但是最終仍會嘉惠自我。以事實言之，利他最終將獲得更多人的愛戴與支持；以更高的層次言之，利他能獲致自我心靈的滿足。如猶太經典所言，「善的報酬就是善」。利他的報酬無他，就是自我利他的心靈之養成。

六、利他不助長他人貪欲：利益他人不能助長他人不當之貪欲。如孔子所言，「君子可使也，而不可愚也。」真正的利他不只是給他人之所需，而是能夠給予他人正向生命之道路。

七、利他成就他人的生命；不是以利他抑制他人。所以佛教與儒家都說，正命的重要性。成就自己與他人之正命，不是成就他人與自己的邪命。《易經》強調，人人各就其位，各蒙其利，各正其命。

八、利他成就自我的生命：利他是成就自我完美生命的途徑。佛教所言一切因緣相生相依，沒有一物能單獨存在，一切都是互為依存，所以世界是一。因此，利他就是利己。在無私的為他人付出中，成就與萬法合一的最高心靈與物質世界。如儒家所言，天人合一。天孕育萬物，人與天道合，及運物萬物，嘉惠萬民。

九、利他以智慧為本；利他必以智慧。利他之際必須考慮是否產生非利他的因素。利他作為中國的善之內涵是涵蓋動機與方法，老子言：「動善時、政善治、言善信、與善仁、居善地、心善淵、事善能」，說的都是智慧。利他必須以智慧行之，才能達到善的目的。西方名言，通往地獄道路是善意鋪成的，這就是善而缺乏智慧所致。善，利他，必須基於不斷提升的智慧。利他永遠有負面的作用；「反者，道之動也。」道在運行，永遠有負面作用。利他不是能永遠完美的達成利益他人，但是必須以智慧不斷地反思與創造，締造利他與善的果實。康德（Immanuel Kant，一七二四—一八〇四）的純粹善意志，強調只要意志為善，即便現實無法完成善，仍為善。但是佛教的觀點卻是強調善的結果非常重要。善不只是動機，而是以智慧達成善的結果。菩薩，菩提薩多，就是「上求智慧，下化眾生」。菩薩救助眾生是以無私的心，達到利他的結果。

十、利他的目標是共善；利他不是要求達到一致性的價值及利益，而是尊重不同的價值及利益。不損及他人，不損及自己的前提下，達到彼此的共榮共善。這是利他的最高目標。利他最終一定是通向和合。佛教的「萬法是一」，道家莊子所言「與萬物合一」，儒家「與天道合」，都是以利他為始，以和合為終。佛教強調一切萬物的生成與滅亡都是因緣相依。萬物和合能生成，相牴觸則滅。此生比生，此滅彼滅。因此共容則共生，共榮則共善。

善是和合

善的第二個意義是和合。善的動機是利他，方法是和合，才能達到共善。

孟子說：「仁也者，人也。合而言之，道也。」[5]仁者，人也，即是利益他人，利他能和合才是道。利他必須同時要和合，才是真正的利他。利他不必害己，利他是更好的利己。利他不是為己，但最終卻創造自己的益處，利他利己，是利他的真諦。

利他不能強迫別人接受自己的價值觀，所以方法必須和合。或有人言：希特勒在二次大戰之所為，他也自認為是在利他，利益日耳曼民族。然而他榮耀日耳曼民族的方法不是和合，而是暴力與強制。利他雖然有各種的標準與價值觀，但是可以用「和合」來衡量利他的準確度與寬度。

《易經》對於和合言：「夫大人者，與天地合其德，與日月合其明，與四時合其序，與鬼神合其吉凶，天且弗違也，況於人夫。」[6]與一切和合是儒家的最高生命之盼望。莊子言，與天地萬物合一，亦是相同之旨趣。和合，則萬物生；相抗，則萬物損。和合沒有取差異，而是創造相異的共存，如陰與陽同時並存一般。兩種相反力量的互相涵融，才是生命之道。

儒家觀點的和合

中國文化的「和」具備三個層次：

第一是「中和」。允執厥中，從不同的極端見解與利益，找到共容之道，是為中和。治理最大的挑戰就是能容納各種極端的意見與利益，兼容並蓄，創造雙贏。中國哲學對於如何達到中和亦有深刻的洞見。喜怒哀樂之未發謂之「中」，發而皆中節謂之「和」。西方喜歡設計體制創造雙贏，從博弈理論到囚徒理論都是以制度創造雙贏。中國哲學則是從心出發，心的清淨，誠正，才是人際社會中和締造之鑰。為天下之至誠，能參天地之化。

至誠心，你想像成羅斯（John Rawls，一九二一—二〇〇二）的「無知之幕」（Veil of Ignorance）。只是中國文化不是講無知，而是誠心。證嚴上人曾對前往厄瓜多賑災碰到與政府協商發生困難的慈濟志工說，當有為法用盡，我們要用無為法，那就是虔誠的一念心，或許自然地有為法就會改變。這也是說明當事情發生困難，一切方法窮盡，心念虔誠是關鍵的力量。

第二是「保和」。人人都能「各安其位」，「各蒙其利」，「各正其命」，是為保和。如《易經》乾卦所述，中國文化理想的治理模式是「調和鼎鼐」，而不是「縱橫捭闔」；是「兼容並蓄」，不是「轉型正義」。不是誰取代誰，而是共融、共生。黃帝打敗炎帝，結果炎黃並立，炎黃子孫。龍的圖騰，正是蛇的部落與鹿的部落結合，所以蛇身鹿角；再來跟鳥的部落融合，所以龍能飛；再跟魚的部落融合，所以龍有魚鱗；龍的圖騰，就是古代中國各民族和合共生的象徵。「保和」的關鍵是尊重差異，互為禮讓，創造利他，才能維持保和之狀態。

「保和」的最高理想仍是「各正其命」。「正」，才是「保和」的關鍵。

《易經》所言：「領導人以正，則天下服。」〈需卦〉言：「位乎天位，以正中也。」[7]亦如〈師卦〉言：「師，眾也，貞正也，能以眾正，可以王矣。」「大君有命，以正功也。小人勿用，必亂邦也。」[8]「正」，才能令群體所有的利害相關人都能更「各安其位，各蒙其利，各正其命」。一個社會或組織能成就他人生命，能成就人人的生命之幸福與價值，就是「保和」。

第三是「太和」。這樣的和合境界能持之以恆至萬代，是太和。中國故宮的三大殿：中和殿、保和殿、太和殿。象徵古老中國治理天下的理想與智慧。

佛教觀點的和合

佛教觀點的「和合」，著重自他的「清淨修行」，人人「互為善知識」。

在《中阿含經》裡佛陀對於和合提出了說明：善知識共和合，必須「守戒」，「說聖義」，「精進不捨方便」，「行智慧」，以及「斷我慢」。這是「五習法」；「和合」的前提是原則，所以佛陀說守戒；必須依於正道，所以廣說聖義；必須不捨方便，就是要能夠折衷樽俎；需要以智慧圓滿各方；最後要斷我慢，就是不能太過於執著己見，才能和合。佛陀說：

若比丘自善知識與善知識俱，善知識共和合，當知必修習禁戒……受持學戒。

若比丘自善知識與善知識俱，善知識共和合，當知必得所可說聖有義，令心柔軟，使心無蓋。

若比丘自善知識與善知識俱，善知識共和合，當知必行精進……為諸善本，不捨方便。

若比丘自善知識與善知識俱，善知識共和合，當知必行智慧……聖慧明達，分別曉了，以正盡苦。

若比丘自善知識與善知識俱，善知識共和合……令斷我慢。[9]

佛教以五習法說明和合的成就，必須善知識共和合，必須「守戒」，「說聖義」，「精進不捨方便」，「行智慧」，以及「斷我慢」。

吾人在本書的第十四章提出的六圓治理，其實符合佛陀的五習法的意涵。這「五習法」：「守戒」，如司法圓；「說聖義」，如信念圓與教育圓；「精進不捨方便」，如立法圓；「行智慧」，如行政圓；「斷我慢」，如訊息圓，人人訊息平等。

一國之內，能強化信念，普施教育，是為「說聖義」；在司法之內，人人守法，是為「守戒」；行政長才需智慧品格兼具，是為「行智慧」、「聖慧明達」；代表人民意志的代議士必須兢兢業業，時時應變民眾之所需，是為「精進不捨方便」；訊息透明平等的給每一個人民，沒有人能壟斷訊息，以掌控權力，是為「斷我慢」。如此才能真正做到政治經濟的人人平等。

佛陀其實是中道的倡議者，他並不否定在善治理的過程中去除私利。他反而認為給予私利是和合的方法。在《雜阿含經》卷四十中佛陀特別說，給予每一個人應有的利益，才能和合。和合，才能通向第一義——即人人證得清淨智慧的境界。佛陀言：

> 一切眾生類，悉皆求己利，彼彼諸眾生，各自求所應。世間諸和合，及與第一義，當知世和合，則為非常法。若人勤方便，必令利滿足，是利滿足已，修忍無過上。[10]

佛陀強調先和合後調利。這與我們現今或西方的觀點認為「利益均衡」才能和合有所不同。佛陀強調先有和合的心態，先能認識最高的清淨智慧的意涵，才能利益平衡，最後才能人人富足，人人清淨。換言之，佛陀強調先能以和合的心態，並且充分地體認共同的最高價值與理想，才能利和同均。羅斯強調先能摒棄一己之見，進入無知之幕，才能做公平的分配。佛教則主張能摒除己見，還必須有決心和合，並且彼此認識到最高的共同價值，才能利和同均。

動機的善，也必須有目標的善，才考慮手段的善。手段的善取決於動機的善，以及最終目標的善，否則就是比力，比勢，這無法做到組織利益分配的正義。西方治理的善是程序正義，佛教則是動機正義與目標之正義。在這前提下，談程序正義，這是佛教的和合善治理。佛教強調因緣相生相依，一切眾生互相依存，因此和合才能共生、共榮、共善。

西方治理哲學中的和合

西方治理哲學中的和合觀點分為五種：

其一、是依能力分工合作的理想國。如柏拉圖所倡議。

其二、是建立在正義和美德原則上的社會。如亞里斯多德所主張。

其三、是一個強大的政府，以避免百姓的愚昧造成國家的衰敗。如霍布斯所述。

其四、是以人民為主體，在人民的同意下，或人民的合議下，形成的社會契約組成國家。如洛克及盧梭所言。

其五、是以權力的相互制衡達到和合。如孟德斯鳩所主張。

從柏拉圖的觀點出發：理想的社會是根據個人的自然能力和才能分配角色的社會。從此創造一個有秩序的社會，每個人都能夠發揮自己的能力，並與他人協力實現共同利益。柏拉圖將治理的和諧放在一個既差異又分工合作的社會，哲學家為皇帝，其次武士，其次為其他各專業，柏拉圖認為，實現社會和諧的關鍵是教育，他把教育視為灌輸公民美德和智慧的手段。他認為，受過良好教育的人民更有可能理解正義的重要性，並能夠更好地與彼此和諧共處。

霍布斯（Thomas Hobbes，一五八八—一六七九）認為人類天性自私且暴力，在自然狀態下，生活將是「孤獨、貧窮、惡劣、粗野且短暫的」。為了逃避這種自然狀態，個人必須聚集在一起，形成社會契約，同意放棄一些個人權利，換取由強大政府提供的保護和安全。

霍布斯認為，維持社會秩序並防止衝突的唯一方法是建立一個強大而集中的政府。他主張政府應該具有絕對權力，個人應該將自己的權利交給政府，以換取保護和安全。霍布斯認為，這將防止個人為自己訴諸私刑，並避免暴力和衝突的發生。

在霍布斯看來，理想的政府形式是絕對君主制，君主擁有無限的權力，以維持秩序和防止衝突。他認為，建立一個強大而集中的政府是必要的，以防止缺乏這樣的政府時產生的混亂和暴力。

盧梭（Jean-Jacques Rousseau，一七一二—一七七八）認為，人類在自然狀態下是平等自由的，並享有自然權利，包括生命、自由和財產權。但是，當人們開始組成社會時，這些自然權利就被政府和法律所限制。政府的權力應該來自人民的同意，政府的目的是保護人民的權利和利益。

盧梭反對絕對君主制和專制主義，他主張建立一個社會契約，讓人民自由地選擇政府，並且政府應該是民主的、參與性的和負責任的。他主張民主制度應該是直接民主，而非代議制民主，因為代議制會剝奪人民對政府的控制權。

洛克（John Locke，一六三二—一七〇四）則認為，個體自願結成社會契約，同意放棄一些自然權利，換取其餘權利的保護。根據洛克的理論，政府的權力來自人民，政府的責任是保護人民的自然權利。洛克認為，最好的政府形式是一個權力有限且權力分立的政府，例如具有權力制衡的系統。他主張，立法、行政和司法三個機關應該分立，每個機關都應該有權限制其他機關的權力，防止任何一個機關變得過於強大。

孟德斯鳩（Montesquieu，一六八九—一七五五）在其著作《法政哲學精神》（*The Spirit of Laws*）中提出了政府的目的是保障人民的自由和幸福，他主張通過權力分立來實現這一目標。他認為政府的權力應該被分為三個部分：立法、行政和司法。他主張這三個部分的權力應該獨立運作，以防止權力被濫用。

最後，回歸希臘亞里斯多德的觀點，政治的目的是追求共同利益和公共幸福。他認為政治制度應該是一個基於法律和正義的公共秩序，而不是基於個人權力和私利。最好的政府形式是一種結合了民主和貴族制的政治制度，這種制度可以保持穩定和公正。他認為，民主制度容易被濫用，因為政治力量被集中在大多數人手中，而貴族制度則容易被少數人壟斷政治權力。因此，他主張這兩種制度的結合，達到平衡和穩定。

以善治理之可能

西方社會的治理哲學停留在孟德斯鳩的權力分立，是以制衡的惡來達到善。善，從吾人角度言之，是以善致善，非以惡致善。如同吾人在《善經濟》一書所言，善的動機、善的手段、以達到善的目的。沒有必要的惡，只有必要的善，組織治理應該從善出發設計制度。人類以數百年的時間設計憲政制度，都是從防止惡出發，但卻很少開始思考如何從憲政角度設計善，擴大善。

慈濟的組織以善出發，成為全球性的慈善公益組織。「福田一方邀天下善士，心蓮萬蕊造慈濟世界。」創辦人證嚴上人更說：「信己無私，信人有愛。」這是從善出發打造制度。

宏碁集團創辦人施振榮先生也說，宏碁的出發點是以人性本善設計制度，至今近五十年，公司有三分之一是臺灣人，三分之二是西方人，宏碁以善為出發點設計制度仍然良好的保持。

論述者言，社會組織不同於憲政組織，憲政組織有國家必要的暴力，如執行死刑、刑責，防止政府或私人濫權貪瀆，壓迫人民等。憲政必須設計制衡權力，這是必要的惡。善治理所探討的正是如何在各種體制中植入善。

善治理並沒有取消防止惡，而是擴大善，鼓勵善，讓善成為有力量的機制。如老子言：「天下皆知美之為美，斯惡已。皆知善之為善，斯不善已。故有無相生，難易相成，長短相較，高下相傾，音聲相和，前後相隨。」[11] 越是防止惡，惡越是存在。善治理希望在現今的防止惡當中，逐步增加擴大善。

如何擴大善？從內心出發，如亞里斯多德所主張，一個和諧的社會是建立在正義和美德原則之上。實現社會和諧的關鍵是培養個人的美德，諸如誠實、勇氣和慷慨，並創建促進正義和共同利益的機構。

以協同（Collaboration）彌補制衡（Check and Balance）之弊。制衡導致人與人、政黨與政黨、組織與組織之間無止盡的互鬥。協同，是當今重要的治理趨向。以協同邁向共生、共容，繼而共榮、共善。

善的目標是共善

善不消除差異，也不抑制差異，善是讓兩種或多種差異能共存，共容，共生，共善。善不遵循轉型正義，而是兼容並蓄。

差異的共生、共榮之前提不是對抗，而是協商，協同。協同的必要條件是「價值分享（Shared Values）」，「資源分享（Shared Resources）」，「運作共議（Shared Protocols）」，「成果共享（Shared Results）」。當今世界在面對全新的科技發展及人類各項激烈的挑戰之際，單一組織難以對治這些挑戰，橫向與縱向的合作，公部門與私部門協同，各憲政權力機構協同，國家間協同，宗教間協同，人與人的協同，是當今治理之鑰。治理應著重協同，而非對抗。

或言人性之惡就是會朝向對抗，如蘇格拉底所言，人之為惡，是因為不知道善的好處。當治理者體會協同比對抗有益、有效，協同與協商定能勝出。

善治理——圓型組織強調協同治理。

訴諸於憲政體制，如瑞士的民主共識決制度（consensus democracy）鼓勵各方透過協商達成共識。相對於其他民主國家，瑞士的公民投票並不是主要的政治決策過程。相反，瑞士政治制度強調各方的協商與達成共識。政治黨派和利益團體被鼓勵參與協商，以制定具有廣泛支持的政策。政治決策的正式程序還包括專門的委員會和政治諮詢小組的意見。

此外，瑞士還有一種特殊的投票制度，稱為「民主共識決制度」。這種投票制度要求多數決之外，通過建立最小的反對聲音來確定決策是否能夠獲得廣泛支持。如果在這種投票制度下沒有明顯的反對聲音，決策就會被視為獲得了「共識」。

瑞士的民主共識決制度體現了一種協商和達成共識的政治文化，這種制度強調政治權力的分散和平衡，並通過協商和共識來實現政治決策。

付諸於社會組織，如微軟（Microsoft）執行長薩提亞（Satya Nadella，一九六七—至今）對於員工的考核有三大要素：一是自己做了什麼；二是為他人做什麼；三是與他人一起做什麼。第一項是盡本分，第二項是利他，第三項是和合，微軟把利他和合建構成制度，以協同取代競爭，使得微軟從二〇一四年的市值谷底三千億美元，到二〇二二年成為科技的龍頭之一，市值到達兩兆美元。

巴塔哥尼亞（Patagonia）讓員工充分參與決策，強調透明平等，所有員工環繞著愛護地球，地球是我的家的概念創造產品，這都是善企業善治理的典範。

訴諸於宗教組織，如耶穌基督後期聖徒教會（LDS—Church of Jesus Christ of Latter Day Saint）以共識決為基礎，由使徒團（12 Apostles）共同帶領，一千六百萬個信徒分布在一百八十多個國家。

佛陀帶領僧團，強調羯磨，就是共識決。以六和敬促進僧團的和合。以四攝法：同事、利行、愛語、布施等，讓僧團清淨和樂修行，度化世間。

慈濟基金會創辦人證嚴上人以「合心、和氣、互愛、協力」，打造慈濟一家人的氛圍。每一次災難發生，慈濟四大志業「慈善、醫療、教育、人文」都協同賑災。從安身、安心、安生、安學、安居到安林，「六安」都是由四大志業共同協力完成。整個慈濟體制就是一個協同體制，遵循核心信念，以愛領導，以原則治理。「信念、原則、愛」，構成圓型組織的內涵。

「和合」是善治理的關鍵。如孟子曰：「天時不如地利，地利不如人和。」[12]人和，是善治理的關鍵。善，要能夠創造自、他之間的互益、互利與和諧，因此，在建構善治理的過程中，必須要理解利他和合能並行不悖，才能創造共善。

如先前吾人以《易經》的觀點說明，善治理是人人都能「各安其位，各蒙其利，各正其命」。共善不是共同的邪命，非為兩人合作進行惡的勾當，而是能真正對這個世界引領出正向的力量，對自己、對他人創造正向的作用，才是共善的意義。

善的動機是利他，方法是和合，目標是共善。這是論述善治理之前，吾人對於善內涵之闡發。

善如何面對惡

善，如何面對惡？

這是宗教命題，是倫理問題，也是憲政命題。

吾人的基本觀點，消滅惡，不是打擊惡，是擴大善。如同消滅貧，不是打擊富，是擴大善。人類運用大量的資源防堵惡，但惡不斷地以不同的形式出現。不是人性本然，而是打擊惡的自身，也是另一種惡。以惡制惡，惡令增。以善止惡，或能去惡從善。

老子對善惡的智慧告訴我們，我們越打擊惡，惡就越大：

> 天下皆知美之為美，斯惡已。皆知善之為善，斯不善已。故有無相生，難易相成，長短相較，高下相傾，音聲相和，前後相隨。
>
> 絕聖棄智，民利百倍；絕仁棄義，民復孝慈；絕巧棄利，盜賊無有。
>
> 法令滋彰，盜賊多有。故聖人云：我無為，而民自化；我好靜，而民自正；我無事，而民自富；我無欲，而民自樸。[13]

以善達善，盡一切力量教化惡，而非精心設計懲罰惡，是當代人類的大課題。

宗教層面的善惡之論

就宗教層面言之，宗教是擁抱罪人的。聖經記載，當耶穌來到眾人跟前，眾人面對一位犯了通姦罪的婦女，就是馬大拉的馬利亞。眾人對耶穌說，這位馬利亞犯了罪，按照猶太律法應該用石頭把她處死。

耶穌回答說，是的，按照律法，她應該被處死。隨後耶穌彎下腰來撿起一個石頭，對著眾人說：「讓那個沒有罪的人丟第一個石頭。」眾人聽完耶穌這麼說，就全都退卻了。誰沒有罪呢？這是宗教情懷，對於惡的一種見解。馬大拉的馬利亞後來成為聖女。所以耶穌也說：「若有人打你右臉，連左臉也給他。你要愛你的仇敵，如同愛你的鄰人一樣。」

慈濟創辦人證嚴上人在數十年前，當母親跟他說，他的弟弟在部隊被人打死了。上人隨即在電話那一頭告訴母親，妳要幫那個犯罪者說話，讓他減輕罪刑，不要讓另外一個母親也傷心哭泣。母親很有智慧地答應證嚴上人的勸解，在法庭中為加害者說情，這是宗教情懷。

宗教永遠是寬恕罪人，轉化罪人，教化罪人成為善，這是最大的一種面對惡的善的力量。

但是宗教也可能跟權力相結合之後，對人進行迫害。或有人說，通往地獄之門通常是善意堆積出來的，這多半指涉在歐洲中世紀的宗教迫害。教會屠殺異教徒，獵殺異端，這都是在中世紀的基督教當中非常普遍的一種現象。基督徒被羅馬帝國迫害將近三百年。但是在西元四世紀，當君士坦丁大帝正式承認基督教以後，在尼西亞會議（Council Of Nicaea，三二五 A.C.）當中，君士坦丁大帝與各地主教確立三位一體的看法，亦即聖父、聖子、聖靈三位一體。耶穌是神，人是通過耶穌像靠上帝。

但東方的亞流主教（Arius 二五六—三三六 AC.）不認同三位一體，結果他被羅馬的教徒們處以死刑，或說燒死，或說毒殺。基督徒被迫害三百年，但迫害自己人不到三十年。這就是當一個絕對的價值觀加諸在世界之後，就會將善轉成惡，特別是當善是被權力所界定，而不是居於共同的協商、理解、包容所創造的善。

另外一個對善的批評意見是，善會創造惡。這實則是因為缺乏智慧，缺乏善的方法所致。

羅素（Bertrand Arthur William Russell，一八七二—一九七〇）以知識與愛並存來說明善。他說中世紀的神父，因為黑死病降臨，神父召喚大家到教堂來集會禱告，瘟疫反而更快地傳遞開來，這是有愛而無智慧。善的動機，但缺乏善的方法，導致惡的結果。難怪有「通往地獄之門是善意所堆積出來」的諷語。

另一種以惡為善的模式是宣稱自己擁有正義，認為自身擁有至高神聖的真理。宗教迫害都是宣稱自己是唯一及最高的真理，非信仰者就是異端，異端就必須消滅。

在政治上也是宣稱正義的一方，消滅不義的一方。因此殺死一個暴君來挽救所有的國民是正當的；通過武力革命顛覆一個暴政，但是暴力推翻暴力之後，暴力會繼續存在社會當中，暴力會尋求新的對象來繼續作為他的祭品。布爾什維克黨人推翻沙皇，紅軍、白軍打了一場內戰。戰爭的殘酷造就了史達林的暴力獨裁，被他流放的異議人士，死亡者數以千萬計。

西方人殖民非洲，西方帝國走了，暴力卻留下來。非洲諸國，其部落間的互相屠殺，有甚於西方人屠殺非洲人。包括中國古代的改朝換代，皇帝以武力推翻暴政，建立新政權；隨後誅殺功臣者不遑多讓。結果暴力的本質還是在王朝當中。以正義之名的暴力，難以達到善的結果。

今天西方強國發動的許多對外國的侵略戰爭，都是以正義之名，以正當性行使暴力。為正義而戰？以正義之名，行殺戮攻打之實。所謂的善，其結果是惡。創造惡的結果，因為手段是惡，無法創造結果的善。

因此惡的手段無法達到善，這是重要的宗教命題，也是道德的命題。也是一個憲政的命題。吾人之觀點，善的動機，善的方法，才會有善的結果。

道德層面的善惡之論

面對惡就道德層面言之，最重要的討論就是可否「以手段的惡，達結果的善」？可否殺一人救百人？自殺客犧牲自己炸死一萬人，以備迎接一個更美好新世界的到來？每一場戰爭都有一個美好的藉口或理由，為其建立殺人之合法性與合理性。或有人說希特勒也認為自己是善，自己是利他，他屠殺猶太人，是為了讓亞利安純粹的種族能夠統治德國，能夠讓德國締造最強盛的歐洲文明。這種建立在他人的殺戮之上的一種道德優越性，是第一個我們必須排除的惡。

任何的善如果是以別人作為犧牲品，那一定是惡，特別是剝奪他人生命來成就的善，一定是一種惡。那麼，預防性的戰爭，或預防性的殺人，究竟是不是惡？還是一種善？我們知道在刑法當中，對於防禦殺人其刑責是非常輕的，因為是在一個被動地保護自己的情況下而行使的殺業。那麼我們要探討的是如何在保護自己及保護他人當中能夠避免殺業？

在佛教中也有一則寓言：在一條船上有一個瘋狂的人，準備要殺害全船的人，這個時候如果有人殺這個人，以便救全船的人，這是菩薩的一種善業。

但是我們有沒有可能不殺他，而是把他隔離起來？不讓他去傷害人，這才是善。極盡全力避免殺，才是善的表現。

再進一步推之，殺死一個動物來做實驗救人，究竟是不是殺業？答案是的，它也是殺業。曾經有醫師為了要做動物實驗，來請示證嚴上人，慈濟醫院可不可以做動物實驗？上人說：「你們做動物實驗是為了救更多的人，這個業由我來承擔。」為救人而殺，還是一種惡業。

人類的惡當中，第一個惡就是殺業。佛教十善法的第一個善就是不殺，第一個惡，就是殺業。人類沒有任何理由或藉口去創造殺業。而真正殺業重的人如希特勒，就是讓德國人同意他與戈培爾倡議屠殺猶太人。希特勒通過說服德國人合理化屠殺猶太人，他讓每一個人都成為共犯以後，善惡的界線就模糊了，就麻痺了。

我們必須知道，沒有任何一個人能夠單獨地行使集體的殺業，只有眾人都同意以後，他才能夠行使集體的殺業。所以希特勒一人之惡，代表著德國多數人或德國多數的軍隊認同他的想法，而進行殺業。因此，如果大家都能夠堅守善業，以「不害」他人作為第一個道德的標準，那麼，沒有任何德國的軍人願意服從希特勒的這種做法。希特勒的惡將無從擴大。

西方的善重視動機的善，如康德所言的善意志。善意志的意涵是一個人如果有純粹的善之意志，即便在現實中無法實現善，其亦稱為善，這使得手段的惡變成次要之考量，這是唯心的觀點。另一種是唯物的觀點，只要結果善，動機不論，手段不論。政治學講的去動機論，不管一個政治家的從政動機是為公為私，只要他能為國家做出實質貢獻就是善。這是唯物論，從結果看待善。

我們既不能光從動機看待善，也不能從結果看待善，兩者都忽略手段的善。

吾人對於善的看法必須兼顧「動機的善、手段的善以及結果的善」，三者必須具足。有動機的善，忽略手段及結果，就會有以善意通向地獄的諷語。

只重視結果的善，是功利主義，如哈佛哲學家 Michael Sandel 所提的悖論，「在鐵軌上失控的工作車，是選擇碾死一人？還是五人？」

手段的善是善的關鍵。西方喜歡以惡達到善，實則惡的方法是無法創造善的結果。如同亞當史密斯的以私利要獲得公益，在歷史證明，資本主義所創造的絕對不是一個均富公益的社會。

如馬克思希望以槍桿子來顛覆不合理的資本體制，其所創造的是可能更巨大、更持久的具備暴力的政權。這都是企望以惡達到善，其結果背離善。因此在達到善的路程上，方法的善是人類永恆努力的目標。

憲政層面的善惡之論

憲政的倫理最重要的是一部憲法必須是基於人民共同的同意而制定，並為全體人民遵循的共同法則，它是盧梭眼中的「社會契約」，是洛克眼中人人平等的理想。基於這樣的理想，為了維護人民共同的生活準則，因而賦予政府一定的權力來維持這項秩序。而維持這項秩序當中，當然包含著暴力的合法行使，雖然這種暴力的合法行使，在民主憲政國家要通過法律制訂為之，要通過一定的法律程序以及司法的制衡才能夠使用。

第一個憲政倫理對於暴力的討論是，憲政民主與暴力的關係：當今許多民主國家的憲政產生，一開始通常是經由暴力所締造。而經由暴力所締造的憲政體制，其自身是否能通向善？如同先前所說的，惡的過程無法達到善的結果。

憲政體制如果開始是通過暴力所制定，事後也容許憲政體制行使所謂合理的暴力。那麼，這部憲政體制是否真能夠保障人民生活中個體及共同體的善？

如果憲政體制一開始是通過暴力所締造，而支配領導這暴力的是一部分的菁英，再由這部份的菁英來締造書寫憲政，那它不會是一個普遍性的憲政，它是由一群掌握既得權力者所制定的憲法，他也極可能繼續為既得權力的人服務，因而犧牲廣大多數人的權利。這當然不符合民主憲法中「No Victims Rule——無受害者原則」。[14]

憲法學者赫克特（Hector Lopez Bofill，一九七三—至今），在新著《法律、暴力及憲政權力》（*Law, Violence and Constituent Power*, 2021）一書中提出，美國的憲法是通個暴力所締造的一部憲法。美國是通過獨立戰爭的勝利而制定憲法，乃至於在林肯總統時期的內戰之後，修訂的新憲法，仍是通過流血而締造。

如尼采（Nietzsche）所言：「一切的開端，就像大地上所有偉大的事物一樣，都是被鮮血所滋潤。（In their beginning, as all that is great in the earth have been watered by blood.）」。[15]

赫克特強調，這種帶著血跡的憲法，有一些特定的特質。第一，他是由少數的勝利者所集合而制定的憲法。在美國獨立戰爭以後，一七八七年五月二五日，由五十五位全數是白人的菁英，集合在費城共同撰寫這部人類歷史上最重要的一部憲章。當時在美國超過四十萬的黑人（占當時全國十三州人口的百分之十七），以及當時西部的廣大印第安人，都不被計算在公民之列，連婦女都不具備投票權。

傑佛遜（Thomas Jefferson，一七四三－一八二六）極力主張「人生而平等」（All men are created equal），但是包括他及諸多開國元勳都擁有黑奴。在黑人是否納入憲政的議題上，十三州代表爭論不休，因而原本美國憲政的設計是希望採全數通過（Unanimous），但是後來妥協為三分之二通過就可以成立這部憲法。憲法學者赫克特說，這違背了 No Vicitms Rule，亦即在憲政設計上沒有排除任何一個人，沒有犧牲任何一個人的權利及利益。這是民主憲政的基礎。

美國這種以暴力而產生的憲政體制，其實在近代仍然擴張當中。在憲政體制建立以後，美國逐漸的向西部開拓。在軍隊的支持下，在司法體系的認可下，美國不斷地殺害印地安人，擴張白人的版圖。在本土大陸擴張版圖告一段落之後，又繼續向鄰國墨西哥前進，攻占土地，現今的加州與德州，都是當時墨西哥留下的土地。赫克特也指出，在二次大戰以後，美國作為戰勝國，為德國與日本訂定憲法。

一九四九年的德國基本法（Grundgesetz für die Bundesrepublik Deutschland）是由少數的菁英，包括美國派遣的菁英，與德國的菁英共同制定，基本法不是基於一個大眾公民共同同意的憲法。它不是如盧梭所言，是一部社會契約——由人民共同決定所產生的一部憲法。

從政治哲學家漢納．鄂蘭（Hannah Arendt，一九〇六－一九七五）看來，美國只有一六二〇年的「五月花號公約（Mayflower Compact）」。當一百零二位清教徒登上五月花號郵輪，在底達美國東岸之前，他們當中四十一位白人男士共同協議、簽署、並承諾遵守公約，建立一個平等民主的國家。這是美國憲政重要的基礎。「五月花號公約」是美國民主憲政的肇始，但是「五月花號公約」的精神並未完全體現在一七八七年的費城美國憲法之中。We the People 在當時其實是「We, the Armed People」，包括一八六四年美國內戰之後的憲法修正案，都是在以暴力為基礎，建立民主憲政。「以惡致善」，似乎又是一個例證。

但是這個「善」，在國際間，美國沒有停止對其他弱勢者或異議者的攻伐，如先前所言的美洲印第安人，繼而墨西哥。二次大戰以後，美國原先孤立主義的立場，在戰後變成世界領袖，成為自由世界秩序的制定者及守護者。其他非美國意識形態的國家，如伊斯蘭世界、過去的蘇聯，今日的俄羅斯，或列入競爭對手的中國，美國都是以正義之名行使戰爭或預備戰爭之實。戰爭是行使正義？或以此同時讓少數的美國人獲得利益？「No War No Money」成為社會民間的諷語。

這個諷語不完全空穴來風，根據 Stockholm International Peace Research Institute（SIPRI）統計，美國每一年的軍事費用高達七千七百八十億美元（二〇二〇年），占GDP的百分之三點七，美國直接或間接為軍事工業工作的人數高達五百萬。由於美國憲法中規定政府基於共同防禦（Common Defense）可以委託私人企業製造武器。[16] 這種國防工業私有化的結果，造成國防工業是美國經濟的重要支柱之一。美國前總統艾森豪（Dwight David Eisenhower，一八九〇—一九六九）的告別演說中，表達對軍事工業複合體不斷擴張影響力的憂心。他警告國防工業已經變得過於強大，其利益可能與國家利益相衝突。艾森豪認為軍事工業複合體有可能對政府和經濟產生不當影響，進而導致國家需要長期處於戰爭狀態。

艾森豪總統的預言其實是準確的。美國在國外的戰爭，不只是被他們所謂的正義感所驅使，更大的是被經濟的需求所帶動。所以不只是 No War No Money，也是 No War No Job。

當「暴力」成為一種合法生意，那戰爭就變得難以避免，或勢在必行。這種將暴力的特質與經濟發展相結合的憲政規定，其實已到了必須要檢討的時刻。

在美國國內，擁有槍枝的權利「We, the Armed People」成了美國的憲政價值。No Arme No Freedom，西部拓荒充滿了與印第安人衝突或被歹徒搶劫的危險，擁槍自衛成了必要的惡。這個必要的惡直接鑲入憲政體制中。

美國憲法第二修正案保障了美國人民擁有和攜帶武器的權利。該修正案規定：「由於一個有組織的民兵對於自由州的安全是必要的，人民擁有和攜帶武器的權利不得侵犯。」該修正案的解釋一直是一個備受爭議和討論的話題，不同的團體主張實行不同程度的槍枝管制和管理。

而如今，無數的大量殺害事件在美國發生，美國三億人口擁有槍枝的數量到達八億五千多萬，每一年死於槍下的人數，二〇一九年為三三五九九人；二〇二二年，死亡人數上升到四四二九〇人，增幅是百分之三十一。[17]比起德國、日本、加拿大，只有數十人被殺害，但是槍枝的使用仍是美國憲政中人民的權利。通過暴力而制定的民主憲法，把暴力繼續留在憲政制度之中。

美國憲法學學者、政治理論家布魯斯．阿克曼（Bruce Ackerman）在他極具影響力的《We, the People》一書中提出，美國憲法應該被看作是一個活生生的文獻，不斷地隨著社會和政治環境的變化而演變。他認為，憲法不應僅僅是從上面強制實施的規則和原則，而應該是民主辯論和討論的產物。憲法應該被看作是人民和政府之間的對話，雙方都應該為其發展和解釋做出貢獻。

Ackerman 主張憲政改革應該反映不斷變化的社會和政治環境。他主張，憲法應該被看作是一個「不斷進行中」的產物，在社會演變的過程中不斷進行修訂和修改。這一觀點反映在他對「憲法時刻（Constitutional Moments）」的倡議中，他認為這是一個充滿民主辯論和討論的時期，可以導致重大的憲法改革。他的「憲法時刻」的概念，是每當重大危機或動盪發生，現有的憲法秩序受到質疑，這「時期」正是新的憲法之安排成為可能的契機。

根據 Ackerman 的說法，「憲法時刻」是罕見的，只有當權力平衡出現根本性轉變，或危機威脅到現有憲法秩序的合法性時才會發生。在這些時刻中，Ackerman 認為人民的社會運動與政治行為者可以共同創造一個新的憲法秩序，反映人民的需要和價值觀。

顯然作為全世界民主典範的美國，正需要一次憲政的轉化。如何將原始的暴力之需求——「擁有槍枝」，將此必要的惡，轉向必要的善。以更大的智慧，讓美國人的生活更安全；以更寬容的模式，讓種族生活得更平等；以更民主的方式，讓更多數公民參與政策，是美國當今的憲政需要的轉化。

近年冰島、愛爾蘭及法國等推動「隨機市民代表」參與立法（Random Citizen Constituent Assemblies）。[18] 瑞士並且將一項新法案中某部分的條文，交給公民複決（Partial Referenda）；都是 We, the People 力量興起的憲政觀點。以暴力及少數代表制定的民主憲政，轉向以平等、合平的模式進行。

人人平等，人人都可以是中心，這是民主憲政倫理善的轉化。這種轉化有更少菁英式的制衡與對抗，而有更多人民的參與及協同。

第二個憲政倫理關於暴力的討論是，國家暴力行使的正當性：無可諱言，當今任何國家，任何政府一定都是具備暴力的性質，當一切的道德力量、宗教力量都無法避免惡的時候，國家的暴力行使成為一種必要的惡，或成為有缺憾的善。

處死一個窮凶惡極的殺人犯，被多數國家認為正義的。但是新進出現的「善意溝通」（或稱為非暴力溝通 Non Violent Communication），更強調對於犯罪者的教化與懺悔才是根本之道。隨著死刑廢除的呼聲，教化、懺悔才是避免惡的終極目標。可見，惡不是終極之道，趨向善，設計引人向善的制度，才是憲政的目標。

吾人並不主張在憲政道德上採取立即廢除懲罰制度，但是除了懲罰惡，教化惡是吾人積極倡議的方向。如以非暴力溝通引伸出來的「修復式正義」（Restorative justice，亦稱為「恢復式司法」），強調犯罪者真正的懺悔、改過、彌補等。「修復式正義」的法律理論，目的在通過修復受害者、社區和罪犯之間的關係來實現正義。這理論強調的是，犯罪行為對受害者、社區與罪犯之間的關係造成了損害，因此正義的目標應該是重建這些關係，而不僅僅是懲罰罪犯。在修復式正義的框架下，受害者的需求和利益被置於核心地位。這包括向受害者提供支持、賠償和道歉等方式來修復損害。同時，社區也應該參與其中，因為犯罪不僅影響到受害者，還影響到整個社區的信任和安全感。

對於罪犯來說，修復式正義強調的是責任和重建。罪犯需要承擔他們的行為，並採取行動來修復損害。這可能包括參加治療、提供社區服務和接受培訓，以幫助他們重新融入社會。修復式正義的目標是建立一個更公正、更公平的社會，其中犯罪不僅被懲罰，還通過重建關係來解決。該理論已經在一些國家的刑事司法系統中得到了應用，例如紐西蘭與加拿大。

一國刑罰的設置仍是必要的，只是必須加入更多的善的設計。教化、懺悔、讓他們去服務他人，這是一種善轉化惡的力量。如佛法所說：「已生惡令斷，未生惡令不生。未生善令生，已生善令增長。」善的擴大與惡的斷除須同時並行。進一步言之，善擴大，惡就不生。如證嚴上人所言：「心中布滿善的種子，惡就無從所生。」投入善行，是斷惡的起始，是向善的源頭。

第三個憲政倫理對於暴力的討論是：憲政制度的惡之防止更大的程度在於防止權力的濫用；防止少數暴力，防止一人或少數人以暴力迫害多數。一個國家只要有暴力存在，就一定有被濫用的危機，有軍隊就一定有打戰的危機，就一定有以軍隊鎮壓自己人民，迫害異己的危機。那憲政體制究竟要不要設計合法的暴力？只要有暴力，暴力一定會尋求出口。如果去除合法暴力，非法暴力是否反而猖獗？人民反而更活在恐懼之中。

所以憲政體制是以一個有組織的暴力，或者甚至有原則的暴力，來防止另一個無組織的、不可預期的暴力。這是以惡制惡。我們能否在憲政上以善止惡？這是一個烏托邦的理想？還是可能被人類的智慧盡力實現？

吾人認為，首先的討論是否賦予國家合法的暴力機制。人類有無需要繼續造武器？有無需要繼續培養大量的軍隊？

歷史告訴我們，軍隊的擴充都是來自對於他國威脅之反應。軍備競賽的結果，一定是世界大戰的肇始。當今的人類如同教宗方濟各所預警，已經在大戰的邊緣。其實當今世界戰爭持續在進行中：當今的烏克蘭、敘利亞；幾年前的阿富汗、伊拉克、利比亞，或被預言即將發生的東亞地區的緊張情勢，這些都是大國軍事競爭的結果。

二十世紀初人類設立了「國際聯盟」，沒有阻止二次大戰的爆發；二十世紀中期設立「聯合國」，能否組織第三次世界大戰發生？這是我們這一代人能否以協商取代對抗，能否以協同取代競爭的課題。

如果每一個國家都覺得沒有軍事威脅，沒有他國的侵犯之虞。如果大國主動放棄對抗，放棄侵略他國之意圖，因而逐步地減少、甚而廢止軍事工業的發展，而協同彼此資源，投入創造新的善科技，創造善經濟的果實，這當能給全球人民帶來極大的均富與幸福，也是地球環境永續的關鍵之力。

國家減少暴力使用，是善；不擴充軍事力量，是善。以武力迫害他人都是具備這雙重性，越是向外擴張，對內越可能以武力排除異己。減少國家的暴力體制，對外不侵略，對內不極權，這才是善治理。以外部威脅強化內部控制，或因內部控制極權，擴大對外控制，控制的形式不會停止。憲政國家應該回歸賦能百姓，而非控制；協同他國，而非對抗。

隨著歐盟的誕生與運行，隨著世界的環境、貧窮、人工智能、生物科技等，對於人類的倫理、生活環境，與經濟秩序都帶來極大的挑戰，人類是否能夠集合一起，共同面對這些大議題，思索協同之法，提出解決之道，是人類能避免毀滅，並邁向善文明的關鍵。

吾人提出的「善治理——圓型組織類型」，或能讓人類的善文明有進一步實現之可能。至少能給那些對人類的平等、和平、愛與善仍具備盼望的人們，看到一絲的微光。

註釋

1. 臺灣九二一大地震，發生在一九九九年九月二十一日凌晨一點四十七分，持續一百零二秒的震盪撼動全臺。震央位在臺灣島中心的南投縣集集鎮地下八公里處，規模高達芮氏七點三，造成二千多人死亡、一萬一千多人受傷，全臺房屋毀損近十一萬棟。

2. 慈濟十戒：一、不殺生；二、不偷盜；三、不邪淫；四、不妄語；五、不飲酒；六、不抽菸、不吸毒、不嚼檳榔；七、不賭博、不投機取巧；八、孝順父母、調和聲色；九、遵守交通規則；十、不參與政治活動、示威遊行。慈濟賑災五原則：直接、重點、尊重、即時、務實。其他的慈善原則，包括感恩、尊重、愛；賑災期間穿著制服，不談生意、不談政治、不刻意傳教。

3. 此項憲政設計之細節詳見本書第十四章。

4. 第一：身善法：不殺生：尊重生命，不傷害任何生命。不偷盜：不占有不屬於自己的東西。
第二：口善法：不邪淫：不濫交，保持純潔。不說謊：誠實待人，不欺騙他人。不毀謗：不誹謗、中傷他人。不兩舌：不挑撥離間，保持言行一致。
第三：心善法。不貪婪：滿足現有的需要，不貪圖無用之物。不嗔怒：不對別人發脾氣或憤 怒。不邪見：不抱持錯誤的觀念或迷信。不執著：不執著於物質、感官享受或自我的存在。

5. 《孟子・盡心下》諸子百家 Chinese Text Project, https://ctext.org/mengzi, 2003 年 4 月 3 日。

6. 《易經・乾卦》諸子百家 Chinese Text Project , https://ctext.org/book-of-changes/qian, 2023 年 4 月 3 日。

7. 《易經・需卦》諸子百家 Chinese Text Project， https://ctext.org/book-of-changes?searchu= 正 &page=2 2023 年 4 月 3 日。

8. 《易經・師卦》諸子百家 Chinese Text Project・ https://ctext.org/book-of-changes?searchu= 正 &page=2 2023 年 4 月 3 日。

9. 《中阿含經》卷 10（CBETA 2022.Q1, T01, no. 26, pp. 491b19-492b27）：
彌醯！若比丘自善知識與善知識俱，善知識共和合，當知必修習禁戒，守護從解脫，又復善攝威儀禮節，見纖芥罪，常懷畏怖，受持學戒。
彌醯！若比丘自善知識與善知識俱，善知識共和合，當知必得所可說聖有義，令心柔軟，使心無蓋，謂說戒、說定、說慧、說解脫、說解脫知見、說漸損、說不樂聚會、說少欲、說知足、說斷、說無欲、說滅、說燕坐、說緣起，得如是比沙門所說，具得易，不難得。
彌醯！若比丘自善知識與善知識俱，善知識共和合，當知必行精進，斷惡不善，修諸善法，恒自起意，專一堅固，為諸善本，不捨方便。
彌醯！若比丘自善知識與善知識俱，善知識共和合，當知必行智慧，觀興衰法，得如此智，聖慧明達，分別曉了，以正盡苦。
彌醯！若比丘自善知識與善知識俱，善知識共和合，當知必修惡露，令斷欲；修慈，令斷恚；修息出息入，令斷亂念；修無常想，令斷我慢。
彌醯！若比丘得無常想者，必得無我想。彌醯！若比丘得無我想者，便於現法斷一切我慢，得息、滅、盡、無為、涅槃。」佛說如是。尊者彌醯及諸比丘，聞佛所說，歡喜奉行。

10. 《雜阿含經》卷 40（CBETA 2022.Q1, T02, no. 99, p. 296b25-c24）。

11. 老子，《道德經》二 諸子百家 Chinese Text Project https://ctext.org/dao-de-jing 2023 年 4 月 3 日。

12. 《孟子．公孫丑下》諸子百家 Chinese Text Project https://ctext.org/mengzi 2023 年 4 月 3 日。

13. 老子，《道德經》諸子百家 Chinese Text Project https://ctext.org/dao-de-jing 2023 年 4 月 3 日。

14. Héctor López Bofill, Law, Violence and Constituent Power:The Law, Politics And History Of Constitution Making, Imprint Routledge, First Published 2021, eBook Published 31 May 2021 Pub. Location London. P. 51.

15. Edited by Simon May, Nietzsche:On the Genealogy of Morality, Cambridge University Press, Online publication date: November 2011.

16. Article I, Section 8, Clause 1 of the U.S. Constitution: "The Congress shall have Power To lay and collect Taxes, Duties, Imposts and Excises, to pay the Debts and provide for the common Defence and general Welfare of the United States; but all Duties, Imposts and Excises shall be uniform throughout the United States."

17. 納丁．尤斯夫（Nadine Yousif）BBC 新聞 2023 年 1 月 26 日 https://www.bbc.com/zhongwen/trad/world-64403286 2023 年 4 月 5 日。

18. Random Citizen Constituent Assemblies 隨機市民代表大會，它是一個創新的民主模式，一群公民被隨機選擇來共同討論一個特定的問題，通常旨在起草新法律或憲法改革的提案。隨機市民代表大會的理念是提供一種更具代表性和包容性的民主形式，公民被隨機選擇來參與決策過程，而不是完全依靠選舉代表。隨機市民代表大會已經在世界各地的不同國家使用，包括冰島、愛爾蘭和法國。它們用於解決各種問題，包括憲法改革、氣候變化和醫療保健。

導論
探源與探索人類理想組織的類型——

烏托邦與理想組織

十六世紀，英國亨利八世的大臣湯瑪斯．摩爾（Thomas More）以希臘文，寫出《烏托邦》（*Utopia*）。「Ou」是「沒有」之意，「topia」是「地點」之意，人間還有如此的完美境地，陳述自己對於理想國的願景。或者湯瑪斯．摩爾的意思是希臘文的「Eutopia」，「Eu」是「有」之意，「Eutopia」是「Good Place」美好地點之意，因此我們也可以稱它為「優托邦」，一個理想的人類組織善治理。

一、共享共產的烏托邦

在湯瑪斯．摩爾的願景中，烏托邦裡人人均富，一切共有，除了妻子與孩子之外，一切都是人人共享、群體和樂。摩爾代表的是一個公有、共有的理想世界。這是社群主義強調的人與群體的和合與共融的願景。

湯瑪斯．摩爾藉著與他的朋友 Raphael Hythloday 的對話，在西元一五一五年共同建構一個烏托邦島的理想。Raphael Hythloday（其實英文意涵就是瞎掰的意思）。假借 Hythloday 在航海的見聞，看到一個無人知曉的烏托邦島。

湯瑪斯．摩爾的烏托邦是一個去除個人特質的社會。在烏托邦島裡，刻意設計人人都一樣，擁有的物質都一樣，沒有人更多，沒有人更少。烏托邦裡人人都穿著一模一樣的衣服，在一模一樣的城市生活，住在一模一樣的房子裡，他們在清晨四點鐘起床聽取學問者的報告。聽到號聲就必須到公眾食堂吃飯，在進餐時，向他們朗讀可以增進身心的著作，晚上八點，他們通通集體就寢。[1]

在這裡，沒有人可以得到有別於他人感官的滿足。這裡沒有嬌貴的富有人士，也沒有狡詐的商人，人人在物質上所擁有都是平等，絕對的平等。徹底廢除私有財產是摩爾烏托邦的理想，他認為正是因為金錢及私有財產，使得少數人得以稱王稱霸，導致人民產生虛榮心，崇尚地位與財富，而不是樹立美德。為了凸顯人們對於奢華的摒棄，黃金只適用於汙穢的尿壺之類的物品，奴隸的腳銬也是以黃金打造。公民的生活一律以簡樸自居。摩爾的烏托邦裡沒有商人的地位，國中不依靠貨幣來運行經濟，一切交易交給政府負責，沒有私人貿易。[2]

烏托邦的目的只有一個，就是人人共同打造一個均富的理想社會（Common Wealth）。正如湯瑪斯．摩爾藉著 Hythloday 的話就說：

「當我思考如何建構一個理想社會之際，我無法想像除了成就一個均富的世界以外，還會有任何一個人想追求其他的夢想。」

摩爾的烏托邦廢除各種形式的等級，並維持人民各方面的平等。雖然烏托邦島上有奴隸、有工匠、有各種職業，分工但平等。人人都勤奮地為他人、為城市做各種粗重的工作。這是湯瑪斯．摩爾眼中的美德。

勤奮、樸實、利他、無產、分工、和諧，典型小國寡民的理想。湯瑪斯．摩爾敘述烏托邦島內的人們對於欲望有著全然節制，因而促成人人享有物質的平等，沒有任何一人的物質享受多過另一人，這是一個全然平等的社會。湯瑪斯．摩爾似乎假定私欲擴張在此烏托邦裡已經被全然淨化，因為一旦私欲無法約制，蓋難有全體社會共享、共有之可能。

湯瑪斯．摩爾並沒有提出欲望全然淨化的作法為何？不過他將快樂分為「好的快樂」（Good Pleasure）與「壞的快樂」（Bad Pleasure）。

作為虔誠天主教徒的湯瑪斯．摩爾，將「好的快樂」界定為理性、高貴、正直、自然，這都是基督教義的核心思想；「壞的快樂」是非理性、虛假、攻擊、非自然，這些快樂當然違背基督神聖世界的律則。湯瑪斯．摩爾進一步以階層化的方式，將欲望的快樂與理性的快樂區別開來。在烏托邦當中又將快樂分為四種層級：第一層是明瞭與體現道德良知的善生活（Good Life）。第二種快樂的層級是「智性的反思」（Intelletual Contemplation），這種反思之旨趣在認識真理。第三種與第四種快樂層級是與身體、生理有關，第三種關於身體的快樂，是免除疾病的困擾，過著一種健康的生活所帶來的快樂。第四層級的快樂是感官的快樂，吃、喝與性生活，包括音樂、舞蹈的享受，保持這種快樂的原則是不能過度地耽溺。

湯瑪斯．摩爾的快樂定義，其實混雜著「柏拉圖的理性之樂」、「伊比鳩魯學派的感官之樂」、「斯多葛學派的禁慾主義」，以及融合著「基督教對靈性淨化與慈愛助人」的崇高理想。

烏托邦島內有五十四個城市，有總督、族長、議會及公民大會，這是結合君主、共和與民主的體制。這是柏拉圖所提出的理想國之外，另一個次要的政體理想，就是混合的政治體制。柏拉圖主張「君主與民主」政體的混合，亞里斯多德則主張「貴族與民主」的混合政體是最佳政體。摩爾的三種混合體「君主、共和、民主」的烏托邦體制，幾乎與同時期的義大利政治哲學家馬基維利之主張如出一徹。這種混合政體應該是摩爾看到中世紀法國君主與義大利各共和國之間的爭戰，[3]所思索出來的人類政治組織的出路。

湯瑪斯．摩爾在文藝復興的前期，看到宗教的對立、國家的爭戰、城市資本主義的崛起，中世紀的貴族制度逐漸瓦解，期待一個有秩序的社會之建立，這烏托邦社會有階級，但是在各職所司與利他服務中建立平等，這種平等離現代意義的平等當然有距離。摩爾對於當時政權的失望，寄託於一個恢復舊秩序的烏托邦社會，如同他自己的命運一般，曾經貴為英國國王亨利八世的宰相，但是因為不願意放棄天主教的信仰與教皇的關係，與亨利國王背道而馳，最後被送上斷頭臺。

湯瑪斯．摩爾主張個人理性善良的快樂，但是烏托邦裡的利他與樸實的環境如何塑造？這種強制的樸實、無產，是否約制了個人自由與快樂？這是湯瑪斯．摩爾未詳細討論的議題。

湯瑪斯的烏托邦是基督式的國度，著重人與人內心自省、修持，在信仰底下人人平等，如堅定的基督信徒一般。但是湯瑪斯沒有說明這種共產、共享是出於自願，還是出於一種法的強制。島中的人對於制度不滿意可不可以改變？可不可以脫離？這是否有平等而沒有自由？階級分工與平等如何理解？

吾人探討的「善治理」，所著眼的不只是個人理性的幸福，還必須有組織的建構模式，才能達到理想社會的善治理。

二、有秩序的階層治理

湯瑪斯．摩爾與柏拉圖同樣強調治理的無私，摩爾更強調人人平等，柏拉圖的理想國則是以菁英治理，是採階層制，只有訓練有素的哲學家才能擔任皇帝。皇帝沒有家庭，沒有私人財產，一切為公。理想國中人人以自己的能力與性向，或為工匠，或為軍士，或為藝術家，人人各有自己的職司與固定的角色。柏拉圖的理想國建立在一個階級與專業秩序嚴明的框架中。柏拉圖在理想國中借蘇格拉底的話說：

> 「我們創立邦國的目的，並非在尋求某一階層過分的幸福，而是全體的最大幸福。……我們塑造幸福的國度不是以零碎的方式，而是整體的。設若我們正在漆一座雕像，有人走過來對我們說：『你們為什麼不把最美的顏色漆在身體上最美的部分呢？比如眼睛應該是最美的紫色，你們卻漆成黑色的。』對於這種人，我們可以正當地回答他：『先生，你總不會希望我把眼睛美化得不像眼睛吧！你有沒有想到，我們倒是應該把五官、四肢，各自符合比例與形象，使得整體都是美的。』
>
> 因此我對你們說，不要迫使我們賦予衛士們一種使他們不能成其為衛士的幸福。我們不可以讓農民穿上國王的衣服、戴上國王的金冠，我們應該讓他們愛怎麼種田就怎麼種田。我們也可以讓窯工躺在矮胡床上，在爐邊邊吃宴席，邊喝著酒。同時把旋車很方便地擺在他們旁邊，任他們高興的工作。這樣我們可以讓每一個階層快樂。
>
> 如果我們聽了你的話，農人就不是農人，窯工不再是窯工，沒有一個人具有階層的特性，這種社會的腐化與僭越，國家上下就整個顛倒了。相反地，如果衛士、輔臣和一切其他與他們平等的人，都以最好的辦法擔當本身的任務，在這情況下，全國便能建立高貴的秩序，而不同階層也能獲得恰如其分的幸福。」[4]

以有秩序的分工階級制度，達到整體組織的完善，是柏拉圖善治理的理想。這很像今天資本主義的科層治理，領導人受過專業教育，有很高的智能，在一個分工與規則嚴明的大組織之中，人人都以專業為導向，各職所私，各盡己能。柏拉圖對於公道（Justice）的定義就是「每個人各得其所應得」。

國家給予公民者不是自由與保護，而是一種生活，是能從事社會交換之各種機會。這裡沒有權利或主權的觀念，而是義務，是一種公民服務，即便是統治者也不例外。

柏拉圖的理想國要求統治的領導人必須絕對無私。無論擔任輔臣、衛士或統治者，都不能有私人財產，也不能有家庭。因為一旦有了家庭，就會有私心，就不會為國家整體利益著想。他們必須在組織的安排、指派下，短暫地與異性交往，共產、共妻。生下的孩子也不屬於自己，而是屬於國家按照資質集體分配教育。這是去除私人的、充分利益國家與組織的國度。

這與當代的大型組織——雖然領導人被要求必須為組織謀福利，但是階級越高，薪資與享受的條件越高的生態大異其趣；強調公益理想，強調個人的無私，是柏拉圖的理想國與當代大型組織治理最大的不同。

柏拉圖理想的善治理是他提出的「理想國」，其次才是「君主制與民主制」的混合體。在柏拉圖眼中，「理想國」第一，其他的治理模式則是從「理想國」墮落開始，然後一個政體墮落到另一個政體，依序分為：榮譽政體（Timocracy）或軍事國家是由「理想國」變壞而成。貴族政體（Aristocracy）、寡頭或財閥政體（Oligarchy）是榮譽政體變壞而成。民主政體（Democracy）是財閥政體變壞而成。而排在最後的暴力政體（Tyranny）是民主政體變壞而成。[5]

在法律篇當中，柏拉圖終於把君主政體結合民主政體視為僅次於「理想國」的政體。這種混合體制的優點是君王的智慧與民主的自由，君王的統治是基於美德智慧，不是專斷的權力，如此人民的自由才得到保障。而這當中的結合之鑰是法律，法律是柏拉圖看到融合君王與民主的金鎖。

這種混合國家（Mixed States）的原則，影響後世甚鉅。他的目的在以「力量的平衡」來獲得和諧，或混合各種不同趨向的各項原則，讓他們相互抵銷，以達到和諧的目的。安定，因此是各項相互對抗的力量之合成。柏拉圖的弟子亞里斯多德則強調憲政體制，將寡頭與民主政體混合，是最佳憲政。希臘的波力比烏斯（Polybius）提出君主制、貴族制與民主制的混合體，是最佳的政權體制，兼顧了特殊智慧領導人的才能，貴族菁英的制衡與參政，以及公民大會的覆議與認可。一千多年後的孟德斯鳩提出三權分立，立法、司法、行政承襲波力比烏斯的混合體制的思想，藉由分立、制衡而達到和諧，建立了當代民主共和政體的理想。[6]

三、自主和合的桃花源

中國陶淵明的「桃花源」，是中國道家式的理想國與烏托邦。與前兩者不同，桃花源既不是共有共產，也不是階級嚴明的菁英治理，而是人人自我治理，人人都是豐衣足食，不需要他人來管；財產自有，不剝削、不匱乏、不侵占、不控制，是一個人人擁有自我，人人能創造，又不干涉他人的和諧、平等、安樂的理想國。

人人「擁有自己，人人平等，人人富足，各自創造，各蒙其利，互相扶植」，這是中國道家「無為而民自化」的理想國，遺世獨立，小國寡民，人人平等，富足和樂。

道家的無為思想如老子所言：「天地不仁，以萬物為芻狗；聖人不仁，以百姓為芻狗。」聖人如天，不自己制定生活的律則，而是以百姓的性情與規律為準則。百姓自己以天地萬物的律則生活，自然安居樂業，富足和諧。

這種「無為而民自化」體現在《莊子．田子方篇》中有生動的描述：

「有一次文王在臧地巡視，看到一位老人在垂釣，但是他的釣竿上沒有釣鉤。有釣而沒有釣鉤，這是何等境界。文王就想要把國家大政交給這位仁者。

但是怕大臣們反對，所以文王上早朝時跟大臣們說：『我昨夜做了一個夢，一位賢者面色黝黑，蓄著長鬍，騎著一匹雜色馬，馬蹄半邊是紅色的，他囑咐我，將國政交給臧地老人，國家就長治久安。』大臣們驚訝地說：『這可是先王託夢啊！』文王說：『我們要不要卜個卦？』大臣們回答：『先王都下命令了，還要卜卦嗎？』於是文王就去臧地尋找這位老人，把政事託付給他。臧地老人上任後，政令典章都不更改，但是也不發布。過了三年，文王巡視國土，發覺士人不結黨營私，都同心協力。長官也不施恩澤，人民主動分工合作。境外的度量衡也不敢進入國境，此為諸侯都無二心。文王於是拜老人為太師。禮拜完畢之後，文王問太師：『這樣的政事可以推及全天下嗎？』太師沉默沒有回答。到了傍晚，太師就消失無蹤了，再也尋不到蹤跡。」[7]

文王要推行於天下，表示文王志在天下，有君臨天下之心，不是臧地老人無為而治的理想。小國寡民，是道家「以道治理」的典範，以無為而能無不為。只要順天之道，人民自然和樂互助、安居樂業，這是天高皇帝遠的桃花源之境界。這是一個兼顧個人福祉，又能兼善他人的世界。沒有至高的治理者，也沒有被治理者，人人治理、人人共責。這是一個平等、扁平、透明的組織，陶淵明提出於古代，仔細揣摩，他也是當代強調平等、透明、共享的理想組織之雛形。

中國儒家的善治理則是以德治理。儒家強調統治君王的德，如孔子所言：「為政以德，譬如北辰，居其所，而眾星拱之。」上位者有德，就能讓百姓效法之，所謂：「上行下效，風行草偃。」儒家的治理最高理想不同於柏拉圖所倡議讓哲學家統治，引導人人認識真理，並活在真理當中；儒家治理理想是通過聖君的治理讓人人和合，最終各蒙其利，各正其命。

如《易經》所言：「乾道變化，各正性命，保合太和，乃利貞。」乾道如君王之德，運用其無窮智慧，讓百姓各得其利，各正其命，人人皆充實富足曰「保和」，持之萬世太平曰「太和」，這才是永恆的吉祥之境，乃利貞。這是人人豐衣足食，統治者德澤四方，官員賢明，人人互助，推己及人，和合無私的大同世界。

這種大同世界的理想如《禮記．禮運．大同篇》所言：

「大道之行也，天下為公。選賢與能，講信修睦。各人不獨親其親，不獨子其子，使老有所終，壯有所用，幼有所長，鰥寡孤獨廢疾者皆有所養。男有分，女有歸，貨惡其棄於地也不必藏於己，力惡其不出於身也不必為己。是故謀閉而不興，盜竊亂賊而不作，故外戶而不閉，是謂大同。」

如果柏拉圖所寄望理想國是基於真理的、有秩序的階級治理，儒家則把大同世界建立在仁德與禮法和合的倫理階級次序之中。一個是以真理的實踐，試著平等化階級治理，一個是以仁與禮，淡化倫理階級的差異。菁英統治，是柏拉圖與儒家共同的理想，只不過一個是以「真理智慧」為統治的依歸，一個是以「德性與禮治」為其治理的基礎。

四、治術至上的治理

以治理模式言之，在中、西歷史上與柏拉圖和儒家同樣主張君主制，但是治理基礎有很大差異的，應屬西方中世紀馬基維利倡議的《君王論》，與中國古代韓非子主張的以法治理。法術兼備，抬高君權專制，以術為導，以法為治，以道為本。

所謂法、術、勢，強調重賞嚴懲，以立君威。將統治的技術客觀化為法律，信賞必罰，令人不敢僭越。而君王的心思如道家之道，無形無跡，諱莫如深，難以捉摸，令臣民心生恐懼。旨在貶抑諸侯，強化君權，以達富國強兵。法、術、勢的交相運用之詮釋，韓非在〈定法〉篇中說：

「術者，因任而授官，循名而責實，操殺生之柄，課群臣之能者也。此人主之所執也。法者，憲令著於官府，刑罰必於民心，賞存乎慎法，而罰加乎姦令者也，此人臣之所師也。君無術則弊於上，臣無法則亂於下。此不可一無，皆帝王之具也。」

除了法與術之外，韓非子認為無勢則君王無以立。他說：「堯為匹夫，不能治三人，而桀為天子，則能亂天下。」這是勢的重要性。君王必須抱法以用勢，不可專用勢而不任法。韓非子最後將法、術、勢都回歸於道。他在〈大體〉篇中說：

「古之全大體者，望天地，觀江海，因山谷。日月所照，四時所行，雲布風動，不以智累心，不以私累己。寄治亂於法術，託是非於賞罰，屬輕重於權衡。不逆天理，不傷情性。不吹毛而求小疵，不洗垢而察難知。不引繩之外，不推繩之內，不急法之外，不緩法之內。守成理，因自然。禍福生乎道法，而不出乎愛惡。榮辱之責在乎己，而不在乎人。」

這說明君王處無為方可以治，有為反而為臣下所乘。這是將統治之術回歸無形的道的最高治理藝術。西方的馬基維利也是以君王的統治技術為基礎，將統治手段視為目的，以最終結果來論述手段，他認為恐懼、敬畏是君王治理的必要基礎。馬基維利在《君王論》中說：「每一國家的主要基礎，是由良好的法律與良好的武器所構成。」「如果一個君王依靠僱傭軍來保護他的國家，他就永遠得不到穩定和安全。」[8] 強國之道是君王的職責，君王的美德與一般公民美德不同，君王的美德在於保持他們的國家，成就偉大的事業，並追求最崇高的榮譽、榮耀與名聲。

馬基維利說：「君王如果可能的話，不要偏離善良之道，但是如果有必要，他必須知道如何為惡。」[9] 為惡一樣是為了保國衛民。

馬基維利舉羅馬的創建者羅慕斯在奪取權力的過程中，曾經導致兄弟及同僚喪命，但是其行為是保護一個新建立的城邦，所以應該被原諒。他的基本論點是，「任何人不論採取任何異常的手段，只要對於組成一個國家或締造一個共和國有利，都不應該加以譴責。」[10]

他強調，對於一位統治者來說，「成為半人半獸，事實上是必須。」因為非如此，他就不可能生存下去。他的基本假設是，一位事事講道德的君王，將迅速發現自己在不講道德的茫茫人海中一敗塗地。[11]

馬基維利處在一個義大利城邦共和的時代，歐陸各國交戰激烈，義大利被法國入侵，戰爭連連。馬基維利看到破碎的義大利，一心要義大利諸城邦富國強兵，實現他君王論的理想。

馬基維利不是一直都以君王專制為論述。在《史論》中，他提出人類歷史以來政體的循環，一切共和國最初都是由世襲君王統治，因為他們是世襲，所以最終墮落為暴君，從而促成貴族反對他們的領導。[12]然後貴族又建立起自己的政府，又演變成寡頭統治，促使群眾密謀反對他們。群眾又必然建立起民主政體，民主政體最終變成無政府狀態，從而使他們相信回到君主政體最好。這是歷史以來的政體循環，所以馬基維利認為，透過混合式的政體形式最好，能避免腐敗與衰退。[13]

貴族政體、民主政體及君主政體三種混合，是馬基維利心中理想的政府，這與孟德斯鳩的三權分立很類似。孟德斯鳩保持羅馬執政官的至高行政權，貴族菁英的議會制，以及公民大會的民主制。這種三權分立，從柏拉圖的君主與民主混合體，亞里斯多德的貴族與民主混合，到馬基維利和孟德斯鳩宣告完備。對柏拉圖而言是兩權平衡，對孟德斯鳩而言是三權制衡。三權制衡的混合政體影響法國共和，影響美國的立國憲政體系。

馬基維利的治理基本倚賴君王的英明，三權分立是對於君王權力的制衡。然而不管是三權或兩權，政體的執行最終都落在行政官僚手中。因此韋伯（Max Weber）認為，不管是馬基維利的專制君王，或柏拉圖眼中的哲學家皇帝，這些聖君的卡理斯瑪（Charisma）固然能夠突破傳統的封建體系，締造國家的榮景。但卡理斯瑪的聖君可遇不可求，卡理斯瑪之後，最終剩下的是「理性治理」才是最高的治理範式。

五、理性化的治理

韋伯的理想治理類型是以「理性化、法制化」，將治理階層客觀化及某種程度的將之超越化。

韋伯認為在卡理斯瑪之後，治理將逐漸地去除君主或家長的個人色彩，而走向原則與階層，理性治理是以菁英治理，同時體現公民平等與共同的利益。

韋伯以德國具備卡理斯瑪的政治家俾斯麥首相為例，當德國皇帝威廉二世將俾斯麥解除首相之職後，德國的政治體制依然如常運作，這就是理性治理的科層體制。當卡理斯瑪的領導人帶領部眾逐漸建立常態化的原則與運作模式之後，即便卡理斯瑪的家長或君主已然退去，科層治理的原則與模式可以依然存在。

韋伯認為，科層治理分為理性化與法制化兩部分。法制化在前君主時代及家長制時代也可能存在，因為君王依然可以制定法律讓人民及官員遵守。但是韋伯認為的科層體制以理性化為基礎，其理性化內涵包含三點，第一：科層體制有精準明確的權力結構與權威體系，因此其決策來源十分明確；第二：科層體制有明確的分工負責制度；第三：科層體制有明確的原則、程序與標準，讓所有的成員能繼續運作組織的使命。忠誠於非私人的「規則」及正當「程序」，是科層組織官員的標誌。

科層是世襲與傳統制的對立面，傳統世襲家長制必然逐漸轉向科層理性治理。而原則與程序的客觀性與去私人化，使得科層人員一視同仁，不理會私人地位，甚至願意執行自己不贊同的規則。[14] 理性化科層有別於世襲科層，如韋伯自己所說：

「與歷史上其他現代理性生活秩序的擔當者相比，科層制具有比較大的不可避性。在那一些具有強大的統治力國家，如中國、埃及以及晚期的羅馬帝國和拜占庭，它都消失了。儘管它承擔的文化並未徹底衰落，在這些地方科層制是史無前例的。這些地方存在著相對非理性的科層制度——即世襲的科層制（Patrimonial Bureaucracy）。」

韋伯將理性科層制視為理想的治理模式，是他眼中的善治理。韋伯以一次大戰期間訓練有素的軍人為例，他們嚴格遵守作戰準則與分工體系，在一聲令下，展開人類歷史以來，前所未有的殺戮戰場。戰士們訓練有素地遵守著作戰準則，他們不會隨意開槍，除非長官下令。他們也不會任意報復、搶劫或侵犯婦女，除非得到長官的命令，他們不會違反命令。這種客觀規則之遵守是理性科層制的基礎。

人類可以被訓練成如此有效地遵守客觀規則，是韋伯確認科層治理可能性的基礎。這種遵守規則與分工訓練有素的科層，從韋伯眼中也發生在現代企業工廠管理的場域之中。

然而韋伯眼中的善治理——「理性科層治理」，也很容易變成過度強調工具理性，而忽略目的理性與價值理性，因此極可能淪為獨裁者的工具。韋伯在一九二〇年一次大戰之後病世，據說是感染了戰後的流感，他來不及看到希特勒的崛起。希特勒正是以極高效率的科層體制建立蓋世太保，屠殺了六百萬猶太人，並在他發動的二次大戰中，造成全世界六千萬人的喪命。這是理性科層治理非理性的一面。

理性科層治理的官員，以韋伯的見解是一群在知識上訓練有素的官員，不只是知識的訓練，也包括官僚知識的訓練，對於規則、標準，一視同仁地在每一個長官交付的命令中執行。

極端的理性科層制度，不談目的理性，不談價值理性，造就漢娜・鄂蘭（Hannah Arendt）觀察到的一種平庸的殘酷，一群訓練有素、聽命行事的官僚，忠實地執行猶太人的大屠殺。

漢娜・鄂蘭在觀察德國戰犯阿道夫・艾希曼（Adolf Eichmann）審判時發現，艾希曼是最後執行千百萬猶太人工業式屠殺任務的人。漢娜．鄂蘭在她的《艾希曼在耶路撒冷：平庸之惡報告》（*Eichmann in Jerusalem: A Report on the Banality of Evil*）中這樣總結：

> 「艾希曼是一個平庸無奇的人，既無心理變態也沒有虐待狂的傾向，也並非不具備道德意識。他的問題是缺乏思想，只是聽命行事，完全沒想到自己的執行任務是多麼地慘無人道。艾希曼所處的環境體制，加上他自身的平庸，使得他完全無法從他人的立場反思自己的行為。」[15]

這是工具理性治理之惡最極端的例證。韋伯在提出理性科層治理並不是沒有提到這一點，他認為科層官員必須避免以自身的權力壓迫他人，但是遵循規則做事的科層人員，容易落入照章行事、缺乏反思與整體觀點。這是當代科層制度最大的缺失。

六、圓型組織的治理

依循信念，相較於依循工作規則的理性治理，圓型組織強調信念的深化，一切行動以信念為中心。有別於科層金字塔型的組織，圓型組織是一個以信念或律法為中心，組織當中的每一個環，與核心等距，核心不是權力，核心是信念，核心是律則。遵循這個信念或律則，大家彼此獨立運作，又互相協同，彼此交流，形成一個完整的體系，而非破碎分裂的體系。圓型組織的困難在於對於信念的同一性，對於律責的共同遵守性。

圓型組織在國家機構或企業機構不容易推行，但是在宗教組織裡仍有類似的組織型態。

中國的禪宗就是去中心化的宗派，禪院彼此分立，雖遵循禪法，但各自獨立，各自表述禪修的方法與意義，其運作根本上互不隸屬，禪院與禪院之間是弱連結，只是法脈的連結。從慧能大師追溯至今，師父傳弟子，其法脈仍可追溯，其實質運作之關聯已經無存。

與科層金字塔型的組織相比，圓型組織的主張不是分立不從屬的狀態，而是各自運作，又互相隸屬。

所以與禪宗的體系不盡相同。

天主教組織體系有很強的連結，主教由教宗任命，教宗亦能除其名位。雖然各主教區相對獨立運行財政與運作，但其神父養成都是由梵蒂岡最後認可，並受梵蒂岡思想與教育之權威帶領。這是具備中心制的科層與家長性質的組織，也與圓型組織有別。

猶太人寄居在全世界，但仍然保守自己的信仰，不管身處在任何政治體系，他們始終遵循自身的信仰，其原因為猶太民族是以律法為核心的治理。猶太人在西元前一千兩百年以摩西制定的律法為核心，非以政治體制為核心。在西奈山，摩西傳達上帝的律法，這律法被刻在石板上，猶太人要遵守他們與上帝的立約。因此任何人都可以與上帝直接交流，無需透過中間人，不是祭司，也不是國王。猶太人不需要國王，在律法底下人人平等，需不需要國王？在猶太歷史上曾激烈辯論過。

即便在列王時期，國王與百姓一樣，必須遵守律法。猶太王國只是一個短暫的歷史現象，猶太國王與人民一樣，都是必須遵守摩西律法。國王不是神，他可以統治，但必須被律法所控制與規範。國王不是律法的制定者，而是必須遵守律法，與人民一樣。[16]

猶太人在西元一世紀被羅馬帝國滅國之後，流亡將近兩千年。流亡之後的猶太人，士師成為他們族群生存的重要領導力量。士師非世襲，而是來自各階層，以律法為核心。士師在全世界各地領導著猶太人在維持自身信仰的前提下，適應各地千差萬別的文化與生活。[17]

猶太人以信仰為核心的組織，沒有中心，以律法為主，堅守摩西律法的人就是猶太人，組織、制度都是其次，這是類似圓型組織的概念。但是其連結比起禪宗緊密，但沒有必然隸屬的關係。

當代慈濟功德會的創辦人證嚴上人以「無私大愛」的信念，強調「以愛為管理、以戒為制度」，啟發百萬志工，從一九六六年臺灣花蓮開始，至今慈善工作遍及一百二十八個國家地區。

慈濟志工體系是人人平等，為眾生付出，付出無所求，付出還要感恩，這是遵循信念與戒律的圓型組織雛形。慈濟分會在各國各自登記作為非營利組織，其運作各自獨立，遵循信念與戒律，在各地開展慈善等工作；但是各分會與本會之間，各分會與各分會之間仍然緊密連結。

這種既分立又聯合的組織樣態是圓型組織的類型。吾人並主張現今慈濟一切的運作，已經達到其創辦人證嚴上人所認為圓型組織的理想，但是將其圓型組織的理想狀態做一闡明，以作為一種新組織類型與運作的探討。

慈濟的「圓型組織」之理想模式是人人遵循共同的信念「付出無所求」，人人平等，沒有上下之階級制度，人人都必須在第一線服務，即使最資深的志工一樣在第一線服務；經由付出服務他人，提升自我的幸福與心靈，最後達至利他到覺悟的心靈與物質皆富足的境地。

慈濟志工是自發地、自願地為社會人群付出，利他利己是其組織的核心，自主、自發是其組織的發軔，信念與平等是其組織的動能，和合與共善是其組織的理想。證嚴上人提出「立體琉璃同心圓」的理念，希望志工體系體現人人平等的大愛精神。「以愛為管理，以戒為制度」，這是信念與律則的合一，是圓型組織的運作核心。在之後的章節中，將專門分析這一組織類型的特質與模式。

本章節先總結人類歷史上這六種不同的治理類型，其特質吾人歸納為：

一、湯瑪斯的烏托邦是「平等與共享」。

二、柏拉圖的理想國是「共責與分工」。

三、陶淵明的桃花源是「自主與和合」。

四、儒家的禮運大同是「仁德與禮法」。

五、理性科層的理想是「原則與制度」。

六、慈濟的圓型組織是「慈悲與利他」。

「善治理」的各種要素都包含在這六大理想治理之中。

善治理六原則

吾人歸結這六大優托邦的精神，主張組織的善治理必須包含：第一、自主；第二、平等；第三、分工；第四、共責；第五、共律；第六、共善等六大元素。

但是在組織的建立中，平等與自主如何兼備？平等與分工的分際為何？分工如何共責？共責與利他如何建立？最後如何達到共善的組織最高目標？

一、自主原則

任何組織的成立一定是自主的，不是強迫的組成才是善。自主不只是意味著自己做主，而是自己的選擇，基於信念，基於血緣，基於共生，都是自主選擇的加入或組成組織。美國的聯邦制是各州自主性的組成國家。中華民族的組成如同龍的圖騰一

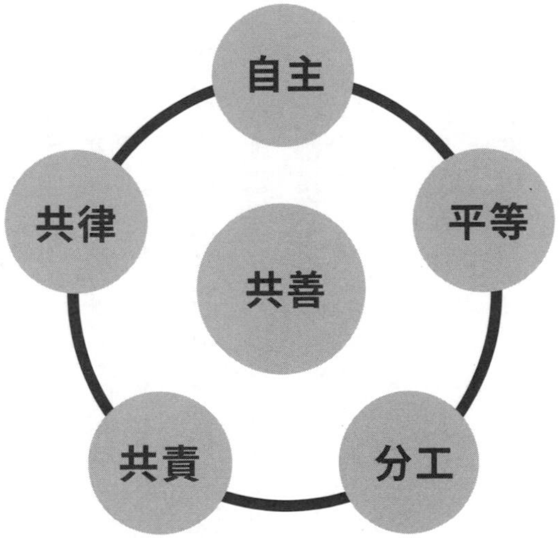

圖一：善治理六元素

樣，是中國古代各部落在漫長歷史中融合後的象徵。

柏拉圖的理想國其組成是由哲學家所領導，哲學家愛智慧，樂於探求知識與真理，他學會真理並沒有要領導人民，而是人民自願地選擇他來領導。這是人民自主地選擇哲學家，一個具備優越智慧與體認真理的智者，來領導社群與國家。哲學家不只是自我認知真理、具備智慧，他更能夠讓所有的公民具備智慧與心靈的快樂。柏拉圖的哲學家皇帝不是壓迫人民，要求人民服從他，而是人民自動自願地服膺他的領導，他稱這種哲學家領導人為「自然領導哲學家」（Philosopher of Nature）。

哲學家皇帝不壓迫人民，還能讓人民獲得自我的完成，自我完成是自主的目標。自願、自動，是自主的前提，自我完成才是自主的目標。因此柏拉圖的理想國之組成是人人自主地選擇最具智慧與品格的哲學家領導他們，最終讓人民能認識真理，獲得智慧，並圓滿自我。這是柏拉圖理想國中的自主之定義。

陶淵明的〈桃花源記〉中的人民一樣是自主的組成。他們在秦朝末年逃難到這裡，過著遺世獨立的生活，乃不知有漢及魏晉，歷經數百年沒有政府，沒有官員，一切都是自主自理，這是陶淵明痛恨官僚體制的寫照。

北宋王安石〈桃源行〉中寫道：

「望夷宮中鹿為馬，秦人半死長城下。避時不獨商山翁，亦有桃源種桃者。此來種桃經幾春，採花食實枝為薪。兒孫生長與世隔，雖有父子無君臣。漁郎漾舟迷遠近，花間相見因相問。世上那知古有秦，山中豈料今為晉。聞道長安吹戰塵，春風回首一霑巾。重華一去寧復得，天下紛紛經幾秦。」[18]

王安石口中的「雖有父子無君臣」，多少意味著父子之情的溫暖，而君臣之詭詐、指鹿為馬，即便父子之愛、家族之情，一旦落入權力的框架就不再單純。陶淵明或許就是最早的無政府主義者，他相信沒有政府治理的社會，更為自主，更能和合安樂。這種和合安樂的關鍵是平等、是愛。父子關係基本上是基於愛與平等的關係。

父當然與子在倫理上一開始是子從父命，但是父命的基礎是基於愛。子最終繼承父親、照顧父母，其實機會是平等的，資質也是平等的，子最終也成為父，如此以愛、以平等的狀態，將其有形、無形的資產，世代延續，生生不息。這是陶淵明眼中的善組織，雞犬相鳴，各自獨立自主生活，老死不相往來。

這種模式與柏拉圖的靠著哲學家皇帝，而讓人民獲致自我幸福與完成的立場大相逕庭。組織能自主者是指成員自主地選擇與加入，最終是能獲得自我的完成與幸福。

慈濟的優托邦模式則是以人人自主地去為他人、為社會付出，既不是靠哲學家皇帝的智慧成就眾人，也不是拒斥世間的層層管理體制，而是主動地為他人，為社會服務與付出，這是一種自主。這種自主從一開始就是生命的信念，至終都是生命的完成。

這種「自主」是建立在信念之上，並且是以利他、以服務他人為生命的志向之信念的基礎上，因此具備利他的信念是自主的前提。任何一種組織，其成員都能養成利他之信念，這種信念不是強迫，而是自主地信奉，才是符合自主的原則。換言之，善治理的第一個原則是組織成員基於利他信念所組成的團體，是善治理、是烏托邦建立的第一前提。

在實踐的意義上，我們難免要問利他信念如何養成？

利他與慈悲人人本具，如同生物學所驗證人腦有利他慈悲的區域，稱為 Temporal Cortex，當看到他人受苦，利他慈悲的區域會放大。當人看到人與人相助，利他慈悲的區域會擴大。因此，組織中人人以利他助人為前提，定能組成一善治理的機制，不管是君主、是民主、是寡頭治理，利他的信念成為人人奉行的信念，就是善治理與優托邦的構成要件。

君主制的盛世正是君王能以百姓為念、以利益萬民為施政的目標，則萬民愛戴、百姓安樂。這是柏拉圖的哲學家皇帝優托邦的理想，這也是儒家內聖外王、天下太平的聖君治理，這是湯瑪斯．摩爾能達成共有共享的烏托邦世界。注重民主政治能避免政黨利益為導向，實踐民主精神、主權在民的理想。沒有自主性的利他信念，人人為己，民主政治就淪為多數暴力或寡頭壟斷治理的衰敗局面。

二、平等原則

我們可以看到平等的真義是愛，不是能力，也不是身分。在一個組織中，當愛化作信念，柏拉圖的認識真理是統治者的至善。真理就是一項信念，在組織裡普遍被認可，如民主在古希臘雅典是共同信念，君主專政是斯巴達人的共同信念；種姓制度在古印度是共同信念，君王制在古代中國是共同信念；自由民主在現代歐洲與美洲是共同信念，社會主義是當代中國社會的共同信念。

以善治理的思維是組織在信念中人人平等，或者信念必須創造人人平等。

印度的種姓制度是一種信念，被婆羅門普遍認可，但是種姓的信念造成不平等，因此這不是善治理。所以佛陀在《阿含經》裡向婆羅門強調，沒有天生註定不平等，即永恆不平等的種姓。佛陀說，人生而平等的意義是任何人，不管是婆羅門、剎帝利、吠陀或首陀羅，都可以修行自身的清淨法身，都可以成為阿羅漢。佛陀是以道德修持與認識真理的信念，闡述人人平等。以信念為核心的平等，平等才能夠實踐。以能力為核心，以地位為核心，人不可能平等，也永久化不平等。對於成為聖賢而言，人人平等。聖賢之道，阿羅漢之道，就是一種信念。

從善治理的理想觀之，信念與平等必須同時考慮。在信念中人人平等，組織必須確認成員享有平等的機會資源。

人類的組織強調平等，常常壓抑優質的人才發揮其良能。所以荀子才言：「維齊非齊。」刻意平等，扼殺人的才華，也扼殺人的心靈自由。因此約翰・羅斯（John Rawls）的《正義論》強調平等，但是平等必須尊重差異。羅斯是以補償來促進平等，優勢者給弱勢者最大的利益。因此如果不是以體制強制，這種優勢者對劣勢者的補償，利他的心是公平正義的關鍵。

組織的締造是基於信念與價值，組織才能夠形成。組織不是一群人基於利益而結合，那種組織是脆弱的、不穩定的。民族的形成，國家的建立，機構的誕生，其背後都是以信念與價值的實踐為基礎。正如瑟維斯（Elman R. 瑟維斯）的研究，人類原始部落的形塑都具備著一定的儀式與領袖的德望。「儀式」代表部落的共同信念，「德望」是實踐信念的具體典範。因此信念的確立與典範的實踐，是組織成形與發展的關鍵。

美國開國元勳是以建立一個獨立、自由、民主的國家為理想。近代布爾什維克黨是以推翻沙皇，建立無產階級專政為信念而立國。古代劉邦革命是以打倒秦皇暴政為號召，曹操的文治武功再怎麼英明、稱王之心再怎麼熱切，也是要以興復漢室為號召。信念式組織的基礎是，在信念中人人才可能平等。

柏拉圖所追求的善治理是基於真理的平等，認識真理的哲學家皇帝引導萬民歸向真理，活在一個真理的秩序中，是柏拉圖的平等觀。湯瑪斯・摩爾試圖抑制私欲、淨化私欲，建立一個實質平等的社會，烏托邦中每一個人擁有的物質是絕對平等的，如同柏拉圖所倡議人人認識真理才是快樂，消除欲望才是快樂。慈濟主張不是去除私欲，而是轉化私欲、所欲，以慈善的利他行動化為長情大愛；轉小愛為大愛，轉私情為長情，不是無欲，而是所欲為眾生，不是無念，而是念念為眾生，是為無念。這是慈濟創辦人證嚴上人轉化私欲為大愛的實踐模式。

善治理所主張的圓型組織是以平等為基礎，人人享受的機會資源平等，而能力性情各有分殊，人人共責，以圓滿個人幸福與組織發展為使命，達到和合共善的目標。

三、分工原則

平等仍必須分工，尊重各自的差異能力、專業與興趣。柏拉圖在這一點上是正確的論述，天生資質不同，治理的能力不同，就應該各職所司。只不過機會必須平等，受教育、受培訓的機會必須均等。如果要做到這個養成機會的平等，不可能透過市場的機制達成。今天的高等學府學費驚人，不是富貴之家庭無法受教育。無怪乎哥倫比亞大學、諾貝爾經濟學獎得主史迪格里茲（Joseph Stiglitz）感嘆地對他的學生說：「你的成就決定於你父母受教育與經濟富裕的程度。」政治與經濟階級的固化，導致教育機會的固化。[19]

沒有機會受好的教育，意味著沒有機會發揮自己的特長與潛能，最後社會逐漸走上寡頭治理。這不是柏拉圖的理想國，柏拉圖的理想國是由國家公平地興辦教育，人人有機會，雖然是遴選，但是機會公平。不是富人或貴族受教育，而是公平的選擇。柏拉圖的人才治理培育計畫比較像是命定主義，哲學家是天縱英明，不是人人為之。這固然是真實，但是培育的機會必須是平等。

基於平等培育的基礎所產生的能力、興趣所專業的分工，是善治理。平等與分工不是對立的兩個極端，而是機會均等前提下的實踐。

另外，在價值信念中的平等更為重要。一個群體具備相同的信念，為著共同的信念與價值奮鬥分工，人人都是平等。

正如圓球上面的每一條線與圓心都是等距，圓球上面每一個點都可以是中心點，這是平等的組織。但是平等與分工並不相悖，在平等的基礎上才可能分工，因為只要機會平等，人人可以發揮其特長，人人的生命與能力特質得以發揮，分工自然形成。

平等與自由是孟德斯鳩《法意》一書討論的重點。孟德斯鳩認為，平等比自由更具吸引力，人們甚至願意犧牲自由以達到平等，這種平等是下墜式的平等，大家都一樣不是平等。平等是讓人人活出自己，人人在相同的價值中實踐自我與團體的目標。

平等的前提是價值的共享，共享的前提是自主的選擇，平等必然基於價值。抱持同樣價值的基督教信徒稱彼此為兄弟；抱持同樣理想價值的政黨稱彼此為同志；同樣信奉佛教理念的信徒稱彼此為師兄姊。

所有優托邦的建立莫不以一信念為核心，這信念或為共享，或為平等，或為和合，沒有共同信念無法組成任何國家或組織。血緣當然是組織或國家形成的要件，血緣作為組織的信念是宗族的傳承。

「善治理」必須包含促進人民的「生活福祉」，提升人民的「心靈自由」，以達到全體人民的「和合共善」。

「生活福祉」的基礎是「自主與分工」。「心靈自由」必須奉行「信念與平等」。「和合共善」的前提是「共責與共榮」。

善治理的圓型組織模式，是人人以利他為本，以和合共善為目標，達到人人平等自主，分工共享，真理共榮的理想願景。

四、共責原則

分工的成功不至於分裂的前提是共責，大家共同有責任。我們不免想起美國最輝煌的年代，一九六〇年甘迺迪總統的就職演說：「不要問國家為你做什麼，要問你能為國家做什麼。（Ask not what your country can do for you, ask what you can do for your country.）」那是一個強調公民責任的時代，國家興亡，人人有責。甚至中國《左傳》中的志士能人所言：「肉食者鄙，未能遠謀。」[20]每一個人都能負起責任，自動自發，才不會在分工中各自為政，以各別利益為中心，忘記整體利益。

慈濟創辦人證嚴上人在與慈濟功德會的主管開會中，針對某一議題，證嚴上人經常會問與該業務看來無關的主管說：「你知不知道？你關心了沒有？」吾人跟隨證嚴上人座下學習，也經常被提問。一開始被問到的主管可能會很納悶，心想：「這件事跟我的職權無關，為何上人會問我？」因為慈濟就是人人有責，就像一個家，電燈泡壞了，不是父親的責任，不是母親的責任，不是兒子的責任，而是人人有責。家庭中的每一個人有事，是全家都有事，這是以家庭為核心的思維來思考組織，組織之中人人有責。這不是不分工，而是證嚴上人心目中的「人人協力，相互補位」。在賑災的場域裡，每一個受難者，都是志工的事，誰看到，誰就要先撫慰，先進行關懷。而不是「我負責財務，我負責熱食；有人頭疼，就在我面前，不關我的事，是醫生的事」，而是「人人有責，積極關懷，主動服務處理」。

或許組織治理者會認為這是家長制，但是家長制無法解釋一群互不相識的人如何分工又補位；而慈濟志工，在世界各地賑災，大家都是第一次見面，但是人人互相協助，既分工又補位，這是信念的深化所致。服務苦難，當下、即時，人人有責。正如十九世紀天主教達米安神父（Father Damien Veusteur）在夏威夷諸島照顧痲瘋病患，他不是醫師，但是幫痲瘋病患包紮傷口。當地有人攻擊他：「沒有醫師資格怎麼可以行醫？」達米安神父說：「當你在路上看到有人跌倒，難道你不及時扶起他？當他流血，難道你不及時幫他止血？這是人道，不是專業。」

專業分工如果不是壁壘，就是必須共責。共責是一個精神，與分工必須和諧，必須中道。特別是當代行政管理提的協同理論，協同是跨領域、跨專業、跨部門、跨組織，這是共責制度的基礎。大家分享資源，分享價值，共享能力，協同原則，共同決策，才是最有效的組織治理，才能創造最佳的組織效益。

共責，就國家層次而言是「民責」——人民有責，責任與義務之不同，義務是被動或強制，責任是自願與自發。一個國家只有人民都認同必須為國家盡責，才不會永遠在抗爭，在抱怨「政府沒有為我做什麼？少做了什麼？」而是「我能為國家做什麼」，如甘迺迪總統所言。

民責並不是說政府不負責，而是當人民都負責了，政府能不負責嗎？

英國財經時報記者來採訪慈濟，問慈濟一個問題：「你們慈濟做這麼多慈善，是不是剛好讓政府不作為？」好像民間做很多事，政府就會沒有效率？過去數十年慈濟志工每逢重大災難都走在前頭，在第一時間，第一線參與賑濟災民，甚至清掃街頭、打掃房舍。

在二〇〇〇年的「八掌溪事件」，四位工人困在水中，當時大水湍急，用竹筏會被水沖走，連大型重機怪手也過不去，唯一的方法就是向軍方的海鷗部隊求助，但是當時的軍方回應，軍人是作戰，救災不是他們的責任，結果沒有派出海鷗直升機，四名工人在眾目睽睽下，被大水沖走喪命。

到了二〇〇九年「莫拉克風災」的時候，名主持人陳文茜到了災區就說，災區只看到藍與綠。藍是慈濟人的制服，綠是阿兵哥，慈濟人與軍人都在災區為災民打掃。這是一種感染與善的效應。

所以當人民盡責，政府更會盡責，這是一種善的效應。共責與民責，是善治理的關鍵。共責，才不會互責，互相推諉，互相咎責，互相本位，分工與共責的融合，是善治理的核心能力。

五、共律原則

共責必須有律法，否則會造成權責混淆不分。律是做事的規則，法是共同遵循的道理。沒有共同的規則與道理，只是無秩序烏合之眾。慈濟證嚴上人以戒為制度，希望慈濟志工遵守十戒，猶太人遵循摩西的律法，天主教的教會法（Canon Law）對於神職與世俗的各項工作都進行規範。因此，即便是強調內在信念與良心道德的宗教團體，仍然以「律法」作為人自身行為的準則，凝聚人與人及形塑社會架構的重要依據。

共律才能共治。政治思想中的民治是一個籠統的概念。民治給予人民治理的途徑，但是這途徑一定是通過法律實施，包括選舉權、創制權、罷免權，甚至參與司法的審議權。但是目前為止，民主政治的民治仍是薄弱的，它很容易就被菁英給主導與壟斷。

法國的民主共和長期被學院菁英主導，現任總統馬克宏（Emmanuel Macron）出身的高等學院就是培養政治領袖之所在。美國高等私立學院哈佛大學、耶魯大學出了無數總統，但是這種貴族等級的收費學院，仍然是菁英階層培養國家領袖的搖籃。普羅大眾、中產階級只有極少數能跨進這種菁英治理的門檻。英國牛津大學一樣是首相的搖籃，這是「柏拉圖」菁英治理的原型之餘蔭。

佛教的共律是來自佛陀時代的羯磨，僧團中大家共同制定規則，是人人平等來制定律則。但也可能是大家提問，而由佛陀家長制定規則，稱為「波羅提木叉」。

猶太人的律法是由上而下，摩西依著上帝的指引，訂定律則與猶太人立下盟約，這也同時是《舊約聖經》闡明上帝律則，以做為信徒遵守的依據。盧梭的《社會契約論》排除上帝與人、先知與人的上下關係，而以社會契約、人人共同自願遵守為原則，制定國家與社會的共同準則，這是民治思想的開端，其基本原則是能夠讓大家都有機會參與政事的治理。

但是國家版圖大，就產生代議士治理，代議士治理變成菁英治理，國會專責立法，國會代表人民制定法律，但是逐漸地與巨大利益合流，逐漸成為新寡頭，最後成為今日美國的寡頭壟斷的局面。在國會政治與商業利益逐漸掛勾的生態下，美國已經成為一個政經寡占的國家。拜登（Joe Biden）在二〇二〇年選舉期間面臨的最大危機是因為許多民主黨人認為他太像川普（Donald Trump），都是寡占菁英的代言者。民主黨有相當多數的人喜歡桑德斯（Bernie Sanders），他們認為桑德斯真正代表美國基層的聲音，也代表美國人邁向新紀元應有的政策與社會型態，包括財富分配，包括環境健康，包括知識經濟對未來社會的衝擊，包括對族群平等的關注。

民主政治從希臘柏拉圖以來最擔心的民主衰敗，常常來自合法的權力通過操縱民意形成長期的寡占，而寡占容易產生民怨，民怨就會期待一位英雄，但經常是煽動者趁機獲取政權。這是歷史上的凱撒主義（Caesarism）。每當人民生活困難，無法改變寡占集團的控制，他們就會期待一個政治英雄——凱撒來拯救他們。但是化身英雄的煽動者獲得政權後，可能帶來更大的社會對立與政治騷動，這是當今美國所面臨最大的挑戰。

共律的關鍵仍在於如何訂定一個基於共同價值與利益的律則，確保全體成員的參與和福祉。過去有從上而下的「君王立法，人民遵守」，即所謂的王；在宗教上，如摩西制定律則讓人民遵守。亦有菁英制定法律如共和時期的羅馬元老院制定法律，交給公民大會覆議；如一九六〇年天主教的大公會，由全世界主教共同制定天主教的規章。律則的制定也有由下而上，如佛陀時代的僧團羯磨，由眾僧侶共同制定律法，也可由佛陀制定，稱為布薩；這是由下而上，也可以由上而下的制度。

羯磨的意涵是讓僧眾「生善滅惡」的作用，普遍用於僧團的受戒、說戒、懺悔、結界及各種僧事的處理。僧團透過羯磨法，其實發揮了高度現代民主的精神，羯磨徵集大眾的意見，以求圓滿解決僧團裡的糾紛，制定僧團生活的各種規則。羯磨法可以分為三類：

第一：單白羯磨，意思是「唱言」，這是對於不必徵求同意的事，向大眾宣告常行、慣行、應行的事，唱說一遍即成。此法有如現代會議中的例行工作報告。

第二：白二羯磨，這是宣告一遍，再說一遍，徵求大家的同意。如同一般會議，凡是提案皆須交由大會討論、接納，才能生效。

第三：白四羯磨，這是作一遍宣告後，再作三讀，每讀一遍，即作一次徵求同意，若一白三羯磨後，大眾默然，便表示無異議，而宣布羯磨如法，一致通過議案。[21]

原始佛教的羯磨類似今日的議會制，也是二讀、三讀，無異議通過。只不過佛教依止的是共識決，非多數決。這是平等觀的體現。

佛教由上而下的體制是布薩，每月初一、十五，由佛陀親自主持，或由資深的比丘主持。犯錯的比丘當眾發露懺悔，懺悔後，僧眾就不得再議論。這是當代的司法會議，但也是立法會議，佛陀會依比丘的行為制定戒律，佛陀是僧團領袖，這是由上而下的立法。

當今的民主國會容易流於少數長期寡占、壟斷立法權的生態。美國百分之七十的參議員連選連任，眾議院連選連任比例也近百分之五十。長期寡占立法權與監督行政權，造成國會議員權力膨脹，加上選舉所需，逐漸與財團掛勾，形成政經壟斷的局面。如何設計一個既是菁英，又能給予普羅參與的立法體制，是彌補當代議會制度寡占弊端的解方。

吾人認為，議會制度不應該長期由少數菁英把持立法權，雖然三到四年得以改選，但是選來選去都是同一批政黨或政團之人。議會制度設計以佛教由下而上，也由上而下的理想，應該設置常態議員與任務型議員。常態議員只占一部分，是公民每三到四年選出。任務型議員是依議題之所需，由各區域推舉產生，從區域性議題到全國性議題，視需要與任務推舉一定數量的議員，制定某特定議題的共同規則，等任務結束，該議員資格也結束。

例如，全國道路安全規則制定，可以由各區域議會推舉人選，經區域公民投票選出具備該項專業的人才，推舉到全國議會，與常態議員共同參與全國道路安全規則之制定。

沒有一個議員具備完全的各類知識，即便是各委員會的議員，也不能完全掌握專業領域的變化，結果使得利益集團的說客（Lobbyist）有極大的空間來遊說議員，制定有利於他們的規則。任務型的議員也可能造成利益集團輸送成員進入立法，因此在利益上及職位上必須予以迴避，例如離開現職，或若干年不能返回原職，無任何個人利益的輸送等。這是擴大全民參與的方法，兼顧由下而上、由上而下的律則制定。這是菁英制度與普羅參與的混合體制。

任務型議員必須具備該任務的學經歷，方能進入遴選名單。選舉可以採直接選舉，或遴選委員會選舉。遴選委員會選舉比較容易被政黨或財團操作，如果能讓人民直接選舉為佳。因此，在任務型議員的參政中，避免財團或政黨勢力的介入，應該成立一個獨立的「民主網站」，讓任務型議員的參政者可以將自我的資歷、意見與動機放在這網站上，讓民眾與選舉人公開透明的接觸此一訊息。這避免讓金錢決定人選，或讓政黨決定人選，而是讓人民決定人選。

六、共善原則

中國《禮記．禮運．大同篇》對於理想社會描述得非常清晰。「大道之行也，天下為公」，這是利他的文化；「選賢與能，講信修睦，故人不獨親其親，不獨子其子」，這是「自主」與「平等」的社會；「使老有所終、幼有所長、壯有所用，鰥寡孤獨廢疾者，皆有所養」，這是「分工」與「共責」；「是故謀閉而不興，盜竊亂賊而不做，故外戶而不閉，是謂大同」，[22]這是「共律」的成果。此五大前提是邁向圓型組織共善的理想。

共善是組織善治理的最終目標。共善，非獨善，人人皆善，物質利益人皆有之，有形的權利皆有保障，無形的心靈悉得自由。

西方對於治理的理想是人人都各安其位，服膺真理，活在真理中，並且為一個更大的理想付出努力；或是節制欲望，彰顯信仰，榮耀群體的共同生活。這是柏拉圖的理想國或湯瑪斯．摩爾的烏托邦所投射的共善治理。

曾經基督教文明要求世俗的國度必須是上帝的國度，活在上帝的律令中，是世俗國度的理想與目標。而近代西方的善治理則是去除上帝，主張人人生而自由平等，強調組織或政府如何讓人人得以自由，幸福得以保障。在心靈的追求上，近代西方沒有把心靈的提升與超越的理想放入治理之中，這是世俗化了的治理理想。

佛陀的善治理思想源自群體中的清淨修行，在清淨中人人平等。一國之領導人以愛對待人民，更與人民一起學習真理，去除貪欲，持清淨行，在清淨中人人共善。佛陀認為，一切萬物的存在之因緣，都是相生相依，因此萬物共善，因此群體以共識決的方式共同生活，群體的共善才是個人善的體現。

共善的前提是和合。和，是中國文化的根本理想。中國傳統文化思想中，有「中和、保和、太和」三大理念。

「中和」的意涵必須「執兩用中」，知道兩極所堅持的價值、立場與利益，才能夠執其中。執中亦即和合彼此的價值與利益，能夠如此不只是智慧，其本質及前提必須是大公無私的。一個人有私心，不可能客觀公正地執中。《易經》言：「一陰一陽之謂道，繼之者善也，成之者性也。」[23]能夠承擔涵融這一陰一陽的才是善。所以堯帝給舜帝的心法是「允執厥中」、「執兩用中」。

共融是中和的前提。中國龍的圖騰源自古代中國的部落征戰與合併。龍的圖騰正是蛇的部落與鹿的部落打仗以後，沒有誰消滅誰，而是彼此融合。然後跟魚的部落打仗、融合，於是龍長出魚鱗。再跟鳥的部落戰爭，於是再融合，龍變成能飛的圖騰。龍的形象就是中國這塊土地上，各部落、各民族共融、共用、共榮的結果。因此善就是共容，這與西方思想中追求絕對的真理，因而互相征戰者大異其趣。共容的意涵就是和。

《易經》言：「乾道變化，各正性命，保合太和，乃利貞。」[24]萬物是由乾道變化而來，萬物就是乾道的分化，所以各正其命。

原本天道在生成一切萬物，本來就各有其異，所以才說「乾道變化，各正其命」。不同的事物，不同的價值觀，不同的信仰，不同的利益，如何能達到「保和」？

「保和」，就是能讓萬物「各就其位」、「各享其利」、「各正性命」，就是讓萬物各自保有自己不同之處，每一物都各有其成，但不衝突，互相保持合作，是為「保和」。治理的共善就是要每一個人都找到定位，都能實現自身的福祉，最終每個人在組織裡面各正其命。

共善對於當今分裂的世界是最重要的理念，如何在各種極端的立場與利益中找到共容、共榮，如何讓人人都能安居樂業，各蒙其利，各正其命。不是資本世界的重視物質生活，還要心靈生活的安適與超越。這需要更大的信仰力量，對於更大的人類目標之確認與信仰，才能夠達到人人心靈清淨，和合共善。

組織乃至人類社會能長久保持這樣的「各就其位」、「各蒙其利」、「各正其命」，讓群體保持常合之狀態，最終臻於太和。

「太和」即萬物合和一體的狀態，太和，才能「利貞」，利貞即為長久極大的利益。「保和、太和」乃「利貞」。「保和」是時時都能持守善的方法，一直維持與他人的和諧關係、利他關係，共融與共榮的果實，才能臻於「太和」。

善治理，通過利他與和合讓組織的成員能平等地為他人、為自己創造福祉，沒有壓迫，沒有扭曲，沒有強制，只有互相給予付出。要萬物和合一體，當然不能自利，唯有利他能實踐萬物合一的太和境界，為最高結果的善，即是共善。共善即為人人「善己之善，善人之善，善善與共，天下大同。」

六種治理類型	六民思想	治理體現在人民的成果
自主	民本	人民的福祉為國家或組織根本
平等	民立	人民共同意志組成國家或組織
分工	民有	人民共同分工守護國家或組織
共責	民責	人民有權，因此責任共有
共律	民治	人民平等參與治理之規則
共善	民享	人民安居樂業和合共善

圖二：六種治理類型與六民思想

善治理的理念以儒家的原始教法：「天聽自我民聽，天視自我民視。」天以民為本，天要讓人民自主，所以是以人民為本，讓人民自主。人人平等共同成立組織，以平等，民立國。人民有了國家，人民必須分工治理國家，所以民有需分工治理。分工必須共責，否則各自為政，所以共責，人人共責，為國家、組織共同承擔。

治理必須有原則與律法，因此共律，規則制定由人民共同參與，這是共律，共同建立，共同遵守，律則才有尊嚴。律則是組織凝聚的關鍵。

組織最終的理想是共善，共善是人人各安其位，各享其利，各正其命，才是共善治理的理想。

註釋

1. 昆丁・史金納（Quentin Skinner）著，奚瑞森、亞方譯，《現代政治思想的基礎（卷一）：文藝復興》（*The Foundations of Modern Political Thought (Volume 1): the Renaissance*）（臺北：左岸文化事業有限公司，2004 年），頁 407。
2. 昆丁・史金納（Quentin Skinner）著，奚瑞森、亞方譯，《現代政治思想的基礎（卷一）：文藝復興》（*The Foundations of Modern Political Thought (Volume 1): the Renaissance*）（臺北：左岸文化事業有限公司，2004 年），頁 413。
3. 法國查理八世於 1949 年入侵義大利，其後路易十二又行三次侵略，造成當時的共和城邦包括那不勒斯、米蘭與佛羅倫斯三十年間淪為可怕的殺戮戰場。法國君主制與義大利城邦的共和制水火不容。這是共和制與君主制之爭，如同當年雅典與斯巴達之爭。
4. 柏拉圖（Plato）著，侯建譯，《理想國》（臺北：聯經出版事業公司，1983 年），頁 164-165。
5. George H. Sabine , Thomas L. Thorson, *A History of Political Theory* (Hinsdale, Illinois: The Dryden Press, 1973), p. 82.
6. George H. Sabine , Thomas L. Thorson, *A History of Political Theory* (Hinsdale, Illinois: The Dryden Press, 1973), p. 84.
7. 《莊子・田子方》第二十一：「文王觀於臧，見一丈人釣，而其釣莫釣，非持其釣，有釣者也，常釣也。文王欲舉而授之政，而恐大臣父兄之弗安也。欲終而釋之，而不忍百姓之無天也，於是旦而屬之大夫曰：「昔者寡人夢見良人，黑色而髯，乘駁馬而偏朱蹄，號曰：『寓而政於臧丈人，庶幾乎民有瘳乎！』諸大夫蹴然曰：『先君王也。』文王曰：『然則卜之。』諸大夫曰：『先君之命，王無其他，又何卜焉。』遂迎臧丈人而授之政。典法無更，偏令無出。三年，文王觀於國，則列士壞植善群，長官者不成德，庾斛不敢入於四竟。列士壞植善群，則尚同也。長官者不成德，則同務也。庾斛不敢入於四竟，則諸侯無二心也。文王於是焉以為大師，北面而問曰：『政可及於天下乎？』臧大人昧然而不應，泛然而辭。朝政而夜遁，終身無聞。」
8. 馬基維利（Niccolo Machiavelli），《君王論》（*Il Principe*）（臺北：臺灣商務印書館，1998 年），頁 59。
9. 馬基維利（Niccolo Machiavelli），《君王論》（*Il Principe*）（臺北：臺灣商務印書館，1998 年），頁 90。
10. 馬基維利（Niccolo Machiavelli），《君王論》（*Il Principe*）（臺北：臺灣商務印書館，1998 年），頁 87。

11. 史迪格里茲（Joseph E. Stiglitz）著，陳儀譯，《史提格里茲改革宣言》（*People, Power, and Profit, Progressive Capitalism for an Age of Discontent*）（臺北：天下文化出版社，2020 年），頁 90。

12. 如羅馬的聖君傳給科莫德斯（Commodus），結果昏庸無能被格鬥士狙殺。

13. 昆丁・史金納（Quentin Skinner），《現代政治思想的基礎（卷一）：文藝復興》（*The Foundations of Modern Political Thought (Volume 1): the Renaissance*）（臺北：左岸出版社，2004 年），頁 304。

14. 戴維・比瑟姆（David Beetham）著，胡漢雲譯，《韋伯與現代政治理論》（*Max Weber and the Theory of Modern Politics*）（臺北：結構群文化事業有限公司，1990 年），頁 77。

15. Hannah Arendt (Author), Amos Elon (Introduction), *Eichmann in Jerusalem: A Report on the Banality of Evil* (New York: Penguin Classics, 2006), p. 135.

16. 馬丁・古德曼（Martin Goodman）著，羅亞琪譯著，曾宗盛審定，《猶太教四千年：從聖經起源、耶穌時代聖殿崇拜到現代分布全球的猶太信仰》（*A History of Judaism*）（臺北：麥浩斯出版股份有限公司，2020 年），頁 143。

17. 馬丁・古德曼（Martin Goodman）著，羅亞琪譯著，曾宗盛審定，《猶太教四千年：從聖經起源、耶穌時代聖殿崇拜到現代分布全球的猶太信仰》（*A History of Judaism*）（臺北：麥浩斯出版股份有限公司，2019 年），頁 138。

18. 王安石，〈桃源行〉中華古詩文古書籍網 https://www.arteducation.com.tw/shiwenv_1c8d90906574.html，檢索日期：2022 年 06 月 27 日。

19. 史迪格里茲（Joseph E. Stiglitz）著，陳儀譯，《史提格里茲改革宣言》（*People, Power, and Profit, Progressive Capitalism for an Age of Discontent*）（臺北：天下文化出版社，2020 年），頁 90。

20. 《春秋左傳・莊公・莊公十年》，《新譯 左傳讀本》（臺北：三民書局，2002 年），頁 181。

21. 釋星雲，《星雲大師文集・佛光教科書・第八冊　佛教與世學 第十課　佛教與會議》，佛光山資訊中心，http://www.masterhsingyun.org/article/article.jsp?index=154&item=257&bookid=2c907d4944dd5ce70144e285bec50005&ch=9&se=10&f=1，檢索日期：2020 年 12 月 21 日。

22. 王雲五主編，王夢鷗註譯，〈禮運大同篇〉，《禮記今註今譯》（臺北：臺灣商務出版社，2009年），頁390。

23. 郭建勳注譯，《新譯易經讀本．繫辭上傳．第五章》（臺北：三民書局，2002年），頁504。

24. 郭建勳注譯，《新譯易經讀本．乾卦第一》（臺北：三民書局，2002年），頁7。

第一部分——人類歷史中各類型組織研究

第一章——原始的平等社會

人類原始組織在國家及政府未成熟之前，是一個平等的、互助的部落社群，那時還不能稱之為社會。社會是有組織、有秩序、以特定文化及倫理或法律為基礎的群體。

部落組織（chiefdom）以瑟維斯（Elman R.）的研究，是一種平等的、家族的、鬆散的、無官僚體制的組織，成員以禮儀、道德、倫理、習俗作為彼此共同生活的準則。部落生活中的家長通常是年齡最高的長者，或是具備十足影響力的人士。這種領袖不同於組織的頭領是因為他們具備著影響力，但不具備著官僚組織裡的所謂權威。[1]

權威，意謂著能使人服從其命令，權威者具有獎懲的權力，以及一套可以傳遞的固定權力體制。原始部落裡的人是平等的、互助的，主要是植基於血緣關係。在部落之中，即便有爭吵，也是兄弟、父母、家族之間的爭吵，這種爭吵，家長或部落長者出面就可以協調。但是官僚體制當中，人與人之間的衝突與協商，則必須透過一套固定的程序與法律。

原始部落領袖具備威望，但不具備固定權威的地位，他既不是官僚體制裡的領袖，也不是一國之王。[2]他憑藉的是個人的人格特質，或領眾能力，是韋伯所稱的魅力領袖（Charismatic Leader），然而這不是一項職位，而是群體對他的個人尊重。換言之，人們聽從他、尊重他，不是他有一個固定的權威職位（Position of Authority），而是他個人的道德影響力（Influence）。

這種部落領袖不只是道德的卓越能力，更是表現在部落經濟生活的能力。例如具備有效組織狩獵的能力；或是發明取火，可以不再生食，如中國的伏羲氏；或是引領部落進入農業生活，不再無止盡的遷徙，如古代中國的神農氏。這種部落領袖具備的生存能力，使得部落的群族依賴著魅力領導人，帶領他們解決經濟問題、化解部落間的糾紛等。但是在原始平等的部落生活中，這種領袖是一種個人化的，非屬於體制化的權威地位。

如同達爾文所研究的結論，原始部落領袖依賴的是人格魅力，他必須以平等的精神領導部落。族人對於他是基於人格的尊重，而不是職位。平等，是原始部落很重要的精神。部落領袖做不到平等，很快會被唾棄或推翻。

權威與平等

權威與平等不是並行不悖的。權威的基礎是階層化（Hierarchy）。[3] 原始部落中的關係即便有次序，也是家族的倫理次序，而不是權力的階級次序。

瑟維斯的研究指出，原始平等社會必須照顧到三件事，才能夠維持部落組織的運作。

第一是強化內部成員向心力（Reinforcement）。由於組織的領袖不是職位賦予，而是人格德望賦予，原始的組織形式多半是面對面的小群體，維繫彼此的不是律法禮儀（Etiquette）。因此組織當中有人犯錯不是以法律懲罰，而是以禮儀相約束。犯錯者會被排除在人際互動的網絡之外，或被摒除在人與人之間禮尚往來的習俗之外。

第二是領導力（Leadership）。原始部落組織的領導人，本書一再說明是基於人格能力而不是職位，所以他的存在性與合理性是基於他對部落生活所有人的平等對待與支持，包括共同生活的保護、生活物資的獲取。平等，是原始部落領袖必備的品格素質，平等的分配資源，是領袖最大的責任。然而這種非職位、非政治權威的領導地位也可能遭受內部的挑戰，如族群中的一部分人不再依賴領袖的分配模式，或創發新的經濟生活來源；如從狩獵到農耕，這種經濟生活方式的新創發會締造新的領袖；如受到外部挑戰，領袖無法領導群體接受挑戰，或在受到外部的挑戰中回應失靈，這時候該領袖的地位也會式微。

第三是仲裁（Arbitration）。當成員有糾紛，原初社會的酋長領袖必須做出仲裁的決定。原初社會並沒有明文的法律，也沒有明確的執行法律的機構。衝突的仲裁才是部落維持凝聚的關鍵因素之一。部落領袖未必是唯一的仲裁者，部落群體的意向與看法，經常決定犯錯者應該得到何種懲罰。

然而這樣的平等互助的部落型態，在文明歷史的演進中如何發展成為國家及政府？具備德行的領袖為何成為君王？或組織成一個龐大的官僚體制？

答案之一是繼承。

繼承，幾乎在每一個古老部落裡都存在。學者Read的研究顯示，家族式的部落成員相信，魅力領袖的兒子，特別是長子，具備魅力領袖一樣的技能與智慧，能夠引導部落持續維持自給自足的生活。[4]原始的部落首長制（Chiefdom）包括在玻里尼西亞（Polynesia）、密克羅尼西亞（Micronesia）、美國東南部（Southeastern United States）、加勒比海（Caribbean）、中亞（Central Asia）以及許多非洲（African）地區的部落，都是以這種類似的模式發展出官僚體制與權威的領袖。[5]

繼承，使得官僚體制正式確立，以及階級的權威性開始萌芽。[6]

答案之二是治理水源。

在巴布亞紐幾內亞（Papua New Guinea）的原始部落，仍然存在著酋長被稱為「Big-Man」或「Center Man」。這些首領具備提供給族人足夠食物的能力，他們分享所得，他們更具智慧地將族群的經濟資源作最好的分配，包括建構更具生產力的梯田灌溉系統等。這種經濟資源的提供者，使得部落的領袖逐漸成為固定權威的地位，並且建立更大的官僚體系，以維持這種生產方式與經濟生活。

中國的黃河治理同樣是中華民族團結一起，建立巨大中華帝國的主要原因。如歷史學家湯恩比（Arnold Joseph Toynbee）所言，龐大帝國的建立都是因為文明的挑戰。為了治理黃河，各個部落團結一起，將暴怒的黃河化為萬民賴以生存的母親。

治理氾濫的尼羅河，讓埃及在西元三千年前就具備巨大的官僚組織，統一尼羅河的氾濫與農業治理。美索不達米亞一樣經歷了巨大的文明挑戰，創發出大帝國、世襲領袖與建構龐大的官僚體系。

答案之三是戰爭。

第三個塑造權威領袖與官僚體制的組織之因素是戰爭。科恩（Ronald Cohen）的研究顯示，國家的誕生與戰爭是緊密關聯的。[7] 美國的戰爭促成美國的建國。黃帝大戰蚩尤締造中華帝國。秦始皇滅六國，開始了統一的中國文化與生活方式，包括車同軌、書同文。

戰爭使得城市興起、工匠誕生，以堡壘式的城市生活樣態逐漸成形。由於戰爭，使得工匠需求增加、分工的產生。戰爭使得一般人無置喙之地，產生了新的武士階級，以及攻防需要的堡壘生活，是早期城市生活的發軔。

近東的亞述人（Assyrian）在西元前八〇〇至六五〇年，建立了一個龐大的帝國。他們領先的戰爭武器、戰車，打敗了以步兵為主的其他部族。

亞述帝國最後衰亡並不是因為戰爭的武器不夠精良，反而是經濟的蕭條與人口的減少。最後如湯恩比所言，戰爭耗費太多的資源，造成人口的損失，導致帝國瓦解。但是從亞述帝國之後，戰爭形成個人的職業與階級。在希臘與羅馬帝國，戰士都是特殊的貴族階級。

正是戰爭，催生官僚體制的誕生，以及支持君王體制持續的存在。因為戰爭，更需要全民的服從與一致性的價值觀。沒有比戰爭，更容易讓一個國家走向權力集中，以及造成官僚體制掌握國家的局面。

答案之四是互助。互助與合作分配體系，促成古代社會官僚體制的誕生。

在諸多探究原初社會部落領袖與官僚體制崛起的原因中，互助與分配，似乎是最重要的關鍵因素。權威領袖的建立與官僚體制的萌生，是生產方式的互相依靠。

瑟維斯指出農業的經濟生活之擴大，是催生古代官僚體制的原因。一個部落之中，不具備當今統治權威的領袖，如何一步步地建立官僚體制，而走向具備法統的領袖地位？

原初社會在進入農業之後，讓人類的社會結構產生巨大變化。狩獵生活是分散的、小規模的，是平等的。但是農業社會的發展需要仰賴物資的交換、灌溉水源的治理，以合理分配水資源，這些都需要區域性的專業分工人員。

瑟維斯以一個農業的小故事說明了這種分工的模型。當A村落屬於原始部落領袖的領導區域，這區域種植玉米、黃瓜、菸草、豆子等，所以族人都能自給自足，部落的生產模式及生產數量都很合理分配，所以人人生活豐足。假設部落領袖的女兒出嫁了，分配在河流的中游B區，B區玉米產量有限，但適合生產蔬菜、菸草等。繼而領袖的另一個兒子分配到C區土地，C區的土壤貧瘠，不適合種植玉米、豆子、黃瓜，甚至菸草。這時候生產的重新分配就必須進行。

這種「生產的重分配」（Redistribution）使得原初部落領袖必須逐漸建立重新分配的機制，包括計算產量、分工、分配、運輸等；區域專門人員（Local Specialization）的逐漸出現，也締造原初社會官僚體制的誕生。[8]

分配的權力顯然是落到原初部落領袖的身上，他所具備的優勢不只是他占有著更肥沃的原初土地，他也享有部落中崇高的威望與信譽，分配的工作就在這部落原初領袖的身邊開始進行。這是早期社會分工的需要，所締造的第一批官僚體制人員。

領袖與官僚體制的存在，維繫於分配的合理，讓部落的每一個人都能夠豐足。正因為分配得宜，部落間的物資逐漸豐盛，因而帶來人口的逐漸增加。然而很快地，正享受著物資豐足的部落人們逐漸發現，受制於有限的地理位置與固定的生產模式，人口壓力逐漸增加，伴隨物資稀缺的問題越來越嚴重。這時候「競爭」是一個選項，但是瑟維斯以及哈納（Michael James Harner）的研究顯示，當諸部落從競爭有限的物資，到選擇合作、選擇重新分配、選擇專業分工、選擇強化彼此關係，大型專業官僚機構於焉誕生。

瑟維斯與哈納認為，古代中央集權的官僚機構，都是在合作及互助的體系中產生。[9]

換言之，互助與利他，催生了人類早期的官僚體制與中央集權。

古代社會中，越是能中央集權的體制，越能夠做好生產的再分配，以及建立最佳的分工體制。分工越細、分配越好，也越有利於中央集權的體制持續存在。

瑟維斯以古代埃及為例。古代埃及意指西元前三千年的古埃及王國（西元前三一〇〇—二二〇〇）。它的經濟體制就是典型「垂直經濟」（Vertical Economy）。王國之中一切物資都是由上而下的分配，連皇后每天多少糧食都有明確的記載。古埃及社會從北方到南方，沿著尼羅河，數千村落星羅棋布的發展著。尼羅河成為運送物資的便利工具，實現王國物資的再分配。在一個相對自給自足的社會中，古埃及王國並不配備龐大的軍隊，因為沒有外侮，沒有任何外來的威脅。它與鄰近的美索不達文明依靠著幼發拉底河與底格里斯河，同樣發展出龐大的官僚機構，彼此相隔不到千年，模式類似，彼此獨立。和蘇美文明不同的是，埃及的地理位置相對獨立，使它更少受到流浪部族的侵擾。

神化的領袖誕生

古埃及國王的地位，有如在地上的神，他擁有絕對的經濟分配權、官員任免權、法律裁決權，以及宗教儀式的領導權。經濟分配權締造政治統治權，政治統治權的合理性，必須植基於文化與儀軌。宗教儀式的深化，就成為古代社會共同文化與儀軌的基礎。

試想，古代社會的部落領袖是以面對面的接觸，建立他在部落族人中的權威。但是當部落合併，當分配合理化之後造成人口快速增加，從一個千人的大部落，擴張到數萬人甚至數十萬人的大城市；統治著萬民的國王，治理著廣大的面積，他的數十萬臣民不只彼此不會相識，更是見不到他們的法老王。這時原初日常見面的領袖，早已轉化為抽象的、象徵性的、神聖性的法老。法老的神化是日常統治合理性之所需。

只有無形的信仰與文化的力量，才能維繫一群不相識的人，繼續願意成為群體的一部分。這是古代社會宗教的興盛與儀式的普遍之關鍵因素。

古代埃及像是一個寺廟的統一體。在前古埃及王朝之前，北方的各部落還是常征戰，一直到蘇美爾人建立一個統一的埃及大帝國，其所憑藉的不是武力攻伐，而是宗教。通過信仰的統一，蘇美爾人將尼羅河岸，從北到南統一在一個神權的正統底下。整個古埃及，就像是一個「單一神廟的階層政體」（The temple-like theocratic political hierarchy）。[10] 政府的官僚體制是一個家族的政治體，國王是父親，兒子是繼承人，占據重要的統治地位，較疏遠的親戚占據次要的政治角色。

從互助到重新分配的合作分工，終將締造原初社會的集權政治領袖與官僚體制。它的出發點是服務每個族人，為了合理分配，所以分工。因為分工所以要管理，因此出現管理的官僚體制。但是逐漸地，權力的集中，與領袖的神格化，慢慢使得公平合理分配角色的官僚體制，質變為控制資源的人。賢明的、為部落創造整體福利的領袖後代，成為唯一支配者，甚至成為使用最多的資源者。

這似乎是歷史的必然異化與反動。

是什麼導致這種異化與反動？如同老子所言，「反者，道之動也。」官僚體制的異化和催生它的原因是一樣的：生存。

正是生存，集體的、個人的生存，造就了神聖領袖以及所創立的官僚體制。當官僚體制致力於分配與分工，致力於群體生存之際，官僚本身也在求生存。生存的欲望使得官僚體制自身不斷地擴大，從而從以服務為中心，轉化為以自我為中心。因此從自我中心過渡到利他為中心，從群體生存為中心過渡到以萬物生存為中心的利他主義，是官僚體制避免異化的關鍵。我們將在下一章繼續探討這項問題。

註釋

1. Service, Elman Rogers, *Origin of the State and Civilization: The Process of Cultural Evolution* (New York: W.W. Norton & Company, Inc., 1975), p. 50.
2. Service, Elman Rogers, *Origin of the State and Civilization: The Process of Cultural Evolution* (New York: W.W. Norton & Company, Inc., 1975), p. 52.
3. Service, Elman Rogers, *Origin of the State and Civilization: The Process of Cultural Evolution* (New York: W.W. Norton & Company, Inc., 1975), p. 53.
4. Service, Elman Rogers, *Origin of the State and Civilization: The Process of Cultural Evolution* (New York: W.W. Norton & Company, Inc., 1975), p. 74.
5. Read, K. E., *Leadership and Consensus in a New Guinea Society*, American Anthropologist 61.3 (Jun. 1959) p. 425-436.
6. Service, Elman Rogers, *Origin of the State and Civilization: The Process of Cultural Evolution* (New York: W.W. Norton & Company, Inc., 1975), p. 7.
7. Carman, John and *Anthony Harding* (Editors), Ancient Warfare (U.K.: Sutton Publishing, 1999), p.33.
8. Service, Elman Rogers, *Origins of the State and Civilization: The Process of Cultural Evolution* (New York: W.W. Norton & Company, Inc., 1975), p.76.
9. Service, Elman Rogers, *Origins of the State and Civilization: The Process of Cultural Evolution* (New York: W.W. Norton & Company, Inc., 1975), p.278.
10. Service, Elman Rogers, *Origins of the State and Civilization: The Process of Cultural Evolution* (New York: W.W. Norton &Company, Inc., 1975), p.230.

第二章——官僚體制的治理

官僚主義的情感聯繫

戰爭、族群的生存、互助的共同經濟體，合作以合理再分配，都引領著人類必須集體行動，繼而出現分工的系統。這歷史的進程不只創造了中央集權的神聖領袖，也創造了不可撼動的官僚體制。

放諸歷史，官僚體制在任何人類文明中都無法去除，也不會被打破。領袖必須仰賴一群部屬或同僚來執行任務，因此形成官僚體制的領導與管理。

如前章節的論證，官僚體制一開始是為整體人民服務的，但是隨著分工越細、專業程度越高，官僚的運作就越遠離原本必須服務的人民的知識與理解。逐漸地，形成官僚的決策與百姓所秉持的常識判斷經常相反，或是不理解的。

官僚體制形成之後，所造成的不只是決策的方向不容易讓百姓充分理解與同意，隨著官僚主義的膨脹，組織遂逐漸失去情感的聯繫。原初社會的部落形式，人與人互動緊密、情感交融。部落裡，人與人或有爭執，都能經過領袖或是走動情感關聯的人士進行協調。但是當官僚主義形成之後，爭端必須通過一個特定機構行使，在當代是法院，在古代是衙門或朝廷，法院裡主持的是一個不相識的權威人士，或法官、或父母官、或特定仲裁領袖。情感的聯繫不見了，取代的是客觀的律法與懲處。

人們在官僚主義的支配下，能夠合理化官僚主義的信仰信念。這就是為何古代社會都會有巫師、祭師，與政治領袖共同治理。在群體生活分工及集體活動中，各人失去的自由與情感，經常通過宗教與族群信念得到合理化與整合。

信仰與信念所帶給全群體生活的人們，不只是生命的依歸，也是在官僚體制合理化底下，必須依靠的生存機制。

「宗教」與「信念」一定程度上合理化了官僚主義支配形式，是古代人類社會發展出的一條自然的道路。

官僚主義不是惡，但是容易孳生惡。其原因是官僚主義在自我私心的驅使下，會逐步地擴張自己的運作範疇，從而使得官僚體系逐漸擴大，使得更多的社會菁英必須以它為生活的依靠，以及奮鬥的目標。進入官僚體系，形同進入管理支配的群體權威體系，它會使得人們在這樣的環境下得到庶民所沒有的權力感與榮譽感。

官僚主義的類型

韋伯提出三種類型的官僚制度，包括先前提出的傳統家長制型態的官僚體制；第二種是卡理斯瑪型態下的官僚體制；第三是法制型態的官僚體制。[1]

傳統官僚體制型態的官員如同君主或領袖們的家臣，韋伯稱這種領袖為「家長制領袖（Patriarchy）」。家長制的官員通常跟領袖同住一所，他們的衣食全部都是領袖所提供。領袖選擇的官僚不是基於能力，更多的是基於信任及忠誠。官僚的職責並沒有清晰的法制規範或範圍，多半取自領袖獨斷的意旨。傳統型的家長制官僚組織也沒有明顯的階級或分工，完全取決於家長的制定與可以隨時改變的意旨。

傳統家長制的官員也可能被派任到外地擔任職位，他們可能利用職位之便，獲取更多的利益及權力，但這一切也可能瞬間被領袖收回。任何新的官員之任命多半是從大家族中尋找，官員們的角色與功能甚至可以用繼承來延續。換言之，家長制的官僚體系是一個大家庭，領袖即家長，他們或情感交融，或信仰相同，或理想目標一致，他們都聽命於家長的意志，他們一生的命運也多半交付在領袖的手中。

韋伯特別強調當傳統制的官僚，被領袖派遣而從事戰爭，或是擔任某地區的首領，他們一切的資源與權力仍然都是來自於領袖的賦予。韋伯也將這種體制命名為蘇丹主義（Sultanism）。蘇丹主義是世襲的官僚體系，這種環繞蘇丹、家長的官僚體制，與封建主義（Feudalism）的官僚體制不同。

封建主義的官僚不是世襲或人身依附，而是以合約聘請專業之武士為領主打仗，這些武士的忠誠來自合約與文化上的榮譽。他們會自備武裝，而不像蘇丹主義下、家長制底下的官僚或戰士，他們的資源完全倚賴領袖家長的給予。

傳統型的官僚主義是植基於父親與兒子的關係之上，君王或領袖是父親的角色，臣民是兒子的角色，這是人類原初的官僚組織型態。這種原初型態可能因為組織的逐漸擴張，而逐步蛻變為封建制的官僚組織。因為當國土遼闊，或領袖的後代無力支撐原先與家臣的類父子關係，擁有屬地或部隊的家臣逐漸獨立，或逐漸形成新的對應關係。[2] 從原先的從屬，變成合作，甚至對立關係。歐洲中世紀的諸侯們彼此打仗，甚至與君王對立，他們原先都是來自同一君王，世代交替之後，形成各自擁兵自重、以城為主的封建領主。

封建的官僚主義是從家長制的官僚主義中脫離出來。封建官僚不再是終身的人身依附，而是在一定條件底下的忠誠。他們以專業加入封建領導體系，協助君主進行國家及機構之治理。這些治理官僚附屬著許多的武士，也統轄著大批的佃農，佃農效忠著領主與君主。這些為領主服務的專業武士及佃農，構成近代資本主義的萌芽。

卡理斯瑪的官僚體系

韋伯提出的第二種官僚主義型態是卡理斯瑪底下的官僚主義型態。卡理斯瑪領袖有能力提出讓追隨者信服的理念，與實踐這理念的能力。信徒甘心情願地奉獻出財產與精力，為卡理斯瑪領袖賣命。有些卡理斯瑪領袖甚至被信徒認為有超自然的能力，能夠轉變他們的命運及整體社會的命運。卡理斯瑪領袖 Charismatic Leader，英文字根來自聖誕節的禮物 Christmas—the Gift of Grace，神聖的禮物。韋伯把這個字與人格 Character 放在一起，縮寫為 Charisma。

卡理斯瑪魅力型領袖具備打破一切成規，打破一切既定制度的能量，進而重新形塑一個國家及社會的運作模式及組織架構。就當代而言，卡理斯瑪意味著能夠回應時代需要的領袖。有些卡理斯瑪終身都領導著他的追隨者；有些卡理斯瑪隨著時代的洪流被遺忘，被信徒遺棄，因為他的超人能力已經失靈。但無論如何這種超級魅力的領袖，在每個時代、每個文化都出現過。追隨卡理斯瑪領袖的身邊人物，形成卡理斯瑪的官僚主義型態。

追隨卡理斯瑪的人都是以信念追隨，他們把領袖的使命視為自己的使命，他們奉行領袖的命令是發自內心，是自我生命的信念。這些追隨卡理斯瑪的官僚，不是專業領域選拔，也不是招聘，他們基本都是自願的追隨者。這些官僚在這時期沒有階層，也沒有分工，沒有升遷，甚至沒有獎賞，一切都是跟隨領袖的決定而運行，為領袖的使命而付出。領袖身邊的官僚雖能因有功而得到獎賞，在戰爭中就是有戰利品的賞賜，但是韋伯認為，卡理斯瑪領袖及其追隨者都必須拋棄世俗的牽掛、家庭的羈絆，或物質的享受。他們休戚與共，一同為信念奮鬥，一起犧牲與分享一切成果。

卡理斯瑪一部分有點像傳統家長制的領導方式，以領袖的意志為意志，只不過傳統家長制依靠的是情感依附，卡理斯瑪依靠的是信念及奇蹟。當然當奇蹟逐漸退卻，卡理斯瑪不再能解決信徒的問題，不再能創造奇蹟，或是信念出現問題，追隨者就會自動消散。

卡理斯瑪的例行化是韋伯的理論最精彩的一部分。我們知道卡理斯瑪是對於官僚主義的一種反動；而一般推翻僵化官僚主義的革命都是從外部著手，但是卡理斯瑪的革命是從內心、從信仰著手，藉以打破僵化的官僚主義。但是當既有的模式打破之後，建立新的運作模式就必須有新的組織與治理人員，卡理斯瑪這時候會面對新的官僚主義例行化的僵局。卡理斯瑪擁有的特質是無常規，一旦必須建立管理體制，新的官僚人員就會出現，這時候的卡理斯瑪邁入例行化（Routinization）。

卡理斯瑪的例行化是當魅力領袖逐漸年老，或是離世之後，追隨者如何將領袖這種能改變社會及個人生命狀態的意志與原初的能量，持續地體現在每個追隨者的日常生活之中。這種魅力領袖的信念與奇蹟式的能量，必須能持續地在生活具體實踐。這裡就面臨兩個問題：一個是繼承人的問題，一個是如何將繼承從個人化轉向體制化。

具體來說，卡理斯瑪領袖可能選出一個繼承人，來承接他的能量與領導力。通常魅力領袖之後不容易產生第二個卡理斯瑪。因此，新的繼承人想要建立原初卡理斯瑪領袖的威望與信服力，通常需要很長的時間，這時候的團體將面臨一個時期的混亂局面，有些組織甚至度不過這樣的混亂局面就瓦解了。

在某些情況下，追隨者或魅力領袖會將這種繼承設計為由體制來繼承，非由個人來繼承。韋伯認為，官僚體制繼承將免除因繼任者任何個人的瑕疵，而造成組織的瓦解，例如天主教教會就是韋伯眼中成功的體制繼承。天主教在耶穌殉道之後，成功地建立教會體制，讓教會承接耶穌的卡理斯瑪，讓耶穌的福音繼續傳遞，而不會因為使徒的聖格不如耶穌，而使得福音無法傳遞；甚至不會因為某一位繼任者出現人格問題，而喪失對耶穌的信仰。因為這是體制繼承。

當今的天主教會出現了許多性侵男童的事件，但是這不會影響天主教教會，特別是教宗在大家心目中的合法性及正當性。體制繼承的成功案例也發生在摩門教會，當先知約瑟夫・史密斯（Joseph Smith Jr.）喪生，是由楊百翰（Brigham Young）提出十二使徒共同繼承。

法制理性的官僚體系

法制理性型的官僚奉行既定的法律與規範，他們事先知道哪些行為有哪些限制與罰則，而知道避免觸犯。他們有自己的公私領域，領導人不能跨越他們的私領域。他們不像傳統權威型及卡理斯瑪型的官僚體系，必須依賴領袖的意志行事，所有的公、私領域都掌握在領袖的手上。在公領域，法制理性官僚奉行準則；在私領域，他們可擁有自己的生活方式與行為標準。

法制理性型的官僚不具備永久的治理場所，所有一切的治理工具與場所，包括辦公室、設備、用品，都是屬於機構，非屬於個人。這些財產也不能繼承給下一代。非私人化、非個別化的機構，是法制理性型官僚主義的特色。

法制理性型官僚所奉行的不是單一領導人的意志，他們有客觀程序、固定的信條、標準作業、專業的知識範疇、可歸檔的紀錄、需服從的準則以及團隊合作與分工的模式。這些具備客觀形式的行事法則，使得法制理性官僚主義能夠持續運作，即使換一位領導者，都能夠有效持續地領導機構的運行。

法制理性型的官僚治理是基於知識背景，他們享有別人無法觸及的各種資料，甚至機密。他們的準則是不能洩漏機密，這一方面使他們有別於一般公民，甚至如韋伯所言，將自己置身於一般公民之上，成為固定的統治階層。

法制理性官僚主義奉行是階層制，通常是由上而下的命令與遵循的一套固定法則。但是它造成法則對下不對上，對下法則嚴苛，對上法則鬆緩。就像計時的工廠作業員，遵循工作時間與休息茶歇時刻，但是管理的經理沒有這個限制。高層享有更大的自由，低階人員自由度大大降低，是法制理性官僚主義的問題。

法制理性官僚主義的另一個現象是，他們對於信條的遵守程度，經常遠遠超過對於問題的解決與對於公民的服務程度。緊緊抱住法條，不管民眾的實質需要。遵守信條原本只是服務民眾的工具（Means），後來成為目的（End-in-Itself）。這造成法制理性官僚主義之僵化與不近人情。

法制理性型的官僚主義當然是當代奉行的最高組織原則。雖然避開傳統組織的私人，但是在官僚組織逐漸龐大之後，法制理性官僚主義仍然會形成自身的利益。他們會各自為政，各自尋求自身的擴大，甚至造成嚴重的內部衝突與互相杯葛。為了爭取功績，為了擴大自身的成就與影響力，法制理性的官僚主義一樣無法避免內耗及內鬥，甚至比卡理斯瑪及傳統型的官僚組織更為嚴重，因為沒有任何魅力型的領袖或權威家長能夠出面協調，能夠說了算。分歧的解決落入冗長的法律程序與細瑣的規範，容易陷入效能不彰，沒有人能為結果負責的局面。結果造成組織的無力感與空洞化。

一旦檢討起來，每個人都守法了，每個單位都程序完備了，但事情可能沒有推進，問題可能沒有解決。這就是當代法制理性推到極致，走到盡頭的結果。

傳統型的官僚主義過度個人化，造成社會、家國、組織置身在一人意志之上，其他人都成為附庸。卡理斯瑪的魅力型組織打破成規，但是一樣依靠一位超能力領袖來維持紀律與效力，一旦領袖離去，組織、國家、社會可能陷入危機。卡理斯瑪領袖之後極可能產生的是法制理性的官僚主義，但是過度強調客觀化的法則與制度，讓法制理性的官僚主義成為新的、生冷的獨裁機構，而且可能是無作為的獨裁機構。如何在理性與熱情，法制與使命，客觀與人情之間擇出組織的融合中道，是當代組織治理的一大課題。

官僚體制的正義

沒有官僚體系就很難締造有秩序的人類社會。但是有了官僚體系，會使得人們情感淡薄，以及伴隨著日常生活的壓迫。如何避免官僚主義的這兩種傾向？必須從官僚主義的內在文化改變起。當服務於官僚管理體系的人一直相信自己是為民服務，能夠傾聽人民的聲音，能夠理解一個嘉惠多數人的良好政策制定必然會有少數人受害，而且會給這些受益的人最大的福利。

這就是約翰．羅斯（John Rawls）所提出的「正義」（the Justice），就是給最弱勢者最大的利益。羅斯主張，即使在機會絕對公平的前提下，總是有優勢者會得到較大的利益，但是如果體制能設計成當獲益最大者給予最弱勢者最大的利益，這才是公平正義。這是官僚體制應該遵循的善與正義。

究竟統治者、官僚體制執行者的角色是像父母？還是更像人民的公僕？中國古代的韓非子與西方的馬基維利經常被相提並論，因為他們都代表著統治者至上的思想。韓非子認為君王如果缺乏統治的智慧，不具備法、術、勢，那他就是一個失敗的君主。君為尊，民為從。君王才知道百姓要什麼，百姓不知道自己的利益，如果交給百姓自己決定，那國家就要滅亡，百姓就要受苦。

不舉遠例，近年英國脫歐（Brexit）以公投決定，世界各政治菁英都批評這麼重大的事情怎麼會交給百姓決定？人民容易受情緒影響、受輿論影響，很難做出明智的決定。這是當今民主政治的問題，的確脫歐後的英國財政損失巨大，光是二〇一九年之前，英國估計已經有兩兆美金移出英國。這是脫歐之後的初步結果，其後面的損失還很難估計。因此，賢明君王、賢明領導人的決策，比起多數人的決定可能更明智。

所以孔子曰：「為人君者猶盂也，民猶水也。盂方水方，盂圜水圜。」統治者的權柄可以形塑百姓的生活是真確無疑的，但是百姓的主體性是被君王支配，也顯示君王的重要性大於百姓。這當然是幸，也是不幸。當君王無道，民不聊生；當君王有道，百姓安樂。但是，百姓的安樂若只繫於聖君的出現，其實是沒有保障的。因為一旦昏君或暴君出現，百姓將水深火熱無以附加。因此政治哲學思想家都是以君王的賢明、愛民為主要訴求，強調愛民的重要性。特別是儒家的「民為貴，君為輕」的說法，更是要求君王、統治階層必須以民為中心。如《尚書》所言：「天視自我民視，天聽自我民聽。」[3] 一切以百姓之福祉為設想，而不是以君王統治、控制為核心，是儒家異於法家的思想。如果君王以及君王所領導的官僚體制都是以愛百姓為核心，則天下大治。

因此《易經》中的「保和」就是提出這樣的治國理想，讓每個百姓都各安其位，各蒙其利，人人皆得福祉，就是保和。這樣的境界能夠持之以恆，就是太和。

在第一線體現愛

愛是關鍵。情感的溫潤可以暖化官僚體制的生冷，情感的維繫使得君王與臣民之間是家人關係。如古代中國社會，君臣關係如同父子關係，是家庭化的朝廷。古代君主，今日領導人，古代封建官僚，到當代專業官僚，強調情感面，對於官僚體制的軟化是有其助益。另一方面，官僚體制的情感面之締造，也是避免官僚專斷的方式之一。如何引導政府官僚體制的人能夠在第一線理解人們的現實需求，或者企業的管理者能夠了解消費者的真正需求，就能夠避免官僚專政的弊端。

加州大學聖地牙哥分校的社會學系趙文詞（Richard Madsen）教授，一次在臺灣花蓮慈濟靜思精舍演講時說，志工永遠要在第一線服務，永遠不要離開第一線的感動，才能維持慈濟的核心精神，避免慈善機構在成為大型組織之後，走入官僚化。趙文詞教授舉卡爾・雅斯培（Karl Jaspers）對教會提出的警鐘，認為基督教會走向官僚化之後，或在與政治結合之後就容易腐敗。避免官僚化，維持第一線的服務與感動，是像慈濟這樣的大型慈善機構應該要信守的原則。

第一線的服務有助於官僚機構的管理人員，養成利他、服務的心靈狀態。官僚管理階層能夠培養出利他的生命態度，才能夠讓管理階層在每一個決策及服務的時刻，能夠避免追逐自身的利益及便利，而以人民、以大眾的利益及便利為優先。

利他之心的養成至為關鍵。這就是當代講的人民公僕，或是古代中國社會說的父母官，父母官就是要照顧百姓的利益，如同父母無條件地照顧孩子一般。管理的官僚必須具備愛，才是百姓的福氣。

愛，是官僚體制最少談及的議題，卻也是最重要的議題。

特別是當代科層組織強調去情感化。避免營私，避免因「關係」造成政策、升遷、賞罰等的偏差。這一方面是正確的，但是另一方面也失去人生最重要的動力，愛與情感。一方面，制度與科層所代表的公正與效率；一方面，愛與情感代表團體的凝聚及效能。如何在愛與公平之間取得平衡，似乎是當代官僚體系必須解決的問題。

體制化的情理和合

中國的韓非子說：「愛臣太親，必危其身；人臣太貴，必易主位；主妾無等，必危嫡子；兄弟不服，必危社稷。」[4]這是愛的關係的退轉與衰敗所造成的結果。骨肉相離、兄弟相殘，都是為了權力。以私我、以自我為中心的領導階層，必定走向這種局面。古代的家庭化之朝廷如此，當代的專業管理經常也會如此。以權力及利益為核心，必然導致社會國家整體的衰敗，特別以個人情感與私愛為主的領導模式，一定是走向徇私、專擅、貪瀆、迫害等情節。

如果領導階層的愛是無私的，是大愛不是小愛；領導階層的情感是為萬民著想的，是清淨的情感，亦即所謂的「覺有情」，那韓非子的顧慮就不會存在。我們固然看到古代封建社會家庭化的朝廷帶來的各種弊病，我們也看到類家庭化的情感所帶給人的歸屬感。君臣如父子相愛，這種愛不只是對於父，或對於子，更是對於萬民與萬物的愛。只有立基於對於萬民與萬物的愛、父子之愛，才是穩固的情感基礎。換言之，任何的愛與情感是根植於一切人與一切物，不是對一人、一事、一物的愛，是對於萬民、萬物、萬事的愛。這心靈是利他的心靈，這思想是萬物唯一體的思想。

但是這種「大愛」與「覺有情」的心靈狀態如何成為可能？是教育？是環境？再者，統治階層一旦有了權力之後，為何仍然能維持這樣的利他之心靈狀態？

中國儒家一再強調「推己及人」，就是認可人的私我與私欲，只不過把愛己之心，推及於其他人。所謂將心比心，同理心的擴大是儒家強調的統治階層，或君子的修身之道。孔子強調以禮讓治國，君子、統治階層能夠實行仁愛與天道。孔子的形上思想是最高的天道，仁為天道，在人間的最高法則是仁，「親親而仁民，仁民而愛物」謂之仁。具體實踐是禮，遵循天道，體現仁德，實踐禮之和，則可以無私的治理萬民。

註釋

1. Allen, Kieran, *Weber: Sociologist of Empire* (London: Pluto Press, 2017), p.100.
2. Allen, Kieran, *Weber: Sociologist of Empire* (London: Pluto Press, 2017), p.106.
3. 《尚書・周書・泰誓中》中國哲學電子化計劃，https://ctext.org/book-of-changes/qian，檢索日期：2022 年 6 月 27 日。
4. 《韓非子・愛臣》（臺北：三民書局，2016 年），頁 31。

第三章——佛教治理的理想

無我以萬民為我

佛教強調無我、無常，世間的一切都是無常、沒有我、執我是妄，希望透過布施、禪定，最後得解脫自我、去除私我。放諸政治思想是轉輪聖王，享有無比的榮耀與權柄，但是能夠讓萬民受益。為了讓萬民受益，甚至不惜犧牲自己的生命。

佛典《賢愚經》中記載，釋迦牟尼佛在一過去生中，曾是娑婆世界的一位國王，名叫毘楞竭梨。毘楞竭梨國王統領萬邦、百官及萬民。王為人慈悲無限，對待臣民如同自己的孩子，而且樂求正法。毘楞竭梨國王為了求法，他昭告大眾：「如果有誰能為我開示經法，我將隨其所願，供給他一切之所需。」

不久，有位勞度差婆羅門聽到這個消息來到了王宮，宣稱他能講經說法。國王一聽非常歡喜，親自出門迎接，恭敬禮拜，悉心問候這位婆羅門大師；隨後將他迎請到宮內，準備尊貴、高廣的法座，恭請大師上座說法。

國王合掌說道：「我等至誠懇請大師為我們說法。」大師回答：「多年以來，我辛勤勞苦拜師，四處廣學經法，國王您現在卻能如此輕易請法聽聞，豈不是得來太容易了嗎？」

國王立刻說：「只要您開口，我願意提供您一切所需，絕不吝惜。」大師想了一會兒，便說：「您若能在身上打上千根鐵釘，我便答應傳法給您。」

慈悲的國王為了讓大眾能聽經聞法，決定犧牲自己的性命來換取，於是和大師約定七日後完成這項承諾。

毘楞竭梨國王因為人慈悲、推行德政，所以國家安定和樂，非常受人民愛戴。大眾看到告示後，從四方會集於王宮前，懇求國王莫捨身取法，拋棄天下百姓。

國王雖感受到大眾的愛戴，仍決意實踐自己與婆羅門的約定，他說：「久遠以來，我因無明煩惱，造作種種惡業，生死流轉無數。累劫生命長流中，自身所堆積的骨骸高過須彌山，頭斷所流的血匯聚可成江河，愁憂啼哭的淚水比大海之水還多，如此枉受身心大苦，都不曾是為了求法。」國王接著說：「我現在犧牲生命以求佛道，未來成佛之時，必以鋒利的智慧寶劍，斬除一切眾生的無明纏結。大眾為何要阻擋我求道之心呢？」一時之間，大眾默然無語。

國王轉向婆羅門，向其請求先說法要，再行釘刑，希望能在命終前得聞佛法。於是勞度差說了一首偈語：「一切皆無常，生者皆有苦，諸法空無生，實非我所有。」恭聆法語後，國王即命人在自身釘上千根鐵釘。大眾目睹此等情景，無不悲慟號泣，如臨山崩。此時，大地出現六種震動，諸多天人得知菩薩國王捨身求法，皆涕淚如雨下。

這時，帝釋天來到國王面前，問道：「大王為求法而勇猛精進，不懼苦痛，是希望聞法而得作轉輪聖王或諸天之王？」國王回答：「我所作所為不求三界中的樂果，惟願所有一切功德能助成佛道。」帝釋天又問：「大王自傷己身，承受大苦，可曾心生後悔？」王說：「絕不後悔。」帝釋天繼續說：「現在看到大王的傷壞之身，您已無法承受，雖說不悔，又如何證明呢？」

國王立即發大誓願：「如果我心至誠，毫無悔恨，身體將恢復如常。」此語一出，國王之身立刻平復。

諸天及所有人民，欣喜無量。[1]

這是佛教思想中理想君王的象徵。捨身為百姓信奉真理，捨身為百姓的心靈智慧而犧牲自己。這當然說明了兩層涵義，一是君王給百姓的不只是豐衣足食，而更是心靈的清淨與生命的智慧。領治者、領導人階層不只是不控制百姓，不只是給予百姓豐衣足食，還給予百姓生命的大智慧。

佛陀的人人平等觀

佛陀反對當時印度的種姓制度，主張各階級平等。眾生平等是佛陀重要的政治觀點。這與近代西方人皆生而平等其義趣是一致的。在南傳藏經長經部佛陀回答婆羅門婆悉吒的對話中，佛陀駁斥了婆悉吒的觀點，認為婆羅門是由梵天口中所生。佛陀問婆悉吒，難道婆羅門的女子都不懷孕嗎？如果婆羅門的女子會懷孕，婆羅門就是胎生，非梵天化生。婆羅門將人主分為黑皮膚與白皮膚，婆羅門是白皮膚，其他種姓是黑皮膚，白皮膚是優越的，是純粹的，黑皮膚是低劣的，不純粹的。這其實都是虛妄之言。佛陀對婆悉吒說，婆羅門種中「亦有傷害有情者、有取不與者、有淫欲之邪行者、有行妄語者、有兩舌者、有惡口者、有綺語者、有慳貪者、有害心者、有邪見者。」[2]同樣的，剎帝利、吠舍、首陀羅也有如此之輩。

固然婆羅門中不乏具備優越的良善品格之人，然而其他被婆羅門認為低劣的種姓之中，也有善人，也有賢人，此種品格不是婆羅門所專有。「於剎帝利種中亦常有離殺生者、離不與取者、離淫欲邪行者、離妄語者、離兩舌者、離惡口者、離綺語者、無慳貪者、無害心者、正見者。」[3]

因此，佛陀是以品格論斷人，而非以種姓論斷人。在法的基礎上，以及在真理的基礎上，人人平等。所以佛陀對婆悉吒接著說，四種姓的人，人人都可以進入沙門修行，任何人都能成為阿羅漢。在修持德性及清淨行的立場，人人平等。佛陀說：

「在此等四姓中，任何人為比丘，成為阿羅漢、滅諸漏者、梵行已立、所作已作、捨負重擔，正得無再生之位、滅有之束縛、有完全智、為解脫者，其人，始稱為此等四姓之最上者，以法之故，不以非法故也。不論如何，婆悉吒！於此世或於他世，此法於人類為最上也。」

法是人類最上尊。法是真理，遵循真理才是至高無上的。而非種姓，非特定階級。法，真理，屬於每一個階級。我們看到原始佛陀以法為尊，以真理為尊的人類平等觀。這種觀點非西方的生而平等，具備平等權利的觀點，也非希臘亞里斯多德的奴隸應屬於主人統治，如同身體必須被靈魂統治，優越者統治卑劣者是天生自然。西天近代的平等是基礎的平等，亞里斯多德是基於人類整體生活，分工，優越愚賢互為隸屬的平等，是組織性的，從組織立場說平等，西方是個人性的，從個體自由說平等。佛陀的平等觀是上升的，是以實踐真理，修持自我清淨談平等。人人皆可為阿羅漢，人人皆可成聖賢，是上迴向的平等。近代西方的平等是下迴向的平等，強調人人在同等基礎上生活。古希臘的平等是菁英式的平等，是一種靜止的平等。

佛陀對王位來源的說法

在人類的起源問題上，佛陀的看法是人從心而來。《長阿含經》中，佛陀有很多的機緣，描述眾生的起源以及王位的發軔。

當宇宙生起之際，大部分的有情轉生到光音天。光音天的眾生是由意念所生的天人，以喜悅為食物，其身如一片光，悠遊於宇宙之間。這種充滿光的天人無需食物，也無欲望，無男女之別：

「婆悉吒！或經過相當長久時期之後，此世界有轉起。此世界轉起之時，大部分之有情生於光音天，而彼等住於彼處，於意所成，以喜為食，自放光明，飛於虛空，保其光輝，長久時期之間，維續〔如是之狀態〕。婆悉吒！又經過相當長久之時期後，此世界有轉起。此世界轉迴之時，大部分之有情，捨棄光音天之生存，復歸於此世。而彼等於意所成，以喜為食，自放光明，飛於虛空，保其光輝，長久時期之間，維續〔如是之狀態〕。」[4]

然後宇宙又轉迴時，有情眾生離開光音天，轉到此世間。這些充滿光的天人在此世間一樣是意念化生，以喜悅為食，自放光明，悠遊於虛空之間，長久的時間維持這種的生命狀態。而當時此世間的萬物皆為水，無光、無暗，無日、無月，無季節，無男、無女。然而之後大地生出了甘美的味道乳酥，這就誘惑了充滿光輝的天人之貪欲。佛陀在《長阿含經》這麼說：

「其時，萬物皆成為水，黑暗而不見物，日月不現，星宿不顯，晝夜不分，日月之黑分，白分不分明，無年之季節，無男女之別，萬物唯是萬物而已。於彼等萬物，或經過相當長時期後，甘美之地味，周徧於水中。猶如煮沸之牛乳粥，將冷於表面生泡，而現出大地。彼地色具、香具、味具也。恰如有完全之醍醐，或如呈現純粹乳酥之色，又如混入蜂蜜之味。」[5]

有一位非常好奇的調皮天人，吃了這甘美的食物。大家也跟著吃這種的食物，於是天人從身上開始溢出了欲望，欲望一出，他們的光明就逐漸轉為淡薄，於是開始有了日與月，白晝與夜晚，有了天上的星辰，有了季節的分別。他們的身上也漸漸地長出會變老變皺的粗糙皮膚。本來非物質的身體，變成了物質性的身軀了。

於是開始有了美與醜，美麗的鄙視醜陋的，於是樂土不見了。人們開始分辨你我，對立產生了。當乳酥因為眾人的食用而消耗殆盡了，大地出現一種蕈類，大家就以蕈類維生。經過很長的時間，後來蕈類也消失了，大地出現了一種美味的藤類植物，大家以藤類維生。又經過無量的時間，藤類消失了，而稻種出現了。當時大家以稻禾不耕自食。純粹的米仁，烹煮即可食用。大家無需工作，日日都能飽食。這個時候的眾生身體粗糙，男女分別，起了愛欲之心。男女欲火上身，開始交合，眾人看見有男女之情愛，嗤之以鼻，投以牛糞，大聲斥罵。竟有眾生作出如此行為的驚訝與斥責。

演變至今，新郎新娘出現，大家投以鮮花，拉鞭炮，可能就是這種歷史的源頭與其後道德觀之轉化。稻禾為食的日子，逐漸也隱落了。稻禾不再能自然生長，不耕而食，粒粒皆米仁，無糠穀。人們必須靠耕種來儲蓄糧食。每週必須辛苦耕種，才能飽食。眾人不免哀嘆往昔美好的日子一去不復返。這當中有懶惰惡性的眾生，偷竊大家的糧食，眾人怒不可抑，決定應該要懲罰這樣的惡人。[6]

於是大家集會商議如何處理這樣的惡人。眾人選出一位美貌才幹俱佳的摩訶三摩多為領袖，讓他可以當怒而怒，當譴而譴，當逐而逐，眾人因此會奉獻糧食給這位領袖。這是治理與被治理的開始。這段歷史在《長阿含經》是如此記載著，佛陀對婆羅門婆悉吒說：

> 「婆悉吒！摩訶三摩多是『依全民選出者』之意；於是『摩訶三摩多』則被稱作第一之慣用語；婆悉吒！剎帝利是『農場主』之意；於是剎帝利則被稱作第二之慣用語；婆悉吒！王是『依法令他人喜悅』之意；於是『王』則被稱作第三之慣用語；
>
> 婆悉吒！如是，此剎帝利是依往昔初生之辭句而應用其名，此實由彼等之人而生起，非依其他者也。於彼相應之類，而非不相應；彼依法而不依非法故；婆悉吒！不管如何，法於此世、於他世，

法是人類最勝者也。」[7]

王，一開始是農場主，後還稱為王，是民選出來的，用來維持大家的生產與生活秩序。我們從這裡可以判斷佛陀的政治思想應該是傾向共和，亦即人類早期如羅馬共和，採共議、共治的社會生活方式。古印度在佛陀的時代，即是共和與專制兩大政權在對抗。印度北方的十六國分為專制的摩揭陀國，以及共和體制的拔耆國，雙方對立著。佛陀的迦毗羅衛國屬於共和的憍薩羅國的附屬國。佛陀自身無護僧團，以羯磨，亦即共識決來議事，來決定僧團的生活方式。佛陀對治理的傾向是共和的，共議的，非君主制的傾向。

沃爾德分析佛陀不立接班人的態度，說明了他是傾向共和的治理模式。但是佛陀並不反對君主制，只要君主能夠愛百姓，仍然是有修行，有德行的轉輪聖王。

如父如師的統治者

在佛陀眼中，君者，如父母，衣食足，身安樂，心富足。君者，如師者，傳道、授業、解惑。君者，如佛，度化眾生度生死河，究竟解脫一切生死、恐懼、顛倒、妄想，得大智慧，通達諸法，究竟涅槃，及得清淨的大智慧。

希臘哲學家柏拉圖眼中的哲學家皇帝是愛智慧、有智慧的聖君。而柏拉圖眼中的聖君是君王自己愛哲學，並不是引導百姓愛哲學，而是能夠以愛哲學的皇帝統治萬民。這是仍存在著階級意識的統治組織模式。

儒家一樣強調君王愛民，但也一樣是在一個階級的差序格局底下，談賢君、聖君如何給予萬民安樂富足。釋迦牟尼佛的思想傾向君王有道，萬民也有道；君王愛智，也引導百姓愛智；君王好德，也引導百姓愛德。這也是儒家的風行草偃，上君有德，萬民歸之、循之的理想。孔子所述：「君子之德，風，小人之德，草；草上之風，必偃。」比喻在上位者以德化民。

孔子統治的觀點是「遵循的平等」。

老子則是強調統治階層必以萬民為依歸，而不是以君王為依歸，所謂：「天地不仁，以萬物為芻狗。聖人不仁，以百姓為芻狗。」道家與儒家相反，不是風行草偃，而是以萬民為芻狗。老子的思想以當代民主政治觀之，的確有相通之處。雖然老子處在一個君王高度發展的時期，但是他的理想似乎是讓君王更看到老百姓之所需，任由老百姓追逐其所需，而不是以一個固定的價值框架，或幸福框架來規範一般百姓。難怪小國寡民才是老子的理想。

老子的統治觀是「尊重的平等」。

佛陀的君王觀點是引導萬民享受富足之際，愛智慧、得清淨，最後跟君王一樣得究竟解脫。

佛陀的統治觀是「終點的平等」。

《賢愚經》的理想來自君王的慈悲智慧，但是對於百姓的智慧之看待如何？佛法基本上強調人人皆有佛性，修持到一個程度，人人在無量劫後皆可為轉輪聖王。

佛陀的理想國

如佛陀在《長阿含經》所言：「當時，轉輪聖王以正治國，無有阿枉，修十善行，爾時諸人民亦修正見，具十善行。」這是從無限量的生死中得到的境界。而治理，總是要體現在現世間的。眼下的人間，佛陀對於統治的合理境界如何看待？

佛陀對於善治理在《長阿含經》裡提出看法：[8]

有一次摩竭王阿闍世派遣大臣禹舍前來謁見佛陀。禹舍大臣對佛陀說：「跋祇國的國民自視勇健，不服摩竭國，摩竭國王阿闍世想派兵攻打跋祇國，特地派我向世尊請法，不知道世尊的看法如何啊？」

當時佛陀侍者阿難正在身後幫佛陀搧扇子。佛陀一問阿難：「你有沒有聽說跋祇國的國人集會時都談正事否？」阿難回答：「有的。」

佛陀告訴阿難：「如果能這樣，長幼一定和順，國家日益資強，國家也能長治久安，無人能損害它。」

佛陀二問阿難：「阿難啊，你有聽聞，跋祇國人長幼和順相敬嗎？」阿難答說：「有的。」

佛陀三問阿難：「阿難！你有聽說跋祇國人守法守戒，不違悖禮度嗎？」阿難回答：「有的。」

佛說：「如果能這樣，長幼一定和順，守法奉禮，國家日益資強，國家也能長治久安，無人能損害它。」

佛陀四問阿難：「你有聽聞跋祇國人恭敬宗廟，虔誠敬奉鬼神否？」阿難又答：「有的。」

佛說：「若能這樣，長幼必定和順，國家久安，無人能侵損之。」

佛陀五問阿難：「你聽聞跋祇國人，孝事父母，敬順師長否？」阿難說：「有聽聞。」

佛陀六問阿難：「你有聽聞跋祇國人，閨門真正潔淨無穢，即使戲笑，言論也不淫邪嗎？」阿難回答說：「有的。」

佛陀說：「阿難啊！如果能這樣，長幼和順，國力更增強盛，其國長治久安，無人能侵損之。」

佛陀七問阿難：「你有沒有聽聞跋祇國人，宗事沙門，敬持戒者，瞻視護養，未嘗懈惓不？」

阿難回答說：「有聽聞。」

佛陀說：「阿難啊！如果能這樣，長幼和順，國力更加強盛，其國長治久安，無人能侵損之。」

這時聽完佛陀所說，大臣禹舍稟告佛陀：「跋祇的國人，如能行一法，已經不可圖謀征服，何況這七件事他們都具足了？我自己的國家還有很多事待辦，今請辭還歸。」

善治理，從佛陀的眼中，一國之中「議論正事，長幼和順，守法奉禮，恭敬宗廟，孝敬父母，言行清淨，養護有德」，這七樣美德是一國善治理的根本。

國中人人談論的都是重大的大事，無徇私、無偏己，表示人人都能議論參與國事，這是高度的公民參與。議論之間、生活之間，長幼和諧孝順，這是倫理生活和合無爭的境界。人人守法奉禮，有禮節、有法度，所以國土一片祥和。人民孝順父母，養護有德者，對於宗廟之事也恭敬虔誠，亦即人民有很高的信仰，不只是在生活中能實踐倫理道德，在國家中能有法有紀，還具備高度的終極之生命關懷與價值。這是國家治理的崇高理想。

「道德、法制、信仰、家庭、言行、政務、尊德」，一一都完備和諧，這是佛陀七大理想的善治理。

在佛陀的眼中，道德的穩固才是國家的根本。道德之外就是法制的基礎完備。再輔以信仰的根本大法，人民的生命基礎才是真正的穩固。有了道德、法制及信仰這三者，普遍在家庭生活，家庭成員才能和順敬孝，不會分崩離析。

佛陀對於言論十分強調，必須正語才有正命。一國人民的言論能夠正向，社會就不會分裂。我們今日社會的紊亂，跟言論的肆無忌憚有很大的關聯。媒體的色羶腥、嗜血，社會媒體的假新聞、假消息，搞得整個社會衝突分裂，人心惶惶。人民言論正向、有信譽，不會產出激烈的負面言論，不會漫無目的的批判，政務才能夠走向務實與落實。當代自由主義的社會中，一個議題政策提出，立刻有抗議的團體提出異議。提出異議不是問題，問題常在於提出的方法，抗議的方法，杯葛的方法都十分激烈、無理性，甚至流於為反對而反對。

哈伯瑪斯（Jürgen Habermas）所倡議的審議民主的前提，就是要有善的動機（Good Will），以善的動機發言、討論時政，在公共領域裡面有多元的意見，大家一起將意見提出，但是必須是善的動機與心態，願意討論，願意傾聽，願意改變自我、修正自我的觀點，最終達成一定的共識，這是審議民主的基礎。佛陀所陳的言行的正向與善意，契合當今審議式論證的思想與理論。

正法統治的理想

佛陀認為，人類經歷過長壽至八萬歲，以及短壽至十歲的無量累劫的轉化。在人壽十歲的時候，眾生激烈殺害彼此，無父、無母、無子。彼時的眾生拿刀互相砍殺，將人誤以為鹿，逢人就殺。但是有一些眾生不忍殺念，不參與殺生的行為，因此人壽逐漸增加為二十歲。此等眾生孝敬父母，友愛他人，謙恭和睦，社會安定，因此人壽一直增加到五十歲、百歲、千歲，直到八萬歲。

「其時，諸比丘！彼等眾生起如是念：『我等因受持善法，而壽命增長，顏色增美。然，我等應益為善事。於是，我等遠離偷盜，遠離邪淫，遠離妄語，遠離惡口，遠離麤語，遠離綺語，斷滅貪念，斷滅瞋恚，斷滅邪見，滅盡三法，即：非法欲、非理貪、邪見法。於是，我等應恭敬母、父，尊敬沙門、婆羅門，尊敬同族之耆宿等，受持此善法。』……彼等由壽命增長、顏色增美，人壽二十歲之時，其子壽命成為四十歲；人壽四十歲之時……其子之壽命成為百六十歲；……人壽四千歲之時，其子之壽命成為八千歲……其子之壽命成為四萬歲；人壽四萬之時，其子之壽命成為八萬歲。」[9]

人類眾生因信守正道，受持善法，遠離惡念、惡口、邪淫、貪念，壽命極長。能恭敬父母，沙門修行者，尊重族耆，人人和睦，是理想國度，是人間樂土。在人壽八百歲之際，天下仍然是有王國，但是國王以正法治理國政，國王有七寶，一切物質，文治武功皆備，但是遵守正道，不用刀兵，民治久安。

「諸比丘！人壽八萬歲之時，於此契睹摩提王城，有名山伽王出現而為轉輪法王，統治四天下，成就七寶，為人民之保護者。於彼具足此等之七寶，即：金輪寶、白象寶、紺馬寶、神珠寶、玉女寶、居士寶、於第七為主兵寶也。尚且彼王有千子，勇猛雄健，善退卻外敵；彼越此地，及至大海之彼岸，不用刀杖，以正法統治而住。」[10]

佛陀對婆羅門婆悉吒說完了國王以正法統治之後，繼續接著說，在那個理想的國度，人獸八萬歲，有彌勒佛出現，具備佛的萬德，就如他自己一樣，具備十個佛號，一切眾生、天界、魔界、梵天諸王都來供養。彌勒佛具足萬行，一切清淨圓滿，初善、中善、後善具足。無量比丘僧伽追隨彌勒佛學法。

「諸比丘！人壽八萬歲之時，名為彌勒應供、等正覺、明行足、善逝、世間解、無上士、調御丈夫、天人師、佛、世尊之如來出現於世；猶如我今於此世界、為應供、……〔乃至〕……佛、世尊之出現。彼亦含括此天界、魔界、梵天界及此世界、沙門、婆羅門，獨自證悟而說示。猶如我含括此天界、魔界、梵天界及此世界、沙門、婆羅門，獨自證悟而說示。宣示初善、中善、後亦善之法，並說示文義具足，一切圓滿清淨之梵行；猶如我今說示初善、中善、後亦善之法，並說示文義具足，一切圓滿清淨之梵行。彼受無量數千之比丘僧伽所圍繞；猶如我今受無量數千之比丘僧伽所圍繞。」[11]

這段記載表達了佛陀對於王者的理想國的藍圖。第一，王者仍必須修行成為清淨法身的覺者。以正法治理的前提是自我的修持及清淨。以德治理，是佛陀對君主為主的理想國之基礎。第二，君主治理的理想國必須有聖人出世，聖人度化人心，引導百姓一切眾生的清淨心，這是一種柔性的協同治理。聖者、君王，並存的世界，是八萬歲的國土之基本藍圖。

這並不意味著宗教僧侶凌駕君主統治之上，而是一種協同治理，依法為師的政治結構。Balkrishna Gokhale 認為，長經部所說的是以國家的力量來促進佛法的發展與普及，也深寓著佛法的權威性高於國家的權力。[12] 這種法的權威，應該是在精神面及修行面，現實的治理仍然在世俗君王的手中。只是聖人的地位崇高，國王與聖人之間都是虔誠的學佛者。

Metthew J. Moore 認為，在《大涅槃經》中，佛陀明白指出俗人的政治體制應以共和制度為主體。這是早期經典比較明確具體的記載。但是 Methew 認為，以長經部所記載的內容，佛陀口中的人歲八萬歲的年代，一樣是以君王制度為主。[13] 因此，佛陀的政治理想應是兩者皆有其優點，端看時代的背景與環境。不過，佛陀眼中的君王是轉輪聖王，是以佛法為核心來治理，讓一切臣民都歸服在佛法的教義之中。

儒家期待將君王作為聖者，聖王是儒家的理想。但是佛陀是希望君王能修行，能有機會成為聖人。或者更務實些，佛陀希望君王有聖人引導，有聖人協同以人文的力量協同打造理想國度。因此，彌勒佛住世，一切梵天王、天界、魔界皆來學習佛法，得清淨智慧身。

這個理想國不只是為此世界的一切眾生，也包含一切五乘（人、天人、菩薩、阿羅漢、佛），以及六道眾生（餓鬼、阿修羅、畜生、地獄、人、天人）都能夠因佛法，因聖人而得到生命的圓滿。我們不禁想起《易經》的聖人理想：「夫大人者，與天地合其德，與日月合其明，與四時合其序，與鬼神合其吉凶，先天而天弗違，後天而奉天時。天且弗違，而況於人乎。」一切眾生的和合，是儒家的理想世界。佛陀的人壽八萬歲的樂土不只和合，還要依止正法。君王以正法統治，君王、萬民、一切六道、五乘都來修習清淨智慧法。

圓滿在正法的社會，是佛陀期望的理想國度。

國家與僧侶的界線

佛陀自身為王子，本可繼承大位為一國之王，卻捨去皇位，出家修行。在那個充滿動盪的時代，專制政體與共和政體在對抗，商業與政治在對抗。佛陀選擇退出政治、退出經濟，而是以清淨的法身重返社會，示現生命完整之道。因此佛陀絕無將僧侶的權利凌駕在君王之上，因為僧侶必須保持清淨的法身，示現人格典範影響君王，而非指揮、指導君王執政。而是引導君王的品格，修持佛法，成為一代聖君。

韋伯認為佛教是反政治，其實佛教不是反政治，而是以清淨心提供政治良善的治理基礎。佛陀並不主張僧侶領導君王。只是要君王信奉法，信奉真理，成為道德典範。

佛陀嚴格要求僧團不宜過度介入國家事務，在《增一阿含經》中，佛陀警告比丘們，不宜介入國家的十種事務。佛陀以負面表述，闡明十種情況，國家的事務會禍及比丘。比丘必須保持清淨修行，提供法，而非介入政治事務。佛陀告誡比丘們恪守的十項原則：

第一，不要介入推翻殺害國王的政治鬥爭。

第二，不要加入叛逆臣子對抗國王。

第三，不要介入國家的寶藏財富。

第四，不要介入王宮的女性。

第五，不要參與醫治國王的重病。

第六，不要加入群臣間的政治議論或爭執。

第七，不要介入兩國的爭鬥。

第八，不要參與國王的慈善布施。

第九，不要參與國王對於百姓的求取財富。

第十，不要進入有瘟疫的國家。

這十件事都是避免比丘被捲入爭議，成為被怪罪的對象。這其實是相當絕對地斷絕與現實事務的聯繫，而專心於正法之中，修習清淨的智慧。《增一阿含經》云：

「爾時，世尊告諸比丘：親近國家有十非法。云何為十？於是國家起謀害心欲殺國王，緣此陰謀，王致命終。彼人民類便作是念：『此沙門、道士數來往返，此必是沙門所為。』是謂初非法親國之難。

復次，大臣叛逆為王所收，皆取害之。是時，人民便作是念：『此沙門、道士數來往返，此必是沙門所為。』是謂第二非法入國之難。

復次，國家亡失財寶。時，收藏人復生此念：『今此寶物我恒守護，更無餘人來入此者，必沙門取之。』是謂沙門第三非法入國之難。

復次，國王女年在盛時，猶未出適，身便懷妊。是時，人民作是念：『此中更無餘人往返，必沙門所為。』是謂第四非法親國之難。

復次，國王身抱重患，中他人藥。是時，人民復作是念：『其中更無餘人，此必是沙門所為。』是謂第五非法親國之難。

復次，國王、大臣各共競諍，共相傷害。是時，人民便作是念：『此諸大臣本共和合，今共競諍，此非餘人所為，必是沙門、道士。』是謂第六非法親國之難。

復次，二國共鬪，各爭勝餘，人民便作是念：『此沙門、道士數來在內，必是沙門所為。』是謂第七非法親國之難。

復次，國王本好惠施，與民分財，後便恪悔，不肯惠施。是時，人民各生斯念：『我等國主本喜惠施，今復慳貪無惠施心，此必沙門所為。』是謂第八非法親國之難。

復次，國王恒以正法，取民財物，後復非法取民財寶。是時，人民各生斯意：『我等國主本以法取民財寶，今復以非法取民財寶，此必沙門所為。』是謂第九非法親國之難。

復次，國土人民普得疫病，皆由宿緣。是時，人民各生斯念：『我等昔日無復疾病，今各得患，死者盈路，必是沙門呪術所致。』是謂第十非法親國之難。

是謂，比丘！十非法入國之難。是故，比丘！莫復生心親近國家。如是，比丘！當作是學。」14

修行比丘避免這十件事，長保自身免於災禍。這無不是當時印度社會是由婆羅門主導，對於沙門難免仍有忌諱。北方十六個國家，連年征戰。各國之內，商業與國王的鬥爭激烈，富可敵國的商人，王權極力遏制他們的勢力。在這種險峻的環境中，明哲保身。這是佛陀給弟子的忠告。從這種視野下看佛陀的政治哲學，不可能認為僧侶應該主導政治。反而在濁世中保持清淨才是上策，才是提供典範。

轉輪聖王與佛陀

我們理解佛陀對於君主制並不反對，但是君王必須依循佛法，愛百姓，成為百姓道德品格的典範。佛陀在入滅之際，剛好來到一個拘孫河的小村莊，佛陀自覺身體已經快支撐不住了，要阿難找一棵大樹下，讓他能夠休息。阿難安頓佛陀即將入滅的身體後，很焦急地請求佛陀，不要在此小國、小村莊取滅。應該行到大國之後取滅，那裡的國王才能供奉佛的舍利。

「爾時，阿難即從座起，偏袒右肩，長跪叉手而白佛言：『莫於此鄙陋小城荒毀之土取滅度也。所以者何？更有大國——瞻婆大國、毗舍離國、王舍城、婆祇國、舍衛國、迦維羅衛國、波羅 國，其土人民眾多，信樂佛法，佛滅度已，必能恭敬供養舍利。』」[15]

佛陀阻止了阿難的發言與觀點。佛陀告訴阿難說，這裡跟我有很深的宿世因緣。在累劫之前，這裡曾經是一個大國。國家城牆剛萬仞，百姓豐衣足食，琉璃金瑙載滿八萬四千車。國王仁厚智慧，深受人民愛戴。這位轉輪聖王叫做善見王。

「佛言：『止！止！勿造斯觀，無謂此土以為鄙陋。所以者何？昔者，此國有王名大善見，此城時名拘舍婆提，大王之都城，長四百八十里，廣二百八十里。是時，穀米豐賤，人民熾盛，其城七重，遶城欄楯亦復七重，彫文刻鏤，間懸寶鈴。其城下基深三仞，高十二仞，城上樓觀高十二仞，柱圍三仞，金城銀門，銀城金門；琉璃城水精門，水精城琉璃門。』」[16]

佛陀跟阿難說，距離此刻十九劫之前，我跟善見王一樣曾在此國中，一樣曾目睹這一切的繁華與正法。佛陀入滅前詳細說明了轉輪聖王的德行典範，以及轉輪聖王治國的盛況、人民對佛法的崇敬遵循。《長阿含經》這麼記載著：

「時，善見王久乃命駕，出遊後園，尋告御者：『汝當善御，安詳而行。所以然者？吾欲諦觀國土人民安樂無患。』

時，國人民路次觀者，復語侍人：『汝且徐行，吾欲諦觀聖王威顏。』阿難！時，善見王慈育民物，

> 如父愛子，國民慕王，如子仰父，所有珍奇盡以貢王，願垂納受，在意所與。
>
> 時王報曰：『且止！諸人！吾自有寶，汝可自用。』復於異時，王作是念：『我今寧可造作宮觀。』適生是意，時，國人民詣王善見，各白王言：『我今為王造作宮殿。』
>
> 王報之曰：『我今以為得汝供養，我有寶物，自足成辦。』時，國人民復重啟王：『我欲與王造立宮殿。』
>
> 王告人民：『隨汝等意。』時，諸人民承王教已，即以八萬四千兩車，載金而來，詣拘舍婆城，造立法殿。時，第二忉利妙匠天子默自思念：『唯我能堪與善見王起正法殿。』」[17]

佛陀讚歎善見王愛民如子，一切以民為優先，以創造人民財富為本懷，自己不積蓄財富。雖然如此，人民因為愛戴他，為他造雄偉恢宏的華麗宮殿。這是轉輪聖王的盛世。

佛陀在這個當下也回答了阿難的提問，如何為佛陀下葬。佛陀回答阿難，應該以轉輪聖王的方式，為他下葬。[18]

爰此，我們不難理解聖人的地位在一國之中與國王等量齊觀。聖王與聖人同住世，聖王也跟隨聖人學習法，認識真理，實踐真理。但是治理國政在君王，不在修行的聖者。

在法的前提下，君王與聖者共治。這是佛陀對於轉輪聖王的理想。

轉輪聖王的典範建立

根據《長阿含經》的記載，佛陀在入滅前，佛陀對轉輪聖王為與不為，提出一個清晰的告誡。佛陀說，國王有十法不可為，包括：

第一，慳貪嗔恚，不顧義理的王，不得久存。
第二，貪戀財物，不肯布施的王，不得久存。
第三，沒有慈悲心，不聽勸的王，不得久存。
第四，冤枉百姓，任意牢獄的王，不得久存。
第五，不以法行事，不正行的王，不得久存。
第六，貪著女色，不顧妻子的王，不得久存。
第七，喜歡飲酒，不務正事的王，不得久存。
第八，喜愛歌舞，不理政務的王，不得久存。
第九，身有宿疾，體不強健的王，不得久存。
第十，不信忠臣，聽信佞臣的王，不得久存。

「爾時，世尊告諸比丘：『若國王成就十法者，不得久存，多諸盜賊。云何為十？於時國王慳貪，以小輕事，便興瞋恚，不觀義理。若王成就初法，則不得久存，國饒盜賊。

復次，彼王貪著財物，不肯庶幾，是謂國王成就此二法，則不得久存。

復次，彼王不受人諫，為人暴虐，無有慈心，是謂第三法，不得久存。

復次，彼王枉諸人民，橫取繫閉，在牢獄中，無有出期，是謂第四法，不得久存。

復次，國王非法相，佐不案正行，是謂五法，不得久存。

復次，彼王貪著他色，遠離己妻，是謂彼王成就六法，不得久存。

復次，國王好喜嗜酒，不理官事，是謂成就七法，不得久存。

復次，國王好喜歌舞戲樂，不理官事，是謂第八法，不得久存。

復次，國王恒抱長患，無有強健之日，是謂第九之法，不得久存。
復次國王不信忠孝之臣，翅羽尠少，無有強佐，是謂國王成就此十法，不得久存。
若國王成就十法，便得久住於世。云何為十？」

相反地，國王施行十大正法，國家就可以長久安。這十大正法，是十大非法的反面：轉輪聖王樣不貪財，不逆其辭，樂好施，不貪色，不飲酒，不嘻笑，執以法，案依法，群臣和睦，身體強健。此十法，是轉輪聖王必須立下的典範。《長阿含經》說：

「於是，國王不著財物，不興瞋恚，亦復不以小事起怒害心，是謂第一之法，便得久存。
復次，國王受群臣諫，不逆其辭，是謂成就第二之法，便得久存。
復次，國王常好惠施，與民同歡，是謂第三之法，便得久存。
以法取物，不以非法，是謂第四之法，便得久存。
復次，彼王不著他色，恒自守護其妻，是謂成就第五之法，便得久存。
復次，國王亦不飲酒，心不荒亂，是謂成就第六之法，便得久存。
復次，國王亦不戲笑，降伏外敵，是謂成就第七之法，便得久存。
復次，國王案法治化，終無阿曲，是謂成就第八之法，便得久存。
復次，國王與群臣和睦，無有竟爭，是謂成就第九之法，便得久存。
復次，國王無有病患，氣力強盛，是謂第十之法，便得久存。若國王成就此十法者，便得久存，無奈之何。」

佛陀的理想國中「尊德」，尊敬有德者。尊敬聖者，是轉輪君王必須樹立的行為典範。尊重典範，自己也是典範。典範，是一個國家維繫內在價值的具體實踐。人民跟隨的是典範，而不只是抽象的法。法，是從典範實踐、體現出來，此法才有力量，才會帶給人民對法真正的信心。所謂「人能弘道，非道弘人」，其深意亦在此。

一個社會沒有了典範就一定分崩離析。筆者在慈濟慈善事業基金會任職期間，曾擔任醫療志業的文傳部門主管，醫療讓筆者最震撼及敬佩的是「尊重」。醫生永遠都尊敬他的老師，老師的醫術，他們一直都在學習，都在尊重。即使自我已經成為老師，已經是行業裡的典範，他們仍對於自己的老師敬重有加。典範傳承在醫界一直延續著。醫療攸關人命，醫師對於同行典範的尊重，使得該行業一直受到敬重與持續發展。典範，是一個行業、一個組織、一個社會、一個國家持續成長的關鍵。現代社會更傾向推翻典範，典範轉移、取代，而不是尊重典範，特別是人格典範的樹立是一國的根本。

《美麗境界》（A Beautiful Mind）影片中描述博弈理論的創始人納許（John Forbes Nash），在普林斯頓大學任教，得到諾貝爾獎。在他得獎之前，在教授餐廳裡，其他許多教授紛紛把鋼筆敬送給他，以表示對於他學術成就及貢獻的肯定。那一幕讓筆者很震撼。西方學術界對於學術的敬重、對於典範的肯定，造就西方學術源源不絕的生命力。

典範的樹立與傳承，是國家、組織能夠長久持續發展的原動力。典範一代、一代傳承，即便創新了，但是仍然保留對於既有典範的尊重與照顧，這才是傳承。所以佛陀肯定跋祇國人，「宗事沙門，敬持戒者，瞻視護養，未嘗懈惓」。沙門即為有德、有智慧的修行者。

在追逐創新的今日，組織亟欲尋找新的適任的人才，但是同時必須保留既有的典範人物。典範在夙昔，今日的典範仍根植於每個世代典範人物的付出與貢獻。

典範傳承對於官僚體制的創新與活力是一項保證。有典範人物存在機構，機構的人才有典範可以學習，這就軟化了組織的規章對人的捆綁。從規定到文化，從強制到應該，從交辦到自動自發，典範人物是最好的推動力量，讓官僚體制從硬式規範，轉化成深沉的組織文化。人人都心甘情願，理所當然的信守。違規者不是怕遭受處罰，而是跨不過自我內心的譴責，這是從法制到道德的樞紐。典範人物代表機構的核心信念與精神，讓組織裡的成員凝聚共同的價值、信念與情感，組織成員也成為熱情、活潑的使命工作者。

在價值、情感、信念的引領下，讓組織成為充滿活力、創造、能動的使命工作場域，而不是僵化、控制、教條、生冷的官僚機構。

佛陀的治理思想是依於佛法的真理而行，共和制是他希望的，一如他治理僧團所採行的羯磨共識決。但是佛陀也不反對君王制，他希望君王是轉輪聖王，依止於真理，依止於法——佛法。君王是人們的典範，道德與人品的典範。轉輪聖王出世，國家富強，物質豐饒，但是社會祥和，人人心靈清淨。聖人輩出，聖人與聖王不必是同一人，但是協同治理國家。聖人不在干預國政，而是提供人們一條清淨之道，包括提供君王修行之道。佛陀深知，君王的品格決定國家的政治，所以他希望君王能修習佛法，依止佛法。

佛陀要僧侶遠離政治，不要干預宮廷鬥爭，不要涉入宮廷財產，甚至不要涉入國王的善財之布施，更不要介入國家與國家的爭鬥。僧侶以自身的清淨法身，度化一切眾生。甚至轉輪聖王，最後也能成為阿羅漢，修清淨行。一如佛累劫前也曾為轉輪聖王。

佛陀並不主張以宗教主導政治，只是讓宗教信仰提供一條人民、大臣及君王共同的清淨之道。

註釋

1.〈國王慈心斲釘求法〉，中臺世界（譯自《賢愚經．卷一》），https://www.chungtai.org.tw/sutra_stories/story411-600/story445.htm，檢索日期：2020 年 12 月 23 日。

2. 漢譯南傳大藏經（元亨寺版）第 8 冊 No. 4《長部經典》【版本記錄】發行日期：2022 年 03 月 30 日。

3. 漢譯南傳大藏經（元亨寺版）第 8 冊 No. 4《長部經典》【版本記錄】發行日期：2022 年 03 月 30 日。

4. 漢譯南傳大藏經（元亨寺版）第 8 冊 No. 4《長部經典》第十【版本記錄】發行日期：2022 年 03 月 30 日。

5. 漢譯南傳大藏經（元亨寺版）第 8 冊 No. 4《長部經典》第十一【版本記錄】發行日期：2022 年 03 月 30 日。

6. 漢譯南傳大藏經（元亨寺版）第 8 冊 No. 4《長部經典》卷十九、二十：

婆悉吒！其時，或貪欲性質者，守自己之領域，更奪他人之領域而享受之。人人捉捕彼，捉捕已，如是曰：「嗚呼！汝身行惡事，為何守自己之領域，更奪他人之領域而享受。然，汝不應再作如是事。」婆悉吒！彼人答言：「唯然！」婆悉吒！彼再度……乃至……彼三度守自己之領域，更奪他人之領域而享受。人人捉捕彼，捉捕後……乃至……或者以手打、或者以土塊打、或者以杖打之。婆悉吒！如是開始，竊盜顯現，非難顯現，妄語顯現，刑罰亦顯現矣。

婆悉吒！然，此等之人集合，集合已，慟哭曰：「嗚呼！惡法將出現於眾人之間；不管如何，竊盜將出現，非難將出現，妄語將出現，刑罰將出現也。於今，我等或選任一人，其人對於我等，該怒之時則怒，該非難之時則非難，該驅逐之時則驅逐。我等又對其人供與一定之米糧。」

婆悉吒！其時，此等之人於眾多之人中，更美麗，容貌更優秀，更和藹，至更有人氣者之處，言彼人曰：「然，汝於該怒者則怒，該非難者則非難，該驅逐者則驅逐。我等可以米分期供給汝。」婆悉吒！彼人答應彼等：「宜然！」便於該怒時則怒，於該非難時則非難，該驅逐時則驅逐。彼等便以米分期供給彼。

7. 漢譯南傳大藏經（元亨寺版）第 8 冊 No. 4《長部經典》卷二十七【版本記錄】發行日期：2022 年 03 月 30 日。

8. 禹舍受王教已，即乘寶車詣耆闍崛山，到所止處，下車步進，至世尊所，問訊畢，一面坐，白世尊曰：「摩竭王阿闍世稽首佛足，敬問慇懃：『起居輕利，遊步強耶？』又白世尊：『跋祇國人自恃勇健，民眾豪強，不順伏我，我欲伐之，不審世尊何所誡勅？』」

爾時，阿難在世尊後執扇扇佛，佛告阿難：「汝聞跋祇國人數相集會，講議正事不？」

答曰：「聞之。」
佛告阿難：「若能爾者，長幼和順，轉更增盛，其國久安，無能侵損。阿難！汝聞跋祇國人君臣和順，上下相敬不？」
答曰：「聞之。」
「阿難！若能爾者，長幼和順，轉更增盛，其國久安，無能侵損。阿難！汝聞跋祇國人奉法曉忌，不違禮度不？」
答曰：「聞之。」
「阿難！若能爾者，長幼和順，轉更增盛，其國久安，無能侵損。阿難！汝聞跋祇國人孝事父母，敬順師長不？」
答曰：「聞之。」
「阿難！若能爾者，長幼和順，轉更增上，其國久安，無能侵損。阿難！汝聞跋祇國人恭於宗廟，致敬鬼神不？」
答曰：「聞之。」
「阿難！若能爾者，長幼和順，轉更增上，其國久安，無能侵損。阿難！汝聞跋祇國人閨門真正潔淨無穢，至於戲笑，言不及邪不？」答曰：「聞之。」
「阿難！若能爾者，長幼和順，轉更增盛，其國久安，無能侵損。阿難！汝聞跋祇國人宗事沙門，敬持戒者，瞻視護養，未嘗懈惓不？」
答曰：「聞之。」
「阿難！若能爾者，長幼和順，轉更增盛，其國久安，無能侵損。」
時，大臣禹舍白佛言：「彼國人民，若行一法，猶不可圖，況復具七？國事多故，今請辭還歸。」佛言：「可，宜知是時。」時，禹舍即從座起，遶佛三匝，揖讓而退。
其去未久，佛告阿難：「汝勅羅閱祇左右諸比丘盡集講堂。」
對曰：「唯然。」即詣羅閱祇城，集諸比丘，盡會講堂，白世尊曰：「諸比丘已集，唯聖知時。」爾時，世尊即從座起，詣法講堂，就座而坐，告諸比丘：「我當為汝說七不退法，諦聽！諦聽！善思念之。」
時，諸比丘白佛言：「唯然，世尊！願樂欲聞！」

9. 漢譯南傳大藏經（元亨寺版）第 8 冊 No. 4《長部經典》二十二卷【版本記錄】發行日期：2022 年 03 月 30 日。
10. 漢譯南傳大藏經（元亨寺版）第 8 冊 No. 4《長部經典》二十四卷【版本記錄】發行日期：2022 年 03 月 30 日。
11. 漢譯南傳大藏經（元亨寺版）第 8 冊 No. 4《長部經典》二十五卷【版本記錄】發行日期：2022 年 03 月 30 日。
12. Gokhale, Balkrishna(1969). The Early Buddhist View of the State, *Journal of the Amercian Oriental Society*, Vol. 89, No. 4, p. 736.
13. Matthew J. Moore(2016). *Buddhism and Political eory*, Oxford Scholarship Online, p. 16.

14. 《增壹阿含經》卷 42 新修大正大藏經 第二冊 No. 125。
15. 新修大正大藏經第一冊 No.1《長阿含經》卷 3。
16. 新修大正大藏經第一冊 No. 1《長阿含經》卷 3。
17. 新修大正大藏經第一冊 No.1《長阿含經》卷 3。
18. 新修大正大藏經第一冊 No.1《長阿含經》卷 3 阿難又白：「轉輪聖王葬法云何？」佛告阿難：「聖王葬法，先以香湯洗浴其體，以新劫貝周遍纏身，以五百張疊次如纏之。內身金棺灌以麻油畢，舉金棺置於第二大鐵槨中，栴檀香槨次重於外，積眾名香，厚衣其上而闍維之。訖收舍利，於四衢道起立塔廟，表剎懸繒，使國行人皆見法王塔，思慕正化，多所饒益。阿難！汝欲葬我，先以香湯洗浴，用新劫貝周遍纏身，以五百張疊次如纏之。內身金棺灌以麻油畢，舉金棺置於第二大鐵槨中，旃檀香槨次重於外，積眾名香，厚衣其上而闍維之。訖收舍利，於四衢道起立塔廟，表剎懸繒，使諸行人皆見佛塔，思慕如來法王道化，生獲福利，死得上天。」

第四章——中國的聖君治理

內聖與外王不二

從儒、道、釋思想理解中國內聖與外王之道。歷史學家錢穆曾說：「我們都是現實世界中的俗人，也是理想世界中的真人。」[1]

聖與俗，理想與現實，如何涵融？是二還是一？「內聖與外王」是中國傳統思想最重要的精髓，特別是儒學者所強調的一種政治理想。然而綜觀中國歷史，成王者有多少是聖者？顏回之聖格，亦何嘗為王？宋明儒學稱「內聖是通向外王」的必要條件。

但不可諱言，「內聖外王」以經驗法則不是必然。這項論述可能並不意指內聖者必然外王，外王者必然內聖，而是提出一個治道與政道的理想類型，倡言內聖者應該外王，外王者必須內聖。然而這項應然的政治思想，也使得內聖者常常因無法外王而焦慮，外王者又因缺乏內聖之德而讓百姓失望。

究竟內聖外王的理解應為何？儒家強調積極問世，道家強調無為之法，乃至影響中國至深的佛教思想倡言本性清淨，而清淨於雜染中求，聖格在凡俗中建立。這些支配中國思想的三大體系其內聖外王之理想為何？「內聖外王」的理想之於當今中國社會應如何轉化？內聖外王之理想於當今世界之價值與貢獻為何？是本文欲探討之重點。

先秦內聖外王之理皆通於天道

中國先秦思想之「聖」、「王」、「天」三者是分不開的。聖者通於天，王者因為行天道故能為王。而行天道之王當然是聖者。《詩經．大雅》歌頌周文王即曰：「穆穆文王，於緝熙敬止，假哉天命，有商孫子。」[2]文王因為精進不懈，廣披恭敬之德，所以天命讓他能夠統理商朝的後裔。而文王的表現上天都在看，因此「明明在下，赫赫在上，天難枕斯，不易維王。」[3]上天給了他這個使命，不是給了他就算了，而是時時都還在注視著他的表現，所以「不易維王」，王不好當啊！必須時時恭敬奮勉，行天之道。「維此文王，小心翼翼，昭事上帝，聿懷多福，厥德不回，以受方國。」[4]

孔子聖者，繼承文王、周公之志，在禮崩樂壞的亂世，欲建立一個遵行「仁」與「禮」的理想世界秩序。文王之德，承於天，也成於天，聖人亦然。《史記．孔子世家》所述：「宋司馬桓魋欲殺孔子。」孔子曰：「天生德於予，桓魋其如予何？」[5]孔子的德是上天給予的，桓魋怎能輕易地傷害他？當然聖者如孔子，其德是上天給予的，但並不是就不需要自己努力。不過聖者不是人的修持所能到達，是天賜予。

「知天命」，亦是孔子在成就完整生命德行的過程中必要之覺醒。《論語．八佾》：「天下之無道也久矣，天將以夫子為木鐸。」[6]上天給了孔子重大使命。在儒家眼中，聖人正是奉天命，而合於天之大人者。如《易經．乾卦》所言：「夫大人者，與天地合其德，與日月合其明，與四時合其序，與鬼神合其吉凶，先天而天弗違，後天而奉天時，天且弗違，而況於人乎？況於鬼神乎？」[7]這是天道與聖者合一。然而聖者並是不天，而是知天道。

「仁」與「禮」通於天道

王與聖皆須契合於天道，天道是貫穿聖者與王者的根本與載體。然而天道者何？《大戴禮記》言：「大道者，所以變化而凝成萬物者也。」乃至魯哀公問孔子：「敢問君子何貴乎天道也？」孔子對曰：「貴其不已，如日月西東相從而不已也，是天道也；不閉其久也，是天道也；無為物成，是天道也；已成而明，是天道也。」[8]道即為萬化之源，萬物相生相成，如《易經》之解釋道為一陰一陽。但如何把造化萬物的道導入人間？天道與人間的關係，《中庸》做了關鍵性的結合。

《中庸》謂：「天命之謂性，率性之謂道，修道之謂教。」[9]率性之謂道，然而「性」與「道」，一如子貢所言：「夫子之文章，可得而聞也，夫子之言性與天道，不可得而聞也。」[10]道，不可得而聞也，可見道回歸人間，尚需要有其轉化過程。孔子是用「仁」這個思想與「天道」接軌，所謂「踐仁以知天」，明顯把「仁」與「天道」結合起來。

而「仁」的根本為何？「孝悌也者，其為仁之本與」，仁的根本就是孝悌之道。這種孝悌之道結合政治的治道，即為「君君、臣臣、父父、子子」，父子之道即為君臣之道。《尚書・洪範》所言：「天子作民父母，以為天下王。」[11]因此家庭倫理與政治倫理結合起來，而禮行於期間，不能悖離。當行之禮即為道，朱熹《論語集注》解釋「道」為：「人倫日用之間所當行者是也。」[12]所以孔子強調「禮」與「仁」，以契合天道。

聖與王之結合

雖說家庭的倫理關係與政治關係是相通的，但是儒家思想並不是只強調父與君的權威、子與臣的順從，而是為君與為父的必須照顧萬邦百姓，並且尊禮行仁。《論語．雍也》所述：「子貢曰：『如有博施於民而能濟眾，何如？可謂仁乎？』子曰：『何事於仁，必也聖乎！堯舜其猶病諸！』」[13] 博施於民而濟眾，即是聖人，堯舜還怕做不到，表示君王必須照顧邦國百姓，行仁道、為聖人。

孔子的這句話可以歸結出兩個觀點。第一，聖人不是內在的人格修持而已，聖人必須「博施於民而能濟眾」，聖人必須關懷天下百姓，滋養天下百姓。第二，「堯舜其猶病諸！」連堯舜尚且擔憂自己未能達到如此聖格之境界，自然意謂著君王必須如聖人般「博施於民而能濟眾」。在此，聖與王是一。期待君王成為聖人不只是儒家的核心政治理想，聖人必須入於世間，改善世間，澤福百姓，才是內聖，也是外王。

當然我們無意說每一個儒者追求聖格之際，都要成為君王。依孔子的觀點，外王應該有其寬廣的意涵，這一點我們稍後再論述。但是聖與王，一外一內，非先秦儒家的看法。聖格未必於只往內修，王未必於只顯於外在事功。

《尚書．洪範》述及「王道」言：「無偏無陂，遵王之義。無有作好，遵王之道。無有作惡，尊王之路。無偏無黨，王道蕩蕩。無黨無偏，王道平平。無反無側，王道正直。」[14] 王道是無偏無頗、無有作好、無有作惡、無偏無黨、無反無側、正道正直；具備這樣的修行境界，才是王者之道。在此，王者即臻至聖者。

王者與聖者都必須與天道合。聖人必須「與天地合其德」；王者必須恭聽天帝之訓。如《尚書．洪範》所述：「皇極之敷言，是彝是訓，於帝其訓。」[15] 天帝的訓勉，王者必須聆聽，不僅於此，孟子認為王是天所賜予。所以《孟子．萬章上》：當萬章問孟子，堯把天下給了舜如何？「萬章曰：『堯以天下與舜，有諸？』」孟子回答：「否。天子不能以天下與人。」「然則舜有天下也，孰與之？」曰：「天與之。」[16]

天子是天所給予。因此王道必遵行天道。

天子統理天下，必須以天之道行於天下。《尚書・泰誓中》所謂：「天視自我民視，天聽自我民聽。」[17]為君王者應以天之道、天之意，愛護天下萬民百姓。如前所述，天子必須將萬民百姓視為子女，《尚書・洪範》：「天子作民父母，以為天下王。」[18]這就將政治理想植諸於家庭倫理。

孔子將君臣、父子統合起來，王與聖同，人與天同，家與國同，充分體現中國非二元思維的價值體系，一切萬物皆涵融不悖，互為攝受之整體生命樣態。

天道轉化爲仁道

天道與王道之結合，亦說明王道與聖道相結合，通於天道之王，即為聖者。但是天道如何理解？如《孟子・萬章上》，孟子回答萬章所言，舜天子之位，是上天所賜，非堯與之。「天與之者，諄諄然命之乎？」曰：「否。天不言，以行與事示之而已矣。」[19]形而上的天道不容易言詮，所以孔子、孟子以「仁」理解、體現天之道。天道轉化為仁道。

因此，天與人，聖與王，家與國，君與民，父與子能結合之關鍵思想體系就是「仁」與「禮」。孟子強調聖王，王者行仁道，《孟子・離婁上》云：「堯舜之道，不以仁政，不能平治天下。」[20]「三代之得天下也，以仁；其失天下也，以不仁；國之所以廢興存亡者亦然。天子不仁，不保四海；諸侯不仁，不保社稷；卿大夫不仁，不保宗廟；士庶人不仁，不保四體。」[21]

從天子奉天帝之命，行天之道，到了君王行仁道，我們看到儒家思想逐漸從概括、抽象的天道，轉化為具體可實踐的「仁」道。而在孟子眼中，天子為「作之君，作之師」（《孟子・梁惠王下》）。天子不只當君王，還當萬民之師，這是聖與王之結合。

「仁」與「禮」之於聖與王，王道本於仁，聖道依於仁。《論語．雍也》孔子謂：「何事於仁，必也聖乎！」聖者事於仁，孔子對「仁」的詮釋為：「夫仁者，己欲立而立人，己欲達而達人。能近取譬，可謂仁之方也已。」[22]仁，不遠求，就在內心。推己及人就是仁。從筆者的理解，儒家以天道為真理之本源，以仁為真理之本體，以禮為真理之實踐。而孔子正是企盼以合於天道之「仁」與「禮」，建立一個普遍於人間的道德理想世界。

如前所述，「仁」作為先秦儒家的核心思想，「禮」就成為具體實踐於世間的價值體系。聖人本於仁、行於禮，所以《禮記．曲禮上》言：「是故聖人作，為禮以教人，使人以有禮，知自別於禽獸。」[23]在孔子的眼中，「禮」必須體現人與人之間最正面與和善之關係，當然這和善之關係亦通於天道。所以《論語．學而》有若說：「禮之用，和為貴。先王之道斯為美，小大由之。有所不行，知和而和，不以禮節之，亦不可行也。」[24]

「禮之用，和為貴」，「和」是「禮」的核心思維。一切的「禮」都以「和」為目標，以「和」為根本，否則禮就是俗稱殺人的禮教。一如《中庸》所述：「喜怒哀樂之未發，謂之中；發而皆中節，謂之和。中也者，天下之大本也；和也者，天下之達道也。致中和，天地位焉，萬物育焉。」[25]禮之用為和，和通於天道，這也把禮與天道結合起來。

「禮」順應天道、體現天道，禮的充分表現就是「仁」。因此孔子要在每一個生活當下，在每一個生命的階段皆以「禮」審度自己，皆以「禮」規範人間社會，如《論語．為政》，孔子所言：「生，事之以禮；死，葬之以禮，祭之以禮。」[26]《論語．泰伯》：「恭而無禮則勞，慎而無禮則葸，勇而無禮則亂，直而無禮則絞。」[27]而這裡所言之「禮」，不是用來壓迫生命自性的自然抒發流動，而是必須出於「中」，達成「和」。

禮不是教條，禮是一種生命的智慧。聖者把握這種智慧，修習這種智慧，直到「從心所欲，不逾矩」。

聖人發乎情、合乎理，這是中庸致和之道，亦是天之道。所以《論語．雍也》孔子才說：「中庸之為德也，其至矣乎！民鮮久矣。」[28]聖者就是能致「中」、「和」之人。

有聖德之王始能制「禮」。從這種「禮」的修習，我們接著探討「禮」對王者的規範。《論語．季氏》孔子曰：「天下有道，則禮樂征伐自天子出。」[29]有道的天子，制禮作樂。在《中庸》一書裡，孔子更把「禮」之制定必須聖者才能為之，君王無聖格，就沒有資格制禮作樂。

《禮記．中庸》孔子云：「非天子，不議禮，不制度，不考文。」[30]「雖有其位，苟無其德，不敢作禮樂焉。雖有其德，苟無其位，亦不敢作禮樂焉。」可見禮之制訂這必有聖德，有聖德又必須有君王之位；有君王之位而無聖德，亦不能制禮也。

由此觀之，「禮」是君王治理國家的根本之道，君王必須具備聖道才能制「禮」。聖與王不悖，於此再次體現道家老子對於聖與王的思想，似將王與聖皆定義為大智慧的統治者，而他們寬廣的氣度與智慧皆與道合。

《老子．混成》所言：

「有物混成，先天地生。寂兮寥兮，獨立而不改。周行而不殆，可以為天下母。吾不知其名，字之曰道，強為之名曰大，大曰逝，逝曰遠，遠曰返。故道大，天大，地大，王亦大。域中有四大，而王居其一焉。人法地，地法天，天法道，道法自然。」[31]

創造天地萬物之大道，周行不殆，既無限延伸的逝遠，又終將返回原點。逝與返並存，這是無始無終的天地之大道。統理百姓的君王也是其中一大，此大者，合於道，順於天地之理。君王體解無始無終之大道，應機天地自然之法則，則可稱為「王大」。

王弼《道德真經註》言：「人不違地，乃得全安，法地也。地不違天，乃得全載，法天也。天不違道，乃得全覆，法道也。」[32]老子的思想把統治的君王提升到與「道、天、地」一樣的周遍萬物而不殆的格局，是希望君王之德，順應自然天道的法則治理百姓。君王之德合於道，是老子希望看到的人間秩序，也是他的政治理想。

我們進一步闡述王與道之關係如《老子》第十六章云：「致虛極，守靜篤。萬物並作，吾以觀復。夫物芸芸，各復歸其根。歸根曰靜，是謂復命。復命曰常，知常曰明。不知常，妄作凶。知常容，容乃公，公乃王，王乃天，天乃道，道乃久，沒身不殆。」[33]

君王與天道相合，天道「常容」，「常容」者，「先天地而無始，後天地而無終。」[34]君王無私之大「公」通向「常容」。「公乃王，王乃天，天乃道」，君王大公才合於天地，體道大通，無所不周，乃至窮極虛無也。[35]

莊子論述帝王之德，仍以天地為宗。《莊子·天道第十三》云：「夫帝王之德，以天地為宗，以道德為主，以無為為常。」[36]帝王必須有天地之德，這是聖君之意。

《老子》一書出現三十二次的聖人，聖人就老子的定義應該是覺悟的統治者。老子說：「聖人抱一為天下式。」[37]這個一，是為天下萬物之法則。

聖人持守天下萬物共同之法則，以教化萬民。這個一，在老子的書中反覆出現。第四十二章言：「道生一，一生二，二生三，三生萬物。萬物負陰而抱陽，沖氣以為和。」[38]「一」，可解釋為有。道是為無。無生有，道生一。[39]

無名天地之始，有名萬物之母。聖人師法天地之法則，這法則生自無形、無名、無所不在的道。聖人與道合，而這「道」法「自然」。

因此聖人之於萬民遵循「自然」法則，以「無為而治」。「無為」亦指「輔萬物之自然而不敢為」。

輔助萬物的本性去發展，而不敢隨意去更改它。如《莊子．天道第十三》所言：「天不產而萬物化，地不長而萬物育，帝王無為而天下功。」

聖者不敢自作聰明去操控萬事萬物，而是如天地般醞育萬物，順應自然與人之本性而愛護之，「無為而天下功」。老子所言：「絕聖棄智，民利百倍。絕仁棄義，民復孝慈。絕巧棄利，盜賊無有。」[40]棄智、棄義、棄利，非消極無為，而是如樓宇烈教授所述：「按著萬物的客觀道理來做事。」樓宇烈教授以《淮南子》的兩句話「循理而舉事」、「因資而立功」來詮釋老子「無為」之真意。老子眼中的聖者，是去除私欲，以客觀的態度，審度事物的趨向，人性的本懷，去成就萬事，順應百姓，這才是聖者對百姓之功。[41]

道家不區分聖與王

從「絕聖棄智，民利百倍」，其實是「無為而無不為」，可以看出老子眼中的聖人不是消極的不作為，而是以不壞萬物的大格局有所為、有所成。這裡看到的聖人，不是人格修養道德之表率而已，他們更是統治天下的君王。所謂：「天地不仁，以萬物為芻狗。聖人不仁，以百姓為芻狗。」「聖人無常心，以百姓之心為心。……聖人在天下，歙歙為天下渾其心，百姓皆注其耳目，聖人皆孩之。」[42]

聖人作為統治者不刻意的樹立名相之仁義道德，而是讓百姓遵循自然本性，發展自我之本性，樸直單純。聖者就是統治的君王，老子不刻意將聖與王區別開。聖者亦為王者，遵循天道自然之法則輔助萬民。聖王採取簡單的治理法則，「治大國，若烹小鮮。以道蒞天下，其鬼不神；非其鬼不神，其神不傷人；非其神不傷人，聖人亦不傷人。夫兩不相傷，故德交歸焉。」[43]

不刻意作為，而是抱朴守真、修持自身，以為天下的典範。老子不是放棄道德、放棄智慧，而是在戰國時代的環境，假名之相頻仍，聰明巧智盛行，兵事徭役繁多，百姓深受國家制度更迭之苦，因此期盼小國寡民。君王的無為，才可以讓百姓有更大的空間發展自身的生活，這就是百姓之福。聖王以道、以德治國。老子強調「道」，亦強調「德」。

〈尊貴〉章所陳：「道生之，德蓄之，物形之，勢成之。是以萬物莫不尊道而貴德。」[44]但是「道生之，德蓄之、長之、育之、成之、熟之、養之、覆之」之後，卻要「生而不有，為而不恃，長而不宰。是謂玄德」。[45]玄德意指廣大無窮，生生不息的大德。聖王以生生不息之大德自我修持，萬民自然安定無憂。所以「以正治國，以奇用兵，以無事取天下」，[46]君王修身以成聖格，百姓自然歸順效法。如〈善建〉章所述：

> 「善建者不拔，善抱者不脫，子孫以祭祀不輟。修之於身，其德乃真；修之於家，其德乃餘；修之於鄉，其德乃長；修之於國，其德乃豐；修之於天下，其德乃普。故以身觀身，以家觀家，以鄉觀鄉，以國觀國，以天下觀天下。吾何以知天下然哉？以此。」[47]

只要君王以自然之道治理國家，百姓焉有不信任君王之慮。「太上下知有之，其次親而譽之。其次畏之，其次侮之。信不足焉，有不信焉。悠兮其貴言，功成事遂，百姓皆謂我自然。」君王順應自然，無為而民自化，此大智者也。

聖與王漸次分別之由，以《老子》一書觀之，老子觀點裡的聖與王是不分別的。或者說，老子觀點下的聖者，從未離開過對人間的關懷、對百姓的愛護，儘管老子用「無為」而「無不為」的立場，期許聖者與王者順應自然之道，進而達成民自化之理想世界。但是到了莊子，一種聖與王，俗世與隱世有別的觀點逐漸浮現。

莊子對於聖與王之論述，當然也主張聖與王其實不離自然運行之天道；聖王行無為之理，百姓自皆涵養。《莊子．天道第十三》謂：

「天道運而無所積，故萬物成。帝道運而無所積，故天下歸。聖道運而無所積，故海內服。明於天，通於聖，六通四辟於帝王之德者，其自為也，昧然無不靜者矣。」[48]

在這裡，莊子的天道、帝道、聖道都是尊自然之法。莊子在〈天道〉篇繼續主張聖與王用虛靜、淡泊之道理修養自己。雖處山林之中，仍怡然自得。莊子稱此為「玄聖素王之德」。如果問達世間，以虛與靜，仍能撫慰人間，亦能成就大功。莊子稱此境界為帝王之德。如《莊子．天道第十三》所述：

「夫虛靜恬淡寂寞無為者，萬物之本也；明此以南鄉，堯之為君也；明此以北面，舜之為臣也；以此處上，帝王天子之德也；以此處下，玄聖素王之道也。」[49]

莊子在這裡已經出現「處上為帝王」，「處下為玄聖」，帝王與玄聖似乎已經慢慢區分開來。處山林之虛靜為玄聖素王之德，以此虛靜恬淡之本心，為君為臣稱之為「帝王之德」。這種區分，讓後世的儒學家陷入內聖與外王的兩難之中。

內聖不能外王的思維困局

大體先秦思想家，無論孔子、老子、孟子，都並未區分聖為內修、王為外功。但是莊子提出內聖外王之言，如〈天下〉篇所述：「是故內聖外王之道，暗而不明，鬱而不發，天下之人各為其所欲焉，以自為方。」[50] 這種內聖外王之表述，後來被儒家繼承之後，到宋明儒學集其大成，並發展出「內聖外王」實現的次第。從此，內聖為先，然後外王。

宋朝朱熹及程頤等，逐漸發展出「格物、致知、誠意、正心、修身、齊家、治國、平天下」。從格物開始，窮事物之理，進而誠意正心，乃至治國平天下，內聖到外王的次第在理論上十分完備。

這理論當然出自《大學》，宋儒們將《大學》的理念，作為內聖外王的道統依據。《大學》說：「古之欲明明德於天下者，先治其國；欲治其國者，先齊其家；欲齊其家者，先修其身；欲修其身者，先正其心；欲正其心者，先誠其意；欲誠其意者，先致其知，致知在格物。」[51] 宋儒專注「格物」以「窮事務之理」，「致知」則將知識不斷擴充涵蓋天地間一切的知識，通曉宇宙普遍真理。朱熹認為，只有從「格物致知」，才能從「內聖」逐步推向「外王」。[52] 但在政治現實中，「格物致知」並不保證能成聖，或通向「外王」。

由於儒家習慣內省，「行有不得，反求諸己」。

因此當外王失敗，如王安石之變法失敗，宋儒都將它歸結於王安石的格物致知不足，程頤就批評王安石「博而不約」。外王的失敗，是內聖不足，這是南宋儒者共同之思維。內聖是通向外王的先決條件。[53] 宋儒既把「格物致知」視為「內聖」通向「外王」之前提，「內聖」又必須遵行《大學》「格物致知」之次第，那麼內聖之路可以很迢遙。因為埋首典籍「格物」，未必致知窮盡萬物之理。

況且格物再多、致知再深，也未必保證「外王」即能成就。但是當「外王」失敗就歸結為「內聖」不足，這形成一種自我的內在循環，使宋儒失去分析現實政治環境的能力，而將「外王」事功之失敗，歸向自我內心，而不去分析探討客觀環境之良莠，或思考體制之改革。這或許就是為什麼強調「內聖外王」並重的宋朝，一直積弱不振的原因。宋儒強調「格物致知」、「誠意正心」之際，也強調「得君行道」之重要性。「得君行道」是奉行先秦道統的政治思想，企盼君王行仁政。「得君行道」是當時宋儒普遍的思維，它是讓儒者從「內聖」通向「外王」的橋樑。[54]但是「得君行道」與政治權力有關，一位儒者要得到君王賞識可以是遙遙無期。即便君王賞識，該君王也未必踐行儒者強調的道統，行仁者之政。因此外王之路也可能邈不可尋。當士大夫不得明君之時，外王如何成立？又是歸結「內聖」不足所致嗎？這是宋儒「內聖外王」內在思維的困境。

內聖不能外王的實踐困局

余英時先生在《朱熹的歷史世界》一書中分析宋儒的內聖外王之理時認為，「得君行道」是儒家自孔孟以來一直有的思想。宋朝初期王安石就強調「內聖與外王」不可偏廢，這觀點與當時程頤等人並無不同。但是像王安石這樣的大臣與儒者，卻比較強調「外王」而較忽略「內聖」，因此程頤等大儒者對王安石時有批評。

余英時先生的研究指出，司馬光與王安石都是遵行得君行道的儒者，特別是司馬光進退都是以行道為原則，深受敬重。[55]然而說服君王行治道，行堯舜禹之道統，本身就有相當難處。宋儒努力恢復道學。宋神宗與王安石的結合是為絕佳機緣，宋神宗接受王安石等人道統的觀念，算是「得君行道」的體現。但在王朝的其他時期，君王一旦不能接受儒學道統，士大夫的「得君行道」難以體現之時，士大夫如何應對？

孔子教導弟子：「君子無終食之間違仁，造次必於是，顛沛必於是。」問道於政治，行道於天下，是君子之責，雖處亂世亦不得違背正道。然而士大夫一旦仕途不得志，如何繼續行道？孔子雖然教導「知其不可為而為之」，但是不在朝為官，如何行道天下？

「外王」的眞義不在於政事的成就

行文至此，有兩個觀點必須進一步探討。一是以儒家的看法，當君王無道，儒生求仕不可得之際，君子、儒生要如何自處？《易經．乾卦》言：

「初九曰：『潛龍勿用，何謂也？』子曰：『龍德而隱者也，不易乎世，不成乎名，遯世無悶，不見是而無悶。樂則行之，憂則違之。確乎其不可拔，潛龍也。』」[56]

君子遁世無悶，「樂則行之，憂則違之」。君子從政如果是大家所期待與樂見，就出來參政。如果讓大家不歡喜，就退而隱之。聖人就是能知進退之道的大智者。《易經．乾卦》：「知進而不知退，知存而不知亡，知得而不知喪，其唯聖人乎？知進退存亡而不失其正者，其唯聖人乎！」[57]

孔子之於從政或是事功之成就，不是從地位或成就來看，而是決定於有無行正道。「知進退存亡，而不失其正者」，則為聖人，則為君子。邦有道無道，君子或進或退，其道理與智慧，孟子推崇孔子對進退之道的態度。《孟子．公孫丑上》言：

（公孫丑）曰：「伯夷、伊尹何如？」（孟子）曰：「不同道。非其君不事，非其民不使，治則進，亂則退，伯夷也。何事非君，何使非民，治亦進，亂亦進，伊尹也。可以仕則仕，可以止則止，可以久則久，可以速則速，孔子也。皆古聖人也，吾未能有行焉，乃所願，則學孔子也。」[58]

孔子對於仕途進退之道，表現出他對於國家政事的強烈使命感，然而進退之間以正、以時，他對於時機的準確判斷，亦證實孔子是「聖之時者」也。

另一方面，先秦儒家思想及孔子所謂君子問政於天下，未必就在官場與權力場域之中。《論語．為政》言：「或謂孔子曰：『子奚不為政？』子曰：《書》云：『孝乎，惟孝、友於兄弟，施於有政。』是亦為政，奚其為為政。」為政未必是當官掌權，在家盡孝道，樹立良好道德典範，影響社會人心向上，這也是從政，也是一種外王。外王未必成為君主，君主成就的事功未必是儒學定義的「外王」。孔子之王道必須是通於天道，這是儒學重要的道統。無道君王，在孟子眼中只是「聞誅一夫紂矣，未聞弒君也」。無道的暴君不是「外王」之意涵。

依孔子從政之理，明儒王陽明發展出「覺民行道」的思維體系。有別於宋儒的「得君行道」，欲將「天下無道」轉為「天下有道」。王陽明強調「致良知」、「知行合一」。[59]「致良知」比起無窮盡的「格物致知」似乎更容易被士大夫把握。「致良知」相當於誠意正心；「知行合一」則於行中獲致知識。在實踐中累積知識，這比在書中格物致知似乎更能把握，也更具現實之意義。內聖與外王的精神在「致良知」與「知行合一」之中得到相當程度的體現。或每一個士大夫都能夠在致良知與知行合一當中，依著自己的能力與道德，多少體現或趨向「內聖外王」之理。

四民異業皆同於道

王陽明進一步將傳統重仕抑商的思維做了突破。他肯定士農工商的商，都是奉行正道的儒商。王陽明說：「四民異業而同道。」「終日做買賣，不害其為聖為賢。」「善商者，處財貨之場而修高明之行。」王陽明這種思想的提出有其時代背景。余英時先生分析，明朝皇帝朱元璋對士大夫儒生的尊重不夠，導致十五、六世紀中國社會大量的儒生投入商業，形成「棄儒入賈」，「士魂商材」的社會現象。[60]

這種現象說明傳統「內聖外王」的思想體系到明代已經產生重要的轉化。內聖仍是先決條件，但是外王可以指任何與社會福祉，與百姓生活增益有關的活動與職業，這擴大了外王的意含。外王，不是局限於稱謂君主；成為君王也不是外王理想下的唯一目標。外王不是士大夫進仕的理想，外王必須內聖，不管何種職業身分，都必須以體天道，行「仁義」，在修煉自心的同時，造福社會與百姓。這種發展使得儒家以及先秦的思想家之聖王觀念，得到極大的擴大及發揮。

佛教染淨不二之思想與內聖外王不二之理解

在先秦思想家的心中，不管是孔子、老子或孟子，從來就沒有將「聖」與「王」局限在政治的體系當中。「外王」之「王」可以不指君王，君王也不是外王的「王」，「王」者需合於天道。「王」者可以是任何一位「立功、立德、立言」之仁人志士，最重要核心思維是該事功能否體現道的精神。不管是成就哪一種事功，或以哪一種方式淑世，內聖外王最重要的觀點就是行正道，行「仁、義、禮」的聖賢之道。

另一方面，先秦思想之聖王也未將聖與王分為內與外，先與後之區別。宋朝以《大學》的思想建立了先內聖才能外王，外王不成，即為內聖不足。這種以答案修正題目，以外在事功之結果，論斷內心修持的思維體系，自身就存在極大的矛盾。內聖如果由外王決定，那內聖之意義為何？明朝王陽明擴大外王之定義，將之普及於各階層，卻有其歷史的重要意義。然而時到今日，中國社會是否仍相信內聖與外王之道統。各行各業為事功奉獻的人，從王陽明的思想觀之，都可以通向天道。但是現今成就事功者，還關心自身人格修持的重要性嗎？內聖外王之理想於當今社會之價值仍存在否？

傳統儒家、道家思想，將聖者視為王者，王者也是聖者。這說明事功不離品格修養，品格修養應於事功中砥礪。

中國文化思想亦如樓宇烈教授於「中國哲學專題講座」中所言，是著重入世的奉獻，內聖必須外王，聖者總是入於世間，於世間中實踐正道，於世離世正是中國文化的一大特色。印度佛教傳入中國，小乘傳統出世自修的理念未盛行，以入世、淑世為本的大乘佛教思維普遍於社會。唐朝百丈懷海大師倡導「一日不作，一日不食」，入世苦行，非離世修行，正是中國文化入世思想的另一呈現。

向人間轉向，在世俗中解脫；在凡俗中求聖格；清淨於煩惱中求；在煩惱中超越煩惱，都是中國大乘佛教之思想特色。由此觀之，內聖外王的理念，以佛教思維詮釋，可以得出一個不同的觀點。如唯識學所陳，「阿賴耶識」為染淨相依、相異，而藉由修持，我們可以轉識成智證菩提。將這思想運用到內聖與外王的二元思維，我們可以將內聖與外王找到重新詮釋與結合的契機。佛教染淨相依相異，不即不離之理，證諸於內聖與外王可以並立，非前後關係，非一內一外，而是「內聖於外王中求，外王是歷練聖格的道場」。

如來藏經典《勝鬘經》與《央掘魔羅經》皆言：「佛陀解脫有色身。」這觀點代表如來藏思想的核心，清淨的如來藏不離煩惱藏，但自身卻仍是清淨無染。如佛陀解脫在人間，真如清淨的本性貫穿「實智」與「幻業」、「空」與「有」、「有色」與「無色」。染淨不對立，聖俗不離，本是大乘佛教的思維。

如來藏思想強調，如來解脫有色有心，如來法身化作一切身，遍及諸法界。佛遍在，佛即於一切法界，遍於一切法界，又超越一切法界。真如佛性不離人間，佛心不離眾生心。由此佛教思想出發，看待聖與王，我們可以歸結，內聖不是以內修為本，而是在外王事功歷練中獲致。外王不只是事功，而是藉由事功的建立，完成自我的人格。而這能夠成就人格修煉的外王之事功，不只局限在政治領域，而是遍及社會一切專業領域。

內聖外王的生命理想應該援引到當代社會的價值體系之中。當代社會的任何一種專業，都應以人格修持與奉獻社群為依止。西方的專業主義不重視自我人格修養，而把專業導向技術的細化，以及金錢和欲望之追逐。中國傳統之聖王觀念傳入當代社會，適足以體現它的時代價值，匡正西方思潮之弊端，亦重新詮釋與建立中國文化入世實踐之道德傳統。在道德的實踐中，生命進入了現實世界的俗，完成了理想世界中的真。聖俗不離不即，聖於凡中立，轉凡為聖，成就清淨菩提。

◆本文曾刊載於《樓宇烈先生八秩頌壽文集》（九州出版社，二〇一三年十月）。

註釋

1. 錢穆，《從中國歷史看中國民族性及中國文化》（臺北：聯經出版公司，2021 年）。
2. 王雲五主編，馬持盈註譯，《詩經今註今譯》（臺北：臺灣商務印書館，2009 年），頁 430。
3. 王雲五主編，馬持盈註譯，《詩經今註今譯》（臺北：臺灣商務印書館，2009 年），頁 432-433。
4. 王雲五主編，馬持盈註譯，《詩經今註今譯》（臺北：臺灣商務印書館，2009 年），頁 434。
5. 司馬遷，《史記孔子世家第十七》（臺北：三民書局），頁 2365。
6. 傅佩榮，《人能弘道：傅佩榮談論語》（臺北：天下文化出版社，2008 年），頁 115。
7. 王弼註，樓宇烈校釋，《易經注》（北京：中華書局，2011 年），頁 217。
8. 王雲五主編，高明註譯，《大戴禮記今註今譯》（臺北：臺灣商務印書館，2009 年），頁 877。
9. 〔宋〕朱熹，《四書章句集注》（北京：中華書局，2011 年），頁 19。
10. 傅佩榮，《人能弘道：傅佩榮談論語公冶長》（臺北：天下文化出版社，2008 年），頁 172。
11. 王雲五主編，屈萬里註譯，《尚書今註今譯洪範》（臺北：臺灣商務印書館，2009 年），頁 98。
12. 〔宋〕朱熹，《四書章句集注》（北京：中華書局，2011 年），頁 91。
13. 傅佩榮，《人能弘道：傅佩榮談論語雍也》（臺北：天下文化出版社，2008 年），頁 233。
14. 王雲五主編，屈萬里註譯，《尚書今註今譯》（臺北：臺灣商務印書館，2009 年），頁 97。
15. 王雲五主編，屈萬里註譯，《尚書今註今譯》（臺北：臺灣商務印書館，2009 年），頁 98。
16. 〔宋〕朱熹，《四書章句集注》（北京：中華書局，2011 年），頁 287。

17. 〔宋〕朱熹，《四書章句集注》（北京：中華書局，2011年），頁288。
18. 王雲五主編，屈萬里註譯，《尚書今註今譯》（臺北：臺灣商務印書館，2009年），頁98。
19. 〔宋〕朱熹，《四書章句集注》（北京：中華書局，2011年），頁287。
20. 〔宋〕朱熹，《四書章句集注》（北京：中華書局，2011年），頁257。
21. 〔宋〕朱熹，《四書章句集注》（北京：中華書局，2011年），頁259。
22. 傅佩榮，《人能弘道：傅佩榮談論語雍也》（臺北：天下文化出版社，2008年），頁233。
23. 王雲五主編，王夢鷗註譯，《禮記今註今譯》（臺北：臺灣商務印書館，2009年），頁6-7。
24. 〔宋〕朱熹，《四書章句集注》（北京：中華書局，2011年），頁53。
25. 〔宋〕朱熹，《四書章句集注》（北京：中華書局，2011年），頁20。
26. 〔宋〕朱熹，《四書章句集注》（北京：中華書局，2011年），頁56。
27. 〔宋〕朱熹，《四書章句集注》（北京：中華書局，2011年），頁99。
28. 〔宋〕朱熹，《四書章句集注》（北京：中華書局，2011年），頁88。
29. 〔宋〕朱熹，《四書章句集注》（北京：中華書局，2011年），頁159。
30. 〔宋〕朱熹，《四書章句集注》（北京：中華書局，2011年），頁27。
31. 〔魏〕王弼註，樓宇烈校釋，《老子道德經注》（北京：中華書局，2011年），頁65。
32. 〔魏〕王弼註，樓宇烈校釋，《老子道德經注》（北京：中華書局，2011年），頁66。
33. 〔魏〕王弼註，樓宇烈校釋，《老子道德經注》（北京：中華書局，2011年），頁39。

34. 〔清〕宋常星，《太上道德經講義·歸根章第十六》（臺中：聖賢雜誌社，1997 年）頁 92。
35. 〔魏〕王弼注，樓宇烈校釋，《老子道德經注》（北京：中華書局，2011 年），頁 40。
36. 〔晉〕郭象，《莊子註疏》（北京：中華書局，2011 年），頁 251。
37. 〔魏〕王弼注，樓宇烈校釋，《老子道德經注》（北京：中華書局，2011 年），頁 58。
38. 〔魏〕王弼注，樓宇烈校釋，《老子道德經注》（北京：中華書局，2011 年），頁 120。
39. 〔晉〕郭象《莊子註疏》（北京：中華書局，2011 年），頁 253。
40. 〔晉〕郭象，《莊子註疏》（北京：中華書局，2011 年），頁 48。
41. 樓宇烈，《中國的品格：樓宇烈講中國文化》（北京：當代中國出版社 2007 年），頁 143。
42. 〔晉〕郭象，《莊子註疏》（北京：中華書局，2011 年），頁 134。
43. 〔晉〕郭象，《莊子註疏》（北京：中華書局，2011 年），頁 162。
44. 〔魏〕王弼注，樓宇烈校釋，《老子道德經注》（北京：中華書局，2011 年），頁 141。
45. 〔魏〕王弼注，樓宇烈校釋，《老子道德經注》（北京：中華書局，2011 年），頁 26。
46. 〔魏〕王弼注，樓宇烈校釋，《老子道德經注》（北京：中華書局，2011 年），頁 154。
47. 〔魏〕王弼注，樓宇烈校釋，《老子道德經注》（北京：中華書局，2011 年），頁 147。
48. 〔晉〕郭象，《莊子註疏》（北京：中華書局 2011 年），頁 1147。
49. 〔晉〕郭象，《莊子註疏》（北京：中華書局 2011 年），頁 248。
50. 〔晉〕郭象，《莊子註疏》（北京：中華書局 2011 年），頁 557。

51.〔宋〕朱熹，《四書章句集注》（北京：中華書局 2011 年），頁 5。

52. 余英時，《朱熹的歷史世界》（北京：三聯書店，2003 年），頁 418。

53. 余英時，《朱熹的歷史世界》（北京：三聯書店，2003 年），頁 417-418。

54. 余英時，《朱熹的歷史世界》（北京：三聯書店，2003 年），頁 420。

55. 余英時，《朱熹的歷史世界》（北京：三聯書店，2003 年），頁 421。

56.〔魏〕王弼注，樓宇烈校釋，《王弼集校釋易經注》（臺北：華正書局，2006 年），頁 211。

57.〔魏〕王弼注，樓宇烈校釋，《易經注》（北京：中華書局，2011 年），頁 21。

58.〔宋〕朱熹，《四書章句集注》（北京：中華書局，2011 年），頁 217。

59. 余英時，《朱熹的歷史世界》（北京：三聯書店，2003 年），頁 909。

60. 余英時，《人文與理性的中國》（臺北：聯經出版公司，2008 年），頁 366。

第五章
希臘哲學家皇帝——

愛智慧的皇帝

柏拉圖的哲學家皇帝的理想是那些愛哲學、愛智慧、榮耀神的人，才能夠統治國家或城邦。哲學家皇帝不是專制的暴君，包括卡爾．巴柏（Karl Raimund Popper）在內的許多近代思想家都批判，柏拉圖的哲學家皇帝其實給予像希特勒這樣的獨裁者合理化的思想。其實蘇格拉底與柏拉圖眼中的統治者不是以專制統治國家，而是以理性、哲學、智慧、自制、無私來領導國家。

蘇格拉底甚至認為，治國從治心開始（found a city within himself），統治者第一件要做的就是自我節制欲望。那些以控制欲望行使權益的獨裁者，不是蘇格拉底眼中的統治者，也不是柏拉圖理想中的哲學家皇帝。

柏拉圖固然主張人的不平等，每一個人各安其位，工匠做工匠的事，統治者做統治者的事，在國家之內，萬民與領袖是一。但柏拉圖不主張獨裁，而是以理性與智慧治國，是能維持穩定秩序、維持國家昌盛的皇帝，不是以個人欲望加諸百姓的獨裁者。哲學家皇帝帶領百姓走出偏見與束縛，走出欲望與恐懼，給萬民帶來和平、幸福與智慧。

獨裁者則是以著一己的偏見治國，引領全民走向共同的偏見，趨向狹隘的族群意識，引領衝突與對立，使人民失去和平與幸福。柏拉圖認為哲學家皇帝治國必須先自制。能治心才能治國。

柏拉圖理想中的哲學家皇帝必須放棄個人欲望、財產、名譽等外在的追逐，必須一心以國家為念，心繫人民的幸福。因此哲學家皇帝從小必須接受數學、哲學、科學教育，最重要的是品格與道德教育。只有通過這些，從中篩選的哲學家，才是君王的候選人。在柏拉圖眼中，君王必須是由哲學家承擔，才是國家之福。

包括新柏拉圖主義都是寄望於哲學家皇帝的誕生，但是從柏拉圖到新柏拉圖主義的哲學家們都有一個弔詭的見解，他們認為政治場域會玷汙哲學家高貴與純潔的心靈，如同蘇格拉底所言：「如果我涉入政治，我應該早就凋謝了。任何一個能夠讓我或任何雅典人安住的場域，一定是私人場域，而不是政治、公共場域。」[1] 雖然如此，離群索居、清高的哲學家不應該是他們生命的目標，所以柏拉圖繼續用蘇格拉底的話說：「能保持高貴的靈魂與品格是很偉大的志願。但是最偉大的志願對於哲學家來說，就是找到一個國家能夠由他來治理。」[2]

直到哲學家找到一個能夠由他治理的國家，當哲學家與君王合而為一，政治的偉大與智慧就合一，國家就能避免邪惡墮落與無知的玷汙。

雖然柏拉圖並不譴責財富與權力，但是財富與權力不是哲學家皇帝追逐的目標。柏拉圖並不認為多數人都能做到放棄財產與權力的欲望，而成為哲學家皇帝，因此他傾向只有少數的貴族與秀異分子才能達到這個目標。

新柏拉圖主義者如奧林匹奧多羅斯（Olympiodorus）也認為，只有哲學家找到治理的國家，或爭取一國的君王聽取他們的意見來治理國家，只有如此，哲學家的使命才算達成。然而當君王不聽取哲學家的建言之際，哲學家就應該引退，否則會有殺身之禍。[3] 奧林匹奧多羅斯以蘇格拉底與克里提亞斯

（Critias，三十暴君之一）相遇的命運，以及柏拉圖與狄奧尼修斯（Dionysius）國王父子的相遇為例，最終蘇格拉底被賜死，柏拉圖被流放。

但是奧林匹奧多羅斯認為，引退的哲學家並不是對政治就不產生作用，引退的哲學家正是透過教育來培育更多優秀的哲學家皇帝。這就是柏拉圖成立學院，以及新柏拉圖哲學家們在西亞與埃及各地成立哲學學院的思想源頭。

治心與治物

柏拉圖從理論及概念的角度提出理想的哲學家皇帝，他的學生亞里斯多德則從務實與可能實踐的角度來探討哲學家皇帝的角色。亞里斯多德認為，哲學家皇帝必須具備能力，而不只是愛哲學，能力是君王必備的素質。他同時認為，哲學家皇帝應該有同情心與高度的理解能力，去認知不同的城市、不同的憲政體制之差異，從而在現實的基礎上找出治理之道。例如，柏拉圖認為一個國家的戰士階級只需要五千名，亞里斯多德以巴比倫大帝國為例，認為該帝國需要的戰士以抵禦外侮為主，遠遠不只需要五千名。

亞里斯多德認為柏拉圖的哲學家皇帝是一種政治理想，而不會成為政治現實。亞氏認為，城市生活的美好就是個人生活的美好，美好的生活不只是理論上的美好（Theoretical Good），或是反思性美好（Contemplative Good），而是必須包括物質性的美好（Materials Good）與道德生活的美好（Virtue of Practical Goodness）。他認為，柏拉圖的政治家理想必須兼顧理論與實際，融合純粹知識與現實生活。柏拉圖的理想城市是一個烏托邦，是不根植於歷史現實的國度。

亞里斯多德似乎反對，一個全能的哲學家皇帝治理一個完美的國家之說法或假設，所以當亞里斯多德受馬其頓國王菲利浦（Philip II）的委託，教導年輕的王儲亞歷山大（Alexander）時，亞里斯多德擔心這位年輕、具備高度野心的王儲，盼望自己成為柏拉圖眼中的全能、全知、如神一般的哲學家皇帝。於是亞里斯多德就告誡亞歷山大，一個帝王不需要成為哲學家，這對於君王沒有實質的益處。君王應該聽取旁邊的哲學家的意見，讓那些具備真實知識的哲學家顧問協助君王理政。讓王朝的興盛不是基於話語，而是基於正確行為，能夠如此，才成為真正賢明的君王。

亞里斯多德的看法是促成西方貴族政治的思想基礎，也是政治務實主義的發軔。西方政治學強調去道德性、去動機性，認為政治不講動機，只講行動結果。判斷政治家的好壞，不從政治動機，而是從政治結果。漢斯·摩根索（Hans Joachim Morgenthau）在其《國際政治學》（*Politics Among Nations*）一書中就提出，英國前首相張伯倫（Arthur Neville Chamberlain）在個人品格及操守上遠高於邱吉爾（Winston Leonard Spencer Churchill），邱吉爾有個人英雄主義，極度自負、固執。但是邱吉爾比起張伯倫是更好的政治家，邱吉爾成功帶領英國及西方世界打敗希特勒。

政治領袖不論動機，而是論能力。這正是亞里斯多德的政治理想的極度化之表現。亞里斯多德並不偏廢政治家的道德持守，如同他所說，物質的美好與道德的美好同時重要。

對政治領袖的去動機化應該是科學精神對於政治領域的影響及衍生。科學去動機化，看的是證據與結果，但是其實科學本身並無法做到價值中立。科學的實然，經常是道德的應然所促成。機器人的製造是由什麼在引導？人的價值。需要一個機器人做這個、做那個，需要機器人的外表長相讓人看了舒服，於是逐漸擬人化。希望機器人能處理微小精緻的手術，所以出現達文西手臂。沒有純粹價值中立的科學，如同海森堡（Werner Heisenberg）所述，一切能觀察到的科學現象，都已被人的觀察所改變。

一如劍橋大學科學家史蒂芬·霍金（Stephen William Hawking）所言，我們觀察到的宇宙，只是人類的現有能力所能夠觀察到的宇宙。宇宙有無數種可能，一層一層的並列或重疊。但人只像是金魚缸裡的金魚，只看到魚缸內部，看不到外在的世界。

社會組織的領導、政治統治者，他們內在的修持與外在能力同等重要。自我的完美追尋與尊重他人的智慧與意見同時並重，這是古典希臘哲學家皇帝的辯證中，理出的原理。沒有神聖、全能、全知的領袖，只有願意了解自己的不足，願意聽取菁英的意見，體恤百姓的領導者，才是希臘哲人眼中的哲學家皇帝。

慈悲與暴力

西方提出理想的統治者，最著名的就是馬基維利（Niccolò di Bernardo dei Machiavelli）。馬基維利以《君王論》一書說明，一個君王如果希望鞏固自己的權力，就不要受任何道德準則的束縛。為了國家利益，君王應該不擇手段地實現自己的目的。馬基維利說：

「在殘酷和仁慈方面，君王對於殘酷這個惡名不必介意，所應重視的倒是不要濫用仁慈，因為仁慈會帶來滅頂之災，被人畏懼比受人愛戴是安全得多的。」

「對於一個君王來說，不僅不必具備各種美德，而且還要保留那些不會使自己亡國的惡行。」[4]

馬基維利以《聖經．出埃及記》為例，說明摩西是慈悲與暴力兼具的聖君及先知。摩西本來是希伯來人所生，由於埃及王下令殺掉那一年出生的希伯來男嬰，摩西的母親將他偷偷地放進河中，嬰兒在籃子中沿著河流，漂進王宮，被埃及國王的妹妹收容，隱瞞著摩西的身分，把他當作自己的兒子撫養。成長後的摩西是一個偉大的將軍，攻無不克。但是在一次埃及士兵毆打希伯來奴隸中，摩西為他的族人殺死了埃及士兵，並把屍體藏起來。最終摩西身分曝光，他被流放。暴力第一次襲入摩西，讓他真正地認識了自己。

摩西與一部落長女結婚，生下孩子，在摩西牧羊十多年後，上帝在西奈山揀選了他。上帝在燃燒的荊棘中顯聖，要他去拯救希伯來人。摩西其實是向上帝抗議，為何沒有聽到祂的子民受苦。上帝說，祂都聽見，祂的子民背離祂，已得到足夠的懲罰，上帝要摩西前去埃及帶他們離開埃及，結束奴隸的日子。

摩西是帶著困惑、信心不足前往埃及。上帝告訴他，無須憂愁，到了埃及，「我會告訴你怎麼說、怎麼做。」

在與埃及王，他以前的弟兄談判時，摩西無法立即說服埃及王釋放希伯來奴隸。

希伯來人幾次極度危險的歷程中，摩西祈禱，讓上帝降了十災給埃及人，無數埃及人喪生。馬基維利認為，作為一位宗教的先知，摩西是藉由上帝的暴力，才使得他能帶領希伯來子民離開埃及。

在希伯來人成功的離開埃及之後，到了西奈山腳下，希伯來人開始崇拜偶像。摩西登上西奈山與上帝對話，上帝對於子民的背叛無法容忍，祂跟摩西說，祂要摧毀所有的希伯來人，讓族群重新來過。但是摩西向上帝求情，因為如果摧毀所有的希伯來人，那等於是幫了埃及的王。於是上帝把希伯來人交給摩西。

在猶太人的歷史中，摩西是改變猶太人信仰與基督信仰的先知。他讓希伯來人更堅定地回到一神教。從西奈山下來的摩西，譴責崇拜偶像的希伯來人。他頒布十誡，是他與上帝的約定，是希伯來人的律法。這時候的摩西不只是法定者，也是宗教的改革者。更有甚者，摩西展開一場大屠殺，他下令無論是妻子、丈夫、父親、母親，拜物者一律屠殺。當夜有三千多位希伯來人遭到殺害。這就是馬基維利所強調的，君王必須使用必要的暴力。

馬基維利認為摩西是一偉大君王的典範。懷著慈悲要拯救人民，而運用必要的暴力是他成功的因素。

摩西作為一個法律頒布者，他嚴厲制裁犯錯者。作為宗教改革者，他也不惜屠殺異端。暴力與仁慈兼備，是馬基維利眼中的聖君。

但是馬基維利特別強調，當摩西使用暴力，他是代替上帝行使暴力，非其個人單獨之意向。摩西與上帝同行，在埃及、在西奈山都是如此，一切的暴力都是上帝的旨意。換言之，馬基維利眼中的聖君，即便使用暴力，仍然是必須在道德的前提下，在更高的理念下為之。

但是馬基維利的核心思想是，有武力的先知勝了，沒有武力的先知敗了（"armed prophets" succeed and "unarmed prophets" fail）。

他主張君王要如狐狸般的敏捷，也要如獅子般的勇猛。馬基維利說：

> 「由於獅子不能夠防止自己落入陷阱，而狐狸則不能夠抵禦豺狼。因此，君王必須是一頭狐狸，以便認識陷阱，同時又必須是一頭獅子，以便使豺狼驚駭。」[5]
>
> 「但是君王要掌握好使用殘暴手段的限度和範圍，即損害行為要一下子都做完，對臣民的財產和他們的妻女不要染指。在守信和失信方面，君王應當效法狐狸與獅子。」
>
> 「因為關於人類，一般可以這樣說：他們是忘恩負義的、容易變心的，是偽裝者、仿冒品，是逃避危難、追逐利益的。」[6]
>
> 「在慷慨與吝嗇方面，明智之士寧願承受吝嗇之名，因為它雖然帶來醜名，但是不引起憎慨，追求慷慨之譽，則必然招致貪婪之名，而貪婪之名則使醜名與憎慨俱來。」
>
> 「在我們的時代裡，我們看見只有那些曾經被稱為吝嗇的人們才做出了偉大的事業，至於別的人全都失敗了。」[7]

馬基維利以波斯王塞魯士（Cyrus II）為例，塞魯士以欺騙、偽詐，才成功地打敗亞美尼亞（Armenia）。塞魯士以各種詐騙的手段，欺騙他自己的親叔叔基亞克薩雷斯（Cyaxares），米底亞（Medes）的國王。馬基維利稱讚塞魯士，正是他的詐騙師之術，才成就他偉大的君王事業。馬基維利說：

「當遵守信義對自己不利，或原來使自己作出諾言的理由不復存在時，一位英明的君王絕不能夠，也不應當遵守信義。但君王又必須深知怎樣掩飾這種獸性，並須做一個偉大的偽裝者和偽善者，要顯得具備一切優良品質。因為群氓總是被外表和事物的結果所吸引，而這個世界中儘是群氓。」[8]

馬基維利相信真正的政治家必須融合「共同的善、對人民的愛，以及必要的殘酷手段」。因為道德的善必須由道德的惡共同來打造。馬基維利沒有說明什麼是道德的惡？他應該是說，為政者為了全民，為了更高的善，必須以惡的方式去達成更高的道德的善。馬基維利的訊息很清楚，就是：「如果你不能承擔政治的責任，如果你不能行使欺騙、殘酷，甚至謀殺，那就請你不要進入政治的場域。」[9]馬基維利認為，這世界不是由善與惡組成，這世界分成兩個部分——強者或弱者；看到真實世界的人，或充滿道德幻想的人。如果一個人不準備弄髒他的手，他最好遠離政治場域。他的名言是：「如果你怕熱，那就不要進廚房。（If one cannot stand the heat, get out of the kitchen.）」[10]

當亞里斯多德在尋求國家穩定之時，馬基維利卻在尋求戰爭。因為他認為，只有極端的時刻，進步才會發生。馬基維利以當時被認為是腐敗的教宗波吉亞家族（Borgia）出身的教皇為例，儘管波吉亞教宗生活腐敗，涉及個人的性氾濫、謀殺、貪汙等，但是那個時代造就米開朗基羅（Michelangelo）、達文西（Leonardo da Vinci）、拉斐爾（Raffaello Sanzio da Urbino）等偉大的藝術家，促進了文藝復興時代的誕生。

馬基維利的矛盾處在於：當一個人以手段進行殘酷的政治鬥爭、謀殺、欺騙，他如何維持內心的正義與純淨？他如何能夠平衡手段的惡與內心的善？因為是內心更高的善，才能締造一個國家人民真正的幸福。馬基維利沒有討論這個問題。

馬基維利眼中的真正的君王、政治領袖，似乎只剩下那些沒有內在靈性需求（No inner life）的人，才能持續勝任這樣惡的手段。

馬基維利理想的君王，當然是能夠引領國家強盛的領袖。波吉亞教宗以他的副手為媒介，幹了很多壞事，最後波吉亞教宗當眾處死他的副手。那些真正懂得運用暴力的君王，才能締造偉大帝國與偉大的文明。波斯、羅馬、希伯來的帝國與文明，都是由這樣的君王所創生。

馬基維利的思想影響西方政治甚深。馬氏當然是從統治的藝術著眼，而不是從帝國的合理性、人民的福祉，以及國家長存的事業看治術。羅馬帝國的後期皇帝完全是如同馬基維利所看到的，為權力爭奪，親兄弟間互相殘殺。結果國力逐漸衰亡，因為沒有任何一個政體可以容許長期的內部鬥爭分裂而不滅亡的。

君王治理國家，如同蘇格拉底的哲學，必須先能治心，必須要能治己，克制自我的欲望才是王道。蘇格拉底強調哲學的用處，就是要君王節制欲望，這與暴君剛好相反。如同柏拉圖所陳，暴君正是缺乏自制、缺乏自我規範能力，不能治己，如何能治人。

也許我們想起唐太宗這樣的明君，一樣經過玄武門之變，他在兄弟殺害他之前，先下手殺死自己的二弟及四弟，而終於得到權位。唐太宗並不是嗜殺之君，他以魏徵為諫，經常提醒自己的身行與修行。一日唐太宗把玩一隻鳥，魏徵就勇敢諫言，君王不可以耽於逸樂，弄得唐太宗在享福這件事情上，比一個富翁還不如。君王不是放縱欲望為樂，而是為百姓造福為樂。任何的君王，受到的節制與內在的壓力，比起任何一個人都要大很多。也因為如此，君王比起任何人更容易放縱欲望，以紓解自我內在的壓力，包括對於失去權力的壓力、失去臣民忠誠的壓力、國家安全的壓力、百姓福祉的壓力。一旦君王失去自我內在的力量、節制的力量、自制的力量，他的欲望之放縱是可以預期的。

這就是為什麼蘇格拉底與柏拉圖關注皇帝的哲學素養，就是為了增加君王的內在心靈力。中國古代君王必須有國師，從小教之以禮，知道如何調節欲望。武則天邀請佛教的大師神秀進京供養，以使自己的內在力量能夠增強。信仰，是君王不致於放縱欲望和濫殺無辜的關鍵。即便是成吉思汗在戰爭時十分殘酷，但是對於自己的家臣與家人卻十分仁慈，這是他能得以善終的重要原因。成吉思汗對於各宗教普遍的接納與寬待，也使得他的王國能不斷地興盛擴大。

歷史上，周文王的聖格、周武王的文治武功、周公的德政智慧，都是維持王朝命運興衰的關鍵。德多高，王朝就有多久；信仰多深，國政就有多穩。從內而外的君王之修煉，是古今中外的偉大哲學家都一致主張的最高統治術。

哲學家皇帝

柏拉圖理想中的哲學家皇帝，出現在羅馬帝國時期西元九十六年到一百八十年之間，羅馬的世襲制度在圖密善（Titus Flavius Domitianus）被弒身亡之後，由六十六歲的涅爾瓦（Marcus Cocceius Nerva）登基。元老院擺脫世襲的皇帝，選擇這位從教廷來的君王，是一位法學家、詩人，他一切的政策都與元老院磋商，他赦免那些被圖密善放逐的人，恢復他們的財產，緩和他們的敵意，將大批的土地分給貧窮的人民，並建立救濟制度，他節省自己的開銷和政府的開支，以彌補國家的財政。涅爾瓦對於各階級都非常公正，他因為年紀大，因此效法羅馬帝國開國君主奧古斯都（Imperator Caesar Divi filius Augustus）選擇一位年輕的、元老院能接受的圖雷真（Marcus Ulpius Trajanus）作為養子，準備接班。收養圖雷真為養子三個月後，涅爾瓦在位十六個月駕崩了。

收養制度能夠讓賢能的人擔任君王。圖雷真之後的哈德連（Publius Aelius Traianus Hadrianus Augustus）、安托尼努斯（Antoninus Pius），都是遵循收養制度，傳承帝位。一直到奧理略（Marcus Aurelius Antoninus Augustus）皇帝為止，這一百多年是吉朋（Edward Gibbon）所稱人類歷史上最繁榮，人民最幸福，最能為百姓著想的五位君王，一脈相傳。恩威並濟，部隊秋毫無犯，全軍上下心悅誠服。他們喜愛自由的形象，願意成為向法律負責的首長，在他們統治下的羅馬人擁有合理的自由，他們恢復共和國的名聲與榮譽。[11]

奧理略是典型的哲學家皇帝，他熱愛哲學，受斯多葛學派影響，奧理略自律甚嚴，常常反躬內省，他在兵馬倥傯之際仍寫下了影響後世的著作《沉思錄》。他拍翼羅馬疆土，平定野蠻民族的入侵。

只可惜奧理略皇帝將皇位授予兒子繼承，兒子科莫德斯（Lucius Aurelius Commodus Antoninus）是一個紈褲子弟，喜歡玩樂，特別是熱衷於鬥士的殺戮競技場，最終科莫德斯死於鬥士的劍下。羅馬又再度陷入混亂之中。

聖君的培育

聖君總是有那麼一點天縱英明，多少是可遇不可求。對於組織的治理而言，歷史留下的問題總是在於如何培養內修外行的聖君。柏拉圖的理想國希望哲學家皇帝從小接受訓練，不貪戀財產，不貪戀家庭，斯巴達式的教育多少是柏拉圖理想國的翻版。但是理想國的教育模式未必能造就哲學家皇帝，包括中國古代的聖君之培養，從小接受儒家教育，接受大國師的教導，但是也沒有能夠培養幾個聖君。這也是為什麼亞里斯多德認為，哲學家皇帝可遇不可求，所以他更寄望於不完美但卻是比較穩當的民主政治。

一方面儒家在教育未來的皇太子下工夫，但另一方面，三千寵愛在一身，眾臣與奴僕的伺候，難免讓未來君主養成驕縱的習氣。這樣養尊處優的環境，很難培養一位內修品格的聖君。因此才會有孽子出賢君的說法，如孟子言：「天將降大任於斯人也，必先苦其心志，勞其筋骨，餓其體膚，空乏其身，行拂亂其所為，所以動心忍性，曾益其所不能。」

於是堯選了舜作為其繼承人，這是人類歷史上的一件盛事。舜出身平凡，事親至孝，《史記》記載，舜的繼母與父親多次陷害於他，他一樣地侍奉至孝，毫無芥蒂，這是有德之人。堯又遣他進入森林，於暴風雨中，舜的身體絲毫無損，這是他的智。雖然堯的兒子丹朱才華甚高、戰功彪炳，但是堯卻認為丹朱德性不足，因此將帝位讓給舜。

舜是中國古代聖君的代表。他不是經由儒家國師的教導，也沒有優渥的生活環境，更無哲學家皇帝般的培訓，其德智全然是自我天然生成。聖君如何培育？

我們設想當代教育體系，培養的是知識與技能，但對於德性與修身是毫無著墨之處。修身與德行決定於家庭的教育與環境，而學校教育的是精緻的利己主義者。如何成功、如何超越他人，成為教育體制的內在倫理。這樣的教育系統很難出現品格與智慧兼具的聖君。

當代組織不再是世襲的政治體制，社會組織與企業組織的領袖也是輪替、選拔。如果我們把古代「聖君」、哲學家皇帝當作各行各業的領袖，這些領袖如何養成？

麻省理工學院著名的管理學家彼得．聖吉（Peter M. Senge）發展中小學生的慈悲教育系統（Compassionate Systems Framework in Schools），希望能將當代教育從腦的鍛鍊，轉向心靈的鍛鍊。慈悲、同理、品格，三者是心靈教育的本質。

同樣地，臺灣慈濟所創立的中小學，其教育體系以利他、服務為教育核心。重視學生的品格養成與服務精神。這種教育模式，結合英國重視思辨的ＩＢ教育系統，將慈悲、利他與思辨結合一起，是當代領袖培育的重要模式。

同理、慈悲、思辨、利他，正是聖君的人格內涵。

當代社會的正規教育著重技術與知識的傳授，大學、碩士、博士學位的完成，意味著教育的完成，其實在社會中是更多的挑戰與學習。然而即便大學設立種種碩士後的專業學程，仍然著重在術的傳授。培育社會菁英成為聖君式的領袖，或哲學家皇帝的風範，一種以傳道、以慈悲、以利他、以開闊的思辨為主的教育機構之建立，或能作為當代培育聖君的搖籃。

當年柏拉圖興辦西方第一個學院（Academy），在這學院裡哲學、科學、邏輯、美學、醫學等無所不教。柏拉圖的學院培養哲學家皇帝的內涵是數學十年、思辨能力五年，另外十年培養信任與責任的品格。可見品格、信任與責任的能力是哲學家君王的素質，最後經過嚴格的考試甄選，只有極少數人通過考驗，具備哲學家與君王的心靈素質，然後才能承擔五十年的君王之職。[12] 柏拉圖的理想學院的設立，正是希望它成為培育菁英政治領袖的搖籃。

亞里斯多德在老師柏拉圖離世之後，也回到馬其頓辦學，亞歷山大大帝就是他的學生。

中國的嶽麓書院培養了曾國藩、王夫之這樣的將相、聖賢之才。

建立一個著重心靈智慧、肩負時代使命，深入普遍知識、通達中西方文化、具備利他慈悲品格，以及具創造性領導力的當代學院，似能作為培育各領域聖君的教育平臺。

聖君的選拔

以政治言之，如果政治領袖是世襲，繼承者驕縱放逸者在所難免，因為他就是等接班，不必透過自身的競爭與努力。因此領袖的產生不管在什麼政體，通過選拔是最好的模式，不管是民主政治的選舉，或是以固定委員會選拔領袖的制度，都是在一群有條件的領袖中，選出最適任的人。比起民主政治中的領袖可以是德高望重、可以是老練的政客，也可以是異軍突起、也經常會選出善於造勢塑造形象的治理庸才。

相對地，以固定委員會選拔領袖，在既有的優秀人員中推舉，候選人本身就已經是歷練多年的政治領袖，其選拔有其傳統與資歷，是比較穩定的領袖產出制度。如果選舉人與候選人都接受過嚴格品格教育歷練，包括具思辨力、執行力，特別是具備慈悲、利他薰陶的菁英人才，其出現聖君的機會應該是可以預期。但是固定委員會的推舉也可能出現同質性過高的領袖，面對時代變局會有創造力的局限，如何在委員會中安置一定比例的異質性成員，是委員會推舉領袖的機制，需具備的智慧。

下一節的天主教領袖的選拔，特別是教宗的選舉，與本文所提出的想法有呼應之處。

註釋

1. Chambers, L.P., *Plato's Philosopher-King and American Democracy*, e Educational Forum 6.1 (Nov. 1941), p.28.

2. "Until philosophers are kings, or the kings and princes of this world have the spirit and power of philosophy, and political greatness and wisdom meet in one, and those commoner natures who pursue either to the exclusion of the other are compelled to stand aside, cities will never have rest from their evils - no, nor the human race, as I believe - and then only will this our State have a possibility of life and behold the light of day." – Plato, The Republic.

3. Russell, Jeremiah H., *When Philosophers Rule: e Platonic Academy and Statemanship*, History of Poltical ought 33.2 (Jun. 2012), p.218.

4. 馬基維利（Niccolo B. Machiavelli），《君王論》（*IL PRINCIPE*）（臺北：商務出版社，1985年），頁83。

5. Smith, Steven B., *Political Philosophy* (New Haven: Yale University Press, 2012), pp.83-84.

6. Smith, Steven B., *Political Philosophy* (New Haven: Yale University Press, 2012), p.80.

7. Smith, Steven B., *Political Philosophy* (New Haven: Yale University Press, 2012), p.77.

8. Smith, Steven B., *Political Philosophy* (New Haven: Yale University Press, 2012), p.86.

9. Smith, Steven B., *Political Philosophy* (New Haven: Yale University Press, 2012), p.116.

10. Smith, Steven B., *Political Philosophy* (New Haven: Yale University Press, 2012), p.119.

11. 愛德華・吉朋（Edward Gibbon）著，席代岳譯，《羅馬帝國衰亡史・第一卷》（臺北：聯經出版事業股份有限公司，2018年），頁70。

12. Chambers, L.P., Plato's *Philosopher-King and American Democracy*, (Educational Forum, Vol, 6), p.34.

第六章——上帝的人間治理

一、基督思想的政治體制

耶穌對於國家政權的態度「是遵守但不依靠」。國家不能提供給人最終的歸宿，天父的國不是在人間，而是在天國。

基督教（Christianity）[1]對於天國與王國的看法，在《新約聖經》裡至少有四個福音做了直接的表達。〈馬太福音〉當中，耶穌回答對不懷好意的法利賽人的提問：「夫子……納稅給凱撒可不可以？」凱撒回答說：「這樣，讓凱撒物的歸凱撒，讓神的物歸神——Give to Caesar what is Caesar's, and to God what is God's.」[2]塵世的國度對於基督徒永遠是短暫的，人應該臣服於上帝，聽從於上帝的旨意，這使得基督徒與塵世的國度始終保持著距離。尊重，但不信服。

耶穌對於政權的態度既不支持，也不反對，甚至不反抗。當羅馬帝國逮捕耶穌，處死耶穌，耶穌並不反抗。包括使徒保羅，儘管羅馬帝國不斷地迫害基督徒，但是基督徒以殉道，而非反抗作為回應之道。消極抵抗，是早期基督教對於塵世王權的態度。

耶穌門徒彼得（Peter）對於基督徒之於國家的態度表達得更為確切。在〈使徒行傳〉中，彼得說：

「順從神，不順從人，是應當的。（We must obey God rather than men.）」[3] 彼得將耶穌的兩國思維——天國及地上的國，推向天國第一，凡塵的王國其次。這是一種革命式的觀點，讓基督徒不屬於塵世，而是全心全意地尊崇神的意旨。甚至，地上的國必須遵從上帝的意旨。

基督徒在羅馬時期被迫害，其中的原因就是基督徒不願意崇拜羅馬皇帝，也不願意理想化羅馬帝國，他們抱持著對天國的盼望，即使殉道也在所不惜。當時的基督徒甚至暗自祈禱，統治者終有一天能信奉上帝，在地上行上帝的旨意。[4]

保羅（St. Paul）在〈羅馬書〉裡就說：「在上有權柄的，人人當順服祂，因為沒有權柄不是出於神的。所以抗拒掌權的，就是抗拒神的命。（Everyone must submit himself to the govering authority, for there is no authority except that which God has established. The authorities that exit have been established by God. Cosequently, he who rebels against the authority is rebelliing against God.）」保羅將上帝的國與地上的國統一起來。凡塵世的國必須是上帝的國，如果塵世的國是遵循上帝，那違反塵世的國的權威，就是違背上帝。

塵世的國必須同時屬於上帝的國，在西方中世紀之前到近代，支配著基督教對於政權的看法。

然而在《啟示錄》裡，聖約翰（St. John）[5] 對於國家採取更為激烈與負面的思維。聖彼得認為，塵世的國是上帝的國的敵對，基督徒不應該順服於塵世的國。《啟示錄》第十三章第十一節中說：「我又看見有一個獸從地中上來，有兩角弓羊羔，說話好像龍。牠在頭一個獸面前，施行所有獸的權柄，並且教地上以及住在地上的人，拜那死傷又醫好的獸。（The I saw another beast, coming out of the earth. He had two horns like a lamb, but he spoke like a dragon. He excerised all the authority of the first beast on his behalf, and made the earth and its inhabitans to worship the first beast, whose fatal wound had been healed.）」[6] 聖彼得顯然把塵世國家當作一頭怪獸，這怪獸是由長角的魔鬼所賦予。這使得基督徒對於塵世的國家的厭棄，甚至成為在基督教支配的中世紀歐洲，國王必須聽命於教皇的信仰源頭。教皇就是上帝在人間的代理，一切都必須遵行他的旨意，即遵循上帝的旨意。

羅馬的君士坦丁大帝（Constantine）在一個程度上，實現了地上的國必須遵從天上的國之旨意。君士坦丁大帝在西元四世紀承認基督教之後，他也主張教會的獨立性，獨立於政權之外，甚至地上的一切都必須遵從上帝的意旨。這是基督徒的禱告靈驗了，地上的國終於信奉上帝的意旨。地上的國與天上的國逐漸地合流在教會的神聖之手中。

在西元四世紀初期的羅馬主教總認為，教會是超越國家的機構，他們並不服膺帝國的生活模式與政權的組織模式。教會有自己的憲章、自己的組織型態與特定的生活模式。雖然羅馬主教的範疇還不及於一切歐洲的版圖，但超越國家概念一直是教會堅守的立場，甚至不惜為這立場進行與政權的鬥爭。

中世紀之前的神職哲學家奧古斯丁同樣認為，除非國王要求基督徒作為違反上帝律令的事，你才可以拒絕服從。但是拒絕服從不等於反抗，而是殉道。這衍生的議題是，面對暴君、暴政，基督教怎麼看待？

基督教第一位著名的政治哲學的提出者應是奧古斯丁。奧古斯丁的「上帝之城」與塵世之城，不是一個地理單位，而是一個概念，一個體制。奧古斯丁認為，地上的國永遠是不完美的。

奧古斯丁出生於四世紀末、五世紀初的北非，是西羅馬帝國的版圖。當時羅馬帝國已經將基督教立為國教，西元四世紀末，蠻族入侵羅馬城，羅馬帝國正處於帝王連續篡位，並與蠻族不斷地爭戰之中。奧古斯丁認為，羅馬帝國的存在是上帝的意旨，羅馬是神的使者，讓基督教能傳遍全世界，帶來屬於基督的時代。

但是五世紀的羅馬逐漸混亂與逐漸衰敗，也印證了奧古斯丁眼中「塵世之城」的不完美。對於奧古斯丁而言，羅馬城的被掠奪，該問的不是羅馬為何招致此厄運？而是羅馬為什麼能存在這麼久？[7] 因為基督教的信仰中，上帝早就預示地上的國最終要毀滅，一個又一個的帝國此起彼落，只有神的國才是永恆。

西塞羅眼中的羅馬共和，是由一群愛好美德的人創建的帝國。多少英雄為羅馬共和犧牲捐軀，他們如同基督教殉道者一樣，為一個曾經的偉大共和國理想獻身。但塵世的帝國，不管是西塞羅眼中羅馬共和，或是亞里斯多德理想中的城邦政體，都是短暫的，不完美的。雖然亞里斯多德堅信，城邦政治會經過不斷地修正而完美。但是奧古斯丁看來，上帝的天國才是完美與最終的依歸。在天國，人人勝利，人人成神，得救的靈魂個個都是皇帝。在永生的國度裡，每一個人都過著皇帝般的生活。[8]

那塵世之國的意義何在？奧古斯丁認為，因為人的墮落，所以需要政府。政府以人士趨吉避凶，趨利避害的本質，以懲罰、威嚇以達到對人的欲望之控制。[9] 國家的存在是為人民提供一個社會秩序的基礎，不管國家的統治者再怎麼賢明有德，也總是帶著世俗的染汙與欲望。「塵世的國家再好，好不到抹去這汙漬，教會再壞，壞不了永生的許諾。」[10] 不過，雖然永生與幸福完美的歸宿在天國，但是人在世界上必須服從帝國的統治者。不管帝國的統治者如何，基督徒必須遵循統治者的意志。統治者是上帝手下的攝政者，他的王位是上帝賦予的，即使統治者不信奉基督教，人民也必須服從他，這是奧古斯丁基本的政治哲學。

但是暴虐的統治者難道不該推翻？誰能決定統治者已經不代表上帝的意旨？這個議題到了中世紀，教皇有權力廢除國王的教籍，國王即失去統治的正當性。這當然為中世紀的歐洲帶來許多王權與宗教權的鬥爭與衝突。教皇加冕皇帝，但皇帝也立廢教皇。西元一〇五九年至一二四一年間，二十五位教皇有二十一位是皇帝任命，也有五位遭皇帝撤換。[11] 十一世紀的教皇額我略七世甚至主張，所有基督徒包括所有政治權威，都應屬教皇管轄，教皇有權罷黜皇帝。[12]

額我略將亨利四世開除教籍，迫亨利四世到卡諾薩的額我略教皇的寓所謝罪。據說亨利四世在冰雪中赤腳等了三天，教皇才見他，並赦免他的罪。[13]

柏拉圖的政治體制是智慧者統治弱智者，基督教的政治思想到了十世紀的托馬斯・阿奎納認為，在亞當之前，上帝在地上的國已經存在。在亞當與夏娃未墮落之前的生活是完美的，這意味著上帝許諾人間的國可以是完美的。在伊甸園中，人類的政治生活已經存在，亞當統治著夏娃，如同柏拉圖所說的智慧者統治弱智者。柏拉圖的理想中，政治政體或人間一切的存在都是不完美的，只有理念或理型是純粹的、完美的。流變的現實世界與永恆不變的存有理型是不相容的。亦即塵世的政權，永遠無法達到完美，道也不能化成肉身。但是基督耶穌是道成肉身，世俗與神聖是可以結合的，在托馬斯眼中，塵世之國與上帝之國是有機會可以同時實現。

因此，托馬斯曾將國家描述為完美的共同體。如同亞里斯多德對城邦的理想，托馬斯的國家是完美的人類共同體。國家的存在是出於上帝的意志，塵世的君王愈以上帝的意旨與律法行使統治，塵世的正義就越靠近天國的正義。如同〈馬太福音〉第六章第十節所說：「我們在天上的父，願人都尊你的名為聖，願你的國降臨，願你的旨意行在地上，如同行在天上。」[14]

上帝希望人民生活在合理體制的幸福之中，賢君、聖君是托馬斯的政治理想。托馬斯比奧古斯丁更樂觀的肯定塵世的世界。托馬斯・阿奎納認為，賢君治國最好有貴族輔佐，並且有教會的教義做指導。統治者的意志不應該是個人意志，而是「代表性意志」，如果統治者造成國家與社會的混亂與分裂，他就喪失了統治的基礎。[15] 代表性的意志到後期的宗教之後，演變成為代議制政體，統治者從托馬斯的代理上帝意志，到成為代表公義與公眾意志的政治體制。

托馬斯當時並沒有代議政治之憲政民主的看法，賢君治國，一人治國，如同上帝與人的關係，是父子關係，國王與臣民也如父子關係。這關係是基於愛，也基於服從。但是服從聖君是服從於真理與正義，服從暴君的正當性存在嗎？托馬斯在對於暴君的對待上，他說了一個明確的標準，只有當推翻暴君造成更大的惡的時候，才可以繼續忍受暴君。[16]

漢娜・鄂蘭（Hannah Arendt）分析基督教與羅馬政權的關係時認為，並不是基督教影響著羅馬的政治體制，而是基督教補充了羅馬帝國原本的傳統。漢娜・鄂蘭說，羅馬的政治體制是三位一體，即「宗教、權威與傳統」。羅馬的建立是基於羅馬城市的建立，列祖列先們開闊城市的精神，構成羅馬的「傳統」。羅馬的英雄隨後的開疆闢土，這是羅馬政體權威的來源，而羅馬在基督教之前崇拜的諸神，都住在廟宇之中，不像希臘諸神常回到祂們自己的處所奧林帕斯山。這三者構成羅馬共和國的三大支柱，「權威、傳統與宗教」。[17]當羅馬帝國逐漸衰弱之後，這三大傳統被基督教接收。耶穌的復活被重新詮釋為政治體制永恆的根基，如同托瑪斯所認為，統治者是代表性的意志。基督宗教成為羅馬信仰與權威的基石。

威爾・杜蘭就說：「猶太教給予基督教倫理方面的觀念，希臘給予基督教的是神學，羅馬給予它的是組織。羅馬教會不僅接受了羅馬在基督教前的各種宗教上的服裝及形式，及異教徒的袈裟、法衣、香料、齋戒中用的聖水、祭壇前的蠟燭及長明燈、聖者的祝禱、古希臘式的會堂建築、羅馬的法典及教皇的稱號。到了四世紀，拉丁文成為儀式所用的語文。最重要的是教會繼承了羅馬政府的體制，當地方上政權衰亡時，它成了新的統治者。」[18]

當羅馬在西元四七六年崩落之後，蠻族所形成的國家，成為今日歐洲各國的前身。包括 Germanic kingdoms、as Visigoths、Ostrogoths、Franks、Angles and Saxons、Alemanni、Burgundians and Lombards，皆成為今日的英國、法國、德國等雛形。蠻族入侵西羅馬帝國，帝國崩解之後在羅馬真正有組織的機構就是基督教會。[19]教會在成為羅馬國教一百多年後深入民心，蠻族的統治經由羅馬教會的協商，保護著羅馬人民的福祉。教會代表羅馬文化，與蠻族進行長期的共存與互利。加上當時的蠻族的首領是個部落基於戰爭所共同選出來的，他的正當性並不持久與穩固，國王爭取基督教主教的認同，成為穩固他政權地位的必要因素，基督教會成為捍衛羅馬的基石。隨著日耳曼族裔國王的皈依羅馬主教，基督教成為世俗王權的賦予者的地位逐漸成形。

西元六世紀末、七世紀之初（五九〇—六〇四），羅馬主教額我略一世（Gregory I）憑著他的智慧與德性，讓羅馬主教成為全歐洲教會的領袖，羅馬主教為教皇的地位正式確立。一個分裂的蠻族諸國，一個統一的基督教教會，給予基督教更多的權力，扮演歐洲政治樞紐的角色。

西元七五一年，法國國王 Martel 突然過世，留下兩位兒子對王位繼承的爭鬥。長子 Carlomanand 及次子 Pepin 的鬥爭正要開始。當時教皇 Zacharias 居間協調，促成次子 Pepin 成為唯一合法的法國王位繼承人。Zacharias 教皇隨後同意讓法國大主教 Boniface 加冕 Penpi 成為法國國王，Penpin 國王也繼而承認教皇是上帝在人間的代理人。[20] 教皇的加冕給予國王執政正當性的基礎，教會權力開始及於世俗的國王。從此之後，教皇的地位在國際政治扮演著舉足輕重的腳色，教皇是世俗國王的任命者，教皇可以通過開除教籍（Excommunication），進而罷免國王。[21]

教會作為上帝在人間的代理人實現了。

西元十一世，教皇紀額我略七世（Gregory VII）致力於將教會與世俗世界分離。他嚴格禁止教士結婚，避免教士過度涉入世俗的事務。教皇額我略七世提出的歷史性的條約稱為「Dictatus papae（一〇七五）」，其中列舉二十七條規定，規範教士與世俗之間的關係。其中宣稱教皇是西歐所有教會的領導者，具備開除邪惡國王教籍的權力。這項盛典的頒布並沒有受到當時西歐所有君主的認可。西元一〇七六年，額我略七世教皇開除日耳曼國王亨利四世的教籍，因為國王違背了教皇所頒布的「Dictatus Papae」。這項制裁使得亨利四世被所有的貴族所背棄。亨利四世被迫必須到教皇所在地 Cannossa Castle 向教皇要求赦免。那是西元一〇七七年的冬天，聽說亨利四世國王狼狽地在雪地中等候了三天，額我略七世教皇才答應會見他。亨利四世得到赦免，恢復教籍，並冠冕他為王，恢復統治權。

雖然如此，亨利四世始終思考著要如何推翻教皇的這項權利，在戲劇性的歷史轉折中，亨利四世最終率領軍隊攻占羅馬，教皇額我略七世逃亡，西元一〇八五年教皇死在流亡的處所。亨利四世最終被教皇烏爾班二世（Urban II，一〇八八—一〇九九）所打敗。烏爾班二世的利器是號召第一次十字軍東征（一〇九六—一〇九九），激發基督徒經由十字軍東征，收回被穆斯林占領的耶路撒冷，並且以艱苦的十字軍東征，作為靈魂的贖罪。以聖戰滌淨自己的靈魂，獲得上帝的救贖。十字軍給予烏爾班二世教皇強大的軍事後盾，這是信仰與政權的雙贏。

從額我略七世教皇的第十一世紀之後，羅馬教皇享受了將近兩個世紀對於世俗政權的控制與領導，但是中世紀的教權與政權的爭鬥始終存在著。這促使了教權與政權分離的思潮，在第十三世紀之後逐漸成形。

教宗統御政權的黃金時代，到了十四世紀的 Bonifcae 教皇之後，開始走下坡。第一個發難挑戰教皇權威的是法國國王菲利浦四世。菲利浦四世發兵攻占羅馬，逮捕教宗 Bonifcae。菲利浦國王將教皇從羅馬帶到 Avignon，教皇始終被菲利浦國王控制著，這是天主教神權政治終結的歷史性一刻。[22]

然而當以羅馬教宗為主的西歐教皇權力逐漸式微之際，以君士坦丁堡為首都的東羅馬帝國政權與教權仍緊密結合。東羅馬帝國亦稱為拜占庭帝國（Byzantine Empire），皇帝自認為是基督教的使徒，如同彼得、保羅一樣，是耶穌的使徒。王權與教權充分結合，皇帝就是聖王，是上帝派來人間的統治者。Basileus，是拜占庭帝國對皇帝的尊稱，亦即「來自天國的王（Heavenly King）」。[23] 皇帝既然是天國來的王，他就是要仿照天國的模式建造人間的天堂。上帝是人間律法的來源，皇帝是上帝的代表，皇帝制定的法律就是來自天國、上帝的法律。Basileus「天國來的王」，這個神聖的封號具備雙重意義：既然天國只有一個上帝，人間也只能有一個王。

在曾經以羅馬教宗馬首是瞻的西歐各國，教會逐漸地國家化。首先是英國將教會掌握在王權底下，英國天主教教會成為英國國家教會。接下來是法國、西班牙以及日耳曼。[24] 具備統一西歐的羅馬教會，被國家政權分割成獨立的國家教會。十四世紀到十七世紀之交的歐洲諸國，是以君王論作為統治的核心思想，絕對的王權是當時的主流，天主教會對世俗政權的力量式微。

甚而在十五世紀爆發的宗教改革，馬丁路德以及喀爾文興起的新教（Protestant），進一步削弱羅馬教皇的至高權威。教皇所擔心的不再是對於王權失去控制，連對自己的教會控制都面臨強大的挑戰。英國國王成立大公會，正式脫離天主教，日耳曼保護新教徒，天主教會與新教在歐洲抗爭、分裂。歐洲是天主教的歐洲與新教徒的歐洲。

新教改革之後，歐洲的解放思想仍然不斷地在蛻變當中。十八世紀啟蒙運動的歐洲之政治思想，是立基於自然法（Natural Law）；洛克的天賦人權，盧梭的社會契約，徹底結束了神權授與政權合法化的思想。世俗的政權與神聖的教權在思想上完全分離。十八世紀法國大革命之後，革命黨人將法國教會與羅馬教會正式分離。隨後崛起的拿破崙試著貼和法國教會與羅馬教皇，而在西元一八〇四年教皇 Pope Pius VII 在法國聖母院大教堂冠冕拿破崙為皇帝。拿破崙並在西元一八〇六年廢除神聖羅馬帝國，東歐的政教合一的局面也面臨崩解。[25]

西元一八七〇年義大利政府成立，部隊進駐聖城，羅馬成為義大利首都，羅馬不再由教會所控制，從西元七五四年以來的教會國家走入歷史。教皇 Pius IX 甚至宣稱自己已經成為義大利政府的囚犯。

西元一九〇五年，法國宣布教會與國家必須分離。一九二九年義大利總理墨索里尼與教皇 Pius XI 簽訂特拉朗條約，梵蒂岡成為天主教國家，教宗駐守梵蒂岡，繼續領導全世界十多億教徒的信仰生活。[26]將近一千三百多年的教會與政權之關係永久性的切割，政、教正式分離。

曾經基督教眼中的塵世政權，不過是上帝的代理人，人們則都是「世間的朝聖者」，終究要通往永生之道，回到天國。而在近代基督教會與塵世的政權逐漸分離之後，基督教會在信徒眼中仍然是上帝在人間唯一的代理人。天主教教會就是代表上帝在人間的治理，只不過不再是世俗世界的治理，而是屬靈的寓所，是信徒通往天國的化城。

二、天主教會的當代治理

Catholic 的意思原為整體之意，是塵世與天國的交接，是聖與俗的融合，在這裡人與上帝的福音為一整體。這是天主教教會在世間的目的與意義。

天主教曾深深地影響著羅馬，羅馬也影響著天主教。天主教的治理形式與羅馬的政體息息相關。羅馬的共和制是以元老院為核心，元老院選出執政官。天主教的教宗是由樞機主教選舉產生，這是羅馬共和給天主教的遺產。羅馬帝國的皇帝制給予天主教的教皇終身職以及具備至高權力的特質。天主教的治理正是君主制與貴族制的混合體。

天主教之治理，以教宗及主教為中心，其實的確混合了君主制與貴族制的色彩。教宗是天主教會最高的權力代表，為終身制。只不過不是血緣世襲，而是選舉產生。主教類似貴族，主教的權力在單一教區也是類似君主制的絕對權力。

然而教宗與主教的權力基礎是聖格與德行。他們都是耶穌的代言人，他們必須先是使徒，才是教會的管理者。他們服侍的是上帝、主耶穌，以及祂的子民。天主教給予教宗及主教絕對的權力，是基於對上帝使徒的信靠，先聖後王，這是理想君主制內修才能外行的人間治理的體現。

教區與主教

天主教教會的治理是以主教（Bishop）為中心，主教在各教區（Diocese）擁有最高的權力。西元二〇二〇年全世界天主教教會有五千三百七十七位主教。主教由教宗任命，依據教會法（Canon Law），主教在該地區擁有絕對的立法、行政權與司法權。雖然主教在各教區設立許多專門委員會，但這些委員會都是以諮詢功能為主，委員會可以給主教意見，但是主教具有最高的決定權。例如主教任命財長必須諮詢教區參議會（College of Consultors），但是最後的任命還是由主教決定。

主教負責教區的財政、會務、信仰，以及一切所屬機構的管理權。各地的主教獨立自主地管理，很少受到梵蒂岡的直接干預。

教會法也規定主教得在教區成立教區會議（Diocesan Synod）。教區會議設立的目的是協助主教治理，但由主教全面性主導，其中心目的仍然是傳播教義與深化信徒的信仰。但在教區會議中，主教可以適時地增加教會所需要的各項社會功能的人才，以更有效地輔佐主教的治理。

各教區的神父們會組成、設立司鐸諮議會（Presbyteral Council or Council of Priest），依據教會法，主教必須仔細聆聽司鐸諮議會的各項議題與意見。這些由教區神父們所組成的議會，其本質之功能也只是協助主教做好教區的治理，因為主教仍具備絕對的權力。主教出席，並主持司鐸諮議會，主教也可以解散司鐸諮議會，並推翻司鐸諮議會所做成的一致性決議。

主教是教會的代表，是耶穌使徒的化身。主教必須履行並表現聖賢的人格，包括博愛、慈善以及人文至高的情懷。在這些人格與情懷的期許下，教會給予主教最充分的權威以及完全的治理權。

這顯示天主教會信任主教（他亦是神父）的人格養成，相信其無私的為上帝、為教會、為信徒服務。在這種對於主教的期許下，各教區所設立諸多委員會，是希望給予主教夠多的專業與智慧的借鏡，以避免專業及知識之缺失，而判斷失準。

全世界五千多名主教都是由教宗（Pope）提名，但是主教之於教宗仍獨立地行使教區管轄權，並不會事事請示教宗。而是每五年要呈給教宗及教廷（Holy See or Vatican）作一次詳細的書面報告，稱為五年報告書（Quinquennial Report）。

五年報告書是格式十分嚴謹的報告書，內容包含三十個項目：包括教區的信徒們信仰的情況，教區的財務結構與收支，教會所屬各慈善、醫療等機構的治理與成長，神父的養成與授職，以及神父們具體傳教的成果等等。

主教的五年報告書結合世俗的事功與宗教的信仰，舉凡都需要鉅細靡遺地書寫與報告。在呈給教宗之後，由梵蒂岡出版社印刷、出版。

除了五年一次的例行報告書，主教如果遇到重大事情，可以請示教宗的看法，通常都是跟教義有關。主教為終身制，除非重大人格疏失，不會被替換。

羅馬教區的主教就是教宗。羅馬地區的會務、財務、信仰等都是由教宗管轄。梵蒂岡的財務來源也僅止於羅馬地區，與梵蒂岡所屬的資產，包括地產、有價債券以及博物館珍貴的資產等。

也因為如此，各地主教都是獨立自主的募款，梵蒂岡沒有義務為各教區提供財務援助。除非在一些教宗關心的議題，羅馬教區會與其他教區合作，提供資源，推展使命。

主教任命方式

主教的選擇不是民主制，或推舉制，而是由教宗一人決定。教宗在全世界各地設有專屬的大使，這些大使亦為神父或主教。當某一國家或地區的主教出缺，通常是往生或生病無法任職。該國所屬教宗的大使就開始私下訪查適合的人選，然後推薦給教宗。

訪查過程十分的隱密，教宗所派駐的大使，有了屬意的人選時，大使會私下以書信詢問該人選較為親近的神父或友人，對於該主教候選人之看法。經過多方詳細詢問之後，大使作成推薦名單，由教宗決定任命新的地區主教。

近年有許多主教們聯合推動新任主教應由各國的主教團（Bishops' Conference）來推舉，但是並沒獲得梵蒂岡的同意。全世界主教之任命仍由教宗全權負責，獨立行使決定權。

各地主教團定期召開會議，討論教會的各項議題，包括信仰及世俗世界的議題。主教團做成的決議並不能構成對於各主教的絕對約束力，各主教仍然可以自行決定對特定議題的立場及作法。

例如菲律賓主教團曾經主張決議馬可仕（Ferdinand Marcos）總統不適合繼續擔任國家元首，其原因以馬可仕的腐敗與刺殺政敵為主要因素，菲律賓天主教主教團決議不支持馬可仕。但是並非每個主教都遵守，也無強制主教必須遵守主教團的任何決議。這些行事法則，教會法都有詳細的記載。

但如果是梵蒂岡教宗所制定的教義與原則，任何主教都不可以違背。

神學院與神職人員養成

西元二〇二〇年天主教在全世界有四十一萬多名神父（Priest）、五十萬多名修士（Men Religious），以及六十四萬多名修女（Women Religious）。神職人員都是由神學院培養，由各地主教授職（Ordain），最後還必需由梵蒂岡的聖職部（Congregation for the Clergy）認可後，頒給神職人員神父或修女之資格。

主教在各地可以依需要自行成立神學院，培養各教區的神父。神學院之設立主要由教區主教同意即可。但是各神學院講授天主教神學思想的教師，必須就讀直接由梵蒂岡設立的神學院，才能夠取得教授神學思想的教師資格。

梵蒂岡在全世界各個國家都設立了培養神學思想教授的神學院，通常授予碩士學位以上。因此，梵蒂岡對於各地神父的培養，著重在思想與信仰詮釋的掌握。地區神父的其他儀軌與修持，由各地主教負責把關。

樞機主教的職責

樞機主教（Cardinal Bishop）一樣是由教宗選拔。樞機主教又稱為紅衣主教，因為他們穿著紅袍。樞機主教自己也是主教的一員，有自己所屬的教區。樞機主教是榮譽職，他並不具備管轄該國各主教之權力。位高、德重、無特殊權力，除了他自己的教區之外，他是教會的形象與教義的宣揚者。

雖然如此，樞機主教具備相當大的影響力，包括可以選教宗的權力，他自己有可能被選為教宗。現任教宗方濟各（Pope Francis）就是前阿根廷的樞機主教。

教會決策模式

天主教的決策模式基本是「權力集中制」與「地方分權制」。

雖然是「權力集中制」，但不是中央集權制，而是讓各地方擁有獨立的治理權，在任何一個教區之中，該教區主教擁有絕對的權力。

這種組織結構是，中央有權，但不集權。地方集權，但是中央仍握有至高權。

梵蒂岡必要時可以替換主教，可以推翻主教的重大決策，這不常常發生在具體行政事務上，而是在教義上，羅馬梵蒂岡教宗對於教義有最後的詮釋權與決定權。近年神父性侵男童，美國波士頓教區的樞機主教因為涉及長期包庇醜聞，教宗准許他辭去樞機主教一職。

教宗本質上比較像是精神領袖與教義的最高代言者，他選任主教也是基於宗教的信念與信仰的發展為最重要的考量與著眼。

從宗教角度言之，天主教的體制不是採取委員會制，也不是投票制，也不是推舉制，天主教的重大決策都是聖格制，由聖格者——之於整個教會是教宗，各地是主教全權決定。因此主教的素質與培養是天主教成功的關鍵。

教宗的角色與功能

西方政治上的君主制，落實到基督教會成為教宗的至高權力，但教宗不具備對教會治理的絕對權力。教宗是教義的詮釋者與最後的決定者，包括天主教可不可以避孕，對於各種世間的爭議性議題，教會之看法，都是由教宗作最後的決定。教宗可以因各個議題之需要組成委員會，請委員會給予意見。但是如同各地主教一樣，教宗有最終的決定權。

教宗作為全世界最高職位的主教，對於重大的教會議題，可以召集各地主教回梵蒂岡開會。如最近在世界各地不斷爆發的神父性侵男童案，教宗召開主教大會，討論如何解決與預防類似情節再次發生。

許多主教都主張這種醜聞，教會自身不要再挖，不要再深究，主教們其實給予教宗不少這樣的壓力。但是教宗主張應該讓真理帶領我們前進，不管真理最終將帶我們走向何種處境，我們應該追尋真相、追隨真理。

天主教世界主教會議（Synodus Episcoporum）開了數天之後的結果，媒體的看法是梵蒂岡語氣堅決、譴責嚴厲，但是缺乏具體行動。可見各地主教的抗拒，仍給教宗帶來巨大的包袱與壓力。

天主教全體主教最具體、最成功的會議，應該是在西元一九六二年到一九六五年所舉行的大公會議（Ecumenical Synods）。當時聖若望二十三世（Sanctus Ioannes PP. XXIII）有鑑於世界思潮的巨大改變，認為天主教必須改革與轉型，他召集當時全世界超過二千四百位主教回羅馬開會。一共開了四期，每期開一個多月至近三個月，討論全人類面對的共同議題，以及天主教教會面對內外部之挑戰。

西元一九六三年聖若望二十三世過世，由繼任者聖保祿六世（Sanctus Paulus PP. VI）繼續召開第二期大公會議。在那次大公會議之後，天主教決定跟各基督教教派和解，而且加強與各宗教之間的和解。

因此梵蒂岡成立宗座宗教協談理事會（Pontificium Consilium pro Dialogo Inter Religiones），與各宗教進行長期的互相交流與理解。

天主教並與長期的宿敵新教（Protestant）及東正教（Orthodox）和解，教宗甚至向過去迫害新教徒而致歉。宗座宗教協談理事會至今仍每年在世界各地舉行與各宗教的交流、對話與合作，期能以宗教之力量建立世界的和平與穩定的秩序。

天主教大公會議所制定的憲章，規範著所有天主教教宗、主教、神父、修女以及教徒的各項行為規範，以及主教的權力行使法則等，也規範教會人員的行政職責與範疇。天主教每隔一、兩百年就會舉行全體大公會議，修訂憲章，讓教會的規定與時俱進。

天主教第一次的大公會約在西元四十九年，當耶穌殉道後，在猶太地區傳教的彼得，與在異邦傳教的保羅會面。這兩位最偉大的基督使徒歷史性的會面，共同商討教義、教會組成，與福音傳播的方式。雖然意見未必全體都得共識，但那是耶穌使徒們必須在基督的精神下，共同治理教會的信念與歷史傳承。

因此每隔數百年，天主教就會舉辦大公會議，重新審視教會、教義以及世界的改變。這是教會不斷地反省、更新、重生、重建的力量與智慧。

教會中的教會

天主教能維持一個龐大的組織，歷時兩千多年，而沒有破碎成散沙，與它的「會中有會」有很大關聯。天主教的方濟會（Franciscan Order）、耶穌會（Society of Jesus，簡稱 Jesuits）、明愛會（Caritas）等，都是由教宗批准的、相對獨立運作的教會系統。與各地區主教的教區不同，這些教會具備跨國性質，如耶穌會在全球擁有一萬六千多名神父、學者及新舊信徒等，他們在世界各地一百多個國家傳教。

耶穌會的神父們遵守耶穌會特殊的規矩與信念，例如必須發願不追逐權力，不擁私人財產，必須絕對服從教宗，必須以他們創始人依納爵・羅耀拉（Ignacio de Loyola）自我修煉的方法——名為神操（Spiritual Exercises）作為自我修行的圭臬。

耶穌會定期舉行會議，並選舉他們的總會長（Superior General）。耶穌會的選舉制度非常特別，在選舉會長的期間，全世界一百多個國家的領袖，稱為省長（Provincial Superior）都齊聚一起。在選舉期間，規定只要有三個人在一起談話，就只能談議題，不能談論任何個人，更不能推舉個人。討論的議題可能包括但不限於「我們耶穌會需要什麼樣的領導人，才能讓耶穌會走向下一個世紀？」「我們耶穌會面臨何種挑戰與使命？」等等。這些議題在三個人以上的談話場合裡都可以討論，但絕對禁止評論個人。

相對地，選舉期間，只要是兩個人在一起談話，就可以允許談論個人，但是不能推薦個人，不能為任何人拉票。例如，你不能說：「請你投票給某某弟兄好不好？」這種推舉拉票的行為絕對禁止。在兩人談話的場合，如果談到個人，你只能說：「你認為某某弟兄如何啊？」等類似的語句，作中性的提問，可以評論個人，但不能有拉票行為。

依此程序，耶穌會總會長選舉的第一輪投票結果，通常只有三到五個人得到票數。這很準確，因為是只要能在討論中將議題集中與突出，大家對於未來的議題與任務有共識，能達成該議題與任務的人選就呼之欲出。

像耶穌會這樣的教團，光是教宗批准的在全世界就有五千多個，包括德蕾莎修女（Mother Teresa）的仁愛傳教修女會（Missionaries of Charity）等，他們都是由草根自行成長發展出來，然後受到地區主教批准認可。等到該教會受到社會大眾或教會都相當認可之後，或其內涵與功能值得肯定，教宗也會予以認可。

像耶穌會、修女會這樣的教會，其運作仍然與各地區主教密切配合、相互合作。這種教會也經常興辦醫院、大學、慈善機構等，例如明愛會成為世界級的慈善機構，例如臺灣輔仁大學，是由耶穌會與其他兩個教團共同成立。這些教會（教團）的資產獨立於主教與教宗之外，都是自行運作與治理。但是他們必須服從教宗，其內部規章仍必須一定程度地通過梵蒂岡聖職部的認可。梵蒂岡聖職部對於這類教會採取寬鬆的作法，有些修女會甚至不穿修女制服，只要實質不違背教會的基本信念，不管教宗與聖職部都鮮少過問。

這種「會中有會」，讓天主教這個擁有十二億多信徒的龐大組織，其權力集中於主教一人的運作模式，不致落入僵化、一元化的窘境。

各種教會的成立與認可，是天主教內部保留自身創造力與原動力的關鍵。「會中有會」使得龐大的教會組織，不會因為權力的一元化，不會因為龐大的官僚體制，層層節制，而造成組織發展的瓶頸，造成對於社會的理解力的遲緩與組織適應力的弱化。

特別「會中有會」是由基層發起，逐漸成為有前瞻性的組織，經由主教與教宗認可，成為教會力量的一部分。

天主教的「會中有會」也避免了教會內部成員因為傳教方法不同，作法不同，而逐漸分裂。相反地，因為這種特質與功能分殊的教會，使得天主教更能以不同的方法傳播教義，以創造性的方法解決不同社會中，不同文化的格局裡，不同階段的人類問題。

天主教的「會中有會」，是龐大組織內部自行多元化的成功模式。一體多元，是其組織在兩千多年悠久的歷史中，始終屹立不墜的重要因素。

以神為中心

綜觀天主教的治理，在心靈上，是環繞著聖格的領導方式運行。教宗與主教都是代表耶穌的精神在治理教會。在結構上，是中央集中制與地方分權制同時並行。如果說得簡易一點，就是把權力集中制放在每一個地方。教宗掌管梵蒂岡，是羅馬主教，這是他最主要的行政權，面對全球，他更像一個精神領袖，也是天主教教義最高的決定者。對於各地主教，他在各自教區擁有絕對、至高的行政權。各種長老委員會議（Curia）都是他的顧問，他可以獨排眾議，乾坤獨斷。

在這樣地方權力獨立的行政體系下，維繫天主教的統一來自三個面向：第一，神父的養成仍然在梵蒂岡的主導下進行。任何講授神學思想的教授，必須是梵蒂岡直屬的神學院畢業，才有資格在神學院講授神學。掌握思想，而非行政，是維繫全球龐大教會的核心力量。教宗，有決定教義是否變更的權力，而非事事稟報教宗，這凸顯思想、教義，是大一統天主教教會的核心。

第二，掌握神父與主教的任命權也是鞏固天主教教會統一的力量。各地神學院可以自己培養神父，但是神父正式的任免仍必須經過梵蒂岡的聖職部最終確認。聖職部在各地教區也有辦事人員，聯繫梵蒂岡與各地教區的神職事務。當然，類似宗教對話委員會這樣的跨越教區的體制，從梵蒂岡到全球都有辦事人員，也是統一全體教會工作目標的重要環節。

第三，會中有會，擁有十二億人口的天主教教會能維持動態的凝聚力，來自於他吸納新的創新，這創新來自底層，從基層的神父、修女，因應各地的需要，而成立修會。聖依納爵．羅耀拉成立的耶穌會，聖方濟各成立的方濟會，都是延續近千年的修會；乃至當代德蕾莎修女所成立的仁愛修女會，都是天主教修行的典範，是全球信徒歸依的模範，也是回應社會需求重要的力量。在龐大的梵蒂岡必須面對的事務中，避免官僚化，權力集中化，會中有會是天主教創新的元素與動力。這是天主教教會生生不息的關鍵。

總體說來，天主教是聖君制與貴族制並行。教宗是聖君，樞機主教與主教是貴族菁英。在權力結構上，中央有權，但不集權，地方分權，但不專權。這種既中央，又地方的微妙設計，避免權力集中制的缺點，這多少延續著古代羅馬共和體制的運作精神。唯一的大差別，羅馬的共和以維繫羅馬帝國的強大版圖為基礎；而天主教的治理是以共同信仰、以神為中心的治理結構。

註釋

1. 這裡指稱的基督教包括了天主教、新教及東正教。Christianity 意旨由耶穌基督所開創的信仰體系。在基督教未分化為天主教、東正教、以及新教之前，屬於耶穌的基督教會是合一的。
2. 《聖經》，《新約聖經．馬太福音》第二十二章二十一節（紐約：國際聖經協會，1995），馬太福音書，頁 43。
3. 《聖經》，《新約聖經．使徒行傳》第五章第二十節（紐約：國際聖經協會，1995），使徒行傳，頁 216。
4. Peter Meinhold (Author), Walter G. Tillmanns (Translator), *Caesar's, or God's: Conflict of Church and State in Modern Society*, (Minneapolis: Augsburg Pub. House, 1962), P.37.
5. 《啟示錄》相傳是由使徒約翰撰寫。但也有認為是西元二世紀在埃及近東的基督徒同名為約翰的人所撰寫。啟示錄中充滿著對於末世的預言及警語。
6. 《聖經》，《新約聖經．啟示錄》第十三章十一節（紐約：國際聖經協會，1995），啟示錄 13-11，頁 448。
7. 麥克里蘭（J.S. McClelland）著，彭淮棟譯，《西洋政治思想史》（*A History of Western Plotical Philosophy*）（臺北：商周出版社，2000 年），頁 114。
8. 麥克里蘭（J.S. McClelland）著，彭淮棟譯，《西洋政治思想史》（*A History of Western Plotical Philosophy*）（臺北：商周出版社，2000 年），頁 114。
9. 阿蘭．瑞安（Alan Ryan），林華譯，《論政治．上卷》（*On Politics: A History of Political Thought:Herodotus to Machiavelli*）（北京：中信出版社，2016 年），頁 268。
10. 麥克里蘭（J.S. McClelland）著，彭淮棟譯，《西洋政治思想史》（*A History of Western Plotical Philosophy*）（臺北：商周出版社，2000 年），頁 125。
11. 法蘭西斯．福山（Francis Fukuyama），黃中憲、林錦慧譯，《政治秩序的起源（上卷）：從史前到法國大革命》（臺北：時報出版社，2014 年），頁 306。

12. 法蘭西斯・福山（Francis Fukuyama），黃中憲、林錦慧譯，《政治秩序的起源（上卷）：從史前到法國大革命》（臺北：時報出版社，2014 年），頁 307。

13. 法蘭西斯・福山（Francis Fukuyama），黃中憲、林錦慧譯，《政治秩序的起源（上卷）：從史前到法國大革命》（臺北：時報出版社，2014 年），頁 308。

14. 《新約聖經・馬太福音》第六章第十節（香港：國際聖經協會，2001 年），頁 10。

15. 阿蘭・瑞安（Alan Ryan），林華譯，《論政治・上卷》（*On Politics: A History of Political Thought:Herodotus to Machiavelli*）（北京：中信出版社，2016 年），頁 340。

16. 阿蘭・瑞安（Alan Ryan），林華譯，《論政治・上卷》（*On Politics: A History of Political Thought:Herodotus to Machiavelli*）（北京：中信出版社，2016 年），頁 340。

17. 漢娜・鄂蘭（Hannan Arnedt），蔡佩君譯，《政治的承諾》（*The Promise of Politics*）（臺北：左岸文化出版社，2010 年），頁 81。

18. 威爾・杜蘭（Will Durant），《世界文明史》（*The Story of Civilization*）第十冊（臺北：幼獅文化事業公司，1980 年），頁 273。

19. Bruno Aguilera-Barchet, *A History of Western Public Law: Between Nation and State*, (Switzerland: Springer International Publishing, 2015),p122.

20. Bruno Aguilera-Barchet, *A History of Western Public Law: Between Nation and State*, (Switzerland: Springer International Publishing, 2015),p124.

21. Bruno Aguilera-Barchet, *A History of Western Public Law: Between Nation and State*, (Switzerland: Springer International Publishing, 2015),p124.

22. Bruno Aguilera-Barchet, *A History of Western Public Law: Between Nation and State*, (Switzerland: Springer International Publishing, 2015),p141.

23. Alexander Angelov(2014), In Search of God's only emperor:Basileus in Byzantine and Modern historiography, *Journal of Mediveal History*, Published online, Vol 40,p124.

24. Peter Meinhold (Author), Walter G. Tillmanns (Translator), *Caesar's, or God's: Conflict of Church and State in Modern Society*, (Minneapolis: Augsburg Pub. House, 1962), CH-11, P.42.

25. Bruno Aguilera-Barchet, *A History of Western Public Law: Between Nation and State*, (Switzerland: Springer International Publishing, 2015),p147.

26. Bruno Aguilera-Barchet, *A History of Western Public Law: Between Nation and State*, (Switzerland: Springer International Publishing, 2015),p147.

第七章　寡頭式組織——

寡頭治理是人類歷史一直以來存在的統治形式。寡頭治理與菁英治理之異同，在於菁英治理可以是輪替的，但是寡頭治理有它的持續性及壟斷性。任何的組織都離不開少數人治理的局面。即使民主國家，也都是代議制，少數人做決策，多數人只能聽從，除非在投票期間，他們能夠推翻不喜歡的代理人，但是選完以後，仍然是少數人在治理。也許希臘時代的民主有些許不同，希臘民主的官員是輪流擔任，任期一年，每一個人都有可能輪到，但是治理期間一樣是少數人的意見，決定了整個國家的命運。

少數治理是大型組織的必然。民主強調輪替，君權組織或宗教組織則強調持久穩定。但是畢竟「寡頭治理」與「少數治理」不同，寡頭治理是與經濟權與政治權的結合與延續。民主政治的少數治理，或大型企業的少數治理與經濟權不見得相關。即使民主政治的秀異分子能夠支配國家預算，但那些錢不是他們的。在私人生活中，他們可能只是中高階層的生活水平。即便是君王體制的少數治理菁英，領國家的糧餉，一樣沒有掌握經濟權。寡頭治理則不同，寡頭治理是從經濟權繼而掌握了政治權。

寡頭治理從人類史前時代以來就一直存在著。我們第一章探討組織的崛起，通常是領導者對於經濟生活的創發，或者成功的領導部落抵禦外敵，所以組織開始崛起，領袖的繼承之產生，固化了組織的形塑。

古代部落的寡頭治理

特別是當部落領袖（Chiefdom）的誕生，通常是發明了重大的經濟生產模式，使得部落有更好的經濟收入。領袖因此占據了更好的經濟區位，或保有長期的經濟收入。這是寡頭治理的開始。

人類歷史早期部落的土地及經濟是共有的，但是隨著經濟生活的分工與分配，如我們第一章所述，領導人逐漸占據重要的土地或資源，形成壟斷的局面。而原初部落共有的經濟形式，逐漸變成領袖家族的財產，形成寡頭、貴族的統治形式。

原始組織的誕生，歸因於經濟生產的條件改變，產生分配。分配的領導權即是部落的領袖。再來就是戰爭，戰爭導致分工的必要性，這也是組織的起源。戰爭的領導人成功帶領族人在外族的侵擾下生存下來，自然是部落領袖。但是這樣的部落領袖如何形成組織中的寡頭治理？

Winter 和 Jeffrey 等人的研究指出，掌握經濟分配權的領袖家人及後代，形成了寡頭治理的開始。人類從新石器代開始，部落的領袖及其後代，逐漸占據經濟主要資源，這是寡頭治理的開始。[1]

部落經濟資產一開始是共有制，但是掌握分配權的個人，逐漸將部落的共同經濟變成個人經濟。從「我們的（Ours）」變成「我的（Mine）」。

Earle 就說，控制主要的經濟資源是累積權力的關鍵。從西元兩千三百年前的新石器時代，到銅器時代為止，這種從掌握經濟，繼而掌握權力的寡頭治理至少持續了一千年。

即便是因部落戰爭而崛起的部落領袖，因為戰爭時期所需要的物資分配與集中，逐漸地在戰爭中掌握物資的權力，承平時期一樣持續這樣的分配權。戰爭領袖逐步地將物資集中在自己的家庭與個人之身上，形成寡頭壟斷的治理型態。

經濟一直是權力的關鍵，而不是武力。古丹麥部落軍事領袖（Thy Warlord），在史前時期就發展出畜牧業，以及牲畜市場的交換機制。但是古丹麥的寡頭治理沒有維持很久，因為畜牧在開放的地點，必須經常面對外敵的挑戰。即便古丹麥的軍事領袖能夠掌握牲畜交換的機制，但是畜牧很難變成固定的經濟資源，不像農業土地一般的固定財產型態，即便依靠戰爭的技術與能力，失去經濟壟斷權的領袖與家族，寡頭治理的局面很快就消失。[2]

祕魯古代的 Wanka 部落，戰士們投資在灌溉的系統，成功地增加部落經濟能力，他們的經濟比起畜牧為主的古丹麥部落更為穩定，但是部落一樣無法掌握經濟的主要資源，因此寡頭治理很快也就消失在歷史之中。[3]

Kolb 和 Dixon 的研究指出，比起古丹麥部落與古祕魯部落，古夏威夷部落的軍事領袖成功地掌握了經濟的主要資源，建立了長久部落的寡頭治理。他們有效地利用軍事所獲得的權力，有效擴大自己的土地資源，掌握灌溉的系統，排除可能的競爭對手，以掌握經濟資源，穩固自己的權力。一旦擁有固定的經濟資源，就可以僱用更多的戰士，形成穩固的政治權力。這是古代歷史寡頭治理成功的案例。[4]

西方中世紀的寡頭治理

歐洲中世紀的封建主義是普遍寡頭治理的時期。特別是西羅馬帝國逐漸式微之際，一般說是在西元四七六年之間，之後的十個世紀，是國王權力式微，貴族政治崛起的年代。特別是英國的卡洛林王朝（Carolingian Dynasty）、法國的墨洛溫王朝（Merovingian Dynasty）時期，王權處於破碎的局面，封建貴族的權力十分強大，一直到十六、十七世紀，絕對君權時代崛起，寡頭治理才正式告終。

歐洲中世紀的寡頭治理的誕生，是在羅馬帝國式微之後，各諸侯或為了保護自己的領地，於是諸軍隊保護領地的財產及土地。這時期互相敵對的寡頭領主時常為了爭土地而開戰。另一方面為了宗教的理由——十字軍東征，領主必須派遣他自己的軍隊，參與國王與教皇的號召。

在封建時期的歐洲，君主的權力十分有限。君王完全沒有能力去協調領主間的衝突，或獨自組織軍隊去面對內部與外部的征戰。君王必須委託寡頭貴族們所具備的軍隊，以維護國土的安全，以及保持基督宗教的信仰，免於被文明與戰力都極為強大的穆斯林所征服，還加上要抵禦斯堪地那維亞半島的維京人不時的入侵。九世紀的卡洛林王朝被形容為「馬賽克王國」（A Mosaic of Disparate Territories），當時的王朝時而統一、時而分裂，其實是寡頭割據，從來沒有真正的一統的王國。

如同黑格爾在法則學中所指出，中世紀的寡頭貴族具備雙面性，一方面王國內部十分破碎，各領主各擁其兵、各有律法，以致無法形成一個統一的王國。另一方面，他們對外又必須宣稱是隸屬同一個王國，尤其當其他王國攻擊自己的領地，寡頭貴族們必須與國王及其他領主並肩作戰，否則可能會面臨被各個擊破的命運。

中世紀的貴族寡頭治理以村落為中心，領主視農民為生財工具，農民必須向領主繳納稅金，領主擁有法律的權力，甚至擁有農民嫁娶的初夜權。在那個時代，領主掌握經濟權、軍事權、法律權及政治權。領主必須付出高額的經費聘任士兵維護領土，國王凡事都要借助各領主的稅賦及軍隊，才能維持打仗所需的經費。著名的《大憲章》就是在這時期形成。約翰國王必須與貴族們商議賦稅的金額，因此開始了歐洲第一個由貴族參與治理的上議院。

歐洲的寡頭貴族治理一般是開始於七世紀之間，一直到十六世紀前後為止。儘管寡頭貴族對於人民的剝削始終存在，但是它也開啟了當代議會制度的雛形。

十世紀的歐洲城堡林立，各貴族建立堅固的城堡以保護自己的安全。當時連國王的人馬未經貴族允許都不准進入城堡。幾世紀的王權如此衰弱，難怪馬基維利會在十七世紀大力倡議君王論，要君王把權力鞏固起來。

文藝復興時期的寡頭治理

十六世紀之後的歐洲，雖然英國與法國等王權逐漸興起，但是義大利仍是小國林立，威尼斯、米蘭、羅馬，各自獨立運作。當時是城市國家的政治體制，亦即沒有國王，只有貴族統治。文藝復興時期的威尼斯是由銀行先驅麥迪西家族統治。

當時的貴族聯合治理國家，他們聘用自己的部隊、軍警保護城市國家。他們組織議會，參與整個城市國家的治理。但是地主式的寡頭貴族與商業獲利的寡頭貴族經常發生利益衝突，他們之間相互發動謀殺、局部戰爭時有所聞。這樣的衝突也給了被壓制的平民造反的機會，平民攻擊貴族，燒毀建築等經常發生。平民的暴動與反抗給予寡頭貴族聯合陣線的反省。

為了壓制平民，他們共同的敵人，寡頭貴族強化議會與聯合軍警稱為 Podesta，以消弭平民的反抗。Podesta 是當代警察的發軔，他們都是企業主的僱員，具備軍事能力，成為維持城市秩序的力量。

蘇丹式的寡頭治理（Sultanistic Oligarchy）

蘇丹式的寡頭治理是韋伯率先提出來的一種家族繼承的政治經濟體制。穆斯林的蘇丹在東南亞具備龐大的經濟實力，並且組織武裝軍隊、制定法律，以維持自己家族的經濟及政治權力。蘇丹式寡頭治理的特色在於他們建立許多獨立的政治機構與法律，但這些機構不是隸屬於獨立的憲政體制，而是歸屬寡頭家族特權掌控。蘇丹式寡頭治理，是以經濟的力量介入政治，以有效掌握政治力以強化自身的經濟利益。再者，蘇丹式的寡頭治理在於建立能掌握的各種有效機制，包括軍事力、警察機構、司法工具、情報系統以及類武裝部隊等，以強化自身的控制力。[5]

Winters 認為，西元一九六〇年代崛起的印尼蘇哈托總統就是典型的蘇丹式寡頭治理。他將一切的政治機構、軍事力量、憲政機制、情報系統、經濟權等，都置於一己之身。以政治力獲取更大的經濟利益，組成所謂的政治經濟家族（Politico-Business Family）、萌芽的資本主義（Budding Capitalism）、夥伴資本家（Crony Capitalist）。蘇哈托權力的長壽祕訣就在於以法律的方式有效地建立寡頭治理，將經濟與政治密切地結合在寡頭治理的系統裡。

菲律賓的馬可仕也是屬於蘇丹式的寡頭統治。馬可仕執政時期是最大的寡頭治理，他的家族財富龐大，在掌握政治權力之後，逐步擴大家族的經濟與政治的實力。至今，菲律賓的政治與經濟仍然被少數的寡頭家族所掌握。這些寡頭家族雖然居住在馬尼拉，但是仍然掌握著其他地區大片的土地。馬尼拉是政治中心，他們透過政治參與，確保自己的家族財富得以永續。

早在馬可仕執政之前，菲律賓列島式的型態，造就寡頭治理的政經型態。菲律賓的寡頭家族仍在必要時必須有自己的武力保護自己的家族經濟，特別是菲律賓在西班牙、美國統治期間，宗教與種族的對立並不明顯，華人與當地人的融合較為融洽。再者，即使在馬可仕執政期間，低層人民並未受到政治壓迫或大屠殺，因此底層民眾的力量仍十分強大，時而威脅者寡頭家族的經濟利益。

在邁向市民主義的寡頭治理的道路上，印尼與菲律賓都同時實行民主選舉制度。憲政機構的運作逐漸地獨立，這都挑戰、改變過去的蘇丹式寡頭治理。雖然是選舉制度，但菲律賓選舉的暴力事件頻仍，這使得菲律賓的蘇丹式寡頭家族仍必須具備自己的武力，以維護家族的經濟與生命安全。比起菲律賓，印尼的選舉比較平和，印尼的寡頭家族無須聘僱武力保護自己的財產與安全。但兩者都面對日益加速的民主與法制的發展，這必然衝擊著蘇丹式的寡頭家族治理模式。一個必須訴諸公眾輿論，以及以合法手段獲致政治權利與經濟利益的「市民式寡頭治理」，是必然到來的趨勢。

市民時期的寡頭治理（Civic Oligarchy）

歷史進入民主的十九世紀、二十世紀，寡頭治理的型態並未消失。市民時期的寡頭家族不再是古代的寡頭治理，以武力凌駕法律之上。市民寡頭家族不再需要像中世紀的寡頭家族，藉由聘用武力來保護自身的財產，也無須凌駕法律之上的企圖與作風，而是受到各種法律體制的保障。

如今，更多的美國當代寡頭貴族，擁有巨大的財富，他們以合法的途徑，以專業的手法，以聘請專業高手倡議社會新議題，或借助政治力，獲得稅收的減輕，保護自己龐大的財產，擴大自身的影響力。他們支持各種政治人物，尤其贊助總統候選人，以維持他們在國家的影響力，維持家族的財富之延續。

遵循法制是市民寡頭治理的關鍵。寡頭家族並非全然接受法制中的一切規範，對於他們而言，如何制定有利於他們發展的法律體制，是市民寡頭治理關切的重點。他們運用媒介、政治、社會力去影響立法，以取得有效的自我保障，這是市民時期的寡頭之特質。我們可以想像多少的法案是寡頭家族默默在背後推動，這些法案可能有利於他們，也可能同時有利於社會整體。而當這兩者衝突之際，市民寡頭家族仍然必須面對市民社會中必有的辯論與論戰。這是民主的審議理性必備的前提，也是市民寡頭家族必須遵循的信念。

在市民時期的寡頭治理，唯一可能還使用武力的就是美國的黑手黨。在十九世紀上半葉，美國黑手黨維持所謂的「動態對抗與平衡」。西元一九三〇年的一場黑手黨血拚殺戮之後，黑手黨各大家族組成了全國委員會，約制彼此的行為與衝突之解決。這是當代美國社會的寡頭家族向市民社會的轉向。截至今日，黑手黨各大家族始終擁有著龐大的經濟財富。西元二〇〇一年估計，黑手黨的總資產超過三千億美元。[6]

寡頭家族創造社會價值

如今，所有的寡頭家族都必須以合法、合理的手段維持自身的經濟與政治權力。他們的經濟財產與人身安全，一樣透過法制的力量得到保護。寡頭家族治理必須運用法制與民主的手段，維繫他們數百年，甚至千年的政經實力。但是更重要的是，寡頭家族作為擁有巨大資源的群體，他們也是創造社會公共利益最佳的載體。西元二〇〇八年，洛克斐勒基金會提出的影響力投資，就是發揮寡頭家族治理的智慧創造了社會價值。

寡頭治理從人類史前就開始至今，已經超過萬年，在未來的歷史中仍然長存不墜。

更多的寡頭家族投入社會公益，投入濟貧，投入幫助弱勢族群之倡議，甚至發揮國際影響力，致力解決環境問題，以及人類的和平與均富的議題。比爾・蓋茲成立慈善機構，他跟華倫・巴菲特要在生前捐完所有的財產，幫助窮人及消滅傳染病。這是寡頭家族的公益使命。更多的寡頭家族聯合在一起，不是為了謀求自身的利益，而是更好的建構一個理想世界。

在印尼，金光集團以及林紹良家族，致力於搶救印尼五千萬窮人，他們投入慈濟公益事業，帶動華人企業家，回饋印尼社會，大大助益了印華關係的穩定與和諧。這些家族通過利他與慈悲，更好地維繫寡頭家族的經濟血脈。

在美國，有超過五十%的基金會，以及超過五十六%的慈善捐款來自大型家族基金會，這是當代市民主義的寡頭家族的社會價值及貢獻。

在政治上，傳統貴族羅斯福家族，出了兩位優秀的總統。分別是一次大戰的泰德・羅斯福總統（Ted

Roosevelt），以及二次大戰的富蘭克林・羅斯福總統（Franklin Roosevelt），他們都是寡頭家族的成員，但是對世界做出巨大的貢獻。布希家族一樣出了兩位總統；甘迺迪家族出了一位英明的總統，他的弟弟羅伯・甘迺迪西元一九六八年被提名為民主黨總統候選人，兩位都被刺殺，但都名留青史。

寡頭家族有特殊的治理傳統，他們不用像中世紀必須以武力保護自己的安全與經濟財富。當今的法制可以讓他們的財富安全無虞，進而以自身的強大資源發揮社會、經濟、文化及政治的影響力，締造人類更永續的福祉。

菁英主義與大眾民主

然而寡頭經濟與政治在許多國家，包括西方及開發中國家，都造成極大的社會危機。東南亞社會的貧富差距如果不能解決，社會底層的反動遲早要爆發。同樣在西方國家，寡頭經濟與政治的現實，激發出大眾民主的浪潮。

寡頭治理的情況在美國是極普遍的現象，少數財團壟斷大部分的經濟利益，政治的寡頭統治即便在民主政治的體系下仍普遍的存在。寡頭治理是一個無形的力量，民主國家終身代議士主導了政治的發展，甚至開始家族化。底層的人民覺得沒有力量改變現況，改變不平等、不均衡發展的現況，因此出現大眾民主的反動力量。占領華爾街、法國暴動等，都是對於政治與金錢長期壟斷的一種直接抗議。

菁英治理塑造寡頭政治、寡頭經濟，因此大眾民主興起。在美國、在英國、在法國這些先進的國家不斷地崛起，他們不信任政府，不信任財團。根據《經濟學人》雜誌的報導，西方國家對於政府的滿意度低於四十%。

特別是知識經濟時代的創造者，都是受過高等教育的一群菁英，一般庶民進不了知識經濟的領域，高門檻的經濟時代，不利於工人階級與中低教育者的就業，隨著人工智能的快速發展將會造就更多的失業。如同哈佛大學的溫格爾所言，知識經濟將造成經濟景氣持續衰退，因為知識經濟目前還無法將它的經濟果實下放到每一個社會階層，即便川普刻意以大眾（中低階層）的利益為重，極力恢復傳統產業，但是也只能撐幾年，知識經濟如果始終找不到嘉惠各階層大眾的產業模式，經濟的長期衰退仍將持續，貧富差距將持續擴大。

知識菁英的財富累積成投資政治的資本，讓政治的立法傾向富有階層，使得寡頭的現象持續在強化，而在庶民忍無可忍之際，直接民主的聲浪就不斷地高漲。但是直接民主不利於真正的公共議題之理性討論，反而有助於煽動家族藉機擴張權力。

寡頭政治與寡頭經濟促成大眾直接民主，大眾直接民主會助長極權的誕生。這是當代政治與社會的危機。

註釋

1. Jeffrey A. Winters, Oligarchy,(UK:Cambridge University Press,2011), p.43.
2. Jeffrey A. Winters, Oligarchy,(UK:Cambridge University Press,2011), p.45.
3. Jeffrey A. Winters, Oligarchy,(UK:Cambridge University Press,2011), p.47.
4. Jeffrey A. Winters, Oligarchy,(UK:Cambridge University Press,2011), p.47.
5. Jeffrey A. Winters, Oligarchy,(UK:Cambridge University Press,2011), p.136.
6. Jeffrey A. Winters, Oligarchy,(UK:Cambridge University Press,2011).

第八章——共識決組織

耶穌基督後期聖徒教會（LDS，The Church of Jesus Christ of Latter-Day Saints，俗稱摩門教會）的治理體制是共識決。他們的最高領導人的產生是以年齡輩分選拔擔任，十二門徒最資深者為最高領導。這位總裁再遴選出另外兩位總裁共治，很像羅馬時期兩位執政官的精神，羅馬在凱撒時期也曾經與龐培和克勞西斯三人共治。

摩門教的治理體制混合著羅馬的多元執政官的特色，以及獨特的教會倫理制。摩門教會也採用了類似羅馬的議會形式。十二使徒會議像羅馬的參議會 Patrician，七十人團的會議類似公民大會 Plebeian，這兩個階層各自有議會。前者十二使徒團類似羅馬的參議院（Senate），後者七十人團類似羅馬的公民大會（Comitia）。

摩門教會決策的特色是共識決，這比起羅馬選舉制更加困難。一票否決制，每個人都必須同意，以維持教會內部的和諧。共識決不是垂直型的，從基層到最高層要共識顯然有困難。橫線的共識決，因為歷練與經驗在同一個層次，所以比較容易達成共識。

在垂直的層面，摩門教維持權威的領導制。七十人團、主教團都必須服從十二使徒團的決議。摩門教會顯然兼顧了「民主與權威」兩項治理的元素，而且用得恰如其分。

摩門教共識決的歷史緣起

摩門教的創辦人約瑟夫・史密斯（Joseph Smith）在十六歲那一年（西元一八二〇年），一次在森林中他獨自虔誠地禱告，他祈問上帝，這世界有無真正的教會？史密斯描述當時上帝與耶穌同時向他顯聖，同時告訴他，這世界沒有真正他期望的教會，上帝與耶穌希望史密斯能建立一個真正的教會。

西元一八二三年，另一個奇蹟降臨在史密斯的身上，天使摩羅乃（Moroni）告訴史密斯一本以金片寫成的被遺忘的聖典，就貯放在他住家的山坡上。這本聖典是古老美洲上帝使徒所保護的經文，隱藏在山洞裡。四年後，史密斯在摩羅乃天使的允許下，在三個月的時間，翻譯抄寫完成這本摩門經。然後按照天使的指示，再把金片祕密地放回山洞之中，無人能知曉它的位置。史密斯的抄寫本所依據的金片，曾示現給十一個人的見證團，這十一人都簽名為史密斯見證這一切抄經文皆來自金片，真實不虛。

西元一八三〇年，史密斯完成《摩門經》，開始在紐約組織教會。西元一八三一年史密斯搬到俄亥俄州，建立一個共產式的生活農場，稱為「復興天國計畫」。三年後，聚集生活在農場人數超過一千多人，他們盼望著千年不倒、共產式生活的王國到來。史密斯之後將教會分別建立在俄亥俄州與密蘇里州兩地。當信徒逐漸茁壯之際，史密斯與摩門教徒遭到基督教徒強烈的反對，甚至暴力相向。西元一八四〇年，在伊利諾州的摩門教徒已超過一萬四千人。基督徒對史密斯的排斥，從批評、司法壓制，到暴力相向。

真正的威脅來自內部。當先知史密斯開除兩位信徒，因為他們涉及違背金錢信實等教義。這兩位信徒向法庭告發史密斯的多妻制，並出版報刊稱為《Expositer》，指控約瑟夫・史密斯及其兄弟海瑞・史密斯（Hyrum Smith）引誘他們的妻子遵循「心靈妻子（Spiritual Wife）」的信約。這份報刊引起摩門信徒強烈的反應。兩百多名摩門教徒據說在 Navoo 市市長約瑟夫・史密斯簽署命令下，攻擊《Expositer》

報刊總部，搗毀一切措施。

卡內基市政府獲悉之後，命令逮捕史密斯兄弟，以及涉案的十多位摩門信徒。兩百多位摩門信徒堅守 Navoo 市，不肯退讓。後來伊利諾州州長下令亞當．史密斯放棄武裝人員，束手就縛。史密斯兄弟因此被捕，關入卡內基市監獄，同行者包括祕書威廉．理查斯（Willard Richards），以及約翰．泰勒（John Taylor）。由於反對摩門教的暴徒一直試圖攻進監獄傷害史密斯兄弟，伊利諾州長還親自進入獄中探望，誓言保護史密斯兄弟的安全。

但是西元一八四四年六月二十六日，一群暴徒衝進卡內基市監獄，衝進史密斯的牢房，第一槍射殺了海瑞．史密斯，第二槍射殺約瑟夫．史密斯。約翰．泰勒身受重傷，史密斯兄弟兩人身中四槍，當場死亡。[1] 倖存者約瑟夫．史密斯的祕書威廉．理查斯在月餘後，投書《Times and Seasons》報刊，描述這場刺殺史密斯兄弟的始末。

史密斯兄弟遇刺後，給予摩門教會巨大的存亡挑戰。誰來繼承約瑟夫．史密斯？如果有人可以繼承，那一定是約瑟夫的兄弟海瑞．史密斯。但是海瑞．史密斯同時被刺殺，誰來繼承？瞬間成為教會延續的重大危機。

當時倖存的威廉．理查斯負責召開繼承會議。但是繼承會議遲遲無法召開。約瑟夫．史密斯的夫人 Emma Smith 推舉 William Mark 當繼承人，但是 Willaim Mark 反對一夫多妻制，教會多位領袖都是一夫多妻，所以 William Mark 並沒有受到青睞。[2] 約瑟夫．史密斯的弟弟 Samul Smith 宣稱他擁有繼承權，但是等不到繼承會議的召開，Samul Smith 就中毒死亡。[3]

西元一八七四年七月，約瑟夫．史密斯死亡後一個多月，Willard Richards 的叔叔楊百翰終於抵達俄亥俄州。在繼承的會議中，楊百翰提出十二使徒團會議（The Twelve Apostle Quorum）的神聖性，他主張不是一個人繼承約瑟夫．史密斯，而是整個十二使徒會議團共同繼承。這種團體繼承的提議，獲得多數教會領袖的認同，一個以體制繼承的教會終於延續下來。雖然楊百翰為十二主席團主席，不過他採取共識決的會議制度，每一項提案都要全數通過才進行，這是在先知的個人聖格領導之後，成功地運用共識決維繫教會組織的發展與存續。

楊百翰繼而任命超過四百位七十人團的成員，以繼續擴大鞏固體制繼承的構想，七十人團聽從十二使徒團的領導，確認了十二使徒團在史密斯之後的繼承領導地位。摩門教的十二使徒團其實是十五人所構成的議會 Quorum，成員包括十二位使徒，以及總裁（President），再加上總裁所任命的兩位顧問（Counselor）。

楊百翰作為第一代十二使徒團主席，他選任姪子 Willard Richards 以及後來成為妹婿的 Heber C. Kimball 為總裁顧問。三人治理在楊百翰時期就已經確立下來。我們在威尼斯共和國看到類似這種權力結構的安排，總督當選後，選擇兩位顧問一起執政。韋伯也指出，這種排除一人專斷的權力設計，在羅馬、斯巴達都有類似權力平衡的設計。

總裁及兩位顧問有共識，十二使徒團有共識，事情才能決議進行，共識的體制是摩門教裡的核心運作精神。Richard Kent 也告訴筆者，摩門教的共識決從家庭開始，每週一晚上是家庭共修，從小摩門教的家庭就學習一起討論、一起商議、理性討論的素養。共識決的素養是摩門教運作的核心力量。

摩門教會最高決策階層

摩門教是由十二位使徒（Apostles）與三位總裁（Presidents）作為最高決策階層（Apostles Quorum）。總裁由十二位使徒中最資深、最高年齡者自然接任。新任總裁得選任另外兩位總裁，協助他治理教會。新任總裁繼而會任命新的使徒，補足十二位使徒的缺位。由最資深者接任，免去不少因最高職位的競爭而產生組織繼承的憂慮。

十二使徒團的共識決可以分為兩部分，總裁與兩位顧問，以及十二使徒。為何是三位？當筆者問摩門教長老 Richards Kent，他回答說：「三位比一位好。」[4] 設立三位總裁的意義是：三位比一位總裁好，比較能做出好的決策。非個人、團隊化，是摩門教決策的核心理念。

但是如何確認當教會總裁選擇新的使徒，或選定兩位輔佐的總裁之時沒有偏失？摩門教徒外賓接待主任 Richard Kent 說明：「總裁是上帝的使者，他們透過神啟選擇人才，不會以自我為中心，而是聽從上帝的神啟來選定人才。」[5]

摩門教以「共識決」（Unanimous）為決策基礎。重大決定一律採共識決或一致性通過的模式運行。即便總裁也無法獨斷獨行；這是來自《摩門經》的教義：

> 27. And every decision made by either of these quorums must be by the unanimous voice of the same; that is, every member in each quorum must be greed to its decisions, in order to make their decisions of the same power or validity one with the other. 30. they shall not be unfruitful in the knowledge of the Lord.

十二位使徒與三位總裁每週二與週四定期開會，決定所有重大議題。如果十五人沒有共識，總裁（即主席）就宣布下週再議。即便總裁也不能逕行決定議題之方向，直到所有的人都同意為止，他們才會做成決策。一旦決策由最高階層決議（Apostles Meeting），就會往下布達到「七十長老決策團」（Seventies Quorum），以及所有的主教。

在最高決策的三位領袖之間，總裁與兩位顧問的意見並不是永遠一致。發生意見不一的時候，是共識決，還是由總裁決定？

十五人會議，亦即十二使徒，加上總裁及兩名總裁顧問，以共識決模式決議一切事務。在摩門教領袖公開的文件中，我們或能了解十二使徒團會議的進行情況。

我們以西元一九〇一年七月的十二使徒團的季度會議，一探摩門教共識決的行使過程。一段由當時的十二使徒兩位成員 Rudger Clawson 以及 Anthon H. Lund 的日誌顯示，十二使徒團的成員當時並不一定能夠參加每週四的會議，特別是對於居住在鹽湖城之外的使徒們，長途跋涉使他們比較允許參加一季一次的會議。這為期三天的會議當中，十二使徒針對教會的重大議題進行討論。根據 Clawson 及 Lund 的日誌顯示，當時有一個重要議題是教會所設立的一家營收很好的休閒式旅館 Saltair 是否可以販賣啤酒？與會成員提出許多的看法，包括酒是邪惡的，我們的教會不就是要拯救靈魂嗎？也有主張啤酒不算是酒，不像烈酒威士忌會對人體產生很強地刺激和影響。有使徒指出，如果茶、咖啡都禁止飲用，酒也都應該完全禁止。[6]

西元一九九〇年當時的鹽湖城摩門教仍有許多教友持自由主義的觀點，仍飲用啤酒。使徒 Lund 就曾經在 Nelson 教會家飲用啤酒，並宣稱這是他飲用過最好的啤酒。這使得十二使徒團對於在 Saltair 旅店販賣啤酒一事，一直未能做成決議。

在西元一九〇一年的季度會議上，使徒 Heber J. Grant 強烈主張停止啤酒的販售，但是楊百翰二世則認為丹麥啤酒讓他舒服而平靜，贊成販賣這種天然麥芽萃取無害人體的啤酒。但根據 Rudger Clawson 以及 Anthon H. Lund 的日誌顯示，當時的總裁 Snow 裁定無法做成決議，因為無法共識。包括總裁 Snow 本人也不支持取消 Saltair 販賣啤酒。由於使徒團採共識決，所以一直到 Lorenzo Snow 過世以後，繼任者約瑟夫．史密斯總裁於西元一九〇三年宣布 Saltair 休閒式旅店不再販賣啤酒。但是之後連年巨大的虧損，西元一九〇四年教會恢復該旅店的啤酒販賣。西元一九〇六年教會決定賣掉 Saltair 休閒旅店，結束啤酒販賣的議題。[7]

共識決的決議緩慢而冗長，也可能一再改變決策。如同上述的啤酒販賣一事，禁止、通過、再度禁止或乾脆賣掉旅店。但是共識決的確是維繫摩門教會合作團結的基礎。

多數決，投票制，對於教會或自願性組織而言，容易產生分裂或人員的流失。被否決的少數在未被充分的尊重下，可能會導致成員離開這種自願性的組織或信仰組織。一旦自我的主張被永久性地否決，他們可能脫離既有組織另起爐灶，或遭致逐出組織的命運。教會不是政黨輪替，也不是國家政權具備法律約束力，即使少數被多數否決，少數也不太可能脫離國家另組政權。但是這在教會或自願性組織是可能的。失敗的少數與優勢容易分裂，甚至教派的分化多半從此開始。

舉部派時期的佛教（約西元前四世紀至一世紀）為例，就是因為第二次經典結集時，東方跋耆比丘與西方比丘對於守戒律的看法不同，所謂「十事」之爭，造成僧團永久性的分裂。當然當時並不是投票，而是無法達成共識。佛陀時期僧團一樣依共識決議事，但是後期的僧團因無共識而分裂。當然是一大遺憾。與摩門教不同的是，佛教當時的僧團是鬆散的，互不隸屬的，是平行發展，從一個點到另一個點，以個別的「僧領導」為核心，而不是以「僧組織」為核心。佛教從未建立一個結構嚴謹的大組織。以寺廟為核心，以僧師為核心，是佛教發展的特色。

相對於佛教，摩門教一開始就設立一個嚴謹的結構。首先是先知約瑟夫．史密斯的家庭結構之建立，繼而成立十二使徒團，七十人團。雖然當時他一人擁有絕對的教會領導權，但是為後來的體制繼承奠定基礎。

Schoon 分析指出，先知約瑟夫．史密斯建立了一個廣大且強大的家庭結構，所謂一夫多妻打破既有的社會結構，使人與人的連結經由婚姻及家庭，成為一個氏族的鎖鍊，這是早期教會的重要基礎。[8] 在這個大家庭的基礎上，先知約瑟夫．史密斯建立的十二使徒團與七十人團，形成一個垂直型的組織結構。其基礎是家庭網絡，繼而是各區的主教，再往上是七十人團，最高的是十二使徒團。每一個層級都是共識決，但是上下是服從關係，這使得摩門教會的結構兼顧了「經」與「緯」，是垂直與平行兼容的組織結構。

垂直的體系是維持組織一統的前提，天主教會也是具備垂直型的體系，佛教就不具備這種組織結構。大一統的體系內，不構成僵化獨裁，就是共識決。共識決創造一種平等、尊重、家人的氛圍，這是教會凝聚更多人的基本力量。共識決給予大家平等的機會，通過更長的討論與審議，達成群體一致認同的決議。這是一種素養，是一種組織的文化，必須經由培養而達成。

共識決的養成，是從家庭開始。摩門教從小在每週一晚上的家庭共修當中，就逐漸培育共識決的素養，這對於將來他們參加教區會議、七十人團會議（Seventies Quorum），乃至十二使徒會議，都能適應與體現共識決的群體特質。

七十長老決策團（Seventies Quorum）

「七十長老決策團」一樣由總裁選任，所有的摩門教成員都有家庭，是由居士組成的一個教會。從地區主教，到最高決策的使徒、總裁都是居士。

「七十長老決策團」的成員設有七個總裁，管轄不同的事務。「七十長老決策團」分布在世界各地，有些長老負責歐洲、美洲、亞洲等不同的轄區，他們每週三開會，共同決定各種事務，一樣採取共識決。如果議題無法做成決定，他們會反應到使徒會議決定。

「七十長老決策團」成員的服務年齡規定在七十歲，超過七十歲就不承擔具體事務，但是榮譽職銜仍然存在。因此目前摩門教有一百多位「七十長老決策團」資格的成員，有些於世界各地第一線傳教。特別是在年輕傳教士無法進入的國度，如中國大陸、中東、穆斯林地區，他們在當地以教英文等各種方式，繼續傳遞摩門教福音。離開職位，但不離開傳福音，是七十長老決策團的信念。

摩門教主教與教區

每一百五十個家庭就必須有一主教產生，主教由總裁及十二使徒任命。主教是志願者，不支薪，與其他摩門教成員一樣擁有自己的事業、職業與家庭。他們主管教區，關注每一個信徒的生活，並且在社區組成慈善工作，建立社區型的食物供應站（Bishop Storage），以幫助弱勢家庭。

目前在北美有兩百六十多個「主教食物供應站」，定期地給予貧困者食物供應及救濟。猶他州的鹽湖城設有「主教食物供應站中心」（Bishop Center Storage），占地超過三百畝。中心有大型的倉儲系統，科學化的管理各種食物的儲存量、進出貨以及食物的使用期限。「主教食物供應中心」可以提供北美各教區兩年的食物。教區也擁有牧場、食物工廠，製作教區所需要的各種食品。

各地的「主教聯合會」定期舉行會議，一樣採取共識決或一致性的決議模式，沒有任何例外。也由於從最基層的教區採取共識決與一致性的全數通過之決策模式，使得摩門教的內部較少發生權力鬥爭。一部分是因為大家都是居士，都各有各的事業。服務教會都是義務工作，都是為神在工作。加上是共識決，自我的中心主義會不斷地去除。因為在教會「一致性決策模式」（Unanimous）中，每一個人都必須尊重彼此，每一個人都值得尊重，每個人都必須學習在神的面前公正、謙卑、信實，才能實現一致性的決議模式（Unanimous）。

共識決與一致性決議的一個關鍵是，晚輩先發言，資深的最後說話。摩門教以最資深的使徒為總裁，意謂著他們尊重倫理。也因為如此，資淺的先發言，以避免資深主教或使徒先發言，資淺的成員會有倫理的顧忌。

除了主教之外，摩門教也設立慈善協會與神學協會，專門輔導婦女與青少年，關注婦女與青少年的信仰與成長。

摩門教傳教士

摩門教的成員一年以三十萬到五十萬的信徒在成長。傳教者為十八歲到十九歲的年輕傳教士，男女都有。他們在高中畢業進入大學之前，發願到各地傳播福音。教會目前有將近七萬名傳教士，在全世界一百七十個國家傳教。摩門教現今有一千六百萬信徒，六百萬在美國，一千萬在世界各地。傳教士都是自費，他們出國傳教前必須到神學院受三個月的語文與傳教訓練，然後由十二使徒分派他們到世界各地。沒有任何傳教士事先知道自己將被分派到何處，一切都是十二使徒決定，使徒必須依照上帝的神啟來決定。

對於傳教士而言，十八歲出國傳教，面對的是三種挑戰：一是面對異國文化的適應，二是要傳福音給非摩門教人士，三是自我獨立生活的挑戰。

十八歲的年輕人從被父母呵護成長，從高中時代自由自在的自我中心的生活，瞬間轉化成必須關注他人、服務他人的生活模式，這是心靈與人格的重大轉變。因此整個傳教使命對於傳教士的人格而言，是從自我中心轉化為以服務為中心；從世俗為中心轉化為以上帝為中心。

所以摩門教傳教系統的設計不只是傳教給異國的他人，也是教會藉此深化這批十八歲年輕信徒宗教心靈的歷程。因此每一個傳教士回國後，內心之信仰更堅定，人格更獨立，思想更具適應性，也更具備對於外在世界理解的宏觀性。

幾乎每一個傳教士回國後，都懷念他們傳教的異國，甚至深深地著迷與想念。他們年輕時就建立了不同文化的適應性，這使他們心中建立了非一己國族、非一己宗派的信念，使他們更能實現成為世界性宗教的實力與格局。

傳教士在異地傳教，生活必須非常規律，他們每天六點起床，工作至少十二個小時以上。不准約會，不准有男女關係。兩兩一對的傳教士住在一般的民宅，以便更融入當地的文化與生活。教會不希望他們待在舒服的教會宿舍，受教會過度的庇護。他們在異鄉獨立地生活與傳教，每週向教區的主教匯報工作情況。各區主教負責督導傳教士們的生活起居與行為規矩。如有違規予以更正，嚴重者取消傳教士資格。過去數十年只有極少數的傳教士因犯規而被取消資格。

摩門教神學院（Mormons Seminary）是一所專門訓練傳教士的教育機構。每個月至少有三千位摩門教傳教士，在鹽湖城的總校區接受語文與傳教技巧的培訓。除了鹽湖城，全世界也有幾個地區設有神學院，訓練當地的傳教士。剛從國外回到家鄉的傳教士，是神學院最主要的師資來源。因為這些已經在世界各國傳教兩年的傳教士，對於當地的語言與文化知之甚稔，因此由他們來傳授即將踏上傳教之路的年輕使徒是最好的教育資源。

慈善與社會創新

摩門教的「人道援助中心」（Humanitarian Centre）將慈善與救濟工作推行到一百三十多個國家。他們的決策模式是由各地主教提出要求，然後由總會人道援助中心給予資源與補助，包括財政與具體的物資。

「人道救援中心」的預算是由教會提供，每一年固定撥款。所有在摩門教工作的成員都必須是虔誠投入的教徒。他們是教徒，也是受過正規教育的專業人員。在結合專業與信仰的這兩個面向上，摩門教有很好的成果與具體的典範。「人道援助中心」的經費一部分也來自成員的捐款，但是他們極少公開對大眾募款，都是以摩門信徒的捐獻為主。

摩門教的「自我輔導中心」（Self-Reliance Centre），以不同的自我成長及就業計畫，在不同的國家推行改善貧窮的任務。「自我輔導中心」的教學手冊有英文版，以及各種語文版，讓落後地區或弱勢族群學會自我財務管理與就業能力。每一個學習過的成員，在自我成長之後，也可以繼續在該中心擔任輔導志工，陪伴更多的學習者自我就業與財務管理。

這種不分宗教信仰與文化隔閡的教育計畫，不只幫助許多低收入者、弱勢者及低度開發國家的貧困者脫離貧困，它也是摩門教宣揚教義的另一途徑。雖然該中心不是以傳教為目的，也因為如此，它更展現了摩門教的普世功能，這強化了信徒的信心與非信徒對教會的向心力。

「線上教學」（On line Education）是楊百翰大學近年推動的全球教學計畫。「線上教學」讓希望進一步學習各種專業技能的人士，或想提升英文的人，能透過楊百翰的「線上教學」取得資格證書（Certificate），然後再進一步取得學位證書（Degree）。這項計畫已經在全球幫助超過四萬人。

這項計畫的成功自然有賴於各地摩門教會的協助。楊百翰大學的「線上教學」仍強調每週一次的線下聚會與學習。當地的摩門教志工或傳教士就是線下教學的輔導員，線下的聚會增強學員的學習信心與凝聚力，當然也是摩門教會拓展信徒的一項自然來源。

摩門教財務

摩門教會採取「什一制」（Tithe），亦即信徒收入的十分之一繳交給教會。摩門教一千六百萬的信徒，不管在哪一個國家皆是如此。雖然摩門教過去五十年以來從未公布過財務，但是以紐約時報（New York Times）估計，摩門教會的資產超過四百億美金，亦即一兆三千萬臺幣。

摩門教會曾建立二十四所大型醫院，後來都捐贈給政府或賣給其他醫院體系，原因主要考慮到醫院不是他們應該專注的使命。摩門教會設立的三所楊百翰大學，分別座落在猶他州的首府鹽湖城、愛達荷州，以及夏威夷州。另外，摩門教也擁有許多地產與教堂，估計全世界有七萬座教堂。鹽湖城境內也有許多教會興建的百貨公司、商場、公寓大樓以及酒店。

教堂與信徒生活

摩門教總部的猶他州是一手由教會的拓荒者開拓出來的地區。目前猶他州有百分之七十的人口是摩門教徒，鹽湖城的摩門教人口約占百分之四十五。猶他州州長沒有例外的都是摩門教徒，這使得州法律能夠實踐摩門教的教義，包括維持不販賣酒品，維持一個比較簡樸、單純的生活模式與品質。

摩門教會的教堂有兩類，一種稱為Temple，另一種稱為Church。Temple是莊嚴大型的教堂，非信徒或未經認可的信徒（Recommend）都不能進入。因為Temple是摩門教會最莊嚴的聖地，只有被揀選的人才能進入。許可進入Temple的人必須穿著白色聖袍，以表示對神與Temple的尊重。

摩門教的Church就可以開放允許一般人進入。Church規模較小，在世界各地有數萬所的Church。Temple數量小，建築規模大，且莊嚴華美。

鹽湖城的總教堂Temple也是十二使徒與總裁們每週開會的地點。Temple裡也定期舉行為先人受洗的儀式，亦即滿十二歲的信徒可以幫他們古遠的祖先受洗成為摩門教徒。這種儀式在不公開的Temple中舉行。

為祖先受洗的儀式受到基督教及猶太教的批評。但是摩門教徒認為，摩門教的家庭成員是永恆的關係。他們與子女，乃至與歷代的祖先，只要成為虔誠的摩門教徒，他們都會在天堂永恆的相聚。重視家、重視親子關係，是摩門教教義及社會生活中重要的一環，這使得摩門教的家庭關係非常親密且深刻連結。這與主流西方家庭文化大異其趣。

共識決組織治理的反思

以組織治理言之，摩門教是「共識決」的組織決策模式成功的典範。共識決使得他們必須學習彼此尊重，學習去除自我中心，學習向上帝求助，得到神啟——共同的、非個人的。

這種模式在不同信仰的體系中難以達成，因為不具備共同信仰，共識決不可能成立。加上非宗教組織的共識決，缺乏一個夠高的力量來化解決策中必然發生的歧異。歧異必須有更高的力量，不只是思想的、信念的，也必須是方法上的，才能夠有效解決決策中的歧異。對於摩門教徒言之，就是祈禱，共同祈禱得到神的啟示。

這讓摩門教徒情感上、行動上更趨於一致與和諧。也由於最高領導人的終身制與資深制，去除了最高決策者的權力爭議，使得上無爭者，下亦自然息爭。

摩門教資深制的思想，根植於家族與人類共同體的特質。家族共同體奠定資深制的合理性，資深制卻無家長制的專斷，是因為他們採共識決。共識決只有在「共同體」的信念下才能產生。而摩門教所採取的是每個層級的共識決，而不是全體民主制或審議民主式的決策，這使得摩門教一方面能平等地對待彼此，又具備能力分殊的階層制。這種以能力分殊定位管理階層，使得菁英管理的優勢能夠彰顯。但菁英與菁英之間又是平等的共識，使之不易落入一人獨斷常出現的謬誤。

註釋

1. Mayhew, Henry, *History of Mormons*, (Auburn : Derby and Miller, 1852), P.176, 178.

2. Eric W. Schoon and A. Joseph West(2017). From Prophecy to Practice: Mutual Selection Cycles in the Routinization of Charismatic Authority. *Journal of Scientic Study and Religion*. Vol.56, Issue 4, P.785, 786.

3. Eric W. Schoon and A. Joseph West(2017). From Prophecy to Practice: Mutual Selection Cycles in the Routinization of Charismatic Authority. *Journal of Scientic Study and Religion*. Vol.56, Issue 4, P.785, 787.

4. Richards Kent, Director of Hospitality, Mormon Church, 2019/2/1. Interviewed by Rey Sheng Her.

5. Richards Kent, Director of Hospitality, Mormon Church, 2019/2/1. Interviewed by Rey Sheng Her.

6. Stan Larsoǹ(1988). The Synoptic Minutes of a Quarterly Conference of the Twelve Apostles: The Clawson and Lund Diaries of July 9-11, 1901, *Journal of Mormon History*, Vol. 14, P.101.

7. Stan Larson(1988). The Synoptic Minutes of a Quarterly Conference of the Twelve Apostles: The Clawson and Lund Diaries of July 9-11, 1901, *Journal of Mormon History*, Vol. 14, P.102.

8. Eric W. Schoon and A. Joseph West(2017). From Prophecy to Practice: Mutual Selection Cycles in the Routinization of Charismatic Authority. *Journal of Scientic Study and Religion*. Vol.56, Issue 4, P.785, 782.

第九章
共和制組織

人類歷史上第一個共和政體應屬羅馬共和國。Res publica 亦即共享公共利益之意，這是共和的意義。羅馬共和從 Romulus 創建羅馬開始就力行共和制。羅馬共和兼具民主（Democracy）、君主（Monarchy）、貴族（Oligarchy）等三大特質。這些特質在基本理念上是相衝突的，但是羅馬人卻把它們混合在一起，延續了千年。這三種政體的混合，事實上穩定了羅馬內部的政治秩序，使得羅馬能一致對外征伐，開闢疆土，而形成歷時一千多年的羅馬大帝國。歷史學家與憲政學者都認為，羅馬共和影響了近代的法國第五共和，以及美國的憲政體制。

羅馬公民與民主體制

羅馬的民主體現在羅馬公民可以在會議上制定法律，但法律需要有人執行，因此羅馬公民通過選舉，選出執政官（Magistrates）。一般還會再設立一到兩位執政官，因為擔心一位執政官會專政，兩位執政官可以互相否決。[1]共識決是他們的執政官的執政準則，執政官具備 Imperium，Imperium 意謂著執政的最高權力，執政官可以發動戰爭、執行法律、執行犯罪者的懲罰等，不受到限制。

羅馬公民的選舉不如我們今天想像的每一公民或多數公民都進行集會與投票。事實上，當時能夠聚集的羅馬公民不過數千位，一般最多三千到五千左右，遠遠低於當時的羅馬公民人數，只有極少數比例的公民出席投票。他們聚集在 Comitium 的圓形聚會場，或在 Capital，選出他們的執政官以及制定法律。[2] 但其實這些投票的羅馬公民多半順從執政官所提出的任何案件，因此羅馬共和的政策與立法通過 Populus 公眾的認同是必須的，但卻是在一個被動性（Passive）的憲政文化中實現民主的投票。

少數幾個被羅馬公民會議否決的包括在西元前二一九年，當 C. Publicius Bibulus 要公民認同他的提案，廢除 M. Claudius Marcellus 至高執行官的權力，兩位執政者在公民會議前辯論，公民會議最終否決了 C. Publicius Bibulus 的提案。另外在西元前二〇〇年，當執政官提案要對馬其頓宣戰，連元老院都支持，但公民會議卻否決了該項提案。在羅馬帝國的歷史上，除了極少數的否決案，羅馬公民會議基本上都支持執政官所提出的法案及議案。

由於公民投票仍然是羅馬政治重要的一環，執政者希望得到羅馬人的認可，這是政治與公眾（Pulitic and Populus）一種必須的平衡。羅馬帝國後期逐漸從投票制的 Comitium 發展為 Contiones，這是一種政策演講，而不是投票。羅馬執政官不願意公民投票否決自己，因此當議案付諸投票前，執政官會召集公民集會舉辦演講會，執政官在這樣的演講場合中，提出一些政策的看法，如果公眾不太支持，他就默默地撤銷法案。舉辦演講與對公眾演講成為執政官贏得輿論的重要工具。這種集會的主席擁有很大的權力，他可以邀請其他人參與演講，以及決定演講的次序。這是羅馬共和公民參政的重要管道。

值得了解的是，「羅馬」不是一個國家概念，而是一群「公民」的總稱。是公民，而不是國家，所以所有的法律必須經由公民投票決定，不管這投票是象徵性的，或實質性，必須經過羅馬公民的投票同意，才具備法統的正當性，這是羅馬政體精神之所在。

羅馬公民的投票並非採取個人投票，而是將參與選舉的公民分區塊，集體投票（Block Vote）。羅馬將選民分為不同的 Curia，每個人在 Curia 裡表達意見，再一起投票。[3] 因此這不是當今的個人化的直接民主，而是以小區塊的方式進行直接民主。也因為如此，西塞羅將羅馬的共和（Res Publica）放置於羅馬的人民（Populus），這裡指的人民不是個體的人民，而是包容性的、整體性的、分享性的人民。換句話說，羅馬人民是一整體，非個體。人民共同體的福祉（非個別人的福祉）是羅馬共和最大的前提與目的。

既然是人民共同的福祉，人民所追求的民主不是個人權利的表達，而是如何促進全體公民的最佳命運。因此法案與政策的通過，不是表彰個人公民的權力，而是希望在全體公民的智慧與支持下，為羅馬共和締造更幸福的前景。如西塞羅所說明的，羅馬共和的任何一個法案，都必須是元老院認可，元老院給出意見以後，才交由公民表決。任何法案或政策都必須借助元老院貴族們的智慧，才是能夠交付表決的法案。羅馬不是今日世界的個人公民制，而是混合寡頭貴族、君主，以及民主的混合體制。其原因仍在於著重羅馬全體的和諧與尊重傳統的智慧。畢竟，貴族元老院才是真正承繼傳統的信仰與智慧的載體。這一點我們在下一節再詳細說明。

羅馬人相信，人民的投票如果沒有元老院的支持與指導，就只是空洞的人民意志，並不是所有的意志都可以成為法律。羅馬法律必須經由執政官提出，跟元老院徹底溝通同意，再交付公民表決。

亞里斯多德眼中的民主制是直接民主。但是希臘與羅馬一樣，都尊重貴族的智慧與傳統精神之繼承。亞里斯多德認為民主制有助於窮人的參與政治，而保留貴族制（Aristocracy）則是讓富有的人可以參與政治的運作與公共的服務。貴族是平民的腦與心。腦是智慧，心是信仰。公民必須依靠貴族的智慧，以及他們所代表的傳統宗教的神聖性。

羅馬公民也必須參與司法的裁決。這種裁決就不是象徵性，而是實質性。公民參與司法裁決之前，必須由元老院的貴族說明案情與原委，以及相關的法律，公民才進行裁決。這很像今日的陪審團制度，法官說明適用的法條，律師說明了案情，陪審團才能討論決定。

羅馬民主精神非個人化的民主，是偏向群體性的民主精神。如西塞羅所言：共和（Res publica）其實是市民整體 res populi 。不是個體市民，而是抽象的整體市民。羅馬共和期望是體現一種融合制：希望兼顧平民與貴族、傳統與發展、個人與群體，通過融合體現內部的和諧，羅馬才能夠更好的對外發展。

羅馬貴族元老院

元老院是由一群貴族、寡頭家族所成立。元老院的發軔使羅馬的第一位執政官 Romulus 在重要的一百家族當中，選出一百人為元老院。元老院作為羅馬共和的議會，他們必須監督與協調執政官的施政。雖然執政官具備類似絕對的權力，他們不必一定聽從元老院的意見。但是法案如果沒有元老院批准，執政官很難召開公民會議進行投票。因此，執政官與元老院一直處在一種博弈的狀態，很像今日美國的總統與國會一樣。

羅馬元老院的參議員（senatus）都是貴族，他們的職位是承繼制。參議員同時也是羅馬傳統宗教信仰的代言者，他們可以在寺廟中為百姓解決紛爭。參議員也可以給神職人員意見，而那些神職人員本身也是元老院的一員。由於羅馬的宗教與世俗生活沒有區別，[4]每一個公共活動都是宗教性的活動，每一個宗教性的活動也是公共的活動。羅馬共和國就是羅馬人民（populous Roman）與羅馬人的神祇（Gods）的共和。而眾神的支持，對於建構一個幸福的羅馬共和至為關鍵。[5]具備神聖宗教性格的元老院參議員們，他們的家門總是敞開的，許多貧苦人會到他們的門口來，接受參議員的食物及物資的救濟。

在西元兩百年之間的元老院人數大概有三百位，他們多數是前執政官。[6]因此對於施政與律法知之甚詳。他們對於外交事物與派任軍事領袖擁有極大的影響力與權力。他們掌握了國家的經費，因此可規劃與建城市的各項建築。元老院的會議是閉門會議，他們對於執政官提出的各項方案必須進行討論。討論通常由資深長老（princeps senatus）先發言。長老都是資深的貴族，他們率先開口提出意見及方向，讓大家討論或辯論。

古希臘的歷史學家波力比烏斯（Polybius）曾說：「羅馬的人民、執政官與參議員三者都很強大，但是當任何一方過度強大，其他兩方就會制衡他。」[7] 這種制衡的力量（Check and Balance）深深影響著十七世紀建立的美國憲政體制。[8]

元老院參議員透過各種公開形式，去贏得羅馬公民的信任與愛戴。第一種形式是喪禮的舉行。每當參議員的家人在一場戰爭中喪生，元老院就會為喪生的家人舉辦隆重的喪禮。喪禮通常在廣場 Forum 舉行，讓所有的羅馬公民看見。參議員的追悼與歌頌詞，讓所有出席的羅馬公民都知道，他們是如何的為羅馬奉獻與犧牲。這是他們向百姓重申自己是人民公僕的最好時機。

另一個場景是戰勝凱旋歸來，參議員藉此向戰勝的將領致敬。戰勝的將領通常通過羅馬街道，讓他們夾道歡呼。他們經常帶著上手銬、腳銬的戰俘一起遊街，加深戰勝的氣息。勝利者可以到廟宇樹立雕像，這些雕像都是大理石製作。這些公開的慶典或喪禮，都是貴族元老院與執政官向民眾宣示、交代政績的重要管道。民主的古羅馬其實已經具備了當代民主政治，政治人物必須訴諸民意、博取公眾輿論支持的世故與智慧。

羅馬的君主制

羅馬城市在西元前八世紀，由一位羅馬的君王羅慕勒斯 Romulus 和他的孿生弟弟 Remus 在西元前七五三年建立羅馬城。羅慕勒斯據說是希臘英雄阿基里斯（Achilles）的後代。在一次對於治理羅馬的看法嚴重分歧的爭執中，據說羅慕勒斯殺死了自己的弟弟 Remus。

羅慕勒斯一直擔任羅馬的君主三十七年，直到他在西元前七一六年離奇死亡為止。羅慕勒斯有效地領導羅馬人建立羅馬軍隊與城市。羅馬城就是依他的名字命名。相傳他的死亡是部屬們及貴族們合力謀害他。由於害怕羅馬百姓的反抗，貴族們對百姓宣稱羅慕勒斯是被閃電擊死，所以找不到屍體。百姓聽聞羅慕勒斯的死訊，完全不相信他們鍾愛的羅馬之父就這樣死亡，他們認為是貴族們合力殺死羅慕勒斯。

據說當時在百姓聚集的會場中，羅慕勒斯的靈魂出現在眾人面前，他對羅馬人說：「憑藉諸神的旨意，羅馬將成為世界之都。你們的子子孫孫都要訓練成為戰士。在世間的一切力量，都無法戰勝這個軍事力量。」[9]說完這段話，羅慕勒斯的靈魂就消失在眾人面前。

這項傳說說明了羅馬歷史中一直存在著貴族痛恨君王，而百姓崇拜偉大的君王的歷史印記。這很像七個世紀之後凱撒大帝的命運，當時凱撒一樣深受百姓的愛戴，但貴族擔心他復辟成為君王。因此六十多個元老院貴族合謀，在元老院會議上刺殺凱撒。

羅慕勒斯死後，他的王朝持續了兩百五十年左右，他繼任的六個君主持續治理羅馬，攻占了鄰居拉丁城市（Latinum），以及北部義大利的其他城市，包括著名的 Ecutas。

共和時期

西元前五〇九年，羅馬邁入另一階段，歷史上稱為共和時期。羅馬從君王時期到共和時期的導火線是君王的恣意妄為與貴族起了衝突。羅慕勒斯之後的第七位君王 Tarquin，他的兒子強暴了一位貴族的女兒 Lucretia。Lucretia 的兄長和父親原本希望女兒不要追究，但是剛烈貞節的女兒 Lucretia 卻在眾人面前自殺。這事件引起貴族們極大的震撼。而元老院貴族 Lucius Junius Brutus 將 Lucretia 的屍體放在羅馬的廣場上，讓大眾群起憤慨，在他的領導下，貴族合力推翻了君王，建立共和制。「共和（Res

Publica）」亦即「人民共同福祉—Commonwealth」。

羅馬共和制定執政官（Consul）是最高的政府領導，羅馬人稱這種權力為imperium，亦即最高統治權，可以主持元老院的會議、任命將領、發動戰爭，或媾和戰爭、制定法律，甚至裁決人民的犯罪議題。[10]因為擔心執政官獨裁及專斷，羅馬人選出兩位執政官，相互制衡，兩位執政官可以否決彼此。執政官是由人民直接選舉產生，任期一年，在每一年的一月一日就任。原則上不可以在翌年連任，但是可以隔年續任。很多執政官像龐培連續擔任六屆執政官，凱撒也是擔任多次的執政官。

執政官之後的第二位階的執政官稱為Praetor（執法官），一共有六位，一樣具有imperium的統治權，四位是督導海外的軍事活動，兩位負責羅馬城的法律事務。起初執法官是代理執政官行使事務，後來成為司法的守護者。他們不只負責司法程序，還可以制定法律。

除了Counsel及Praetor，羅馬共和還設有掌管財政與道德的「監察官員」，稱為「Censor」。任何的公共建設的興建，不管是元老院提出，或是執政官提出，最後都到監察官Censor這裡才能執行。監察官五年選一次，任期是十八個月。雖然監察官沒有行政大權，但是他在所有的行政官中最受尊敬。這個職位只有前行政官才有資格當選，監察官是任何一個羅馬政治人物所能達到的政治巔峰，所以它也被稱為榮耀之階（Cursus Honorum）。只有監察官能夠判定誰是奴隸，誰是自由人。在西元年以後，監察官甚至可以提名哪些行政官可以擔任元老院的議員。兩位監察官做任何決定，必須兩位都同時同意，兩位監察官可以互相否決對方提出的名單，因此在各自循私推舉議員非常困難。[11]

此外還有護民官Tribune。護民官是公民大會的主席，也是保護百姓的官員。護民官必須保證任何一位羅馬公民未經審判，是不准任意定罪，連最高執政官都不行。護民官可以依法與最高執政官爭執百姓的權益，這是共和國對公民的保障。

羅馬的共和制按西塞羅的理想是以權力制衡為原則。公民大會、元老院、執政官都是相互制衡，但是在某些緊急時刻，羅馬人民及元老院可以任命獨裁者（Dictator）。獨裁者必須由元老院提出，但最後必須由現任執政官認可。獨裁者通常是有期限，一般在一年或半年終止。獨裁者擁有絕對的權力，發動對外戰爭、舉行選舉、執行法律，以及逮捕異議人士。任命獨裁者有一定的儀式，通常在晚上進行，必須在靜默中上任，而且必須在羅馬的土地上就任。但是獨裁者任期一到，就必須卸任，否則就形成君王。凱撒就是任命自己為終身獨裁者，才遭到貴族暗殺。

李維撰寫的羅馬歷史中就載明，在西元二一七年第二次普尼克戰爭中，當羅馬戰勝 Trasmile，執政官 Flaminius 喪生，元老院急著任命一位獨裁者，但是唯一能任命的另一位執政官 Giminus 人不在羅馬，當時戰爭仍在進行，根本不可能及時找到他。這是羅馬歷史以來第一次，獨裁者是經由人民選舉大會（Comitia）通過而產生。[12]

羅馬最高執政官在意義上不只是政治領袖，他也掌管司法、軍事，以及宗教的神聖權力。他的就任必須在臺伯河岸，並且榮耀諸神。

在一千多年的羅馬帝國歷史中，貴族、君主與平民一直處在一種緊張的狀態。在戰爭與擴張領土屢建功勳的執政官，通常廣受人民愛戴。這個時期的執政官極有可能擴張權力成為君主，也是在這個時候，貴族就會起而制衡，甚至不惜謀殺執政官。如同當年的羅慕勒斯建立羅馬，功勳甚鉅，但是最後仍被貴族誅殺。著名的凱撒，當年攻下高盧及埃及，功勳無人能比，但也在這個時候，羅馬元老院的政敵指控他未經批准逕自發動戰爭，因此當他以五年攻占高盧（即今天的法國）返回羅馬之際，多數的元老院跟著凱撒的政敵執政官龐培離開羅馬。凱撒於是發動內戰。在戰爭中執政官龐培喪命，羅馬重回秩序。獲得權力的凱撒讓元老院通過他成為永久的獨裁者，擁有絕對的權力。這時候的凱撒已經是皇帝之姿，但最終，部分貴族聯合起來，置他於死地。

謀殺凱撒的主謀之一是布魯特 Marcus Brutus，他也是當年建立共和的 Junius Brutus 的後代子孫。布魯特 Brutus 其實是凱撒的好友，他想要恢復羅馬共和，不願意看到凱撒摧毀共和，恢復帝制。但諷刺的是，凱撒死後，羅馬正式邁入帝制，從此共和形同虛設。

凱撒的侄子渥大維在內戰中擊敗刺殺者布魯特 Brutus，以及與凱撒同期的執政官安東尼，最終稱帝。結束從西元前五〇九年到西元七十年，整整五百年的羅馬共和。

羅馬為何從共和制轉向帝制？一直是歷史學家研究的議題。其原因是羅馬在進入西元之際，已經擁有大部分的西歐與南歐，在這麼龐大的疆土，靠的是各地的執政官與將領維持秩序。羅馬元老院其實掌握不住各地執政官與將領之治理，各地執政官與將領依自己的利益，任其所為，不容易受到羅馬的控制。[13]

另一方面，逐漸增加的羅馬人口，衝擊著以羅馬城為主的共和體制。當凱撒將投降的高盧人也列為羅馬公民，羅馬已經不是羅馬城一小部分的市民所能左右。加上共和國不斷地擴張領土，各地招募士兵從軍，軍人成為新的權勢階層，這些都不是過去的羅馬投票公民所能影響的力量。在各地將領逐漸地各行其是，以及伴隨著暴力介入選舉的事件越來越頻繁，強有力的領導人是大家的期望。羅馬走向帝制是這樣的歷史契機所造就，也是渥大維的政治智慧所造就。

羅馬帝國的經驗告訴我們，機構越大，權力越集中，而不是越分散。

龐大的疆域、多層次的國家成員，包括貴族、軍人、羅馬公民、新公民、奴隸等，帝國成員的多樣性，需要一個中央的調節，所以凱撒不是突然產生，而是時代的需要演變而成。也因為如此，凱撒喪命了，但後續的渥大維仍持續建立這樣的集權機制。

渥大維被後世稱為奧古斯都（Agustus），他智慧地將實質的權力集中到專制皇帝的身上，但仍留下共和的軀殼，他沒有取消元老院，相反地，皇帝是元老院批准的，元老院成為他的附庸。自此之後的羅馬皇帝名義上都是選舉產生，但其實是皇帝自己指定繼承人，讓元老院及公民大會追認就是。

奧古斯都皇帝的軍隊編制從幾千人改成五百人至八百人的隊伍，軍隊穿上統一的軍裝，必須以宗教儀式般地效忠皇帝。奧古斯都自己也以三倍的薪水聘請貴族出身的軍人，作為保護自己的禁衛軍。軍隊徹底的君王化是在奧古斯都的任內完成。

羅馬的共和並不像當今民主世界的共和政體。當今的民主共和強調平等與自由。而羅馬共和社會仍是階層制，這與當代民主政治訴諸全民平等的理念並不相稱。

當時羅馬社會分為 Patrician 是貴族的階級，Plebeian 是平民階級。這兩個階級各自有議會，前者是參議院（Senate），後者是公民大會（Comitia）。前面的階級是世襲，多半具備相當的財富；後面的階級是一般的平民，但不代表貧窮。事實上很多平民非常富有，甚至比部分經濟拮据的貴族還富有。這種階級並不是永遠不變，許多將領出身平民，最後躋身貴族所在多有。

羅馬的共和在凱撒死去以後就消亡了，羅馬進入帝國時期。龐大的帝國仍然不斷地征伐，在歐洲受到日耳曼蠻族頑強的抵抗，馬可仕．奧理略皇帝（Marcus Aurelius）征討北方蠻族獲勝，這是羅馬帝國擴張的最後階段。馬可仕．奧理略皇帝被認為是具備聖格的皇帝，他的《沉思錄》在希臘寫成，紀錄他每天的心得，他對國家的理想，對戰爭的不捨，對處事的見解，都在《沉思錄》中深刻地表達。奧理略皇帝的思想被認為是屬於承襲希臘思想的斯多葛學派（Stoicism）。斯多葛學派承繼蘇格拉底的思想，主張人類的任何感官都必須服從理性，哲學家必須探究一切事務背後的真理或命運。

奧理略皇帝的繼承者 Commodus 沒有像父親一樣繼續征戰，他撤回對抗北部蠻族的軍隊，但是 Commodus 喜歡格鬥戰士的遊戲，他藉由這項遊戲討好羅馬人，他自己也下場進行格鬥，殺死格鬥戰士及獅子。他一連串恣意妄為的政策，讓貴族對他逐漸反感，貴族與他的姊姊意圖謀害他未果，Commodus 採取報復措施。從此他的施政更加專擅任性，結果執政八年後被一個富有的元老院貴族，買通 Commodus 的部將親信，謀殺皇帝，部將派一位格鬥冠軍的死士將皇帝絞殺。一位參議院的貴族

Publius Helvius Pertinax 當上新王，但隨即引發內戰。

整個羅馬帝國的歷史中，貴族與君王之間的衝突張力始終存在。Commodus 的被害，可以想見貴族的力量一直存在羅馬帝國之中。皇帝得不到貴族的認同，隨時有喪命的危機。之後的羅馬帝國為皇位相爭始終延續著。

吉朋（Gibbon）描述羅馬帝國自西元開始之後的二十一位皇帝，只有兩位自然死亡。[14] 帝國內亂，蠻族又開始入侵，軍隊逐漸地失去原先的擴張領土的野心，改而以守成為主。吉朋所撰寫的《羅馬帝國衰亡史》一書中所陳，當羅馬帝國不再能繼續擴張，經濟來源不再無限制地提供，軍隊戰力銳減，羅馬帝國也逐漸地走向衰落。

吉朋更提出羅馬帝國衰亡的原因有二：一是基督教弱化了原本戰鬥力強大的羅馬軍團；二是蠻族的入侵造成第五世紀西羅馬帝國滅亡的原因。這兩個原因是一個原因，都是軍事的失利。

然而，Ferril 指出，一樣篤信基督教的東羅馬拜占庭帝國卻持續到第十五世紀。[15] 基督信仰未必是弱化羅馬的主因。近代史學家們熱烈討論帝國的衰落主因，歸結還是在蠻族的入侵，因為東羅馬帝國所處地點比較少受到蠻族的侵擾。另一方面，君士坦丁大帝的軍事策略採用騎兵取代步兵兵團，使得戰力銳減。這都是羅馬帝國衰落的原因。

羅馬的衰落，離不開軍事力量的銳減。如同羅馬開國帝王羅慕勒斯所言，軍隊是羅馬的靈魂。

羅馬始於軍隊，也終於軍隊。

擴張的結束即是帝國的結束。以軍事起家，讓內部不斷地發生暴力殘殺。開國之父羅慕勒斯被貴族殺害，擴張帝國的英雄凱撒被貴族謀殺。君王兒子間的殘殺更是不勝枚舉。西塞羅所自豪的羅馬共和的制衡，民主、寡頭、君主，這三種力量的平衡，是羅馬共和的驕傲。但這驕傲最終都被羅馬自身所推崇的暴力所摧毀。

羅馬共和的影響

羅馬真正的共和其實只有五百年。從西元前五〇九年 Junius Brutus 推翻皇帝，到凱撒死亡的西元四十九年為止。但是羅馬的共和精神深深地影響美國立國的憲政與法國的共和國精神。

美國的憲政體制採取民選總統，如同羅馬公民選出執政官，負責最高的統治權，宣戰、媾和、簽署法案、施政總負責等，一如羅馬的 consul 執政官。美國的參議院如同羅馬的元老院，負責審查法案，而眾議院如同羅馬的公民大會是最終批准法案的機構。

但美利堅合眾國的共和憲政，比起羅馬的共和最大的不同，如同美國開國元勳所希望的是能最大程度地排除政府對公民能力與福祉的干涉。因此眾議院更能代表民眾，是第二個議會，防止參議院的可能造成的立法疏失。[16]

美國開國元勳之一亞當．史密斯（Adam Smith），在他的三冊《麻塞諸塞州的美國憲法之辯護》（*The Constitution of the Commonwealth of Massachusetts: The Defence of the Constitutions of Government of the United States of America*）一書中，提到羅馬政治理論家西塞羅確保共和成功的觀點，就是制衡（Check and Balance）所產生的憲政和諧。亞當．史密斯特地在美國開國元老制定憲法的前一天發表這文章，就是要大家記得羅馬共和三權制衡的重要性。[17] 共和存在的理由及最高目的，就是保障全體公民的權利與福祉。

而當美國第一任總統宣誓就職時的景象，一群參議員和總統看著臺伯河，如同當年羅馬執政官就職一樣，誓言保障人民自由不息的火焰。

但是包括美國的開國元勳，以及歐洲十八世紀的哲學家盧梭，以及古羅馬的史學家李維都認為，共和的精神就是在法制的精神下（Rule of Law），人民擁有最高的權力（Sovereignty），以締造全民共同的福祉（Common Good）。

但是法國大革命時期，盧梭與孟德斯鳩等都提出羅馬共和短命的因素，就是國土太大，不適用於共和體制的治理，最終導致共和失敗。盧梭認為，遼闊的國土治理或者更適合君主制，雖然君主制必然帶來人民權力的喪失。羅馬共和至少也維持了五百年之久，這給予法國革命一線希望。

發生在西元一七七六年的美國共和憲政，與西元一七九六年的法國革命都嘗試著以羅馬共和的方式，建立一個以人民為主的共和政體。美國成功了，但法國失敗。法國在西元一七九六年的革命中建立共和，但是共和國的執政官是國王，而非民選的總統。這多少是盧梭的思想，認為執政官可以是世襲的君王，一樣可以執行人民通過的法律。雖然盧梭更喜歡民選的執政官，但是他同樣認同世襲的國王之地位。這是伏爾泰等人所不同意的。於是法國接連經歷了議會制、民主制與君王制。十八世紀施行民主之後的法國第一共和發生了暴動，即為羅伯斯比爾的血腥革命。羅馬五百年的共和之後所發生的政治動盪，在法國十年之間就重蹈覆轍。

當國民大會處死路易十六，換來的是平民選出的血腥獨裁統治。其原因如伏爾泰、孟德斯鳩以及亞當・史密斯所說的，沒有著重制衡的力量。制衡的力量對於君王，或乃至對民選的執政官都同樣需要。法國共和建立的失敗在於沒有重視制衡機制的設立，因此無法保障公民真正的權利與福祉。最後迎來的是拿破崙皇帝，導致法國第一共和的失敗。

威尼斯共和體制

世界上管理最好的政府是威尼斯。這是查爾斯・迪爾（Charles Deihl）在撰寫《威尼斯歷史》的時候如此稱道。查爾斯說：「在十四、十五世紀，威尼斯政府可能是世界上最好的政府之一。」它的司法審判非常溫和；[18]它的經濟非常富饒；它的政治非常穩定；它的軍事也非常強大。直到十八世紀以前，它依然是世界上最好的制度。而這項成就，歸功於他的共和體制。

威尼斯有十二個島嶼，從西元七二六年開始，威尼斯人民以選舉產生了第一任總督奧戈（Orgo from Eraclea），人民稱他為總理（dux）或總督（Doge）。也有一說總督不是由公民選出，而是十二個島上的護民官選出的共同領袖。[19]這位總督是終身制，並有兩位提供他諮詢意見的顧問（Counselors）共同輔政。我們這裡可以看到古斯巴達兩名執政官；羅馬凱撒前期的三位執政官，克勞西斯、龐培以及凱撒；十九世紀楊百翰重新創建的摩門教會，一位總裁加兩位顧問，都是避免獨裁專斷，或是避免智慧不足產生決策的弊端。

威尼斯的總督具有絕對的行政權，但是重大決策必須通過公民大會的批准。早期的一些總督希望將自己的權力永久化，通過兒子、親人鞏固各項必須的權力。但也因此發生多起刺殺總督的事件。西元八〇四年到一〇三二年之間，有不下六位總督被暗殺或驅逐。[20]

西元一一七一年由於君士坦丁堡與威尼斯發生了貿易衝突，總督米歇爾督軍失利，許多威尼斯參軍青年喪生。民眾在一項聚會中，悲傷憤恨交集，一場暴動，民眾把總督米歇爾殺死了。在此之前，選舉總督的權力落在公社大會或公社會，這場暴動使得貴族反思民眾的盲動本質，因此在西元一一七二年的憲政改革中，公社會議不再直接選舉總督，而是改由十一人選舉團選舉總督。十一人加上總督是來自各島的貴族或家族所代表。威尼斯正式進入貴族的共和制。

十一人團後來改成四人，由四人推舉出四十位選舉人團，選出總督。公社會議保留了總督的同意權，以及戰爭與和平協議的認可權。憲政改革也成立一個由四百八十位議員組成的議會，處理日常行政事務，這議會成員維持一年，每年必須替換新成員。一個總督由選舉人團選出，一個十二人團以及四百八十人團的大參議會，一個公社大會。近代三權分立的制度，在中世紀的威尼斯開始運行著。

西元一一七九年，四百八十人大參議會實在過度龐大，以致在大參議會中選出四十人委員會，處理財政、貨幣與司法等事務，任期一樣是一年。四十人委員會再推舉出三位領袖，與總督以及另外六位顧問，成立「十人首長會議」。這「十人首長會議」是威尼斯行政權的基石。

掌管行政的總督仍然有很高的權力，而且由於總督是終身職，在缺乏監督的體系下易生弊端。西元一二二九年，總督科波．提埃坡羅被迫簽署「統領誓詞」（Promissione），總督必須承諾除了薪水之外，放棄其他公共財政收入，不能與外國聯繫，除非經過顧問的允許並在場。遵守國家機密，這使得威尼斯的總督逐漸成為一位「名義總督」。一個更寬廣的專業官僚體制，逐漸取代一人治理。提埃坡羅總督甚至成立一個三人的檢察官，以監督總督。[21] 如美國開國元勳約翰．亞當斯（John Adams）所稱，這三人檢察官甚至可以直接進入總督的辦公室或寢室進行搜索。[22]

行政權被嚴格規範之際，屬於全體威尼斯公民的大參議會（Grand Council）逐漸龐大，從原初的四百八十人已擴增為一千二百人。龐大的議會組織難以管理，它仍是至高的權力機構，但是掌管的管理事務多半落在四十人委員會手中。到西元一二九七年，大參議會（Grand Council）逐漸變成世襲制，只有擔任過議員的後裔才有資格參加。[23] 威尼斯貴族化的共和儼然成形。威爾．杜蘭威認為威尼斯是一種嚴密的寡頭政治，由久因經商致富的家族所掌握，這些家族嚴格限制參議大會的成員資格。西元一三一五年四百八十位合格的成員，都是過去擔任過大參議會的議員之後裔，而且必須是男嗣。他們有權選舉總督，監督行政官員，必要時可以罷免之。[24]

另一個代表公民權力的議會稱為「元老院」，它是由大參議會選舉六十人，組成元老會議，於西元一二二九年成立，負責航海、外交等事務。越來越多的現職官員進入元老院。因為大參議會龐大到難以行使權力，使得元老會議後來逐漸成為權力中樞。西元一三一〇年，元老院因應一項貴族謀反危機，元老院轄下成立一個中央情報機構，負責公共安全的十人委員會。這十人委員會因此納入權力的中樞。[25]

十四世紀的威尼斯之政治體制在「元老院、大參議院、首長會議」等三大議政機構下，共和體制宣告完備，一直到西元一七九七年以前，這個共和體制統治著威尼斯。

威尼斯人口以十五世紀來計算約十萬人，其中貴族約二千五百人左右。共和制度中的公民獨立自主，相互監督、查核以及制衡，這是一種集體的統治，公民在不同機構裡轉換角色，共同治理。

美國開國元勳約翰．亞當斯在參與美國憲政制訂時，研究參照威尼斯的共和制，他稱譽威尼斯以權力制衡的原則，平衡及避免權力的濫用。[26] 早在約翰．亞當斯之前，十四世紀的哲學家弗吉里奧與格雷坦．喬治（Gretan George）已經預見，威尼斯是將君主制（總督）、貴族制（元老院）、以及民主制（大參議會）等元素融於一爐的成功共和體制。這是羅馬哲學家 Polybius 在西元前就提出來的政治體制之最佳理想模式。

塞繆爾．芬納（Samuel Edward Finer）把威尼斯的共和制度，以同心圈結構來說明。

第一圈或最內圈是總督領導的執行委員會（Collegio），由總督領導一個二十六人的內閣進行管理。執行委員會，也就是內閣，要向一千五百人的大參議會負責。大參議會是公民選出的代表，這些公民不是全體公民，或隨機的公民，而是世襲制度底下任職的市民所組成。這是貴族民主制度，或者稱為貴族共和體制。這種體制與古代斯巴達類似；斯巴達的「元老院」與威尼斯的「大參議會」同樣是一群具備同等特權的人所組成。這是這兩個城邦政治穩定的來源與基礎。[27]

在執行委員會與大參議會之外，還設有元老院，以及元老院組成的十人委員會。元老院是由大參議會選舉產生，但是獨立運作。因此，執行委員會、大參議會、元老院三者鼎足而立，確立威尼斯近八百年的共和政體。

威尼斯的共和體制是由諸多委員所構成，彼此相互「協助、監察、制衡」。共和體制在確立沒有一

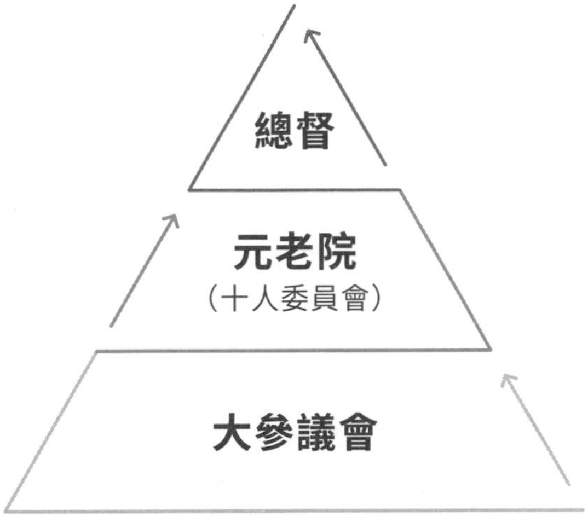

圖三：來自塞繆爾・芬納（Samuel Edward Finner）《統治史》

圖四：來自塞繆爾・芬納（Samuel Edward Finner）《統治史》

個機構擁有絕對、單獨行使的權力。每個機構都一些權力重疊，已確保權力濫用的情事發生。執行委員會可以進行立法和行政決議，但不能頒布與批准。元老院可以批准與頒布，但不能決議。元老院與總督所領導的執行委員會的關係，是一種韋伯（Max Webber）所指稱的「否決式的合議制」（Kassationskollegialitat, veto collegiality）；否決式的合議制是避免在權力走向一元化的過程中，設立一個平行的權力單位，後者可以擱置或否決前者的法令或政策。

韋伯指出：

> 「古代世界最重要的例子，如羅馬的護民官（Tribune）以及源自斯巴達的長官（Ephor），中古歐洲的人民首長，[28] 以及崛起於西元一九一八年的德國革命勞兵委員會，一直到正規的行政機構脫離此一控制為止，其官員的法令必須得到委員會的代表的附署（Gegenzeichnung）。」[29]

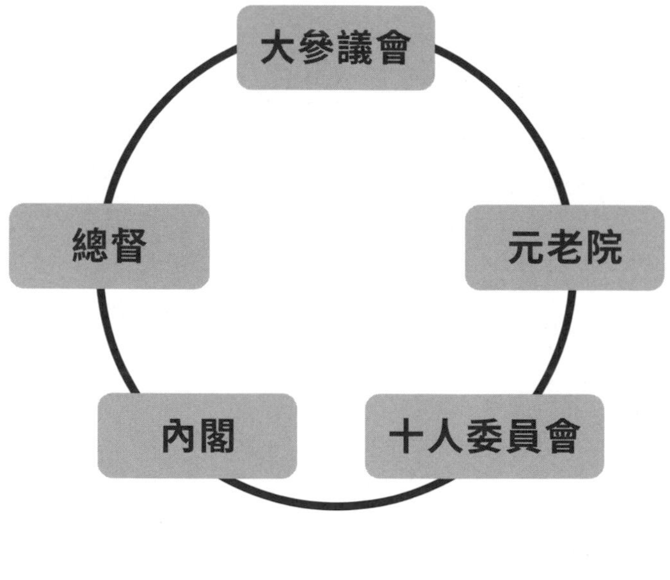

圖五：威尼斯的共和體系

在威尼斯，這是一種相向制衡的設計。不只元老院能否決或擱置執行委會的決策。相對地，元老院所屬的十人委員會沒有總督的內閣支持與同意，也無法行使其監督安全與情報蒐集的權力。總督沒有內閣的支持與同意，也同樣無法開展行政工作。威尼斯的內閣成員，是由大參議會選出的四十人委員會的三位領袖，加上元老院選出的三位顧問，以及總督自選組成的顧問團，合組「首長會議」，共同決定重大事務。首長會議聯繫了、組合了三大權力機構的成員：大參議會、元老院以及總督。這種層層的聯繫，代表層層的協力，與層層的相互制衡。

制衡的辯爭

共和制的成功在於制衡。各種權力之間的平衡，形成對人民福祉最大的保障。雖然如此，少數貴族與特殊領導力的領袖總希望破壞這種制衡，以取得自身更大的權力與利益。

制衡的設計經常給予兩個以上的單位相同的權力。如美國總統具備有一定程度的立法權，國會也有立法權。雖然國會能通過立法，但是總統能夠否決。總統提出的法案也必須經過國會通過才生效。總統有發動戰爭的權力，但是需要國會背書。這種雙重制旨在確保沒有任何一方能壟斷權力。但是當總統與國會多數黨利益一致之際，就可能會造成制衡的失效。如共和黨為多數的參議院為川普護航，導致美國許多施政失去平衡的作用。

制衡常發生的另一個問題是因制衡而失能。兩個權力機構或政黨彼此扞格，無法達成真正有效的施政。黨爭與政爭，一直是制衡制度另一個缺點。制衡是出於對人性的不信任，對於專斷權力的防止機制，但是從歷史觀之，制衡仍然很難避免權力的寡占與隨之而起的黨爭。

制衡的類型——橫向制衡

制衡的原則是人類歷史以來逐漸發展出來的政治體制，它避免了權力的專斷與濫用。從斯巴達三位執政官，雅典的議會，到羅馬的共和體制，一直到孟德斯鳩發展完成三權分立的民主體制。

然而制衡原則到了當代出現許多政治的弊端，議事杯葛 Filibuster 成了當代民主政治國家最大的施政隱憂。制衡原則讓事事都得妥協，讓事事都無法真正長期有效規劃。民主政治的效能逐漸不如權力集中制的國家如新加坡、如中國大陸，因而促使美國的行政權必須不斷地擴大，如同《經濟學人》雜誌所言，政府逐漸企業化——亦即權力集中，企業反而逐漸民主化，講求對員工個體的自由與尊重，以擴大創造力，增加企業競爭力。

「制衡原則」出現什麼問題？

制衡的原則立基於對人性的不信任，認為人的權力在本質上就會不斷地擴大，如同其他欲望一般是無止盡的擴增，因此對於權力的限制變成一種善。在不信任的基礎上，建立信任，西方的政治邏輯是以惡來促進善。如同亞當·史密斯的經濟思想一般，以自利創造公共利益。以惡達善，是矛盾與不合宜的。

東方的思維強調以善致善，擴大善、擴大愛。善的達成，是善的動機，善的方法，才有善的結果。古代中國的聖君、賢臣，柏拉圖的哲學家皇帝，都是從執政者的人格與職能著手，以優質化執政者作為施政的保證，做為人民權利與福祉的立基。權力集中所帶來的弊端，從羅馬的暴君，中國古代社會的昏君，一直到近代的希特勒都是例證，是人們恐懼的依據與實證。但是希特勒正是由民主選舉出來的，他的獨裁是經由取消一切的制衡機制所創造出來的。但是，正是德國人民熱切地、主動地拋棄權力，正是德國人民自願地加入迫害猶太人的行動，造就德國在強大之後，一步步帶向征服世界的狂妄之舉。究其原因，不是權力制衡的失靈，而是文化的惡化與衰敗。人們相信一個強大的德國，伴隨著毀滅其他弱者與征服當年壓迫德國的諸國，因而熱切地給予希特勒及納粹這項權力。

制衡的類型——垂直制衡

古代中國在制衡的基礎上不是權力分立，而是禮制與理法的制衡，亦即以文化的力量來推動對於權力的行使與約制。

邦有道，是賢明的時代。君王與大臣皆能以民為本，皆能選賢與能，促進天下的大同。理法與禮制的成功，是政府的成功，是國家的成功。這是儒家治理的根本思想。這種政治思想於今仍適用嗎？

古代中國的儒家政治體制以禮法約制君王，但是君王仍具備著極大甚至絕對的權力。明朝萬曆皇帝因為群臣反對他立鄭妃為皇后，竟然二十多年不早朝，以抵制大臣對他的反對。這是以禮法約制君王的例子。但是，君真要臣死，臣不敢不死，這是絕對皇權的政治體制。君王不義，群臣以死諫之，即便是監察官也是以皇帝為最後的依歸，對於政權缺乏如西方的制衡體制。遇到明君，國家太平，遇到昏君或暴君，則民不聊生。特別是繼承體系，一代傳一代，不能保證皇族都是明君。常常中期以後，身居宮廷的君王不再能理解世間之事，不再接觸百姓，昏君或暴君者層出不窮。這是缺乏制衡的結果。

我們既認為制衡導致政治的失能，也認知極權的嚴重後果，因此政治學家們無不主張民主不完美，但卻是較好的體制。然而時到今日，無理性的民粹主義，杯葛式的議會政治，都是民主必須面對的重大問題，都使制衡體制的缺點暴露無遺。

古代中國除了禮教文化的制衡，還包括了政治上的垂直制衡。垂直制衡不同於西方的橫向制衡，橫向制衡以不信任為基礎，認為絕對的權力導致絕對的腐化，至少歷史以來多半可以如此驗證。然而，古代中國的朝政以聖君自許，朝官期許皇帝是聖君，在信任以及服膺皇帝的德行下，給予皇帝建言，給予皇帝施加制衡。

以唐朝三省制度為例——三省制度的核心問題是定策、審議與執行。相互制約，但一起統治。其中，中書省負責決策，門下省負責審議，尚書省為總會朝政，非屬執行。[30]

在三省運作機制及三省的相互關係中，門下省的作用最為關鍵。門下省的職能是審查上下行文書中的疏漏或不當之處。各司的奏章在送到皇帝之前先經過門下審議，如有違失則予以駁回。尚書省的奏疏在門下審議過後，簽署意見呈送給皇帝議決批准。這是垂直型的審議。

門下省已能以下對上的審議。三省制度中，中書省負責起草皇帝的詔敕，中書省傳達皇帝敕詔之後，不是立即發布，而是必須送到門下省予以審查複核，門下省審議皇帝的詔命，如果發現有不當之處，則加以修改，再上還或封還中書省。或者認為皇帝的敕詔不可行，則封還中書省要求重擬。[31]換言之，門下省可以反駁皇帝的敕詔，這是以下對上的制衡，亦即垂直的制衡。

《唐六典》卷八記載，「凡百官奏抄，侍中審定，則先讀而署之，以駁正違失，凡制敕宣行，大事則稱揚德澤，褒美功業，覆奏而請施行，小事則署而頒之。」

中書省雖然負責起草皇帝詔書，但是中書省對於皇帝的意見仍然可以進諫，對皇帝制敕有奏改權。如《唐六典》所言：「制敕既行，有誤則奏而改之。」皇帝的絕對權力仍然有大臣的制衡。甚至當皇帝堅持他所頒布的敕詔，而中書、門下及尚書都認為不可行，他們集合起來一起向皇帝進諫。

唐代中期之前的三省制，三省基本上是制衡與分權，彼此互不隸屬，中書出令，門下審議，尚書執行。每個省都由兩位宰相主持，很像羅馬共和的三巨頭時期，或斯巴達的兩位執政官避免專斷或專權。

賢明的唐太宗在與大臣蕭瑀的談話中，提及隋文帝不信任百官，每事都自己決斷。張素玄大臣建議唐太宗，提出君主不能一人獨斷，甚獲唐太宗認同。唐太宗說：

「天下之廣，四海之眾，千端萬緒，須合變通。皆百司商量，宰相籌劃，於事穩便，方可奏行。豈得以一日萬機，獨斷一人之慮也？」[32]

這種垂直制衡是對擁有至高無上權力的領導人的信任與尊崇之際，給予訊息及意見之表達，並共同承擔責任，亦即共責的制度。下對上的制衡，不是不信任，而是參與決策的責任，愛君王，怕君王犯錯。上對下的制衡，不是門下省不信任尚書省，而是讓政策更為完備，或呈給皇帝一個更全面的政策思維。

法蘭西斯．福山評論中國政治為「內嵌式自主性」，以及一位好領導人讓施政有效，無需問責制度，只有上對下的問責，沒有下對上或平行問責，因此一位好領導人可以直接授權推動施政。公民靠的是領導人的良善意圖，而不是任何限制領導人的正式程序。[33] 遇到好的領導人，這種制度的表現會比民主制度更好，但是一旦出現壞皇帝，情況可能就是民不聊生或官不聊生。

福山可能不知道，曾經存在從隋朝一直到唐朝中期完善的「垂直制衡體制」。不過這體制到了高宗以後，中書省權力擴大，負責皇帝敕詔，此舉意味著皇權的增強。原本唐太宗時期的君臣共治，上下共責的體制就逐漸瓦解了。

古代中國是以皇權、聖君為核心。其思想主體是儒家的君君、臣臣、父父、子子的倫理次第。這次第從宇宙的天道，到人間的仁愛，落實到生活的禮義，構成人民生活與政權統治的合理秩序。因此在聖君治理下，三省制度相互共責，非問責，讓政策有完善的審議與施行。但是如果不是聖君，一項群臣眼中錯誤的政策，而皇帝執意要做，群臣該如何？三省的制衡在唐朝中期以後逐漸式微。

古代中國解決這個問題不是通過法律體制的制衡，而是以文化的力量給予皇帝制衡，所以才會出現死諫的大臣，寧死阻止皇帝錯誤的措施；或是在重大議題上，皇帝違背了文化傳統，大臣死諫反對皇帝。

正如英勇如曹操，有得力的大臣荀彧輔政，荀彧在曹操自立為魏王之後，堅持忠臣不適二主，荀彧認的是漢室，不願意屈膝於魏王，堅持自殺也不願意繼續輔佐曹操。曹操悲痛至極，仍無可奈何。這是文化的力量，這力量是消極的，但經常決定政權的更迭與興衰。

文化與政治的平衡

制衡強調人性的惡，所以必需權力制衡。君王體制強調君王的絕對權威，本質也不是善。因為平等的尊重每一個人，是生命本質的善，何況凡人、聖人都不是神，無法保證人性的缺失能夠永遠準確地掌握政治的方向，永遠能以民為本。

制衡成為權力體系必要的惡，但是惡不能產生善。

避免這種制衡缺失的方法，仍然在信念的共同性。越能有共同信念的組織或政府，越能避免因制衡而引起的權力寡占或政治失能。因此解方不是在制衡機制的強化，而是信念的深化與對話。在利益的前提下，機構與機構、政黨與政黨或許能短暫的合作，但是一旦利益起了衝突，合作就失效。信念比起利益或制衡應該更為長久。如何建立一個以信念為核心體系的組織與政府，這信念不是一元主義的信念，而是包容多元的信念體系。

正如塞繆爾·芬納（Samuel Edward Finer）在他的名著《統治史》（*The History of Government*）中所言：「信仰系統比當權者更強大，統治者之所以能實施統治，正是借助於信仰系統。統治者如果無法使自己的統治合法化，就無法維持自己的權威。而這種合法化是通過信仰系統所實現。」[34]

文化選擇了自己的領袖，文化決定了賦予他們的領袖多大的權力；文化是根本。民主制衡體制也會失靈。許多集權者正是通過民主崛起的。極權主義者的崛起是通過掌握民意，掌握文化論述，專斷了文化論述，才能夠擁有絕對的權力。與其制衡政治權力，不如將信念權與行政權分離，讓信念的界定體系不被行政權所控制，才是預防權力失衡的關鍵。具備極權主義者傾向的川普，正是通過對媒介的掌握，煽動人民仇恨黑人、女人、華人而掀起美國極大的民主危機。信念與文化，不能被有權者完全掌握，才是預防權力濫用的良方。更有甚者，文化的建置之良窳根本地決定了政治之良窳。因此一如芬納所言，文化信仰的力量遠大於統治者。統治者不能操縱文化，能避免權力濫用。否則一切的制衡，一切的監察，都會在文化的操控下，蕩然無存。

漢娜．鄂蘭在《極權主義的興起》一書中曾說：

> 「根據服從大多數人意志的法則，希特勒的掌權是合法的。但是他或史達林假如對群眾沒有信心，就不能維持對大多數民眾的領導權。如果群眾不支持史達林或希特勒，那麼莫斯科大審判或者清除羅姆派的事件都不可能發生。」
>
> 「流行的觀點認為希特勒只是德國工業家的代表，史達林只是透過險惡的陰謀才在列寧逝世後的鬥爭中獲勝。其實許多事實都可以駁斥這兩種傳奇的故事。其實最重要的事實是領袖們的那種無可爭議的廣泛名聲。」[35]

漢娜．鄂蘭認為，俄國與德國納粹極權主義的崛起，是西方歐洲諸國民主政權的一大諷刺。民主創造了極權。極權主義者的崛起不只是有效的掌握了宣傳工具，更是在意識形態上提出一個普遍的法則，這法則是人民相信他們不只要遵循這項法則，更是活在這永恆的法則之中。如納粹提出的自然法則，以達爾文的優勝劣敗之進化論，論述種族主義是人類的必然與應然。人類要共同走向這自然法則的規律之中。

漢娜．鄂蘭最深刻的觀察是，在這種運用高階自然法則的思維中，造成法律不再論計道德倫理上的公正或對錯，法律的公義被自然法則的真理所取代。法律成為一種真理運動，一種全民參與的運動，實現推動這項自然法則。同樣地，布爾什維克黨人相信階級鬥爭是歷史法則，因此在階級的鬥爭中剷除一切無產階級的障礙是應該的，是必然的，[36] 一切史達林的鏟除異己的鬥爭都包裝在這個真理之下。

引領人民相信這是自然法則與歷史法則之真理，而活在真理當中，遵循真理，甚至一起協助推動真理是自然而然的正當行為。以對真理，以對法則的闡述宣傳，控制文化論述，再把論述轉化為組織化的行動，成功地從意識形態的控制中完成對政權的控制，這就是極權的興起。

因此，文化的力量，價值觀的力量，信念的力量，遠遠高於政治的權力。文化信念有排外的，有兼容的，有定於一尊的，有兼容並蓄的，各時代文化之信念，能否形塑一包容、中道、共善的社會文化，是善治理的基礎。

吾人構思負責治權的行政圓與立法圓，必須與信念圓平行。強化信念的力量，是治理良窳的關鍵。以信念為核心，而不是以權力為核心政權，才是優質的政權。信念如何界定？信念如何產生？這有賴於社會中各意識形態與價值體系的領袖們依共識決、共建之。

關於這一點，我們在後面的第十四章中，將再予以深入討論。

註釋

1. Josiah Osgood, *Rome and the Making of a World State*,(UK: Cambridge University Press, 2018), p.35.
2. Henrik Moristen, *Politics in the Roman Politics*, (UK:Cambridge University Press, 2017), p.56.
3. Henrik Moristen, *Politics in the Roman Politics*, (UK:Cambridge University Press, 2017), p.16. The classic Roman republic had a bewildering variety of popular assem- blies, the comitia curiata, centuriata, tributa, and the concilium plebis, in addition to the non-decision taking meetings known as contiones.
4. Henrik Moristen, *Politics in the Roman Politics*, (UK:Cambridge University Press, 2017), p.22.
5. Henrik Moristen, *Politics in the Roman Politics*, (UK:Cambridge University Press, 2017), p.22.
6. Josiah Osgood, *Rome and the Making of a World State*, (UK: Cambridge University Press, 2018), p.37.
7. Josiah Osgood, *Rome and the Making of a World State*, (UK: Cambridge University Press, 2018), p.37.
8. Josiah Osgood, *Rome and the Making of a World State*, (UK: Cambridge University Press, 2018), p.37.
9. Martin, Thomas R. *Ancient rome:From Romulus to Justinia*, (USA:New Haven : Yale University Press, 2012), p. 43.
10. Josiah Osgood, *Rome and the Making of a World State*, (UK: Cambridge University Press, 2018), p.36.
11. 塞穆爾・芬納（Finner, Samuel Edward），王震、馬百亮譯，《統治史》（*The History of Government*）（上海：華東師範大學出版社，2014年），頁431-432。
12. Francisco Pina Polo, *The Consul of Rome*, (UK:Cambridge University press, 2011), p.188.
13. Greg Woolf(Editor), *The Cambridge Illustrated History of Roman World*, (UK:Cambridge University Press, 2003), p.47.
14. Arther Ferrill, *The Fall of the Roman Empire*, (London: Tames and Hudson, 1986), p.14.

15. Arther Ferrill, *The Fall of the Roman Empire*, (London: Tames and Hudson, 1986), p,18.

16. Mortimer N.S. Sellers, Harriet I. Flower (edited), The Roman Republic and French and American revolutions, *The Cambridge Companion to Roman Republic*, (UK: Cambridge University Press, 2004), p.351.

17. Mortimer N.S. Sellers, Harriet I. Flower (edited), The Roman Republic and French and American revolutions, *The Cambridge Companion to Roman Republic*, (UK: Cambridge University Press, 2004), p.351.

18. 塞穆爾・芬納（Finner, Samuel Edward），王震、馬百亮譯，《統治史》（*The History of Government*）卷二（上海：華東師範大學出版社，2014年），頁433。

19. 塞穆爾・芬納（Finner, Samuel Edward），王震、馬百亮譯，《統治史》（*The History of Government*）卷二（上海：華東師範大學出版社，2014年），頁402。

20. 塞穆爾・芬納（Finner, Samuel Edward），王震、馬百亮譯，《統治史》（*The History of Government*）卷二（上海：華東師範大學出版社，2014年），頁403。

21. 塞穆爾・芬納（Finner, Samuel Edward），王震、馬百亮譯，《統治史》（*The History of Government*）卷二（上海：華東師範大學出版社，2014年），頁405。

22. John Quincy Adams, A Defence of the Constitutions of Government of the United States of America., (London: printed for C. Dilly, in the Poultry, Eighteenth Century Collections on line 1787),p.64.

23. 塞穆爾・芬納（Finner, Samuel Edward），王震、馬百亮譯，《統治史》（*The History of Government*）卷二（上海：華東師範大學出版社，2014年），頁406。

24. 威爾・杜蘭（Will Durant），《世界文明史——文藝復興在義大利》（*The Story of Civilization*）第十五冊（臺北：幼獅文化事業公司，1980年），頁160。

25. 塞穆爾・芬納（Finner, Samuel Edward），王震、馬百亮譯，《統治史》（*The History of Government*）卷二（上海：華東師範大學出版社，2014年），頁407。

26. John Quincy Adams, A Defence of the Constitutions of Government of the United States of America., (London: printed for C. Dilly, in the Poultry, Eighteenth Century Collections on line 1787),p.64.

27. 塞穆爾・芬納（Finner, Samuel Edward），王震、馬百亮譯，《統治史》（*The History of Government*）卷二（上海：華東師範大學出版社，2014年），頁411。

28. 指中世紀義大利城邦的人民首長（capitano popolo）。

29. 馬克斯・韋伯（Max Webber），《經濟與歷史——支配的類型》（廣西：廣西師範大學出版社，2010年），頁406-407。

30. 劉后濱，《唐代中書門下體制研究》（濟南：齊魯出版社，2004年），頁22。

31. 劉后濱，《唐代中書門下體制研究》（濟南：齊魯出版社，2004年），頁23。

32. 〔唐〕吳兢，《貞觀政要》卷一（臺北：宏業書局出版，1988年），頁24。

33. 法蘭西斯・福山（Fukuyama, Francis），《政治秩序的起源》（*Poltical Ordera dn political Decay*）下卷（臺北：時報文化出版社，2020年），頁488。

34. 塞穆爾・芬納（Finner, Samuel Edward），王震、馬百亮譯，《統治史》（*The History of Government*）卷一（上海：華東師範大學出版社，2014年），頁429。

35. 漢娜・鄂蘭（Hannaa Arendt），《極權主義的興起》（*The Origin of Totalitarianism*）（臺北：左岸文化出版社，2009年），頁336。

36. 漢娜・鄂蘭（Hannaa Arendt），《極權主義的興起》（*The Origin of Totalitarianism*）（臺北：左岸文化出版社，2009年），頁464。

第十章——民主制組織

多數與眞理

當代著名的社會政治思想家漢娜．鄂蘭（Hannah Arendt）在她的《政治的承諾》一書中曾言：「永恆的真理一旦進入大眾之中，就成為眾多意見的一種，真理的永恆立刻化為短暫。」[1]

在漢娜．鄂蘭看來，真理不是出自多數決，意見才是被多數決定的。然而意見是短暫的、不確定的、因時空而異的；但真理卻是永恆的，不過永恆的真理總是被公眾意見給扼殺或消弭。

蘇格拉底在希臘時代是最重要的智者，在文藝復興之前後也是影響西方文明變革最重要的哲學家，如果稱他是人類歷史上最偉大的智者之一應該也不為過。蘇格拉底最重要的著作都是透過他的學生柏拉圖編寫而成，蘇格拉底的思想都是以辯論、對話形式呈現。當時的希臘雅典的辯士（Sophist）比比皆是，那是古代西方最民主的時代。不過弔詭的是，蘇格拉底就是被崇尚民主的雅典人所處死。

他的雄辯、他的見解被認為是煽惑年輕人，他追求真理的辯才，被認為不尊敬當時希臘信奉的阿波羅神。因此雅典人以非常民主的方式，從具備公民資格的兩萬多人中，以抽籤的方式選出五百零一人的陪審團，其中兩百八十一人判處他死刑。[2] 蘇格拉底不願意逃亡，雖然他的朋友與學生都已經幫他安排好，但是他說：「我可以無罪而死，卻不能因逃亡而有罪。」他在獄中依法律要求，飲下毒藥死亡。

雄辯如蘇格拉底，在辯證中產出真理，被許多人認為是最佳的追求真理之方式。但真理不敵「民主」，人民的集體智慧不如蘇格拉底，反而共同殺死他們那個時代最偉大的智者。

雅典的例子讓我們可以結論出，真理不是靠投票，不是靠多數決。蘇格拉底的死讓我們認清，再好的真理不是靠辯論；辯證不能消除歧見，反而深化它。正確的思想之表達，也不能消弭信仰與價值間的差異。蘇格拉底正是對於科學真理、客觀真理的追尋，而被認為放棄希臘信奉的神祇。雖然他贏得每一場對真理的辯論，但是，這些論證卻成為他的罪名。

漢娜．鄂蘭從蘇格拉底的處境結論出，公眾意見無法取代真理，真理是少數智者所獨具。所以「論證」是真理產生的要件，非公眾的多數決定。論證，而非意見，才能產生真理。

但是既然真理不是大眾所能理解的，那如何能真正引導大眾？如何消除大眾錯誤的見解，而最終能使其醒悟？

多數暴力

雅典人民稱呼他們的政府是 isonomia, iso-means the same or equal, nomia-means law。雅典人對於政府的認知就是平等的法律，但它不是當今世界認知的在法律前人人平等，或人人都可以參與制定法律。雅典時期的民主如柏拉圖所描述是僅止於一個社群，奴隸及女人是無法參與這個社群。社群有一定的凝聚力，有一定的社會意識與標準，達成決議的程度高。柏拉圖與亞里斯多德認定的當時希臘之民主，其實不是今天意義的全民民主，而是階級民主（The democracy is not rule of people but rules of class）。

雖然柏拉圖大力推動去階級化，讓當時四種階級更為平等，但是柏拉圖並不主張純粹的民主政治、議會政治。因為多數人並無法真正具備智慧，創造人民及國家的利益。因此他與亞里斯多德都主張某種混合制，民主、君權與菁英寡頭治理同時並行的憲制體制。[3]

在一個大眾民主多數決的時代，如同我們見證了蘇格拉底的死亡，大眾的多數在民主的程序裡容易形成多數獨裁。儘管民主政治從希臘以來強調言論自由，而言論自由是個人抒己之見，沒有誰一定要同意誰。雖然約翰米勒相信真理在自由辯論中會勝出，但其實真正最後勝出的是「多數」，常常不是「真理」。

多數人的意見在一個時期可以被挑動，可以被操縱，甚至基於多數人對於一特定議題的不充分了解，而造成集體的偏見，因此扼殺了對於群體最重要的意見。蘇格拉底的命運不正是如此。因此柏拉圖認為，多數決的民主政體，將導致極權體制。希特勒正是在民主程序中熱烈地被推上獨裁者的角色。

中世紀的神學家阿奎納對於多數極權說得很透徹，極權是指國家被一個人或被少數人統治。被少數人統治稱為寡頭政治（Oligarchy），寡頭統治一樣是以權力壓迫多數人或富裕的人，它與君王制的不同只是人數較多而已。同樣地，當民主政治的多數人壓迫少數人，它的本質與暴君一樣都是以權力不當地壓迫其他人，這時候的多數人其實就跟一位暴君一樣。[4]

美國聯邦憲法的起草人麥迪遜在構思美國憲政之際，最棘手的問題就是如何避免民主政治中的多數專政。麥迪遜自然反對一人或少數寡頭專政，但是他也懼怕多數專政。他認為權力一旦被賦予，人在沒有機制的節制下，就會去侵犯他人的權力。麥迪遜認為這種權力的擴大及侵犯的衝動是不可能免除的，只有依賴制衡體系，限制人的權力，權力才不會被誤用來傷害其他人。

權力制衡與共和體制

麥迪遜是美國的憲法之父，他認為共和國聯邦憲政體制適用在人口規模眾多的大國，可免於多數獨裁。越是小的群體而實行民主模式，越是容易促成能集合多數的團體或政黨出現，進而壓迫群體中少數人。因此，在麥迪遜看來，美國作為區域性的大國，實行共和民主制度，不致出現多數獨裁侵害少數的局面。因為大國之中，各種族群與利益團體所主張的意見不可能完全一致，這使得制衡成為可能。

在他看來，「多元」是抵制多數或少數獨裁的良方。

從希臘時期，亞里斯多德似乎就開始質疑民主政體當中，多數暴力與多數獨裁的問題。少數獨裁是君主的威權制，多數獨裁是民主的暴政制。兩個對於亞里斯多德而言都不可取。獨裁，如同先前引述阿奎納之言，不管是一人獨裁、少數人獨裁或者民主制的多數獨裁，本質都是一樣的，亦即人民的基本權利與少數族群的基本權利不會受到保障，甚至隨時都可能受到侵害。亞里斯多德主張某種混合制，混合威權的君主制、寡頭的議會代表制，以及多數決的民主制，似乎是最佳的理想狀態。

羅馬共和多少承繼了希臘亞里斯多德的哲學，執政官的權力集行政、司法、軍事、立法於一身，但他必須受制於元老院的批准。元老院的立法又必須通過公民大會。執政官是元老院提名，但是必須經過公民大會通過。一層一層的相互重疊以及節制，這是古老西方一直以來的政治智慧。包括延續到美國，總統有極大的行政權，但國會可以牽制，議員與總統最後都歸向由民意決定他們的去留。

西方的民主設計基本上是基於對人性的不信任，誠如美國開國元勳喬治·華盛頓所言，在人類歷史上只有極少數的時機，人們放棄自我的私欲，而一心為公益服務。這只是歷史的例外，絕大時間，人民都是被私欲所驅使。因此一切的政治制度必須建立在人性這共通的私欲之上，否則任何的政治體制都無法長存。承認人的私欲，但是制衡（Check and Balance），這是美國憲政的基本邏輯與思想。亦誠如美國立憲者麥迪遜所言，如果這世界上每一個人都是天使，我們還需要國家做什麼?就因為人類會有私欲，會有己見，所以我們必須採取制衡。

因此，包括麥迪遜與漢米爾頓等人都將穩定合理的政治制度，寄望於聯邦體制（Federalism）。聯邦體制是在保持成員最大獨立自主的情況下，聯合成為一個每位成員都願意共同遵守的憲政體制。它的基礎是憲法，不是個人，不是一個單一的權威機構（國家）或個人。

麥迪遜等人的設計類似羅馬共和，總統主導行政，無須對國會負責，但是立法必須通過國會確認，國會通過的法律，總統也可以否決，因此兩個機構之間是平行、平衡。司法則是保障人民基本權利以及規範政府各機構的最高準繩。特別是九位大法官，具備權力推翻國會多數通過的侵犯少數人權益、違背憲法精神的任何主張，包括總統違憲的主張。這是泛指少數獨裁，及多數獨裁的機制。

依賴大法官會議中九位法學素養深厚、有智慧、具備正值品格的人之意見，來確立共和聯邦的體制之正常運作、制衡國會的多數決，或挽救總統的獨斷、專擅，保護個人、極少數人的基本權益。甚至提出新的憲政觀點，促進私人權益及共同利益的正義與發展。但是弔詭的是，大法官也是多數決，大法官也是政治任命，而且他是以被動的模式制衡國會立法權與總統行政權。

麥迪遜等開國元勳其實沒有真正的良方解決民主的多數決體制所可能帶來的多數獨裁的問題。儘管相信議會能更有品質與效能地做出對全民有利的決策，但是麥迪遜其實也知道，代議士的議會政治也可能壟斷全民利益而變成寡頭政治，甚至變成派系政治，美國目前的共和黨與民主黨就是走向派系政治。

西元二〇二〇年二月初，美國參議院彈劾川普總統的過程中，參議院兩黨對於要不要傳喚新的證人出席作證，以及白宮需不需要交出川普與烏克蘭調查美國公民（前副總統拜登的兒子）有關的文件而爭論不休。儘管民主黨提出九項修正案，希望一項項的顯示證人及文件對於公平審判重要性。但是參議院議員挑燈夜戰到凌晨兩點，以九次投票，但結果都是五十三比四十九，以政黨取向的投票。連民主黨提出由大法官會議主席來決定需不需要證人，投票結果一樣是五十三比四十九。大法官會議主席是這次彈劾總統的主席，他的大法官之任命當時也是共和黨提名，但是共和黨（多數黨）的黨鞭麥康納（McConnell）下令共和黨議員一致反對傳喚新的證人出席川普總統的彈劾審判庭，因此彈劾過程在無一新增的證人，無一新增的文件中，通過赦免川普總統沒有濫用行政權，宣告無罪。

這是麥迪遜當年最擔心的民主政治代議制的後果，代議政治變成派系政治（factionalism）。政黨利益取代國家利益，派系利益取代公共利益，地區利益取代全民利益。這是當今民主政治最大的危機。

而隨著代議制度的失靈，不斷崛起的大眾民主挑戰代議制，也逐漸顛覆當今的民主政治。

不斷崛起的大眾民主（Populistic Democracy），實現了人民的平等與豎立了大眾的權威。但是這種直接的民主多數決，如全民公投（Referendum），這種人民直接參政的多數決並不顧及其決策品質，因為如同政治學者勞勃·道爾（Robert A. Dahl）所言，政治平權與大眾權威並不是民主唯一的目標。我們生活中的種種包括收入、穩定、隱私、安全、進步以及休閒與文化心靈活動等等，在多數決之中，不會有可預知性的智慧與訊息。大眾不會知道某一項公民全體決策究竟給全體或少數的群體或個人帶來何種影響。[5]

英國脫歐以公民投票方式為之，在公投過後到正式脫歐之間兩年多，英國的金融損失超過兩兆美元，這不是公投的大眾多數可以預測或是先理解的。雖說言論自由可以讓大眾做決定之前有充分的訊息與論述，但是公眾媒體或者社群媒體不會充分地賦予大眾參與及討論，一方面專業知識無法一下掌握，二方面太多的意見與辯論無法讓人有真正清晰的思路。更有甚者，在各種專業知識的門檻與障礙下，大眾更容易被具備領袖魅力、能言善道的政客給煽動。

美國憲政之初，麥迪遜設計的制度是共和，非為直接民主。麥迪遜說：「民主與共和最大的不同——第一是政府的代表制，一少部分人由多數人選出代表他們；第二是由這選出的少數人代表廣大區域與廣大多數人的意見。」[6]

共和的意義與組成，就是由代表多數人的代議士一起組成的國會，制定政策，為全民發言。麥迪遜等人想到的民主可以還包括市鎮會議，一樣地由代表合議地方事務，他反對直接民主，理由是容易被煽動，容易造成多數暴力與多數獨裁的局面。甚至因為直接民主造成的社會整體的騷動，而促成極權的興起。一些懂挑動情緒的魅力型人物的出現，造成新的獨裁統治。

大衆民主的時代（Populism）

然而隨著網際網路的興起，直接民主與大眾民主的趨勢已不可擋。直接民主，包括占領重要政府據點等行動，變成當代大眾對於代議制失靈的一種反動，是對行政部門不再能反映他們的權益所發出的強烈抗議，是對於所謂主流媒體無法反映他們的心聲最直接的表達。

大眾民主自然宣稱是直接民主。它的基本思想是反對代議士，不能真正代表他們的利益與權利，反對當前政府的執政者，不能體現大眾所需要的政策。所以他們訴諸直接民意，通過全民公投（Referendum），通過公民直接立法（proposition），通過合法或非法的集會抗議，透過網際網路媒體、音樂倡議表達他們的心聲，甚至占領公共及政府場所。如日前香港的占領各公共場地，臺灣的學生占領立法院，美國占領華爾街，以及法國長達幾個月的大罷工。這些大眾民主，或者是早期政治學者所言的民粹，是政治轉變過程中最不可控的一環。

大眾民主現在最被關注的不是合法的全民公投或者公民立法，而是訴諸群眾，結集不特定的個人，通過網際網路或人群集會對公共政策提出異議或提議。這種大眾民主訴諸的通常是情緒而非理性論政，「常識判斷」與「情緒」比起論述與真理重要。更有甚者，任何理性的論證或數據的提出都被認為是不可信的，特別是來自菁英、來自政府、來自代議士。他們相信他們是真正的百姓，代表一般百姓的聲音。

政治學者們包括 Mulle 和 Werner 等人稱之為「後現代社會真實（Post-Truth Society）」。情緒重於理性的討論，常識取代專業，是大眾民主的基本特徵。這使得大眾民主對社會的進程帶來極危險的後果，也造成公共議題論證的衰退。

大眾民主骨子裡是反對菁英壟斷，特別是有權力的菁英階層，不管是政府的、非政府的、商業的或媒體的菁英。

大眾民主的問題早在兩個世紀前的麥迪遜就提出憂慮，他眼中民主政治的衰敗會是「多數派系（Majority Faction）」。[7] Popular 是指大眾需要什麼？Populism 是指要給大眾什麼？並且透過不預期的手段，自然不是憲政的手段訴諸他們的要求。美國古典政治學者托克維爾曾言，民主政治自身會一直的推展下去，亦即越來越真正的以民為主、以民為主導。大眾民主的倡議者認為，「不是政府為人民，而是人民即為政府」。

麥迪遜把大眾民主稱為「純粹民主（Pure Democracy）」，誠如先前所言，麥迪遜認為純粹民主適合中小國寡民，大國的民主治理仍需要代議士，以某種菁英來做決策。麥迪遜擔心的大眾民主是容易被煽動（Demagoguery），容易陷入無政府狀態（Anarchy），進而促成極權者（Dictatorship）的崛起。

大眾民主的另一個問題在於導致政府的無作為，或一味地討好大眾。民主政治的政府必須為老百姓的利益著想，即使某政策不受歡迎，也要堅決執行對百姓長期有益的政策。但是大眾民主造成官員的懼怕與軟弱，反而造成施政的退化。

南非總統曼德拉當上南非總統以後，雖然白人總統退位，黑人當政，但是白人政府造成的黑白對立仍然十分激烈。當時南非的足球隊羚羊隊是白人的運動象徵，曼德拉執政後，以黑人為主的體協決定將羚羊隊廢除。在場的所有代表幾乎一致通過，甚至可以預見會受到南非多數黑人的同意。但是曼德拉聞訊趕到會議現場，堅持不改名，因為白人正懼怕著黑人的報復，而羚羊隊是白人的最愛，黑人把白人的最愛給去除了，白人會更擔心下一波的迫害會是如何？黑白衝突一定再起。曼德拉說完後，再進行一輪投票，現場只有一人投曼德拉。雖然如此，曼德拉以行政權維持羚羊隊，甚至讓黑人與白人組隊打球，當年拿到世界杯足球賽冠軍。總決賽現場轉播，街上黑人、白人抱在一起緊張、一起歡呼。曼德拉用一場足球賽緩和黑白衝突。

這種洞見不是大眾民主的多數能具備的。正如曼德拉所說：「他們選我當總統是要我來帶領他們，當他們有錯誤時，我必須更正他們。」

然而這是大眾民主不愛聽的話，他們反對權威、反對當權者。弔詭的是，一旦大眾民主的提議成功，或者他們的領袖當權主政了，他們一樣要面對機構，一樣成為機構權力者。

人類的組織究竟能否沒有機構？有機構官僚，就有取此捨彼的問題，就有兼顧不到的地方。況且大眾民主訴求的利益並不一定代表整體社會的利益，甚至不代表每一個參與者的利益。利益的分殊是每一個社會必然的現象，分配的合理與公平，需要透明的訊息、需要許多的討論。但問題是，畢竟官僚政治長期的掌握資源與資源的分配，當官僚自身逐漸形成自我的利益體系，威脅或削弱了民主政治中「人民為至高權威」的理想，這時候大眾民主就會出現。

當今問題不是大眾民主不應該存在，大眾民主始終存在，即使不是掛民主之名，大眾的意志與利益始終貫穿人類歷史。古代中國荒年或政府失去民心，農民飢餓，揭竿而起者多，不只當今的大眾民主藉網際網路發聲，大眾民主發動群眾運動，甚至訴諸暴力。暴力在任何法治國家都不被鼓勵，甚至絕對禁止。但是當政府或執政者失去民心，大眾民主一定會出現。需要處理的是即便再怎麼施政良好的政府，都會有人藉著大眾民主之名，進行政治運動或社會動員，因而打亂社會既定的合理政序，這才是我們必須討論與面對的問題。

第一：大眾民主必須符合憲政程序。第二：大眾民主必須建立在真實的議題之上，才不會淪於情緒煽動，淪為政治野心家操作輿論與控制政治權的工具。

從羅馬共和開始，共和政治一直保持行政獨立裁決權、代議立法權，以及公民的直接參政權。美國憲政也是民主為其最重要的基本，人民至上，所以大眾民主一定是民主政治的一項基礎，但是不能沒有規範，不能過度氾濫成為政治的主軸，因為一切政策訴諸大眾，必將犧牲決策品質。大眾民主是彌補在立法甚至司法機關失能，不再代表人民心聲，或是犧牲忽略少數人聲音與權利之際，大眾民主成為人民表達的一種方式與管道。

民主國家的憲政體制本身就有一種自我修正（self-correction）的體系，這種大眾民主在官僚體制代議制無法照顧多數或少數百姓利益之時，大眾民主是符合憲政體制的一種自我修正的機能。

大眾民主的理性化與法制化是當今民主政治的兩大目標。「理性化」亦即議題的理性充分討論。「法制化」亦即在合乎憲政民主精神規範下進行，是必須建構的當今民主內涵。就法制化方面，美國及許多西方國家的公民立法（Proposition）實施由來已久。但是公民主動直接的立法（Initiative 或 Proposition，臺灣稱為創制權），究竟是嘉惠稱為大眾民主的多數還是少數？

但是公民立法的成功與否，通常跟大眾對特定法案的認知程度有關，越是大眾能認知的法案，越容易立法成功。但是公民立法的號召需要資源，研究顯示錢花越多的法案通過率越高。[8]但總體而言，美國有直接立法權的成果是，即便少數富裕的人能動用資源推動某些公民直接立法，公民立法結果還都是嘉惠多數人。證據顯示公民立法式的直接民主，仍然對於多數人是有利的，但其結果並未顯示壓迫少數人。[9]

大眾民主並非必然的惡，也不一定會造成無政府狀態，因而導致獨裁者的興起。但前提是，大眾民主如果是非理性的訴諸群眾運動，不管是直接聚眾或是以網際網路的模式煽動，其結果都會造成憲政體制的衰敗。增加理性討論的程度，是大眾民主持續監督立法與行政疏失的關鍵。審議民主的論證有助於公民推動立法，促進政府與公民、公民與公民之間的理性討論。

共識決民主制

審議式民主固然強調對於各方意見的共同審議，但是否能達到共識？共識的意義為何？審議未必以「真理」為依歸，而是兼容並蓄，各方的利益都能得到合理分配。所以瑞士政府所施行的共識決民主不是以多數決，也不是贏者全拿，也不是所謂的轉型正義，不是以一個理念壓過所有其他不同的理念，不是以一方利益，取代所有其他的利益。共識決民主強調妥協，強調每一方都得利，也每一方都得犧牲部分利益。以帕累托最優（Pareto Optimality）為理想，分配到不能再更好為止，這是共識決民主的核心指標。各黨派沒有誰獨大，沒有誰居於主導，而是互相尊重，始終存在，彼此協商，達成共識。

不同黨派在共識決民主體制下，彼此的合作或相異是一種動態過程。今天A黨派與C黨派合作推一項議題，與B黨派及D黨派有相左意見，彼此協商，最後達成共識，這很像中國古話所說，是「群而不黨」的精神。

民主共識決的兩大翅膀正是——兼容並蓄，群而不黨。民主共識決如何能避免寡占的政治型態，導致少數利益團體長期把持國家利益與文化資產，而使得多數百姓失去正當的權利與權益的保障與伸張？

因此，直接民主（Direct Democracy）是糾正或避免菁英聯盟（Elitist Consociationalism）的重要力量。每一個黨派的妥協最終都經由人民的投票予以認可或反對。[10] 憲政學者就指出，瑞士的共識民主制度，其危險是各項決策容易被會前會的政黨妥協機制及既定利益團體所壟斷，因而導致國會失能。共識民主制的缺點是無法創造每一方都能有平等的發言權及影響力。所謂共識決，只是在小範圍的既定權力者及利益者的手中，而不是大多數人民的手中。共識決民主制讓各黨各派，各委員會能夠得到充分協商，比起多數決民主制當然決策耗費更多的時間，不過一旦決策形成，各方都已經為新政策做好實施的準備。

然而，共識民主制的問題仍在於共識不代表創新。由於大家處在一個妥協的狀態，所以創新不容易一時照顧到各方的利益，甚至會暫時性地犧牲某方的利益。瑞士的共識決民主就被評論為缺乏宏偉的創新與學習。

如同全球化的農業產銷，衝擊瑞士本土的農業，農人很容易組織抗議行動，阻止全球化的發展，一方面保護了瑞士農民，但已同時失去了與國際競爭的農業發展與創新。[11]

挽救這種共識決民主的弱點，憲政學者的看法是強化政黨政治的競爭而非妥協。另一方面，直接民主的施行，可以避免少數菁英通過協商機制壟斷政策與利益。瑞士與荷蘭同時採納直接民主，亦即公民創制複決（Referendum）以彌補共識決的缺失。美國有實施直接民主，不過不同於瑞士是全國性的，美國是以州為基礎，進行直接民主，讓公民參與立法及政策制定。

英國以多數決為政治核心，執政的多數黨居於政策主導。德國則是以多數黨為主，結合一、二個小黨執政。這種居多數的主要政黨制度，政黨間競爭激烈，卻也可能具備較大的創造性，但是不容易兼顧各黨、各派的理念與利益；制衡是其維護民主的關鍵。

相反地，瑞士施行的「半直接——共識決民主制度（Semi-Direct Consensus Democracy）」，政黨競爭性低，政黨比例代表讓協商機制能滿足各方的需求，也要求各方必須退讓部分的理念與利益。這種制度和諧性高，但相對地創造性較低。

英國西敏寺（Westminster Democracy）的多數決民主模式，如今是世界主流，支配著多數採行民主制度的國家。而瑞士的共識決民主是少數的例外，[12]這種「兼容並蓄，群而不黨，和而不鬥」的政治體制，有助於社會的穩定發展。然而其創造力與全民參與的機制如何設計，以達成既創新又充分參與的民主理想？是當今共識決民主的挑戰。

審議式民主

哈伯瑪斯提出的審議式民主（Deliberative Democracy），是指公民在一個平等的立場上，在一個公平、公開、互敬的場域中，一起面對共同關注的公共議題，做理性、充分的討論。「審議式民主」不同於「集合式的民主」（Aggregative Democracy），審議民主著重公民的平等理性討論，集合式民主著重人投票數的計算與累積。

審議式民主理論的推動從哈伯瑪斯到羅斯，到柯恩等學者，歸納它的發展已經歷時三代。第一代的審議式民主學者強調理性、平等、尊重、真誠、透明，並且以達成「共識」為其目標。哈伯瑪斯認為，當參與者以彼此互相了解為目標進行論述，他們的目的是達成全體一致共識。

然而，審議式民主第二代的學者 Joshua Cohen 的主張不是爭取共識，而是爭取較佳的決策方案（Better Decision）。因為在現實上，共識是難以達成的目標。

除此以外，人性中的情感與主觀性是不可避免的。過度強調理性、思辨、公共性，很難達成真正有意義的對話與討論。哈伯瑪斯後期就把感受加入審議式民主的討論當中。包括柯恩等人，後期的審議式民主的理論家，把審議式民主的討論模式擴增為「見證、祝福、說服、故事」等各種方法，來增加審議式民主的討論內涵與方法。

見證（Testimony），指的是民眾可講自己親身的經歷與見解，而不是抽象的理念，來增加公共議題的深度與實際的影響。祝福（Greeting），是增加討論成員之間的情懷以及情感的連結。說服（Rhetoric），指的是以幽默或生動的方式講述自己的論點。最後的故事（Storytelling），是講述自己的故事，或他人的故事，對比以抽象的辯論作為公共討論的模式。

這些都是審議式民主不斷演變出來，更符合人性、更有助於公共議題討論的全面性與可行性。

審議式民主的運用，在民主政體裡不只對於公民參與，對於各政府機構的理性討論政策或司法爭議有實質的意義。

哈伯瑪斯就認為審議式的論證模式非常適用於菁英人物，特別是美國大法官的會議，以審議式的方式，而非數人頭的投票決定重大違憲案具有實質的功能。美國大法官是維持憲政體制最重要的機構，但是隨著政治情勢的變化，美國大法官會議一樣是行政任命，雖然是終身制，雖然必須超越行政的干預，但是當大法官們採取政黨立場，理性討論的空間就縮小，人數成為釋憲的關鍵，全民的利益與憲政的精神、正義就會遭到侵噬。這危及民主政治的存續。

大法官對於自身所做的判決給予理由與見解，但如果背後的動機仍是以政黨立場為出發，缺乏真正的理性論證，則無法體現少數智者制衡多數錯誤的機制。以審議式民主的模式，大法官們能理性、尊重、透明的討論，有助維持全體社會最大的公平正義與憲政秩序。

審議式民主也適合於少數封閉式的菁英決策，如總統與內閣成員。這極少數人的決定影響整個國家的前途，避免某一個個人，不管是總統或閣員的個人偏見、情緒或野心驅使，造成國家與大眾的損失，審議式的論證模式讓少數封閉式的菁英決策能得到理性充分的討論，以藉此得出較佳的結論。

就民主政治的代議士言之，當議員在選舉之際，與其造勢大會、舉辦大型演講，以情緒或政見訴諸選民認同，不如舉辦城市會議（Town Meeting），讓市民能直接參與，能直接發表意見，讓立法者、代議士能真正體會、了解選民的處境與心聲。審議式民主與代理人民主（Clintelism）最大的不同就在此。

研究者也指出，審議式民主同質性高，沒有鮮明政黨原則的政治體制，如瑞士，很適合審議式民主的實踐。同樣對於封閉式的委員會議，如國會的各委員會，成員基本互相尊重，審議式民主是最佳的問政與決策之會議模式。[13]

審議式民主也適用於國際的協商，國際的協商具備國家的形式，垂直的服從機構並不存在，更適用於平等、尊重、理性的審議模式，針對各方的見解及利益找出共識、共贏的模式。

非政府組織以志工運作為主，以審議式民主有助於資源的整合，因為非營利組織經常借助外在的力量，包括諮詢、顧問等，審議民主論證模式讓各方人員在平等基礎上將問題作深入分析，不致被某一捐助方，如財團或企業壟斷意見。審議式民主有助於志工的向心力，特別是非營利組織都以信念為運作核心、以慈悲心為出發點，與審議式民主的模式十分契合。

近年來許多國際性或區域性的公益團體，為了促進各公益團體彼此的了解，甚至為促進對立雙方彼此的諒解與接納，以審議民主的方式，將利益或見解不同的各方邀集在一起，以公開、透明、尊重的模式，進行深入的對話與討論。如婦女權利議題、承認同性戀結婚的議題，都以審議民主的方式讓衝突的各方理性地深入了解彼此，化解長期積累的衝突。這種論證場合通常會有主持人、顧問以及幾造的當事人。

雖然這類型的審議式民主會議常常希望以達成共識為目標，但是以實證言之，更多的是對立的雙方取得彼此的了解與諒解，共識並不是唯一的目標。或者原本對立的彼此找出可以妥協的模式與方法，讓衝突從此消失或減緩。這都是審議式民主論證所欲達成的目標。

在大型的國際機構，或國家單位的決策過程中，也會強調公民或一般人民的參與。他們通常會採取選擇一小群基層民眾參與決策的討論，以便讓決策更適合基層之需求。但是這種選擇的另外一個考慮是，這些代表是隨機選擇，這些被選中的少數，未必能代表基層大眾的聲音與意見。因此取樣的多元性與代表比例如何調適才能真正反映民意，是審議式民主決策與論證的一大挑戰。

同心圓的審議共識模式

審議式民主強調層層的參與，以達成政策有效討論，有效決策的理想。共識決民主則是以黨派協商作為政策形成的關鍵力量。審議式民主的好處是充分討論，是過程的善。共識決民主的優點是各方滿意協商後的政策，是一種結果的善。過程的善與結果的善，乃至於動機的善，三者如何融合，是圓型組織論述的核心議題。動機的善就是信念，過程的善是審議的模式，結果的善是共識和諧。

先前提到共識決民主容易落入少數治理，少數協商，寡占利益。審議式民主則不保證能產生最好的決策，因為審議的理想必須是基於人們的善念以及利益公眾之心，而不用操縱的手法或較優的話語權，遂行自我期待的審議結果。審議式民主的關鍵是我們每一個參與者都先不設定結果，而是公平公開的態度傾聽、論說、決策，因此無私是必要的素養。共識決民主是人人必須基於公義之心，才能避免寡占與放棄具備創意的方案，以自我保護為核心，喪失創造力及嘉惠全民的政策與方案。

審議式民主的理性論政對於小規模的人集會固然可以深度互動討論，但把它放在一個萬人，甚至動輒數十萬人、百萬人的集會，這種理性、深度、各有機會發抒己見的機制恐怕難以實現。這也是為什麼審議式民主推動數十年之間，民粹主義、大眾民主依然盛行。

如何設計一個機制讓局部的、小範圍的人民能深度互動，然後再將局部的共識或整合後的意見訴諸於更大團體的集會，這又涉及代表制的模式。必須有代表能為區域性的民眾表達某一特定的事件，在一個百萬人口，甚至千萬、上億人口的國度，只能從每一層次的區域性實行審議式民主論證，涉及國家或整個大城市的議題，由各區域代表再進到國家級或城市級審議式民主會議，進行理性、平等的討論。這很像當年羅馬共和時期的各部落代表的公民會議。

一層一層的審議討論，才有可能實現審議式民主所堅持的理性、平等、深度、各抒己見的論證。我把這個稱作為「同心圓式的審議共識決」。

同心圓的模式中，我們所設計的各區域審議論證之後所選得的代表，可以根據每一個不同議題選出不同的代表。現在民主政治的代議制，一人包攬所有的議題表達，四年或六年才一次機會替換，選民見不到議員，更遑論表達意見。如果審議式民主能在每一個層次都設計出實踐模式，每一次的區域代表如前面所述是依議題選擇代表人選，這符合專業分工的特徵。

這樣的分層討論，或許不如直接民主痛快，但是直接民主集中數十萬至百萬人，根本不可能討論，於是在情緒的表達、象徵性的語言占上風。甚至演變成暴力的訴求，這很容易造成社會的動盪，繼而成為孵化獨裁的溫床。這種審議民主是安全的、穩定的、具代表性的、能理性深度的論證。

當代美國的國會聽證讓各方人士前來表達，多半是利益相關人，或者是利益團體代表，這種模式也是深度論證，但是決定權在少數既有的代議士手上。

審議式民主能夠集合大家的意見，在一定共識決的情況下，如哈伯瑪斯所言，每一個意見都被表達，每一個情境都被描述，每一個可能選項都被充分理解，這對共識決或投票多數決，都是一大助益。

「同心圓」模式的審議式民主能成功的關鍵，在於其核心必須被確認，這核心就是對於公共利益的共同追求。與會者都如康德（Kant）所言，必須是抱持「善意志」，如羅斯（Rawls）所提議必須有進入「無知之幕」的思想準備，必須要傾聽各種聲音、理解各種見解。也如哈伯瑪斯（Habermas）所期待的必須是一個「公平、公開、平等」的發言場域，讓各方各陳己見。而同心圓模式更重要的是必須具備共同的信念。

以信念為核心的同心圓審議式民主論證，才會有善的結果。然而每個人信念不一，何為共同信念？我以善作為共同信念。人的信念可能包括與上帝合一、依上帝行事、榮耀上帝、人民過上好日子、慈悲等觀、順應天道、與阿拉合一，或國家第一、民族第一等。如何能有共同信念？

審議共識決之同與不同

共識決主義（Consentualist）與多元主義者（Pluralist）的衝突就在這裡。共識決主義者認為達成共識是審議民主最重要、最完美的結局，但是多元主義者認為維持某種的不共識才是民主的真諦，因為不可能任何人對任何事都能達成共識。在一些程度上維持不共識，才是個體獨立自主的象徵。[14] 共識決主義者追求的共識，可能來自威脅或壓力或訊息的不充分、不對等，這種審議共識決是假的共識決。如果基於理性充分的辯證，訊息對等充分所達成的共識，才是審議共識決的理想目標。即便如此，多元主義者批判完全的共識預設著任何事都只有一個、客觀的解決之方式。其實很多事的解決方式不會只有一個，因此多元主義者認為，共識決主義者是過度理想與偏執。

多元主義者並不認為審議後的不同與不共識，並不代表審議的失敗，反而是審議的核心，因為容許不同才是民主、自主與平等的精神之所在。共識決的辯證不在形上倫理學的基點上，而是在實務的層面上思考。多元主義者希望保持一種永恆多元的倫理觀點，沒有絕對的是與非，善與惡，對與錯，這是很形上學的倫理觀。共識決主義者則是從形下倫理學的角度來言說，在一個訊息充分對等，依理性充分辯證的共識決，才是民主政治的理想；或者說是善治理的理想。一個議題越形而上，越難有共識；越形而下，比較能產生共識。

共識決主義者沒有否認一個審議會議當中的成員，可能抱持不同的意見與信仰。如同一個場合辯論是否有上帝？或人是否可以達到涅槃？或是否有天堂？或是否有輪迴？這種形而上的見解與信仰不可能有共識，也不必有共識，如同多元主義者所主張的不以共識決為目標，而是增進理解。但是如果是形而下的議題，例如可不可以在學校舉辦宗教儀式？不管是基督教、佛教、伊斯蘭教、道教、巴哈伊教、或無信仰者，在審議共識決的過程中沒有人需要改變自身的信仰。即便無神論者，自由主義者都可以維持自身的信念，但是對於這個議題一樣可能可以達成共識。如從信仰自由的角度言之，限制學校的學生舉辦宗教儀式，是限制宗教自由，這對於自由主義者與無神論者一樣有效，因為自由主義者崇尚的就是個體的自主、自由選擇，無神論者一樣可能認同自由與自主。如果經過辯證，學校校方不能強迫學生舉辦宗教儀式；也不能夠限制學生舉辦宗教儀式；學校不能強迫所有的學生或任何學生參加他不願意參加的宗教儀式，例如基督徒學生可以不參加佛教學生的共修儀式；學校也不能限制學生自願地參加他想參加的宗教儀式，如伊斯蘭學生參加、舉辦自己的宗教聚會與儀式。

這種形而下的審議共識決是可以達到的。多元主義者認為意見的不同，與不同意見的存在是良善社會的根本，共識決主義者也抱持著同樣的主張。共識決不是消弭不同意見，而是在不同信仰，不同意見，不同利益的群體或個人之中，在每一個單一事項找出大家可以接受的決議。

共識決越接近務實性，越形而下。越清楚界定議題範圍，就越不對個人造成捆綁，不會造成整體社會的單一性與狹窄化，如多元主義者所堅持的原則。共識決越傾向形而上，議題設定越模糊，就越容易造成假象的共識，進而局限個人的自由與自主，造成社會或組織逐漸走向單一與狹窄。這是治理的危機。

共識決主義者與多元主義者在這立基點上應該是一致的，只有保持意見之不同才需要審議共識。只有審議共識才能夠持續保證彼此的不同意見與觀點繼續存在，而不被多數決體制可能扼殺少數的意見與觀點。

在不同意見與信念的基礎上，有無某些信念可以被多元主義者（Pluralist）與單一主義者（Monoist）所共同接受。在已知的人類各種意識形態與諸多信仰體系中，善與利他，應該是文明、各信仰都能共同接受的觀點。雖然各人善其所善，這是單一主義者。但是善人之善，是多元主義者。善善與共，是審議共識的目標，天下大同是共識決的結果。

這種審議共識決，以哈伯瑪斯的觀點是必須具備兩個要件：一訊息充分對等。二、理性與證據基礎的自由辯證。羅斯的主張是無知、無成見、無目的、無我。吾人提出的第三觀點是利他，無我、無知、無定見並無可能。人總是有定見、有我、有私。既然如此，那利他有無可能？吾人認為越能利他的審議共識越能達成共識決。審議過程中必須將利他成為審議的核心原則與信念，每一個人的提案都必須說出自己的方案如何能利益對立方與全體社會。如果這種陳述在審議共識決裡被強調與內化，這是利他能成為審議共識決達成共識的良方。

與其「無知」，如羅斯所言，不如利他；哈伯瑪斯的「祝福」（Greeting），轉化成利他更為具體與積極。利己之心人皆有之，然而利他之心一樣人皆有之。制度不助長利己，而是增益利他是制度的目的之所在。建構以利他為核心的審議共識決，是善治理的關鍵及挑戰。

以利他爲核心的審議共識模式

吾人主張的共同信念是善，善就是利他，利益大眾、利益萬物。利他然後利己。以利益萬民為信念，是善。但是每一個人的利益都不同，當大餅有限的時候，分給誰？誰分多少？如何能夠利益每一個人？

羅斯提出最優勢者給最弱勢者最大的利益。吾人的主張是首先每一個人都先考慮如何給利益衝突的對方最大的利益，這是個會議規則。每一個與會者，當談到利益衝突的時候，每一個人的發言都先表達如何給衝突的一方最大的利益。哪一個人都如此，直到大家都滿意，就是最佳的利益各方的方案。

這個論述碰到的第一個挑戰是人都有私心，怎麼可能以利他為核心？

這個問題我留到下一章節，吾人提出長筷原理（Long Chopstick Principle）來闡述新的決議模式。

共創與共責：當今民主的迷思與出路

當今民主最大的議題是大眾不再信任代議制度，代議士不能代表大多民眾的利益，甚至逐漸演變成寡頭民主（Oliarchy）。雖然審議式民主的理論出現多年，但是大眾民主的熱潮不斷地在各地出現，一種直接參與政策的浪潮勢不可擋。但問題是，直接民主實施於廣大的國土本質上就是窒礙難行。特別是當代資本社會不斷地資本集中與自然壟斷，以美國為例，地區報紙幾乎消失，取代的是臉書、推特。這些臉書與推特不具地域性，而且假消息很多（Desinform），無法真正對公共議題進行討論。要實行直接民主，沒有地方媒體，如何能獲知消息，更遑論能夠有凝聚議題、討論議題的機制。

大眾民主的問題如先前所述，容易導致情緒訴求、口號訴求，無法進行有效的審議式討論，加上大眾的情緒容易被煽動，因而造成新的極權之興起。亦即凱撒情節，當寡頭貴族不再能代表民意，人民期待有一強人如羅馬的凱撒，他深受民眾歡迎，但被貴族痛恨並刺殺。大眾民主的結果是促進極權者的誕生。俄羅斯的普丁、美國的川普、土耳其的總統埃爾多安（Recep Tayyip Erdoğan），這些違背憲政精神的分權制度，任由行政權不斷地擴大，都是大眾民主熱潮所締造的產物。

如何避免寡頭，同時不製造獨裁者，而讓民眾的權利真正表達並且被兌現，需要一種新的政治體制。吾人從中國民本思想為出發，在同心圓的模式下，進行區域的直接民主審議，由區域形成決議之後，再派代表上升到城市、國家的審議會議。每一個區域的代表針對不同議題，選擇不同的人代表發言，到大城市的審議會議進行討論與決議。區域的代議人選不要固定，一方面是考量專業不同，不同議題需要不同之專業，二是避免因為常態性、普遍性的代議士，逐漸造成今天寡頭政治壟斷利益與決議的弊病。

城市審議委員會的組成與運作具備六項要素，包括：平等、共責、共創、透明、利他與共榮。

第一、平等原則：區域代表在城市審議會議中，不只是討論，更應該成立執行委員會，具體執行共同的決議，預算由城市的固定政務官撥付。同心圓審議制度並不是取消所有的常設政務官，而是將常設政務官列為審議的一員，甚至主席，但不是裁量者，不是最後定奪者。

第二、共責制度：常設行政官的負責任務是聯繫、協調、歸納議題，調度基層行政與審議委員會一起執行政策。顯然不同之議題構成分殊的審議委員會。執行的過程由執行委員會組成一個專業執行小組，由行政人員共同努力。一方面有效運用私部門的專業與資源，結合公部門的經驗與管道，共同合作達成政策的執行。責任共同分擔，這是共責制。

第三、共創原則：哈佛大學法學院的法哲學大師 Roberto Unger 極力主張當代政經社會需要新的轉型模式，他提出「私部門與公部門」要充分合作，共同締造經濟與社會的創新。傳統的民主模式都是國會聽證，私部門專家提出看法，國會議員代議士，然後自己閉門決定，再交由行政部門執行。行政部門或許按照招標程序，或其他管道，發包某私人機構執行。行政裁量權的專屬，好的行政官能有效執行，但往往也導致貪瀆，或低效能，或施政偏失的情節。透過審議委員的共識、共行、共責，能夠凝聚足夠的專業，再集思廣義，找到最佳團隊執行政策，可以避免常設的行政官員長久在機構的框架下，形成單一的思維模式、固化的專業知識、定型的執行風格，很難達成當今知識經濟所需要的商業與社會文化的創新。

第四、透明原則：當各區域的代表出席城市審議會議，其審議與決議過程通過網路視訊全程直播，讓每位民眾都能觀看，以符合透明原則。

第五、利他原則：如果城市審議委員會的決議悖離區域的決議或嚴重影響某區域的各別利益，其解決方式必須回到長筷原理，亦即每一個利益相衝突的區域，都必須思考如何給對立方最大的利益。長筷原理我們在下一章節會詳細說明。

第六、共榮原則：審議委員會的決議，最後的目標就是各區域與個人的共享與共榮。財富的集中與權力的集中，是當今世界不管是民主社會或非民主社會最大的隱患。實現全民的共享、共榮就必須在全民參與次第審議的過程中，以經濟利益與社會權益的共榮為理想。

以現代的科技能力，大數據的設定與歸納十分便捷，以大數據歸納出經濟利益與社會權益的平均值，以保障基本平均值的原則，並在尊重各別能力付出與貢獻的前提下，達到共榮的目標。

註釋

1. 漢娜・鄂蘭（Hannnah Arendt），蔡佩君譯，《政治的承諾》（*The promises of Politics*）（臺北：左岸出版社，2010 年），頁 43。

2. Dorothy Pickles 著，朱堅章譯，《民主政治》（*Democracy*）（臺北：幼獅出版社，1978 年），頁 34。

3. Tam'as Nyirtkos, *The Tyranny of the Majority*, (UK:Routledge, 2018), p.14.

4. Tam'as Nyirtkos, *The Tyranny of the Majority*, (UK:Routledge, 2018), p.22.

5. Robert A. Dahl, The Preface to Democracy Theory, (USA:The Chicago University Press, 2016), P.51.

6. James Madison: The two great points of difference between a democracy and a republic are, first, the delegation of the government, in the latter, to a small number of citizens elected by the rest: secondly, the greater number of citizens, and greater sphere of country, over which the latter may be extended. Federalist No 10, 1778.

7. Harvey C. Mains-led, *Democracy and Populism*, (NJ:Transcation Publishing, 1995),P27-30.

8. John G. Matsusaka, *For the many or for the few: The Initiative, Public Policy of American Policy.* (Chiago Publishing Online, 2013). P. 2.

9. John G. Matsusaka, *For the many or for the few: The Initiative, Public Policy of American Policy.* (Chiago Publishing Online, 2013). P. 14-15.

10. Wolf Linder, *Swiss Democracy: Possible Solutions to Conflict in Multicultural Societies*, (London:Palgrave Macmillan Publish,2010) p.143.

11. Wolf Linder, *Swiss Democracy: Possible Solutions to Conflict in Multicultural Societies*, (London:Palgrave Macmillan Publish,2010) p.144.

12. Wolf Linder, *Swiss Democracy: Possible Solutions to Conflict in Multicultural Societies*, (London:Palgrave Macmillan Publish,2010) p.151.

13. Andre Bächtiger, John S. Dryzek, Jane Mansbridge, and Mark Warren, *The Oxford Handbook of Deliberative Democracy.*(UK: Oxford University Press , 2018), p.15.

14. José Luis Martí, Pluralism and consensus in deliberative democracy, *Critical Review of International Social and Political Philosophy*, (Published online: 26 May 2017). To link to this article: https://doi.org/10.1080/13698230.2017.1328089

第十一章——聯邦制組織

聯邦制（Federation）的精神是自主管理（Self Rule）以及共同管理（Shared Rule），他們沒有一個強勢的中央政府，而是每一個政體都是平等的、獨立自主的、又是協同合作的。聯邦體制避免中央集權的強勢政體出現，壓迫少數人或弱勢政體，甚至導致多數暴政或少數暴政。各聯合政體共同制定的憲章，不能由任何一方任意更改，必須全體多數表決才能夠施行。各政體有自主政府、獨立的財務權及行政權，聯邦的中央政府具備軍事及外交權，各政體一樣具備國際的角色。

單一國家政體的中央政府，其立法機構具備極大的權力，可以否決或立法剝奪地方政府的權限。比起單一國家的政體，聯邦體制的中央立法機構不具備這樣的權力，各政體的自主性是最高原則。聯邦體制最初是美國開國所採用的制度，比起今天，當時各州仍相對獨立。美國聯邦共和國在兩次世界大戰以及經濟大蕭條之後，已經逐漸走向中央政府權力集中與擴大的政治現實，從傳統的扁平體制，走向金字塔型的體制。

所以近代對於弱化中央，各政體平權的體制比較不使用 Federation 一詞，而以 Confederation 邦聯取而代之。邦聯制比起單一國家的中央政府或聯邦政府的中央最高決策權相比，是一個鬆散的、平行的，依據彼此締結的盟約或憲法，讓各政體擁有極大的行政裁量空間。他們可以自由退出邦聯，如同今天的歐盟就是類似這樣的組織型態。

歐盟有訂定憲法，但是成員彼此平行、對等，成員可以退出，如英國自行脫歐一樣。成員具備一定的公共約束與權利，彼此互享、互惠、共榮。美國從一七七六年至一七八七年，瑞士從一二九一年到一八四七，跟今天的歐盟一樣，都是實行平行連結的邦聯制度。

邦聯或聯邦制，最早提出這理論的可追溯到十六世紀的德國法官約翰尼斯・阿爾圖修斯（Johannes Althusius，一五五七—一六三〇）他在他的著作 Politica Methodice Digesta（Althusius 一六〇三）當中提出他所屬的城市 Emden 是一獨立自主，既不隸屬路德教會，也不隸屬天主教會。約翰尼斯深深地受到法國喀爾文教派的影響，認為人在上帝之前都是平等的，沒有誰能隸屬誰，政治體制更是如此。喀爾文教派主張人類應生活在自然出現的領導人，而不是在暴君底下。喀爾文認為人類生活的重心與主宰都應該歸屬於上帝。

約翰尼斯堅決主張人類是生活在共同合約的社群之中，任何人都有權阻止不當的權力加諸於其他人之上。約翰尼斯抵抗神學政體（Theocracy），推動非宗派、非宗教的「契約政治邦聯理論」（Non-sectarian, Non-religious Contractualist Political Theory of Federation），防止國家政權的干預，即便是為了促進信仰的理由，也不允許國家介入城市獨立自主的生活。

孟德斯鳩在《論法的精神》一書中曾說，聯邦制度不管對於大的政體或小的政體都有諸多好處。小的政體可以介入聯邦機制的建置，以避免權力的濫用，壓榨少數族群與政體。聯邦之中大的政體可以用優越的軍事力量保護小的政體，促進彼此的安全。經濟上也是如此，它能夠實現互惠互利的極大原則。聯邦的機制能創造各政體間彼此的監督與制衡，才不致發生一個政體攻打或壓迫其他政體的情形。

蘇格蘭哲學家休姆（David Hume，一七一一—一七七六）則認為，聯邦政體的中央政府應該扮演更積極與有力的角色。他反對孟德斯鳩的無數小國結合成聯邦的想法，他認為大國才是最穩定的政體。大國之中實現民主制度，不但能夠讓民眾與各州都能參與立法，避免極權、壓迫，大國的民主制才是最好的協約共和體（Commonwealth）。

休姆的主張是各政體的立法，中央可以推翻，中央具備廣大的權力，因此一般不把休姆列入聯邦政體的倡議者。但是美國開國元勳之一的麥迪遜（James Madison Jr.，一七五一－一八三六）同意休姆的看法，在廣大的國度中，民主的設立會避免少數暴政以及多數暴政。因為大國家中的利益與信念不一，很難絕對的多數，因此多數獨裁與少數獨裁都變得不可能。麥迪遜與休姆的理想是建立一個中央具備至高權力，地方擁有相當自主權的單一國家聯邦民主制。雖然如此，麥迪遜強調應該給各州相對的自主權，以保護並促進那些中央政府可能忽略的地方權益。

康德（Immanuel Kant，一七二四－一八〇四）觀察了美國憲法會議的結論之後，寫了《永久和平》（*On Perpetual Peace*）一書，康德認為，美國憲法所標示的聯邦不只是聯合各邦，而是聯合每一個個人。康德認為聯邦政府不需要擁有極高或至高的權力，它的存在不是加諸於各州法律或公平正義，而是維持避免任何一州，或任何一人的權利受到侵害。中央政府的角色是消極地預防侵犯，而非積極地介入各州的運作。

當代政治哲學家漢納・安娜不信任中央集權的單一國家體制，也擔心工業化促使國家具備過大的對人民及各地方政體的控制能力。她認為共和聯邦的主要意義在於使各政體能相互維持平衡與制衡。小中央，大地方，小政府，大人民，是聯邦體制的核心思想。這思想類似中國儒家孟子所倡言：「民為貴、社稷次之、君為輕。」

總結延續四個多世紀聯邦政體思想的辯論，歸納出聯邦制具備諸多優點，包括：

第一、聯邦制度會預防戰爭以及減少戰爭的可能。各個獨立的政體加入聯邦體制，能夠緩和彼此的衝突與可能的侵略活動。

第二、聯邦制度有助於各政體之間的經濟與貿易的交往，去除壁壘，締結有效合約，促進彼此的合作，進而取得國際市場的優勢。

第三、聯邦體制能夠節制各政體中所可能發生的對個人的人權所造成的侵害，聯邦政體可以保障弱勢族群不至於在個別政體中受到壓抑或迫害。

第四、聯邦體制的中央核心單位，能夠扮演各政體之間協調工作，設定共同的目標，促進各方位的合作。

第五、聯邦體制能夠提高政治影響力，讓小的政體具備決策權，以避免聯邦體制對大的政體進行傾斜。

第六、聯邦政體的職責是基於維護各政體共同的善，敦促遵循共同的價值，追求彼此的繁榮，推動有效的立法，協調政體間的財政援助，保障個人與各政體的基本權益，實現對等、公平、公開的聯邦精神，促進各政體長期的和諧與共榮。

歐盟目前組成的體系是一種類邦聯制。二十八個國家的領袖組成「歐洲理事會」，共同擬定歐盟的各項政策，然後交付「歐洲議會」表決。歐洲議會由各國依人口比例派代表，不管人口再怎麼少的國家，至少都有六個代表席次，目前總共有七百零五個席次。政策的執行則由「歐盟委員會」負責，每一個國家一位代表，負責各項事務，包括財政、經濟、環境、人權等，每一個部長都各有分工，財政則是二十八個國家一起參與。

歐盟的組織特質是公平地保障各國的權益，沒有誰是主導者，每個國家都是對等，這種共治的模式保障歐洲各國的平等互惠，當然也衍生不少問題，特別是財政問題，經濟弱勢的國家向歐洲銀行貸款，如希臘，造成其他各國龐大的財政負擔。還有難民問題，歐盟各國的意見難以取得一致，造成各國民意反彈，英國脫歐的原因也是財政與難民問題，才以全民公投表決脫歐。

聯邦制度的好處是對等、平衡、穩定。但由於它不是一個直接民主的制度，歐洲人民無法直接監督，也無法直接選舉，因此有點類似寡頭政治、菁英政治的模式，其成果如何取信於民是一大挑戰。英國製作的紀錄片主要批判歐盟行政官員都是職業政治人物，從各國退休了，就到歐盟工作，領取高薪及優渥的各種津貼，而歐洲人所繳的稅，完全沒有監督系統。這與英國信奉已久的民主精神大相逕庭。

不管是何種制度，其成功總是建立在領導人的無私與為民之上，其失敗總是根源於私利與專斷。民主制、君主制、寡頭制、聯邦制，都是如此。

共創制（Holacracy）

在經濟領域中將聯邦精神注入企業管理的應屬於共創制。共創制是布萊恩．羅伯遜所創立，第一個使用他的模式的是美國費城的 Zappos。共創制的精神是建立一個以原則為中心，非以人為中心的治理模式。它不遵循金字塔的決策模式，不是總裁說了算，而是每個被賦予的角色都有最高的自主權，在自己的工作職權中，自己判斷、自己負責。

布萊恩（Brian J. Robertson）實行共創制的第一步就是要總裁寫下切結，將權力下放給每一個工作夥伴。總裁不會再過問一項工作該如何進行，全部是自動自發地進行。只要目標與原則確立，只要每個人的角色（Role）確立，大家在工作圈（Circle）裡各自努力，布萊恩改變過去金字塔型的管理模式，以圈的模式進行工作的分配與執行。每一圈有若干角色，圈裡的工作群彼此討論、諮詢，但是「角色」自己最後定奪自己各分內事務應該怎麼做。沒有上級能夠改變或指揮你，你自己決定、自己負責。

布萊恩比喻就像人體的功能一樣，人身體的每個細胞都知道自己怎麼執行工作，肝細胞排毒、膽細胞排油、腎細胞排除水分、腦細胞傳遞、T細胞掃除病毒等。人的身體只有各種不同功能的細胞，沒有所謂老闆細胞。每一個細胞都是自主，都各自執行應有的功能。共創制也一樣，每一個人在原則及目標的確認下，自我賦能、自我負責。所需要的是協調，是討論。

目標明確（Define Purposes）、範疇清晰（Explicit Domain）、責任分明（Expected Accountability），是共創制各個「角色」依循的工作原則。

想像每一個人都各職所事而不會產生衝撞與混亂，溝通聯繫的功能設計至為重要。共創制設計連結的角色稱為領導鏈（Lead Link）。領導鏈來自外部，但不是外部長官，他的職責是了解某一工作圈內的工作內容是否符合原則，確定該工作圈是否與其他相關的工作圈在同一個目標前進。但是領導鏈不能告訴任何圈內的角色如何執行他們的工作，也不能推翻角色在其職權內的任何決定。領導鏈的職責在溝通連結各圈的工作能協調分工順暢，並朝同一方向前進。

相反地，代表鏈（Rep Link）就是來自圈內角色，他代表自己的工作圈，與外部的工作圈討論分工協同，或一起解決困擾彼此的問題，一起面對不管是來自組織外部或內部的環境變化與挑戰。

在共創制的治理中，最高的圈（Circle）稱為主導圈（Anchor Circle），主導圈主要的工作是創立新的圈工作群。當有一個新的任務被組織認知，主導圈可以成立新的工作圈，安排物色圈的角色。這些角色可以爭取，可以自我推薦，經過主導圈的成員同意即可。在每個工作圈裡也有負責評估工作效率的角色。由於共創制的組織很強調透明化，每一個人的工作成果，彼此都能認知，因此當某個角色工作表現不如預期，這時圈內負責評估的人可能會勸退你，或和你討論如何重新界定你適合的角色。

大的工作圈也設置跨界鏈（Cross Link），讓每個次工作圈能協同一致。工作圈也設置 Facilitator 負責會議的召開，Secretary 是會議的各項文件準備與紀錄。當各工作圈，或圈內的角色出現衝突或張力之際，Facilitator 的職責是確立開哪些會，哪些角色參加，以解決當前急迫的問題或工作調整的問題。角色是可以調整的，圈是可以增加的，一切都在會議中共同決定。

布萊恩實踐下的共創制董事會一樣可以遵循圈層的模式決議。董事會圈裡大家各自分配一些工作，與主要客戶連結，負責公司的重大發展之規劃與意見。最重要的是共創制下的董事會，不以股東利益為優先，而是以公司的宗旨實踐為優先。共創制的憲法第一條就是明確化公司的宗旨與目標。董事會的職責是確立公司實踐了它所設立的宗旨與目標。宗旨與目標設立應該儘可能的高遠，不落入具體的事項，才具備更強的趨動力與認同的擴大。

布萊恩認為，共創制不是共識決，而是依循原則與規範行事、討論、決議。它是平行的組織，但是架在一個規則之上的平等。

共創制的優點是責任分明、自主創造。比起共識決，它更給予個人自由的裁量權，同儕給予意見，但是角色自己決定，此稱之為責任家長制。稍後篇章再繼續討論。

比起東方文化，共創制在西方的體制下，人人遵守規則行事，不太涉及個人情感，也不把個人情感過度地投入工作或討論之中，成就的是個人的創造力不被組織或官僚階層所扼殺，它是創造力的解放。但是共創制當遇到大型組織，牽涉的工作更為複雜，需要的溝通更頻繁，想像一個數百圈層，或數千工作圈層的組織，如何能夠協調運作。

研究也指出，目前運用共創制的數百家公司當中，百分之六十以上是一到五十人規模的公司。[1]大型機構的扁平、透明、自主不是不可能，挑戰在於人員的素質與協同的能力，其關鍵不只在於規則的遵守，更在於成員信念的堅定與貫穿。如此才能維持大型組織的成員之「自主創造」、「協同一致」以及「公平公開」。

布萊恩的設計裡禁止總裁向角色提出指導意見，但他也許沒有限定總裁扮演一個設計者的角色，如賈伯斯親自指揮設計蘋果手機及電腦，相信在當時的蘋果電腦中，沒有人比他夠具創意。另一方面，在共創制中如何決定一個公司將圈內所有的精力集中在少數幾個產品，如賈伯斯一樣以總裁的身分調動所有的資源之蘋果手機的開發。如果這樣的決定要各個圈都同意，蘋果手機與電腦是否能被創造出來？賈伯斯的獨裁與共創制似乎不是同一個模式。這就是民主與極權的對比，各有分殊，各有經驗與偏重。

顯然共創制在尊重每一個人的自主創造權之際，是否考量人的能力之差異，以及資源配置不可能一致性的現實。聯邦制或共創制如果缺乏一致的理想與信念，如果缺乏對於組織的高度認同與凝聚，自主的創造可以是一時的滿足，但它必須在一個價值鏈上，以及情感鏈上，才可能持久不衰。

在下一章節的「圓型組織」之中，吾人將組織界定在以信念為核心，闡述圓型組織的運作，如何讓機構都能真正實踐公平、對等、公開、自主與協同的組織特質。

註釋

1. Emil Velinov, Vasko Vassilev and Igor Denisov, Holacracy and Obliquity: contingency management approaches in organizing companies, *Problems and Perspectives in Management*, Vol 16 , 2018, P330-335.

第二部分

圓型組織的概念與實踐

第十二章——圓型組織的發軔

在探討圓型組織之前，我們先回顧、重述家長制、卡理斯瑪制、以及官僚體制的特質。韋伯認為這三種特質的組織是此起彼滅，卡理斯瑪會推翻家長制的倫理階層，建立新的以信念為模式的領導風格，有別於血緣與親情為主的家長制。卡理斯瑪不可能長期維持，卡理斯瑪的聖格領導之後期必然走向科層官僚的法治化與例行化。因此科層化的到來，正預示著卡理斯瑪的結束。

從吾人研究的個案中，慈濟功德會卻是具備韋伯所述的三種組織的特質，這三種組織特質同時並存。這三種組織的相異特質在證嚴上人的聖格領導下並存、共治、共榮。雖然如此，在聖格之後的慈濟功德會如何維持這三種類組織持續運行？如何將家長制、卡理斯瑪以及法制化同時整合在「圓型組織」的架構下？是吾人論述的重點。

本書的圓型組織以慈濟為例，但不限於慈濟的組織。圓型的概念由證嚴上人提出，其實仍在修正與探索之中。因此本書主張將慈濟的圓型組織的運作理想化、概念化，不落入慈濟的實踐自身可能產生的的各種優劣、榮困，而把韋伯三種類型的組織融合在圓型的概念之下。

本書對於圓型組織的論述分為兩個部分，第一部分我們從一般性的觀點討論家長制、卡理斯瑪與官僚體制的當代轉化。第二部分再回到慈濟組織的個案研究，探討具備這三種成分的組織，如何歸結到圓型組織的運作當中。

家長制

首先家長制組織的緣起是情感、是愛。因此，人是家長制的核心議題。

因此在決策上放家長制的組織，人比事、人比理重要。這有兩個層次，一個是人的和諧比做事重要，不因為事情讓人與人關係出現裂痕或衝突，這在組織中是正面的。但是也可能會造成為了人和而犧牲了優好的策略或計畫，因為人和，所以會議中難免說正面，不說負面，造成真正的問題可能被隱藏；或大家都知道問題所在，但不敢討論，以致沒有及時找到解決的方法。

人比事重要也表現在人的角色不同，或是人際資源不同，或德行不同，說話或決策的力量也不同。人，是家長制決策的核心與關鍵。

這種決策形式最應該避免的是會後有會，或會後有議。一件重要的事，大家在會議討論過離開會議室之後，一位已參加或未參加但具有影響力的人提出反對，很可能剛剛的決議就默默地被推翻，造成會議無效、結論無效；或因為有一具備影響力的人在會後反對，整個案子就可能擱置，這在家長制的體系裡是常態。會議不會是對等的，每個人都帶著身分到會議場上，哈伯瑪斯強調審議民主的模式，要公平、平等、尊重，在家長制的體系中，不容易實現。

一個好的情境是，人人互敬、互愛。重視每一個人的意見，如佛陀所說的四攝法，「布施、同事、愛語、利他」。如證嚴上人強調的，感恩、尊重、愛，應該可以闡明家長制體系中最好的決策原則與理念。

家長制的特質是對成員沒有訴諸條文或形式化的強制性，因為這是一個家，所以會議的出席不可能強制。即使不出席，或違反會議的程序，有的是同儕壓力，而不是經由處罰，或如公司、政府機構，情節嚴重者就開除或懲處。家長制中，一切是環繞在自願、信念的基礎上運作。其益處是，成員自動自發，基於共同信念與情感而產生深刻的互動；其負面的演化是，不認同某項議題，消極抵制，所謂「默擯之」——對人、對事，不喜歡的不吵、不鬧、不說，但是默默抵制、不出席會議、或會議後不執行。這種局面出現在家長制的體系中，除非有影響力的人站出來要求，例如大家長出來呼籲了，大家開始有動作。這種自願但無強制力的體系，容易造成組織的遲緩、僵化、低效能，以及人際的嚴重折損。

信任與任用

家長制的組織型態如同韋伯所言，信任是家長制用人的關鍵。人與人的互動，特別是跟大家長的互動形成任命與否的關鍵。不管是中國傳統的朝廷，師生門第、與君王之間的親疏遠近關係，決定了該成員的職能與職位。這種以人與人的信任與親疏作為用人的標準，具備很強的凝聚力，但是也失去了內部必要的差異化，甚至削弱對自身的反思與對議題的充分辯論。

如何在信任的基礎上容許差異化，容許反思，容許個人的獨立性與自主性，是家長制的挑戰。

中國傳統儒家的家長制奉行的是：君君、臣臣、父父、子子。上下遵循，恭敬從命。君要臣死，臣不敢不死，荀彧之於曹操者是；父要子死，子不敢不死，扶蘇之於秦始皇者是。君臣、父子、夫婦、兄弟、朋友，倫理差序格局儼然分明。在這樣的體制下，天下沒有不是的父母，父子孝道，君臣之道，兄弟之恭，同儕之義，都是奉行的圭臬。如此一來，倫理階級次序決定了決策的權力與權益的分配。

慈濟靜思精舍是以佛教思想為主，佛教強調平等觀，強調人人皆有佛性。因此團隊的運作比較是自願式的、非強制性、出於理念與和諧的基礎上分工運行。

慈濟靜思精舍的領導人證嚴上人是一位具備聖格的領袖，他的領導無可置疑的能服眾，能讓出家弟子與在家居士拳拳服膺。

家長制的成功關鍵在於聖格的領導與維持。大禹治國是家長制，國土四分之三分封給自己的子弟，天下無人有怨言，因為大禹之德巍巍浩瀚。但是如果家長制落在一個才德不足的領導人身上，其問題顯而易見。古代中國的昏君不勝枚舉。

德行與家長制

聖格是家長制的體制所追求的。聖君以天下百姓為己任，英明獨斷，忍人不能忍，視人所不能視，行常人所不能行。因此絕對的權力賦予聖君，百姓安定富足、群臣和睦無爭。但是付諸其他的領袖，置身在家長制的體系中，其德有所疏漏，就會出現以親疏用人，以信任選才，造成的結果是組織發展遲緩，內部缺少差異性，造成問題的解決趨向僵化一致。甚至為了討好大家長之信任與重用，派系之爭，在中國每個朝代後期都不斷地出現。

天主教的教宗與主教是類似家長制。教宗在羅馬教區，主教在各教區具備絕對的權力。任何委員會只是提供他意見，他可以乾坤獨斷。當然天主教教宗並非集權力於一身，今日的天主教教會，主教在教區有絕對的行政權力，教宗是天主教教義的最後定奪者。傳統家長制是以世襲為主，天主教是以選任為主。與家長制有所不同，但所具備的權力性質具備相似性。君主制是國家化的家長制，一國之君是天下人的大家長。

中國傳統政體期待聖君的出現，是老百姓最大的盼望，但聖君可遇不可求。從堯舜禹，到漢代文景之治、漢光武帝、唐代貞觀時期，宋神宗之變法、明朝萬曆皇帝中興、清朝康熙皇帝，歷代聖君百年不遇。因此，家長制的維繫在於大家長的德與智，德治是家長制的核心。

在當代的社會中，傳統家庭解體，大家庭中的家長制已不復存，家庭中的親子關係越來越像朋友，傳統朝政已經消失，取代的是法治，以法治國。家長制在宗教組織裡面依然存在。只不過這裡的家長制已經不是世俗血緣的家長制，而是以修行、以法為中心的家庭組織。

這樣的大家庭組織，其大家長應如何扮演？聖格固然是第一位，如同天主教教宗是聖格領導，以行政言他只負責羅馬教區，其他教區的主教由他任免，但是管轄權是地方制，主教只要每五年向教宗寫一份報告書，其餘都是由主教作主。除非遇教會的重大事件、或教義的正義，教宗會召集各主教進行會議與討論，最後決定權在教宗。

家長制的當代轉化

教宗與主教在屬地是大家長，而整個天主教就是一個大宗族，以信仰為核心的大宗族，信徒與教會榮辱與共，信徒視教宗為耶穌的現代化身，其實每一個主教在教義中都是代表耶穌執事，照顧他們的屬民、信徒、羔羊。主教如耶穌是牧人，信徒是他們要照顧的對象，是羔羊。這信仰家族、信仰宗族在人類歷史上一直存在著。包括摩門教也是一個大宗族，規模小於天主教，但是成員向心力強，世界各地的摩門教徒互相支持、照顧、守望。亦如基督教的長老教會、浸信會、明愛會，天主教的耶穌會、修女會，都是大型的宗族團體。成員選出大家長，以德治，以信仰為共同基礎。

在世俗的世界裡，傳統的國家之家長君主國王，在英國已經蛻變治理但不管理。英國國王制度於今猶存，國王或女王是國家的象徵，是國家不可動搖的凝聚力量。女王形式上任命宰相、法官、議員等，一切的國家機構都是以女王為最高領導來治理。首相可以徵詢國王意見，但不必聽從；國王可以給首相意見，首相也只是參考。二次大戰期間喬治國王（伊麗莎白女王的父親）就給過處在極端沮喪的邱吉爾首相建議，當邱吉爾夾在內閣成員準備投降希特勒，與他堅持要抵抗納粹到底的政治衝突及破裂之際，喬治國王建議他「去傾聽民眾的聲音」。喬治國王說他堅決支持邱吉爾，不想當流亡國王。邱吉爾後來搭地鐵去傾聽民眾聲音，堅定了他反抗納粹到底的決心，最後邱吉爾說服了內閣與國會，團結英國傾其全力抵抗希特勒的侵略。

英國國王作為現代民主法治社會的大家長，他絕不介入政治紛爭。對於英國兩黨的爭鬥，他不可以表態。他也不直接向民眾或外界表達他的政治見解，所有對於政策的意見，他只能跟首相說，因為首相是最高的行政權。

那為什麼國王（或女王）還要存在？為什麼國王（或女王）仍受到英國百姓的極高推崇？因為他代表英國的精神與傳統，他是英國人榮耀與民族自信的象徵。

一如日本天皇在日本人心目中的地位。天皇代表日本，從大和創立日本民族以來到今日，天皇維繫日本人民族認同與向心力。二次大戰期間，美國希望日本投降，但是估計要日本投降，美國還可能要犧牲一百萬以上美國士兵的生命。所以羅斯福總統與軍事幕僚決定以原子彈轟炸日本，逼迫日本早日投降。幕僚提議轟炸東京，但是審慎商議之後，決定不轟炸東京。因為轟炸東京天皇會喪生，日本將陷入混亂的狀態，日本人會全民皆兵，戰到最後一兵一卒，因為如果殺了他們民族的榮耀與延續的象徵，他們會拚死雪讎。也因為天皇不在，日本將沒有任何人有能力決定投降。所以美國決定不轟炸東京，果然轟炸廣島、長崎之後，日本天皇宣布投降，結束了第二次世界大戰。

不管從宗教的神聖與世俗的意義言之，聖格家長制的當代轉型，已經走向精神的傳承與宗族的延續象徵。離開管理的角色，因為現代社會的分工，不是聖人的繼承人就能夠管理。也因為民主的選舉，任命傳統君王的制度必須讓位，但是他的精神與價值卻仍然堅定的保留。

君主制的消亡或轉化有其歷史的背景。從十五世紀英國的君主與貴族訂定盟約簽訂大憲章開始，國王課稅必須與傳統貴族商議，特別是與新興的城市貴族，這是早期議會的開始。議會制度如我們先前所探討的從羅馬共和開始，元老院的設立是制衡君主的專制，也平衡、匡正執政官的疏失。因為一人的英明可能及於一時，但無法長久。因此羅馬退休的執政官成為元老院的議員，以繼續監督甚至與執政官一起處理政事，這是一種共同的智慧與互相制衡的體系。防止一人獨斷，如暴君壓迫多數人。預防一人智慧缺失，即便聖君都需要賢明的大臣協助治理。

君主制的轉化過程有些是革命，推翻君主，有些是緩進如英國逐漸走向依法治理的議會制。日本的君主立憲以類似的模式轉化成為現代國家。

傳統君主的轉化

在中國，過去的君主制就是家天下，君王就是天下的大家長，是天下人的父親。賢明聖君有之，但昏庸之輩更多。滿清末年的腐敗，光緒皇帝希望以君主立憲改革中國積弱的情況，但是失敗，慈禧太后持續把持政務，最後被孫文的革命推翻。但是君主的概念，追尋聖君的概念，在中國文化的底層並未消失。所以不管蔣介石的專政，或是毛澤東的治理中國，都推離不了帝王的形象。不只是自我的認定，更是百姓、百官無形中所推崇致之。聖君制度在中國文化的底蘊中如果仍然存在，其如何轉型，如何定位，是中國文化底下的組織面臨的課題。

聖君的施政是一時的，但是聖君的典範卻可以影響久遠。典範可以形成文化，也可以構成體制。例如儒家的「以民為本，社稷次之，君為輕」的思想，是從堯舜禹湯所流傳下來的文化。君王以民為本，不是以自己為本。君王必須造福百姓，而不是要百姓伺候他。他不是為著自己的權力，而是為著天下萬民的福祉。

儒家的這種君主制其實是流動的，不是先驗的。雖然儒家強調階級的次第，「貴賤有等，長幼有差，貧富輕重皆有稱者」，這是重禮的儒家的政治社會觀。但是這種階級次序的「禮」的本質是共同性，不是分別性的，不是基於固定不變的身分，而是誰具備禮，誰就擁有或貴或賤的身分。如荀子所言：「王者之論，無德不貴，無能不官，無功不賞，無罪不罰，朝無幸位，民無幸生。」「雖王公士大夫之子孫也，不能屬於禮義，則歸之庶人。雖庶人之子孫也，積文學，正身行，能屬於禮義，則歸之卿相士大夫。」[1]

以今日言之，有德者治理，才是君主制的當代意義。有德行，重禮義之人才治理國政，是儒家的理想。因此傳統上認為儒家的禮是一種固定的階級次序，那是納入權力結構的儒家政治體制，理想的儒家政治體制是有德、有禮義才是治理的關鍵。因此儒家從私塾到學院，從庶民到王公經典學習，是傳統中國對於治理者素養的培育場域。

德，在西方德政思想同樣被強調。蘇格拉底的思想在柏拉圖《共和國》一書裡言明，統治者（Ruler）是為著被統治者的利益，而不是為著自身的利益才是正義（Justice）的真諦。

佛陀在《本緣經》描述自己過去生中，有一世曾為一仁慈的國王，當國內饑荒，人民缺糧，他自願化作一條大魚，供所有的飢民食用。這是聖君不以一己之私，放諸天下之公，而是以天下為公，放棄一己之私。

「為公」、「無私」，在近代西方的政治思想中，這都是違背了人性的基本特質。對於人自私的承認，因此創造制度予以制衡，是近當代西方的政治思想。西方政治哲學從孟德斯鳩的三權分立，到美國開國元勳麥迪遜所害怕的不管是「多數獨裁」或「少數獨裁」，因此設計「分權與制衡」。他們不相信一個人擁有權力後，能節制權力的欲望，這是美國憲法之父麥迪遜對人性基本的假設：任何人擁有權力都希望擴張權力，任何擁有權力的人，不管是多數或少數或一人，都會去壓迫其他人。這是麥迪遜的基本觀點，美國憲法正是基於此假設而設計。

美國憲法呼應亞里斯多德的政治哲學，君主、貴族與民主，三者要混合。混合比例依時代有所區別。美國憲政也體現了羅馬共和精神，有獨立決斷的行政權，由人民選出，不受國會的絕對牽制。國會能制衡總統，但不是絕對，不是永遠都能如此。國會是由公民選出，還有司法的獨立性，這是結合共和體制，君主、菁英貴族與人民大會三個架構建立起來。而直接民主的設計，是預防當共和體制失靈，直接民主就會崛起表達人民的心聲。這都是美國憲政的重要基礎。

但是中國傳統的政治基礎不是建立在制衡，而是建立在共同的文化信仰之中。君王與群臣與百姓都必須奉行天道，在以儒家追求天理與禮義的歷史進程中，天道是全體中國人共同遵循的依歸。皇帝是奉天承運，是奉天時，奉天命而統治天下。儒生為大臣，掌管輔佐皇帝，但是必須以天道，以仁義為之。如荀子所言：「修禮者王，為政者彊，取民者安，聚斂者亡。」違背天道的君王終自取滅亡。而對於不奉天道，不修禮義的君王，儒官不予支持，而且退居山野，但儒者進退皆不離天道。

儒家官員最高的信奉不是君王，是天道，是仁義。君王符合天道仁義則輔之，離天道則避之。在儒家的治理中，君王與群臣是環繞著共同信念，共同價值，共同承擔天下的禍福，共同肩負為民謀福的責任。這是共責制，是中國文化對於治理的基本哲學。這與西方政治思想以懷疑人性並加以制衡有所不同。

北京大學樓宇烈教授說明中國古代君王不是可以為所欲為，而是必須共同接受禮法的制約。

「過去的君主沒有我們想像的那麼自由，尚有家族內部、臣子等等的監督。君王其實有很多監督機制，如諫官、御史。中國的法治應該包括刑法與禮法兩個方面，甚至禮法比刑法更根本。以刑來解決問題的，叫政治；以禮來解決的，叫德治。刑德並用，刑禮並用。」[2]

在「以民為本」、「以禮法治理」的前提下，聖君出，則聖君治；明君出，則賢臣治；昏君出，賢人則退隱山林，這是儒家政體的基本思想。儒家並不主張以武力推翻君王，除了孟子所說，「聞誅一夫紂矣，未聞弒君也。」紂桀之暴君，可誅之。荀子也說：「天之生民，非為君也。天之立君，以為民也。」「臣或弒其君，下或殺其上，粥其城，倍其節，而不死其事者，無他故焉，人主自取之。」儒家的本體思想是以仁義禮法為中心，不是以君王為中心，這體現民本思想。雖然如此，面對昏君，中國傳統知識分子很少起兵造反，比較是無道則隱，所以當邦無道，中國歷代都是底層英雄領袖起身造反。這跟儒生深繫王權，自己常常是權力的一部分，很難脫身。權力的固化已深，很難超越。

總之，聖君百年不遇，中國歷代聖君輩出的朝代並不多見。一個朝代出一個聖君，一、兩個明君，已是難得。聖君之後的繼承，經常是王朝的一大挑戰。

中國朝代一開始的君王總是賢明的聖君，開創帝國之初，憑藉著各人的人格與智慧，結束亂世，建立新朝代，讓百姓同享太平。但是王朝中期之後腐敗逐漸衍生，土地兼併，官吏貪汙，一有大饑荒，百姓無處可去，揭竿而起，推翻王朝，建立新的世代。聖君之後的例行性與官僚化，也是中國古代王權無法一直維繫，開萬世太平的的原因。

權力的固化使權力終結，歷朝歷代的衰亡莫不跟權力的固化有關。權力形式化、制度化、封閉化，君王身邊的皇親國戚，宦臣黨羽，圍繞在固定的王位繼承體系中，爭食天下人努力的利益，權力固化形成，器綁架了道，既得的權力體系綁架了禮法。甚至禮法成了權力的工具，維繫不合理的權力結構繼續存在。君王與朝臣行禮如儀，儒生的官僚們各自生活在舒適的權利框架裡，不再如王朝初期般理解民意，反映民意，解決民需。王朝初期的開疆闢土，良田分封，訂定禮法，設立規章，以安百姓。當時朝廷禮法建構的初心，如今成為官僚晉升與豐厚俸祿的場域。

固化不只是制度，更是內在心靈的固化。儒生長期在君王的禮儀中，卑躬屈膝，不再能堅持當年的禮法之本意。以致儘管君王已變得昏庸無能，朝臣亦不敢稍有違抗。當年李鴻章在八國聯軍之後，慈禧奔走西安，許多朝臣要他在廣東自立為皇帝，然後實施君主立憲，中國將進入一個全新的時代。但是李鴻章不敢，忠君思想緊緊地捆綁著他，一個大時代變革的大契機，因為一個儒生的固化思想而白白的流失。這就是權力體制下心靈的固化。

卡理斯瑪聖君治理

如同儒家的「禮法例行化」與「儒生的官僚體制」，改變不了昏庸的君王與朝政。韋伯認為歷史的進程通常不是例行化的官僚體制所締造，而是由卡理斯瑪人格所創造。卡理斯瑪的人物出現在政治領域或宗教領域，都造成極大的創造力，他們打破既定的成規與法則，重新建構社會的秩序與倫理。他們的出現是官僚體制所懼怕與抵制的，特別在政治上，打破常規的卡理斯瑪是引領人類進步的力量。

但是另一方面，卡理斯瑪也容易造成凱撒現象（Cesarism），就是當一切的官僚體制、國會體制都無法解決人民問題的時候，人民就希望有一位凱撒，超英雄的人物出來整頓挽救世局。

當凱撒重新建立新秩序之後，人們獲得一定的滿足。但新秩序是建立在凱撒超英雄的個人之上，如同韋伯當年評論德國的鐵血宰相俾斯麥的統治，他統一了德國，但是他個人的堅強意志，讓普魯士的貴族與日耳曼的中產階級能相安無事，其實其中的政治張力仍然存在，以至於俾斯麥下臺之後，所有的問題都會浮現出來。[3]

韋伯也認為，一個最好卡理斯瑪民主體制是不把這樣的領袖放在日常的處理中，而是讓他能夠自由地選擇行政及議會領袖，來主持並健全行政及議會體制。卡理斯瑪的極高歡迎度，可以使他具備這樣的高度與權力來選拔人才，而不會被傳統的框架所束縛與阻礙。

韋伯擔心這種政治的卡理斯瑪人物會無限制地擴大權力，造成權力過度擴張所帶來的風險，與其中隨之而來的繼承之危機。韋伯認為這種卡理斯瑪的人物，幾世紀才出一個，繼承卡理斯瑪的模式是組織的一大考驗。不過，最終韋伯認為，卡理斯瑪的領導與作風都會融入組織的框架之中。

然而，雖然一方面卡理斯瑪的繼承會逐漸邁向組織的例行化與體制化，不過把卡理斯瑪融入組織之中，是卡理斯瑪成功繼承的關鍵。如同 Gramsci 指出，政治的卡理斯瑪通常會逐漸地神格化，不管是他過世前或過世後，將卡理斯瑪神格化，是組織能夠持續掌握治理權的關鍵。[4]

聖君的傳承是歷史以來任何組織的最大挑戰。韋伯在論述卡理斯瑪聖格領導之後，總是邁向科層制度。官僚系統取代聖格的治理，這是他從歷史總結出來的。

然而歷史的發展總是弔詭的、動態的、可創新的，並不一定遵循過往的軌跡發展。因此聖君之後如果不必然走向官僚的科層主義，或是例行化造成的陳腐，而是探索「有機群體」的治理模式。這裡說的「有機群體」是指設計一套能主動的，可以適應改變的，是沒有固定模板，但遵循一定的理念與信念，讓組織能持續發展。

吾人探討的圓型組織就是希望在聖君之後，或即便是在聖君在位之際，一樣能夠集合眾人之智慧進行組織善治理，以達成良法善治為目標。聖君所代表的是信念、德行與智慧。聖君的傳承環繞在這三項議題，可以決定其傳承的成功與失敗。

我們設想一個圓型組織，能不能擺脫韋伯的聖格後的必然發展，讓理念、德行，與智慧能一代一代的傳承下去。

但是一理念與德行的傳承，有別於金字塔型組織的傳承，其核心不是權力的傳承，而是理念、德行與智慧的傳承。傳承給一個人的結果，是顯而易見地將隨著世代逐漸腐敗，專斷、不能貼近民意。

民主的選舉與封建君王制的不同之處，其中之一就是希望經由選舉能選拔出最能代表基層民意的有為領袖。但是選舉經常有太多的政治操作，尤其當代媒體的運作趨向膚淺化、娛樂化，選出的經常是受歡迎的人物，但不見得是有能力的領袖。

而封建傳承則是一家一國，家天下的體制，君王出身宮闈，養尊處優，不解民意，不知民苦，一代不如一代，終究消亡，這是金字塔型組織的傳承體系。權力是核心，在固定圈裡傳承，越傳越小，見解視野越來越窄化，離民意遠矣。

圓型組織設定的基本原則是「人人平等」。這裡所言的「平等」，不見得是出自西方的政治思維，「人生而平等」，以致具備基本的權利保障。這裡的平等除了基本權利保護以外，還包括「責任的平等」，是人人皆可以對組織進行承擔，承擔的性質與範圍不同，因為能力不同，但都是在「共責制度」下的平等承擔。

西方的政治思想總隱含著對於絕對控制權力的恐懼、對抗與預防。中國文化所說的平等，是佛教所說的「慈悲等觀」，是「眾生皆有佛性」，是「人皆可為聖賢」、是「佛佛道同」、是「群龍無首大吉」的正面思維。

圓型組織建立在對人的尊重與信任之上，而不是懷疑與制衡；是建立在共責之上，而不是西方法治中的歸責。

圓型組織中提倡的「德行」、「尊重」、「信任」、「利他」、「透明」與「共責」，防制權力的濫用，以及以不當的權力壓迫他人。

德行的普遍化

家長制的極優化是聖君治理。有了聖君遠遠超越民主選舉，超越寡頭菁英治理，超越大眾民主的民粹主義。但聖君或哲學家皇帝可遇不可求，這是東西方的智者都做過如此的總結。聖君的培養，東西方的哲學家都提過方案，柏拉圖的學院，儒家的書院，君王從小的聖哲思想薰陶，但這些都不能保證能培養出聖人。聖者之德行與智慧的普遍化是一個核心議題，如何讓百年不遇的聖者之德行與智慧普遍化，世代交替地延續下去，影響培育更多的聖賢之領袖，達到群龍無首大吉的境界，是圓型組織的期望。

以天主教為例，主教與神父代表耶穌在世間，神父的培育從神學院修習哲學、神學、服事，透過服務修行，品格與專業同等重要。天主教四十多萬位神父與兩百萬位修女是維持天主教十二億人口信仰的基礎，天主教的目的當然是培養耶穌在當代、在人間的化身。同樣地，佛教的寺院培育無數的修行人，是延續佛陀精神的代表，是數億人心靈的依歸。他們都是以聖賢為典範，期望自身成為聖賢。

但是在組織治理的領域裡，我們期待的是能力而非德行。如同哈佛大學法學院資深教授溫格爾所言，世界上最秀異的青年來哈佛法學院，為的是成為社會菁英，功名成就；而不是為了思考法律的正義之維護，不是為了理解法律的疏失，以修正法律讓它為更多弱勢者服務，為社會的公平正義與富足與繁榮而努力。哈佛大學培育出許多位美國總統，牛津大學出過無數個英國首相，它們就是柏拉圖眼中，培育哲學家皇帝的學院。但是這裡可能更多的是培育皇帝，但不見得是哲學家。因為品格與德行教育不是學院教育的主軸。腦，是當今教育的主軸，而非心靈，所以麻省理工學院著名的管理學者彼得．聖吉推動慈悲教育，希望教育以心靈為出發，有情懷，富慈悲。

圓型組織的可能是通過教育的設計，培育更多聖賢之士。這些教育未必在課堂上，更多在社會服務中內化。杜威對於教育的理念是具備知識系統、富有批判思想；法學家溫格爾主張新時代的政經社會轉型，認為當今改造美國政治經濟的關鍵就是教育。

當代西方教育的重點，受到杜威的思想影響極深。杜威的教育理念是培養學生獨立思考與批判的精神，這是科學精神。但是當代的教育不應只是注重腦子，而是應該著重心靈。獨立與批判必須結合慈悲與愛，著重心靈的力量，以慈悲與愛出發，才是完整的教育。

善治理當中聖君的培育，必須是廣博的知識、批判的思想、慈悲與愛的心靈，智德兼具，才是教育的核心目標，是培養哲學家皇帝、培育聖君、培育德行治理的關鍵。

法制化組織

法制化的組織是以法為中心，任何人都不能違背法律的規範與程序。在親情、血緣、關係的傳統社會治理中，法治不是以君王為主，不是君王制定法律，而是將法律客觀化，人人都必須遵守法律，包括君王在內。

在當代的法治社會中，各種對於人的行為之規範，制度的運行都超乎個人之喜好，更無關乎人與人之私情關係，一切以制度、規則行使職權。

法治的好處是有個客觀的標準，不會因人設事，更不會以一人或少數人之意志，不必要地強加他人之上。客觀的準則是大家依循的標準。

韋伯定義下的法治型支配，是在最高權威的管理之下，以幾項標準行使官僚體制的運行：

第一、他們的私人生活是自由的，唯有在公共領域裡，才有服從支配的義務。

第二、他們以清楚的職位階層組織起來。

第三、每一個職位權限都由法律清楚規定。

第四、職位是基於自由契約，因此原則上他是自由選擇的。

第五、人員選擇根據專業性的資格。不管經由考試或甄選，這些行政人員是任命的，而非民選的。

第六、他們的報酬是金錢形式的固定薪資。

第七、職位則是在職者唯一，至少是主要的職業。

第八、職位即前途，升遷是上級依照年資、表現或兩者標準綜合而決定。

第九、行政官員與行政工具兩者分開。並不得據該項職位為己有。

第十、在辦理公事時，他必須遵從組織嚴格、有系統的紀律與控制。

韋伯的這項標準，他認為適用於私人企業、慈善組織、宗教組織，也包括政府部門。[5]

這些客觀的常規其實來自主觀的設計與同意，是組織當中的多數，透過討論、表決而訂定的法規、法律。它們不是真理，而是必須與時俱進。這些常規、法律在一定程度下，也可能壓迫少數，成為惡法。因此，「常規不離信念」，「法律不離人的本性」，前者是常規的法治結合卡理斯瑪的信念，後者是法制必須結合家長制的人情與愛。

家長制運作的關鍵是依忠誠與關係。

卡理斯瑪運作的關鍵是信念與服膺。

法治型運作的關鍵是規則與客觀化。

這三種制度各有其優點。家長制的核心是愛與倫理。卡理斯瑪的核心是信念與德行。法制型的核心是理性與原則。

衰敗的家長制組織是專斷與階級化。衰敗的卡理斯瑪組織是利益與分化。衰敗的法治型組織是官僚中心與形式主義。

在探討圓型組織的形成之中，吾人考慮的是如何將這三種優點結合一起，成為一個有情感、有信念、有原則的高效能組織。

融合法制的家長制組織

家長制的情感與愛的連結，是組織能夠趨向人性化的根本。沒有愛，沒有情感因素，個人在組織裡面只是角色的扮演，不能創造情感與共，甚至生死與共的凝聚力。雖然如此，家長制的組織走向衰敗是過度強調情感，以關係取代能力，造成組織的失能與創造力的衰頹。

中國古代戰國時期，秦國的強大，最重要的因素的是用人唯才。當其他各國都是以皇親國戚為選人標準，秦國啟用外族如外交家張衡，啟用平民如軍事家白起，只要賢明、能幹，一律啟用，這彌補家長制用人唯親的弊端。羅馬帝國最輝煌的時期就是西元九十七年到一八〇年的四位賢明君主，圖雷真（Trajan, Marcus Ulpius Nerva Traianus）到奧理略（Marcus Aurelius），四代相承，他們都不是血緣關係，而是選拔賢明人才，以義子名義收養後繼帝位。賢明如奧古斯都皇帝，其第二代繼任者剛愎自用，第三代甚至是一位任意殺人的瘋子，第四代庸碌，第五代的尼祿已經是一位無以復加的暴君。奧理略是歷史上的哲學家皇帝，文治武功都是羅馬歷史上一抹不朽的光輝，但是他傳位給兒子科莫德斯，一位縱情欲望，嗜殺為樂的昏君，最後被格鬥士殺死。

家長制的組織，一旦落入以關係、以親情作為用人的標準，必然走向沒落。

家長制的另一個缺陷是倫理的階層化。一旦以倫理階層論斷事務，長輩為大，長者說了算，或者長輩說了晚輩不敢有異議，缺乏一個內部充分討論與自由表達的機制，所造成的是意見的偏狹與專斷。組織失去創造力與自省力，逐漸走向敗亡之局。

如果將家長制的優點，以情感、以愛基礎，彼此互敬互愛，但是避免過度地將倫理關係階層化，而是以更平等的關係互相對待，亦即將儒家的倫理次第，代之以佛教的慈悲等觀，人人在平等的基礎上，議事共事。倫理關係是存在的，但是僅限於私領域的關係之中，不擴大到公共事務的討論與執行之中。這是圓型組織的模式。

圓型組織，融合家長制與法制的組織要如何實現？

如果要想像一個家族企業之中，各兄弟姊妹一起與父母親從事企業，企業之中當然也有分親屬，因此如果制定一個嚴格的規定，個人之職司都能夠明確化，並且確實遵守，哪怕弟弟負責當主管，哥哥、姊姊都不能越殂代庖，甚至私下的意見給予，以推翻會議的決定都是應該避免。

家長制的組織經常發生會議決定後，某一家族有利成員一句話，就可能推翻會議決定，造成會議失能。或是主管批示意見，影響到某一家族成員利益，整個方案就被推翻。

吾人主張內舉不避親，但是必須遵循體制。因此家長制結合法治的型態，既兼顧愛與情感，又能守住原則與客觀的執行模式，是組織圓滿的結合。要做到這個理想，有幾項要件必須達成。

第一、非該職司之成員不得參加會議。或職司的成員不能無故不參加會議。

第二、會議的效力不能會議後推翻。不能有會議成員或非成員推翻。

第三、個人的職司範圍內，其家族與人情關係，不能影響決策與執行。

第四、私下的交誼不涉及遊說或藉機影響已形成或未形成之決策與執行。

第五、為促進公共事務的發展，最大範圍內體現人與人的情感與愛的連結，不管是親情關係或非親情關係。

第六、無涉及干預決策制度或執行模式的前提下，最大範圍內表達人與人的情感與愛的連結，不管是親情關係或非親情關係。

第七、獎懲制度之訂定與程度多寡，不應考慮親情與人際關係。

第八、信守情感共同體的精神，利益他人，以愛為管理、以原則為治理。

第九、在公領域的事務決策與執行中，態度倫理必須納入其中。亦即在尊重的前提下執行與決策。

第十、在私領域及公領域的範疇中，角色易位非常重要。沒有任何個人擁有絕對的權職。個人在其他非職司角色中，都能樂於配合。在私人領域中，也扮演各自倫理次第的角色與身分，以感恩、尊重、愛為其核心。[6]

家長制仍然以大家長為組織的核心，但是大家長具備的不是在一切事務的權威，不在於一切物質與價值的分配界定，而是讓家族成員能夠追求自我的成長，如同父母對子女的愛是協助子女成長，而不是要子女永遠聽他們的話。如詩人紀伯倫對於父母與子女的關係曾這麼說：

你的孩子不是你的，他們是生命對它自身的渴慕所生的子女。
他們經你而生，卻不是你所造生。
雖然他們與你同在，但並不屬於你。
你可以給他們愛，卻非你的思想。因為他們有他們自己的思想。
你能供給他們身體安居之所，卻不可以藏置他們的靈魂。
因為他們的靈魂居住的明日之屋，甚至在你的夢中你亦無法探訪。
你可以勤勉以求與他們相像，但不要設法使他們肖似你。
因為生命不能回溯，也不滯留昨日。
你是一具弓，你的子女好比生命的箭，藉你而送向遠方。
射手看見了無垠之路上的標記，以祂的大力拉彎你，以使祂的箭射得快且遠。
愉悅地屈服於祂的手中吧！
因為正如他愛那飛馳的箭，同樣地，祂也愛這強固的弓。[7]

紀伯倫的詩極美，也寓意深遠。父母對孩子就是愛與支持，如果家長制是建立在這個基礎上，他就不是傳統的權威式的家長制，而是責任制的家長制。家長的責任是教導，是培育，是成全，而不是強制，不是控制，不是複製。是一個給予指導，但富於理由。給予支持但不放縱其欲望。給予成就，但不是一昧地聽從與複製。家長是典範，但是典範的前提是自願地跟隨，而非強制的模仿。

傳統威權式的家長制必須轉化為責任家長制。大家長照顧每一個成員，愛每一個成員。每一個職司的角色，也是責任家長制。在自我的職司中，自我負責，諮詢眾人，但獨立判斷，承擔全責。這是家長制當代的轉化。

法治型組織相對應於卡理斯瑪的組織，自韋伯看來是兩個階段，但是吾人的見解是如何將法制型組織融入卡理斯瑪的組織，而不是如韋伯所言是取代關係。

卡理斯瑪天生就是打破常規，以強大的信念與智慧，凝聚一群原本不會團結一起的人，為一件使命共同奮鬥與努力。卡理斯瑪突破傳統家長制的裙帶關係，打破科層的節制，直接訴求人民的根本需求，提出創新的解決模式。歷史以來的開國帝王，宗教先知，創新的企業家，都是卡理斯瑪的性格。於宗教稱為聖格領導，於企業稱為大亨，於政治稱為梟雄、英雄、霸王、聖王等等。這種打破成規的卡理斯瑪，以韋伯預言一定會逐漸走向科層化、法制化與例行化。本書的意旨在於如何融合卡理斯瑪的創造與信念，融入日常例行的常規法治體制之中。

融合法制的卡理斯瑪組織

信念進入常規之中，但是信念不被常規給抹滅，或取代。在宗教上是教義不應變成教條，教義是訴諸理由與情感，教條是非理性與強制。越靠近後者，法治就與卡理斯瑪的信念與德行相衝突。常規與法治越靠近信念，越能以慈悲出發，就能將法制、常規融合卡理斯瑪創新與信念。這是德之源。

德，其實就是「慈悲、智慧、信念、創新」的結合體。德，不只在道德修身上，更是在創造事功上。前者是信念的實踐，後者是智慧的成果。

構思一個圓型組織能兼容卡理斯瑪與法制精神，必須深入其中的共同內涵。卡理斯瑪的成功是信念，也以信念號召一群認同者、追隨者，志願地跟隨聖格領導。法制表面看來是強制性，非自願性，其實法制的背後仍是信念。如果法律是正義，那法律代表的是最高的正義法則。只不過與卡理斯瑪不同之處是，法治與意願無關，一旦法制成立，任何人都得遵守。而追隨卡理斯瑪是自願，是心悅誠服，而不是畏懼罰則。但法制與卡理斯瑪的核心同樣是信念、是真理、是正義。因此越貼近原始的立法精神，越是符合卡理斯瑪的精神。只不過，不管立法的原初精神，或卡理斯瑪的原初信念，經過世代之後容易教條化，框架化，失去原初的立法意涵及信念。

保留信念與原初的立法意涵，是結合法制與卡理斯瑪的關鍵。

信念的墳場

弔詭在於，卡理斯瑪的組織擴大之後，越來越要求成員的一致性，因為一開始的使命，是由內心到外在，從小到大，逐步實現，也逐漸擴張。當卡理斯瑪從小組織變大組織，他從一開始多數的懷疑到逐漸被接受，卡理斯瑪會經歷自我的偉大感，與唯一的真理觀。認為他的信念就是真理，因此逐漸要求成員，乃至所有的人都遵循這個信念。這時候，不容許討論，不容許質疑的偉大感出現後，內部就開始強制。

既然是無可質疑，就無需討論，無需討論就是全盤接受。這時候卡理斯瑪信念的普遍性轉化成為法規，成員的一致性要求成為例行化，因為無需再創新。

普遍性成為法規，一致性轉化為例行性。

因為信念已經普遍化，無需質疑，無需再討論，接受就是了。因此成為強制性的法規。一致性要求成員模仿典範，而不是自創或再創典範，因此複製為組織的例行化鋪路。照著做，日復一日，無需創新，這就是組織的例行化。

信念成為法規，強制開始出現。有別於開始的熱烈地自願參與，也別於原初不斷地宣說、辯論，提出理由。辯證的結束，是強制的開始。

一致性成為例行性，先知所創成員就是跟隨。包括先知旁邊的親信所創，也是跟隨。這時的卡理斯瑪就邁向「常規化」與「例行化」，這都是信念的墳場。

器背離道

卡理斯瑪另一個來自內部的危機是信念必須有組織作為載體。任何信念的推動，除了哲學家之外，卡理斯瑪推動創新與變革，一定依靠一個組織來推動。從當時的小組織，逐漸發展，從被多數大眾排斥、不解、觀望，到逐漸接受、認同、追隨。組織越大就會越形成自身的利益，而與信念背離。組織的利益大於眾生的利益。這是組織異化的開端。

加拿大英屬哥倫比亞大學陳金華教授以道與器的關係，探討大型組織的興起與衰落。陳金華說，「道」到後來容易被「器」綁架。[8] 道必須以器作為載體，但是當道越普遍，依賴組織就越深，最後形成組織利益，背離原初的道。

器為何會背離道？

因為掌握「器」的人經常是執行者，是深諳權力運作者，權力的行使本來是工具，最後成為目的本身，亦即擴張權力等同擴張道，擴張組織等同於擴張信念。久而久之，器忘記道，權力忘記信念。

這是器綁架道。

歷史學家鄭學稼曾言，革命通常有三種人，一種是理想分子，一種是狂熱分子，另一種是行動分子。理想分子鼓吹革命，號召群眾追求一種新的理想，共同建立一個新的社會。狂熱分子會跟進，追隨理想分子，最後出現的是行動分子。行動分子懂得執行，懂得組織，懂得權力的運作。這個革命的果實最終都落在行動分子手中。

蘇維埃革命期間，列寧是理想分子，托洛斯基介在理想分子與狂熱分子之間，啟發一大群共產黨的追隨者，其中出現史達林是行動分子。最後革命的果實不在狂熱的理想分子托洛斯基手上，而是在史達林的掌握之中。托洛斯基寫了《被背叛的革命》，就是描述「器」綁架「道」的輓歌。

君士坦丁的弔詭

君士坦丁大帝在西元三世紀，經過二十多年的懷疑、神蹟、祈禱、印驗，終於皈依了基督宗教，並把基督宗教奉為國教。基督的慈悲與寬恕，在祂殉道三年之後從一路被羅馬帝國迫害，到成為羅馬帝國以及西方的主流信仰。

基督原初的理想不會鑄成宗教迫害，當基督徒被迫害之際，他們是弱者。但是當中世紀他們成為絕對多數之後，他們要求信仰的一致性，任何異議者就是異端，就必須消滅。法制在那個時期，比基督的慈愛與寬恕更為強大。這是君士坦丁大帝的弔詭。

要求一致性，不容許異議，是當時羅馬迫害基督教的主因。到頭來，基督教以一樣的理由迫害非基督信仰者。

一致性與強制性將「慈悲的信念」，轉為「恐怖迫害的工具」。

「一致性」是因為認為該組織的信念是毋庸置疑。「強迫性」是大組織的權力對其眾多成員的要求。它的出發點不是成員的利益，而是組織的利益。團體越大，越容易強制。因為顧不了個別的感受，至少沒有機制顧及每個人的感受，因此對成員的強迫性成為必然。這是君士坦丁大帝的困局，他所相信的，也要他人相信，不管他人的信念的程度，要求一致，強迫接受是君士坦丁大帝的政策。

解決君士坦丁困局的出路，就是圓型組織的概念。讓成員依止信念，而不是組織的權力。讓成員心甘情願地實踐信念，而不是遵循強制性的法規。

當信念增強，法規是沒有意義的。當法規增強，代表信念的流失。如老子所言：「信不足焉，有不信焉。」信念不足，才有信心不足的問題。信念不足無法以強制法規來解決，因此卡理斯瑪與法制的結合在於信念的重新梳理。讓法制更體現信念，法制與時俱進，法治是信念的詮釋，不是取代信念。而法制能生生不息地詮釋信念，法治就必須不斷地修正以符合時局。

多圓中心組織

當組織越大，以信念為核心的卡理斯瑪不以中央組織的擴大為核心，而是能將組織分化出去，如同心圓一樣，每一圈的圓都環繞著核心價值，各自運作。只要不違背信念與原則，讓各圓圈獨立運作。

再者，卡理斯瑪的德行轉化為典範，而不複製。複製是例行化的前奏，例行化意味著創新的終結。典範的傳承是再造典範，以新典範適應不同時期的需求。如同禪宗以祖師相傳，但是祖師與祖師之間一開始是師徒的依賴關係，最終是擺脫依賴關係，邁向各自覺悟的獨立關係，但是仍然分享同一種法脈。遵循同樣的信念與修持德行是典範傳承的精神。複製典範是例行化，再造典範是再創新，這是圓型組織的理想。每個人都可以是典範，每一個人都是中心。每一個人都可以創新，這才是群龍無首大吉。這才是佛佛道同的境界。

卡理斯瑪與法制的結合之處，就在遵循一定的信念與原則下各自創造。原則是法制化的關鍵因素，信念是卡理斯瑪的關鍵，信念與原則雙軌運行。

圓型組織非同於金字塔的組織，金字塔型組織將一切力量放在頂層的權力核心。圓型組織是將權力分散在各圓之中。總部不在中心，中心是信念與原則，各分部環繞著核心信念與原則，自行運作。總部一開始是一切指揮的中心，到後來是協調中心，不負責第一線的執行。到最後中央不壟斷所有的溝通，而是讓每一個圈都各自溝通，各自尋求協力，各自回應該地區與該時局的需要。

但是必須注意圓型組織可能會朝金字塔組織傾斜的可能。因為如果擴張加速，分部圓的事務越來越多，組織選擇增強總部的人員力量，那就逐漸變成錐型結構，不是圓型結構。當核心圈更關注及增強機構或個人，而不是價值觀和原則時，它就變成了一個錐型組織。這時圓型結構可能會傾向於錐型結構，與金字塔很相似，這也是圓型結構發展的危險所在。

如果沒有加強總部的力量。相反地，是把價值觀和原則傳播到世界上的每一個角落，以支援圓型結構。如此，某地發生了事情，全世界都可以即刻過來支持它。那總部要做什麼？做教育、做賦能、參與協調。它是團隊中的一員，而不是指導者和帶領者。遵循圓型結構，一個完整的組織得以持續創新與有效發展。

圓型組織理論的概述

圓型組織不是去中心化，而是多元中心的概念。它不是不斷複製同一種類型的領導人與運作模式，

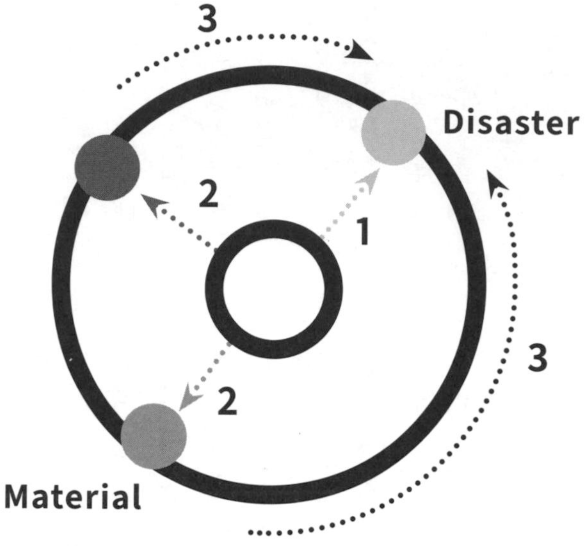

圖六：圓型組織

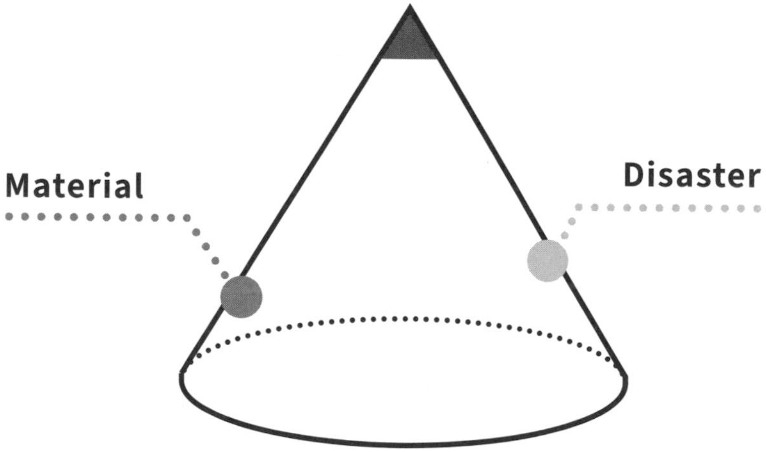

圖七：圓錐型組織

而是能夠更因地、因時、因人而有不同之創作型態，但是核心是信念與原則。卡理斯瑪的信念，法制型的原則，家長制中的愛，三者結合。信念、原則、愛，是圓型組織的核心價值。

圓型組織的理念概述如下：

I 信念：

第一、環繞著創始者（個人或族群）的原初信念，所有成員致力共同締造一個生命共同體。

第二、信念的詮釋可能與時俱進，共同體可以建立一套信念再詮釋的機制。

第三、成員以信念相結合，無關乎血緣，是法親，是以法、以信念為依歸。

第四、成員以無私為圭臬，以利他為最高的實踐法則。

II 互愛：

第五、成員以平等的愛互相對待，親如家人。

第六、成員不只對待團體成員為家人，把一切生命都當作家人一般對待。

第七、平等愛包括愛一切人，一切生命，啟發人人去愛人。怨親平等愛。

III 原則：

第八、遵循共同一致性的原則是成為共同體成員的必要條件。

第九、一致性原則必須尊重差異，包括文化差異、個體差異而有所適應。

第十、所有原則之適應，可以採取短期的試行，以決定是否成為個別通則。

IV 共識：

第十一、圓型組織設立各類型委員會，共同治理、協商、決策、內修、協力。

第十二、執行委員會制定決策模式、溝通模式、與合作模式。

第十三、信念詮釋委員會負責組織信念的傳遞、轉化、深化與共識。

第十四、原則適應委員會負責原則之制定、修訂，適應範圍與遵循程序。

第十五、圓型組織的決策採取審議式的共識決，稱為同心圓決策模式。

第十六、成員在圈層會議中以平等方式發言、討論，形成共識。

第十七、共同體的信念、愛與原則都應交由成員大會議決遵守。

V 共善：

第十八、組織需制定共同之儀式、儀軌。其實踐以啟發而非強制為原則。

第十九、組織的成員必須有維護共同體持續發展創新的決心與願力。

第二十、組織在傳遞自身信念之際，謹守有限性的原則，不無限地追求希望全人類都單一性地屬於該組織或奉行該組織信念。

第二十一、成員信守、尊重多元共榮為依歸，期能「善其所善，善人之善，善善與共，天下大同。」

圓型組織理論的內涵

圓型組織融合韋伯「家長制」、「卡理斯瑪」與「科層制」於一爐。韋伯的支配類型的理論中，把家長制、卡理斯瑪體制，與科層制在歷史的階段中是相互取代關係。但是圓型組織是建立在三種體制的和合與互補。在融合互補之際，同時去除三種制度的問題。

家長制發展的障礙是「倫理階級」限制了內部的創新。強調「人情關係」阻礙了人才的多元發揮與客觀原則的建立。卡理斯瑪的問題是仰賴一個聖格的決斷與能力，其繼承與例行化是其巨大的危機。科層制組織的問題在於僵化的決策與階級，造成創造力的衰退與對人性的禁錮。

雖然如此，家長制的平等愛，卡理斯瑪的信念核心，與科層的原則治理，卻是三種組織制度的核心優勢。

圓型組織理論嘗試將三種制度模式融合與融會。

圓型組織與金字塔型組織最大的不同，是圓型組織並非由上而下的決策，而是環繞著核心信念的組織，在核心信念與原則的認同與深化的前提下，成員能分別行動，互相協同，自我應變，各別或共同完成任務。

信念，正是卡理斯瑪領導人最重要的核心能力。卡理斯瑪的特質是以信念的倡議與推動，號召一群有志之士，共同推動一項時代使命，這使命與方法打破既定傳統家族式的階級倫理，打破科層的體制，打破既有的不合理的社會階層、或經濟秩序、或政治體制、或宗教實踐的壓迫與禁錮，從而建立新的社會、經濟、政治、或宗教的新秩序。

信念的維持也是圓型組織與卡理斯瑪的共同關鍵，只不過卡理斯瑪是一個超魅力的領袖、梟雄、或聖人，而圓型組織要求每一個成員都具備這種的品格與能力。

這如何可能？耶穌殉道之後，繼承的十二門徒繼續傳福音，他們之間並不一定彼此有階層連結與從屬關係，但是他們都遵循耶穌的教導，持續傳遞福音。即便是保羅身處異鄉，與彼得等在猶太地區的使徒並不聯繫，但是他們仍然是傳遞福音，凝聚基督教的重要關鍵。

宗教的經驗提供圓型組織的多元卡理斯瑪的可能性。包括佛教的創建者釋迦牟尼佛涅槃之後，他的弟子阿難尊者、大迦葉尊者、富樓那多羅尼子、優波離等，分別在古印度各地傳法，傳到東亞、中國，至今兩千六百年傳到全世界。

基督教傳遞了兩千年，佛教延續兩千六百年，期間出現一個又一個具備卡理斯瑪的領袖人物，相對於政治領袖，宗教上這種更為彈性的、動態的、平等的圓型的組織，給予政治或其他金字塔型的組織何種啟示？

政治的領袖如同我們先前所提出的羅馬帝國，最佳的狀態是西元九十七年到一八〇年的四賢明君主。但是帝國時期的君王昏庸居多，其關鍵與分別何在？

吾人認為正是官僚科層的階級體制限制了卡理斯瑪領袖的多頭、多樣、多人的發展。越是強調聽命，強調上、下相屬的關係，越是強調權力、控制，卡理斯瑪出現的機會就越少。所有的卡理斯瑪都不是出現在既有的體制之內，相反地，他們是顛覆既有體制的人物。

信念的維持是圓型組織的關鍵。在信念下平等，只有平等的信念，才能出現非凡的領袖人物。這些領袖環繞著信念，各自以自身的智慧、創意，回應各時代、各地區的需求。

中國的禪宗提供一個典範，依著信念，各自成為卡理斯瑪領袖的組織運作模式。禪宗從達摩祖師開始每代傳一人，傳到五祖弘忍大師將衣缽傳給當時還是伙夫的慧能，之後禪宗大行。為何？因為慧能大師不再傳衣缽，而是只要人人各得心法，人人都是傳人。因此一代傳一人，到慧能大師之後，以悟為主要的修行法門，不特別著重戒律與傳統教法，所謂「教外別傳、不立文字、直指人心、見性成佛。」因此慧能大師之後，不管是之後的曹溪、臨濟、石頭等六個宗派，各個禪師都是大覺悟者，都是一代宗教領袖。從一代一人，到多頭並弘，禪宗傳至今日，甚至影響西方的心理學、社會學、自然科學、醫學研究等，成為人們日常生活修煉的方法。禪宗強調學習老師，聽從老師的教導，但覺悟後必須離開老師的指導，自行修悟、自行解脫。

這也是佛陀當年的教導——當自行解脫，切勿求助他人。

從宗教上如此，但在其他具備強烈運作的組織，就不見得能如此的開闊鬆散。我們很難想像一家政治體能如此繼承，畢竟一個國家的政權只有一個，不可能「多頭並弘」。但是禪宗的精神卻提供一個典範，就是遵守相同信念、信仰的前提下，以夠開放的方式讓繼承者自我發展，應可以培育更多的聖格領袖。

相對於禪宗的各自發展，運作上互不隸屬，只有血脈與信念相聯繫。天主教提出另一個方法，就是在維持一統的局面下，在各區域領袖也能各自承擔，各自修煉、傳教。歷年來出現許多聖人，從耶穌的聖徒彼得、保羅以下，中世紀的奧古斯丁、聖多瑪斯、聖方濟各、聖方濟至今日的德蕾莎修女封聖等，數百位聖人在過去兩千年當中引領教會在統一的組織下，各自帶領區域教會或教團成長，教導信徒堅定基督信仰。如耶穌會將基督教義傳到世界各地，是獨立運作，忠誠於教皇，但是一切行政都是自理。

天主教的方式是教宗掌管教義，任命主教，但是主教擁有幾乎絕對自主權，管轄教區。主教每五年給教宗及梵蒂岡寫一個報告書，載明自己教區的一切宗教、慈善、教育、財務、神父培育、教友活動等情況。教宗可以罷黜主教，如果主教犯嚴重錯誤，這一切都載明在天主教的法典裡（Canon Law）。梵蒂岡作為天主教最高的指揮中心，其各部門如聖職部、福音部、跨宗教對話委員會等，在各地教區仍設有分部。但負責的各分部是主教，梵蒂岡更像是教義與精神的中心。各地神學院講授神學的教授，一定要具備梵蒂岡所屬大學的研究所學歷，方可講授神學。

教宗對於教義以及重大的議題有最後決定權。教宗召集各主教討論重大議題，最後由教宗決定。各地區主教也是一樣，教區設有長老會，財務委員會等，但這一切只給主教建議，主教有最後的決定權。這兼顧了君主制與貴族制的精神。

這種混合模式，放諸政治體制，如果必須符合亞里斯多德所言，君主、貴族與民主能夠結合使用，才是理想的制度。對於天主教而言，民主制度就是對於教宗的選舉。而天主教當然避免全民民主可能帶來的混亂與弊病，而是以樞機主教為選舉人，能投票的都是聖賢之輩，都是能代表各方信徒的領袖。這當然像羅馬的元老院選擇執政官，只不過在天主教，這種執政官成為終身的聖君。

從歷史悠久的兩大宗教體系衡諸圓型組織的模式，如何建立一個既平等又優質、自主又協同、紀律又創新的組織型態，是圓型組織的目標。

平等愛與圓型組織

圓型理論的組織系統遵循平等的理念，去除上下從屬的金字塔型組織型態，以多中心，甚至人人都可為中心的理念，建構圓型組織的運作系統。多元中心並不違背中心的概念，而是以在保持中心的前提下，建構更多區域的中心。各中心獨立運作，又彼此協同。核心的中央負責信念的詮釋與傳遞，各中心是執行與創新。

這裡所提的平等，不只是西方概念下的平等，強調人人的基本權利的平等，這裡的平等強調的是「責任的平等」，是「愛的平等」，成員如同家人一般的愛彼此，幫助彼此，利益彼此。

韋伯認為家長制的核心是「忠誠」以及階級的倫理次序。但是韋伯應該可以理解家長制的起源是親族、血緣的命脈，親族與血緣之所以能組成是愛。沒有愛，不會組成家庭，家庭逐漸擴大，轉化成家族、宗族，但其核心仍然是愛。倫理次第是家族擴大之後，逐漸組織化，繼而階層化，因此形塑家長制倫理的階層與次第。

放眼當下民主政治，講求平等，但不強調愛，因此容易造成個人主義盛行，各行其是，甚至互相對立。亞里斯多德認為民主的優點是平等，但缺點是混亂、對立、甚至暴亂。如果將愛融入民主政治，讓平等的個人都以愛連結，這是韋伯的家長制與亞里斯多德的民主制可以結合之處。

因此圓型組織結合家長制的起源——平等愛，作為其架構與運行的關鍵。

信念為基石的圓型組織

卡理斯瑪的出現在於提出時代所需要的信念，領導人不只具備信念，也具備德行，因此是具備聖人的品格。不管在政治，在宗教，在社會經濟領域，卡理斯瑪是聖君的角色。如果提煉卡理斯瑪聖君的主要元素，信念與德行，付諸圓型組織的運作，建立一個具備信念與德性的組織領導角色。不只一位，而是在每一個次圓組織都具備這樣的領導人。是群龍，是眾聖，這是圓型組織的理想。

圓型組織吸收、融合家族體制的「平等愛」，亞里斯多德眼中的君主制和韋伯的卡理斯瑪體制中的「德行與理念」，建構一個有愛，有德，有相同信念的組織型態。

紀律榮譽與圓型組織

韋伯的科層組織的特質是紀律、是規則、是例行；亞里斯多德的貴族制的優點就是具備榮譽的菁英治理。因此把韋伯的紀律結合亞里斯多德的榮譽，放諸圓型組織的運作，從中心圓到各次圓都能以「紀律」與「榮譽」執行專業使命，是圓型組織對於專業科層與貴族制的吸納。

吾人在以下各章將論述探討圓型組織的信念、架構、決策，與繼承等議題。並以慈濟功德會為例，將圓型組織的理論與實踐予以概念化與模式化，以期能深入闡明圓型理論對當代組織運作可資參酌與借鏡之處。

註釋

1.《荀子・王制篇》（臺北：三民書局），頁 128。

2. 樓宇烈，北京大學哲學系中國哲學講座，2013 年 5 月 6 日。

3. Steven Pfaff(2022). Nationalism, Charisma, and Plebiscitary Leadership: The Problem of Democratization in Max Weber's Political Sociology, *Sociological Inquiry*, Vol. 72, No. 1, p81–107.

4. Antonio Gramsci(1991). Prison Notebooks, Vol. 1. Edited by Joseph Buttigieg, New York: Columbia University Press.

5. 馬克思・韋伯（Max Webber），康樂編譯，《支配的類型》（臺北：允晨出版社，1985 年），頁 36-37。

6. 紀伯倫，王季慶譯，《先知》（臺北：方智出版社，2009 年），頁 55、57。

7. 紀伯倫，王季慶譯，《先知》（臺北：方智出版社，2009 年），頁 55、57。

8. 陳金華，「道與器」，2019 年 12 月 11 日第二屆善經濟圓桌論壇，地點：牛津大學。

第十三章——圓型組織的理念與模式：以慈濟組織理想類型爲例

一種圓型的組織，讓領導決策者在第一線服務，讓第一線服務者也參與決策的圓型架構，在共同的價值中體現平等，並發揮每一個人的差異功能。這架構「不上不下，非上非下，可上可下，既上且下」，這種非二元對立的東方思惟，是否能進入組織的層次去運行實踐？

本章在論述圓型組織的理想，以慈濟功德會為個案研究對象，闡述圓型組織的信念與實踐。然而，任何各別組織在實踐其理念當中，都有其各別實踐的優勢與弱處。當我們把一個信念完全地落入個案，人們就會以個案來檢驗其理論與概念的真確性，這當然是會有所偏失的，因為沒有任何一種個體的制度能完全符合其遵循的理論與概念。如同我們探討民主政治，如果以美國為例，我們也不能把美國當作是唯一、或完美的民主政治的典範。我們探討君主政治雖以古代中國堯舜為例，但不會把堯舜作為一切君主政體的完美實踐。我們探討共和政治雖然是以羅馬為主，但不會把羅馬當作實踐共和理想的完美案例。

對於圓型組織的探討亦同。我們討論圓型組織的理論與實踐，以慈濟為例，但實際運作的慈濟，它的實踐難免與本文論述的圓型組織之理想不免仍有一定的距離。因此，我們以個案為例，但並不認為該個案是完美的類型，也不是以倡議或歌頌個案為重心，而是藉此個案闡明圓型組織的理論與實踐之道。

因此，本書會將慈濟的圓型組織「理想化」、「抽象化」與「理論化」。亦即提煉慈濟實踐圓型組織的理想運作及模式，從此出發，探討圓型組織對於當代人類的組織模式可以提出何種參照與啟示。

本章的意旨是藉由吾人所認知的「理想化的慈濟功德會運作」，以闡明一個「理想的圓型組織」之理論與運作。

慈濟功德會的組織模式

慈濟功德會的組織類型具備三種模式，亦即韋伯（Max Weber）所提出來的「家長制、卡理斯瑪的聖格制、以及科層制」。

在靜思精舍，證嚴上人是大家長，這裡是家長制的模式在運行。雖然佛教僧團是平等的，但是隨著漢傳佛教將佛教中國化之後，僧團其實是儒家化的僧團模式，住持如家長，具備權威與權力。弟子事奉住持或師父如兒子對待父母親一樣。它的優點是顯然的，成員如一家人一樣和睦、互愛，為理想、為這個家努力，為這個家付出。

證嚴上人創立慈濟基金會、慈濟醫院、慈濟大學、大愛電視臺，以及全球一百多個國家從事慈善，以及在超過六十個國家地區設立基金會，都是遵循法治理性的科層文化在運作。

證嚴上人對於廣大的慈濟人是卡理斯瑪的聖格領導。證嚴上人如哈佛大學研究慈濟長達十年的李奧納（Herman B. Leonard）教授所言，是以其信念領導，以價值在做管理。如同韋伯所言，卡理斯瑪的特質就是信念。以信念號召追隨者，打破成規，打破傳統的組織或文化模式，讓成員與其一起建構一個新的社會、新的文化，或新的政治經濟的秩序。

證嚴上人作為佛教的導師，他顯然對於傳統佛教是一大顛覆與推進。他將佛教從過去的出世轉向入世，從過去的自我修行覺悟，轉向利益眾生中覺悟自心。他締造的淑世理想與規模，在佛教歷史上絕無僅有。他作為一位佛教比丘尼在歷史上所創立的影響也是空前的功績。

以下各章吾人分別論述慈濟的家長制、科層制以卡理斯瑪領導制。

一、慈濟卡理斯瑪體制：證嚴上人的聖格領導

證嚴上人創立慈濟組織的奇蹟是來自他自身卡理斯瑪的聖格領導能力。從鼓勵三十個家庭主婦，每天存五毛錢開始從事慈善，至今志工人數超過兩百萬，委員、慈誠及其他授證成員也將近五十萬。對於志工而言，他們追隨證嚴上人，出錢出力，還說感恩，是因為他們信奉、信服證嚴上人的思想、理想、人格與志向。

對於志工言之，證嚴上人如美國時代雜誌（Time Magazine）所稱，「是當今的聖人」，[1] 是佛教界不世出的精神導師。他把佛教從出世帶入度化世間，在度化世間之中清淨自心，以達究竟覺悟的境界。

這種卡理斯瑪領導，以韋伯的理論是環繞著信念為核心。人們聽從他、尊重他，不是他有一個固定的權威的職位（Authority Position），而是他個人的道德影響力（Influence）。

慈濟基金會所涵蓋的志業從慈善、醫療、教育、人文、環保等，以及一百多個國家的慈善等各項工作，超過六十個國家地區設立分會，擴及宗教、種族、文化與國家的藩籬。這麼龐大的志業與版圖，仍然依靠證嚴上人的聖格領導。

四大志業各有專業，人才濟濟。各國分會的執行長都是當地的志工，大多是企業家，各有各的私人事業版圖，與慈濟志業的開拓。他們多半自力更生，就地取材。多半不靠臺灣總會的支援，特別是印尼分會與馬來西亞各分會。他們的會員人數都到達兩百萬以上。這些來自各方的佼佼者，虔誠地信奉證嚴

上人的信念，一心作為慈濟人無私的奉獻。

慈濟大家庭

證嚴上人在體現家長制的信念中，強調慈濟宗門不只是一個修行的道場，而是一個家。家的意義就是整個大慈濟都是同為一家人一般。在這個大家庭當中，證嚴上人是大家長，精舍的師父們是家庭的重要成員。當全世界的慈濟人回到靜思精舍，通常都說是回到心靈的故鄉，靜思精舍就是全球慈濟人共同的家，這具體的體現家的感覺。從一進精舍，師父們的熱誠歡迎招呼，喝茶、聊天、敘舊、家常，說慈濟事。知客室就是精舍的客廳，是慈濟人的客廳。

在慈濟人進入證嚴上人會客室，與證嚴上人直接匯報各地慈濟志業的開展之後，常常會看到慈濟人拿出家裡孩子或孫子的照片給證嚴上人看，談最近的生活點滴等。證嚴上人一樣關心祝福，詢問家裡的情況。由此可以理解慈濟人與證嚴上人的關係這不是一種公事的關係，是一種家人的關係。他先是作為弟子，然後才是志業的承擔。家人關係先於公事的關係。在一般的上班機構，很少會在談過公事後，談起私事，特別在高度西方治理的機構，問私事、提私事是不被允許，或是違背機構倫理的。在慈濟這是常態，因為它是一個家。

在中午或晚上的用餐時間，精舍師父準備一切的素食，提供給所有從全世界回來的慈濟人，從三餐準備，甚至離開前為他們準備便當帶走，甚至給伴手禮等等，這些都像是離開家門已久的家人回來了，那種熱絡溫暖的歡迎。每一個慈濟人，甚至其他的外來訪客來到靜思精舍，都有回家的感覺。

曾經有海外的慈濟人，因為在靜思精舍一住就是很多天，看到師父們都是自力更生，不受供養，磨手皮，在支持精舍的一切所需。志工們覺得一直在精舍住宿、用餐給師父們增加負擔，覺得過意不去，擔心讓精舍師父負擔過重，於是他們就籌資，希望補貼精舍的負擔。這件事傳到證嚴上人的耳中，在隔天的開示當中，上人哽咽、慨嘆地說：「你們回到精舍的家，在這裡用餐住宿，卻要籌資付錢？我們畢竟是一家人，精舍雖然過得克勤、克儉，但是提供大家回來用餐，這不就是家人應該的事嗎？你們擔心我負擔不起，你們可以啃我的骨、喝我的血、吃我的肉，但是不要回到自己的家吃飯還說要付錢。」

證嚴上人這段剴切的話，具體說明了慈濟大家庭的信念。所以所有慈濟的活動當中，都是以愛為核心。這即是證嚴上人所說的：「以愛為管理。」所以不管是什麼人、不管是各種階層，大企業家、一般的上班族、專業人士、或家庭主婦，來到慈濟之後都是一家人。大家以一家人相互稱呼「師兄、師姊」，彼此完全跳出階級、貧富或者是膚色、種族的差別。

由於靜思精舍是採取自力更生不受供養的修行方式，一切的生活所需都是證嚴上人以及靜思精舍的師父們共同工作來承擔。整個僧團就是一個大家庭，而證嚴上人把這樣的大家庭擴及到全球慈濟的每一個角落。所以當慈濟人到達在臺灣和海外的任何一個分會所，該分會所的慈濟人都會跟來訪的慈濟人說：「歡迎回家。」從靜思精舍的家，到全球慈濟每一個會所都是大家共同的「家」。

從靜思精舍出發到全世界慈濟分會，都是體現慈濟大家庭的概念。大家庭的成員不是基於血緣，而是法親、法緣，慈濟人是彼此為法親，以法組成的大家庭。法就是信念，就是信仰。

在韋伯詮釋的家長制治理當中，非常強調傳統家長制的治理是環繞在以家長為核心，環繞著家人、親戚、近臣、以及其他特殊親近的人，以共同組成治理的權力核心。在慈濟以證嚴上人為大家長的治理結構中，自然會有比較靠近的弟子，這些弟子包括在家弟子及俗家弟子，是慈濟主管或慈濟志工。但是這種組成並不是以血緣為核心，而是以信念為核心。

當然家長制的治理結構中如同韋伯所說，家長制的核心成員，以傳統型的治理組織而言，其核心是固定的成員，以血緣為主，以跟大家長的親情關係為核心。但是在慈濟的家長制當中，成員有固定的，也有非固定的。這種治理結構中不是強調血緣或親疏遠近的關係，任何一個海外的志工都可以是很親近的核心成員。當一個家長制的組織，他的核心成員不是固定的，非血緣的，非強調親近關係的，而是依照信念與原則為基礎的治理，這是比較開放的家長制的治理結構。

換言之，家長制的治理核心越是以血緣、越是以親近關係為核心，而不是以信念與原則為核心，那麼它就是一個相對封閉式的家長制的組織結構。所以證嚴上人在「以愛為管理」當中，又加上一個信念，就是「以戒為制度」，亦即以原則為管理。雖然在家長制的治理結構，信任關係絕對是一個關鍵因素，在家長制的組織當中，成員之間的信任關係之培養是有效治理的重要元素。在傳統以血緣為核心的家族治理當中，信念與原則是擺在血緣親疏之後。但是在慈濟宗門的體系裡面，原則與信念遠遠超過親疏與血緣。

慈悲等觀是佛教重要的理念，也是證嚴上人一貫堅守的治理原則。所以慈濟人都是一家人，不只是慈濟宗門的人是一家人，而且還要擴及在慈濟宗門之外，把全天下的人都視為一家人。

當然我們不能全然地斷言，在百年之後，慈濟宗門的治理會不會產生家長制的變異情況？亦即開始以身分為導向，以親疏遠近為導向作為治理的基礎。一旦採取身分導向而非能力導向，以親疏遠近為導向，而非以信念原則為導向，那麼慈濟宗門會走向家族制的官僚機構，這種官僚機構在韋伯看來是封閉的、固化的、難以應變外在社會的治理體系。最重要的是這將違背佛法的慈悲等觀，也違背證嚴上人視天下人為一家人的根本信念。

以信念與德為中心，使慈濟維持一個部分官僚體制的志工組織。慈濟志工組織是一個扁平化的系統，企業家與基層志工都一樣要輪值班、掃街、做環保，這是慈濟很重要的一個理念，從幫助別人當中淬煉自己的性格，利他而度己。

慈濟以信念作為組織之核心力量，以信念領導、多元創發，希望達成在地化、社區化、去中央化，只要追尋同一個信念，在各地都能開花結果。高度社區化的結果是，社區中一旦有事就全部動員，例如莫拉克風災，慈濟志工非常清楚每一戶的狀況，能在最短的時間內，送上最需要的關懷與協助。

以德領導的大家長

避免家長制走向以身分導向，以親疏遠近為導向的官僚治理，以德領導成為關鍵。家長有德，自然廣納百川，廣納賢能，而不會以身分、以對個人的忠誠來分別親疏遠近，而是以德服人，以愛待人。這種家長制是良善的治理。

這種家長制傾向以信念為核心的聖格制。大家庭人人有愛，人人對他人有責，不分彼此，無有親疏，一切以信念與原則為核心，這是慈悲等觀的理想。家長有德，成員有愛，大家是一家人，然後共同去愛全天下的一家人，這是理想的家長制的類型；也是慈濟家長制的理想類型。

證嚴上人以德樹立典範，是全球慈濟的大家長。慈濟是人人的家，大家是一家人，更要把天下人都當做一家人一樣地愛護，證嚴上人將這種平等愛稱之為「大愛」。大愛顯然融合了儒家的「家」的概念，並且融合佛教的慈悲等觀。

因為儒家的愛畢竟是建立在一個倫理階級，君君、臣臣、父父、子子的次第中。但是證嚴上人將儒家的家人之互敬互愛，結合佛教的平等思想，建立慈濟家族的體制。

證嚴上人的領導風是儒家大家庭裡的大家長。牛津大學龔布齊教授（Richard Gombrich）在他的「原始佛教、當代儒家」一文中，評論慈濟的證嚴上人與當年的佛陀有諸多相似之處。證嚴上人與佛陀都是用直接道德方式教化弟子，但是不同於佛陀傳道以創立僧團為主，而慈濟的證嚴上人更強調儒家人人皆可為聖賢的理想，而將居士某種程度地僧團化——居士的戒律、儀軌嚴謹，穿著制服。但是慈濟在體現團體一致性的過程中，並沒有獨裁的感覺。那是因為證嚴上人是儒家思想裡的大家長。[2]龔布齊（Richard Gombrich）說：

儒家思想對權威的服從被廣泛要求著。慈濟志工也至少要在職務內穿著制服，並有相同的髮型。這對西方人來說幾乎是泛軍事化，但在儒家思想中卻沒有這樣的問題……同樣的道理，證嚴上人定下了十條規矩給慈濟人，也顯現了他的威信，但不代表他獨裁，他的領袖風格像個大家長。對已普遍於華人的團體而言，慈濟在提倡一致性行為的同時，並沒有僵硬的獨裁現象。

以家長制為核心的組織如何塑造以德領導的典範，這是治理上的一大課題。柏拉圖主張成立學院，集中教育來培養哲學家皇帝。儒家則以私塾、以書院，來培養儒者經世濟民，甚至培養一代聖君。在慈濟的模式裡比較不是這種學院式的培養模式，而是強調人與人之間，一個有德者手把手地傳遞給另一個有德者的教導模式。

許多認識慈濟的中、西方管理學者或專家常常問，慈濟的標準作業模式（SOP）為何？

吾人認為，慈濟的SOP就是「一個覺悟的修行人經由力行去啟發另一個志工，並讓他成為有德的修行者」。如此，一個一個地傳遞下去。證嚴上人從三十位家庭主婦，一直到現在百萬志工，都是遵循以德、以信念為啟發。志工的追隨不是基於利益、權力或名聲，而是以信念、無私的付出為核心，以和合互協為其實踐之道。這是典型的卡理斯瑪的聖格領導。

如同證嚴上人所說，一切的慈善歸為「德」的修持。這契合《無量義經》所言：「從一種子，生百千萬；百千萬中，一一復生，百千萬數；如是輾轉，乃至無量。」

德離不開愛與信念。證嚴上人強調的德行與信念，深入到慈濟每一個志工與專業人士身行中。甚至專業人士是經由志工關愛人的方式，逐漸引導他們深入體會、瞭解何謂慈濟志業精神。以醫師為例，證嚴上人期盼醫師「以病為師」，不只要醫治病人，更要學習愛病人。他期許醫師「不要做醫匠，要做人醫。

從人醫到人師」，[3] 拓展生命不同的面向與經歷。慈濟的志業精神不是只專注在事項上，而是去體會不同的生命歷程後，重新界定專業，以服務他人作為一生中最重要的使命。

例如在慈濟醫療體系裡，非醫療專業的醫院志工，經常給予醫生許多生命及專業上的啟發。證嚴上人期盼醫師能以病人為中心，並透過志工們的具體實踐，傳達這個價值觀念。花蓮慈濟醫院的常住志工顏惠美師姊，西元一九八六年花蓮慈濟醫院啟業時即離開臺北優渥的工作，投入全職志工的行列。她在醫院裡陪伴重症病患，許多醫師受她啟發，知道如何與病人溝通，如何表達對病人的關愛，志工以德、以愛帶領醫師去關愛病人。

「德」亦是領導的重要特質之一，若能做到人圓、事圓、理圓，便是有德行的人。組織最重要的還是人，對於人的珍惜，是慈濟社群很重要的核心價值，特別是不為金錢與權力來參與付出的志工。因此，人的感受與尊重是組織裡很重要的關鍵。

在慈濟裡擔任領導者的志工，並非都是高知識分子或富有之人，真正能領導他人的是愛，能夠激發他人的也是愛。例如美國矽谷（Silicon valley）的資深志工林王秀琴師姊，大家都稱她為「矽谷阿嬤」；她的英文能力很不好，亦未受過高等教育，但她在美國北加州以「愛」領導眾多高科技、高教育、高階管理階層的志工。因為她永遠充滿笑容，大家跟她去做慈善，大家在她身上永遠感受到愛。

靜思精舍作為全球慈濟人的家

傳統佛教道場是相對封閉式的場域。修行人在這裡清修，基本上與世俗世間是處於分隔的狀態。當然歡迎居士來訪，信徒朝拜；但是在內院，靜修是傳統佛教道場的核心。以僧為本位，強調僧侶的修行，僧侶的管理，對於居士是採取鬆散的方式對待。在古代中國當寺廟有農作，經常委託居士來耕作，甚至聘請居士協作，僧侶作為管理者。在靜思精舍，一切的農作多半是師父自行負責。有居士來體驗農禪，是一種心靈的鍛鍊。

證嚴上人把儒家風格融入佛教的道場之中，將靜思精舍打造成一個家，一個法親的家族祖庭。從精舍的出家師父，到清修士、在家居士、職工以及全球慈濟人，都視靜思精舍是一個家，一個心靈的故鄉。

太虛大師在當年提道場即工廠，希望出家人也能自行資生，在慈濟的僧團徹底實現了這個想法。靜思精舍的核心理念是「自力更生、不受供養」。從慈濟功德會成立之前至今，靜思精舍的生活始終堅持自力更生，一切精舍修行者的日常生活所需，都必須自己耕作，做手工，養活自己。精舍師父總共做過二十一種手工，從嬰兒鞋、手套、織毛線、做水泥袋、爆米花，一直到不流淚的蠟燭，以及豆圓粉。至今與醫院共同研發的防疫本草飲，這都是道場即工廠的寫照。這也是唐朝百丈禪師所言「一日不做，一日不食」的信念。慈濟會眾的一切捐款都捐到慈濟慈善事業基金會，去幫助所需的貧困眾生。精舍的常住眾不只自力更生，還提供場地、辦公所需、住宿、伙食等供基金會同仁使用，這是常住眾對慈濟基金會的護持。

靜思精舍是家，是自營工廠，這為全球慈濟人立下典範。由於師父們自身就是志工，是慈濟四大志業的力行者及精神的領導者。證嚴上人就是慈濟的第一位志工，他自力更生，不受供養，投入慈善救濟。奉行證嚴上人與精舍師父們的志工精神，慈濟志工同樣地投入慈善工作，賑災所到之處，無論是勘災、賑災、訪貧、助學、蓋大愛村，都是自掏腰包，自負旅費。這是體現證嚴上人與靜思精舍的志工精神。

慈濟靜思精舍始終是全球慈濟人心靈依歸處，全世界志工每年回到心靈故鄉尋求精神的提升及靈魂的純淨。在整個環境上的建造與擺設上，靜思精舍的確是一個家的感覺，而不是宏偉宏大的廟堂，巍峨的佛像，不可攀越的大雄寶殿。取而代之的是簡單素雅的精舍，從遠處望去就是一個幽靜的清修處所，寬廣的廣場前，有一大片草坪及整排的綠樹，樹的後面就是菜園及師父們耕作的地點。背後相映著雄踞東岸的中央山脈，和煦的暖風，是寬廣的太平洋從遠處的海面傳送過來的。

靜思精舍師父們至今仍必須輪班，燒飯、揀菜、劈柴、種菜、磨豆圓粉，一日不做，一日不食，數十年如一日，自力更生的工作從未停止。所以證嚴上人才說：「靜思法脈勤行道，慈濟宗門人間路。」他要師父們永不退休，一如他期望志工們必須無視自己的年齡，將自己的壽命放進壽命銀行五十年，所以八十歲的老志工只有三十歲，九十歲的老志工只有四十歲，希望他們堅持初發心，繼續奉獻社區，奉獻人群。不只此生此世，而是生生世世。

靜思精舍從精神到工作，從人與人的送往應對到建築環境的陳設，都在顯示家的風味。作為一位慈濟主管，在工作之間可以在廣大的農場行走，穿過長長的落羽松，看著眼前巍峨的大山，這是一個與自然環境融合的家。

靜思精舍所展現的意義典範，對於當今的工業資本文明的啟示為何？如果一個機構領導人，將自己領導的企業或機構打造成是一個家，在這裡服務的人都是家人，人人互愛，不是競爭與利益之交換，而是信念與愛為核心，建構一個大家庭。如同證嚴上人要慈濟人視天下為一家人一樣，這樣的企業與機構肯定是受到社會支持，受到大眾青睞信任的企業或機構。而這當中，信念、原則、愛，構成圓型組織以德領導的典範模式。

農禪與德風之培育

根據靜思精舍早期跟隨證嚴上人修行的德融法師回憶，當民國五十三年（西元一九六四年）左右，他們開始追隨證嚴上人，那時候甚至慈濟功德會都還沒有成立。德慈師父、德融師父、德恩師父以及德仰師父都跟著證嚴上人住在普明寺前的木板房。當時只有德慈法師現出家相。他們四個人擠在小小的房間裡面，夏天睡覺，清晨起來全身都是濕的，但是他們都很快樂。因為大家都很團結、互愛，這是他們的家，他們跟著證嚴上人學習佛法，耕作、織毛線、做手工。一家人以法為親，互敬互愛。這是靜思精舍家風的開端。

以佛教教義與證嚴上人的慈悲利他精神言之，愛要展現在一切人及一切眾生的身上。證嚴上人早年種田，犁田時，向人家借牛。牛隻不喜歡陌生人，進了田，不肯走，更是拉不動。出家人不忍心鞭打牛，弟子們想不出法子，證嚴上人就拿著草走在牛前面，一路引著牛往前走，這才把田犁好。依眾生的旨趣，引導他們。吾人在證嚴上人身上，經常可以看到他以這種理念在引導志工突破自我的盲點與困境，走向更寬廣的人生。

根據靜思精舍最資深的長老，也是證嚴上人第一位出家弟子德慈師父的回憶，證嚴上人帶領他們非常的嚴格，要行如風、坐如鐘、臥如弓。有時候他們半夜睡覺會被證嚴上人打醒，因為睡姿不好。多次之後，德慈師父回憶說，他想出一個方法，就把自己綁起來，臥如弓，結果半夜又被打醒，因為睡眠中自動解開繩子，睡姿又亂了。從這故事可以了解證嚴上人對於弟子德的培育之嚴謹，連睡覺都在修行。這是靜思家風。

靜思早期的務農，的確體現著農禪的精神，證嚴上人帶領在日常工作中體悟生命的大道理。農作的除草也是一項特別艱辛的工作，春天二月時節是除草時節，也是花蓮最冷的季節。一次證嚴上人正要除草，田間的水特別冷，手伸出來都是冰凍的，眼望著一大片的草何時能完成呢？想著、想著，他就從雙手能觸及的範圍做起，邊除草邊背誦《四書》，一會兒工夫，已經完成一大片了。

從身邊做起，這個信念貫穿往後所有慈濟的慈善及救濟的工作之中。從自己能力能夠觸及的先做起，「腳走得到，手伸得到的地方先做」。證嚴上人總是如此鼓勵著志工。不管災難多大，苦難人多少，總是從我們自己能力所及的地方開始做起。與大地生活的歲月給予證嚴上人及他的弟子許多生命的體悟與洞見，這就是農禪，這是慈濟志業認為工作即修行的起點。不管是大地耕種，或是救度眾生，對於證嚴上人而言，其理念同一，都必須以愛引導，盡力而為，並且堅持初發心。

曾經，佛陀入滅後一百多年間，僧團第二次結集。西方比丘與東方跋耆比丘們對於是否謹守金錢清淨戒起了衝突。東方比丘希望比丘能接受金錢供養，這違反佛陀當時定下的戒律。佛陀的僧團是進一食，以托缽為生，並藉托缽與信徒結法緣，不儲存金錢。給孤獨長者提供的給孤獨園，也是居士擁有，僧團是暫住。佛入滅之後，信徒建塔供奉，佛塔也都是居士所建，居士所擁有。

但是到第二次結集，僧團分裂了，是否接受供養成了一大挑戰。最後僧團分裂，東方比丘接受金錢供養，逐漸建立寺院、廟產於是興起。在中國，托缽不符合中國人的文化習俗，加上中國北方冬季天寒地凍，托缽不易，於是借助居士的布施，寺廟的繁榮也有過富可敵國的地步。一直到百丈禪師建立自力更生的體制，佛教出現了自己的修行體系。

靜思精舍師父恢復古老的佛教修行模式，謹守持金錢清淨戒，自己沒有財產，一切都歸回精舍全體。這是佛陀古訓，比丘、比丘尼持金錢清淨戒，不受金銀的供養。靜思精舍的師父們雙手樸質粗糙，那是經年累月的農作所造成。與他們相處談話，可以感受到他們充滿法的平靜與喜悅；大自然給予修行者的啟示，不亞於經律論典給予他們的教諭。

吾人曾與師父們一起在菜園工作，一位師父告訴吾人，穿過瓜棚要低頭，這在教我們謙卑的道理；一棵苦瓜再怎麼美，如果不照顧好，在成長過程給蟲咬一個洞，這瓜只能丟掉。這教導我們戒體必須保護好，不可犯一小戒，否則修行就前功盡棄了。與他們處事的確感受到長期在大自然的耕作中，給他們的生命帶來的愛和生命智慧。

早期師父們跟著證嚴上人除了耕地、種稻、植果樹，還必須讀誦佛教經典以及儒家的四書五經。這是證嚴上人期待的一個完整人格雛形的建立，如《倫語．雍也》所言：「質勝文則野，文勝質則史，文質彬彬，然後君子。」透過耕作，與大自然相融相合，樸質的環境造就修行者的品格及志節。這種簡樸克己的志節及品格是入世工作的泉源。

靜思精舍是一座樸質的修行道場。證嚴上人自己親自設計建築圖的靜思精舍（現在稱為小靜思），不到三十坪多的空間，早年拜經、慈善會務、會員聯繫、開會、吃飯、睡覺都在這裡。五十多年來經過十多次的增建，靜思精舍建築仍維持著不超過三層樓的高度。兩百多位靜思精舍的師父中，有一部分（約十分之一左右）會經常參與慈濟基金會的運作。靜思精舍師父是作為精神與法的指導者，實際執行的層面仍由居士負責。這些參與會務的師父，平日還是要輪值洗碗、飯桌整潔或煮熱食等工作。這個概念是精舍就是一個家，作為家庭的一分子，家務事大家都得一起參與，一起承擔。

工作即修行，《法華經》所言，「無師智、自然智」，眾生都是老師，以眾生為師。證嚴上人以阿難為例，他讚歎阿難跟隨在佛陀身邊，任何人要見佛陀，阿難要用心安排，讓每一位來訪者見到佛陀後都心生歡喜。那些還在等候的，阿難也要向他們分享法，分享佛陀的智慧，讓等候的人也心生歡喜。而有一些見不到佛陀的人，阿難也用心慈悲地應對與說明，讓離開的人都充滿法喜。這就是阿難的智慧，這是無師智，無不是老師。證嚴上人期待的靜思家風就是在人群中修行。

再者，自然智，人人本性的清淨與智慧原已具足，只要啟發本性，就能覺悟自心，所以是自然智。證嚴上人期待靜思精舍的師父們無論在農禪中，或在慈濟會務人群中，都要做好自我的道德反思與提升，在工作事務中得到法的體悟，以樹立以德領眾的典範。為居士、為志工、為全球慈濟人、為眾生開啟佛法的智慧，他們是慈濟宗的法源傳承者、繼承者與踐履者。

工作場域即修行場域

從靜思家風，一直到慈濟宗風，這是一個連貫的精神傳承。眾生即道場，苦難即道場，工作即道場，最後心就是道場。

在慈濟場域工作的慈濟人，在工作中其感受與在外界職場上最不同的，在於慈濟認為工作場所就是

「家」。工作場所就是修行的場域。

慈濟所屬的各個志業體，從靜思精舍的家風衍生出慈濟宗風；慈濟是一個家，這個家有愛，有溫暖，有人情。人情，在慈濟裡是很重要的一個人際力量，同時慈濟也努力限制著這個力量，畢竟大愛、覺有情才是慈濟的核心價值。

人情作為人與人的互敬互愛是有益的，但是過度強調人情的組織卻也是慈濟所不樂見。所以強調拉長情、擴大愛。體制與人情並重，倫理與事理必須兼備。而涵融這兩種價值的可能衝突，就是慈悲等觀的思想。

在慈濟的世界裡，即使職工或學有專精的專業人士投入慈濟志業體，也都希望他們以志工的精神投入工作，甚至以此作為他們生命中最重要的使命與理想。

在工業社會中，工作與休息都是分開的，但是如果工作如同在家庭裡一樣溫馨，人是不是需要那麼多的休息時間？現代人一年休息的時間幾乎超過一百天，這麼多的休息意義何在？對於人的身心平衡健康有益否？

證嚴上人說：「休息，就是換個方式工作。」[4] 不區別工作與休息、修行與休息是慈濟重要的修行理念。在證嚴上人眼中的確沒有過勞這種理念。在慈濟，同仁與志工身體健康當然是被極度關懷的，生病休息當然是必須的。但是慈濟鼓勵多做事，做事就是修行，工作與休息不應該被二分法。或覺得工作就是辛苦，休息就是快樂。樂在工作，樂於服務，是人生的宗旨。

以此理念，靜思精舍的師父們終年工作，他們耕作、做豆圓粉、做蠟燭，以及從事各種日常生活的食、衣、住、行等忙碌庶務，他們不需要週休二日，依然身體健康、精神開朗。有人會說，因為他們是修行人，但是慈濟許多資深的志工或同仁、主管，一樣幾乎全年無休，他們並沒有因為工作壓力或過度勞累，而發生憂鬱或沮喪感。

從慈濟的觀點言之，現代人忙著工作，之後忙著休閒；忙著應酬，再忙著健身。現代多元化的功能，將個人切割成不同的區塊，人於現實中無法得到真正的完整性，也無法真正地掌握自己的身、心、靈、境。慈濟人的理念是工作即為休息。證嚴上人常問志工，做得累不累？他們都會回答：「很幸福！」慈濟人不說辛苦。

證嚴上人希望人是為了工作而生活，不是為了生活而工作，所以沒有退休這個理念。證嚴上人曾在對靜思精舍的出家師父與清修士說，靜思弟子不退休。不可以將長者師父送老人院，要自己照顧。能做事的，一定要做，靜思勤行道，做到生命的結束，還要再來人間，繼續為人間、為眾生努力。[5]

臺灣的工作體制是週休二日，而證嚴上人就期勉慈濟人「週修二日」，別「週休二日」。慈濟的主管與主要志工其實多半全年無修。證嚴上人每日清晨三點半即起，開始講經，到八點半已經開示兩場，全年無修。弟子們也是不敢須臾離也，努力精進不懈。

從慈濟的觀點言之，區別工作與休息，人的生命之統一也喪失。慈濟的理念是工作即是福報，能付出很幸福。心心念念為眾生，少欲志堅，為他人付出之際，不斷地縮小自我，達到體驗與大我一體的境地。這是慈濟人的生命目標與使命。

證嚴上人在西元二〇〇八年初的一場歲末祝福開示中，向慈濟志業體的核心幹部強調，「無我、放空自己，真正用我空、無我的心去為人群服務。」[6]慈濟要培養的志工與同仁就是這種品格、這種人品典範的「志業人」。志業人不是以物質、情欲、自我為中心，而是以付出、無我、修行、利他為精神依歸。

連接世俗與神聖的清修士典範

先前我們說明證嚴上人不是以寺廟為導向，而是以建立全球法親的家庭為目標，因此慈濟各地的靜思堂並無派駐常住師父。這一面被某些人擔心是否讓各地的會所靜思堂少了神聖性？但是證嚴上人似乎打破這種以「身分」界定神聖性的傳統宗教窠臼。如果我們提出家長制的核心問題，就在身分導向，人際導向，容易造成階級化，容易造成營私的官僚家長制。慈濟宗門的家長制色彩以證嚴上人的做法可以得知，他極力去除身分化，特別是以身分界定神聖性。人皆可為聖賢，這是牛津大學龔布齊教授觀察證嚴上人對居士的期望。

如何讓佛法更靠近世間，一直是證嚴上人致力的目標。他本身所希望的佛法生活化，菩薩人間化正是基於這種信念。因此，在傳統上，出家人的身分進入世俗世界做許多的工作，其實還是有若干障礙。礙於傳統，許多僧侶無法更深入地進入世俗世界，去改變世俗世界，而是讓世俗世界進入寺廟，才能改變俗人。然而循著佛法生活化，菩薩人間化的理想，證嚴上人似乎希望發展出更貼近世俗的僧團體制。清修士，具備世俗的外在，但是內心的修持與修行與僧侶無異，是證嚴上人採取讓僧團更靠近世間的一項新作法，特別是對傳統佛教的制度而言，清修士是一種創新，也是一種復古。

在《大方等大集經》中就記載著清淨士為大修行者，他們同樣是累世修行的佛、菩薩。佛陀告訴月藏菩薩說：

「爾時，佛告月藏菩薩摩訶薩言：『了知清淨士！此賢劫初人壽四萬歲時，鳩留孫佛出興於世。彼佛為無量阿僧祇億那由他百千眾生，迴生死輪轉正法輪，追迴惡道安置善道及解脫果。彼佛以此四大天下，付囑娑婆世界主大梵天王、他化自在天王、化樂天王、兜率陀天王、須夜摩天王等，護持故，養育故，憐愍眾生故，令三寶種不斷絕故，熾然故，地精氣眾生精氣正法精氣久住增長故，令諸眾生休息三惡道故，趣向三善道故，以四天下付囑大梵及諸天王。如是漸次劫盡，諸天人盡，一切善業白法盡滅，增長大惡諸煩惱溺。』」[7]

了知清淨士就是大覺悟者，菩薩修行者。梵語的優婆塞與優婆夷有翻譯為清淨士與清淨女。[8] 在慈濟，證嚴上人命名這些具居士相，實為出家人的行者為「清修士」。清修士的建立從證嚴上人的理想言之，有助於慈濟宗門更貼近世俗世界，更方便地將佛法引入現實世界，度化現實世界。

證嚴上人於西元二〇〇七年開始著手擘劃創立清修士的制度，清修士守著出家師父的戒律，與僧團同住。不結婚，但是不現出家相，不剃鬢髮，但其修行之要求與出家人無異。

靜思精舍的清修士是目前實際承擔慈濟基金會會務的力量之一。清修士在基金會裡擔任職務，與在家居士，包括志工、主管與同仁們一起負責慈濟會務的推動。清修士是法脈，也是宗門。證嚴上人表示：

> 慈濟宗門是要走入人群社會，各志業需要的人才不同，清修士即是以出家的精神作入世的志業；以精舍為家，以眾生為己任。身心奉獻無家累。心出家的清修士，與身心皆出家的僧人，本質相同。僧團是延續佛教慧命，而顯出家相宣揚佛教。「性」與「相」要連貫。性就是與佛同等的本性，其實一切無為法為何要著於相？既是清修士就要廣納宗教觀，要總一切法，持一切善。[9]

清修士有男眾、有女眾，多半是高學歷，具碩博士學歷，有建築、法律、醫療、會計、生物科學等不同的背景。許多清修士是海外的年輕志工響應證嚴上人的號召，回到花蓮靜思精舍加入修行的菩薩道場。清修士制度中，也依修行之深淺，分為清修士、清修大士、以及清修師等。在證嚴上人眼中，清修士方便行於世間，是傳承法脈、連接宗門的重要橋樑。

家長制的行事風格是具備長幼有序的，上下的節度仍維持一定的次序。這裡不是專業導向，比較是人際、人情導向。在一定程度上，人的關係決定事務的發展。事務的發展脫離不了人與人的關係。比起法制或聖格制，家長制的組織，人際的決定性高。

許多在靜思精舍工作或服務的人，不管是領薪或志工，在一個程度上被認定是自己家人之後，就如同家臣一般的對待，出入、行儀都必須在大家長的關照下進行。如韋伯所說，家臣的待遇、俸祿都是由家長所決定。這裡沒有一定要有固定的標準。家臣如家人，必須奉獻一生的忠誠，至死方休。沒有退休，沒有離職這種思維，在家裡住，哪有退休與離職。家裡的一切共同擁有、共同奮鬥，不分彼此。這是一個高度凝聚力的團體。

以法為尊的家長制，是吾人觀察慈濟宗門嘗試著將儒家的傳統家的觀念，輸入以法為依歸的佛教僧團之中。這其實是韋伯家長制與聖格制的結合。這是吾人所見理想的家長制色彩的運行組織。

靜思精舍跟一般的世俗家庭畢竟不同，刻苦、簡約、無私、勤勞、修行、度人度己。這是一個高度著重修行的團體，它是一個家，是共同修行的家，是以法為尊的家。家庭的成員之結合是認同證嚴上人的修行理念與模式，他們是因為修行與學法而凝聚在一起，雖如家人，實為法親，在修行與度化世間的道路上，互相勉勵、扶持、砥礪。

即便是靜思精舍工作或長期居住的居士，一樣必須奉行精舍的規矩。從簡約、素食、慈悲、無私、付出等，都是必須遵守的理念及原則。慈濟將家、修行，與淑世的理想融合一起，營造一個家。

我們這裡看到家長制的優點就是「愛」，愛是其中最大的關鍵力量。家中有愛，人人歡喜，人人都感到自在。而家長制能持續的前提是戒律，沒有戒律就只是一個散漫的家庭；沒有創造力，更沒有修行的可能。

家長制的愛與戒律，以及奉行佛法，利益世間的信念，構成證嚴上人的家長制獨特的風格。我們不能不說韋伯的三種制度可以在這期間同時體現，家長制中的愛，聖格制中的信念，法制中的原則戒律，這三者正是構成慈濟大家庭的理想目標。

二、聖格領導：佛教的入世轉化

慈濟宗的創辦人證嚴上人對於佛教的復興運動，具備卡理斯瑪的領導特質。他實質改變了佛教在世界的形象，從自修、離群、內省的特質，轉化為入世、濟世，利他到覺悟。

慈濟功德會體現佛教對當代社會的適應與開展，慈濟的社會投入，強調「利他度己」，「利他到覺悟」，通過「利他而成佛」。它所代表的是，引領佛教逐漸從心性的昇華與追求，轉向以世俗社會的改造著手，達成自我生命與內在心靈永恆極致的成就與圓滿。

從念佛到社會實踐

這種透過社會實踐達成自我圓滿修行的法門，在佛教的教義上一直被強調。佛陀在《無量義經》提出對治世間各種苦難的方法，包括佛為大醫王，「曉了病相，分別病相，隨病授藥，令眾樂服。」「醫者大醫王，苦既拔已，復為說法。」或為諸眾生之大善知識：「船師大船師，運載群生，度生死何，至涅槃岸。」[10]一切救助眾生的方式與理想，在《無量義經》裡已經載明。《無量義經》是法華三部的首部，在過去佛教歷史上並不特別重視。在漢傳佛教的傳統中，比起《金剛經》、《般若經》、《楞嚴經》、《華嚴經》、《中觀》等，《無量義經》默默無名，因為傳統佛教不重視世間的現實改造，強調自身清淨修行的旨趣。證嚴上人以《無量義經》為圭臬，積極地將佛法引入世間，創造一個嶄新的佛教面向當代社會之路，為利他到覺悟的修行法門提供一條世出世不二，煩惱菩提不二的路徑。

除了《無量義經》，證嚴上人早年開始在發放之後就講述《藥師經》，《藥師經》擘畫出完美社會的理想。佛陀在《藥師經》裡提出的人間淨土，是人人能身體健全、物質豐饒、心靈清淨。「藥師如來十二大願」就是人間淨土的理想藍圖之一。證嚴上人所帶領的正是「透過社會參與，改善社會貧苦與弱勢」，並經由「社會實踐完成自我修行」，是佛教對當代社會的適應與承擔。

因此立基於建構人間淨土理想的慈濟宗，其核心理念及實踐是通過「改善社會以改善自我」、「通過社會實踐以完成自我修行」的法門。證嚴上人將佛教帶回原始精神之入世情懷，只有透過利益眾生，才能證得無上菩提。證嚴上人盼望復古佛陀在世時的教義與精神，其創立之四大志業，更是期望以適應現代社會生活的方式來教化大眾。

正是這種時代的洞見，讓證嚴上人在年輕之際就顯示出卡理斯瑪，或吾人稱為聖格領導的特質。在許多面向上，證嚴上人的確突破傳統佛教僧團的組織運作模式——強調僧，不強調居士。強調佛教的儀式，不強調進入現實世界，改變現實社會。強調寺廟管理，而非建制當代化的社會體制。如同韋伯所認知的卡理斯瑪聖格領導，經常是翻轉一切價值序列，顛覆習俗與傳統的革命性格。[11]證嚴上人強調以苦難為道場，而非傳統的佛教以寺廟為道場，他在小木屋開始已經從事慈濟，再隔兩年，西元一九六八年才建立靜思精舍。先眾生後道場。他的自力更生，不受供養也是突破佛教傳統；從此建立慈濟志工的典範，自掏腰包，自付旅費去全球各地賑災。

佛法在人間不再是以儒家為主體的社會體系當中，充當一個補充的避世系統，而是積極地入世，改變這個苦難的世間。在西元一九六〇年代的臺灣，物資仍然很困頓，社會在戒嚴體制下，社會生活的自由度仍然受限。但是證嚴上人帶領著家庭主婦跨出家庭的限制，跨出女性傳統持家提菜籃的角色，積極地為貧困付出。這是一種時代價值的大翻轉。

從內在而外在

韋伯強調卡理斯瑪聖格制是從內部、內心出發，而不是從外部體制尋求解決。改變內心，而不是先改變社會制度，是證嚴上人的慈善起點。讓人人以五毛錢都能夠幫助人，讓人人都能從事慈善，通過助人啟發自己的慈悲心，通過濟助他人增長自我的智慧，建立自我生命的價值。這種翻轉與變革是從內心出發，而不是從制度著眼，這是真正的卡理斯瑪的聖格領導特質。韋伯認為，與官僚主義不同的是，官僚主義慣常將神聖性的事物，通過具目的性的規則，讓人們順服、接受這些規則。卡理斯瑪聖格的領導是讓人從內心感受到神聖性，進而自動自發地投入各項事物。證嚴上人在帶領這群早期志工在慈悲利他中，啟發自信，啟發生命的價值，得到前所未有的喜悅。一個婦女從傳統家庭的禁錮中解放出來。

但是證嚴上人的方式是中道的，他告訴志工們：「家庭做好才可以做慈濟。」一方面圓滿自己的生命，也要顧好家庭，圓滿先生與孩子的生命，然後成就更多需要被幫助的人翻轉生命。是這種圓融的思想，讓慈濟不遭受到傳統社會「男尊女卑」，「男主外、女主內」的舊思想之抗拒與阻擋。傳統儒家對佛教的最大批判之一就是不顧家庭倫理，「無後之憂」，是儒家社會對佛教的忌憚之處。但是證嚴上人不是以勸導信徒出家為目標，而是以「為他人無私奉獻」為目標。靜思精舍維持少數的出家人，多數的工作仍然是具備家庭責任的婦女志工所承擔。這是證嚴上人對時代的接納與轉化所締造的慈濟世界。

從家庭主婦，到先生加入慈濟，從傳統不識字的婦女，到學校老師、公務員，一直到專業人士、大企業家加入等，證嚴上人以無私的付出啟發自心慈悲與清淨的修行法門，穿透了社會各階層，證實人皆有慈悲本性，人人皆有佛性的佛法大義。拜經拜懺，不如去幫助人，這是菩薩道。在付出中得智慧，在行善中養慈悲，這是佛法的悲智雙運。慈濟的奇蹟正是以佛法所創立出來的人間道場。

證嚴上人的創新語彙也是他聖格領導的重要力量。他的靜思語言簡意賅，又意寓深遠，平易近人，又刻骨銘心。他以大愛一詞取代佛教傳統的慈悲，以志工一詞取代世俗的義工，以感恩心激發人人的善心。付出無所求，付出還要感恩。他說：「付出是妙有，無所求所以真空。」這種生動的、簡易的表達，貫穿佛法，貫穿義理與實踐隔閡，給予志工思想的指引。

從內部出發，一如韋伯對卡理斯瑪的理解。證嚴上人正是以從心改變，來改變這個世界。

這種大愛，這種付出無所求的信念，不只是穿越各階層，也穿越各宗教。慈濟在印尼有兩百多萬位的穆斯林會員與志工，在馬來西亞也有兩百多萬位的會員，其中一半以上是穆斯林。在土耳其，慈濟土耳其聯絡處負責人是穆斯林，慈濟與穆斯林長老一起濟助上萬名敘利亞難民孩童。在南非、莫三比克、賴索托等十個非洲國家，上萬名的本土非洲志工，是基督徒，但是做慈濟。他們說：「我們是做上帝的工，通過慈濟，我們更接近上帝。」

這種大愛無邊界的精神是證嚴上人對於佛教慈悲等觀的體現。佛教通過慈濟人，走到全世界，走進社群，走進穆斯林與基督教的世界，並得到認同與接納。

韋伯所認知的卡理斯瑪是以信念啟發信眾追隨他，不是以官僚體制授與或規範，不是以傳統家長制基於倫理與血緣，以信念凝聚社會的力量，進而改變社會。

因此證嚴上人所創立帶領的慈濟人，跨越階層、宗教、種族與國界，以信念為導，是慈濟人認同的核心與本質。慈濟組織體系所顯現的聖格制的特質，一方面表現在它轉化純傳統以寺廟為主導的佛教實踐模式，而是每個苦難處都是道場。因此即便沒有慈濟會所的國度，如莫三比克、辛巴威等，這些非洲志工在空地上，畫線為界，界內是佛堂，界外、界內都是泥土地，從界外進界內，必須要脫鞋才能浴佛，因為畫線的界內就是神聖之地。神聖在內心，即心就是道場，更遑論他們都是基督教徒，但也加入浴佛。

當初，佛陀的聖格領導在於擺脫婆羅門的種姓制度，強調人人都是平等，人人都在行善中平等。證嚴上人的聖格領導是人人都在行善中平等，這是一種因應時代的神聖性轉化。界定慈濟人，是以行善為指標，而非以組織為指標。證嚴上人以慈善擴大了佛教對社會觸及面，以佛法挹注慈善的工作，讓慈善成為信仰的實踐道路，永續信仰的廣度與行善的深度。

慈濟人追隨聖格領導

慈濟人這個名詞革新了傳統佛教對於信徒的概念，信徒不再是燒香念佛，而是積極行善。信徒不見得是佛教徒，但是越來越認識佛教。因此對於慈濟人的範疇、定義與詮釋，是理解慈濟在當代佛教的實踐中一個重要的議題。

所謂「慈濟人」作為信念，可以是一切加入慈濟行善的愛心人士。慈濟人以組織定義言之，是信仰慈濟理念並定期或長期投入慈濟善業的人。

慈濟人在社會約定俗成之中並無嚴格的定義。在慈濟核心幹部的思維中，「慈濟人」是泛指受證的志工或是已皈依的弟子，因為這些成員都必須遵守慈濟十戒。一般的會員、捐助者，以及志業體的主管、職工，未皈依者或未培訓的受證者，一般不包括在「慈濟人」的稱謂意涵裡。但是這個界定仍然不是一個嚴謹的、或絕對的定義。「慈濟人」的標準？可能問每一位慈濟人，他們對此名相都會有不同的認定。

嚴格意義下的「慈濟人」並不一定是佛教徒，這是慈濟作為佛教組織最為特殊之處，也是證嚴上人誇越宗教的聖格領導特殊之處。即便是長期投入慈濟志業體的主管，未必是證嚴上人的弟子，也未必是佛教徒。花蓮慈濟醫院第三任院長陳英和醫師，從創院開始至今，他在慈濟醫院已經服務二十八年，他始終是一名虔誠的基督徒。西元一九九九年證嚴上人邀請他擔任慈濟醫院的院長，陳英和醫師一開始婉拒，因為他覺得他不是佛教徒，怕不能勝任。他建議上人應該找一位佛教徒接此職務。證嚴上人問他：「你信基督教虔誠嗎？」陳英和醫師回答：「是，很虔誠。」證嚴上人說：「你越虔誠我越歡喜，因為醫院需要有愛心的人，每一個宗教的本質就是愛。」陳英和醫師當了四年的院長，現在是慈濟醫院的榮譽院長，仍在慈濟醫療志業體服務，他也是臺灣最著名的骨科醫師。

慈濟大學的前任校長方菊雄，也是大愛臺的主持人。方菊雄教授是基督教長老教會的長老，他擔任慈濟大學第三任的校長。他目前已經七十七歲，仍在慈濟大學任教。凝聚不同宗教與理念的人一起長期在慈濟服務，一方面是證嚴上人個人非凡的領導力，一方面是慈濟體現的利他精神，讓不同宗教的人都能參與慈濟而不覺得與自己的信仰有衝突。

慈濟土耳其聯絡處負責人胡光中是伊斯蘭教徒，從西元一九九九年土耳其大地震開始投入慈濟已超過二十年。近年在土耳其幫助數萬名敘利亞難民，並協助數千名敘利亞難民童工復學。菲律賓與非洲七個國家，各有上萬名天主教與基督教信仰的志工，印尼與馬來西亞各有百萬名以上伊斯蘭教徒成為慈濟會員或志工。這是慈濟所體現的佛教利他精神跨越宗教所創造力與統攝力。

佛教基本上是非排他性的宗教。相較神啟的宗教，或一神論的宗教，佛教與各宗教的衝突歷史以來相對的少。對於跨宗教的慈濟人而言，「慈濟人」一詞意味著追隨證嚴上人慈悲大愛的精神、從事利他、行善、服務別人、同時淨化自心的愛心志工。

居士佛教與聖格領導

先前說過傳統佛教以寺廟、以僧侶為核心。但是證嚴上人帶領的慈濟以社會服務、以居士為核心。慈濟目前全球一百多個國家地區從事慈善、醫療、教育、人文等工作，約於六十多個國家設有分會及聯絡點，這些分會與聯絡點多半由志工組成。特別是領導的執行長，多為資深志工擔任，既非僧侶，也非派專業派任，而是有德者領導之。這是期望聖格領導在各地分會的傳承與轉化。

慈濟是全球具備志工人數最多的非營利慈善組織之一。[12]志工的組成與管理是慈濟的一大特色。慈濟的志工是捐款者、行善者、修行者，也是慈濟的管理者。志工是慈濟宗門最重要的支柱。慈濟人或慈濟志工約略可以分為幾種類型：[13]

第一：會員，通常是定期或不定期的捐助者。會員本身並不一定會參與慈濟的活動。目前慈濟在全球的會員超過兩千萬。這個部分對慈濟而言，啟發善念為核心。對於捐款者而言，他們認同慈濟的慈善，未必認同慈濟的佛教屬性。

第二：志工，又分為培訓志工與非培訓志工。非培訓志工不嚴格要求守十戒，但是在從事服務工作中，必須恪遵慈濟的規矩，如不飲酒、素食、不喧嘩、不談生意、不議論政治等。這些志工是高度認同慈濟的理念，也認同適應慈濟的組織，但是他們還未必都是佛教徒。凝聚他們的是慈濟愛，與證嚴上人的信念與聖格感召。

受證慈濟志工則必須遵守十戒，通常培訓兩年，通過志業課程、慈濟理念的瞭解，與戒律持守無慮，始能受證。受證志工分為三類，一為委員，二為慈誠，三為志業功能志工。這種屬性的慈濟人多半是佛教徒，但也有部分非佛教徒。他們一定是證嚴上人的弟子，他們以奉獻慈濟作為終生的職志。這群志工是將志業、事業與修行合而為一，以畢生的心力為人群奉獻為目標。

受證志工包括委員、慈誠、教聯會、環保志工等。其中委員與慈誠是志工中的核心力量與骨幹。

第三：委員，通常為女眾，亦有男眾。女眾著「八正道」制服及慈濟藍色「旗袍」；旗袍又稱為「柔和忍辱衣」，亦即度化眾生必須勘忍。委員恪遵十戒，做好慈濟人的榜樣，並投入慈濟各項志業的服務工作。更重要的是委員具備募款、募心的職責，所以道德操守必須被嚴格要求。

慈濟委員定期向慈濟會員收功德款，並藉此向會員們說明慈濟慈善等志業的進展。會員家中有任何不愉快事情，委員會幫忙排憂解難。委員就是上人的化身，是佛法的傳遞者，是慈濟精神的體現者。委員在很多情況下是會員們心中的菩薩，拔苦予樂的心靈療癒師。委員也是社區幸福的守護者，社區一旦遇到有災害或不幸的事件，諸如火災、車禍或緊急事故，慈濟委員們會立刻動員，前往探視關懷賑濟。平常社區有貧困、鰥寡、弱勢家庭，都是慈濟委員長期照顧、幫扶的對象。

慈濟委員所穿著之「八正道」及「旗袍」之制服，非為捐款多寡所能獲得。慈濟委員必須見習一年，培訓一年，謹守戒律，投入慈濟志業，才符合資格穿著這套制服。犯嚴重戒律的委員，其制服與「法船」（胸前所掛別針），及委員資格會被慈濟本會收回。[14]

第四：慈誠，慈誠為男眾，與委員一樣是見習一年，培訓一年，遵守十戒，投入慈善志業，才能受證為慈誠。慈誠肩負各種慈濟的勤務，舉凡救災、物資結集、發放規劃、興建大愛屋等，無所不做。慈誠的資格與制服一樣是非捐款所能獲得。

第五：榮譽董事：因捐款而得到慈濟「類感謝狀」的為「榮譽董事」（簡稱榮董）。在西元一九七六年之前，慈濟準備蓋醫院，當時募款相當困難，因此有人一次捐一百萬元興建醫院者，特頒「榮譽董事」；此為感謝狀，榮譽董事不參加慈濟董事會，也未嚴格要求其遵守十戒。當然許多榮董為企業家，後來因感動慈濟的慈善工作，而投入培訓，成為慈誠或委員者多。但不是每一個榮董都被期待成為慈誠或委員。連戰先生與馬英九先生都是慈濟榮董。

第六：志業功能志工，志業型態的志工包括環保志工、人文真善美志工、人醫會志工、骨髓關懷志工、教聯會志工等。慈濟一共有三十二個功能性團體，投入慈善、醫療、教育、人文、研發、環保等不同之志業工作。

受證的志工一樣穿上良能不同之制服，如環保志工為灰衣，人醫會志工為白衣，教聯會志工為灰藍制服等，都是具備慈濟的形象與標誌。這些不同的功能（慈濟稱為良能），都是來自不同之專業，他們把慈濟的慈悲大愛之利他精神帶入專業。

他們並非全職的志工，而是在工作之餘，投入慈濟。志業型態的志工亦有非受證的志工投入，他們不定期來慈濟從事慈善、環保等工作。這類型志工以環保資源回收為多。慈濟環保志工授證約十萬人，[15]非受證的環保志工約二十萬。

慈濟志工是一種新型的宗教信徒，他的認同超出佛教之外，卻不離開佛教精神。慈濟有沒有期待非佛教徒的慈濟志工最終成為佛教徒？這個答案每一個資深的慈濟人回答都不盡相同。在目前的跨宗教的慈濟人群中，證嚴上人的聖格感召，與慈濟人的慈悲身形典範，是廣納各宗教愛心人士投入慈濟的關鍵。愛與信念是聖格領導的特質，這種特質在將來逐漸形成的官僚科層制度中會不會逐漸喪失？如果未來逐漸演化成官僚卡理斯瑪，從而逐漸以「規範」而非「信念」為核心，以「制度」而非以「大愛」為核心；因而逐漸嚴格要求慈濟人必須成為佛教徒，那慈濟這種跨宗教的向度就會逐漸消失。慈濟更純粹為佛教認同的組織，但可能失去的是佛陀原初的主張，信真理，而非信我。有背離證嚴上人認為「宗教大同小異，「心大則同，心小則異」的大愛初衷。

聖格領導與佛教理性化

這種慈濟人是否一定要成為佛教徒的議題，要回歸到佛教為何？佛教的認同是什麼？證嚴上人作為一代宗師，當代佛教的聖格，他怎麼看到佛陀的教義與佛教的發展？

證嚴上人一方面努力去除佛弟子在形上思維方面落入斷滅空的陷阱，亦即將一生的努力沉浸在直觀內證自明的神祕開悟經驗之中；另一方面也避免把佛陀當作造物主或主宰神一樣地膜拜。

臺灣佛教徒或許多民間信仰者常常燒香拜佛，以求得平安發財。這種做法是把佛陀當作一位神祇，而不是一位生命的大覺悟者。其實禮敬諸佛是為了清淨自心，將佛陀當作一生修行的典範，所以證嚴上人更希望大家「不要求佛，而是學習佛陀的人格，做一個能幫助別人的人。」

這不僅體現利益眾生的教義，也肯定了眾生皆有佛性、人人都有本自具足的自性力。證嚴上人期許慈濟人實踐付出利他之心，不要依賴神明、神力，不要貪著欲求，終不得解脫；他鼓勵慈濟人從利他入門，並且從利他中淨化自心。[16]

早期許多喜歡算命的弟子，後來皈依證嚴上人，從此不再算命、問命運。證嚴上人告誡弟子，人要

「運」命，不要被「命運」支配。他說命運是有的，人的一生的確有劇本，但是憑著願力我們可以改變它。這思維既不是命定論，也不否認命定之存在。「萬般帶不去，只有業隨身」，是證嚴上人常常強調的。[17]

一個人學佛之後，並不是從此平安快樂，不會再有無常、不會再有逆境。學佛是要學會用正確的態度，面對生命無常的到來，然後更要融入共善匯聚的眾多因緣中，超越命定之業力，多多造福，積累福德，如此即使有重業也才可能輕受。做慈濟、行善並不是買保險，從此事事順遂，而是要能深刻體會「利他」是證悟菩提必經之道。

證嚴上人的生命哲學，是希望把人的能動性啟發出來，讓人以更積極的態度面對自我的生命，改造自我的命運。非透過名利的追求，而是以人格修持與利他付出，來改變自我與他人的命運。

證嚴上人認為覺悟在當下、行善在當下、淨土在當下，以務實之心，經由實踐改變人為造作所產生之不幸、貧窮或業力，因為一切都是人心之造作。證嚴上人不崇尚神通，一切以科學事實做基礎，不管是治病，或人生的規劃、逆境之超越，都是以正向務實之思惟為念，取代中國社會求神問卜，企望出家人展現神通廣大之神祕力量，為眾生脫困離苦的想法。

證嚴上人啟發弟子是「福人居福地」，非「福地福人居」。這種正向、自信的思惟，鼓勵許多志工放棄迷信風水的習俗；而「逆境增上緣……不求身體健康，只求精神敏睿；不求事事如意，只求毅力勇氣；不求減輕責任，只求力量增加……精進不懈。」這些都給予那些面臨逆境的人，不經由求神問卜，而是憑著一己之信心及智慧化解橫逆，展現自信豐沛之人生。[18]

以吾人觀之，慈濟在思想上是擺脫過去漢傳佛教以淨土及禪宗為主體的修行及實踐方式，而以積極入世作為修行的方式和路徑。慈濟的目標並非停留在世間的救濟工作，而是要通過救助他人，自身邁向覺悟，不只自己覺悟，還要眾生都能覺悟。他的根本理想是佛陀的最終理想。這一點言之，慈濟所繼承的是佛教最原初的理想，就是超越世間的種種苦相無常，而邁向覺悟。

牛津大學佛學研究中心龔布齊（Richard Gombrich）教授說：

> 佛陀和證嚴法師都為這些經歷重大社會變遷的人，提供了一種新的秩序和穩定性。傳統的社會階級和它的形式對這些人並不重要。
>
> 佛陀與證嚴法師所提供給人們的安身立命之選項，是建立在尊重個人自由意識與個人責任的選項，而不是如現代存在主義所主張的那樣，對於任何整體系統、任何能讓人尋求自身穩定，或對於任何可以讓人遵循之可預測原則，都不給予肯定式的空間。
>
> 而兩位導師的教法，都以道德為基礎來規範人們的生活方式，這對於信徒而言比任何抽象的理論來得重要。確實，核心的秩序原則本身就符合道德的規則：業律、道德因果規律。[19]

以救度眾生為志，而在濟度眾生的同時，清淨自心。

慈濟宗門以佛教為本，它的實踐卻是超越佛教邊界的。許多基督徒、天主教徒、伊斯蘭教徒、猶太教徒，乃至無神論者，都能成為慈濟志工，這是證嚴上人堅持的初衷與理想。一如當年佛陀的教法，沒有要信徒成為某個組織的認同或一分子，而是信奉真理，清淨自身。「阿難啊，當自度勿他度，當自炙燃，勿他炙然。」[20]佛陀的目的是淨化這個世界，而不要教人人納入一個組織的框架，納入一個有邊界、排他性的認同體系。一切眾生皆有佛性，一切人本具大愛。從這個角度言之，慈濟是更好地體現了佛陀的本懷，更真實地恢復了原初的佛教精神。

證嚴上人所奉行的佛教經典《無量義經》，其教義闡述：「所發慈悲，明諦不虛，於眾生所，真能拔苦；苦既拔已，復為說法，令諸眾生受於快樂。」[21]證嚴上人期望慈濟慈善理念與實踐就建立在這樣的基石上。

慈濟在依循證嚴上人的聖格以及對於佛教經典寬廣與具備當代性的詮釋，引領不同宗教、文化、種族的志工投身慈濟，在濟助他人的同時，也提升自我的人格。建立一個完整的從利他到覺悟的組織內涵與實踐之道，這是聖格卡理斯瑪領導的成功典範。

三、慈濟的法制體系

慈濟慈善事業基金會是立案於臺灣政府的慈善基金會，它的運作與影響擴及全球一百多個國家地區。創辦人證嚴上人作為基金會的核心領導人，從來沒有離開過臺灣。慈濟領導核心的運作如何進行？聖格制、家長制，在慈善基金會成立之後，慈濟正式邁入一個逐漸涵融科層化的治理體制。

如果以慈濟近六十年的發展觀之，第一個十年的慈善工作集中在花蓮為主。第二個十年已經遍及全臺灣。第三個十年是醫院的建立，這是一個重要的里程碑，以治理角度言之，它使得慈濟正式邁入科層系統。我們稍後再論述。第四個十年是國際化，慈濟在全球及中國大陸開展慈善工作。第五個十年是慈濟四大志業完備的時刻，慈濟正式體現了家長制、聖格制以及科層制同時並存的特殊治理結構。

以第三個十年為科層制探討的核心，我們可以歸結在這之前的慈濟是以家長制及聖格制為領導的模式。證嚴上人作為慈濟靜思精舍的大家長，以及廣大弟子的師父，他是一位德行的大家長。他同時具備聖格領導的力量，以信念，依靠自身的慈悲，建構一個前所未有的佛教慈善事業。一直到慈濟醫院建立，建院之前與之後的慈濟組織逐漸加強科層體制管理的模式。

慈濟慈善事業基金會的前身是慈濟功德會，於西元一九六六年為證嚴上人所創立，登記註冊的是慈濟功德會。西元一九八六年慈濟醫院建立完成，臺灣政府規定醫院之捐助必須以基金會模式為之，所以才成立「慈濟慈善事業基金會」，隸屬內政部社會司主管。

在慈濟功德會時期的慈濟，一切的運作以靜思精舍為中心。小小的靜思精舍三十三坪的空間，是靜思精舍師父與志工們共同推動慈善志業的據點，晚上則是師父們下榻的寮房。一個空間，多種用途。即便在那個時期，證嚴上人堅持弟子必須貫徹靜思精舍的財務與慈濟的財務必須完全分開。曾經有精舍師父向功德會借漿糊用，證嚴上人堅持必須借一瓶還一瓶，原則於細小的部分都必須貫徹。西元一九八〇年後，靜思精舍的後面蓋起了辦公室及寮房，使用空間才比較充裕。[22]

西元一九八六年慈濟醫院興建完成之後，慈濟的行政事務大半移到醫院。醫院除了院務，也成立了慈濟行政中心。西元一九九五年靜思堂興建完畢，慈濟的總管理處設在此處。此時的行政建制逐步走向專業化，財務處、營建處、祕書處、醫療志業發展處（簡稱醫發處）、資訊處、人力資源處等都設立在靜思堂，此為慈濟行政中心。但是宗教處與慈善志業發展處（簡稱慈發處）則仍設在靜思精舍，一方面是歷史的緣故，一方面宗教處與慈發處與志工互動密切，這兩處設在靜思精舍，讓證嚴上人與師父們互動、關懷較為方便。[23]

靜思精舍常設的處室包括宗教處、慈發處、人文志業發展處（簡稱文發處，吾人為此處室的主任，從西元二〇〇二年創始開始至二〇二〇年），都隸屬在精舍的系統之下。一種具備聖格制與家長制的管理在這裡運行者。這幾個處所一樣納在大慈善基金會底下，科層的分工體系仍然是運作健全與順利，只不過聖格制給予的信念，以及家長制中的愛，相較於不在靜思精舍的處室，似乎更為濃烈。醫院、大愛電視臺、教育主管，仍然信奉著證嚴上人的聖格領導之信念，以及感受到來自證嚴上人與精舍師父的愛心，但是這些機構靠近科層管理，尤其是醫院與大學，因為醫院與大學必須定期接受類官方外部機構的評鑑。因此，科層制的建置必須更為完備，當然相對的依賴聖格與家長制的特質較為不顯著。

所稱謂的慈濟志業體，舉凡慈濟的慈善、醫療、教育、大愛臺、大愛感恩科技都屬於志業體。每一個志業體都是獨立登記的法人或為「基金會」，如慈善、醫療、教育、人文基金會等。或為「公益企業」，如大愛感恩科技是屬於慈悲環保科技的非營利企業。慈濟功德會則是宗教法人，負責慈濟相關的宗教活動事宜。佛教慈濟功德會的前身為「佛教克難慈濟功德會」，為慈濟宗門的起源。靜思精舍是法脈，慈濟功德會是宗門，連結慈濟的四大志業。這是嘗試著將聖格信念，注入科層制的運作當中。

證嚴上人是以信念希望結合慈濟各志業於一爐，成為一個宗門強凝聚的整體。輔以家長制中的愛，將各獨立運作的專業機構志業體統合在信念底下，以及統合在信仰底下。證嚴上人說，功德會是母會，慈善基金會是總會，慈善、醫療、教育、人文等「四大合一」——四大志業合一。所以每週四下午固定在花蓮召開「慈濟志業策進委員會」，簡稱「志策會」。各志業體主管以及慈濟慈善事業基金會各處室主管都必須列席參加，針對四大志業的發展輪流討論報告。

「志策會」由證嚴上人親自主持，副總執行長及各志業基金會之主管都出席聆聽，參與討論。「志策會」是慈濟凝聚四大志業體共同合作，建立共識、擬定未來方向的重要決策樞紐。

此外，慈濟各志業體主管經常性地參與慈濟慈善的各項緊急賑災、訪貧、義診等活動，包括大型國際的急難救助。志業體主管們跟志工一樣，都是自掏腰包、自付旅費、自假參與慈善工作。他們從中陶冶、理解慈濟的利他精神，再將這分精神帶回專業的職場中。「國際慈濟人醫會（Tzu Chi

機構	一	二	三
靜思精舍	家長制	聖格制	科層制
醫療志業	科層制	聖格制	家長制
慈濟志工	聖格制	家長制	科層制

圖八：慈濟各機構的制度類型

International Medical Association, TIMA）」[24]的醫師們在參與慈濟義診之後，對醫療有重新的省思。臺中慈濟醫院的簡守信院長在西元二〇〇一年參加菲律賓義診之後，對於醫病之間那分單純的愛有重新的體悟，在他進入慈濟醫療多年後，他在那一刻終於發願成為慈濟委員，並皈依證嚴上人。[25]

慈濟宗門的聖格制、家長制與科層制三者的並存，可以歸納為：靜思精舍與精舍的處室主管是以家長制與聖格制為主體，輔以科層制。各醫療與教育志業體，包括人文志業大愛電視臺，是以專業科層為主體，在信念的聖格制，其次是家長制。

許多海外分會的志工如南非，現今的莫三比克、約旦等國家，都沒有正式的基金會組織，他們的運作是憑藉著證嚴上人的聖格信念，以及家長制的愛為核心，推展慈濟的慈善等工作。對於志業體，則是強調以聖格制的信念注入專業生硬的規範之中；以家長制的愛，淡化科層制的階級管理。證嚴上人於西元二〇一〇年前後刻意強調的圓型組織，四門四法四合一，就是希望以信念，以德為核心。以聖格強化科層制度的信念力，以愛注入可能僵化科層的體制中。

這個努力從慈濟志工開始，因為慈濟志工體系本身竟是環繞在聖格信念，與家長制的愛中運作。慈濟宗門嘗試將聖格制、家長制以及科層制三者融合的努力始終在進行著。

法制科層制與家長制的融合

在慈濟，對人的關注是它成功的重要因素。慈濟強調工作場域就是一個家，工作的同仁都是家人。這與一般企業或政府組織的運作與文化不盡相同。

一般的企業組織裡，標榜競爭。對內鼓勵同仁互相競爭，對外與同業競爭；競爭才能邁向卓越。所謂競爭力，是企業界標榜的黃金法則。但是競爭的同時，逐漸出現的爭與鬥亦在所難免。公司或組織不斷在內部壓力與互相傾軋之下，凝聚力與生產力相對下滑。

慈濟的組織體系裡，主管感恩部屬的付出，部屬感恩主管的帶領。人人相互體諒，以成為一個溫馨的大家庭為目標。愛，特別是家庭的愛，是每一個人企求的工作環境氛圍。證嚴上人強調的「以愛為管理」，不以責備、壓迫、物化的模式作為組織的管理型態，才能使人人生活在一個安全與自信的氛圍中，因而具備正向的思惟、態度與行為。換言之，愛才能讓自我對社群做更具創造性的能量產出。

從慈濟的觀點言之，感恩心與愛並不會削弱個人在專業上持續的提升與邁向優質的能力。感恩心與愛同時也強化了團隊合作的品質，讓人在和諧的環境中，不必再分出一部分的力量去平衡彼此而造成內部力量的抵銷。

社會憂鬱症的驟增，多半是和工作競爭壓力、人與人之間的不信任及相互傾軋有關。家，是人類最基本的生活核心，營造每一個組織的環境都像家的環境，自然人的身心都會獲致一種澄靜的平衡。中國傳統社會以家為中心，這種「家」為核心的人情體制，與其所衍生的裙帶關係，曾被認為是現代化的阻礙。但是現代社會的人際過度生冷、過度講求制度化的環境，造成官僚體系的氣息，其弊病仍然不亞於裙帶社會所衍生的後遺症。

儒家的「家」之人情關係，在慈濟轉化成人人必須照顧他人的感受、尊重他人的感受，因此做事不是只講求成果，不只事圓，還要人圓、理圓。「人圓、事圓，理圓」是證嚴上人對於「德」的重要詮釋。組織最重要的還是人，對於人的珍惜，是慈濟社群很重要的核心價值。特別是志工，不為金錢與權力來參與，因此人的感受與尊重是組織裡很重要的關鍵。[26]

在慈濟這樣「類家庭」體系的管理動力是情感，以情感相互依靠，彼此疼惜，因此在慈濟很少討論誰做錯什麼，並不是大家都彼此鄉愿，而是對於錯誤，大家都談得很委婉隱諱，針對事，很少針對人，因為不可以傷害到別人，因為對錯與誰負責，經常不會確切地論斷。

證嚴上人強調的理念是對於做錯的人都要持一「寬」字，在慈濟，即使有人犯了錯誤，證嚴上人當他們的面前告誡他們，但是在其他人面前都還會為犯錯者緩頰。在他看來，立刻追究責任在很多情況下不是真正解決問題的方法。但如果因此就認為在慈濟做錯事的人，都一直會被原諒，而不會做任何更動，那也是偏頗的想法。佛陀時代的自懺、發露懺悔之方式，在慈濟的環境中是被鼓勵與肯定的。

以吾人長期之經驗觀之，如果一個人不適任，他當然還是會被調整，不過是會以一種很和緩的方式，在儘量照顧到他的尊嚴及情感的情況下，進行職位移轉。這裡指的尊嚴不只是維護他的面子，更是照顧好他的「道心」與「慧命」。證嚴上人的理念是，一個志工或同仁不繼續承擔某項工作，只有在他不能接受別人，而且其他人也都不能接受他時，才會有這個因緣產生。而即使他離開某個職位，並不等於他離開慈濟，證嚴上人會希望他繼續透過其他的方式付出奉獻，並藉此精進修行。

聖格制與科層制的融合

以德領導一直是聖格制的基礎。慈濟宗門的德之培育，從靜思精舍師父，到各志業體的主管，都是證嚴上人關注養成的對象。慈濟醫療志業的執行長林俊龍在證嚴上人眼中屬於有德的領導者，他帶領大林慈濟醫院推動慈濟人文，引領醫生、護理、同仁以及他們家人們到貧戶訪視，為感恩戶打掃，身先士卒。他在院內推動平等愛，以尊重及感恩愛護每一個醫護同仁，得到院內上下稱呼他為「林爸」的美譽。所以他也是一個醫院的父親，他的夫人被大家叫「林媽媽」，院內上下誰生孩子，誰結婚，誰有喜事，誰有喪事，誰心情不好，林媽媽通通知道，一定給予關懷。這是以聖格制的德，以及家長制的愛，融入專業科層法制組織中的成功案例。林俊龍執行長是一個成功的以德、以信念、以愛、以專業治理的典範。

聖格制與科層法制的融合之關鍵，在於信念注入分工與專業的體系之內。以德，而非只以能力領導，這一點在慈濟志工體系裡更為明顯。慈濟志工來自各階層，每一個人的背景不同，能力不同，慈濟能夠動員迅速，賑災能量極大，在於它能囊括著各種不同的人，所以具備所該有的能量。不是以能力，而是以德。有德者領導之，才能讓多數人留在這個體系裡面。過去矽谷阿嬤不是一個受高等教育的婦女，因為她的德與愛，感召上百位專業科技人才加入慈濟。「矽谷阿嬤」、「林爸」，這些都是家長制的愛與聖格的德，所創生的尊敬的暱稱。

德，以證嚴上人言之是人圓、事圓、理圓。人圓是人要圓滿，這是家長制的思維。事圓是科層專業管理的範疇。理圓是信念的範疇，亦即，情、法理。情圓滿，事情才圓滿；事情圓滿，道理才圓滿。慈濟的信念是建立在情與事的圓滿上，亦即德——聖格制的體現要放在家長制的框架中，並通過科層制得到實現。

以聖格的德啟發人人，以家長的愛對待人人，以科層專業的能力合力完成各項志業的目標。這是慈濟嘗試如何三種治理體制的理想狀態。這種狀態是慈濟治理的理想類型，也是善治理圓型組織的理想類型。

慈濟以聖格的信念匯聚一切社會的力量，以家長制的愛提供團體的歸屬感，再以科層專業能力分工具體地實踐這些匯聚的能量。這是慈濟宗門的成功之處。

慈濟四合一的圓型組織

慈悲等觀是佛教的根本信念，也是佛陀希望所有佛教的行者要努力達成的人類理想。平等觀只是理想？還是能具體實現？人都是活在組織當中，除非組織提供一個平等的基礎，否則平等仍然只是一個理想，一個憧憬。以現今人類慣用的金字塔型的組織，本身是就是在不平等的支配體系之下。金字塔型組織支配著人類數十個世紀。決策權是少數，菁英分子是少數。少數菁英領導多數普羅大眾，幾乎是大家奉行的必然法則。但是金字塔型組織所造成的不平等與階層對立，卻也困擾著人類社會數十個世紀。

證嚴上人依止於佛教慈悲等觀的概念，創立一種「無上無下，非上非下，可上可下，既上且下」的圓型組織來架構志工體系之運行。證嚴上人早在西元二〇〇三年就推出志工體系的新組織架構，把已受證的慈誠與委員組織分為「合心、和氣、互愛、協力」四個體系。這四個體系從證嚴上人的理想言之，不是一個上下從屬關係，而是平行、平等的關係。

「合心」，相當於一個大城市的區域，核心幹部通常由當區最資深或最服眾望的志工群所組成，負責法脈的傳承與慈善經驗與信念之分享。這些志工通常都是長期投入慈濟，對於慈濟的信念、慈濟的運作，對於證嚴上人的聖格有著絕對的忠誠與信奉。他們都是跟隨證嚴上人，與證嚴上人十分熟識的志工。他們在當區是領導人，但是回到各自居住的社區，他們仍然是基層志工，聽從社區基層幹部的安排，投入第一線的志工服務。所以既上且下。

「和氣」，相當於一個省轄市的區級一般大小的地理範圍，和氣的幹部負責工作的統籌規劃，是志工主要啟動力的來源。這些較資深的志工，投入慈濟志業多年，熱情積極，資歷豐富，能夠擔任策劃任務與選任人才的功能。

互愛，相當於行政區裡數個里的大小所組成的單位，專司負責工作分配與實際執行。互愛以執行和氣所規劃的任務為導向。他們與各協力合作，分配任務執行的範圍、時程、以及方法。

協力，則是以一個行政里為單位，負責該區志工第一線的實際執行工作。調度人力，具體落實每一個決議的志業使命。[27]

然而證嚴上人卻一再強調，希望合心幹部、和氣幹部、以及互愛幹部在傳承法脈、規劃大方向之餘，在策劃選才之際，也都能夠回歸以里為單位的協力組，在第一線實際付出與奉獻。

永遠在第一線，是證嚴上人要求資深志工必須力行實踐的一個重要理念。這是四合一的精神，是圓型組織的核心元素。

第一線，才能讓法脈的傳承者真正將法髓灌注在泥土裡，讓所有第一線較年輕資淺的志工親潤慈濟法脈的精髓；永遠都在第一線，才能養成謙卑的心情，不以職位與資歷作為自我憑恃，而逐漸養成傲慢的心態；永遠在第一線，能夠讓資深的志工始終保持在實際的付出中，常養自我的慈悲心與感恩心；永遠在第一線，期許慈濟世界人人平等，沒有上下大小之別。[28]

志工典範如慈濟大愛電視臺的董事長杜俊元師兄，他本身就是一位高學歷，一位成功的企業家志工。杜俊元早年取得史丹福大佛的電機博士，是臺灣許多電子業大老的老師，如施振榮等都是他的學生輩。杜俊元捐獻慈濟不下百億元，包括高雄靜思堂會所的地也是他捐贈出來興建的。但是他很低調與謙卑，他也是高雄志工體系裡的合心幹部。雖然付出金錢、付出心力，又承擔重要的工作，但是他卻力行合心與協力，回到第一線的協力工作，與志工們排班指揮交通、掃街等工作。這是體現上下無別、人人平等的佛教思惟。

雖然如此，慈濟所體現的平等並不是齊頭式的平等，認為每一個人所做的事和所做的時間都應該一樣。其實平等是一種精神、一種態度。每一個人在能力與專業上仍然有所不同，應各自發揮，但是不管職位高低，專業有別，在一個程度上，志工必須有共同的工作，作為對於平等觀的具體實踐。

這個實踐過程當中當然遇到很多困難，特別是資深核心志工，一旦到了社區的協力服務，因為他很資深，所以年輕的協力幹部不敢請他做事，或者是他們資深總在現場越俎代庖，指揮協力，而不是親身投入第一線去付出。這是家長制的倫理階級限制了聖格制以信念為核心的領導模式。德治，變成人治，人的倫理次序取代了慈悲等觀的原型組織理想，這在一些社區中的確造成一定的困難與挑戰。

家長制如果過度強調倫理次第，就有損聖格制的信念與德，以妨害了科層法制的原則與專業。

如何以聖格的信念為核心，以家長制的愛為凝聚，以科層法制的專業分工為力量，實現圓型組織的理想，不是慈濟的挑戰，也是圓型組織成功與否的一大試煉。

慈濟圓型組織的啟示

慈濟推行的圓型組織以「平等」與「信念」為其核心。慈濟圓型體制施行近十多年，它的概念還在發展中，圓型組織一直是證嚴上人的理想，他將它稱為「立體琉璃同心圓」。每一個人都是中心，每一個分支點都是中心，人人平等合心協力。

慈濟本來就是一個以信念為中心的組織。志工都是自願服務，沒有固定的階級可言，也無法被強制，只有以信念啟發。圓型組織環繞著以信念與價值為核心，而非以利益、非以權力為核心。這種圓型組織的信念與模式能否普遍運用到企業組織、政府組織、非營利的慈善組織？是本文討論的重點。

以價值為依歸，策略永遠是有局限性的，策略是針對一時、一地、一物的應對方法，它當然是短暫的。策略不是要廢除，而是必須根植於價值。當策略失靈，要思考核心價值的前提下，重新擬定策略。甚至允許第一線的人依著信念，對策略作出調整與適應。

圓型組織是融合聖格的信念，家長制的愛，以及科層法制的原則為目標。

如果家長制的表現過度，聖格制的信念與德，就會被倫理階層取代，會被人身依附或身分導向所取代。其結果，信念喪失，人才流失。

如果科層法治的力量過大，容易流於專業技術導向、工具性導向；或功能、功利導向。前者是失去信念，後者是失去了愛。如果聖格制過度被強化，則會演變成一個鬆散的組織形式，不是圓型組織的理想。

圓型組織是以聖格的信念為核心，以家長的愛作為關係的凝聚，以具原則的專業分工實踐志業的整體目標。這是圓型組織的理想。人人因信念而來，因愛而凝聚，因科層法制而實踐。

圓型組織的理想是每一個人都能成為核心，都是中心點。能夠達成這樣的組織運作，必須是人人都

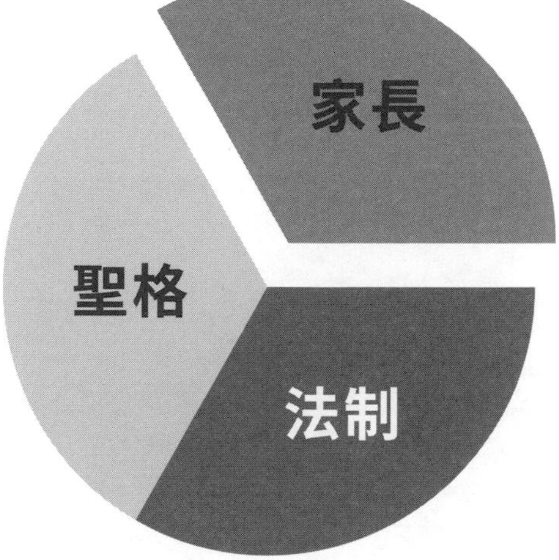

圖九：圓型組織的三大要素

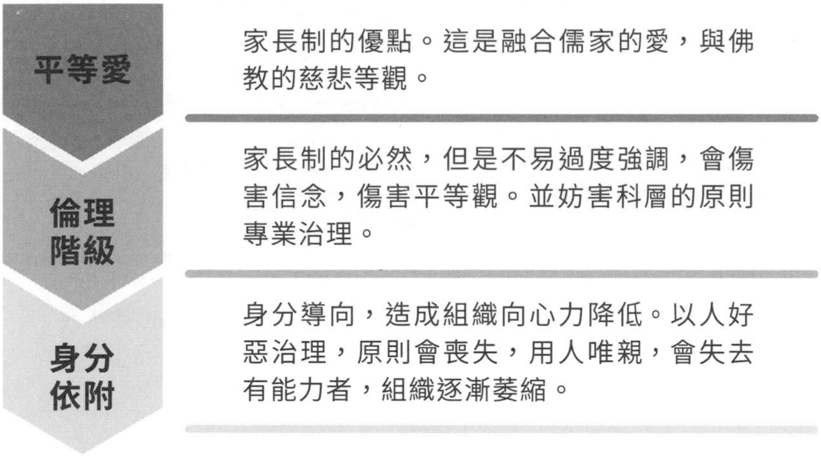

平等愛	家長制的優點。這是融合儒家的愛，與佛教的慈悲等觀。
倫理階級	家長制的必然，但是不易過度強調，會傷害信念，傷害平等觀。並妨害科層的原則專業治理。
身分依附	身分導向，造成組織向心力降低。以人好惡治理，原則會喪失，用人唯親，會失去有能力者，組織逐漸萎縮。

圖十：家長制與組織興革

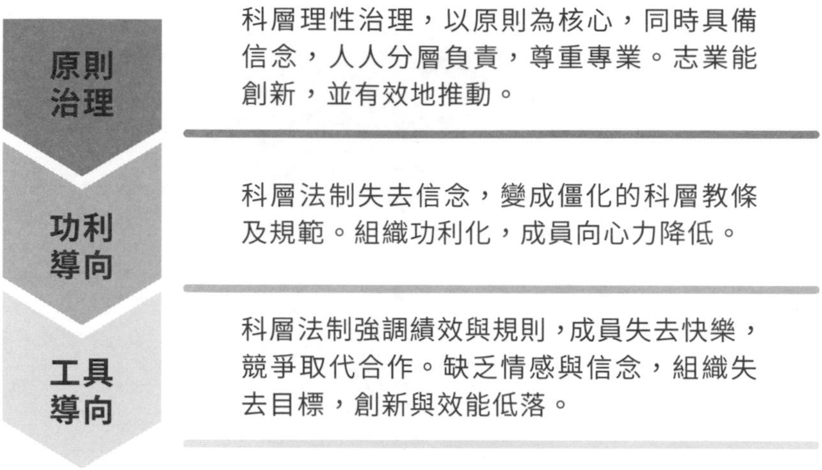
原則治理
科層理性治理，以原則為核心，同時具備信念，人人分層負責，尊重專業。志業能創新，並有效地推動。
功利導向
科層法制失去信念，變成僵化的科層教條及規範。組織功利化，成員向心力降低。
工具導向
科層法制強調績效與規則，成員失去快樂，競爭取代合作。缺乏情感與信念，組織失去目標，創新與效能低落。

圖十一：科層法制的組織興革

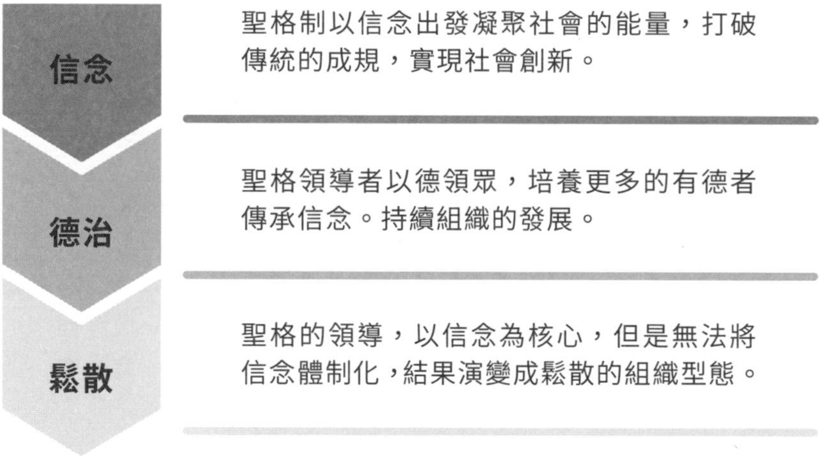
信念
聖格制以信念出發凝聚社會的能量，打破傳統的成規，實現社會創新。
德治
聖格領導者以德領眾，培養更多的有德者傳承信念。持續組織的發展。
鬆散
聖格的領導，以信念為核心，但是無法將信念體制化，結果演變成鬆散的組織型態。

圖十二：聖格制的組織興革

圖十三：圓型組織的次第

制度類型	聖格制	家長制	法制型
核心元素	信念與德	平等愛	原則分工
組織優勢	匯聚能量	凝聚力	權責分明

圖十四：組織類型與核心文化

有共同的信念。這樣的信念還必須被系統化，否則就是一個弱連結的鬆散組織，如禪宗，各自成立寺廟，各為自己的祖師與禪法。基督教也是以信念為核心的鬆散組織型態，每一個人都可以是牧師，可以自己組教會。當然大型的長老會、浸信會等就是比較嚴謹的組織，長老教會比較是議會制共和制。信念能夠被組織化如天主教教會，是君主制與共和制的融合。天主教教會比較是中心制，還不屬於每一個點都是核心的圓型組織。

慈濟的圓型組織體系之運作，人人以證嚴上人的信念為核心，以愛出發，在各地隨地區因緣創造善與愛的道場，可以體現每一個點都是中心點。所以不管是印尼、馬來西亞或美國這種組織架構完整的慈濟分會，人人以信念啟發志工，匯聚資源，以德領眾（聖格制），以愛凝聚（家長制），以專業原則（科層法制）落實志業推動，這是圓型組織的目標。依證嚴上人立體琉璃同心圓的理想，各分會的志工遵循四合一的體制，合心幹部以「聖格德治」為目標；和氣幹部以「家長之平等愛」為目標；互愛與協力以「科層法制分工」為目標。最重要的是人人都在第一線服務，誰有願力，誰有項目，誰有專業，符合信念與原則，他就得到組織所有必須的支持，以達成救助各項苦難的目標。

至於正在成長、尚未結構化的地區如莫三比克、辛巴威、約旦等，當地負責的慈濟志工，人人都以信念投入慈善志業，以平等愛凝聚大家的向心力，以專業分工達成使命，能夠如此運用的領導人便是有德者。南非的志工潘明水就是這樣的角色。他以自身願力，以證嚴上人的信念，以自己的專業投入濟貧。開拓南非德本的縫紉班，協助兩萬多名婦女脫貧，其中數千名婦女已成為慈濟志工，其帶領的慈善志工模式跨越到南部非洲十個國家。以德、以愛、尊重專業，這是實現圓型組織的推動力量。

因此，圓型組織的成功與否的因素仍是有德者的養成，所以證嚴上人一直強調德的重要性。他不特別強調制度，而是有德者的養成，似乎說明聖格的傳承以信念，以德為核心。人人都是傳法者，人人都是核心，慈濟宗才能在世界各地隨著因緣成長，永續利益眾生的志業，這是慈濟圓型組織的理想。

註釋

1. Zoher,《Time》Magazine, "The Buddhist believes that what we have done will influence the next life. The hereafter is the realm of unknow, but in this life, Cheng Yen is already Saint. 2010.
2. Richard Gombrich & Yu-Shuang Yao, A Radical Buddhism for Modern Confucians: Tzu Chi in Socio-Historical Perspective. *Buddhist Study Review*. BSRV 30.2, 2013.
3. 證嚴上人於「九十年度慈大醫學院實習醫師授袍典禮」開示，2001 年 2 月 19 日。筆者筆記。
4. 釋證嚴，《靜思語》（臺北：九歌出版社，1989 年），頁 246。
5. 釋證嚴，《靜思精舍與清修士開示》》，2007 年。
6. 釋證嚴，《2008 年人文志業中心歲末祝福開示》，2008 年 1 月。
7. 《新修大正大藏經》，《大方等大集經》卷 51(CBETA 2022.Q1, T13, no. 397, p. 342c12-24)。
8. 《三藏法數》卷 36：「梵語優婆塞。華言清淨士。謂若有男子樂持五戒。菩薩即於彼前。應現優婆塞身而為說法。令其成就也。（五戒。不殺。不盜。不邪婬。不妄語。不飲酒也。）二十優婆夷應。梵語優婆夷。華言清淨女。謂若有女子。五戒自居。菩薩即於彼前。應現優婆夷身而為說法。令其成就也。」(CBETA 2022.Q1, B22, no. 117, p. 649a14-b2)
9. 證嚴上人於「靜思精舍首屆清修士授證」開示，2019 年 10 月 17 日。筆者筆記。
10. 〈德行品第一〉，《無量義經》，華文電子佛典集成，CBETA 2022.Q1, T09, no. 276, p. 384c4-5.
11. 馬克思・韋伯著，簡惠美譯，《支配社會學》（廣西：廣西師範大學，2010 年），頁 265。
12. 根據比爾蓋茲基金會執行長麥可迪瞿（Michael Diech）所述，比爾蓋茲基金會是全球最具財力的 NGO。而慈濟是全球志工數最多的 NGO. 2008 年 7 月與筆者的會談中述及。
13. 何日生，《利他到覺悟》（臺北：聯經出版公司，2017 年），頁 330。

14. 何日生，《利他到覺悟》（臺北：聯經出版公司，2017 年），頁 330-331。
15. 《2014 慈濟年鑑》（花蓮：佛教慈濟基金會，2015 年），頁 530。
16. 何日生，《利他到覺悟》（臺北：聯經出版公司，2017 年），頁 139。
17. 何日生，〈慈濟宗門人文精神與思想略說〉《慈濟實踐美學．上冊》（臺北：立緒出版社，2008 年），頁 94。
18. 何日生，《利他到覺悟》（臺北：聯經出版公司，2017 年），頁 141。
19. Richard Gombrich & Yu-Shuang Yao, A Radical Buddhism for Modern Confucians: Tzu Chi in Socio-Historical Perspective. *Buddhist Study Review.* BSRV 30.2, 2013.
20. 《佛說長阿含經》卷二，《大正新修大藏經》第一冊，第〇〇一。
21. 三藏曇摩伽陀耶舍譯，〈德行品第一〉，《無量義經》，《新修大正大藏經》第 9 冊 No. 0276。
22. 何日生，《利他到覺悟》（臺北：聯經出版公司，2017 年），頁 317。
23. 何日生，《利他到覺悟》（臺北：聯經出版公司，2017 年），頁 317。
24. 慈濟人醫會，全名為國際慈濟人醫師聯誼會，簡稱「人醫會」；英文為 Tzu Chi International Medical Association. 簡稱 TIMA.「人醫會」目前有一萬五千名醫師、護士、志工組成。在全球超過四十個國家進行義診。幫助病患人數超過兩百五十萬人。
25. 何日生，《利他到覺悟》（臺北：聯經出版公司，2017 年），頁 318-319。
26. 盧蕙馨，〈慈濟志工行善的人情脈絡〉，《慈濟大學人文社會科學學刊》頁 31-68，2002 年。
27. 何日生，《利他到覺悟》（臺北：聯經出版公司，2017 年），頁 333。
28. 何日生，《利他到覺悟》（臺北：聯經出版公司，2017 年），頁 334。

第十四章——圓型組織的建構：政治體制篇

善治理的圓型組織運用在政治體制設計是否可行？當代政治體制的核心是制衡，是權力分立；圓型組織強調的是平等、協同、共責，這對於預防權力專斷與濫用如何可能？

首先，「善治理——圓型組織」是以善為基礎，善是利他、是感恩、是尊重、是原則、是共責，是以信念為核心的多圓中心制。多圓中心意謂著非君主制，非家長制，非純粹的以原則為主體、以制衡為手段的法治。圓型組織是以信念為核心，以協同為方法，達到群體的和合共善。然而善治理的組織建制如何面對惡，如何預防惡？

人類的政治組織以具體實踐面觀之，從希臘民主時期的城邦社會，到羅馬的共和，乃至中世紀的君王制，一直到近代的民主共和制。以思想層面觀之，從希臘亞里斯多德（Aristotle）的城邦民主思想，到羅馬波力比烏斯（Polybius）將君主、貴族與民主三種混合體的共和體制，到馬基維利的君王論，一直到孟德斯鳩的三權分立。這期間最重要的一個問題之一是——政治如何確保人民的幸福？以及如何節制權力的擴大與濫用？

柏拉圖期待哲學家皇帝，一如儒家期待聖君。亞里斯多德期待人人有責的城邦生活，這裡的「人人」指的是民主與貴族的混合制。亞氏認為城邦的生活是最高的善，每個人都應為城邦的生活付出努力，並享有其幸福。波力比烏斯（Polybius）是將羅馬共和之權力分立概念說明最完整的一位哲學家。波力比烏斯認為君主、貴族與民主共同治理的混合制政體（Mix Government），才是良好的制度。為了確保執政官不專權，必須將行政官的職務納入元老院的節制，元老院沒有立法權與司法權，權力在公民大會；但是元老院有提出法案以及提出審判的權力，交付公民大會通過及審判。

制衡，是羅馬共和從西元前三世紀一直到西元一世紀（凱撒遇刺結束），這四百多年中留給西方偉大的政治制度。制衡思想的成熟發展始於孟德斯鳩提出三權分立的憲政設計，行政、立法、司法，各自獨立，互相牽制。落實於美國獨立革命之後的立憲民主政體。行政權是君主制的轉化，司法權是貴族制的轉化，立法權是民主精神的衍伸。

英國的憲政發展是從十三世紀的大憲章以來歷經數百年歷史傳統演進之產物，而美國與英國不同之處是，美國一開始就以一項偉大的理念建構自身的憲政體制，亦即採用了孟德斯鳩以及羅馬的波力比烏斯的混合制度，節制行政權，沒有國王，沒有君主。立法、司法、行政權獨立，彼此牽制，沒有一方有絕對的權力。總統有提法案權，國會有通過權；國會有立法權，總統有否決權。司法則有最高的憲政話語權，這是誰都不能專斷的憲政設計。這設計是避免人類本性之惡，或者更準確地說，預防有權者之惡，因此制衡是民主憲政體制的重要基石。Check and Balance，以確保人民得以掌握政府，讓政府為自己謀福。

制衡之議

制衡的政治體制預防權力集中及權力的濫用。從孟德斯鳩的觀點是預防君主專政體制壓迫人民的自由與權利。因此制衡體制的建立至少應具備三項要素：一是機構分立（Separation of Agencies），二是功能分別運作（Specific Function of Governments），三是有權者的分立（Separation of Persons）。[1] 三個機構的分立與獨立還不夠，必須避免一人兼任三職。

西元初年，實行四百年的羅馬共和結束在渥大維皇帝手中。渥大維能夠結束羅馬共和是因為他先後擔任執政官（Dictator），護民官（Tribute），及司法官（Censor）三種職位。到後來，他卸下三種職位，但繼任者都聽他的，都是他的親信，所以他成為羅馬第一公民 Augustus，亦即實質的皇帝。可見機構分立，還必須掌權人的分立，才是權力制衡。權力分立並不能保證政治力不會獨攬大權，造成權力的再度集中。過去有渥大維，現在有政黨。政黨通過不受監督的機制，掌握了三大權力，造成黨同伐異，導致政策失能；要不就是黨與黨之間的沆瀣一氣，造成權力的固化與寡占，導致民粹主義的崛起。

匈牙利 Zoltán Pozsár-Szentmiklósy 教授指出，三權分立無法阻止政治力的擴大與濫用。尤其現代政黨的運作形式，使得權力分立面臨巨大的挑戰，通過政黨政治力的運作，權力分立已經開始失靈。對於政治力控制越形薄弱是當今權力分立無法完全避免的事實。通過政黨破壞權力的分立，通過政黨與政黨的利益妥協，形成權力的固化，也促使直接民主（Direct Democracy）的產生。

美國於川普期間所面臨的憲政危機正是權力固化的結果。代議士與大財團的關係深厚，總統煽動民粹，司法越趨保守無法反映現實的需求，甚至有開倒車、阻礙社會進步之議，以及被政治力滲透之譏，加上媒體各自有政黨的立場，互相撻伐，互相攻訐，這都是民主信念逐漸喪失的象徵。美國政治逐漸以利益為導向，將失去其建國之民有、民治、民享的理想。制衡機制的失靈逐漸在許多民主國家浮現，通過對於訊息機制的掌握，臺灣的政黨以網軍，以政府購買收攏主流媒體等等作法，都已使得制衡的機制逐漸喪失。

直接民主及其危機

當政治與金錢造權權利寡占，直接民主的呼聲越來越高漲，人民希望自己能夠推動法案，自己立法，推翻國會及行政權對政策的專斷，在在顯示三權分立無法避免權力的專斷與傲慢。權力的持續民主化與透明化，是人類政治思想演進必然的趨勢。

三權分立的政治型態，權力一樣把握在菁英手中，甚至逐漸地家族化，世襲化。如何持續擴大權力的透明與擴大權力參與，是當代政治制度應該思考的課題。紐約大學法學院 Jeremy Waldron 對於當今民主國家憲政機制的改善，提出多元管道（Multi Points of Access），擴大參與（Participation）、以及權力監督內在化（Internalization）等元素，[2] 希望為當今政治權力分立的缺失注入新的民主力量[3]。Pozsár-Szentmiklósy 認為直接民主（Direct Democracy），人民公投（Referendum）是立法權之外的另一權，是區別於機構，以人為中心立法權。當立法機構不再被人們信任，不再能為百姓謀福利，人民直接進入政治決策，表達自己的聲音。這是直接民主興起的時代背景。

直接民主（Direct democracy）或公民投票式民主（Plebiscitary），是當今三權分立的擴大版，也可以說是制衡機制的擴大。三權制衡之不足，由人民來制衡。公民投票式的民主其優點是人們直接說話，直接立法，其缺點是難以避免有淪為多數暴力之議，少數利益及意見可能更被犧牲。而且在當代社會網路媒體濫用的環境下，「劍橋數據」、「美國國會山莊暴動」，都是以網路媒體操控民意。直接民主會導致民主的衰敗，如同當年柏拉圖的預言，君主制最終導致暴君，貴族制會走向寡頭，民主政治會墮落為民粹主義，最終導致極權的崛起。美國川普的濫權竟是一個例證，說明民主政治的三權分立逐漸地失靈，三個彼此制衡的權力機構無法反映人民的需求，因此人民自救，然而卻淪為民粹。人民期待一個新的政治英雄凱撒來改善他們的處境，[4]但經常迎來的卻是煽動家。其原因是人民的意見經常是鬆散的，不確定的，容易被操控的，這是川普崛起的背景。川普大膽地跨越三權制衡體系，直接發動人民挑戰大選結果。這是類極權興起的現象，值得民主政治引為警惕。

當今包括美國在內的諸多民主國家，三權分立演變為權力的固化，直接民主演變為大眾民主，而大眾民主及可能引來極權主義的興起。

漢娜．鄂蘭在《極權主義興起》一書中說明極權的興起不只是成功地煽動群眾，而是建立一個「有活力的組織」所產生的實實在在的力量。[5]當宣傳與組織相輔相成，全面掌握社會的輿論，並且將預設的敵人繩之以法，極權主義應運而生。政黨其實是民主的殺手，通過政黨的運作有能力破壞制衡體制，創造政治的專斷與極權。極權主義不只是有強有力的宣傳與組織，而是他能取消一切其他非我族類的宣傳與組織，如希特勒在德國與史達林在俄國的極權之興起。

制衡對於當代政黨運作之無效，使得政黨政治面臨極大的現實與理論的危機。政黨政治——黨同伐異，鬥爭與制衡是其核心。然而當代社會各項問題之複雜性與彼此的關聯性，希望政黨能有效代表各種利益，滿足各方利益實為不可能。尤其在兩大黨的體制下，政黨是各偏一方，所以一執政就強調「轉型正義」，而不是「兼容並蓄」。兼容並蓄是協同治理，黨同伐異是制衡治理。多黨制的瑞士強調協同、協商、共識。兩黨制的系統難免贏者通吃，因此制衡才成為關鍵。

波力比烏斯的「混合政體」是孟德斯鳩「制衡憲政政體」的前身，這兩種政體的利基點都是為了預防因權力的「不透明與集中」，所造成的權力「專斷與濫用」，因此設計制衡的憲政治理體制。然而如先前所說，政黨政治可以破壞這項制衡體制，羅馬共和最終出現皇帝，德國威瑪的民主憲政最終出現希特勒獨裁者，希特勒正是通過民主憲政體制產生的暴君。因此如何預防獨裁與專斷政權「不是從制衡」下手，而是從「參與及透明」著手。「政治參與」相對於「政治集中」，「透明」相對於權力「濫用」。

只要隱密，就可能產生權力濫用。因此如何構思擴大權力參與與提高權力行使的透明度，吾人試著以圓型組織的多圓中心來解決兩項問題。

善治理——圓型組織主張建立多圓中心制，此圓型組織的精神是去中心化，去權力集中，以共識、以共議，以協同為主體的「協同審議模式」，這是圓型組織所欲探索建立的組織模式。在歐洲興起的歐盟以鬆散類似邦聯制，以共識決議為核心精神，將歐洲納入一個更大的協同體系之中。協同比起制衡似乎更為當代社會的大型組織及政治運作所採行。瑞士的民主共識決，四個政黨一起協商治理，亦體現了協同的治理精神。

制衡與協同

制衡是以「不信任權力」為基礎的政治設計，協同是「以信任為基礎」的權力分工與合作。協同的意涵必須具備幾項元素：價值多元與分享，資源多元與分享，成果共有共享，不是相互抵制，相互牽制，相互撻伐的政治型態。這種平等地、圓型地協同治理如何可能？是本文論述的重點。

圓型組織的核心思想之一就是協同、共識、共責。以信念為核心，以協同為方法，以共識為基礎，以共責為目標，達到共榮共善。

協同與制衡差異之處何在？協同是願意相信對方可以一起達成共識，一起為一項目標努力，一起達成共同的善成果。信任，願意相信是其關鍵；同理與創新是其方法；共同達成各自的目標是其結果。制衡，以不信任為基礎，協同，以信任為基礎。價值分享（Shared Value），資源分享（Shared Resources），最後成果共享（Shared Results），這是協同機制的特質。

面對日益複雜的社會轉變與全球問題，協同成為政府運作必然的轉型。William D. Eggers 在研究澳洲政府的政策轉化中，提出政府的運作必須從「支配型的政府」（Command Government），必須轉化成為「網絡型的政府」（Network Government），亦即政府不再是支配者、指揮者，而是溝通者、協同者。政府的核心不是指揮支配，而是擔任資源的協調與溝通，協同公、私部門，協同中央與地方政府機構，共同解決社會或政治問題。在此一前提下，傳統政府的監督形式開始改變，政府的運作必須越形透明，政府的各項職能接受各方高度參與。在一個封閉式的政治運作中，監督與制衡是必須的，但是在一個高度透明與協同的運作中，每一個視角都必須經得起檢驗，都是經由不特定的公眾再審視，這時的協同精神所產生的效益高於監督制衡產生的效果。人人都通過參與瞭解彼此，分享彼此的資源。

協同是「資源分享，價值分享，成果分享」，因此沒有任何一方能定於一尊，協同運作就沒有專斷與獨裁的可能。

哈佛大學法學院的溫格爾教授（Roberto Unger）提出以協同共同治理知識經濟帶來的人類共同課題。溫格爾認為知識經濟（Knowledge Economy）的基礎是知識本位，與傳統製造業的生產本位不同。生產本位是控制與指揮，知識本位的經濟是協同與夥伴，政府、大企業、中企業、小企業、專家、社區代表要共同建立一個協同機制來應對知識經濟給人類帶來的挑戰。政府的角色不是作為支配者，而是一位協同者，協同的本質是憲政民主強調的容許差異，而不是妖魔化差異；不是排除異己，而是兼容並蓄：不是贏者通吃，而是雨露均霑，這是當前民主制衡機制難以達成的理想。制衡在不信任中建立，制衡認同衝突，但制衡沒有為衝突找出路，而是節制，是預防。Do no harm，而不是 Do all Good。Good 是相對的，怕一方之 Good 成為他方之 Bad，所以制衡。

協同一樣強調差異，不只是 Do No Harm，而是 Do All Good。相信每一個公民與政治從事者都可以善，認知善，只是善之定義不同。如老子所言：「眾人皆知善之為善，斯不善矣。皆知惡之為惡，斯不惡矣。」絕對的善，創造絕對的惡，因此相對主義是政治體制必須具備的美德，這也是民主憲政主義的立場與理想。協同，作為一種善的相對主義之體現，不是放縱惡，而是通過協同機制預防出現絕對的善與絕對的惡。

「分享型政府（Shared Government）」一詞在公共行政學術領域裡逐漸受到重視。「分享型政府」的概念在於政府或政府機構從掌控者、指導者，逐漸轉變為夥伴者，與其他的公部門與私部門建立夥伴關係。[6]

善的意義就是「利他、和合」。利益他人是善，和合是善，其目標是共善。「中和」是在兩個極端見解之間找到共融之道；「保和」以《易經》之義理言之是人人能「各安其位」、「各蒙其利」，最後「各正其命」；「太和」是能將此種共融和合之道持之永恆，謂之「太和」。善治理的最終目標就是以中和之道，達到保和之境，臻於太和之理想。這當中的利他即利己，利他才能利己，這是和合、共善的基石。

但是憲法設計者所思考的——人之性可謂善乎？面對人性之惡，善治理、圓型組織之利他和合的理念應如何對治？

善治理與人之惡

圓型組織如何面對惡？如何處理人性中的惡？

西方的憲政體制強調制衡，原因正在於人性之惡，在於最高領導人的惡一旦出現，如何遏止？如何制衡？當一個君王不愛民，走向獨裁，走向荼毒人民，除了革命一途，如何能夠抑制最高領導人為惡？

西方的發展竟是三權分立，互相制衡，沒有絕對的權力，沒有絕對的權威，通過制衡，讓權力難以為惡。但是民主國家的為惡仍然難以避免，存在於當代民主國家的權力逐漸固化，權力與商業逐漸集中的趨勢，造成民粹主義的崛起。制衡是一種文化，其背後是信念，當信念消失，制衡也就消失。如川普當政，他的國防部長及幕僚如果沒有堅持不動用軍隊來壓制反對者，那也將造成極大的民主政治的傷害，甚至如當年的朴正熙以軍隊壓制釜山的軍事壓制，這是民主國家演變成軍事獨裁的一例。什麼能阻止權力為惡？

圓型組織並不是主張人皆為善，人可以善，也可以惡。從佛法的角度，人是善惡兼具。如何揚善、止惡，對於組織設計而言，特別是針對權力者為惡的抑制是必須的。然而除了制衡之外，我們如何阻止權力者為惡？

柏拉圖的方法是教育，以教育培養哲學家皇帝。柏拉圖並不害怕權力集中，而是將權力集中給有德者，將權力交給智慧的聖者。這當然是中國文化中聖君的思維，如堯舜禹等聖人治國。但是歷代的皇帝昏庸者甚多，中國皇帝、羅馬皇帝無不出現暴君、昏君。圓型組織如何面對以及避免暴君的出現？本書同樣主張教化的作用，以教育為核心，培養有權者具備慈悲心，具備思辨力，具備知識素養。

美國教育哲學家杜威的教育理想是知識的獲取與思辨能力的養成。本書主張慈悲心的養成是教育的根本之一，慈悲心、利他心是可以養成的。如同吾人在慈濟的慈善工作中見證無數的醫師、企業家、專業人士等在投入慈濟之後，從利己轉向利他。慈悲心通過助人利他而轉化、強化。

但是慈善工作也好，利他的環境也好，這都不能保證每一個人最終都成為善人，都不能確信人一旦有權力，不會濫用，或不會專斷而傷害百姓、傷害他人。這時候的圓型組織之理念如何處理？教育失靈之際，如何對於權力濫用能有效節制？這是憲法學者不斷提出的問題，人性非全善，制衡才是有效地抑制惡的擴大，及避免其演變成無可控制的政治局面。

以信念爲核心

圓型組織是多元中心，每一圓以信念為核心，分立與協同，任何一圓違背信念，是無法行使其意志與事業，因為其他圓不會認同，其他圓不會支持。希特勒從民主產生，如同弗洛姆（Erich Fromm）所言，自由是被自願放棄，不是被剝奪。

圓型組織並不相信有一聖君能絕對領導組織，圓型組織也不是託管給任何一個單一的個人治理，圓型組織希望培養中國《易經》的理想「群龍無首」，佛教的「佛佛道同」，以信念與原則，共責治理。這是人類進化過程中必須期待的素養。西方的共創制（Holacracy）能夠成功，不是依賴一位賢明的總裁，而是每一個階層都遵循原則，共同治理。圓型組織在原則之外，強調信念與愛，共同承擔組織的各項使命。

圓型組織沒有放棄法制，而是讓法制與德行融合——即信念與原則的融合；讓法制與家長的愛融合——即愛與原則的融合。如果一個組織的設計一開始就是多圓中心，非一人獨裁，非一聖君治理，而是賦權給諸多有能力、有德行、有信念的人是來共同治理。

共責，比起制衡更為有效的原因是誰都有責任，而不是通過絕對地分工以歸責。共責會不會成為人人卸責？如果人人都有責任，誰能卸責？但是共責會不會造成少數無能者或犯錯者卸責的好藉口？方法就是必須訂定規則與分工，但是共責是在分工之後某一部分出了問題，各部門不是譴責，而是共同承擔負責，以解決問題。

共責制

曾國藩就是推動共責制，他讓各層級的部隊長自己選擇他的成員，曾國藩選最高軍長，最高軍長選擇下一級軍官，一直到班、排選兵。每一個人都有某種程度私人關係，朋友、同鄉、親戚、同事等，這是家長制與紀律原則的結合。曾國藩規定只要某一層級的部隊長戰死，該一層級的成員全部解散，所以每一位士兵、軍官都會拚命保護他們的部隊長，這是湘軍能夠戰勝太平天國的原因之一。曾國藩給士兵強調不是打勝仗，而是強調復興中國文化，打倒向西方宗教傾斜的太平天國。因此曾國藩強調信念的持守，這是共責制的體現。

共責沒有取消責任，而是人人的責任更大，責任的背後不是獎懲制度，而是信念與榮譽；這不是連坐法，而是給予每一個人共同使命與責任保護組織。

傳統的政治組織是垂直型的機構（Vertical Institutions），各部門負責自己的義務，他們遵行的是指揮（Command）與控制（Control）。[7] 在這種垂直型的機構底下，制衡是唯一避免濫權的方法，然而當政治體制逐漸走向分享型政府，橫向型（Horizontal Institutions）的治理型態，協同，成為治理核心。垂直型的組織課責歸屬於某個人與每一單位十分容易；但是協同治理的課責是每一個人都有責任，協同治理比起垂直型的單一機構治理更需要互相信任與支援，更需要對彼此的信念相互認同，才能進行合作。

Peter Aucoin 與 Ralph Heintzman 提出的課責的觀念具備三個要素，一是控制（Control），確定政府各部門都在法律的前提下執行政策。二是確認（Assurance），確認政府部門的執行是有效的。三是持續改善（Continuous Improvement），持續改善亦即讓政府僱員更具備創造力，能夠容許他們犯錯，容許他們嘗試新的模式。[8] 第三項要素與傳統課責觀念極為不同，傳統的行政官員怕犯錯，但是新思維的治理與課責是讓官員不怕犯錯，不怕犯錯才能增加政府效能，共責制的意義在於此。部門的協同與創新在共責制的情況下，更能鼓勵大家勇於嘗試，勇於提出意見。傳統官僚體制的課責強調控制，依法行事，結果法律越訂越細，官員不敢創新，因為一旦違背法令，就有咎責之議，這正是「科員政治」的問題之所在。

共責與當代行政治理的課責之異同，在於課責是責任確切歸屬單位或個人，共責沒有取消責任歸屬，也不是連坐法，而是能夠探討責任的結構，徹底地了解責任的結構，才能共責，才能持續改善（Continuous Improvement）。

另一方面，課責與共責都須建立在訊息的對稱之上。訊息不對稱（Information Asymmetry）是現代官僚體制的極大問題，不管民主制或權力集中制都必須依靠大型官僚體制，這個巨靈的專業度越高，越難達成訊息的對稱。因此透明是課責與共責的關鍵。本文稍後探討如何解決當今政治訊息不對稱的結構性問題，先繼續對課責與共責進行探討。

課責與卸責經常交互發生，只要課責提出之際，有權者通過官僚系統的默契，或對於訊息的操縱，對於形成程序的控制，造成卸責之情事。當大家都有責任，課責不容易變成卸責。什麼叫做大家都有責任？這是傳統的連坐法嗎？共責不是連坐法，也不是單一課責的機制。共責的關鍵在於能深入分析問題發生的背後脈絡與結構，包括人為的錯誤，從動機的錯誤到行為的錯誤，也包括不可控的外在因素，包括議題關聯的人士之反應與處理。在這些都有完整的理解之後，共責或課責才能有效。

共責的意義應該在一群共同錯誤的連鎖處理中，有無任一層級的人士有正確的看法及態度，卻被忽略。在共責之中，應該要肯定這種能堅持自我意見及原則的人士。

共責的精神是主動地，除了檢討可供歸責之單位或個人，更需要探討哪一個單位或哪一個人能為此事做些什麼？在過去的時節、在現在的時刻，以及將來的進行。這種主動發覺自己能為此事做些什麼的精神，是共責制的精神所在。人人願意去負責，而不是怕被課責。課責強調獎懲，共責強調共創共榮，一起承擔失敗的責任與成功的果實。如同 Peter Aucoin 與 Ralph Heintzman 所關心的課責與表現孰輕孰重，政府部門過度強調課責，就使得官員創造力降低，追求行政成果，同樣必須設計課責機制。共責制主張在協同的基礎上，政策決議與行政執行互相配和、協同與分工，在訊息透明的機制底下，責任的結構越清晰，越能鼓勵創新嘗試，與共同承擔結果。

必要之惡或根本之善

西方思維都是以惡導善，在經濟學上主張人的私利之必然，然後以每個人追逐私利，最終產出對社會的共同利益；馬克思則主張以槍桿達到共產。政治上主張人性惡的事實，以制衡之惡，導向公共的善。制衡是必要的惡。以必要的惡，創造結果的善。

吾人主張「以善致善，以善導善」。手段的善，才會有結果的善。

當探討政治制度之際，信念的持守是政治成敗之關鍵。政府官員的行事更靠近信念，創造性就越高，對體制的忠誠度也越高。制衡的體制當然同樣是基於信念，這個信念是避免政治上絕對的權力發生。制衡的成功也在於信念，制衡的瓦解在於信念。當年川普的國防部長 Mark Esper 拒絕出動部隊鎮壓因為黑人 George Floyd 被警方不當虐死而在白宮示威的民眾，川普甚至要求 Mark Esper 對示威民眾開槍，射擊他們的腿部。[9] 但是國防部長拒絕動用部隊，這當然是行政抗命，但卻是信念的持守。一如 Esper 所言：「我是忠於憲法，終於我的誓言。我不是一定只為總統或其他政黨工作。」（I was serving the constitution. I was obeying my oath; and I didn't work necessary for the President or any political parties.）信念比起制衡是更高與更有效地約制權力。

圓型組織強調信念的深化，只要信念能夠深化到每一圓，制衡的體制不是一項必須，反而增加了互相推諉，互相指責的機制與平臺。在信念底下的共責制，能防止惡，為何？因為惡很難產生。惡之源在於我沒有錯，是他錯了，我要懲罰他。任何獨裁者的出現都是以賞「對」懲「錯」為基礎，暴君、昏君都是以對錯為基礎，來壓迫人民。如果沒有對與錯，只有善，以善導善，以善教惡。不是對惡縱容，而是教化惡。

善治理的圓型組織強調建立一個多圓中心，所以避免一人獨斷與其之後的為惡。是多人、多元的力量來維持組織的運作與推展。多元的合作是信念為基礎，以共責為方法，達到共善。

避免彼此為惡的方法不是制衡，是協力，是不得不協力，這是善治理，是圓型組織的設計重點。必須合作，而不是必須制衡。沒有人有絕對的權力，沒有要求一位天縱英明的聖君來領導，而是能夠群龍，群賢共治。如有一不賢者，其他賢者必能轉化他，不會縱容他，不會坐視他。因為圓型組織是以信念與原則，以共責與共善為基礎為運作。違背信念與原則的單獨之運作，不會得到多圓力量的支持。如同希特勒不能得到德國當時的企業菁英，政治領袖與民眾的同意與支持，他不會、也不可能創造獨裁體制。

圓型組織不取消對於惡的抑制與預防，而是以共同承擔的機制避免個人之惡。沒有聖君，就沒有暴君，因為沒有絕對的權力。圓型組織就是意欲取消絕對的權力，取消絕對的權力，制衡何來用武之地？

圓型組織不依靠一人之善，也不擔心一人之惡，因為群體的力量能避免這兩極的發展。群體、多圓、多極的力量之建立，必須依靠在制度上設計六個環節，分別是信念、行政、立法、司法、教育、訊息等六圓的平行發展。

「圓型組織」的意涵，吾人從慈濟功德會的實踐及理想中歸結出，圓型作為組織的特質及內涵為「平等」、「協同」及「共責」。

平等相對於階層，協同相對於命令與指揮，共責相對於監督與制衡。

圓型組織的平等

民主政治的「民有、民治、民享」，在其理想上只體現了平等。宣稱人民平等地擁有國家主權，人民平等地擁有治理國家之權，人民平等地擁有國家資源以獲得幸福。但是顯而易見的，「民有、民治、民享」在現實上卻造成當今民主政治體制「平等」的喪失。

美國施行兩百年的自由與民主的政治體制，其結果是極端的不平等，包括財富的不平等，政治權利的不平等，這不平等的因素其實就在於「自由」。

「自由」競爭，使得弱者恆弱，強者恆強。富者恆富，貧者恆貧。如同哥倫比亞大學史迪格里茲（Joseph E. Stiglitz）所言，美國前三大的富豪財富總和是百分之五十的美國人之財富總和。

「民主」，因此寡頭政治再次復活。如同哈佛大學溫格爾教授所呼籲，美國已經進入「寡頭政經體制」。這種不平等正是透過自由、民主、法制，合理化地建立不平等的社會結構，因為民主的輿論是可以操控的。輿論離不開經濟力，經濟力寡占，必然導致政治力的寡占。金錢等於權力，如同老甘迺迪（約翰・甘迺迪總統的父親）告訴他的朋友，競選取勝的祕訣有三個：「金錢、金錢、金錢（Money Money and Money）」。有錢不會當上總統，但當上總統必須有錢，或獲得有錢人的支持。國會議員依然如此。因此當金權政治普遍化之後，民主與自由成了金錢掌握政治的溫床。

民主與自由已經不是一個絕對的良法善政的概念。自由民主的平等是起跑點的平等。但是當經濟與政治寡占之後，起跑點已經不可能平等。因此圓型組織的平等強調合理的結果之平等。平等，必須成為公民生活的現實，至少是基本的生活與生命保障的平等體制。這種結果導向的合理平等，必須從六種體制的建立著手，包括「信念、教育、訊息、行政、司法、立法」等六項權責體制，吾人稱之為「六圓權責」的圓型組織。

信念、教育與言論為基礎，才能達到平等。在信念中平等，以教育增能，拉近人的能力之差距。訊息對等，人的平等才有保障。有此三者，行政、立法、司法才能有效能的運作。

圓型意味著平等，環繞著相同的信念，組織之中各單位及個人都是平等地對待與運作。圓型組織的核心是信念與原則，不是僅僅強調權力與監督。扁平型組織指的是上下之間的層級降低，減少階層，扁平組織仍是金字塔組織的改良版，而圓型組織則是打破階層制，強調各單位以信念為中心，以原則為治理的協同與合作。

「六圓」爲架構的圓型組織

六圓組織架構包括「信念圓、教育圓、訊息圓、行政圓、立法圓、司法圓」。這六個圓必須平等互動，互相支援，才能構成一個完美的圓型組織體系。

「圓」的意義之於組織不是金字塔的階層制，而是較為平等的體系。委員會的主席類似羅馬共和的執政官。執政官本身是議員，也是主席，任何法案與政策必須交付表決，而不是自行其是。表決通過的法案與政策，由委員會主席執行。

「信念圓」是核心。環繞著信念作為組織共同的凝聚力量。

「教育圓」必須體現信念與專業，能夠平等地嘉惠每一個組織的成員。

「訊息圓」確保所有的訊息能更互享，所有的言論能夠被聽見，並且履行言論與訊息的權利與責任。

「行政圓」掌握組織的資源分配與推動組織的政策為目標。

「立法圓」是共同制定規則的機構，確立新的規範與原則能夠被納入體系運作裡面。

「司法圓」確立所有組織的成員能夠遵守共同制定的規則。

人類的組織從歷史的視野觀之，數千年來從鬆散的家庭組織，發展到部落組織，一直到巨大的官僚體系。在古代君主時期的政體，行政、司法與立法都集於君王一身。君王所言即是立法，如埃及法老所說的：「So it will be written, so it will be done.」君王是立法者，也是執行者，更是判決者，君要臣死，臣不敢不死。君王集立法、司法、行政於一身，甚至也集宗教於一身，以及信念的權柄也在君王的手上。這是神權與政權合一，君王代表神，君王代表天。

人類這種集權的體系，真正的改變是希臘的雅典民主時期。每一個自由的公民都可以執政，都可以當法官，都可以立法。近代民主接近這個理念與模式，但真正分開治權與立法權的是羅馬共和時期。羅馬共和時期為了讓君王不獨裁，執政官是由元老院選出。執政官是元老院的會議主持人，但是立法是共同決定，而且不是元老決定就可以，規範人民的法律制定還必須經過公民全體大會，由九十多個部落派代表組成的公民大會複議才能立法。

執政官是元老院選出，必要時可以賦予獨裁者的角色，讓他全權負責，特別是戰爭時期。但是這種任免是有期限。執政官很多時候是兩位，甚至三位。龐培、凱撒與克勞西斯是三個執政官一起治理。當時羅馬的執政官仍具備司法權，一直到護民官的設立，才以護民官的權力捍衛百姓，免受執政官不當的處置或傷害。這是古代西方的司法獨立權的發軔。

到了羅馬帝國崩潰，西方各國逐漸成立獨立王國，當時制衡君王的權力來自教會與新興的市民和傳統的封建貴族。後者在英國，貴族與新興的市民在十三世紀與君王簽訂了大憲章，從此議會開始建立自己的獨立的立法地位，制衡君王絕對的權力。無可諱言即便到了十八世紀，西方的君王一樣掌握了行政與司法權。除了教會可以制衡君王不當的行為，如亨利八世的再婚一直被教會否決。最後，亨利八世乾脆脫離教會，自立英國大公教，自己當上宗教的最高領袖。教會在國家的治理不可或缺，他可以將權力轉化成權威。為什麼五胡亂華之際，統治中原的各國國王都信奉佛教，自己則以轉輪聖王自稱。雲岡石窟裡的五個佛像，都是北魏的五位皇帝的肖像。將權力轉成權威，才是更好的統治智慧。

可以歸結出古代西方與中國都有信仰體系在支撐政權的穩定性。古羅馬是太陽神，君士坦丁之後的羅馬以及中世紀以後的西方是基督信仰，在中國是儒教的體系，規範著皇權及文官的群體治理。

到了近代，宗教信仰或價值體系世俗化了，不再把信仰或價值納入成為一股體制的力量，而是鬆散地放諸於各個體系之中。當代的主流西方價值是自由主義與資本主義，這兩種價值落實在每個政治體制與經濟體系當中，這兩種價值有它的時代性及對人性發展的特殊意義。但是這兩種價值也造成利益極大的分歧，造成社會的分裂。自由主義造成價值的分裂，資本主義造成貧富的分裂。而穩固社會的力量如教會，以及教會所衍生的保守觀點，卻必須被放在市場上，如商品一般的較量。通常，這些穩固的力量都是輸家。

人類社會需要一種平衡信念以及化解信念衝突的體制。但是在近當代這體制瓦解了，成為市場競爭的一部分，信仰，如同全食（wholefood）超級市場的貨品，必須爭取大眾市場的認同，才能生存。信仰不是商品，信仰是國家與社會穩定的基礎。它有傳統，它有生命，它雖然是有機的轉化，但它也有固守的信念，不隨波逐流。它不是你存我滅的商場競爭，和合共榮的存在。

回到源頭來說，政治與信仰的關係，在於信仰提供一個政權穩定的大眾心理基礎。如儒家的禮制，提供古代中國君王治國的合理化基礎。如中古天主教教會提供君王統治的最高原則。

這些在近代有了巨大的轉化，在有些國家全部被世俗化，如吾人剛剛所言，是自由與資本決定一切。有些國家如英國與日本，將這種價值轉化成國王的權威。國王是國家最高的象徵，他集歷史傳統、信仰，與價值於一身。因此身為女王不是一件簡單的差事，她必須對政治鬥爭保持中立，她不能介入黨派，她的行為不能違背英國的傳統，她必須作為全國人民的行為表率。因此，她不是享受生活，她不是一個個人，她是一個體制，一個傳統，一個價值的象徵。有她，國家才能統一在一起，不至於因為民主的政黨鬥爭而分裂。

因此過度個人主義色彩的王室成員，終歸失敗。如黛安娜王妃，如現在的哈利王子的夫人，都是個人自由主義的性格，跟王室當然格格不入。英國女王加冕典禮雖然電視全程播出，但是加冕的那一刻鏡頭必須移開，因為那是上帝加冕她，凡人不能看。

女王是神聖的被賦予者，本身具備無可替代的崇高性。她代表所有人民，而不是一黨一派，不是代表行政、立法或司法，而是三權都代表她行使。她是全國人民意志的總現。

日本皇室也是如此。日本天皇的加冕儀式，從古代太和披戴的聖物到佛教宗教的祕儀，都是神聖崇高的代表，是延續傳統的象徵，是人民共同價值的體現。所以二次大戰中羅斯福總統決定對日本投原子彈，之所以避開東京是因為怕炸死天皇。天皇死，有兩個大問題，一是日本人可能會奮戰到最後一兵一卒；二是天皇一死，沒有人有資格能代表日本人投降。所以盟軍才決定轟炸廣島和長崎。

在美國，民主政體下的新國度，如何體現統一的價值與信念。分歧的政黨，充滿抗爭的國會，真正能統一分裂，能化解對立，能代表美國行使開國元勳的理念與價值的就是大法官會議。大法官會議超越黨派，雖然他們是由黨派推選出任。大法官遇到任何的爭議，他們九人可以推翻國會多數決。理論上國會可以通過讓黃種人離開美國，因為兩個國會黃種人的席次不到百分之一。四分之三的門檻可能會通過。

但是此舉違憲。大法官只要五個人就可以推翻民選的兩院決議。所以美國在民主多數決當中，設計了一個機制，這機制沒有國王，沒有宗教教主，而是以一個體制，大法官會議，來守護美國傳統信念與價值，來化解兩黨的爭議。所以當小布希與高爾競選總統，票選結果難分難解，大法官會議解釋出爐，高爾立刻服從，不再重新要求計票，結束這一場誰是總統當選人的爭議。

當參眾聯席會議在彈劾川普總統，川普的顧問口出惡言，譏諷彈劾總統的議員的人格，議員們亦不假辭色，反怒譏諷川普顧問團。當時參眾兩院聯席會議的主席，也就是大法官會議的主席約翰・羅伯（John Glover Roberts, Jr.）就立即出面制止說，我們的任何發言應該遵守文明社會的最高道德標準，特別是身為國會議員的諸公們，大家的譏諷尖刻的言論才稍微平息下來。

大法官會議就是取代英國的王室，成為全國統一的象徵，與超越政治、經濟、宗教衝突的體制設計。但是近幾年大法官的任命越來越政治化，越來越黨派化，決策也越來越政黨傾向，使得它原本必須代表的超越性，與維持美國立國精神受到很大的質疑。憲法學者要求改革的呼聲持續強大。

我們從這裡可以看到一個國家，一個龐大的組織必須具備一個能夠統一所有成員，能夠守護組織信奉的共同價值，能夠化解各種形式的對立，這種體制必須存在，必須妥善的設計。這是近代西方及東方諸國所欠缺的。

許多領導人在合法取得政治權力之後，於是試著成為全民愛戴的神聖角色，類似韋伯所言的卡理斯瑪的角色，具備某種類宗教的神聖角色，但是都不容易。因為政治的本質是權力，權力一定有爭奪、有取捨、有分別。政治領導人要變得沒有分別，要能傳承歷史的共同價值，要能化解國家的各種衝突，並不容易。因為權力本身就是衝突的核心。

因此建構一個超越的體制，能傳承共同的歷史記憶，能守護成員共同的價值與理想，能超越甚至化解組織中各種衝突的體制，在當代的組織設計中是必須的。

所以圓型組織的理論主張，以信念為核心的體制建構是必須的。

信念圓必須與行政圓平行，而不是附屬在行政底下。信念圓不同於司法的大法官會議，因為它的統一性不在於它的強制性，正由於非強制性，才具備統一性及共同性。

強制就會有反作用，會有輸有贏，有要求與被要求，有壓迫與被壓迫；就不可能全面。只有非強制，當人人都認為這是一種自然必須被遵守的信念，才能成為一種普遍性與共同性。

古代印度，佛陀強調的有德的君王，經常伴隨著聖人在此國度教化百姓。聖人對君王提供道德與心靈的指引與修持。君王禮敬聖人，是一種平行關係。聖人的意見與道德並不具備法律的強制力，而是一種信念與倫理體系。芬納（Finner）在統治史當中一再強調信念的力量大於權力，權力必須植基於信念的價值體系，才是永固的力量。

芬納（Finner）說：「統治者如果不能使自己的統治合法化，就無法維持自己的權威，而這種合法化是通過信仰系統來實現的。信仰系統比當權者更強大，因為統治者之所以更能夠實施統治，正是借助於信仰系統。」[10]

芬納舉中國古代政權深深地被儒家信仰支持與支配著為例。芬納認為，儒家不是宗教，而是一種信仰。西元一六四四年以後的清朝，甚至編訂一種關於儒家原則的問答手冊，使得儒家思想普及到全社會。[11]就像中古歐洲信奉基督教一樣，中國信奉儒家思想。古印度婆羅門在西元一千年前制定的摩奴法典（Menu of Code），這是印度人的倫理法典。這兩千六百多條的法典，規範了一切印度人的生活，一直到十七世紀，英國人統治印度，廢除摩奴法典。也正是因為廢除摩奴法典，才使得英國能夠遂行其統治印度四百年。佛陀的教義盛行在印度一千年，但始終沒有發展出具佛教特色的社會規則與生活方式的法典，最後佛教在印度滅亡。

信念是社會的基礎，是政權的前提。當今社會一樣具備信念，自由主義、民主主義、資本主義、社會主義，都是當代政治統治與合理化的基礎。當代的信仰基礎不管是宗教的或政治的，肯定是多元分殊，但共同信念的尋找與建立仍是必須的建置。多元中的同，多元中的共是什麼？攸關當代政治的穩定與良窳。如何在多元社會中找到共同信念，不至於分裂，或永久的抗衡，消耗社會與政治的資源在無止盡的對抗，是當代人類政治體制的一大挑戰。

然而值得提出的是，信念不是以唯一的真理為核心，而是以善為核心。善與真理有何不同？真理為核心的文明是認定一個唯一的倫理或形而上的真實，要所有的人都接受這個倫理或形而上的真實。但善的立意是利益他人、利益萬物；善是和合。真理如果堅持一方，就會壓迫他人，構成應該的暴行。善比真理寬廣，任何的真理要利益他人、利益萬民、利益萬物。如老子之言：「上善若水，水善利萬物而不爭。」如孔子所說：「雖有至道，弗學，不知其善矣。」真理還要善，基於善的真理，讓人人都能達到充分地實現自我生命的圓滿。

圓型組織的第一個圓就是環繞著善的基礎，建立一個國家與社會的共同核心信念，讓各種不同價值的團體能共容、共榮。彼此既合作又競爭，但是不互相取代。沒有誰能加諸自己的真理於他人之上。

圓型組織的理想應該遵循：「善其所善，善人之善，善善與共，天下大同。」

第一、信念圓

圓型組織的架構是建立在共同信念之上，成為一個團結、和諧、互利、創新的有機組織體。所謂有機是指他能自我學習、成長、修正，持續維持組織的順暢運作與發展。

信念是團結的要素，不管是政治體制、宗教體制、商業體制或非營利體制莫不是如此。歷史上許多不同民族所構成的政治體制，最終都統一在共同的信念底下。

以中國的儒家為例，不管君王擁有多麼崇高的權力，其統治基礎仍然是儒家的思想與價值體系。君王如果逾越了儒家的價值信念，大臣們是寧死不屈的。中國出現過很多忠貞的儒生，以信念對抗不義的君王之故事。荀彧不願意曹操滅掉漢朝，另立魏國，寧死不願意再侍奉曹操。雖然兩人情感至交，荀彧輔佐曹操挾天子以令諸侯，取得霸業，但是在忠君的立場上，仍然與曹操背道而馳。信念超越權力，超越對君王的服從。荀彧的無言抗爭，或以死抗爭，使得曹操始終不敢稱帝。

明萬曆皇帝一定要廢皇后立他寵愛的鄭妃為后，群臣反對，萬曆皇帝竟然二十七年不上朝。不上朝，是對儒生的一種無言的抗議，可見中國皇帝受儒臣的約制有多深。而萬曆皇帝的國師除了張居正，還有中時行等五位大儒。

如隋唐之前的魏晉南北朝時期，各族統治中原，但是都以佛教作為國家的信仰。如近代西方的民主精神，超越不同的國界，如馬克思主義的理想，如穆斯林的信仰，同樣超越國界的壁壘，讓不同的民族與國家遵循之。信念超越民族與國界，但是秉持相同信仰的國家仍會衝突甚至戰爭。中世紀之後基督信仰的諸國同樣是秉持基督信念，但是卻發生戰爭。

可見，信念本身不必然是衝突消弭的力量。利益，仍是巨大的變數，它超越了信念本身具備的能量。然而信念對國家之內仍是重要的，具備不同的信念，而能和諧相處不產生暴動與革命的鮮少聞之。二十世紀許多的革命都是共產主義推翻資本主義或封建社會而產生的，唯一能夠共榮共存的是西歐的一些國家，他們讓具備共產主義思想的社會主義，與具備資本主義思想的政黨共存、共治，他們相信的就是另一種信念，是異中求同的民主政治的信念。

信念之餘，組織好比框架，框架大，就能包容彼此，框架小，就會起衝突。因此不是信念不能統一一個國家中不同信仰的人，而是不同信仰的人，找不到共同的信念。再加上利益的糾葛，很快就會起武力衝突。即使在同樣宗教裡，如穆斯林，什葉教派與遜尼教派一樣有衝突。基督信仰的天主教與基督教在過去數個世紀一樣充滿血腥的迫害與鬥爭。

信念或許正是衝突的關鍵。吾人認為，問題不在於信念產生衝突，而是信念的框架產生衝突。當框架小，加上利益的糾葛，衝突一觸即發。因此在界定組織的信念之際，如果組織裡有諸多信仰，有諸多不同的價值觀，其共同的信念就必須予以適當的界定，使衝突不致產生，甚至能共存、共容與共榮。

例如近代多元宗教信仰的國家，以宗教自由作為最大的公約數，讓不同宗教得以自由發展，宗教自由就是他們的共同信念，這信念使一國之內不會因為宗教不同而產生衝突。

在國與國之間呢？當穆斯林仇視基督信仰，或基督信仰醜化穆斯林，這是兩個信仰世界的衝突根源之一，經由思想的衝突，合理化利益的衝突與爭奪，甚至意欲滅絕彼此的生存權。如果站在人類是一體的角度，這種衝突可不可能通過跨國的組織予以協調？如聯合國，聯合國固然有成立以信仰為基礎的組織（Faith Base Organiazation），但是這樣的組織利於交流，不利於解決衝突。因為信仰自由凸顯了中性，就像自由競爭一樣，解決不了各式衝突的情況。如果我們要解決人類組織的衝突，我們必須從建立共同信念著手。

共同信念在國與國之間，在國家之內，也在各種組織之內。信念的探討、詮釋與解決，在當代社會以「自由」一詞就涵蓋了，但正是自由創造更多的衝突。所以解決共同信念的議題，自由是必要的框架，但不是唯一的框架。

自由之外需有準則，有規範。這些準則與規範必須被全體成員，不管是世界的格局或一個國家的格局，或者是一個組織的格局中，普遍被認可與遵循。

宗教間的衝突，或各種意識形態的衝突，都是基於相信自己是唯一的真理，而且要把自己的真理加諸在他人身上。堅持自己是真理的人，對於其他信仰或主義總是排他與無法相容。當然，我們會認定，一國之內不可能同時實行共產主義，又實行資本主義。不可能要人民同時信奉佛教，又信奉穆斯林。傳統上我們認為不可能的事，今天卻逐漸發生，在歐洲，許多人認為他們是佛教天主教徒，在中國，共產思想與資本主義並行。這是怎麼回事？說一套做一套嗎？矛盾嗎？其實沒有矛盾，也沒有說一套做一套。

對於佛教天主教徒而言，他們是在基督信仰中無法完全得到心靈的滿足，但是又不想放棄原本的信仰，因為信仰是他的家庭淵源，是社會不可切割的脈絡，甚至已經是心靈根深柢固的一部分。但是靜坐，禪修卻給予他豐富的心靈滋養，因此，他同時擁抱兩個宗教。兩種信仰結合，使他的心靈與生活都受益。

共產主義與資本主義的各種形式的結合，在東歐，在北歐，在中國，都發展出其獨特的經濟與社會生活模式。他們的混合方式其實很難歸類，唯一能歸類的是，他們都是「以民為本」。如何讓人民過好日子，讓人民得到幸福，就是好的政策與主義。單一主義並不能總是滿足人類每個層面的需要，所有的單一性都是帶著組織權力的強加性。這就是為什麼會出現今日叫做「邊界模糊」主義的邊界模糊，或許新的意識形態必須出現，以解釋、涵蓋或接生目前這種價值觀與社會經濟觀逐漸轉型的局勢。

在當下這個階段，信念以「真理」為核心容易起衝突，「善」是更好的框架。善是以利益他人，利益萬物為基礎。

圓型組織以善為核心，圓型組織的信念是以利益他人、利益萬民、利益萬物為核心。並且以和合為手段，以善為本，推動信念的規範與運用。避免對抗，是善的本質。善其所善，善人之善，善善與共，天下大同。

「信念圓」的理想落實在國家中，可以成立「信念體制」，平行於行政、立法與司法。信念領袖與行政領袖最大的不同是前者以柔性的價值觀影響人民，影響執政與立法的政治領袖們。雖然歷史以來都在追求信念品格與政治領袖相結合，亦即對於出現聖君的渴望。柏拉圖希望皇帝是哲學家，是熱愛真理，實踐真理的聖者，但歷史以來聖君可遇而不可求，聖君少之又少，聖君的繼承也經常出現昏庸無能之輩。因此哲學家歸哲學家，皇帝歸皇帝，彼此平行，用不同的方式治理國家。才是良策。

政治不同於哲學，政治關心的是權力的分配，哲學關心的是真理。或許相同之處在於權力的分配與真理的運用是否嘉惠人民。以民為本，以民為核心，政治不以權力壓制百姓，哲學不以意識形態強加百姓，這才是善。政治的權力行使越合理，即為善。哲學的真理越能利益萬民，才是善。

政治領袖具備強制性的權力施行政策。信念領袖以道德及信念影響國家的方向，以及維護國家的統一與人民的向心力。以柔性方式化解尖銳的政治對立，以及任何經濟、社會或宗教的衝突。兩者相輔相成，而非強求兩者集於一身。

如同英國王室、日本王室的角色，信念領袖扮演超然中立的角色，並且維護國家的基本價值與傳統。信念領袖不是世襲制，而是以人民選舉出的遴選委員會選舉之。遴選委員會候選人必須具備宗教服務的資歷與哲學人文思想的實踐資歷，才有資格當遴選委員會。遴選委員會候選人不是自由參選，而是由立法圓及教育圓共同遴選產生。

遴選委員會成員選舉出國家的信念領袖。「信念領袖」希望是德高望重，具備涵融各種價值的精神領袖。如樞機主教選舉教宗一般，遴選者本身已具備一定的道德及思想的高度與品格。遴選委員會主席不能成為候選人，候選人由票數超過半數以上者出任信念領袖。未超過半數者，繼續討論投票，直到選出人選為止。當選的信念領袖，也成為信念委員會的主席。遴選委員會本身也是常設，即為信念委員會的委員，委員有任期制，與信念領袖同任期，可以連選連任，但是必須設立退職年齡。

信念領袖的任期必須超過十年，以有別於行政領袖的八年或十年任期，也避開國會改選的四年或五年。不管這行政領袖是總統、主席或首相。在內閣制國家，行政領袖可能超過十年以上，因此信念領袖可以相應調整，任期長於行政領袖。其原因就是不要跟行政領袖重疊，以致不會捲入政治的選舉競爭之中。

美國傑弗遜（Thomas Jefferson）總統的人生而平等已說明民主國家的信念，但是這信念是由立法、司法、行政三者所保障。除了司法，立法與行政都容易被金錢影響，產生權力對金錢的傾斜，因此導致更大的貧富差距，造成社會的分裂與衝突。西元二〇〇八年之前的金融海嘯已經是行政權被金錢壟斷的後果。美國白宮連財政部長都由高盛（Goldman Sachs）金融投資團的總裁擔任。

在行政部門充分配合金融產業的政策下，美國將傳統金融體系必須分開的保險、貸款與投資等三大金融業務彼此分開，以避開風險。沒想到，美國白宮配合財團，聯合學界，把這三道牆拆掉了，讓彼此投資、持股。結果過度的信貸，造成金融產業全面崩潰，先是投資銀行告急，破產，再來是貸款銀行，最後是保險業也跟著垮臺。西元二〇〇八年的金融風暴之後，財富集中的問題沒有稍緩，反而持續地增加。

如哥倫比亞大學的諾貝爾經濟學得主史迪格里茲（Joseph E. Stiglitz）所言，美國財富不平等的程度空前的嚴重，社會頂層百分之一的人口擁有美國百分之四十以上的財富，幾乎是這個族群所得的兩倍。百分之四十的美國人無法承受區區四百美元的意外費用。美國前三大富豪貝佐斯（Jeff Bezos）、比爾蓋茲（Bill Gates）、及巴菲特（Warren Buffett）的身價，比起美國底層百分之五十的人口總身價還要多。這是美國社會頂層極度富裕，而社會底層極度貧窮的鐵證。[12]世界上前二十六名富豪的財富，和世界上百分之五十的人口（大約三十九億人口）財富一樣多。而多數財富都是繼承得來，這使得階級常態化，經濟與政治的優劣勢代代相傳。我們正經歷歐洲中世紀的貴族與貧民的當代封建階級社會的復辟。這復辟的力量正是當年用來推翻封建主義的「自由精神與資本主義精神」，歷史發展何其弔詭？

哈佛大學法學院資深教授溫格爾（Unger Roberto）對於今日美國社會的分裂狀況，認為美國已經進入寡頭的政經型態（Oligarchy），少數利益階層已經壟斷了國家的政治與經濟力量。的確，不只經濟財富的世襲，政治權力也逐漸邁向世襲。行政、國會、連司法都無法挽回這種政治經濟全面寡占的局面。這是民粹崛起的時機，這給具煽動型的領袖走向行政獨裁的機會。「機會平等在美國已經是一個神話」，史迪格里茲說：「相較於其他國家的年輕人，一個美國年輕人的未來人生取決於雙親所得和教育水準。」史迪格里茲帶反諷地說：「我告訴我的學生，人生最重要的抉擇是選擇父母，萬一選錯父母，前景非常不樂觀。」[13]

可惜我們無法選擇父母，亦即只能自求多福。金錢一直是國家墮落的源頭。在凱撒之前，羅馬的元老院的貪婪，不顧羅馬公民的窮困，才出現凱撒的大力改革。所以凱撒主義就是來反諷一個寡頭的時代，需要一個獨裁英雄來救贖。這說明川普如何利用底層民眾的心聲，來撕裂美國社會，一方面喊著人民的代言，一方面繼續降低富人的稅率。

羅馬奧古斯都大帝將自己加冕為皇帝之後，為了籠絡軍隊，讓軍隊效忠於他，發大量的金錢給軍隊，導致後來羅馬軍隊不願意打仗，最後出錢請傭兵作戰。靠軍事掠奪起家的羅馬，也因軍隊的貪婪墮落而逐漸邁向滅亡。

金錢在資本主義利己的原則下，越多越好，越多越受崇敬。掌握分配權力的行政權首先淪陷，國會掌握預算及立法大權，國會議員被金錢所滲透不是新聞。各地財團對國會議員的捐輸源源不絕，左右著國會的方向。國會又控制司法提名權，導致連謹守信念與政治中立的司法，也對當權者傾斜。大法官由黨派色彩的總統所任命，由代表寡占利益的國會議員審查。司法的黨派化意味著國家的最高統一與信念已經瓦解。

信念與金錢

因此，信念領袖必須遠離金錢。柏拉圖理想中的哲學家皇帝必須放棄財產，不能有婚事，沒有家庭，他才能全心全意地為國家人民服務。中世紀的額我略七世教皇，提倡神父不能結婚，就是因為擔心教會財產落入個人，以及深信愛情的人心太強，就不會愛上帝，不會愛教會，不會愛子民。吾人不覺得信念領袖一定由神職人員出任，雖然神職人員適合擔任此項任務，但是不管是哲學家、思想家、宗教家，或者具備人文的科學家及數理學家，都可以是信念領袖的人選。但是他們必須嚴格地規範任內不得增加財產，除了俸祿之外。

嚴格地避開金錢，才能使得信念領袖保持道德的高度，與心靈的純潔。信念領袖的家庭成員之財富取得，也必須被嚴格規範。

信念領袖的財富必須透明公開，即便其自身出自富貴家庭，在其任內必須恪遵與金錢不沾染、不取、不介入的高尚情操。這項透明與清淨的範疇可以用法律訂定之。

信念與權力

信念領袖必須遠離權力。他與行政權的最大不同是權威而非權力，亦即信念領導人不涉及具體地對行政、或立法、或司法、或公民的強制支配權力。他可以呼籲、建言、提醒、告誡、譴責，但就是不宜有支配予取的權力。當信念領袖發覺行政權領袖違背道德之際，或偏離機構信念之際，信念領袖應提出看法與建議，並向行政權的領袖私下勸誡，或在必要時向全國人民公開呼籲該行政或國會領袖的言行不當之處。

信念領袖在多次勸誡不得行政或立法領袖之回應或修正時，信念委員會可以決議召集公開的聽證會，行政或國會領袖出席說明，此項說明可以祕密，也可以公開為之，但一切都必須納入紀錄。行政或國會領袖在出席聽證會，說明並聽取信念委員會的提醒或建言之後，如果信念委員會仍然覺得該領袖並未有修正之意，或事後無改正之行為，信念委員會可以遞交意見書給立法機構，讓立法機構考慮進行對行政領袖之彈劾。彈劾與否由國會決定。

如果信念領袖所提出的建言是針對立法或司法及其他機構的領袖，信念委員會可以提交行政機構，由行政機構辦理公民表決，決定該議員或該民選官員之去留。如果行政或立法機構不執行信念委員會的提醒與建言，信念委員會可提交公民表決，決定該議員或官員之去留。

這個機制的設計在於讓信念委員會站在道德與理念的高度上，對其他各機構的領導人提出國家或機構信念的深化與提醒。但是行政或立法領袖偏差之際，信念委員會可以提交議會或公民大會決定之。其效力端看信念委員會能不能服眾，能不能受到全民的愛戴與信任。這是信念委員會最大的挑戰。

如果信念委員會及其領袖能夠獲得普遍民眾的愛戴，其言行會受到大眾的尊崇，如此，行政、立法、司法、教育及言論之責任機構，必然給予尊重與信守。信念委員會的力量在於公眾對他的崇敬，不在於他對各領袖或任何公民之懲處及賞賜之權。

但是我們制定一個長久的機制，不可能依賴同樣的聖君代代出現，因此信念領袖在一般情況下不涉入行政權。泰皇掌握軍事大權，不是理想中的信念領袖，雖然他對於泰國的宗教信念影響極大，但是他並不符合信念多元及不涉入行政權的圓型組織的理想。

圓型組織結構的信念圓有助於化解權力博弈系統的張力與金錢交易的零和。以聯合國為例，聯合國的目的是世界的和平，但聯合國成立以後戰爭從未停止過。聯合國調停部隊是以武力維和，就像以火救火一般，效果奇差。聯合國所缺乏的就是信念單位，聯合國祕書長也不具備這樣的信念高度與權威。他是一個協調機制，看來是很圓型，各國都是平等互動，除了五席常務理事有直接的否決權，但這五名常務理事是以強權為選擇標準，使得強權一直在聯合國裡扮演重要的角色，也使得聯合國淪為權力的角力場。聯合國要成為圓型組織，就必須有一個至高的單位維護當年威爾遜總統的理想。威爾遜的理想是通過一個國際制度去抑制軍事競賽，以及大欺小的國際間衝突。但是各國考慮的仍是本國利益，所以當阿比西尼亞反抗義大利之際，義大利出兵，阿比西尼亞向國際聯盟求救，但是英法兩國基於需要義大利的力量，因此沒有回應。政治利益大於國際公義，是權力導向的國際組織衰敗之因。

目前聯合國五強的理事會通過一票否決來保護自身的利益，也使得聯合國在國際爭端上很難保持仲裁的角色，更遑論和平理想的捍衛角色。理事會成員國的美國不時發動戰爭，面對敘利亞問題，美國與中國，美國與俄羅斯立場都不相同，使得敘利亞內戰一直持續。

當初聯合國的序言理想是：「大小各國平等權利之信念。」第二條第一款宣布：「本組織係基於各會員國主權平等之原則。」但實質運作上聯合國是基於主權不平等的基礎在運作，其運作違背其創立之信念，這種矛盾讓它在政治上運作註定失靈。

聯合國憲章序言和第一章規定了聯合國行動的五項政治目標：（一）維持國際和平及安全，（二）集體安全，（三）禁止使用武力侵害任何國家之領土完整或政治獨立，保證武力的使用只能為了保證下章所界定的「公共利益」，（四）維持正義，尊重由條約與國際其他淵源而起之義務，（五）民族自決。

光是第一項與第二項，主要五國都在違背，美國攻打利比亞，伊拉克、俄羅斯攻打烏克蘭，都是違背其基本原則。這或許已經是老生常談，大家見怪不怪，已經沒有任何寄望聯合國維持和平，但究其原因，就是聯合國的組成不基於平等，不是圓型組織，是金字塔的強權支配的組織。他缺乏信念主導，因為信念的力量沒有體制化。沒有進入體制的信念，只是呼籲與口號罷了，完全沒有約束力與影響力。

缺乏體制性的信念，使得原本設想平等對待之「類圓型組織」的聯合國失去它維護和平的初衷與角色。聯合國從設立以來就是權力的妥協，而不是基於信念的組織。或許我們會問，在強大的權力底下，信念有用嗎？如果一個國際組織，具備地球上多數國家作為其成員，其本身訴求的是信念的探討、交流與實踐，如全球氣候變遷組織、世界衛生組織、國際人道組織，這些組織發揮信念的力量，當著世界各國的人權、環境、衛生各項問題。這是信念的力量非為權力的力量所締造。「信念圓」是理念的提供者，資源的整合者，共同目標的制定者。雖然如此，衛生組織仍然被政治化，仍然甘於被權力支配與指使。

誰能具備權力支配與指使的勇氣，誰就是能夠捍衛信念的人。只要組織的成員堅持信念，不向不公義的權力屈從，信念領導才成為可能。「聯合國氣候高峰會」能堅持以環境保護的信念，持續倡議世界各國的環境減碳，持續推動地球生態的維護，這是圓型組織以信念為導的類型。目前聯合國提出的地球永續發展的十七項指標，是以信念為領導。這十七項信念，包括各國政府，各非營利組織都遵循、倡導與實踐，就能夠讓地球邁向永續發展。這十七項指標已有具體的成果，而其成果之締造不是來自大國權力的支持，而是世界各個組織普遍認同之後的共知與共行。

信念的力量之展現的另一個例子是歐盟。歐盟的主體是經濟，前身就是歐洲經濟共同體。歐盟實施以來，對於歐洲各國的經濟發展影響具有實質的貢獻，雖然德國是當中的強國，但是各國組成的委員會基本是共治。英國的退出是因為他們每年必須向歐盟繳交數億英鎊的經費，但是英國部分政治人物認為這樣的付出得不到相應的回饋。拿英國人民的納稅錢支付即將破產的希臘或西班牙，他們認為不值得。這是一個金錢交易的場域，金錢交易就有零和遊戲的介入，英國民眾選擇退出就是不願意花錢給窮國。況且歐盟的理事會都是類似閉門協商，沒有監督機制，造成極大的不信任。

歐盟的陰影本質就是金錢互利機制的失敗，歐盟的問題就是其成員缺乏共同的信念，所以一旦互利機制失靈，很快就會各奔東西。信念的機制在任何一個平等的、協同合作的機構是必要的。協同機制不是權力，不是利益，而是共同的信念。如同公共管理學提出的協同理論，協同必須是共同設定目標（Share Goal），共同分享資源（Share Resource），共同分享價值（Share Value），共同分享資訊（Share Information），以及承擔共同責任（Share Rersponsibiltiy）。其中共同價值的理解很重要，共同價值不是信仰的同一（Consensus-Belief），而是彼此能接受的一套價值框架。歐盟具備了資源共享、目標共同、責任共擔，相當程度的訊息共享，但是沒有共同價值，所以沒有辦法繼續整合像英國這樣的大國。

在移民這個事件就呈現出價值不共的歐盟。每個成員國對於敘利亞移民見解不一，英國民眾怕大量移民湧入，也是他們要脫離歐盟的因素之一。歐盟雖然是彈性的、共治的、群體決議的、互相分享的組織，但是歐盟的組織仍參照西方的議會制，本身把信念的建立與價值的框架遠遠地拋諸腦後。沒有任何一個歐盟的組織裡是倡議信念、整合信念的單位。有的是經濟與政策制定的理事會，舊的國會，與負責執行的各部會。

回頭看有影響力與執行力的組織都是信念倡議型的組織，如先前所提，聯合國經濟社會理事會所倡議的地球永續發展的十七項指標，其普遍獲得國家及NGO的認同，而遵守推動，憑藉的不是大國權力博弈，有的不是組織間的利益協商或互利，而是信念。信念是國際組織成功的關鍵。

信念與國民

共同信念促使一個國家的國民凝聚、團結、共度挑戰的關鍵。國民的素質與品格是信念所締造。俄國人的基本力量與堅毅精神，美國人的個人主動與創新精神，英國人的不拘於教條的常識精神，德國人的重視紀律和徹底，中國人的務實與堅忍，都是各國國民性格獨有的一部分，這些特色，漢斯．摩根索（Hans J. Morgenthau）指出，無論好壞，都將表現於一國國民從事的個別的或集體的行動中。[14] 國民性格對於一個國家而言，更重於國家的政策、領導人，甚至制度。而國民性格來自無形的精神與信念。如同十八世紀英國詩人哲學家柯羅里奇（Samuel Taylor Coleridge）所說：

「有一種看不見的無形精神，瀰漫浸潤著整個民族，所有的國民都具有那種精神，雖然個人具有的程度不同，正是這種精神使一民族的優點和缺點，具有獨特色彩和特性。因此，縱然是同一的行為，例如同一語詞表現在西班牙人身上者，卻不同於表現在一個法國人身上者。我認為這是一項不可否認的真理，若不承認這一點，整個歷史將是一個不解之謎。同樣地，我也認為國家間的不同，它們的輝煌和卑賤處，一言以蔽之，它們一切的作為或真面目和本色，（老實說，並不是某一特定時刻，或在某一個別偉人偶然領導下——例如迦太基人在偉大的 Xanthippus 影響之下，隨後在他們偉大將領漢尼拔將軍的影響之下——的行為，而是他們作為一個國家，雖然經歷許多不同的領導人而仍然堅強持久地表現於行為的那種特色），就是源自於他們的無形精神。」[15]

這無形精神就是信念與價值，所締造的生活與文化。

信念是一個國家與組織力量的關鍵。信念的持守必須體制化，必須納入體制，是圓型組織最重要的主張。

信念與信仰

信念委員會與領袖作為機構最高的道德與信念守護者與倡導者，其自身必須謹守機構之中信念多元化的理念。不宜由一種單一信念壓制其他的信念，或由單一的信仰，壓制其他的信仰。信念委員會其組成就是多元信仰，在尊重多元信仰與信念的前提下，找出共同的理念，確立共同的傳統，並由全體成員遵守之，並昭告國民遵守之。

對於單一信仰的國家，或某一信仰居多數的國家，信念委員會仍應包含少數信仰者的權利與信仰自由。信仰不只是宗教，科學主義、社會主義、自由主義、社群主義等，都是信仰的一部分，都應有合理的代表及保護。

當九一一發生的時候，美國總統與國會兩黨在華府教堂，邀集各宗教領袖一起祈禱，它顯現出一個國家在面對災難時團結的象徵。但是過不到一年，美國境內對於穆斯林族群的偏見與無言的歧視在激增，只要長得像中東人，走在路上總是會被用異樣眼光看待。像是冠狀病毒疫情之後的中國人走在美國街上，可能同樣會有類似的感受。如果一個國家有跨文化與信仰的信念委員會及其領袖，長期不斷地呼籲、倡議、論說國家之內的共同信念與理想，共同的價值與傳統，這個國家的人民會團結在這樣的思想氛圍之中。

比起行政權必須承擔資源分配合理公平的角色，信念權責則是承擔無形心靈力的公正、合理，以促進人民的團結與和諧。

第二、教育圓

第二個圓是教育。教育是培育信念最重要的場域。沒有完善的教育體制，無法培養善人之善、善善與共的信念。為什麼教育比起組織的行政領導者更應先討論？

我們都記得柏拉圖的哲學家皇帝，皇帝最好是哲學家，或是聽從哲學家的建言。羅馬皇帝蓋烏斯・馬里略（Gaius Marius）受新柏拉圖主義的斯多葛學派影響，自身事功輝煌，亦能於軍旅中寫出沉思錄，以作為後世帝國的自省與治國智慧之典範。他就是柏拉圖眼中的哲學家皇帝。

中國古代科舉制度，一代一代地培養每個王朝的領導階層，歷經許許多多輝煌的時代。這些大臣從私塾到國家考試，飽讀儒學經典，甚至包括皇帝都有國師，教導皇帝必須力行儒家仁愛與禮法的聖賢治理模式。為萬民造福，為天下人開萬世之太平。

即使如滿族人康熙皇帝統治中國，他飽讀儒家經典，甚至還有七位賢明的儒生大臣，定期與皇帝議論詩書。所以康熙有了聖君的美譽。

一位縣令如張載，一樣飽讀經書，區區一個縣令，同樣有「為生民立命，為往聖繼絕學，為萬世開太平」的胸襟與氣魄。都江堰的工程師李冰，在兩千多年前建造都江堰，締造天府之國蜀地的繁榮千年不墜。這些都是知識分子締造的時代盛景。因此，文官的素養，知識菁英的涵養與學識，是一個國家，一個宗教團體，一個組織興衰的關鍵。天主教的神學院培養四十多萬位神父，兩百萬位左右的修女，是奠定天主教的運作歷久不衰的支柱與力量。

當今美國的哈佛大學與耶魯大學，英國的牛津大學與劍橋大學，都是培養政治領袖，培養科學家，培養一代領導人的場域。教育是一個組織能夠強大的主因。鄧小平當年復出，主抓就是教育和科學。恢復高考，讓知識分子重新回學校學習，才培育一個世代在政治經濟領域的領導菁英，締造一個時代的輝煌。

教育體制從圓型組織來看，必須獨立於行政圓，他們必須是平行的組織。許多教育的內涵因為政權的改變，就改變了教育內容。臺灣的民進黨上任，開始去中國化，使得西元二〇〇〇年之後成長的臺灣年輕人沒有中國意識，不了解中國歷史與文化。這究竟是應該走的教育方向，或者是被某一意識形態支配了全民的意識形態，這是一種歷史的扭曲。吾人不是論證去中國化之正確性，而是不認為這是正當性。就如同馬來西亞國家拒絕華人學習華語一樣，對於熱愛中國的人，或是想追遠自己的族群來源的人而言，是一種文化的刨根。在多元社會中，每一個意識形態都應該被尊重，組織的機器不能以一己的意識形態加諸他人之上，或去除他人的意識形態。

因此，當行政權掌握教育的權力，教育權就會被組織的特定領導階層作為自身延長統治的工具，即便是在民主國家亦是如此。當某一政黨執政，他就改變教育體制及內涵，讓他更適合於自己長期執政。或是以一己的意識形態強加於其他意識形態的信奉者身上。這是教育權必須不隸於行政權的原因。

教育委員會的組成由全國各大學校長，中小學校長，以及國會共同組成遴選委員會。遴選會成員人數組成，由大學校長推派三分之一，中小學校長推派三分之一，國會推派三分之一。大學校長組成大學校長聯誼會，推派全國教育委員會的遴選委員；中小學校長聯誼會亦然。國會則由教育委員會推舉代表，共同組成全國教育委員會遴選委員，再由遴選委員選出全國教育委員會，負責全國的教育使命。教育委員會領袖必須領導委員會促進全國產官學，上至國家領導人，下至百姓都必須終身學習。教育委員會每年提出教育計畫，各機構也可以提需求，委請教育委員會執行教育課程。教育委員會預算由憲法規範比例，每年經費由國會編列審議。

教育委員會負責中小學教育、大學教育、行政官員教育、企業教育，以及社會教育。大學教育與中小學教育必須兼顧傳統價值與時代發展，必須兼顧社會不同價值之闡述與增進彼此的理解。對於官員的教育是長期持續開課，讓行政官員、國會議員、中央及地方官員、民選與派任，都必須接受教育。其教育至少包括新科技、哲學思想，特別是跨文化的信仰體系、治理智慧、世界局勢，以及心靈的鍛鍊。教育應該還包括善的實踐，設計基層的服務，對於弱勢者的具體照顧，對於環境的維護，以豐厚官員慈悲利他的心靈。

教育的主體必須著重「哲學思辨」、「知識系統」，以及「慈悲利他」的養成，三者不可或缺。對於培養一位傑出領袖，在政治或商業領域，三種教育主題是領袖的必備素質，是人民幸福必備的涵養。

對於企業的培訓著重善經濟的思想與實踐，培養以利他為出發的商業活動，以及創新力的賦能。包括新科技的賦能、新產業的轉型賦能、結構性失業員工的轉業培訓、哲學思想的培養、善行與心靈的鍛鍊，都在企業教育的範圍之中。

社會教育的目的在增進人民身心靈的幸福，包括人文素養、生活禮儀、醫學、藝術、運動、心靈、科技、公益、語言、環境、哲學觀等，有益人民心靈與身體的健康幸福為目標。

教育委員會選出領袖（或稱委員長），領袖任期長度與委員同等，任期最長十二年。委員會組織組成之初，每年遴選三分之一，逐年增補至滿額。委員會每四年改選，每次最多改選三分之一。以維持教育品質的穩定度。委員會有常設機構，負責實際教育之推動與執行。委員會應組成不同的專業與價值體系的外圍協同團隊，共同推動各類職能與價值體系之教育，藉以擴增教育資源與普遍化其影響力。

孫中山先生曾提出考試權為第五權，但是考試權有別於歷史中國的科舉，科舉制度為國家選拔人才，讓人民有公平進仕的機會。但歷史的中國從私塾到國監院是一套嚴謹的儒家經典體系，本身有很強烈主體信念與思想。放諸當代多元社會的考試制度，只能採取價值中立的方式，以專業選拔人才。對於其品格及思想沒有任何評鑑的標準。著重知識，而沒有思辨與慈悲利他的培育與養成，是孫中山先生的考試制度實踐效果不彰的主因。

教育圓必須強調知識結構、思想能力，以及慈悲利他，三者結合。目標是全體國民，不是官員任用、考核與晉升，而是國民與百姓的共同賦能。教育委員會必須與信念委員會密切地協同，在不同的當代多元價值體系中，培育對多文化價值共容、共榮與共善的理念和素養。

第三、訊息圓

從近百年西方民主政治的發展言之，言論權已經成為第四權（The Fourth Estate）。加上近年的社會媒體蓬勃發展，使得新聞權更為普遍化，新聞不再屬於菁英記者，人人皆有新聞權。而相對的人民言論權擴大，也造成個人訊息接收的窄化、假新聞氾濫，言論倫理喪失的局面。

新聞權與言論權是一個國家、一個機構賴以生存與興衰的關鍵。如此重要的權力不應隸屬於行政權管轄，或是商業管轄。言論與新聞權是制衡與監督政府及商業的利器，但是這利器不是被政府掌握，就是被商業所掌握。這使得政府掌控言論的政權，無法得到有效的監督。商業掌握的言論環境淪為市場營利的工具，或討好執政政權的管道。

言論權必須獨立於行政、立法、司法，以及商業之外，它的獨立性在於確保國家之中人人的權利得以保障，政府的施政效能得以受到合理理解與監督。言論權的自由與有效的行使才能確保商業活動的公平、公正與公開。因此言論權與新聞權長期掌握在行政或商業場域底下，對於國家長期興盛與人民的福祉絕對不是有利的發展。

國家成立「言論權責委員會」，保護並促進言論的自由與責任，是圓型組織健全的關鍵。

「言論權責委員會」成員由「信念委員會」以及「教育委員會」同組成遴選委員會，選出言論權責委員會的成員。委員會成員選出該委員會領袖。訊息委員會及其領袖必須確保人人言論的公平、公開與公正。不只是強調言論自由，更強調言論的責任與倫理。言論權責委員會制定言論體制，促進大眾媒體與社會媒體的公共化，如英國ＢＢＣ、德國公共電視體系。私人擁有媒體，不管是報紙、雜誌、電視、廣播、網站，或社會媒體是自由允許的，但必須嚴格履行公共責任。例如不放任社會媒體的個人或團體釋放假消息，任意攻詰、毀謗。大眾媒體必須履行公平報導，不落入黨派之爭。如ＦＯＸ政策性地支持川普，ＣＮＮ則主要攻擊川普。媒體的黨派化跟司法的黨派化一樣對國家有害。言論權責委員會要求各媒體，大眾媒體或社會媒體成立倫理委員會，任何媒體記者，必須經由各倫理委員會審核頒給記者證。社會媒體針對任何言論人蓄意散布假消息，及人身攻擊之言論，應予以糾正或合理的處理，情節嚴重者予以取消其在該平臺之言論發表。

除了言論倫理的規範之外，大眾媒體，或社會媒體的機構或個人涉及長期性與系統性的討論公共事務之際，其言論必須符合公平報導原則。透過法制的力量落實「公平報導原則」（The Fairness Doctrine），能夠賦予新聞記者一個自主的新聞權，為社會各階層、各族群及各種政經文化觀點，提出公平合理的發言權，不致受到執照擁有者的箝制。

「公平報導原則」（The Fairness Doctrine），規定大眾媒體及社會媒體對於具有重大爭議性的公共議題（Controversial Issues of Public Importance），必須堅守公平報導原則，亦即給予爭議的各方有公平的機會發表意見和言論，媒體如果沒有履行這個原則將被警告、罰款，甚至吊銷執照。

「公平報導原則」要求媒體業者對於公共具爭議性之重大議題，應該遵循各方並陳的原則。「公平報導原則」可以要求媒體業者必須提供合理的時間討論報導公共之重大議題。訊息委員會要求大眾媒體必須在整體的平臺露出，表現出對於重大公共議題之充分討論，而不是以個別的事件來評價。

委員會不會、也不必監督媒體業者可能違背公平報導原則之情事，委員會僅僅接受公民或團體對媒體的不公平報導的申訴抱怨，只有公民或團體提出確切證據認為某家媒體違背公平報導原則，委員會才會轉知該媒體請求回覆說明。

「公平報導原則」所規範的所謂「爭議性重大公共議題」，委員會尊重媒體的個別判斷及選擇，委員會以個別認定（Case by Case Basis）為處理原則，也同時尋求社區的領袖及相關領域的意見領袖認定某一議題是否涉及重大、公共性之爭議議題。

「言論權責委員會」規範公平報導，但並不涉入編輯臺去主動檢定新聞報導之觀點及言論，委員會也不宜檢視特定節目有無公平報導，它只是要求媒體在一段時間之內，有沒有給爭議的各方一個公平暨合理的機會（Reasonable Equal Opportunity）發表意見。另外，委員會不主動調查大眾媒體與社群媒體有無履行公平報導，而是在接到觀眾之抗議信件，並且有具體證據之後，委員會可以交由媒體提出意見或予以糾正。

換言之，「公平報導原則」一方面保障大眾媒體記者公平報導之職責，一方面避免直接干預編輯權之獨立行使。委員會規範的前提是觀眾而不是以委員會的一已標準在檢驗媒體是否公平報導。

公平報導原則對於大眾媒體賦予記者獨立的權力，行使言論權，不用受制於執照擁有者的觀點限制。公平報導原則之於社群媒體，能避免社群媒體的使用者訊息與意見日益窄化的現象，破除同溫層，讓受眾能接受到更寬廣、更多元的意見。

訊息委員會由教育委員會委員及信念委員會委員共同推舉之。教育委員會能兼顧到社會專業素質與人民長期的人文觀點，信念委員會對於社會不同理念的涵融與理解，對於傳統價值與創新思維的衛護與推動，基於指導性的地位，由教育圓與信念圓推舉訊息圓，才能兼顧訊息委員會成員的人文素質、確保言論多元性與言論的倫理基礎。

訊息委員會選出言論領袖，負責統籌訊息委員會的運作與理念之維護。其任期與其他委員同，不超過十二年。組成之初，遴選委員會分三年選出「訊息委員會」成員，之後每四年改選三分之一。

美國憲法第一條就是主張國會不能制定任何法律限制人民的言論與新聞之自由。當時恐懼的是政府對於言論的箝制，但今日的問題是商業對於言論的侵害，包括言論的責任不彰，包括言論的黨派化，包括言論的庸俗化，以及假訊息的氾濫。訊息（言論）委員會的成立在於建立一個獨立、公正、公開、平等的公共輿論環境，這是促進社會國家進步與和諧的關鍵。

訊息圓應包括保障三項人民的訊息權利。先前論述的言論權是人民的基本訊息權利，另外兩項應包括「經濟訊息的平等權」與「價值訊息的平等權」。

「訊息圓」應該與行政部門設立各項委員會，推動訊息的透明與平等。商務訊息、文化訊息、政治訊息、環境訊息、以及各種與人民生活相關的訊息，如何能縮小訊息落差，讓人人都能藉由訊息的平等，追逐生活的幸福與心靈的提升。求經濟面的訊息平等，讓新的經濟模式與科技創新能普遍化傳遞，以利企業轉型，以及個人工作的提升與轉型。許多經濟結構性的失業通常來自訊息的落差，伊隆・馬斯克（Elon Musk）能將特斯拉公司（Tesla Inc.）的汽車製造公開公布，讓大家可以分享學習，這是商業訊息的透明。這不是不保護智慧財產權，而是在保護智慧財產權之際，經濟的果實能嘉惠政體社會。因此訊息圓通過國家的力量，在給予創新者實質的經濟利益保護之際，能夠讓經濟模式惠及各階層。

當今知識經濟的成果集中在少數菁英的手中，因為知識的門檻已然造成經濟分配的失衡。這不只教育圓能提供知識的培育，訊息圓也必須建構體制，讓影響經濟與民生生活方式甚巨的產業訊息與科技訊息都能平等暢通。

價值訊息保障了人民間的互相了解與互愛。社會中不同價值的群體應平等互敬，即便在民主國家，如美國，種族問題仍然十分嚴重，因為媒體大量露出的都是對於黑人犯罪的新聞，使得黑人在於輿論上失去發言地位。穆斯林在美國一樣相對地不被瞭解，美國輿論對於中國的成見，也造成美國在新冠肺炎發生以後，對於中國人的一種敵視。

訊息圓對於社會中各種不同的文化價值、信仰體系、意識形態，建構一個對等公開的訊息平臺。讓人與人能透過理解而諒解，透過相互學習而達成和諧。這種多元價值的呈現與露出，即使在自由民主的國家也是無法實現的。因為金錢掌握以及市場導向的商業媒體，呈現的都是多數與主流的觀點，對於少數族群與信仰多半忽略或是偏見。因此圓型組織的訊息圓，應以促進族群與價值的互相理解和諧為其重要權責。

第四、行政圓

行政權在民主共和的體制是行政由人民選舉，國會監督，司法制衡。在權威的國家可能透過世襲，或是透過單一獨大的政黨選舉產生，國會與司法對行政權的制衡力，比起民主國家相對較弱。衡量行政權的良窳，未必從民選與否作為考量。行政權就民選產生，其施政未必能真實的反應民意，或造福人民。我們不認為威權的行政權之施政，一定僅僅服務少數者利益，如新加坡一黨獨大的權威政權，其對人民的照顧較諸其他民主選舉國家是十分充分的。

中國政府也是如此，中國政府在西元一九七〇年代，每天生活在一塊美元以下的有百分之九十，到西元二〇一九年這個數字是百分之一。預計精準扶貧到西元二〇二〇年貧窮人口幾近於零。諾貝爾經濟學獎得主劍橋大學的安古斯．丹頓教授說（Angus Deaton），過去二十年中國是脫離貧窮最快速的國家。民主不是人民幸福唯一的保障方式，威權國家的政府仍然可以提供人民良好生活之保障。許多非洲及中南美洲的民主選舉國家，其官僚貪汙，效能不彰，人民貧困，民主政治無法挽救失靈的行政機關。

以民為本

民主指的是人民普遍具備參與統治的權利。然而統治牽涉高度複雜的專業與智慧，不是一般人民都能具備這樣的能力。即便希臘雅典的民主制度，也只是一小部分公民能參與政治，約四萬名公民左右。

但是正如托克維爾所說：「由人民參與統治（即所謂的民主）不是理想的組織治理，因為一般人民沒有時間和專業去從事這項治理工作，他們的判斷總是匆匆忙忙，總是看表面特點，這讓許多騙子可以用各種花招取悅人民。」[16]

因此人民選舉出來的未必是最佳領袖，由人民決定的政策，經常不是最好的決策。英國脫歐由公民票決，其結果造成英國經濟上巨大的損失。托克維爾斷言，由人民普遍參政的結果反而使人民享有更少的「政治自由」。

托克維爾擔心貴族政治的治理，會造成菁英只考慮自己的利益，而忘記百姓的利益。他的觀察是有歷史根據的。凱撒時期的羅馬元老院就是因為擁有太多的既得利益，羅馬公民反而生活窮困，凱撒的改革給予羅馬公民增加財富，才使得元老院反撲，刺殺凱撒。貴族政治容易壟斷全民利益，如果貴族是世襲情況會更糟，如同孟德斯鳩所說，當貴族成為世襲的時候，貴族政治的腐化竟已經到達極點。

西方民主政治的發軔就是反對貴族政治的壟斷與君主的專斷，但是民主制度並不能避免寡頭政治的復辟。特別是人民不具備高度的治理智慧，他們淺層的理解政策能力，容易被政客用於輿論操控，這就是為什麼今日美國的政經如此地被少數菁英壟斷。即便托克維爾寄望於民主的改選制度能夠使得人民可以培養自我改造的能力，選出他們期望的執政者。但是民主的美國到了今日成為寡占的美國，前三大富豪掌握了百分之四十美國人的財富總和。金錢透過基金會捐款，透過說客，瀰漫在國會、總統與各重要的政府機構之中。如史考斯基所言，共和黨是有錢人的政黨，雖然民主黨一向都是為窮人發聲，但是民主黨的總統甘迺迪到柯林頓總統恰恰都是為大富豪及大財團工作。

民主不能保證「民有」及「民享」。民本思想的建立以人民福祉為中心，民主的政體，有利於金錢力量之伸展。選舉的輿論宣傳或操縱，在在需要金錢。如同美國開國元勳傑弗遜所擔心的，銀行體系（Banking institutions）與金錢公司（Monied incorporations）的增長，貴族政治將獲勝，而美國的革命終歸失敗。傑弗遜把政體分為將權力歸屬給高階層的貴族政治，與相信人民、人民主政的民主政治。一旦金錢崛起，美國終究淪回少數貴族政治的掌握。[17]杜威的政治思想呼應傑弗遜的憂慮，杜威認為，美國社會已經籠罩在金錢與財團的陰影之中，難以改革。

從今日實際觀察中我們得出，由多數民選的美國最高行政權，總統，其施政結果仍然造成少數財團寡占的局面。如果政治領導人的道德良心沒有堅實的建構，任何政體都可能發生少數壟斷政經勢力的局面。孟德斯鳩所言：「共和政體需要品德，君主政體需要榮譽，而專制政體需要恐怖。」

民本與民主

為政者以民為中心。從圓型組織的理想看來，民主也好，威權也好，行政權的基礎在於「以民為本」。以民為本才是準確的行政權概念。

中國《尚書》說：「民為邦本，本固邦寧。」人民是國家的根本，人民不是君王的工具，不是君王的財產，是君王之所依歸，連天都要聽人民的心聲與意見。所以《尚書》又言：「天視自我民視，天聽自我民聽。」天的意志是服從人民的意志。天所見，天所聞，都是人民的心聲。從中國古代的思想言之，人民的幸福與權力是得自於天，而不是天子。天子是天選出來為民造福的領袖。所以《尚書．多方》說：「天惟時求民主。」上天幫人民尋找明主。君王與人民同屬於天。

西方洛克的天賦人權是在基督的子民思想下建構出來，中國古代已經有人民的一切是來自天所賦與，天與人民是父子關係。天生萬物以養民，人民直接來自天的賞賜與照顧。故君王不可以逆天而行，君王倒行逆施，天都會責罰。

由此可以理解民本思想與民主思想之不同，在於民本思想比民主思想更為根本。

民本是民主前提

不只是人民作主，人民才是國家的基礎與源頭。是人民建立國家，人民當中產生領袖，出現君王。從人類組織發展觀之，人類的起源是平等的家庭部落形式。因為經濟生活而合作互助，因為戰爭，開始有了職能分工，人類組織從此誕生。而那個能夠領導部落團結，締造人民幸福生活的智者，成為人民的領袖。先有人民才有領袖，領袖為民，而不是人民為領袖的財產與支配物。因此民本思想應該是人類最早期的國家與組織的起源。所以《尚書．泰誓篇》才說：「民之所欲，天必從之。」領袖是人民的領袖。因此民主是組織與國家的第二個層次，第一個層次是民本。

本，就是一切的源頭。民為本，才能談民為主。「主」相對於「從」，相對於「奴」。人民一開始就是組織與國家的源頭，不存在被奴役、被支配。只有被奴役、被支配，才需要反轉過來要做主。西方的民主是相對於被奴役、被支配，然後從這附屬的地位與被奴役之中超脫出來當家作主。這是民主的發軔與歷史意涵。民本，人民本來就是本體，本來就是國家與組織的建構者，天從眾多人民之中選出領袖，以造福所有人民。領袖亦應為人民的一分子。民本思想，當領袖不能造福，而反過來奴役人民，那就是孟子眼中的「誅一夫」，是一個墮落的凡夫，人人得而誅之。

儒家孟子提出「民為貴，社稷次之，君為輕。」因此在孟子的思想中，君王不能愛民，人人得以誅之。「賊仁者謂之賊，賊義者謂之殘。殘賊之人，謂之一夫。聞誅一夫紂矣，未聞弒君也。」孟子重視民意，民心向背，政權就得轉移。只是古代的轉移都是以戰爭或暴力為之。禪讓制度施行不過三代，其餘多半是世襲。不管是世襲、禪讓或選舉，都是歷史的產物。沒有當時人民的支持，任何政體都無法存在。換言之，任何政體只要以民為本，都是好政體。

民本建立之後，有一群人願意生活在一起，然後才是人「民」提出「主」張，要組織何種政府？要支持何種領袖？人民心目中的組織與領袖類型，是漫長歷史的演進與默契，它締造古代中國的禪讓制與世襲制、締造了羅馬的共和、雅典的城邦民主、斯巴達的貴族政治，以及中古世紀的封建與專制君王。中國的君王體制是在數千年的演進後，智者賦予定型化的思想與價值，就出現君臣、父子這樣的倫理次第。周朝是孔子所喜歡的文武制度，孔子希望維持這樣的制度，把這樣的制度予以思想化與概念化。而究其原初思想，是人民在這樣的生活中過得幸福安康。君主制並不是歷史的必然，並不是來自最高「天道」的設計，而是人民自主的支持與選擇。人民也可以選擇其他的政體，如禪讓，或今日的共和體制，多黨共治或一黨專政。不管何種體制，就中國民本思想言之，能為人民造福才是好政權，能帶給人民幸福安康才是合理體制。

民本而後民立

先民才有君，先民才有政體，政體可以改變，但人民為本不可改變。民本是根，政體是枝幹與樹葉。根確立，樹木才生長。樹要長成什麼樣，因為環境不同，會有不同的樣態。樹如何長是民主，市民所立。但樹必須先有根，根必須堅實，樹幹與枝葉才能茁壯。這就是先「民本」而後才有民主，從吾人的角度是民立。人民建立國家，建立制度。雖然是君王的約法三章或開國元勳立憲法，都是人民所支持建立，國家與組織才能夠成立。所以民主是民立，人民選擇共同立國，建立組織。而且都是以民本為基礎。

歷史上的劉備，一開始是製草鞋維生的一個沒落貴族。他在建立蜀國之前，一直沒有自己的根據地，但是一群人民老跟著他到處流亡。他的部隊撤退很慢，因為老百姓老跟著他流竄。一直到蜀國建立，老百姓終於能夠安定下來，也開始蜀國的典章制度。這是先有人民，後有國家組織的例證。劉備自己一個人如何建立國家？一定是一群人民共同的意志，才有組建國家的根本，所以民本而民立。民立，人民是主人，也是民主之意。但是民主總是帶著被壓迫後的人為作主。民立可以包涵被壓迫的人民終於當家做主，也可以指稱一群自願的人民組建自己的家國。

民立比起民主更為寬闊地描述任內歷史的各種發展樣態，也少了一種對抗之意。

民本而後民立，既為民立，就必須共責。既然人民同建立，當然要共同負責。

民立而後民責

現代西方的民主制度是相對於中世紀以來的專制君王所設立，沒有奴役就沒有民主。如同一家人，正常的父親不會奴役兒子，兒子不會說他要做主。大家一起參與，一起分工。父親仍是父親，兒子仍是兒子。古代中國君王制是人民普遍認可的制度，如同一國的父親，那是歷史的演進之結果。吾人在第一章節提到瑟維斯的研究，說明人類如何從部落生活發展成為龐大的組織。互助與合作是龐大組織的關鍵，既是互助與合作，那就是人民必須共同保衛家園。因此是共責。

民本之後民立，國家與政府是人民所建立，民立之後才是民責。

既然這個大家庭是人民一起建立的，人人都有責任。不是百姓要求政府負責，而是每個人民都有責任。國家興亡，匹夫有責，就是這個意思。美國總統甘迺迪說：「不要問國家為你做什麼，而是問你為國家做了什麼？」這是民本思想所衍生的民責思想。民主思想是人民作主，但是卻要政府負責。民本思想是人民是主人，人人都是主人，人人有責。政府不是統治者，也不只是幫人民謀福利的人，而是人人都必須為國家、為他人謀取福利。

民主是以要求為本，民本是責任為本。民主是人民要求政府要做什麼，民本是政府主動希望為民做些什麼。甚至是人民主動參與政務，參與國家整體的繁榮與和樂。中國形容縣吏為父母官，就是強調官員如照顧子女般的愛護人民。視民如子，不可能去傷害他們。因此朝野關係和睦，官民互愛互敬。這是有別於西方的君主專制以君為本，有別於民主政治以權利為本。民本思想以愛為本，以責任為本。

民責而後民有

民本是共責的態度，有「民責」才是「民有」。「民有」是人民擁有政權，一切政權以人民為主。但人民能共同負責任，才能共同擁有國家，民責在民有之前。擁有某種事物的前提是責任而不是要求，是給予不是愛取，是利他不是利己，利益社會，非為一己之私。有了責任為基礎的民有，才能真正做到民治。

把國家交給一群沒有責任感，只想要取奪自我利益的人民，還能談共有？還能談治理嗎？

當代民主的衰敗，主要就是因為人民一直要求，但是沒有責任的觀念。選舉制度導致候選人為了爭取選票，不斷地允諾各種福利，讓選民的貪欲擴大，直到政府無法支出，經濟開始衰敗，人民上街頭抗議，民粹崛起，於是善於煽動民粹的獨裁者也就跟著掌握政權。這情況在中南美洲國家不斷地出現，在今日的美國也逐漸地出現，因為經濟的停滯造成民粹的崛起，讓川普這種煽動家掌握政權。

美國前總統甘迺迪的名言：「不要問國家為你做什麼，要為你能為國家做什麼？（Ask not what your country can do for you , ask what you can do for your country）」這是民責的真實詮釋。如中國古話所言，「國家興亡，匹夫有責。」國家的興衰是每一個人的責任，民間的參與，不但增加政府的效能，甚至比起政府還來得有效能。所謂「肉食者鄙，未能遠謀」，這是《左傳》所陳述在春秋戰國時期，齊國準備攻伐魯國，魯莊公迎戰，曹劌請見魯王，鄉鄰說：「當官的在負責，你跑去見國君做什麼？」曹劌說：「當權者目光短淺，未必能深謀遠慮。」所以曹劌跑去問魯國君王，憑什麼君王自認為能戰勝齊國？魯君回答他三個問題，包括祭祀所得善與人分享，謹守信用，明察冤屈。曹劌認為君王之德可以一戰，所以曹劌隨君王參戰因而獲勝。

美國在二次大戰期間，政府與民間充分配合，政府策劃，由民間負責軍事裝備的製造，當時連女性也投入生產，僅僅西元一九四二年上半年的生產總額就高於西元一九四一年美國的生產總額，這是政府與民間充分配合協同的佳績。任何危機，任何困難，如果政府與民間能充分合作，美國人民把國家的事當作自己的事，國家必定強盛。

所以民責才能民有。先對機構或國家有責任，才能擁有該機構或國家的權利。責任是付出，擁有是基本權利，但往往流於貪欲的擴大。越擴大責任，人越有力量，國家也越有力量。越擴大權利，人與人，百姓與政府越分裂，社會越動盪。民有必須基於民責，才能厚實國家與機構的基石。

民有而後民治

基於民責的「民有」才是「民治」。民有，國家與機構是人民共同擁有，因此就有權利義務。納稅義務，服務公共利益的義務，有義才有務。義，是道理，合理。合於道理，合於真理，才能得其務。民有必須基於合理與道理，只談有，不談道理與合理，社會就爭奪。臺灣東吳大學法學院李念祖教授主張，西方漢學家 William Martin 當年把「Right」翻譯成「權利」，是不恰當的。Right 是正義，是真理，不應該翻譯成權利，而是義務，基於「義」的「務」。

「務」就是指人民所有，人民該擁有之物。權利原本在法文中是 Droit，意思是「I have to be right so I have right.」（我必須正確才有權利。）梁啟超說過去中國人只談義務，現在卻要談權利。古代中國只有義務與正義（Right vs. Duty），義與不義（right and wrong），中國人沒有權利的概念，只有義務的概念。權，在中國文化中總有爭權奪利之感。義務，基於義的務，基於正確合理的「務」才是民有的真義。

從中國文化重新界定民有，民有不是簡單的人民擁有國家的權利，而是人民對國家有義務。義務不是我為國家無條件的做什麼，而是人民基於公平合理的基礎，擁有國家的一切運作。基於義，才有「民有」。

人民基於「義」的擁有國家的運作，才能是人民參與國家的治理。民治，人民參與治理，是一個理想，人民參與治理必須遵循程序，不管是民主國家或是開明專制的國家。

今日的民主政治的民治，包括投票、任公職、公平地參與選舉，或是創制權。但其實民主政治的民治，最重要的其實只有投票權，每幾年投一次票，但選民無法得知代議士真正為他們做什麼？選民無法得知民選的官員是否真正為政務在負責？任公職是民治的精神，但公職不是人人都能參與，必須有資格才能參與，包括教育、專業等。即便是人人皆可參選，礙於資金與能力，只有少數人能參政。而且包括美國、臺灣在內，參政已經逐漸出現世襲化、階層化的現象。

中國儒家的古代思想已經有民有、民治的精神，只不過政治仍然掌握在菁英手中，依蕭公權先生的看法，所謂的民主——人民參與政治，並不是孟子的主軸思想。[18]然而，雖然古代中國不是人民投票，而是以科舉制度作為讓人民參政的一種公平管道。畢竟，即便今日之民主，人民除了選舉，沒有多少參政權。民主選舉的常態是擁有財務資本與社會資本的人，掌握政治主導權。美國已經逐步走向實質寡頭政經體制，是美國政治的危機，不也是民主政治的必然結果。

民治必須基於公平的機會為基礎，國家必須給予的機會不只是投票，而是教育與訊息。只有當教育普及，訊息對等，民治才得以實踐。

民治而後民享

當今宣稱民主政治的諸國，有多少真正的民享？民享，指的是民主的果實，這果實該是經濟的富裕、生活的自由、機會的平等與社會的和諧。但是許多民主國家其實生活在落後、動盪、犯罪、衝突的社會之中。民主未必產生民享，南非在經歷西元一九九四年民主政治的轉化以後，貧富差距仍然沒有明顯的改變，社會的經濟寡占沒有因為黑人執政而有具體的改善。民主與民享不是一個同步性的過程，民主給予的只是選舉權，選舉常常被金錢操控，新的政權一樣必須照顧少數富有者的利益，而不是普惠大眾。

民治的基礎不只是投票權，而是人民參與政府政策，參與經濟的分配的權利。所以民治必須遵循協同治理的理念，才能讓市民得到實質與合理的經濟、社會、文化等資源的分配。協同治理包括垂直協同與橫向協同。垂直協同是中央政府、地方政府、與大中小企業的協同合作，對於知識經濟的未來提出構想。橫向協同是民間機構與民間機構間的合作協同，國家與國家間的協同，共同對於經濟、社會與環境等議題進行合作與解決。我們在下一個段落對於協同治理的模式做充分的論述。

基於民本思想的當代各種政體

以民為本，是行政權的核心。

荀子被認為是法家的始祖，但是荀子也說：「天之生民，非為君也。天之立君，以為民也。」荀子的政治思想靠近洛克的天賦人權。洛克認為在上帝面前，人人都是上帝的子民，兒子與父親都同屬於上帝的子民，父親不大於兒子。洛克把基督上帝子民的思想轉化為天賦人權，人人生而平等。

荀子的思想認為人民是天所立，非君王所立。君王也是天所立，其基本思想是人人平等，人民為本。上天設立君王的存在就是為著人民，不是為著自己的權柄，而是為百姓人民的福祉。

當今民主政治容易淪為以政黨利益為核心，不是以人民為核心。專制政權則難以避免以官僚體制為中心，而不是以民為中心。雖然其原本之立意都是以服務人民為本，不只是在歷史的進程中失去了原來堅守的價值，也是其價值觀本身的局限。民主這個概念容易落入人民以為可以平等的治理國家，因而造成政客可以利用這種心理，訴求讓人民作主，代議士就是代表人民，但是人民對於代議士便沒有足夠的機制去了解與制衡代議士的行為，因而民主政治容易淪為菁英的寡頭政治。如今日美國。

民主政治的人民常以為只要他們能做主人，他們的生活就會變得更好，就能免於被剝削的局面，其實事實正好相反。因為一群人民聚在一起並無法治國，正如著名傳播學者華特．李普曼（Walter Lippmann）所說：「所謂的公眾，只不過是一群困惑的烏合之眾（Bewildered Herd）。」人民作主容易讓人民專注於「作主」，而忽略作主的結果是如何。中南美洲國家幾乎都是遵循民主選舉的制度，但是政治騷亂，貧富不均，人民生活仍然相對地被少數富有者剝削。政治的自由不會帶來經濟的富裕，如巴西的經濟一直處在不穩定狀態，但是民主政治非常蓬勃，多黨競爭，人民勤於表達政治意見，批評時政，參與示威抗議，但是結果社會動盪，治安堪慮，人民的生活「自由而不安，民主而困頓。」

民主政治與專制政治的領導人都專注以民為本，人民也能夠體認能帶給他們幸福生活的領導人才是他們所需要的，既不是油嘴滑舌的政客，也不是專事大肆搜刮個人財富的少數菁英統治，而是能為他們造福的領袖。凱撒主義都是在這個時候出現，當人民作主而絕望，他們竟希望有一個英雄來拯救他們，凱撒因應而生。所以民主瞬間變成獨裁的溫床。

圓型理論的治理之道是中國儒家文化中的以民為本，社稷次之，君為輕的思想。吾人再三強調，不管是君主制，或貴族制，或民主多黨制，或一黨獨大的開明專制，不同時代有不同的歷史因緣，但是只要以民為本，這四種體制都能夠創造人民幸福祥和的生活。

政治離不開文化哲學，西方的哲學將權利與義務分立，中國將義務等同齊，以情跟義來確認權利與義務。當政者不是著重權利，而是承擔責任。人民不是被動地要政府照顧他，而是國家興亡、匹夫有責。「肉食者鄙，未能遠謀」，人民自己要承擔政務，畢竟家國家國，國即是家，家即是國。家裡的事，人人有責。

情與義在西方的法治眼中是落伍，沒有秩序，私相授受的一種體制的敗壞，但是中國以此制度建構一個完整歷時三千多年的大帝國。相比羅馬帝國一千四百年，相比中世紀一個分裂的歐洲，中國的政體之穩定來自於情與義的融會，理與禮的並重。

平等責任

平等必須跟責任相結合，而不只是跟自由相結合。平等代表責任，你想有何種資源，就必須有等同的責任。約翰．羅斯（John Ralws）的「正義論」所講的平等之三大原則，「機會均等，容許差異，最大的獲益者給予最弱勢者最大的利益」，第三點就是平等與責任。機會的平等，不是齊頭的平等。但是當平等遇上自由，如托克維爾所言，「民主國家的人民天生愛自由，但是他們對平等的激情更為熱烈，沒有止境，更為持久，難以遏止。他們希望在自由之中享受平等，在不能如此的時候，也願意在奴役之中享用平等，他們可以忍受貧困、隸屬和野蠻，但不能忍受貴族

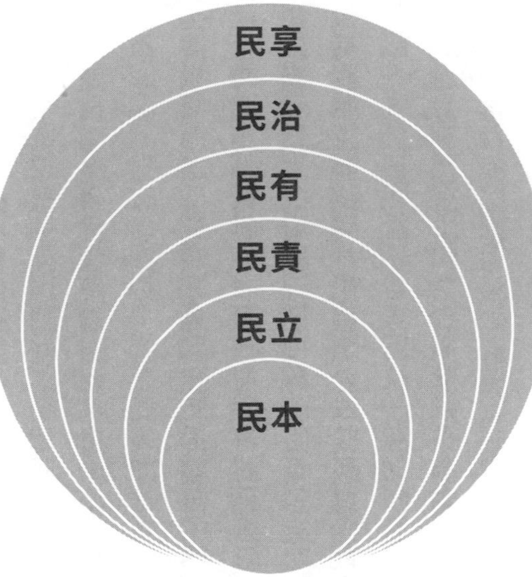

圖十五：六民思想

制度。」[19]

托克維爾因此預言，平等的渴望在民主國家容易形成多數專制的政治局面，讓普遍的自由形同虛設。當然托克維爾並不認為平等與自由相對立，他的理想是「人人完全平等，人人也都將完全自由。反之，人人都完全自由，人人也都完全平等。」但其實這是悖論，在現實社會中人生而不平等，不只是出身的環境不平等，天生的資質也不平等，偶然的際遇也造成諸多的不平等，硬要求平等不只不可得，而且不是公平正義。所以荀子才說：「唯齊非齊。」硬式的平等不可能真平等。如同約翰．羅斯所言，機會均等但是要容許差異，才能夠真正地讓每一個人獲得發揮，才是自由。平等不等於自由，自由不會是硬式的平等。平等在於責任，民本思想就是責任的思想。

孟德斯鳩所說：「民主政體應該避免的是兩種極端，就是不平等的精神和極端平等的精神。不平等的精神使一個民主國家走向貴族政治或一人執政的政體；極端平等的精神使一個民主國家走向一人獨裁的專制主義，就像一人獨裁的專制主義是以征服而告終。」

不管行政權的產出是基於何種體制，民主、威權、世襲封建，其本身都沒有絕對的好與壞，都有其歷史的淵源，但是衡量行政權的關鍵在於行政權有沒有真正平等地照顧百姓的生活。以人民福祉為中心，才是良法善治。

圓型，即是平等義。每個點都是中心，每一個人民都是政府施政的中心，每一個人民的生活之保障、幸福之追求、生命之成長，是政府的最大責任與使命。

協同治理

行政圓的權責從過去「權威的支配」，到「民主的分配」，應走向「圓型的協同」治理。

傳統的政府體制都是認為政府負責公共領域的事務，商業從事私領域的事務，非營利組織補足這兩者的空隙。西元一九七〇年中葉的美國政府，其所有的政策效能產出，百分之四十依賴政府的員工完成，這樣數字已降低到百分之二十九。更多的民間參與執行，特別是各種專業的民間機構執行的效能與創新的能力，都是行政部門的協同治理提供有利的模式。

政府的行政權必須開放更大的幅度，促進政府、商業與非營利組織的協同，致力解決共同面對的社經問題，擘劃公私領域的創新。

西元二〇〇二年由哈佛大學甘迺迪學院提出的協同治理研究團隊，至今許多的西方學者提出協同治理的準則，作為行政部門的治理方針。協同治理包括公私部門的協同，包括跨國的協同，也包括各種私人機構間的協同。

為何要強調協同治理？

艾默森（Emerson）認為，隨著世界的各項議題越來越複雜，科技創新、環境崩壞、宗教衝突、文化歧異、經濟不平等、政治對抗、種族壓迫等，都是跨領域、跨國際的議題。傳統垂直型的治理，無法解決這類複雜、跨領域、跨界的議題。艾默森將治理分為兩項，一是Tame Problem，另一是Wicked Problem。Tame Problem是指單一議題如地下水道壞了需要修理，這由特定部門負責就行。但是Wicked Problem指的是如溫室效應議題，牽涉的範圍極廣，可能跟經濟部門、環保部門、交通部門、農業部門、商業機構及公民的行為等都有關聯。因此協同治理成為解決這類問題的重要機制。

政府與民間的協同治理從羅馬時代就開始，羅馬政府委託民間機構課稅。十七世紀的英國東印度公司協助英國政府在殖民地從事貿易，政治、外交，甚至軍事的協助。美國西部大開發的Voyage Discovery，也是政府與民間協同的早期模式。[20]

今日世界的複雜性遠遠超出十七世紀的歐洲，及十八世紀的美國。協同治理是行政權體現圓型組織的優勢，行政不是權威的指導者，而是作為一個共同參與者。如同哈佛大學的溫格爾教授所言，知識經濟的時代亟需政府與民間協同，民間包括大中小企業，包括非營利組織，一起打造知識經濟的垂直利益分配。

知識經濟仍然被少數菁英壟斷，知識經濟的利益成果集中在少數菁英，無法下放到每一階層。工業革命時期，連鎖螺絲釘的工人都能受益於工業革命，而仍然造成巨大的貧富差距，知識經濟時代，包括人工智能，包括生物科技，包括網際網路經濟，都是高端知識分子才能從事，智能科技即將帶來大量的失業，這些體制的設計與準備，需要政府與所有的商業機構、非營利機構一起設想建構。

政府的職能不再是唯一的指揮者，而是共同指揮；不再是領航人，而是共同領航。圓型組織的行政權責不在於主導，而是建構公私皆能參與的共治的平臺。

西元一九九〇年代中期，芝加哥市興建一座停車場。市政府缺乏足夠的資金，市長 Richard Darley 找上芝加哥市的商業領袖 John Bryan，請他協助斥資三千萬美元建造位在公園旁的停車場。Bryan 開始規劃，找來各個商界領袖共同打造一個主題式的停車場，把藝術、文化、休閒融入這個主題館式的停車場。[21] 包括 AT&T、銀行、芝加哥的首富通通參與，每一個人都設計一片自己喜歡的冠名主題館，讓民眾在親近主題館中，也深化企業與民眾的關係。結果這個主題式的停車場成為芝加哥的地標之一。

因此，政府規劃，民間參與，公私協同治理模式可以作為行政圓的理想。

二次大戰期間，羅斯福總統調動私部門的生產力，投入生產軍艦、飛機、大砲、武器等，瞬時讓美國成為全世界的兵工廠。參戰後的美國在西元一九四二年上半年的總生產值等同於西元一九四一年生產的總和。無怪乎哈佛大學的溫格爾教授呼籲知識經濟的前景必須是公私部門協同，政府、大企業、中小企業一起共商，才能避免知識經濟的產業失衡，締造人類新的經濟榮景。

行政與信念

行政圓必須堅守國家與機構的基本信念，以信念引導國家施政。行政圓與信念圓需充分和合，行政權掌握最高、最多的行政資源，它必須遵循信念與價值，才能引領國家與人民走向團結，邁向富足。

從古埃及開始，法老王跟祭司共同治國。法老王集行政、司法、立法於一身，但是祭司是他唯一敬畏的對象。因為祭司代表神的話語，祭司代表國家一個客觀的道德標準，這標準連君王都不能違背。孟德斯鳩說，祭司對於君王制是有利的，但是對於共和制度卻是災難。孟德斯鳩沒有解釋他陳述的理由。中國古代君王雖然不具備類似埃及古王國的祭司，但是儒生所形成的政治倫理體制，連君王都必須遵守，要不然明朝萬曆皇帝想立誰當皇后就立誰，哪需要群臣同意？要不然唐玄宗不必揮淚斬貴妃，以安軍心。一種倫理道德的共同規範，連集三權於一身的君王都必須遵循尊重。

美國總統所屬的白宮，也有專屬的教堂。雖每位總統到教堂禱告的次數不一，但這說明，再怎麼民主，再怎麼極權的國家，行政最高主管的信念影響著施政的成果，決定著領導力的品質。

吾人認為，行政圓應該定期與信念圓集會，討論、辯證國家的共同信念與價值。如同康熙皇帝與六位儒生大臣讀書辯經，歷史將他稱許為聖王之列。亞歷山大大帝深受亞里斯多德哲學的影響，奧理略皇帝受斯多葛學派的影響被稱為羅馬的哲學家皇帝。漢武帝與董仲舒的合作，確立漢朝儒與道的融合之治國理想。漢朝成為中國歷史最重要的王朝，不只在於他的功業版圖，而是他建立影響中國歷史深遠思想與價值體系。

美國一次大戰後期的威爾遜總統本身就是一位哲學家，他提出國際聯盟的願景，促進世界和平與平等，只可惜他沒有能力說服國會加入他自己倡議的國際聯盟。哲學家與皇帝不必同時兼具，在歷史上這種機會非常渺茫。不如聽從柏拉圖的意見，如果皇帝不能是哲學家，那就讓皇帝聽從哲學家。不管民主或君主，一個時代、一個國家缺乏哲學家的思想引導，國政很難政通人和。美國近代最後一位哲學家是杜威，杜威的思想跟威爾遜一樣，都是盼望國際間的平等與和平。

當信念圓與行政圓觀點不同時怎麼辦？如何設立機制讓信念圓與行政圓一起為國家的大方向及基本道德努力？

行政圓不應違背信念圓在國家基本思想與價值的認定；行政圓不能違背傳統與共同的價值。行政圓如果是由人民直選產生，當行政圓違背信念圓所認定的信念與價值之時，信念圓可以提請立法國會，由立法國會提出糾正、彈劾，或者將意見訴諸全民，讓全民最後用選票決定。選民提出罷免，或是在下一次選舉中通過投票替換行政權，由選民決定。信念圓必應具備強制力，才不致成為政治權力角力的一部分。信念圓既然超越權力，就不要成為權力鬥爭的一部分。

當行政圓是由單一獨大政黨選舉產生，行政圓與信念圓價值不同之際，信念圓可以交付該政黨，由該政黨決議是否交付黨大會對於行政圓提出糾正。

信念圓的產生不是來自行政圓，因此行政圓控制信念圓的機會不大。這使得信念能維持一定的高度，審思國家與機構裡的信念與價值之維護。

第五、立法圓

立法權是一個政治體制的根本，立法權直接代表人民行使權力。早在盧梭的社會契約論之前，古印度文明當中就有選舉帝王的記載，雖然當時並不是全民選舉，而是由貴族所選舉。

希臘的民主是西方公民直接參與政治事務的先驅。雅典有十個部落，公民大會都是由部落代表輪流召集與擔任主席，但任期只有一天。任何法律由議事會交給公民大會，任何公民都可以提出修正意見。[22]

公民自己也可以提法案，但必須經過公民大會同意，再移交給議事會，其他公民可以反對提案，並且組成違憲審查，嚴重時提案人不只會重罰，甚至被處死。創制複決權在雅典時代已經充分具備，而且是直接民主。

行政權在雅典稱為議事會，隸屬於公民大會，是雅典民主政治的核心。議事會一樣是由十個部落各選出五十人，組成五百人會議，每個部落輪流主持，任期只有一年，只能連任一次。部落的五十位代表是由抽籤決定，超過三十歲的公民都可以擔任。[23]每一個公民一生中都有一次機會擔任議事會主席，或公民大會主席。

西元前四百年的雅典，其領土大約接近今日的香港，公民數只有十一萬人，有二萬個外邦人士，將近十二萬個奴隸。這種小國是施行直接民主，人民直接立法，輪流執政的理想國。

從孟德斯鳩的分法，人民直接參政是民主，少數人主政是共和，一人主政是專制政權。羅馬的共和制從西元五百年前左右開始，到西元四十四年凱撒遇刺結束。羅馬共和也是由部落代表組成的公民大會，但是世襲的元老院才真正掌握權力。公民大會是覆議元老院的提案，通過法律或是批准執政官人選。

西元後的羅馬帝國版圖擴及到今日的法國、西歐以及北非等地，龐大的帝國伴隨公民人數的增加，一如孟德斯鳩所言，大的國家很難實行共和制。羅馬後期的公民遍布全歐洲及北非，帝國授與羅馬之外的民族公民權。公民大會的召開，過去在羅馬很容易集會，但是當大帝國幅員遼闊，外地的公民代表前來投票動輒旅行數月，只有富有的人能夠代表，漸漸地公民投票掌握在富有階級手中。大帝國最後在渥大維時期建立皇帝制，以控制軍隊及各國政務。似乎龐大的帝國只能靠權力集中加以掌握，民主共和隨著公民人數的增加，越來越難達成會議的召開與決議，一群文化歷史背景截然不同的新生羅馬公民，如何能達成龐大帝國事務的共識？因而，一人專政的皇帝制也孕育而生。

羅馬帝國崩解後的中世紀歐洲，基本上是君主制，英國、荷蘭、西班牙、法國都是君王統治的政治體制。到了十一世紀之後的歐洲，貴族、教士與新興的市民階級不斷地爭取獨立與更大權力，希望擺脫君王的絕對權力。共和制度在歐洲中世紀逐漸形成。

代議制的形成正是在共和崩解後產生，中世紀之後英國逐漸出現。英國上議院由封建領土的貴族組成，國王必須跟貴族商量才能夠有足夠的軍隊與軍費打仗。到了海權時代開始，新興的城市階級累積巨大的財富，因而形成下議院，由新興的公民組成。議會的形成在西方是制衡國王，不是開始國家建立的基礎。

先有國家，後有議會，這是進入十八世紀美國獨立之前西方立法權的梗概。

美國的獨立戰爭是近代立法權至高地位的肇始。美國國會在華盛頓擔任總統時期，甚至拒絕批准總統設有行政幕僚，華盛頓只好請家人擔任他私人非正式的祕書。對於行政權的恐懼是美國開國元勳的立憲思想，國會的目的竟是讓行政權無法發揮。國會掌握整過國家政務的推動，各州的行政權甚至比聯邦行政權有效力。比起今日白宮領導人數千位幕僚相比，美國的立法權仍居於至高的地位，總統宣戰講和之權力仍需國會批准。影響所及，二十世紀脫離殖民之後的新興國家，政府的創建都是從議會、立法權開始。

立法，正是代表人民直接意志與權利。

但是即便立法權至高的美國，其立法已逐漸喪失直接代表人民的原初理想，立法的寡占、壟斷，是當今美國民主面臨的重大危機。不是行政權專斷，而是立法權的政黨化與利益寡占化。政經的結合在立法機構之中，盤根交錯。人民代理人，成為政黨與利益的代理人。這是當今西方民主國家最嚴重的危機，這危機也促進包括在美國、法國、英國等地的民粹主義之崛起，而民粹經常是孕育煽動家與獨裁者的土壤。

立法權應如何設計才能真正在一個大國的範圍內，繼續代表人民？立法權回到雅典時代是每一個人都有機會成為代表。抽籤，而不是選舉，就降低金錢介入代議立法的危機。但是抽籤的問題是公民素質的提高，與對於公共事務的高度認知。大眾對於公共事務的專注是破碎的、間歇的，也經常是間接的。因此全民輪流代表會出現議事品質參差不齊的危機。

教育委員會如果能設立參政學院，讓所有的公民願意參與議事的都能來報名就學，不是學歷教育，而是實質的施政教育。從這個基礎容許這批受過公共事務教育的公民，一部分可能是具備專業背景，在考試通過後，可以加入抽籤成為議會代表。傳統的選舉制度可以代表區域公民的利益，但是可以開放給一般公民參與議政的機會，如雅典的直接民主一般。

中國政府設立社會主義學院，讓非共產黨黨員的民間或政黨領袖能經由授課，參與政務。許多畢業學員成為人民大會代表或全國政協委員，是這種理想的雛形。吾人認為，一個國家的立法權可以更開放給一些公民自由參加，由教育委員會針對立法的各種功能，亦即各個委員會，包括國防、外交、交通、經濟、勞工等不同的立法志趣，進行課程設計，畢業者就能有機會抽籤或選拔成為議會代表。這種非民選的議會代表任期通常只有一年，或者最長一任，但不得連任。讓每個公民都有機會參政，在接受相關教育的前提下，參與國家立法。

另一種立法權在於擴大地方的菁英參與。臺灣每一種都市規劃都有公民參與的機會，但是這些參與的表達都是隨機的，個人化的，非專業背景的，很難成為真正的立法或施政的重要意見，比較像是蒐集民意。如果從鄉開始，廣徵專業菁英參與各個公共議題的討論，從鄉到縣，從縣到省，到中央議會，擴大地方專業參與立法與議事，擴大共識，形成從地方到中央的協同立法與治理。這是彌補選舉代議士的政黨化、財團化的寡頭趨勢，擴大立法權的基礎與品質，讓立法更回到民意與公共利益。這是接近圓型平等權的理想。

立法圓在圓型組織理論中，必須有責任監督行政圓，選舉信念圓、教育圓及訊息圓的重大責任。一個去除政黨化及財團化，更能代表多數公民意志與公共利益的立法圓才得以確立與鞏固。

第六、司法圓

亞里斯多德在《論政治》一書中提出國家的組成，都是全體人民基於共同的善而設立，司法就是維護或捍衛這共同的善。

從歷史的視角考察，近代司法權脫離行政權與立法權，而成為獨立的權力，要追溯到十七世紀的英國。當時君主專政的英國國王設立特權法庭，從國家政策的角度進行對民的審判。普通法庭的法官則將重點放在個體的私人權利，包括財產權等。西元一六四一年英國通過法案，取消所有的特權法庭，所有的案件通通由普通法庭審理，這些法庭以人民權利為中心，保護人民的權益與財產。過去英國的國王可以免職法官，但是西元一七〇一年的王位繼承法廢除國王的這項權力，法官只要品行良好，可以終身任職，收入固定，但是經由兩院的要求，可以罷免法官。在西元一八三〇年一位酗酒成性的愛爾蘭法官就被免職。[24]

司法對國家治理的重要性，西方從希臘柏拉圖時代就有熱烈的討論。司法相對於行政與立法，是逐漸被確立的一項重要的人民權力。

柏拉圖生長於西元前四世紀，正當雅典民主政治體制衰敗，國內各黨派內訌十分激烈。特別在伯羅奔尼撒戰爭失敗之後，雅典的國事一蹶不振。貴族出身的柏拉圖，在他的老師蘇格拉底被雅典以民主程序處死之後，讓柏拉圖對民主徹底失望。他痛恨民主，支持菁英貴族政治。

柏拉圖不認同民主政治的諸多理由中，最重要的是他認為人民沒有能力治理國家，治理國家需要特殊的稟賦與專業的知識。柏拉圖主張政治是一門藝術，也是一門科學，它是複雜專門的工作，雅典民主靠抽籤治理，人人皆可為行政與司法官，這違背了政治所需要的分工治理的原則。所以柏拉圖始終希望哲學家能當皇帝，才是理想的政治體制。一反民主所主張的人民全體參與，柏拉圖傾向菁英治國，他贊成貴族政治，認為具備智慧的貴族們應受理性的支配，以國家社群的共同利益為目標。統治者必須定位自己是人民與國家的公僕。

或許受到蘇格拉底被處死的影響，柏拉圖早就看出民主政治是煽動家的天堂，民主政治舞臺給予那些擅長操縱群眾情感，或是利用極度恐懼懷疑的陰謀家，操縱民意的方向。特別是民主的政治體制中，每一個公民的欲望、想法分歧而複雜，他們的好惡缺乏判斷的標準，也無法節制，最後創造出既無秩序又無法律的混亂局面。伯羅奔尼撒戰爭後雅典的式微，斯巴達的崛起，多半預示著民主政體的衰落與貴族在政治的勝出。

柏拉圖也看出，民主政治所謂共同的目的是消極，他指示要阻止國家中的任何人或任何團體過度獲利。這種制衡體制是消極的，也是善嫉妒的。這使得民主政治無法創造在不同階級之間的和諧。

雖然如此，柏拉圖在《政治家》一書中逐漸顯露他對民主政治的好感，《政治家》一書也逐漸減少哲學家皇帝的政治理想。到了柏拉圖晚年所撰寫《法律篇》已逐漸揚棄理想的哲人政治，而反過來強調法律的重要性。在《法律篇》中，柏拉圖提出「節制」是立國的基本精神。柏拉圖從哲學家皇帝到以法治國，顯示他晚年的政治思想逐漸走向中道。然而他一直認為法治只是一種次優的理想政體。

柏拉圖所認知的法律與今天所說的法律有根本不同。柏拉圖眼中的法律還包括了道德生活，他認為道德與法律不可分割，而且法律的意義不在於對於犯罪的制裁，而是要有道德教育的推動。在柏拉圖眼中，道德教育是法治的基礎，這不離他對於真理的依託，哲學家皇帝是依託於真理，實踐真理的人。柏拉圖把這哲學家皇帝的職責，擴大到人民，有謹守道德與真理的人民，才是國家司法的目的與根本。司法是養成人民對真理的信奉，不是為了懲罰人民。

亞里斯多德蒐集希臘各城邦的憲法，多達一百五十八種，他詳細分析研究，總結認為國家由少數菁英統治，是理論上的正確。在現實上，多數人的判斷力最後總是優於少數人。亞里斯多德以宴會做為例子，他說：「對於宴會的食物品嚐能力，食客們的論斷要優於廚師。」多數人論斷總是優於少數者的決定，正如量多的水相較於量少的水比較不易腐化。不管一個人再怎麼賢明，不可能總攬一切的政務。亞里斯多德甚至說，即使是「痛苦」也應該是由多數人來共同承擔比較容易度過。

亞里斯多德沒有想到多數暴力可能發生的情況，在價值相對的世界，多數者的價值極可能壓迫少數者。司法的另一個目的就是保護少數者，美國憲法中的大法官，九個當中只要有五位大法官就可能推翻國會的多數決，如果該項多數決被認定違背憲法精神與基本人權。這是少數的菁英推翻多數的憲政機制。司法，正是設計來保護少數權益不受多數侵害。尤其在民主國家，如果少數的寡頭或君主制度會傷害人民，民主的多數一樣可能侵害少數。美國開國元勳傑弗遜擔心「少數暴政」，也擔心「多數暴政」。司法權平衡多數決的立法權，也平衡單一執政的行政權，其用意在此。

亞里斯多德期望以集體能力來對抗個體菁英的專業統治，這說明是「主知主義」、「法治主義」和「民主政治」的三種力量在希臘時已經存在。

到底以知識菁英為統治主體？或是以立法統治？或是民主統治？亞里斯多德認為統治的基礎與社會結構密不可分。他分析社會不同階層的人，對於政治體可能產生的影響。亞里斯多德將社會分為貧、富、中產階級三種類型，富者雖然人數少，但財富是權力的來源，具備財富就能發號施令。

如同美國現今諾貝爾經濟學獎得主史迪格里茲（Joseph Stiglitz）所言，美國的政經逐漸寡頭化的趨勢，百分之一的人財富一直增加，其餘百分之九十九的人，過去四十年財富處於停滯成長狀態。富者能影響國會通過減稅，從百分之三十四減少到百分之二十一，各種法律利益大企業，使得美國民主不是一人一票，而是一美元一票。這是三千年前亞里斯多德所憂慮的。但是另一方面平民具備數量的優勢，他們金錢固然匱乏，但數量即是權力。多數的平民可能通過選舉的力量產生一個新的獨裁者，這也是美國當今川普總統所帶來的民主的一項重大危機。

亞里斯多德最後寄望中產階級的增加，以穩定國家的政局。特別是民主政治必須質與量並重，這兩種力量能達成均衡，權力達成合理分配，就可以消滅階級鬥爭，獲得社會的安定，創造完美的生活條件。

亞里斯多德說，一個國家當中總會有有貧、富與中產階級三種人士。中產階級是一個緩衝貧富兩種階級的對立。一個國家最大的利益在於中產階級掌握溫和而足夠的財產，所以他說一國之力在於中產階級。比起富者只知發號施令，貧者則盲目服從，前者進行財富掠奪，垂涎其所得，製造紛爭；後者則妒恨，羨慕少數巨富之財富。只有中產階級能夠自食其力，自給自足，瞭解如何統治與服從，既沒有貧者自甘墮落的性格，也沒有富者那種壟斷社會財富、擴大權力的野心而造成國家隱憂。因此一個國家如果有中產階級，就可以保有最大的益處。[25]

亞里斯多德認為立憲的民主政體是最好的政體，它包含兩種意義，一個是代表中庸之道，二是立憲的民主政體混合了寡頭與民主政體的優點，沒有少數長期控制政權的寡頭政治，也沒有導致紊亂的民主政治的問題。他認為腐敗的民主政體與立憲的民主政體，最大的差別在於後者受到法律的保障，所以立憲主義（Constitutionalism）的觀念是亞里斯多德對於中古歐洲政治思想最深遠的影響。亞里斯多德認為立憲統治者有三種因素：一是政府是為謀求人民的共同利益，而不是爭取統治者的利益。第二，它是一種合法的統治，不受專斷命令的拘束。第三，立憲的政府是基於人民的同意而統治，是自願的，與受到武力劫持的專制政體不同。[26]

混合體制最成功的範例之一是羅馬。希臘的波利比烏斯是希臘劃時代的政治家與歷史學家，他雖然曾經在卓瑪當人質十六年，不過在這期間，他觀察到羅馬能從第二次布洛克戰爭到征服馬其頓，半世紀不到，即造就了歷史上空前的大帝國。在其歷史一書中，波利比烏斯認為羅馬成功的關鍵就在於混合政體。羅馬執政官代表君主，元老代表貴族，平民院代表民主。這三個機關在職權上緊密關聯，但是又彼此牽制，互相制衡，波利比烏斯認為，這就是羅馬長治久安的原因。波利比烏斯所頌揚的羅馬混合政體的理論，經過洛克、孟德斯鳩等人的修正之後，演變為近代民主政治立法、司法、行政三權分立的基本原則。

司法是人民權益最基本也是最後的保障。孟德斯鳩在《法意》一書中認為，凡是掌握權力的人必將濫用其權力，為防止權力的濫用，必須以權制權，使三權彼此之間互相牽制，達到均衡狀態。孟德斯鳩提出分權制衡的理想，是以英國政治制度為界定，藉以節制法國君主的專制權力。

司法權保障人民自由平等的權利，這權利不是由君王賦予，而是生而有之。這個思想最初提出的是西元一七七六年美國維吉尼亞州的權利法案（The Virginia Declaration of Rights），這個權利法案主張生而自由平等。[27]比起傳統的憲政自由，人民的自由與平等是統治者的同意賜予，既是統治者同意，是他方給予，他方自然可以拿走。權利法案不是指法律，而是在法律之上的Dieter，稱之為「Higher Law」（上位法律）。[28]

自由與平等在這個概念下是普世性的，只有在個人影響到其他個體行使同樣的自由之際，這項權利才會受到限制。比舊世代的法律概念，自由是界定在外在功能的行使與特殊權威地位，才享有這份自由。前者是無現實條件的，後者是具備現實條件下的自由。

比起中國古老的法律概念，王法，是君王訂的法。雖然古代儒家經典強調天聽自我民聽，天視自我民視，主張天為民，以民為中心的思想。天都要聽人民的意見與看法，君王代表天行於地上，所謂天子，天照顧萬民，民為本，社稷次之，君為輕。這與權利法案人生而自由平等差異何在？其差異在民為本，非民為自由平等。民為本是以民為主，以民為中心。

如老子所說：「天地不仁，以萬物為芻狗。聖人不仁，以百姓為芻狗。」天地不立準則，是以百姓之準則為準則。聖人不立準則規範百姓，而是百姓自我制定準則。這可以理解是自律，而非西方的自由。如果將儒道的這個思想，解釋成百姓自我訂定法律，那百姓還能不自由嗎？中國不重視自由，而是自律。自律包含外在與內在，個人與群體的自由。

中國的群體觀，使得政治思想不具備西方對抗上帝，對抗教會權威，對抗君王宰制所衍生的「人具備基本的、天生自由」的思想。西方人曾經不自由，曾經被教會與君王控制著，甚至集體淪為奴隸，如古希伯來人，如羅馬時期戰敗者為奴。為擺脫這層從屬關係所衍生的法律保障是人生而自由，不需要受到任何人的主宰或同意。

中國歷史以來沒有被西方式的宗教或政權所宰制的模式，中國古代皇帝當然可以賜死大臣，皇帝昏庸之苛政也危害人民，但是對百姓而言，更多的時候是天高皇帝遠，帝力於我何有哉？自給、自足、自律，這就是中國式的自由。自律更是自由的前提，自由不是擺脫外在的束縛，更是內心不被欲望捆綁所衍生的自由。

對於累累結果的葡萄，不能一顆一顆地分開栽種，王安石的變法失敗正是把葡萄園當蘋果一樣來栽種。中國古代人情結構如葡萄，成串成串的連續，人不是一個孤立的個人，而是屬於家族，屬於群體。如葡萄一般，成串的生長。西方比較像是蘋果園，蘋果一顆一顆地長成。看耶穌說，他是上帝的兒子，他直接與上帝對話。上帝之下，人民平等。父親並不大於兒子，所以洛克以之為天賦人權，人人平等。這是司法的核心議題。人生而平等。

但是中國荀子說：「唯齊非齊。」人生而不平等，人成長後也不平等，人也不可能平等。這倒不是像印度婆羅門種姓制度的思維，而是人各依其趣，各蒙其利，各得其所。追求一個群體中人人安適的合理秩序。

因此司法的保障更是在「禮」的內化與建立。因此中國的司法原初精神帶著濃厚的社會秩序與禮的闡發。道德文化的作用，更甚於司法的刑責。因此，司法必須與道德並列，司法必須盡道德的深化，而不是作為道德最後的捍衛者。要做到如此，「司法圓」必須具備禮與法。讓人民守禮、尊法；而不是守法、尊禮。司法圓不是被動地等人民犯罪，才規範他們，而是主動教化，提供實踐禮法的環境。

「禮」應該是「天之經也，地之義也，民之行也。」《左傳》魯昭公二十五年說：

「子大叔見趙簡子，簡子問揖讓周旋之禮焉。對曰：是儀也，非禮也。簡子曰：敢問何謂禮？對曰：吉也聞諸先大夫子產曰：『夫禮，天之經也，地之義也，民之行也。』天地之經，而民實則之。則天之明，因地之性，生其六氣，用其五行。」[29]

中國將一切的儀軌上推到天與地的道，經，是道，地是義，義就是西方的權利之意。人人的權利均衡謂之「義」。

中國其實沒有權利的概念，Right 應該是中國意義的「義」字，有義才有利，有義才有權。I have to be right so I have right，必須要先正確才有權利。義是理，是上從天地之理，下至人間之禮。中國人的權利概念不是西方所言「生而有之」，而是必須先「合於理」，才有權利，先必須正義，才有義務。西方的人人具備平等權利是來自契約的概念。

權力來自契約，最早起源於十四世紀的英國《大憲章》。英國約翰國王希望打仗，但經費不足，他需要貴族支持經費，於是貴族與國王訂立契約，限制了君王的權力。約翰王去世後，人民與王簽約。

西方是先有王後有約，後來演變為社會契約，人民與人民的契約。所以主張人人平等，沒有任何附帶條件的先天平等。這當然具備巨大的力量，讓人人得以享有權利。

但是中國強調是人人合於理，契於禮，行於義，才能得其「利」，這個利可以是「權利」或「利益」。

因此中國的人人平等權利不是西方基於反對王權、擺脫王權統治的契約，中國的義，正義與義務，是來自於宇宙、全體與個體的合於天理，和合是中國對於權利的概念，非絕對的自由。《禮記．曲禮上》說得明白：

「道德仁義，非禮不成。教訓正俗，非禮不備。分爭辨訟，非禮不決。君臣、上下、父子、兄弟，非禮不定。宦學事師，非禮不親。班朝治軍，涖官行法，非禮威嚴不行。」[30]

禮，不是表象的儀式，而是人與人相應之理，表現於外是儀。

「禱祠、祭祀、供給鬼神，非禮不誠不莊。是以君子恭敬撙節，退讓以明禮。鸚鵡能言，不離飛鳥。猩猩能言，不離禽獸。今人而無禮，雖能言，不亦禽獸之心乎？夫唯禽獸無禮，故父子聚麀。是故聖人作，為禮以教人，使人以有禮，知自別於禽獸。」[31]

中國對「權利」是「義」的概念，它的司法的基本思想不是自由，而是「和合」，「和於義，合於理」。義和，則無諍，理合，則無怨。無諍、無怨是司法追求的終極目標。兩個衝突的雙方，都平衡地找到解決方案是「中和」，「中道」之意。中和之理，《中庸》曾說：「喜怒哀樂之未發，謂之中，發而皆中節謂之和。」這是強調個人修行依止「中和」之道，但「中和」之於社會如何體現，中庸並未深入觸及。兩造的權利得到平衡是為中道，衝突雙方得以和諧方式處理，是「中和」的體現。再者，社會當中，人人能「各安其位，各蒙其利，各正其命」，是為「保和」，是為「義」的最高境界。

權力概念以佛教思想言之，西方人主張的人生而自由之思維在佛教並不存在。人本具清淨本性，才是佛法所主張的基本生命價值。清淨才能自由，心免於欲望、恐懼與執著捆綁的內在清淨，才是大自由。

以儒家與佛教觀點看待司法圓，人民基本的「權、利與自由」，必須「和於義」，「合於理」，回歸「清淨」心。

「權合於義，利合於理，淨心得自由」，這是「司法圓」所追求的目標。

「和合，清淨」，人人都平等於這兩種內、外兼備的價值體系，

換言之，吾人認為，「司法圓」的意義，不是人人具備絕對的、天生的自由與權利（這是西方由於反抗王權與教會壓制所派生的觀念，這觀念容易導致無止盡地擴大自我權利與自由）；而是遵循「宇宙與人間的合理秩序」與「義與理的和合」，所締造的共善。

「權與利」是雙方、是全體社會的「義與理」，「權與利」的均衡和合所能界定，所共同體現。它是動態的，是依於理的，是人與人、人與社會、人與自然遵循天理，地義之後的共同果實。

註釋

1. Zoltán Pozsár-Szentmiklósy, Direct democracy and the separation of powers, The New Challenge of Separation of Powers, UK. 2020, Published by Edward Elgar Publishing Limited. p.32.
2. Internalization 意指司法權對於立法與行政的監督必須更為落實與嚴格以防止權力濫用。
3. J Waldron, Separation of Powers in Thought and Practice,（2013）54（2）B.C. L. Rev. 433–68, 438.
4. 凱撒主義（Caesarism），以只當人民被金權壓迫剝削，國家權力被少數權力者把持之際，人民期待羅馬時期的凱散，一個政治英雄來拯救他們。凱撒時期的羅馬帝國，元老院與貴族掌握大量的財富，羅馬人民生活窮困，凱撒擴大內需的經濟政策，蓋大型圖書館，興建港口，帶給人民財富與幸福。但引起元老院的反彈忌憚，終於合謀刺死凱撒。
5. 漢娜．鄂南（Hannah Arendt），《極權主義的起源》（*The origins of Totalitarianism*）（臺北：左岸文化，2009 年），頁 381。
6. Peter Aucoin and Ralph Heintzman, The dialectics of accountability for performance in public management reform, International Review of Administrative Sciences, 2000, Vol.66（1）, p.45-55.
7. Peter Aucoin and Ralph Heintzman, The dialectics of accountability for performance in public management reform, International Review of Administrative Sciences, 2000, Vol.66（1）, p.45-55.
8. Peter Aucoin and Ralph Heintzman, The dialectics of accountability for performance in public management reform, International Review of Administrative Sciences, 2000, Vol.66（1）, p.45-55.
9. PBS News Hours, Former Defense Secretary Mark Esper details his fraught relationship with Trump, 2022, 5,11. https://www.youtube.com/watch?v=7IVKkKqyChQ
10. 塞繆爾．芬納（Samuel Edward Finner），《統治史》（*The History of Government*）卷一（上海：華東師範大學出版社，2014 年），頁 29。

11. 塞繆爾．芬納（Samuel Edward Finner），《統治史》（*The History of Government*）卷一（上海：華東師範大學出版社，2014 年），頁 28-29。

12. 史迪格里茲（Joseph E. Stiglitz）著，陳儀譯，《史提格里茲改革宣言》（*People, Power, and Profit, Progressive Capitalism for an Age of Discontent*）（臺北：天下文化出版社，2020 年），頁 89、90。

13. 史迪格里茲（Joseph E. Stiglitz）著，陳儀譯，《史提格里茲改革宣言》（*People, Power, and Profit, Progressive Capitalism for an Age of Discontent*）（臺北：天下文化出版社，2020 年），頁 89、90。

14. Hans J. Morgenthau 著，張自學譯，《國際政治學》（*Politics Among Nations*）（臺北：幼獅文化事業公司，1982 年），頁 188。

15. Samuel Taylor Colerfidge, *Essay on his own times*, (London: William Pickering, 1850), Vol.IIpp. 668-669.

16. 托克維爾著，董國良譯，《論美國民主》（北京：商務出版社，1994 年），頁 224。

17. Noam Chomsky, *How the World Works*, (New York :Soft Skull Press, 2011), p.142.

18. 蕭公權，《中國政治思想史》（臺北：聯經出版公司，2001 年），頁 96。

19. 托克維．爾著，董國良譯，《論美國民主》（北京：商務出版社，1994 年），頁 624。

20. John D. Donahue, Richard J. Zeckhauser, Stephen Breyer, *Collaborative Governance*, (USA:Princeton University Press, 2011), p.5&7.

21. John D. Donahue, Richard J. Zeckhauser, Stephen Breyer, *Collaborative Governance*, (USA:Princeton University Press, 2011), p.9.

22. 塞繆爾．芬納（Samuel Edward Finner），《統治史》（*The History of Government*）卷一（上海：華東師範大學出版社，2014 年），頁 371。

23. 塞繆爾．芬納（Samuel Edward Finner），《統治史》（*The History of Government*）卷一（上海：華東師範大學出版社，2014 年），頁 372。

24. 塞繆爾·芬納（Samuel Edward Finner），《統治史》（*The History of Government*）卷一（上海：華東師範大學出版社，2014年），頁311。
25. 詹文雄，〈論民主與法治〉，《憲政思潮》第五十二期，頁16，1980年6月。
26. 詹文雄，〈論民主與法治〉，《憲政思潮》第五十二期，頁17，1980年6月。
27. Dieter Grimm, *Constitutionalism: Past, Present, and Future*, (UK: Oxford University Press, 2016), p 65-66.
28. Dieter Grimm, *Constitutionalism: Past, Present, and Future*, (UK: Oxford University Press, 2016), p 66.
29. 《春秋左傳·昭公》，諸子百家（中國哲學書電子化計劃），https://ctext.org/dictionary.pl?if=en&id=20275，截取日期：2023年4月27日。
30. 王雲五主編，王夢鷗註譯，《禮記今註今譯（上）曲禮上》（臺北：臺灣商務印書館，2009年），頁5。
31. 王雲五主編，王夢鷗註譯，《禮記今註今譯（上）曲禮上》（臺北：臺灣商務印書館，2009年），頁5。

第十五章——圓型組織的建構：企業與社會組織篇

未來的企業組織與社會型組織應該是屬於圓型的時代，屬於水性的時代。一個分權，去中心化、多元治理的圓型組織的治理型態已然到來。

善治理之於企業與社會行組織其核心是：以信念為指標，以價值平等為指標，而非以利潤為指標；以愛為指標，非以控制為指標；以原則為指標，非以利益最大化為指標。

哈佛大學商學院教授李奧納（Herman B. Dutch Leonard）於二〇一六年的慈濟論壇發表一專文：「以慈濟，組織管理與領導的典範（The Importance of Tzu Chi as a Model for Organizational Management and Leadership）」，他觀察到就各方面而言，慈濟是當今在人道救援與發展中最有影響力與效率的組織之一。是什麼讓慈濟有這般非凡的能力，能於災後迅速地動員？它如何能在困境、情況不明，甚至是在從未碰過的情況下，找到合適的解決方式？它如何能成功地取得資源並組織人員，將他們送至被需要的地方，並以高效率和有效的方式安排其所提供的服務？它如何能在重大災難後造成的不確定性、混亂和壓力中仍能有效地妥善處理？

慈濟的成功並非被規劃好的計畫所驅使，而是對其價值的承諾所推動。慈濟秉持對其核心價值始終如一的態度，並且所做的每一件事都合乎其價值。李奧納教授認為，企業應該以慈濟為典範，以信念與價值為企業核心。[1]

吾人所提之圓型組織的內涵即是信念、原則、愛。希望人人都成為中心點，因此賦能而非控制，尊重而非支配，愛而非對價關係。

圓型組織的企業以信念為核心，愛為管理，以原則為治理的典範，吾人以巴塔哥尼亞（Patagonia）為例。以信念為核心的美國戶外品牌巴塔哥尼亞，憑藉著生產高質量的衝浪、攀岩用品而聞名於世界，被譽為「戶外用品中的GUCCI」。它是美國最大的戶外零售連鎖店REI銷售量第一的品牌，二〇一八年全球銷售額已達十億美元。然而，當地時間二〇二二年九月十五日，《紐約時報》報導，巴塔哥尼亞創始人、年屆八十三歲的億萬富翁伊馮·喬伊納德（Yvon Chouinard）宣布放棄公司所有權，將股票捐贈給信託基金和非營利組織，以此來保護環境、應對氣候危機。基金會將管理這些股票，預計每年將有一億美元的利潤收入用於環保事業。這一舉動引起了全世界的震撼和讚歎。

伊馮·喬伊納德一生熱愛環保，堅守著保護大自然的信念，並一直引領巴塔哥尼亞朝向與大自然融合的方向發展。他相信地球是我們的家，需要好好愛護和保護。

在一九七〇年代，隨著登山運動的興起，喬伊納德發現登山鋼錐對岩壁表面的破壞極大，因此毫不猶豫地停止生產登山鋼錐，轉而銷售可卸下並重複使用的鋁錐，儘管鋼錐的銷售已經占據了公司收入的百分之七十。喬伊納德認為攀岩者熱愛大自然，不能讓攀岩反過來破壞自然。他願意承擔破產風險，選擇停止銷售獲利豐富的岩釘，寧願虧錢也要把對環境的破壞降到最低限度。他堅持生產最好的產品，同時避免不必要的破壞，並希望巴塔哥尼亞成為最好的公司，而不是一家只追求規模的大公司。

在一九七二年，喬伊納德推出用手可以楔入的鋁製岩釘，攀爬後可以拔出，不會傷害到山壁，也讓下一個攀岩者全然感受到山壁的大自然原貌。這項新產品的產品說明中，喬伊納德用十七頁詳細說明「清淨（Cleaning）」的重要性，強調攀岩者應該避免對自然造成任何不必要的損害。

伊馮·喬伊納德的理念和價值觀影響著整個巴塔哥尼亞公司，使其成為以環保為核心的戶外品牌。

喬伊納德的舉動啟發了人們對於環保的重視，提醒著我們要對地球多加珍惜和愛護。他說：

清淨就是讓山壁不受傷害；
清淨就是使用螺帽攀爬山岩；
清淨就是不用錘子鑿打山壁；
清淨就是讓下一個攀岩者感受山壁的原始清淨；
清淨就是爬山者爬高之際不留下痕跡；
清淨就是攀爬山壁而不驚動改變它。[2]

正是這樣的宣言，使得他生產的鋁錐成為最受歡迎的產品。隨後，巴塔哥尼亞將公司的企業文化定位為「地球第一，利潤第二」，並開發了一系列戶外產品。

公司是員工的家

巴塔哥尼亞的企業文化和管理方式是一個非常成功類似圓型組織的案例。喬伊納德要把公司建立成為「家」的氛圍，巴塔哥尼亞員工把公司當作家，把地球當作家，讓員工願意把企業當成「家」來對待。

一、多元化的員工：巴塔哥尼亞聘請不同背景的員工，例如滑雪指導員、編劇、登山嚮導、風笛手、釣魚熱愛者、畫家、歌手，甚至特戰隊員等，這些員工的不同背景可以帶來彈性思考，打開心胸接納新的做事方法，達到產品與社會、與環境的平衡。

二、平行結構：巴塔哥尼亞實行平行結構，讓每個人都參與決策，最好的建議來自真正在執行這件事的人，實戰才有真實的智慧。平行結構保證了團隊效率和意見的有效傳達。

三、取消年度績效評估：巴塔哥尼亞取消了年度績效評估，讓經理人更像是一個導師或教練，任務是確認工作的優先級並分配資源，給手下員工指導方向。

四、決策不離核心價值：巴塔哥尼亞保持產品的採購與公司的使命和目標相符，無論是價格、來源、運輸、時效、數量的討論，都會回到品質、社會與環境的永續、最佳產品等這幾個維度。

若水的善治理

老子在《道德經》中說：「上善若水。」水，無形無色，隨方就圓。佛教的《無量義經》也說：「若江河，若井水，若大河，若湖泊，若大海，形狀不一，但水性是一。」水性中的「性」代表的是本質，指想法、觀念、信念、能力。「水性是一」意思是平等的，信念是相同的，能力也是旗鼓相當的。

水是一還是多？一滴水跟一個大海本質是一樣的。極小與極大其本質相同，可以互相融通為一體，小即大，大由小匯集而成，這是水的本質。組織像水，成員是水滴，組織是大海；水可以適應各種外在的變化與形體；如水的組織能如此否？

水是柔還是剛？水很柔，但它也可以非常的剛。一滴水看起來很小，但很多滴水組合起來，就具備很大的力量。可以像海嘯一樣，把整個城市瞬間摧毀；水也可以潤澤大地，滋養萬民，無所不在。

圓型的水性組織是去中心化組織，非單一，群體，去中心的組織形式在《海星模式》這本書中，作者布萊福曼（Brafman）把中心化組織稱為蜘蛛型組織，把分布式組織比喻為海星組織。他在書中寫道：

蜘蛛是中心化（細胞）組織，如果把它的頭切掉後，（整個組織）就無法生存了。海星則是由彼此對等（無中心）的一堆細胞組成的，海星撕下的每只觸手都可以成長為完整的海星。海星和蜘蛛分別代表現實世界中去中心化和中心化的兩種組織。海星型組織在遇到挫折和衝突被分解時，其組織將變成更小的去中心化組織，繼續發揮作用；而蜘蛛型組織在首腦被割掉之後，將無法繼續運作。相比之下，海星型去中心化運作的組織將具有強大的生命力。[3]

蜘蛛的頭就是總部，總部控制所有的腳，但是一旦掐掉蜘蛛的頭，整隻蜘蛛就死掉了。雖然組織內部分工很健全，但是只要某一部分被破壞就無法恢復。組織越大，分工越細，溝通就越困難，它是垂直型的，很難橫向聯繫。所以，這種靠中央來指揮，權力集中在中央的蜘蛛型組織模式，在人類組織的治理上已經慢慢不適用了。因為它不只不符合人腦群體運作的機制，也不適應訊息千變萬化，社會環境隨時在變遷的當代社會。當代社會要求透明，要求快速。吾人繼續分享兩個例子：

第一個例子，在十六世紀，西班牙入侵到南美洲時，擁有傳統四千多年印加文明歷史的印加人和阿茲特克族群，在遇到船堅炮利的西班牙人時，幾乎被滅族。當時這兩個民族是屬於中央指揮系統，把頭目殺了，整個族群就頓失所依。

同樣中心型的組織是在美國西部電影《與狼共舞》中所描述的蘇族；一九八九年凱文．科斯特納執導並主演，描述美國在一八六〇年代南北戰爭時，一位美國士兵與印第安蘇族人的故事。在這個故事中有偉大的戰士，英勇的領袖，但最後還是被美國部隊給消滅了。印第安蘇族也是權力集中式的組織治理型態。

相反地，第二種類型是美國大陸的阿帕拉契族，這是非中心化的民族，各部落獨立運作，權力分散，但是部落之間互相協同。阿帕拉契族沒有首領，只有一個精神領袖稱為南坦（Nantiant）。南坦沒有絕對的權力，但他以德領導，威望很高，族人是出於自願追隨他，自願地與他合作，而不是經由權力與命令。阿帕拉契人在遭受美軍攻擊時，沒有首領，權力是分散的，所有的決策權不在某一特定地點，部落也不是集中在某一個特定地區，所以阿帕拉契人對抗西方人數百年，沒有被消滅。

那我們是應該做為蜘蛛型的組織？抑或是建構海星型的組織？建構像水一樣的液態型組織呢？古代詩人李白在〈宣州謝朓樓餞別校書叔雲〉這首詩中說：「抽刀斷水水更流。」水是不可切割的，水可以無處不在，到處串流，但水性是一。所以，水是比蜘蛛還要厲害，比海星還要更先進的一個組織型態，它在遭受攻擊的時候更開放，可以無處不在，隨意組成，無可分割。

水性是一，如水的組織第一個要件是平等。我們正處在一個像水一樣的年代，人人都要求平等。「平等」依政治哲學家約翰．羅斯的觀點，第一是機會均等。機會均等非齊頭式的平等，如荀子說「唯齊非齊」。人的差異總是存在，都齊頭了，就不齊了，那不是真正的平等，那是假平等。

企業以善爲根本

宏碁企業創辦人施振榮先生創業初期的信念就是人性本善。他告訴吾人，宏碁一切的設計，從財務到人事制度都是基於人性本善來進行設計。宏碁集團已經歷時近五十年，目前有三分之一的員工在臺灣，海外及非華人員工占三分之二，他以善為本的企業設計仍然維持榮景。《富比世》雜誌（Forbes Magazine）選宏碁集團為二〇二二年世界年度最佳雇主的排行榜內，以及對女性最友善的公司之排行榜內。善為根本的設計制度，讓不符合體制的員工，喜歡權力的員工，慢慢會自動地離開公司，這與吾人在慈濟所經歷的經驗一樣。慈濟一開始就是以善為設計，創辦人證嚴上人說：「信己無私，信人有愛。」所以福田一方邀天下善士，共同參與善業。擴大善，比防堵惡有力量。如施振榮先生所言，宏碁創業初期就力行員工入股，人人都是股東，人人都會維護宏碁的聲譽及制度，破壞制度與企業文化的人無法長久留在公司。

善的力量來自企業領導人的以身作則，如施先生所說，信念與價值不是領導人在公開演講說了什麼，而是領導人私下做了什麼。企業以信念為核心，以價值為領導，必須能夠以身作則，在日常一切行為中體現自己所倡議的價值及信念，這才是善企業的建造之法。

信念與價值平等

吾人認為平等在組織中的第一要件是信念平等。平等不是你我專業一樣，薪資一樣，職位一樣；而是信念平等，價值平等。

一所醫院中，醫生、護理人員與病房清潔工，專業不同，待遇不同，職位不同。但不無論是醫生，護理人員或是清潔工他們的信念是平等的，「為病人服務」是平等的信念，是平等的價值觀。沒有醫師的醫院誰要去看病？沒有護理的醫院誰來照護病人？沒有清潔的病房誰敢入住？每一個職位都重要，職位、專業、薪給有差別，但信念沒有差別。「服務病人」是組織共同的信念與人人奉行的工作價值。

為了體現「為病人服務」的信念，慈濟醫療志業的林俊龍執行長在擔任大林慈濟醫院院長開始，就帶領醫師、護理、行政、清潔同仁、志工等，一起下鄉為無法自理的貧困戶打掃家裡。院長個頭高，掃天花板，副院長個頭較小，擦窗戶，護理與同仁一起搬桌椅，打掃塵垢已久的貧困戶的家，直到煥然一新。人人平等為貧困戶服務。

在組織，有各種從屬關係，以服務貧困的慈善工作，直接體現、學習平等的精神。從而更好地在醫院中神貫徹為「為病人服務」的信念，讓人人各司其職，但信念平等。

所以，第一前提是信念。機會平等（如約翰．羅斯所倡議）仍必須奠基於信念的平等，沒有平等的信念，就沒有機會平等。在一個階級差序的組織裡，機會不可能平等，資源會被權力決定。因此要達到機會平等，除非權力平等，然而權力也不可能平等，因為它會造成一個無秩序的組織。組織必然有層級，有職司、有權責、有制度。除非信念同，如以服務病人為中心，一切的資源都必須以此衡量，領導人如院長，基層如清潔工，都以此信念分配資源與行使職責。在這服務病人為中心的信念中，當每一個人的價值都被看見、都被重視　都能自主地行使，組織基於此信念也能公平地提供資源，這才是機會平等。因此，信念平等先於機會平等。

這不是說大家的想法都框限在組織提供的信念裡，而失去個人的信念詮釋與選擇。「吾愛吾師，吾更愛真理」，這是古希臘哲學家亞里斯多德的名言。真理、信念是可以討論、辯證與驗證。組織如何培養平等的信念，開放地討論與辯證是關鍵。華人比較缺少這種辯證的思維，長輩說了算，天下無不是的父母；長官說了算，「君君、臣臣、父父、子子」，把真理與信念放進一切的權力與倫理的差序格局之中，這對於組織凝聚信念共識並無益處。所以，只有將權力與倫理的框架格局放下，長輩說了算的論說中心放下，通過更開闊的討論與辯證，才能實現信念的平等，建立共識的信念。

當代組織的核心任務，就是能建立一個成員都能認同與努力的信念。圓型的中心是信念，非權力；成員在圓型組織上的每一個點都是中心，如圓球的每一個點都是中心點。

企業與社會型圓型組織的建構

圓型組織以共同信念為核心，非以權力或職位為核心。圓型組織中的每一個人、每一個部門都以信念為中心來運作，圓型球體的每一個點都可以是中心點。當資訊越來越透明，人與人之間越強調平等、自主、專業分工的今日，當代組織正朝向圓型組織發展。圓型組織如何運作？

當一個企業組織越來越大之際，他們是要選擇走向圓型組織，讓圓心上的各個點都得到賦能？還是慢慢將權力集中在一個人或者少數人身上？當一個社會性或經濟性的組織擴大時，權力越往上層走，就越像圓錐型，是類金字塔型的組織。金字塔型的組織很難持久，權力越集中越難持久。為什麼？因為領導人不可能什麼事都知道，不可能什麼事都能夠做對決定，而是需要依靠很多人來共同執行與決定。

當組織越擴大，權力慢慢集中在上層，而不是往下放，這是金字塔組織。羅馬帝國擴大之後從共和走向皇帝制，不到四百年西羅馬帝國就瓦解了。東羅馬帝國持續一千年，依靠基督教的信念統一維繫東羅馬帝國。組織越大，領導者經常希望經由更嚴格的控制，以維持自身的統治，實則信念比起權力對於治理所產生的效力更大。

組織越擴大，越強調信念的持守，權力就越能往下放，就越靠近圓型組織。

一、平等

圓型組織第一個要件就是平等，平等亦即在信念及共同的價值中是平等；平等並不意謂著職位平等、薪資平等，而是信念與價值的平等。如先前所述，一個醫院需要醫生來治病，需要護理來照顧病人，需要清潔工來整潔病房；沒有一個人願意住在骯髒的病房裡而能健康地出院。醫師、護理與清潔工的專業不同，但是他們為病人服務的理念是相同的。在圓型組織之中，人人各職所司，互相協力，這是真正的平等。

二、賦能

圓型組織要達到人人都可以成為中心的前提就是平等及賦能。圓型組織「賦能」十分重要，賦能，讓人人都在自我的專業上達到最高的標準，才能實現人人都可以為中心的圓型組織的理想。而賦能的前提就是平等，讓每一個人都有平等的機會學習與成長，充分地展現自我的能量，不會因為權力，或領導者的個人喜好，而扼殺成員自我發展與成長的機會。如果沒有平等的精神與體制，就不可能實現賦能。

同樣地，賦能才能實現平等。沒有賦能，組織裡的同仁就不會成長，因為他並不受到充分的尊重，如果只是聽命行事，不能獨立思考，獨立判斷；不能獨立判斷就不可能建構具備水性的、液態的圓型組織，也不可能創造「敏捷式」的組織。所以，每一個階層各盡所能是液態組織。

三、自主

圓型組織的必要前提是「平等」、「賦能」，然後「自主」。自主意味著依循信念與價值的模式，成員能夠自主的判斷什麼是當為？何者不當為？何者如何為？

巴塔哥尼亞的管理，就是讓員工能夠自主。在新一期的《哈佛管理學》雜誌當中提到，在過去生產為主的工業形式，以支配跟控制為主，核心強調的是遵循一個固化的流程，每一個員工都按照這個流程來進行。不要有自己過度的主張，但是在知識經濟的時代，其實是一種自主性的創發，每一個人都必須要通才，都能夠與他人合作，才能夠創造知識經濟的成果。因此，在當今知識經濟的時代，自主變成是非常重要的一個核心元素。

吾人所服務的慈濟慈善基金會，創辦人證嚴上人將慈濟組織稱為「立體琉璃同心圓」的四合一組織。四合一組織是合心、和氣、互愛與協力。

在一個大都會區如臺北市，由最資深的志工組成「合心」團隊；第二個層次以一個行政區如內湖區、文山區的志工組成「和氣」團隊；幾個里合在一起組成「互愛」團隊；每個里組成「協力」團隊。「合心」是最資深的志工們以信念及經驗帶領其他志工成員；「和氣」負責活動的整體規劃；「互愛」負責分配工作；協力負責調度人力在第一線執行服務工作。當「合心」成員回到自己的鄰里社區，他們一樣接受

「協力」團隊的調度，在第一線服務。和氣、互愛成員也是一樣都在第一線接受協力團隊的安排，在第一線服務。這是無上、無下、非上、非下，人人平等為需要幫助的人提供服務，這是以信念為核心的圓型組織的型態。

慈濟的立體琉璃同心圓的「四合一」組織不是四個階層，而是四個平行，是一個圓，每個圓的點都接觸到第一線的需求，執行第一線的工作。當某地發生災難時，當地慈濟志工看到社區有災難，立刻啟動救災，無須先請示總部，無須請示社區領導人，而是依照慈濟的價值與信念，直接啟動緊急賑災的行動。如果慈濟的管理是傳統的金字塔管理形式，遇到災難需要層層上報，將大大地延誤救援時間。志工能自主、自我啟動，而無須被動員，是因為深化信念與長期賦能的結果。

「平等」、「賦能」、「自主」、「協同」、「共責」是圓型組織的五大條件。

四、協同

自主需要協同，協同需要包容與謙讓。大家在自主的同時能夠協同，做你、我各自的搭檔，信任彼此，不推卸責任，這才是真正地水性的圓型組織。在協同組織的理論裡面提到是「價值分享」、「資源分享」、「成果分享」，不堅持己見，是協同的前提。而協同更重要的是成員之間的信任與情感。協同如果只是規則，那是硬式的，故然規則是前提，但是情感的交融是協同更重要的基礎。一個組織當中的成員能夠互愛、互信才能夠協同。通常這需要組織裡的領導人創造這種互愛的氛圍，真正關心每一個成員的生命需求，關心每一個人自我的成長，是互愛的具體表現。

當成員在組織裡覺得被接納、被成員尊重、被成員疼惜，當有任何的事情發生，他們都會互相協同。慈濟急難賑災經常動員十多個國家地區的志工，到達某一個陌生的災難發生之地，這些志工成員很多彼此可能互相並不認識，但是穿上制服——藍天白雲，他們會奉行共同的信念，遵守共同的原則；這種互信是基於彼此的信念；這種互愛是因為每一個人都能自愛，都能守住規則。因此愛與原則是不可分割的。

五、共責

圓型組織最重要的一個條件就是組織的任何一件使命中，人人都有責任，這並不是不要分工，而是要像水一樣，哪裡有需要，水就往哪裡流。一個液態的組織，一個圓型的組織不應該是硬式的一種職位分工，而是每一個人都願意盡其所能的補位，哪裡有需要他，就自主自動地協同在那裡服務。這並不是逾越權責去干預別人的事務或工作，而是當發覺由某一處無人關心與負責之際，組織成員都願意主動地提醒、關心、行動。只要這項關心與行動是出於無私，出於互愛，出於信任，就不會產生權責互相衝突的問題。

組織當中任何一件事情的發生，好或壞，其實都是成員共同創造出來的結果。每一個成員對於組織的最終結果都有一份責任；人人都覺得對組織對成果有一份責任，就能夠盡其所能地做好自己負責的事務，也能夠協助他人完成事務，這是一種利他、協同的精神。只有在這種情況下，當圓型球體中的某一點需要協助的時候，圓型組織中的每一個點都以他為中心，共同來成就、協助他完成任務與使命。這就是建制圓型組織的條件及理想。

協同的意義

協同不是道德上的應然，是人類存在的實然。人類的生理機構的運作就是依靠協同機制。

一九六八年波蘭的神經科學家傑里．萊特文（Jerry Lettvin）提出祖母細胞（Grandmother Cell）的假說，指出當某些特定的概念在人腦中出現時，在一望無邊際的億萬神經元裡，會有一個神經元被點亮，那就是祖母細胞。它是一個原始記憶的細胞，只對單一的概念或想法負責，一個想法只由一個神經元承載，承載不同想法的神經元之間沒有重疊。

其實在 Lettvin 提出祖母細胞之前，波蘭的神經生理學家和神經心理學家 Jerzy Konorski 在他的《大腦的整合活動》（一九六七）一書中，也詳細地提出了「祖母細胞」的概念，作為描述感知與學習的神經生理學。Konorski 預測人體的神經系統裡具備著敏感的單一神經元，對於複雜的刺激，例如臉部、手部、表情、有生命物體、位置等作出反應。他稱之為「認識」神經元，實際上與後來稱為祖母細胞的細胞幾乎相同。[4]

正是因為有祖母細胞才認得你是誰，才認得我們所看到的這一切，陽光、水、樹木、森林、一張照片、一個孩子的臉孔、一個母親的臉孔，一切美好的事物都是靠神經元裡的這個祖母細胞在識別。

有一則科學的寓言敘述人類神經元的記憶，這寓言最早流傳於俄羅斯。寓言說：有一個著名的神經外科醫生名為阿卡赫．阿卡諾維奇（Akaki Akakhievitch），他有一個古怪的病人，希望阿卡諾維奇幫他徹底忘掉他那專橫的母親。阿卡諾維奇答應了他的請求，打開病人的頭顱，一個一個地剔除了數個神經元，這些神經元都與病人對他母親的記憶有關。術後，病人從麻醉中甦醒，奇蹟出現了，病人失去了所有關於他母親的記憶，不管是好的還是壞的記憶。阿卡諾維奇對手術的成功感到非常欣喜，高興之餘，他決定致力於下一項研究——找出那些與祖母細胞的記憶有關的神經元。

這個故事當然是虛構的。但對於「祖母細胞」的理論，科學家一直有不同的看法，科學家通過實驗，利用多個圖像對多個神經元進行刺激，以測試神經元對特殊記憶是有否反應？尋找單一的神經元細胞對準的某一個特殊記憶的可能性？最終，科學家發現人腦對於圖像的識別不是由某一個細胞的神經元來決定，而是由無數個神經元共同協同完成產生記憶，產生識別人的各種五彩顏色，識別山川大地，識別你、我的不同。所以，人的思考與水一樣，是集體的，不是單一的。

如果人腦結構是集體的，是協同的，不是單獨行動的，那組織為什麼要單獨行動呢？

一九六九年，神經科學家傑里・萊特文在麻省理工學院演講時說：「記憶分散在不同的大腦部位，不是儲存在海馬體報告的特定神經元裡。大腦內數百億個細胞同時運作，為接收到的特定事物或概念進行編碼。是神經細胞群，而不是個別細胞識別特定事物。」

維基百科（Wikipedia）的成功就是集體協作，它是基於維基技術、一種多語言的百科全書式的協作計劃，用多種語言編寫而成的網絡百科全書。它的出現讓大家認識到集體協作的知識結構原來可以如此的龐大。

維基最早出現在美國，是一種新技術，是一種讓大家一起來寫作或者創作的超文本系統平臺。起初，創始人威爾士（Jimmy Wales）只希望通過這種方式來處理商業訊息，但隨著參與的人來越來多，它越做越大，越做越好。

維基的思想是自由、開放、合作、平等、共享，最重要的協作基礎是信任，所以它的管理模式是開放型的，沒有管理中心。它通過尋找「評審人員，評審審核，開放審核，評審編輯，開放編輯，核准，審定」這七個步驟來維持運作；維基系統中沒有特定專家，是讓大家共同來完成。這種共同書寫、共筆，結合大眾之力，共同求真的書寫協同模式，反而比大英百科全書更受歡迎。

最初維基百科受到了「匿名戒酒會（Alcoholics Anonymous）」的啟發。「匿名戒酒會」是美國比爾・威爾森（Bill Wilson）所成立的。威爾森迷上啤酒二十年，醫生告訴他如果繼續酗酒將活不過六個月，於是他開始想戒酒的方法。他從「六項戒酒康復法」，發展出「十二步康復法」，把戒酒的經驗分享給他人。隨著加入的人越來越多，威爾森開始考慮是否要成立總部及分部，由總部統一管理。最終他決定讓各地自行成立戒酒會，獨立運作，只要遵行十二個戒酒法則，大家互相交換經驗，各自運作。威爾森的這種做法就是去除中心化，建構像水一樣的組織。

中國的禪宗也同樣是去中心化；禪宗傳到六祖慧能大師之後，就不再往下傳衣鉢。當時弘忍大師傳衣鉢給慧能，僧團為了搶衣鉢，奪僧袍，師兄弟之間甚至開始打殺。慧能大師當時拿到衣鉢時，躲避師兄們的追打，逃亡十三年，才在廣東重新現身。他的一位弟子神會非常聰敏，在慧能圓寂之後，跑到北方，與皇帝、與大僧侶辯論宣稱：「我的師傅慧能才是六祖，北方的神秀不是六祖。」後來神會得到皇帝的認可，承認六祖是慧能大師，神會自己也被敕封為第七祖。在這之後，禪宗就不再單傳了，多頭並弘是禪宗的傳統。如慧能大師所說：「各得其法，各為法主。」讓各地都有禪宗，各悟其法，自行運作。

禪宗有祖師法脈傳承譜系，但這只是一個傳承的法脈源頭，實則彼此運作互不隸屬，彼此獨立運作。正是因為這樣的祖脈相傳，權力分散，機構分散，所以它才能夠大行於當代世界。禪宗是像水一樣的組織，分散但必須協同。禪宗的組織是分所式的組織，協同非其核心。兼顧分散及協同的制度，西方管理學發展出敏捷系統（Agile）。

去中心化卽中心化

企業及社會組織如何實現權力分散，去中心之同時仍能保持組織的協同性及一致性？信念與共責是關鍵。

哈佛大學商學院在當代治理研究中，提出 Agile（英文直譯：敏捷）的名詞。大型公司將原來龐大的體系劃分為數百個小單位 Agile，讓小單位的成員自行研究、自行管控品質。在這種情況下，Agile 管理模式成功的前提是：員工們必須與管理階層有一致性的理念，否則產品的品質將難以管控。

Agile 能夠成功的關鍵是什麼？「遵循一致的信念、價值與原則」。組織以小單位化為目標，讓小單位的成員能具備創意的效能，並且強化小單位之間的有效溝通。

二〇一六年哈佛商學院 Julian Birkinshaw 及 Scott Duncan 的研究個案中，以ＩＮＧ銀行採用 Agile 為例，說明「去中心化」及「中心化」如何同時實現。

ING Bank 是荷蘭最大的銀行之一，它的歷史可以追溯至一八八一年成立的荷蘭皇家郵政儲蓄銀行，總部設在荷蘭阿姆斯特丹。一九九一年由荷蘭通用銀行（ABN BANK）和阿姆斯特丹鹿特丹銀行（AMRO BANK）合併而成。二〇一〇年成為世界最大的直銷銀行，擁有兩千三百萬客戶。二〇一九年成為歐洲區第四大銀行。

ＩＮＧ銀行是第一個採用敏捷系統的銀行。它通過減少程序，轉向「用戶導向」的思維，以及「上引下推」的形式，將整個ＩＮＧ銀行進行了大變革，成功實現產品發布週期縮短，提升員工效率和客戶服務滿意度。

敏捷系統是金字塔組織與液態組織的融合；既兼顧了過去的權力集中制，也兼顧了權力的分散制，是一個非常有創意的圓型組織。

那麼ＩＮＧ銀行是如何來建立敏捷系統的呢？

第一，Squad：尋找能力等量齊觀的人組建 Squad 班隊，八到十人組成一個小班隊，ＩＮＧ共有三百五十小班隊。每個班隊裡的專業成員縱橫分布，結合不同的專業人員針對特殊任務進行獨立、自主的研發，由產品經理負責設定目標進行管理。

第二，組建 Chapter 分部：每個 Chapter 成員要瞭解班隊成員的技能能力與工具、瞭解工作成效，集合同一專業的班隊，一起完成一項跨域任務。Chapter 的成員除了負責自己班隊的工作外，同時還負責項目計劃的總成果。

第三，Coach：擁有教練團隊。教練在敏捷系統中有很重要的任務，引導成員信念與原則的實踐練習。讓每個 Squad 班隊成員學習理解運用敏捷強調的信念與原則，協助成員建立正確的敏捷管理的觀念。

引導成員如何獨立思考與解決問題，引導成員跨出舒適圈，充分發揮自己。同時成員如果有不符合原則與信念之處，教練給予協助。教練協助班隊建立團隊與協同能力。

第四，Tribe：成立小總部。十五個班隊組成一的部落，即為「小總部」。小總部的負責人主要負責協調不同的班隊的工作，設定工作優先次序，提供預算與資源的分配。同時負責處理各小總部之間的協調工作，直接向董事長彙報工作。

第五，召開季度委員會議：各部落參會人員匯整季度工作狀況，是否符合整體設定目標，是否需要重新設定目標。各部落之間的審議都完全透明，瞭解各自的運作情況，做到真正的協同。而季度委員會議的每一位參會人員非固定人員，也可以來自各部落以外的人員。[5]

我們可以看出敏捷組織能夠成功的關鍵，在於每一個團隊的成員都能夠知道組織「既定的理念」以及所「設定的目標」，還有必須「堅守的原則」。只有在這三者清晰的情況下，敏捷組織才能夠順利運行。這其中碰到任何必須要直接應變的情況下，經常所堅守的就是信念與原則。就像慈濟，在賑災過程當中碰到的任何狀況都回到核心價值，以價值跟信念作為判定。哪些可為、哪些不可為的關鍵？另一方面，敏捷組織有賴於透明訊息，組織成員必須能夠找到適當的資源，才能發揮協同的效果。這透明的背後意涵就是平等，只有在平等基礎上，訊息才能夠完全透明。這也是原先組織所強調的「平等、賦能、自主、協同、共責」等五大要素。

這其中，信念這五大要素的關鍵及內核。如何締造身好組織內部的共同信念？

共同信念的養成

信念是抽象思維。價值是依著信念創造的具體行動，通過具體地價值行動之建立，分享這項價值行動，有助於達成共同的信念。在組織裡通常著重技術層面的培訓，很少著墨於信念與價值的培養。圓型組織正需要經常強調、培養信念與價值。

以慈濟為例，證嚴上人每天早上都會講述慈濟的精神理念，以及慈濟在全球所開展的各項慈善工作，這就是不斷讓組織內部人員增強信念的方法。

組織達成共同信念之養成，必須做到以下幾點：

第一，培養信念與價值觀：以慈濟基金會研製慈濟長期的培訓志工。對於各種核心訓練的強化，以及創辦人證嚴上人每天早上志工早會，透過大愛臺傳遞到全球，這像是一個大型組織裡的 CEO，每天對他的成員強調核心信念。以各種案例來強化這個核心信念的各種面向及重要性。

另一方面，慈濟慈善基金會非常強調志工的培訓。每一位志工要成為受證的志工，就必須要培訓兩年以上，而且必須守好十誡，這就是信念與原則同時具備。穿上制服，每一個人都是平等的，這也是吾人所提圓型組織的核心就是信念與價值平等。再者，慈濟志工在培訓兩年受證之後，每個月還要定期接受各種不同的培訓課程，以強化信念以及實踐的方法與智慧。這即是在不斷地培訓課程中，強化組織核心信念的示例典範。

第二，建立平等觀：建立平等的組織類型，放下階層，放下年齡，讓組織裡的每個人都能夠發表自己的意見，進行雙向溝通，確保上、下級想法同步。佛教教導人們學會放棄，放棄什麼？放棄我愛、我執。我愛很難放，我執更難放。貪欲、愛欲、見濁的執著，愛欲難放，見解的執著也很難放。然而這是一個人格的素養，一個組織裡能夠締造平等對待的信念，是圓型組織成功的關鍵。

以慈濟醫院為例，慈濟醫院的院長、醫師、護理人員以及其他工作人員一同到貧困家庭中進行打掃工作，展現了平等觀的價值。院長拿著掃把清掃天花板，副院長擦拭窗戶，志工搬運物品，護理人員和其他家屬共同清潔骯髒的感恩戶家中。慈濟醫院院長與醫院主管成員在大型聚會中，他們會親自下廚，協助製作佳餚給員工享用，他們並且在聚餐會上擔任服務員，端菜給其他員工。通過種種內部具體的活動，激發組織內部平等的價值觀。

慈濟志工所屬的企業偉創（Vitrox），負責人將慈濟這種平等價值觀引進自己的公司之中。二〇一七年，當馬來西亞檳城遭遇水災時，偉創公司的三百位工程師輪流與主管們一起到第一線清理災區戶家。這些活動展現了平等觀。

第三、開放式討論：二十世紀著名的政治哲學家羅斯提出著名的「無知之幕」，其大意思是在制定社會政策與策略之前，假設自己站到了一塊「無知之幕」的幕布後面，你看不見彼此，也不知道彼此的身分與個人特徵，包括彼此的種族、信仰、身體、素質、年齡、智力與家庭條件等等，都完全不可知。每個人只有站到無知之幕的後面，大家在處於絕對平等的位置，每一個都是理性自私的，而且是完全自由的，而這個時候，制定出來的策略才是最公平的。

成員首先須放下成見，不過度抱持成見，而是秉著重新去認知新的事物，永遠保持好奇與開放的態度面對討論。微軟的執行長納拉德．薩提亞（Satya Nadella）就是將微軟過去無所不知的企業文化徹底翻轉。過去微軟成員總是在比誰比誰聰明，誰都不聽誰的。在會議中，大家彼此爭論，固守、防禦自己的觀點，認為自己似乎是無所不知的天才。薩提亞成功地將微軟文化從「無所不知（Know it alls）」轉化為「無所不學（Learn it alls）」，引導成員學習傾聽、接納、反思，理性的對他人提供建言，自己也接受他人理性的建言，「從無所不知到無所不學」，這是圓型組織決策過程重要的核心觀念。

第四，誠正信實為原則：原則是組織治理非常重要的支柱，而原則以誠信為本。組織在選擇人時必須以誠、以信、以正為核心，選擇的人能以誠、以信、以正來對待他的工作，來對待自己，對待跨領域的同仁。只有組織裡的每個人以誠以信才能夠協同，即使專業不同，領域不一樣，大家都能夠協同，能夠跨領域來合作。領導人必須以身作則才是誠信的關鍵。以價值為領導，領導人自己必須「說他所做，做他所說。」

以慈濟印尼的志工企業家黃榮年先生為例，自一九九八年至今，他親自帶領員工進行各種慈善發放活動，堅持以身作則。現在，他所屬的金光集團公司的員工和家屬近二百萬人都成為了慈濟會員，每月定期捐獻作為慈善之所需。此外，他的農場方圓五公里之內的窮人都由他的員工照顧，而他的農場估計將近新加坡的七十倍大。這種以價值為領導，以身作則的行為，是非常重要的誠信典範。

就像巴塔哥尼亞的喬伊納德一樣，他自己也以環境保護為己任，並通過影響每一個員工成員，把這樣的價值觀融入企業文化中。這就體現了誠信的價值觀對於一個企業的重要性，可以說是企業靈魂的核心。

同樣是慈濟印尼志工企業家郭再源先生，他說他一生從事企業的原則就是「誠信」。而他加入慈濟以後，他說他最大的改變就是放棄一切不好的事業。結果他的事業卻越做越大，為什麼？因為「誠、正、信、實」。大家都信任他，都知道他從事的是善業，都願意主動來找他合作，這使他的事業版圖越來越大。堅守原則，以誠正信實為本，是組織永續發展的重要元素。

慈濟創辦人證嚴上人就說：「內修誠正信實、外行慈悲喜捨。」這建立一個強大組織的內在文化。

第五，愛：組織的最後必須要歸結到愛。讓公司是一個家，這是把巴塔哥尼亞創辦人喬伊納德的理念。慈濟是一個家，是慈濟基金會創辦人證嚴上人的理念。家不是一種徇私的家，而是一個互愛的家。傳統對於家的觀念是負面的，家放諸於機構治理，好像總是私相授受，利益與情感交融一起，缺乏原則與制度。而圓型組織所提倡的家，是基於互愛的家；基於信念的家；基於原則持守的家；基於平等的家；居於共責的家。

只有當組織給予員工家的感覺，那才是一個愛的組織。如慈濟印尼分會的企業家黃榮年先生，他不只自己投入慈善，去幫助、去愛護貧苦人。他鼓勵、啟發他的員工去愛所有的貧困者。如先前所述，四、五十萬員工投入慈濟，成為會員。上千位員工培訓成為慈濟志工，對於農場周圍的窮人進行救助。所以愛的最終目標，就是引導組織成員一起去愛人。

「信念、愛、原則」三者融合。圓型組織如水一樣，無邊界、流動的、多元的、透明的、平等的。液態的圓型組織將賦予組織中的成員更多的自主、創新、責任。以愛與尊重達成組織的共融、共責，為組織的創新與永續帶來巨大的能量。

註釋

1. 李奧納（Herman B. Dutch Leonard）哈佛大學商業管理學院暨甘迺迪政府學院：「慈濟，組織管理與領導的典範（The Importance of Tzu Chi as a Model for Organizational Management and Leadership）」於 2016 年第四屆慈濟論壇（臺北），2016 年 10 月。

2. Mailee Hung Patagonia's managing editor for alpine and climb, Bring Back Clean Climbing, https://www.patagonia.com/stories/bring-back-clean-climbing/story-116308.html 2023 年 5 月 8 日上網。

3. Ori Brafman and Rod A. Beckstrom 著，洪懿妍譯，《海星與蜘蛛》（*The Starfish and the Spider*）（臺北：遠流，2007 年）。

4. CHARLES G. GROSS, Genealogy of the "Grandmother Cell", The Neuroscientist, Volume 8, Issue 5, Department of Psychology, Princeton UniversityPrinceton, New Jersey. 2002, 10. P.512.

5. Julian Birkinshaw and Scott Duncan, Building an Agile Organization in ING, Harvard Business Review, London Business School, Sep. 2016. P8-9.

第十六章——
圓型組織的建構：宗教組織篇

宗教組織信念體系

所有宗教的誕生都是基於一種信念。基督是慈愛，神愛世人；佛教是因緣生法，慈悲等觀一切眾生；伊斯蘭則是力行五功，回歸真主。

前章所述的國家信念領袖，放諸宗教組織中通常就是指僧團的領袖。宗教組織的信念領袖經常也具備行政權，如天主教的教宗或各地區的主教，都是集信念領袖與行政領袖於一身。如慈濟宗的創立人證嚴上人是全球慈濟的信念領袖，所有的慈濟成員都遵循他的教導與啟發。證嚴上人仍具備慈濟基金會的行政最高職權。宗教領袖通常都是歸屬「聖格」、「聖君」的領導人。

當代組織的架構即便是宗教組織，仍都是以制度、以層層節制作為管理體制。天主教的制度嚴謹，梵蒂岡主導著全球天主教的信仰，特別是精神理念。各地主教掌握著信仰與世俗世界的事務，即便是世俗事務也是以服務為中心，以啟發信仰為目標。

「圓型理論」實踐在宗教組織，是希望能建構一個宗教組織的架構是「去中心制」、「以信念為核心」，讓每一個組織環節都是圍繞核心理念運作。

圓型組織理論是以「信念為中心」的組織型態，而非以「權責為運作」的科層組織。圓型組織的成員是平等的，甚至互不隸屬，但是卻分享或追隨相同的信念，同樣的目標，但是做法可以不同。

以禪宗為例，禪宗各宗派以各自的禪法修行，但同樣是以邁向「悟」為最高修行目標。然而各禪院並不互相隸屬，禪院內部卻仍有倫理階級次第，因此是外部化的圓型組織，不是「內部化的圓型組織」。內部化的圓型組織意旨內部遵循平等的非階級方式運作。「外部化的圓型組織」意謂著組織的外部延展是平等的，互不隸屬。禪宗從一個道場創生另一道場，每個道場是平等的，互不隸屬，但是傳達同一種信念，同一種宗教模式。由一而二，乃至無數量的道場都是平等的關係。

禪宗各道場從中國到日本，從日本到全球，都是各自獨立的組織，互為獨立，但是其道場內部的組織，仍是有階級次第。有住持，有執事，師徒之間亦是存在倫理的階級次序，特別是漢傳佛教在唐朝之後已經是逐漸走向儒家化的體制。家長制在僧團之內是組織運作的核心，所以禪宗的圓型組織特質在於外部，不在於內部。外部是圓型、平等的衍生，內部則仍是金字塔型的倫理階級次序。

外部化的圓型組織

所有的宗教一開始形成的模式都是圓型的組織模式，亦即每個信徒圍繞著教主，依循著教主的信念。除了教主，每個人都是平等的互動、平等的對待。

宗教的核心就是信念。任何開立宗教的教主一開始都是提出強而有力的信念，啟發信徒，逐漸地建立一個宗派或教會。當教主逐漸遠離，教主的信念與教義逐漸組織化，不只是原初素樸的傳道敘事逐漸理論化、系統化，更重要的是信徒的互動模式也走向組織化與系統化。

逐漸地，教主與信徒之間親密的關係，被組織的層級關係取代。教主的原初教導之教義變成教條，不可挑戰，不可討論；不僅如此，要求全然的背誦、抄寫、接受。這是組織固化的開始。

穆罕默德從家裡開始傳道，他的夫人、姪子阿里都是早期的信徒，他們同居一室，同心協助先知傳道，逐漸擴大到宗族，擴大到其他民族與國度。先知是家長，在家長的帶領下每個成員都是為家人。家的本質是平等的，但也是有倫理次第的。穆罕默德後來建立烏瑪（Ummah）就是一個強調平等的社群。

穆斯林宗教組織烏瑪（Ummah）於穆罕默德在世時期已經建立，最主要是他以武力在麥迪納建立穆斯林政權。穆罕默德本人成為政治、宗教與軍事的領袖，烏瑪是穆罕默德建立的穆斯林組織。烏瑪不只是包含虔城的穆斯林信徒，它也包括基督徒及猶太教教徒。第一個穆斯林就是亞當，也是第一個聽取上帝的先知。烏瑪是一個各宗教能夠平等共融的大社群，只要每個成員都能夠信守上帝的戒律，大家都是同一社群。這是早期穆罕默德建立麥提納時所立的憲法精神（Constitution of Medina）。[1]

今天穆斯林的組織在全世界的格局言之，仍然維持一個較扁平的體制，沒有真正穆斯林的世界領導中心，每個國家的穆斯林各自獨立，都是以教義為中心，並不具備一個統一的世界中央機構（如天主教的梵蒂岡），但是國家之內的穆斯林組織運作已經是嚴謹的科層制度。國家設有宗教部門，設立宗教法庭，其結構是金字塔型，非平等的圓型組織。

穆斯林是屬於「外部型的圓型組織」，亦即當組織向外部擴展的時候，彼此並沒有隸屬關係，但是個別組織內部，則是階層化的組織型態。「內部型的圓型組織」是指組織內部遵循非階層的模式在運作。

內部化的圓型組織

或許真正內部式的圓型組織之於穆斯林組織應該是蘇非（Sofism），蘇非以神祕主義修行方法著稱。

蘇非學派認為，第一個蘇非其實就是穆罕默德，因為先知穆罕默德是直接從阿拉獲得神祕的啟示。早年的蘇非雲遊各地傳道，他們沒有固定的住所，他們沒有自己財產，傳道場地也都由信徒提供，這種模式很像佛陀當年四處雲遊傳法的模式，孤獨長者等提供處所給佛陀，但是佛陀及僧團只是暫住，而不擁有。雲遊的穆斯林蘇非卻是將穆斯林教義傳到世界各地最重要的一股力量。時到今日，蘇非也漸漸地有自己的組織，清真寺，傳道所。

耶穌的十二門徒追隨耶穌行腳布道，大家相處一樣是平等的對待。即便到了彼得及保羅時代，信徒之間，基督教的推廣模式仍是扁平、平等，圓型的組織型態。當彼得在耶穌殉道之後，繼續在猶太地區傳道，基督徒始終是一個信仰社群，是一個慈愛平等相待的大家庭。即便保羅在異邦傳福音，其足跡遍及小亞細亞、希臘、馬其頓等，每一個保羅所建立的教會，信徒都是平等的對待。

彼得與聖瑪莉亞建立了第一個教會，逐漸地教會的形成使得耶穌的福音逐漸組織化。馬太福音記載耶穌生前已經諭示彼得成立教會。馬太福音說：

> 耶穌到了凱撒利亞腓立比的境內，就問門徒說：「人說我人子是誰？」他們說：「有人說是施洗的約翰；有人說是以利亞；又有人說是耶利米或是先知裡的一位。」耶穌說：「你們說我是誰？」西門彼得回答說：「你是基督，是永生神的兒子。」耶穌對他說：「西門巴約拿，你是有福的！因為這不是屬血肉的指示你的，乃是我在天上的父指示的。我還告訴你，你是彼得，我要把我的教會建造在這磐石上；陰間的權柄不能勝過他。我要把天國的鑰匙給你，凡你在地上所捆綁的，在天上也要捆綁；凡你在地上所釋放的，在天上也要釋放。」[2]

從彼得建立教會的三百年，基督教一直是扁平的圓型組織，教會沒有真正的架構，甚至因為躲避羅馬人的迫害，通常都在家裡聚會。家庭教會是初期基督教傳播的關鍵。到了西元第四世紀，羅馬君士坦丁大帝立基督教為國教，基督教會得到大量來自國家及私人的捐贈，教會開始蓬勃發展。天主教的組織化管理開始於西元十世紀，當額我略教宗開始實施教權的至高地位。

羅馬立基督教為國教之前，基督教會是內部化的圓型組織。一直到西元九世紀，額我略教宗以羅馬議會的形式選舉教宗，建立嚴謹的教會組織，教會走向階層化的組織型態。基督新教至今為止仍屬於外部化的圓型組織，因為每一個教會基本上各自獨立，雖然長老教會、浸信會等組織嚴密，但整個基督新教並無教宗，亦無梵蒂岡，只有一個世界基督教聯合會的鬆散式聯誼組織。

佛國初期的僧團是徹底的圓型組織，成員以修行覺悟為核心。佛陀也是一位比丘，一位清淨的阿羅漢，一位覺悟者，稱為佛。佛陀除了一位侍者阿難，其他起居生活完全與僧侶相同。僧侶之間平等相待，無倫理階級，無高下之別，這是原初理想的圓型宗教組織。到了漢傳佛教融入了儒家色彩，特別是唐朝後期，家長制的精神進入佛教寺院，佛教的寺院內部也遵循倫理階級為運作模式。

慈濟作為新興的佛教宗派，其志工組織遵循圓型組織的概念運行。其志業體包括慈善、醫療、教育、人文等基金會都是以科層為核心運作。而靜思精舍則是一個大家庭，是帶著儒家倫理色彩為其運行模式。如同前章所述，韋伯的三大類型：家長制、科層制與聖格制在慈濟同時並行。慈濟更充分地體現圓型組織必須從「核心信念」的強化，「審議決策」模式之建立，以及內部「愛的人文」之深化著手，如同其創辦人證嚴上人所強調的，以愛為管理，以戒為制度。這是恢復了原初佛陀的僧團精神。

本書提出的圓型理論的「六圓」如何應用在宗教組織上，使之成為平等和合，永續發展的信仰團體，本章將我們分別論述之。

一、宗教與信念圓

圓型組織的關鍵在於「賦能」而不是「控制」。越是強調成員平等的組織，越需要賦能，讓每一個對等成員能夠自行決策、運作與負責，其前提就必須統一信念。成員信念越一致，越能夠創造一個大型的圓型組織運作體系。與科技的既定程式不同，科技的程式是硬式程序，必須遵循既定程序才能上網、傳電郵，或線上購物。而信念涉及人的思想與精神，每一個人對於信念的理解與實踐力不盡相同，其決策、運作之結果也不為相同，這是賦能的挑戰。

本書所主張的宗教圓型組織組成與運作的核心是「信念」，成員互動的方式是遵循「愛」與「平等」原則。

宗教圓型組織應包括以下幾項特質：

壹、所有成員環繞著創始人的原初信念，共同致力於締造一個生命共同體。

貳、信念的詮釋可能與時俱進，共同體必須建立一套「信念再詮釋」的機制。

參、成員以信念相結合，無關乎血緣，是法親，是以法、以信念為依歸。

肆、成員以無私為圭臬，以利他為最高的實踐法則。

伍、成員以愛與平等互相對待，親如家人。

陸、成員不只對待團體成員為家人，也把一切生命都當作家人一般對待。

柒、平等愛包括愛一切人，一切生命，啟發人人去愛人。怨親平等愛。

捌、成員的生命目標是實現終極真實，或實踐終極的善。

「平等」與「愛」是最可貴的核心信念。環繞著平等與愛的信念讓各宗教穿越不同的時空，不斷地延續與發展。善是指標，真理常常認出非真理，所以產生衝突。善是利益萬民，利益萬物，以善為根基的宗教組織能避免窄化甚或基本教義化，而逐漸地去壓迫成員或其他信仰者。

掌管全球十二億信徒的天主教總部梵蒂岡，其本質上是精神與信念的中心。天主教不算是一個中央集權的機構，梵蒂岡是天主教的核心，但是各地教區的分治才是天主教的運作模式。教宗是羅馬地區的主教，其財產獨立，正如各主教區一樣是獨立運作。教宗可以任免主教，免職主教，但是在實際信仰實踐及教區各種事業的運作，梵蒂岡與教宗都是尊重各地主教的權限。這些權限都規範在教會法之中。

主教代表耶穌，他們在各教區以耶穌的精神照護信徒的心靈，主教們不是代表教宗，而是耶穌的使者，慈愛一切教區的信徒。教宗是思想與精神的統一，教義的改變必須由教宗決定，教會的時代方向由教宗決定。掌握思想，而非行政運作，是天主教維持兩千年龐大組織不墜的重要基礎。

除了聖經，天主教的教義經基督思想家的闡發，而得以能適應世間的多種事務。不管是政治、商業、科技、倫理、邏輯、天文、科學，都出現傑出的思想家，將基督思想引入各領域之中。聖托瑪斯是中世紀最偉大的哲學家，他的神學大全，對於世間一切的思想先論述一遍，再提出基督思想的見解。奧古斯丁也是中世紀傑出的神學家，他的《上帝之城》以基督的思想描繪世間的藍圖。這些都是影響基督教發展的重要思想與信念。

南華大學社會學研究者鄒川雄教授是一位基督徒，他認為基督教的教義其實很不圓滿，充滿著「矛盾的張力」，但是基督教的思想家具備「強大的論述力」。論述力，使得基督教能在不同的時代提出不同的適應。一如佛教的部派時期，論述力達到高峰，之後的中觀、唯識、如來藏都是補足理論的不足，適應時代的需要而產生。

信念之於宗教組織，不是硬式的，而是動態的。近代的人間佛教從太虛大師將佛教從死亡的宗教回到人生，稱為人生佛教。到印順導師完備人間佛教的理論，

慈濟宗實踐了人間佛教的路徑與模式。這是與時俱進的宗教組織之信念。

宗教與信念的多元化

宗教的信念通常是被理解為一元的，非多元的。唯一的真神，唯一的真理，唯一的終極真實。也是因為追求唯一的真理，宗教間才產生衝突，宗教之內才產生迫害。當耶穌一個猶太人堅稱天國近了，意味著他是《舊約聖經》中的救世主彌賽亞的誕生，被猶太教斥為異端而要求羅馬將耶穌釘死在十字架上。耶穌的門徒彼得、保羅最終都被羅馬處死，基督教在耶穌殉道後的三百年不斷地被迫害，被羅馬人釘死在十字架，在競技場內餵獅子老虎。但基督徒從不畏懼與反抗，反而在死前盡情地歌頌主耶穌基督。主耶穌基督復活，故世人也要復活。他們的受難，如同主耶穌受難一樣地神聖。

西元三三三年君士坦丁大帝承認基督教，到西元三八〇年迪奧西亞皇帝承認基督教為羅馬國教。但是不到三十年之後，東羅馬的一位主教因為不承認三位一體，亦即「聖父、聖子、聖靈」三位一體而被基督教會處死。基督教從被迫害、被處死的教團，到處死自己的教徒期間距離還不到三十年。這是宗教信念一元化給世界帶來的憂懼。

宗教信念避免一元化是宗教發展過程中最艱難的一項挑戰。宗教強調提供信徒最終極的真實與信念。終極變成唯一，唯一不容許例外，例外必須排除或懲處，這是宗教強調的良善所帶來的極端的惡。如何避免走向信念的一元化？那就是愛。

一位慈濟的修行者一次在與吾人授課的課堂上，當同學們正在討論同性結婚的議題，這位修行人表達意見說：「老師，佛教不只反對同性戀，佛教是反對一切的欲望。」吾人回答說：「這就是宗教衝突的起點。」每一個宗教都堅信自己的教義是唯一真理，其他宗教不認可，就產生衝突。儒家講節欲，基督教認為一切地上走的，天上飛的都是上帝賞賜給世人。宗教的教義、戒律各有不同，不能拿一己的戒律衡量他人。

吾人舉一個小時候看到的美國電視劇《功夫》為例，這齣戲是描述中國少林寺和尚習武修行的故事。劇中一位中美混血的少年進入少林寺習武修行，一位眼盲但功夫了得的老和尚經常陪著他，老和尚稱這小和尚為「小蚱蜢」，兩人經常一起談佛法的智慧。一次小和尚問老和尚：「老和尚，為什麼外面的人不能像我們一樣過修行的生活，為什麼他們要過那種欲望的生活呢？」老和尚回答小和尚說：「小蚱蜢，你要讓世界都變成寺廟嗎？你應該像太陽一樣能夠溫暖大地。」

宗教越靠近一元化的教義與戒律，就越衝突。越靠近愛，宗教就越廣大。不要說全世界都應該跟我一樣，而是我應該要愛全世界。這才是宗教的本質。

「處眾人之所惡，故幾於道。」佛陀的精神也是「我不入地獄，誰入地獄，地獄不空，誓不成佛。」連惡人都要度，都要諒解。如同慈濟宗創辦人證嚴上人普天三無的信念：「天下沒有我不愛的人，沒有我不能信任的人，沒有我不能原諒的人。」他說：「宗教大同小異，心小則異，心大則同。」這是無宗教分界的寬廣的大愛。

宗教信念避免一元化的危機，必須建立起自我的信仰之信心。常常是對自己的信仰沒有信心，才要全天下人都跟我一樣，好確認我是對的，是正確的。好像誰提出異議，我的信仰就要崩解一般，必須除之而後快。一有異議，即是對自我信念之挑戰，而無法以寬厚慈悲的心對待。

宗教信念多元化是一種素養，也是宗教的一種進化。宗教與多元在歷史上是扞格不入的，但是今日的多元世界裡卻是必須的信念。基督教在中世紀之後長達數世紀的東正教與基督新教之間的衝突與鬥爭，在西元一九六六年的天主教大公會之後，建立「宗教對話委員會（Inter-Religious Dialogue）」開始與各宗教交流討論，認知各宗教的優點，並與東正教與新教和解，他們都是基督耶穌的信徒，都是上帝的子民，沒有理由互相鬥爭與衝突。宗教的衝突都是基於教會利益與教義的不完善導致。強大有力的教義不怕挑戰，反而在挑戰中更能證明其真確與善。

宗教的一元化或極端化都跟教育有關，宗教教育的思想內涵越單一，固然信仰可能越虔誠，但也越容易窄化。信念的另一個危機是宗教教義的階級化。

宗教信念與階級化

基督教早期不准信徒讀《聖經》，只有神職人員能閱讀《聖經》。真理與教義的階級化，是宗教信念的危機。當時羅馬教會神職人員壟斷教義的詮釋權，這是階級化的宗教，也是政治化的宗教，教會在意的是控制信徒，而不是給予信徒精神獨立的虔敬，依賴教會，你才能得信仰，才能得永生。教會壟斷聖經詮釋權之後，繼之而來的就是腐敗。到了十五世紀才產生宗教改革，馬丁路德恢復上帝的福音屬於每一個人，上帝的恩澤不是教會決定，而是上帝決定。信徒通過虔信與戒律持守，透過現實的勤勞與事功的成就，彰顯上帝的榮耀。

從《聖經》的傳誦開始，不同的耶穌門徒，對耶穌的行跡與思想就有不同的詮釋。耶穌基督的言行是透過十二門徒分別描述而留下不同的福音書。耶穌當年傳福音就是打破猶太教教會壟斷信仰，而把耶和華上帝的福音給予每一個受苦受難的人。所以他才說：「那貧窮的有福了，因為天國是他們的。」真正猶太教的教士迫害耶穌的理由是，他顛覆了猶太教士的階級權威與教會利益。耶穌在澡堂、在河邊、在山上赦免人的罪。猶太教宣稱只有猶太廟堂能赦免人的罪。

歷史總是不斷地重複，當被迫害者成為主流信仰之後，也一樣壓迫其他信仰者。宗教組織擴大之後如果不能保守平等與愛，而走向組織階級，就出現信仰的組織化，繼而階級化，最後走向階級利益，剝削迫害不順服的信徒或異教徒。這是一切宗教組織走向異化的循環危機。

以佛教言之，佛陀的遺教是透過弟子阿難結集「法」，優波離結集「律」；但是當富樓那多羅尼子從外地回來時，佛陀已經入滅，他也要結集。相傳佛陀第一批的五比丘之一的阿若憍陳如在七葉窟之外，集合萬人結集佛陀遺教。多元結集，多元思想在佛陀時代已經形成。

法是平等地屬於每一個信徒，法不能階級化，是圓型宗教組織遵循的智慧。

佛教強調皈依三寶「佛、法、僧」，皈依佛、皈依法、皈依僧。通過僧得法，通過法得佛果，這是確立僧在佛法中的地位，其意義是通過修行典範，讓信徒得以領悟法，得究竟解脫。但佛、法、僧不是維護僧團的合理性，而是強調僧團的責任與使命。自性三寶，自皈依，自炙燃，勿他炙燃，是佛陀給予弟子的教法。「當求自我解脫，切勿求助他人。」佛陀沒有要弟子信他，而是相信法，他的法是客觀的真理，遵循法，才是成佛之道。

到達佛的境界，人人平等。這是凡夫的看法。

在佛的眼中，眾生平等，一切佛性本自俱足，只不過被遮閉罷了。所以大修行人把一切眾生當未來佛。

如慧能大師所言：「何期自性本自清淨，何期自性本自俱足，何期自性本不生滅，何期自性能生萬法。」

對於佛教，佛法是屬於每一個佛弟子。對於基督徒，耶穌的福音屬於每一個信徒。對於伊斯蘭，先知穆罕默德的話語是給每一個回歸真主的穆斯林。

二、宗教與教育圓

信念的維護與弘揚教育是重要的平臺。

天主教梵蒂岡在世界各地設立直屬梵蒂岡的神學院，每個國家都有一所，在臺灣是聖博敏神學院，其運作獨立於臺灣政府之外，但是臺灣政府承認其學位。神學院中神父們必須學習哲學、神學以及各種服事。除了梵蒂岡直屬的上百所神學院，各地主教也設立神學院。

天主教目前有四十多萬位神父、兩百多萬位修女，都是各地神學院所培養出來擔任傳遞福音與堅定信徒信仰的核心力量。任何在神學院中講授的神學思想的教授，都必須接受梵蒂岡直屬的神學院畢業養成，才有資格在各神學院講授神學思想。這即是天主教以教育掌握信念統一與傳遞的關鍵。

佛教的慈濟宗在建構龐大的世界各分會之際，要維護各分會的運作順暢，以圓型理論的視角，應該對於各分會賦能，降低中心的指揮與掌握。要達到這樣的多中心化，必須設立佛學院，培育自己的僧才，建立以證嚴上人為中心的佛教思想，亦即靜思法脈的建立，有法脈為基礎，其慈濟宗門志業才得以生根茁壯。

靜思佛學院除了僧才培養，也應該提供世界各分會的志工幹部，接受佛學院的思想及管理模式的培訓。建立「以愛為管理，以戒為制度」的領導管理學程，讓各地不同文化背景的志工都能接受靜思佛學思想的薰陶，以及系統地修習典範管理教育，才能讓志工幹部在各地體現慈濟的核心價值，並發揮管理效能，實踐「多中心制」的圓型組織體系。

慈濟即將成立的「靜思佛學院」，除了講授靜思佛學思想與管理，更應該強化多元文化的學習，畢竟慈濟宗已經是全球化的宗教組織。慈濟在伊斯蘭、基督教、天主教、印度教的國度都開展各種志業，「文化延續性（Cultural Continuity）」是慈濟長期擴展組織的一大挑戰。牛津大學彼得・克拉克（Peter Clarke）在西元二〇一〇年慈濟的一場演講中提出「文化延續性」概念，亦即在不同的文化交會與融合中，如何讓信奉者保持自身文化的延續性，讓不同文化的信奉者都在慈濟裡找到自己原本文化的根，而且又比他原本的文化更具優勢，這就是「文化延續性」的意涵。如同南非慈濟志工所言，「我們是在做上帝的工，通過慈濟我們更接近上帝。」

在其他西方的國度裡，充滿多元思想與成熟的基督思想，慈濟如何能在了解不同文化之際，堅持自身的思想，又能涵融其他文化的優勢與根本，讓其他文化的信仰者轉為信奉慈濟，這是一大挑戰。這個挑戰在每一個新興宗教都經歷過。保羅在異邦傳教，他說任何異邦人能信奉耶穌就能稱義。過去只有猶太人能稱義，保羅改變了這種界定，擴大了稱義人的範疇，回到內心，因信稱義，而非因行稱義。因信稱義是內化的、平等的，是圓型的。

「因行稱義」是身分取向的、是外在的，也容易階層化。如同中世紀基督教會的腐敗，因行，贖罪券能贖罪，因行，僧侶與俗人有別。到了新教又回到保羅因信稱義，教會沒有特權，僧俗平等。在信奉耶穌的事上，人人平等。這是「因信稱義」。

保羅的擴張解釋將福音傳到外邦，整個基督教就是向世界開敞的宗教，使其能成其大。如同穆斯林原本可以只是以阿拉伯人為中心的宗教，但是他們一樣是向世界開敞，任何信奉真主的人都是穆斯林兄弟。皈依真主的人，即是穆斯林之意。伊斯蘭教是歷史以來在中國邊疆各民族，因信奉伊斯蘭教之後所逐漸形成的「宗教民族」。宗教能遠遠大於民族，正是他的開敞性才有開展性。

慈濟宗向世界開敞發展，必須融攝不同文化之優點，納入其體系之中，又保有自身的精神與風貌，這需要世代的慈濟思想家不斷地建構，以教育為平臺，吸納、涵融、論證、力行，建構一個世界格局的宗教團體。教育的宗門化與多元化必須並行。

訊息的透明與平等暢通，也成為宗教組織能否持續發展的另一關鍵因素。

三、宗教與訊息圓

梵蒂岡的諸多功能也設置在各主教區，包括「宗教對話委員會」，都在各主教區成立工作團隊，中央與地方充分合作。「訊息的對等」對於宗教信仰的深化與組織的維繫息息相關。信徒迫切希望知道教主的訊息，不管是主教、或教宗、或宗師。新教在美國除了每週日的教堂聚會，電視布道十分盛行，通過電視布道讓信徒定期收到福音，感受到福音。天主教梵蒂岡每週兩次，讓全世界信徒能夠在聖伯多祿廣場看到教宗，一起聆聽教宗彌撒與訓勉。慈濟創辦人證嚴上人每日早晨五點鐘的佛典開示，直接透過網路直播讓全球慈濟人線上參與，以及七點鐘的志工早會，四大志業的主管直接參與晨會，了解慈濟全球動態，這是慈濟訊息對等的成功模式。加上慈濟自身大愛電視臺每天播送慈濟動態及感人故事，維繫著慈濟社群內在的凝聚力。這是難得一見的宗教社群能建立一個訊息如此快速、緊密與對等的平臺。

這種「對等的訊息平臺」讓慈濟數百萬志工在全世界能同步行動，一有大型災難，全世界慈濟人都能快速地動員，同步接收各地的救災、援助的行動訊息，使得各分會的協同合作緊密而和諧。正因為訊息的快速、對等，使得慈濟可以維持一個相對平行的圓型組織的運作型態。

維持多中心制的組織運作，訊息的對等、透明是一大關鍵。

基督教、天主教或伊斯蘭教並未如慈濟一般地建立快速、對等、透明的訊息網。一方面慈濟是慈善組織為運作基礎的佛教團體，另一方面慈濟的四大志業包含慈善、醫療、教育、人文等，其自身有龐大的人文團隊，從大愛臺的傳播人才，慈善基金會的文史團隊，以及數萬名接受專業訓練的人文志工，都是慈濟得以建立快速訊息傳遞的關鍵。但是面對新的社會媒體的快速發展，慈濟如何運用新媒體讓Crowdsourcing（群眾外包）的力量得以發揮，是慈濟維持訊息度對等透明的下一個挑戰。

決策訊息

宗教組織圓型運作型態的維持，訊息的分享扮演關鍵角色。這種訊息包括教義、包括活動、包括決策。決策的透明與對等之於金字塔型的宗教組織是很難以想像與實踐的，決策圈越小，就越不透明；決策圈越大，越難做決定，特別是對於一個大型宗教組織更是如此。因此決策訊息的透明不在於過程，而在於決策後的說明。對於純宗教信仰的組織，沒有大群體決策的問題，所有的決策都在各地區、各主教、各教會、或各自的寺廟。在小群體裡的決策能維持廣泛的參與是關鍵。

天主教各教區的主教擁有極大的行政裁量權，近乎家長的君主制。但是各教區都設有長老會，諮詢功能的委員會，其目的就是希望彌補訊息的落差。越是少數決策的宗教團體，越是需要大量的專業與外部的充分訊息，以利決策的優化與行使。越是封閉的宗教組織，訊息單一封閉，或者大量依賴人際的訊息，而非專業化、體制化的管道取得訊息，難免會有訊息偏失甚或偏見，因而造成決策的盲點。

慈濟作為漢傳佛教的體制，本身具備儒家的色彩。其成員高度互動，人際的互動也別有分疏，如果讓親疏關係決定訊息的取得，就會流於決策的偏失。因此慈濟每週舉辦志策會，四大志業的主管幾乎全部出席，互相交換、分享專業訊息，就是希望專業訊息的取得來自系統的管道，以利決策之正確與周延。

負面訊息

團體會隱匿自身的負面訊息，是常見的現象。如果負面訊息是偶然發生，是單一事件，因此隱匿以維護當事人及團體之信譽其實可以理解。但是如果所隱匿的負面訊息是常態發生，重複發生，則隱匿負面訊息將造成結構性的宗教信仰之衰敗。公開於世與完全隱匿的極端之間，適當地揭露負面訊息給成員有其必要，原因是能提醒不再犯錯，二來才能對犯錯的一方有所警惕。

基督信仰與佛教信仰對於犯錯的訊息處理有很根本的不同。基督信仰傾向告解，告解必須隱密，必須被保護。懺悔者隱匿其名，接受告解的神父也是隱匿，這是對於個人的尊重。這種私人的犯錯訊息自然不必揭露於眾，但是如果涉及公共利益，以及影響教團之負面訊息，隱匿的結果造成結構性的問題行為持續下去。

原初佛教面對個人及團體的錯誤行為採取公開懺悔的方式。佛陀每月初一、十五舉行波羅提木叉，比丘聚集一處，佛陀會當眾詢問眾比丘們：「比丘清淨否？」犯錯比丘要當眾懺悔請求原諒。或者有人舉報某比丘犯錯，該被指涉的比丘也必須當著大眾提出說明。佛陀並不處罰這些比丘，因為當眾懺悔造成極大的群體壓力，大家都在監督提醒該犯錯比丘，使得該比丘不致再犯錯。但是如果犯了殺戮與姦淫之罪，該比丘就必須逐出僧團。

比丘當眾懺悔過失，佛陀可以因此制定戒律、儀軌，讓大家都遵循。這就是「羯磨」，亦即僧團共識決的過程。

基督新教的「見證」，類似這當中發露懺悔的體系。見證，讓信徒們彼此相互提醒勉勵，雖然不必說出自己的過失，但見證者往往說出自己過往之迷失與在信仰中得到的喜悅，這是負面訊息與正面訊息交替呈現的體制。

慈濟的大愛電視臺連續劇都以真人真事呈現在大眾面前。志工過往的種種缺失、過錯，在大眾面前呈現。雖然不是百分之一百揭露，但是也很大程度地披露自己過去的種種迷惘與過失，這是現代版的「波羅提木叉」。

懺悔即清淨，傷口隱匿在暗處就永遠無法得到醫治。因此負面訊息的透明露出以改正為前提，不以揭露他人過失為目的，應該是宗教組織負面訊息公開對等的真意。

對等訊息

宗教訊息的普遍分享，促進信仰與宗教事業的發展。訊息所傳達的價值觀與典範，讓信徒得以追隨、解惑、感動。訊息的傳遞不只是知識性的，而是價值性的，情感性的訊息。《聖經》就是最好的宗教訊息的分享，每一個信徒都可以接觸閱讀，可以看到感動的事蹟，深刻的法，以及古老人士的智慧與知識。中世紀只有神職人員能閱讀聖經，吾人先前已經討論過。在當代社會中，宗教訊息對成員與非成員的對等分享，能夠讓不再事事親自接觸的人得以理解宗教內涵、智慧與價值。以訊息連結，而不是完全由情感連結，連情感連結都是通過訊息來嫁接。耶穌行儀與啟發當時信徒的故事，正是透過文字穿透時空直接觸及人心。佛陀的各種教法一樣通過文字千年傳頌。

當代宗教團體透過書籍出版、電視臺、廣播極力推動教義與重要的宗教活動。慈濟成立文史結集中心致力慈濟在全球人文訊息的彙整、傳播。從創辦人證嚴上人的行止、言論，到各地區志工所記錄的重要社區活動與人物，是一個巨大的人文資源庫，通過網站、社會媒體，傳遞到世界各地的志工與會員，這是訊息分享的典範。通過對等、即時、有效地訊息分享，維護一個全球性的社團成為一個生命共同體。現代社群所謂的全球部落主義，相同的人在不同的地區，分享同樣類型的價值活動與訊息，使得從未相見的人得以認同彼此。價值導向的社群更需要訊息的對等分享。宗教的訊息圓設計正基於此。

四、宗教與行政圓

宗教組織的領導權通常都是傾向「聖格制」或「德行家長制」。德而非權，是宗教組織領導的核心。天主教教會擁有五千多位主教，每個主教都代表耶穌在各地照顧信徒，他們是牧人，照護教區，他們本身就具備德行與聖賢品格。先是神父的養成就是以服務為目的，以引領信徒歸向主為目的。天主教教區當然也有世俗的事物，包括慈善、學校、醫療等各種機構，因此領導人的培養必須兼顧神聖性的品格與世俗性的智慧，這兩者得兼才是行政人才的典範。

修行與領導

世俗世界的習染不影響其修行與品德，這當然是個挑戰。教會間神父們的互相支持，是必要的力量。德蕾莎修女被教宗封聖，但是德蕾莎修女的日記也呈現她亦軟弱過，也曾經感受不到上帝的存在，她向神父告解，得到支持與力量。這軟弱與迷惘不妨礙她最終成為聖人。

教團是行政權維持神聖性的關鍵，不只是個人修行的工夫而已。設立一套修行人相互的支持系統，是維持宗教領袖在現實世界的決策處理中，不致動搖、困擾內心所堅守的神聖性。何謂支持系統？如天主教的告解，如佛陀僧團的和敬無諍，和敬無諍才能維持修行人內心的神聖性。中世紀天主教教會的墮落給予教會很大的警醒。教會擁有過多的財產，縱情聲色，與世俗國王鬥爭，都無法維持自身的神聖性。因此近代以來讓宗教遠離政治，不涉入王權或政治派系之爭，使得教會能維持其原初的信仰為基底的組織運作。

不管是基督信仰或佛教信仰，修行人每天的功課是必須的。天主教的神父一樣每日靜默、祈禱、冥想，是他們與上帝溝通的時光。力量來自神聖的泉源，而不是世俗的事功。耶穌會的創始人依納爵神父的神操（Spiritual Exercises），帶領神父逐步地以祈禱與冥想進入上帝的神聖境地，這是內修才能外行的關鍵。耶穌會不追逐權力，方濟會守住貧窮，都是修行團體的戒律。耶穌會自十七、八世紀隻身到世界各地傳道，到中南美洲，到中國，憑藉著就是內心對上帝絕對的依靠與信心。

內修外行也是佛教的修行人奉持的信念。只不過佛教的修行人比較多的是關注給予法的授與，對於世俗的事務比較沒有涉入。雖然傳統上的佛教教團與寺院，對於貧困的救濟亦經常為之，但是組織的主體仍是佛法的傳播與信持。舉辦法會，拜懺等活動是僧院的主題，因此行政權的行使僅止於一廟一地。相較於基督教曾作為西方羅馬帝國的國教，在中世紀羅馬帝國分裂之際，在歐洲仍扮演連結各王國的功能，其行政領導角色非常重大，國君的加冕，結婚都要教宗批准。那是一個時代的歷史因緣。

但是今日的天主教教會行政權仍在一地一區，教宗是精神領袖，他自己是羅馬教區的主教。分治，而不分權；有權，但不極權。教宗具備任免主教的權力，但是主教五年才寫一次工作報告書給教宗，這是行政權的分治。其優點是不會因為權力的過度集中，而造成決策的落差，其關鍵在於主教的領導品質。神聖品格與世俗能力的兩者兼顧。

共治與共責

慈濟的組織體系擴及到一百多個國家，其自身的運作是依靠在地的志工，而非出家修行者。不派駐修行人駐地，是慈濟現行的政策。這不會發生地域主義的問題，讓僧團都在總會臺灣花蓮，通過定期溝通，瞭解掌握各地的會務，其互動其實非頻繁，十分深入。但畢竟遠距指導，很難真正貼近在地的各種情況，其開拓性大量依靠志工的能力，因此「選才」比「督導」更為重要。志工必須具備一定的品格與現實能力，神聖性與現實性兼具，對修行人已經是挑戰，何況對於居士身。

因此慈濟設計團隊領導非一人領導，所謂四門四法四合一，將資深與資淺的志工組成不同的團隊——「合心、和氣、互愛、協力」，以大小不等的區域為範疇，採群體決策、共同協力。[3] 強調平等、對等、共治，是慈濟希望實現的圓型組織的理想。雖然慈濟在海外各地分會都設有執行長與副執行長等職位，但是這職權比較應用在行政職工體系，對於志工體系仍採取群體決策的模式運行。

摩門教也是群體決策，以共識決，一人反對，該方案就擱置再議。慈濟並無如此的共識決之規定，但是仰賴群體的共識卻是志業運行的關鍵。

志工的品格修行顯然是關鍵的因素，慈濟選擇志工幹部還是以修行的德行為主要考量。品德的標準，依創辦人證嚴上人的思想是「人圓、事圓、理圓」。德的圓滿通常是以群體的接受度為重要的依據之一。

以志業發展為主，而非純粹以修行為主的宗教組織，「結好人緣」常常是選任幹部的關鍵。人緣好能讓群體大部分志工能接受，有利團隊的和合。但是「結好人緣」不代表「專業能力」與「決策能力」，因此，人緣好但無決策力、無協調差異能力，會造成志業遲緩不前。因此，群體領導體制的行政人才，除了「人際能力」之外，還必須具備「專業能力」與「溝通能力」。群體領導的行政人才之培育，應著重在專業職能提升與溝通能力的提升，三者具備，才能有效行使群體領導所希望達成的圓型體制的平等治理，這符合慈濟創辦人證嚴上人所說「人圓、事圓、理圓」。「事圓」需要專業能力，「理圓」就要在諸多因素考量下做出最佳決策，決策力決定「理圓」。

慈濟是家長制、聖格制、群體制三者同時並存的組織。家長制的關鍵是人與人的倫理關係；聖格制是能引導組織不斷地邁向高峰、才德兼備的領袖；群體制是官僚組織的轉型，希望用群體轉化階級科層的制度。其本質是平等的共識與共治。

因此我們提煉這三種類型，家長制的核心是愛，缺點可能是過度強調人際與倫理階級。平等愛是家長制的一大正向特質。聖格制是信念與能力，而不是權威，至少這權威是信念與能力所創造出來的結果。因此信念是關鍵，能實現信念才是聖格制的完備。群體制的關鍵是平等與和合，而和合也是以愛為前提。所以證嚴上人說「感恩、尊重、愛」是組織和合的關鍵。

如果以群體領導體制作為圓型組織的實踐，其內涵是「平等愛、決策品質、和合共創」。如何達到這三個目標，以實現行政體系的群體領導模式？

慈濟目前的四合一是資深的大區「合心」幹部一起開會，決定之後交付「和氣」討論，和氣再交付「互愛」規劃，互愛再交付「協力」去執行。這群體的階級制，並非創辦人證嚴上人心中建立平等圓型組織的理想。一開始合心、和氣、互愛、協力是以區域與資深為主要的考量選拔幹部，幹部不是由下而上推舉，而是由內部的行政體系人員來推舉，由靜思精舍的師父們同意後任命之。這是結合家長制的模式選拔人才，其自身不是真正平等的圓型組織。

我們可以看出目前的體制是強烈家長制以及階級科層制的運作模式，這些模式慈濟還在研議修改中，因為成員並不熟悉這種模式的運作法，容易從世俗的家長制及科層制來運作，自然還達不到創辦人建立圓型組織的理想與標準。擺脫這種科層與家長的包袱，慈濟試過從下而上的選舉，但結果仍不理想，因為大家都是志工，都是來奉獻服務，因此有意出任者不見得是最優質的領導人。如何實現平等、互愛、和合的圓型組織，必須縮短科層的階級制，從合心到協力的會議有四個階段，過度冗長，也造成過多不必要的會議。

圓型的行政領導群

其作法可以考慮羅馬的元老院與公民大會的模式，將過去分層討論模式，集中為一個會議，四合一的所有幹部都一起討論。會議由合心提出規劃方案，四合一幹部一起討論各種可行方案。羅馬是元老院提出議題，交付公民大會表決。但是羅馬的元老院是固定的貴族，這不符合平等的理念；慈濟的四合一可以由一組「四合一幕僚群」（遴選合心、和氣、互愛、協力的部分幹部擔任）先草擬方案，再交付四合一會議討論與修改。

先有方案，後有討論。方案規劃一開始就納入四合一精神，這解決了階層制帶來的專斷，階層制與倫理制最大問題就是無法充分討論。從計畫擬定就是四合一，到大群的四合一就是修正與除錯，這才能兼顧「有效性」及「平等性」。

規劃幕僚的四合一幹部可以在四個圈輪流擔任，效法希臘雅典直接民主精神，每個公民都有機會參與公共事務。慈濟每個四合一圈層的幹部，都輪流擔任規劃幕僚群，限定任期，可以是一年或半年，幕僚規劃群成員不宜連任，大家才有機會擔當與歷練。

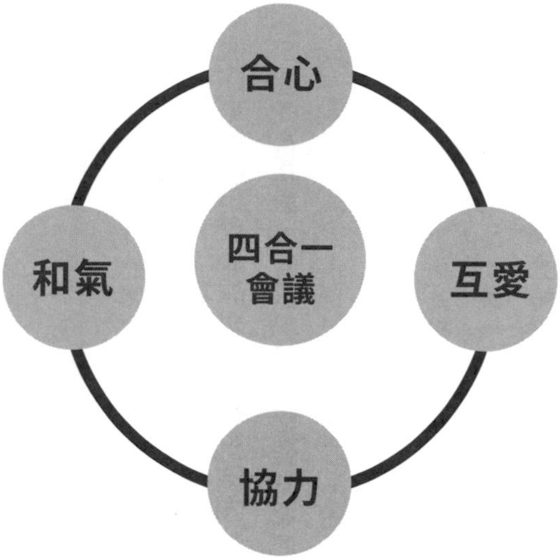

圖十七：慈濟四合一大會：群體決策

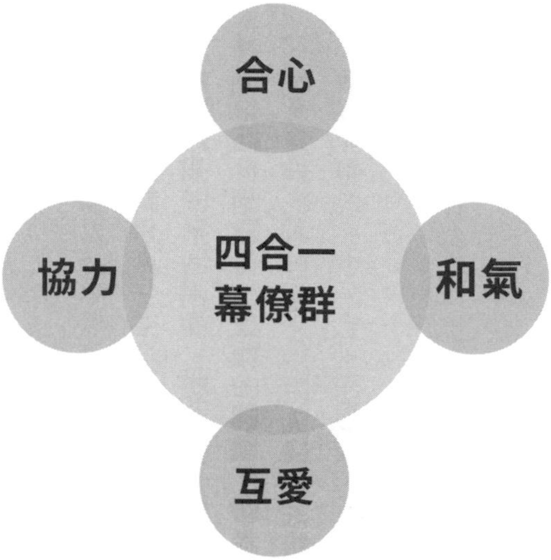

圖十六：慈濟四合一幕僚群：負責規劃

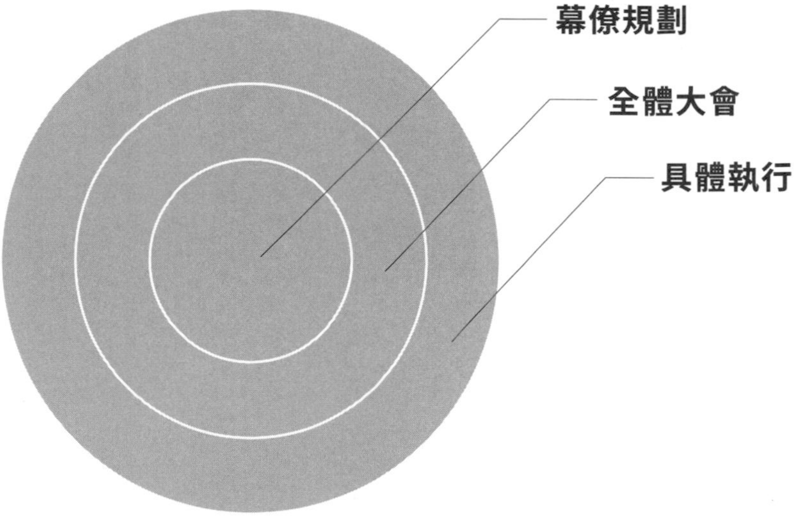

圖十八：四合一領導流程與反饋

慈濟本會與分會行政關係

慈濟各分會如果實踐圓型的領導群，他們與本會的關係至為重要。總會是遵循上對下的階層指揮系統，或採取多中心制的圓型組織的樣態，這值得深入探討。

如果是梵蒂岡模式，總會對於分會是弱連結，是協同關係，除了在教義之外，各地主教區有自己財政與行政的權責。慈濟的海外各分會與本會的關係各有分殊，有些地區弱連結，有些地區是強連結。弱連結是指各分會自主地興辦各種活動，只要遵循慈濟的原則與理念，本會未參與也未過問；但重大活動之後都會紀錄，並傳回本會及全球分享活動心得。強連結是指在本會的指導下進行活動規劃與執行，這些連結視地區與事項都不太相同，並無統一的標準與準則。直言之，本會與分會的連結，視地區、視領導人、視事項不同，各有不同之強弱連結。

未將本會與分會的關係做體系化與一制性的連結，是慈濟目前的現狀。慈濟理想的本會與分會關係，以圓型組織的理念應該是採多中心制，與本會進行協同，本會對於分會在信念與原則統一的情況下，予以賦能，使其在極大程度上能獨立自主的運作。正如同各地緊急救濟都是在地啟動，無需本會下達命令，第一時間就發動救濟。這種精神如何普遍化於各種活動當中，使各分會遵循共同的價值與目標，以各地的資源達成使命。而對於大型災難之救濟則在本會的統籌下協力進行。這是慈濟以圓型理念可以遵循的模式。

要達到多中心制，同時本會維持一個制高點，不致使分會成為各自的獨立單位，在決策的設計上必須兼顧自主與協同。

天主教梵蒂岡對於全球的天主教之管理，在行政上屬於各自獨立自主，但是主教的任命在教宗，聖蹟、聖光、教義解釋權都在教宗。教宗是信念領袖，各地主教是行政領袖。會中還有許多獨立的會，如方濟會、耶穌會、明愛會等，有數千個獨立的會團，直屬於教宗；世界性的教團，教宗可以批准，各地區的教團，由地區主教批准。其財務與行政獨立，教團主席也是自己選定。但其制服、教義，一樣要服從教宗的意見。

羅馬與蒙古政權的集權制，使其王國很早就分裂、瓦解。分權比起集權更容易回應社會的需要，適應環境的變遷。禪宗更是一個鬆散式的組織，只要得心法，禪師各為法主，但是他們的宗門師徒之間的譜系一直延續上千年不墜。這是多元而精神一統的組織。

慈濟比起梵蒂岡及禪宗應該是介於兩者之間。慈濟要維持一個運作上的全球一統的格局，但又能各自運作，其對於決策、行動、精神、訊息都必須提出適當的制度性分配。

當圓型組織進行決策之際，總部與分部的組織在議題討論意見不一時，傾向由分部組織自行決定，前提是這決定不能違背於圓型組織當中的信念與原則。

誰來認定某項行動與計畫違背原則與信念？由總部或分部，或獨立的機構解釋？

只有當總部提出違背信念不准進行，而分部有異議時，應該交給第三機構，負責法的詮釋部門進行解釋裁定。

行政宗規

慈濟可以採取每年召開全球宗務大會，制定修改宗規法典，將決策的範疇與分工詳細規範。天主教大公會平均每一百年開一次大會，上次是西元一九六二至一九六六年以四年的時間修改天主教教會法（Canon Law）。五千位主教全部回到梵蒂岡，每次四個月，連續四年開會，將不合時宜的法律進行修改。天主教並無規定多久要召開一次，而是視教宗認為需要的時機決定之。每位主教及神父等的行政職責與新規範都制定在法典裡，這使得各地的主教雖然獨立，但不至於各行其是。依於法的行政是天主教教會的一大特色。

慈濟已經立宗，宗有宗規，慈濟宗可以每一年召開「全球宗務大會」。慈濟的志業進展快速，各地代表回到總會參加宗務會議，能夠讓各地區的訊息與典範互相分享借鏡。針對新的變化，新的世界局勢提出討論，同時也深化對於慈濟法的理解與詮釋。

慈濟的組織體系分為法脈與宗門。法脈指的是以出家修行人為主體組成的機構，如靜思精舍、印證教育基金會，以弘揚佛法及修行為主體。宗門指的是入世間的機構，包括慈善基金會、醫療基金會、教育基金會、人文基金會、以及慈濟功德會。

法脈宗門委員會

靜思法脈的源頭是靜思精舍，宗門的載體是四大志業基金會及全球各分會。目前法脈與宗門都是由創辦人證嚴上人作為最高領導，統籌一切宗法與重大的志業事務。證嚴上人以聖格領導，期望組織永續。聖格要成為「聖座」，宗師要成為「宗座」，這必須建立體制。

慈濟的「法脈」與「宗門」兩大體系，可以共同組成「法脈宗門委員會」，作為慈濟宗最高的行政載體，以共治共責的精神，落實圓型組織的理念。

靜思精舍是法脈的源頭，其傳承如何從創辦人作為聖格的大家長，傳承到新一代的領導人，體制繼承比起一人繼承更為恰當。因為沒有任何一弟子能有此德與才，足夠承繼創辦人具備的「威望、德行與智慧」。所以「宗師」到「宗座」，以體制，而非個人承接，是宗教組織永續更好的選項。

靜思精舍應該成立「法脈委員會」，這即是「宗座」，負責靜思精舍、靜思佛學院、印證教育基金會等之宗務治理與法脈精神之結集、詮釋、弘揚與實踐。

確立了「法脈委員會」之運作，再結合宗門的各機構，共同成立「法脈宗門委員會」，作為慈濟宗的最高治理載體。

「法脈宗門委員會」遴選一靜思精舍之修行法師為主席，由「法脈委員會」中推派之。法脈宗門委員會成員應該涵蓋「出家法師、清修士以及居士」，三者合一。這不但符合佛法的平等觀，也才能更適當地協同各種專業能力、智慧與身分的成員，集思各宗務之發展。

行政圓的四大志業基金會的最高主管、慈濟功德會與印證教育基金會的主管，教育圓的靜思佛學院，以及訊息圓的文史結集中心，以及部分資深志工，皆成為「法脈宗門委員會」成員，定期開會決定慈濟發展的方向，因應世局的變化，以及跨志業的重要決策。

如果牽涉到重大的宗規之變更，可以成立次級「立法委員會」，先擬定草案，在全體「法脈宗門委員會」同意後，交付「全球宗務大會」最後覆議之，然後公布於全球。

「法脈宗門委員」成為慈濟宗的最高決策階層，得以實踐共治、共責的圓型架構。集思各種人才與身分，不致造成組織的過度階級化，

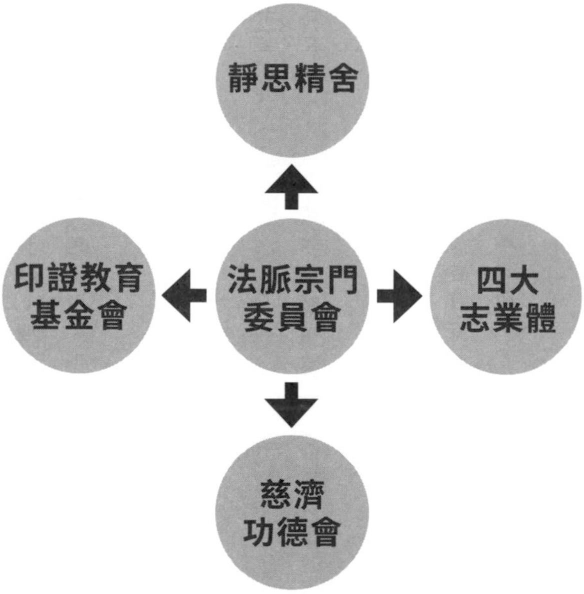

圖十九：法脈宗門組織

如僧在上，繼而清修士，然後居士的階層固化。法師、清修士、居士身分雖有別，功能各有分殊，但是「法」是同一、平等，對於佛法與宗門的投入應該等持、等觀，才能充分的凝聚各種力量，開宗立門，為佛教、為眾生永續奉獻。

五、宗教與立法圓

不同於國家的組成是先有人民才有國家，因此立法權對於國家組織是第一前提；但是對於宗教組織通常是先有宗師，後有信徒。基督教的耶穌，佛教的釋迦牟尼佛，伊斯蘭的穆罕默德等，都是從宗師開始創立，再聚集一群信徒，最後成為宗門，宗派，宗教團體。因此立法對於宗教組織不是創立的前提，卻是組織永續發展的關鍵。如何將眾多信徒的意志與信仰凝聚一起，即便在宗師不駐世之際，能夠繼續維持宗門，教團的持續，立法成為關鍵因素。

天主教維持全球十二億人口的教會，如先前所言，一切的信徒與神職人員的規範都通過立法取得確認，得到共同遵守。在前期的布道或是傳法的過程中，宗教的教派與教團可以是分裂而零散的。特別是早期的基督教與佛教，彼得在猶太地區傳道，保羅在希臘、西班牙、小亞細亞地區傳教，雖然設立教會，但是他們依循的是耶穌的教法，而不是信徒共同立法。

佛教也一樣，在佛陀入滅數百年，從第二代阿難、優波離、富樓那等在各地各自持續傳法。到了第三代的帝須促成第二次結集，教團對於「法」開始分歧。東方比丘提出「十事」的爭議，結果東西方比丘見解不同，教團分裂。其實本來就沒有真正的教團，教團聚在一起是臨時組成。東西比丘願意聚在一起討論，其實就在立法，結果立法失敗，對於守戒範疇的看法不一，佛陀的教團正式分裂。結果歷經五百年的部派佛教，至今從未出現過一個能統合全世界佛教的統一大教團。

沒有統一的世界性教團是佛教一直以來的歷史脈絡。伊斯蘭也一樣，從早期默罕默德過世之後，教團分裂為長老們的遜尼派與追隨阿里的什葉派。正統哈里發也才維持五任，之後的教團以各自國家為主題，成立「烏瑪（Ummah）」。至今的伊斯蘭仍然是鬆散式的宗教型態，各自以清真寺為主體，以教義為主軸地在各地傳教。這是以教法為依歸，而非以信徒立法為依歸的宗教組織。

中國的禪宗我們也闡明過，是以法為主，各立門戶，但是源頭承認自己的祖師法脈。

慈濟宗的建立其自身牽涉到龐大的志業資產（包括人力、物質），以及在全球的慈善等志業的發展，必須要協同運作才能持續維持其運行。因此建立保持一個龐大的全球性組織是其努力的目標。

慈濟宗在全球一百多個國家落實慈善工作，將近一千個組織單位，志工數百萬名，會員數千萬名。它如何維持自身的運作體系，而不致分裂？除了對於佛法、對於證嚴上人思想與精神之實踐，

圖二十：法脈宗門委員會與宗務大會

必須立下全體共識的法規、宗規，能維持其自身的團結與凝聚。

如同天主教會的法典與大公會，慈濟應該建立全球宗務大會，全球各分會遴選代表參加，每年舉辦一次。大會設立祕書處，統籌大會議程，並得設立各委員會，以利議題之蒐集與研究。但不同於國家政府，立法權有最高的治權，宗教組織的立法著重共識、共知、共行、共善，分享與共識是關鍵。因此慈濟宗的全球宗務大會的性質，可以仿效羅馬的元老院與公民大會的制度，畢竟信仰的神聖性不是投票得來。信仰的神聖性之維持必須在法脈，法脈的修行人。因此「法脈宗門委員會」既是行政最高權責，又是立法的最高權責，如同羅馬共和時期執政官兼任元老院議長一般。資深修行人、清修士與居士主管組成的法脈宗門委員會負責提案，全球宗務大會是覆議與修正的角色。

「全球宗務大會」的委員可以提出法案，但應先經由「法脈宗門委員會」同意後，由法脈宗門委員會交付「全球宗務大會」。

但是每十五年可以進行一次「全面性創新轉型」的宗務大會，全面檢討反思宗門之發展與世界之變化。這十五年大會可以由下而上自由發言，進行深入討論，修改宗規與志業發展模式與方向。為什麼是十五年？因為十五年是一個科技世代的變化。新的科技世代應該注入新的血脈與能量，才能吸納底層的意見，變革組織，再創組織。

六、宗教與戒律圓

相對於世俗社會的司法圓，在宗教組織是戒律。戒律是信仰者修行的必要路徑，是組織能夠維持良好體系於不墜的關鍵。

戒律在每一個宗教組織都具體存在，摩西的十戒，要求希伯來人虔心信奉上帝不崇拜偶像。穆罕默德的五戒，不殺、不淫邪、不偷盜、不說謊、不飲酒。佛陀的五戒與十善法都是維持教團和諧與內修的準則。

戒律的可貴不在於從外在強加，而是內在的自我修持，是真心悅納的修持。戒律是增益個人邁向宗教「終極真實」或「究竟覺悟」的關鍵。

耶穌會的創辦人所撰寫的神操，是耶穌會神父奉以為修行的關鍵。穆罕默德的五功是成為真正穆斯林必修的品德。宗喀巴大師的菩提道次第廣論，智者大師的摩訶止觀都是佛教修行的寶典。

戒律的目的是修行

戒律，是修行的利器，不是對人格的捆綁。

以佛教言之，佛陀制律是針對僧團修行者的行為規範。佛陀制戒與律是因時、因地、因人而制定。不是先驗的規矩，而是與時俱進，以作為增益個人清淨的修行。因此現代的教團其戒律之制定，必須符合當代社會生活之樣態，在不違背基本信念的前提下，與時俱進。

任何宗教的宗門都必須有獨特的修持方法，慈濟宗的設立也必須提出自己的修行法則。「慈濟宗戒律制定委員會」成為必要的載體，針對慈濟宗的獨特法門，慈悲利他到究竟覺悟的路徑與方法，提出修行方法與次第。從創辦人證嚴上人的思想與教誡中衍伸、發展，讓慈濟志工能在每個生活層面中落實這些戒律與儀軌。

戒律與儀軌的關鍵在日常力行，而不是在特定場合的特定行為規範。如賑災時遵守的規範，但是日常居家生活的規範與儀軌，對人的修行與信仰的堅定尤為根本。

慈濟宗的設立對於信仰者而言，不是表現在慈善或醫療志工奉獻的場域，更應該在日常生活中體現各種的儀軌與戒律。這是當前慈濟立宗的根基之一。

非以處罰為核心

天主教設立教會法庭，法庭的意義不是懲罰，而是寬恕，免於下地獄的寬恕。戒律與儀軌的違背不應該有人身處罰的規定，佛陀時代對於犯戒的比丘最多是默擯之。但在古代其他宗教，犯戒則有人身生命剝奪的處罰。中世紀的基督教對於異端可以燒死。古希伯來對於某些違反戒律者，眾人得以「投石擊死」。耶穌時期，一位婦女抹拉莫犯了通姦，眾人將她拉到廣場，準備以石擊死。這時耶穌剛好來到廣場，眾人告知耶穌抹拉莫的罪行，要擊石處死。

耶穌撿起一塊石頭說，是的，她犯的罪，以希伯來律法應該以石頭處死：「讓那沒有罪的人丟第一個石頭吧。」眾人聽了耶穌的話，都全靜下來了，沒有人真正的無罪，沒有人有資格處罰犯戒的人。

戒律的持守不能強迫，而是自我要求。自我持守戒律，讓人看了你起歡喜心，繼而願意跟隨，才是戒律的關鍵。如同慈濟宗的創辦人證嚴上人所說：「道德是要求自己，不是用來要求別人。」

「戒律委員會」是以勸戒為核心，不是以處罰為核心，才是宗教戒律圓的核心。

戒律與教育

「戒律委員會」在宗法的適用與戒律的持守，引起爭議之際，可以進行審議。個別信徒如受到指控違反戒律與宗法，也能給予申訴的機會。對於審議是以個人為主體，或必須以機構為主體，必須詳細界定。以個人為主體可能會造成人與人之間提出申訴或控訴。以機構為主體，個體受到壓制可能得到申訴的機會。比較好的做法是控訴必須以機構提出，申訴可以個人提出，以保障個體的信仰權益，也防止個人濫於控訴的情節發生。

戒律委員會應該興辦各種教育營隊，深化信仰者對戒律的運用與修持。教育，是最好的方式，將戒律傳遞到每個信仰者家中。戒律的教育應該重視戒律的內涵及意義，不宜變成教條、一種強加。希臘有過一個神話故事，一個海盜抓到人，他會用一個刑具，刑具有固定的長度，抓到的人躺在刑具上，頭超出砍頭，腳超出砍腳。這刑具神話是告訴世人不要以一種教條規範人。戒律不是這海盜的刑具，因此教化，理解戒律與儀軌對於人的意義，才是引導信仰者奉行戒律的良方。

儀軌的意義

儀軌與戒律不同在於是群體為之，或家庭為之。如飯前禱告，如睡前祈禱，如早晨之早課、拜懺等，都是儀軌的實踐。慈濟宗以群體入經藏演繹的方法，將個人融入群體，融入法義之中，是成功的儀軌之推動與建立。其儀軌內涵如何更好地融入家庭生活，如猶太教的家庭用餐的各種儀軌，都是從小確立宗教儀軌的根基。這根基是信仰的基礎，讓儀軌從小奉行，成為生活的一部分，這是堅定信仰的基礎。

宗教儀軌通常不是憑空創造，而是基於事蹟與故事。穆斯林建屋開工前要祭祀羊，可以追溯到亞伯拉罕遵從上帝的旨意，要殺死自己的愛子，以證實對於上帝的忠誠。在山頂上當亞伯拉罕忍著極大的悲痛準備殺死唯一的愛子之際，上帝從天上看見亞伯拉罕的誠心，於是從空中說：「止！止！」上帝知道亞伯拉罕的忠誠，於是讓那隻經過的羊替代兒子祭奠吧！亞伯拉罕是穆斯林認定的先知，穆斯林的祭奠羔羊是來自先知的神聖事蹟。

天主教在彌撒之後，神父讓信徒吃聖餅與喝聖酒，是來自耶穌門徒包括保羅等所逐漸創發的儀軌。聖餐代表耶穌的身體，聖酒代表耶穌的血液，通過聖餐與聖酒與耶穌合一。通過聖餅與聖酒，讓耶穌具體地進到每一個基督信仰者的身上。

當神聖的事蹟轉化為符號，宗教儀軌就得以建立。

神聖的事蹟不能複製，所以創造符號以紀念這事蹟，讓信徒通過符號經歷這事蹟，以讓所有的信仰者成為生命共同體。這是儀軌的效應與意義。

圓型宗教組織架構總結

宗教組織的架構從信念出發，信念從原初的創始人提出實踐，在歷史的進程中必須保留再詮釋的能力，以適應不同時代的需要。其再詮釋仍必須保持原初的信念精髓與根本的思想。教育是宗教延續的重要平臺，通過教育傳遞信仰內涵。同時，訊息的平等分享得以建立如家人般，人人生活在一個平等有愛的社群。宗教組織的擴大必須一部分依靠制度的力量，所以立法才能使大宗教組織的成員都有所依循，以維持大型宗教機構的順暢互動與運作。行政系統對於宗教組織仍是必須的，但是行政領導人必須以德為本。賦能而非控制，是圓型宗教組織行政的根本。最後，戒律的持守才能使宗教團體的凝聚與和諧得以確保，戒律的持守更是信仰者通向終極真實或終極覺悟的路徑。

註釋

1. Asma Afsaruddin, *The First Muslims: History and Memory*, (London Oneworld Publications, 2008), P.7.
2. 《新約聖經》馬太福音 16:13-19.
3. 請參見第十三章，頁 166，已詳細說明慈濟四合一的運作制度。

第十七章——圓型組織的決策：組織通則篇

政治哲學家約翰・羅斯（John Rawls）提出「無知之幕（The Veil of Ignorance）」的概念，取代從洛克、盧梭到康德的社會契約論中的「自然狀態」，而以「原初狀態」闡明人類組織的締約與協議。

「無知之幕」假定所有參與會議協商的人，都是處於原初狀態，沒有人知道彼此的社會地位與階級，沒有人知道參與者的個別利益，甚至沒有人知道自己的階級與利益。這種原初狀態讓所有參與會議的成員能夠擯除一己成見、私見，以一片無知之心，聆聽彼此差異的意見，接收各方所提出的新訊息，從而達到最完美的決策與合作契約。

約翰・羅斯的「無知之幕」確立人具備道德的直覺，只要把自我的階級與利益去除，人與人、群體與群體、國家與國家就能達到最佳協議。無知，乃能臻至最高的全知。羅斯所強調的其實是利他的心，才能達到最佳的協議與決策。因為無知，其實是無我，才能達到充分的討論，以道德直覺提出最佳全體認同的方案。康德對約翰・羅斯的影響是深遠的，康德肯定人有善意志，這種純粹的善意志是不受外在及環境所制約，善意志當然是利他的、非自利的，是能遵循理性道德的一種最高意志。康德的善意志被約翰・羅斯將其轉化為道德的直覺。這道德直覺依循「無知」，亦即「無私」，才能達成社會契約，達成人類的和合的美善的社會約定。

約翰・羅斯的無知，毋寧說是無私。因為無私，所以才回到原初狀態，人人平等，人人無先驗立場設定的立場，無預先準備的自我利益，而是以公平、公開、公正無私的心，參與社會約定，創造最佳的整體與個人利益及信念的滿足。

無私，是一切社會達成最佳約定的前提。

長筷子原理（Long Chopstick Principle）

佛教有一則神話故事，就是描述社會約定兩種成功與失敗的景象。這神話寓言說，在天界中，至高無上的天神是平等地對待天堂與地獄裡的一切眾生，天神為天堂及地獄的眾生都同樣準備了豐富的食物與美味佳餚。然而在天堂裡的眾生吃得健康、美麗、豐腴又快樂；而地獄裡的眾生卻是身體虛弱、飢餓又苦惱。同樣豐富美味的佳餚，為何結果完全不一樣呢？其原因為何呢？

其原因在於天神賜予天堂與地獄的眾生用很長的筷子吃飯，這長筷子長到搆不上自己的嘴。但天堂裡的人用長筷子夾食物，他們懂得給彼此夾菜，互助餵食，結果每個人都吃得飽足。而相反地，地獄中的人總是用長筷子試圖要給自己夾菜，怎麼吃都搆不上嘴邊，因此人人都骨瘦如材。

這現象說明兩個世界，一個是利他主義，一個是利己主義。在天堂是利他主義，人人互相幫助，人人得以飽足。地獄是利己主義者，人人為己，人人面黃肌瘦。這就是天堂與地獄的區別，不在物資的缺乏與豐足，而在於自利與利他。

長筷子的故事說明了一個事實，即利他主義的人最終將使所有人受益，而自私則將使每個人處於不利地位。

因此，利他主義的概念是利益分配的最佳途徑。如果我們每個人都利益他人，那麼最終每個人都將受益。

在利他的前提下，我們試著在現代社會的議會協議上建立「衝突和解」與「利益分配」的新模型。正義不是通過尋求個人利益的滿足來實現，而是通過每個人都將他人的利益置於自己之上的利他主義之安排得以實現。

吾人將這種在決策或政策制定中經過深思熟慮的新模式稱為「長筷子原則」。吾人隨後詳細闡述其程序和原則，各成員應遵循這些程序和原則，以使所有成員達成共識的最終共同利益。

一、無私之幕

預備參加會議的每個人都必須抱持無私的動機。他們必須誓言議會的各方，特別是對自己，要遵守無私的信念，以致力追求彼此最大的利益。

「無私的誓言」是進入公共對話與公共審議領域的前提，這是無私的信念之確認。任何想要跨進議會門檻的人，應該先以秉持無私的精神才能進入。這不是烏托邦話語，在我們的現代法律體系和宗教實體運作中有很多場合都是如此。我們以法庭證人為例，在美國或英國的法庭之中，證人站在法庭上，在他們作證前，他們都要發誓言，所說的都是真相，「除了真相以外，別無其他，以此請上帝賜福於我。」這種儀式證實每一位證人在法院系統中都必須說出真相，並準備隨時接受檢驗。

我們也舉例天主教的主教之任命，主教在各主教區都必須誓言他們要代表主耶穌基督無私地支持與慈愛教區的門徒們。如果他們背叛誓言，他們必須辭職並尋求贖罪之途徑。這就是教會願意賦予主教們絕對的權力，來統理管轄教區所有事務的原因。

這種真誠的誓言能使「誓言者」以著無私的信念，通過這道「無私之幕」進入協商與議會，這是達成最佳決策的前提。每個與會者都誓言以無私的心為所有成員及社群創造最大的福利與益處。

二、界定共同利益與目標

進入「無私之幕」後，成員應該共同界定什麼是公共利益？會議所有的共識都是基於「良心、平等、公正、透明、全面」的基礎共同推動。成員充分表達所有的意見，傾聽所有的聲音，考量不同之利益與立場，最終做成無私的決定。

這並不意謂著個人利益不重要，相反地，公共利益與個人利益都應該得到平衡與維護。利他原則使得一個群體能引導所有成員建築共同的信念，確立共同的利益，追求共同的目標，理出互利的資源，追求共同的幸福。

三、界定各方或個人的利益

當然整體社會的共同利益未必符合特定的個人或特定群體的利益。利他原則不應為了共同的利益而犧牲個人的利益，因此協議過程中，應該讓每個人都可以提出自己的特殊利益，參與各方也應充分理解各自的利益。

四、給他人最大的利益

會議中所有不同利益的各方都必然會產生一定的衝突，也必然討論什麼是真正的公平分配？「長筷原則」主張在利益分配之前，每一個衝突各方都必須先尋求他人的利益為先，尤其是先考慮「直接衝突方」的利益。如果雙方在特定利益發生衝突，則雙方都必須先考慮並願意給予衝突對手最大的利益。這聽起來似乎烏托邦，但卻是解決衝突最有效的模式。

我們思考一下這模式的益處，如果衝突雙方都先考慮他方的利益，並且衝突雙方都以同樣的方式思考，並願意遵守這項規則，其結果首先是減少衝突的緊張關係，其次是協議的結果才能夠真正讓對方滿意。以利他為前提的協商所得到的利益分配，絕不可能少於「在對抗情況下」或「出於自身利益考量下」的協商模式。為什麼？因為各方尋求利益的人，面對的是友善的協商環境，因此雙方都比較願意互相傾聽，願意彼此尋求對方的利益。這使得協商容易達成，雙方都能獲益。

與此相反的，以利己為中心的協商，通常在談判過程中一方抱持著緊張的防備心，另一方也以同樣的方式思考回應，最終彼此處在緊張對立的過程氛圍中，由於某些敵對的行動或提議，讓各種可能對於雙方有利的選擇變得不可能，或互利選項微乎其微，甚至導致最終的破裂。因此，給予對立的一方最大的利益，是以利他的長筷原則所提出的最佳模式。

五、對提供者和任何其他人均不造成實質性損害

給予他人最大利益的前提是不得對任何一方造成實質性損害。這損害可能是與生命、健康、自由、信仰、維持正常生活、工作或財產相關，甚至涉及人類的尊嚴與良善。那些可能對他方造成侮辱或傷害的情事，在決策過程中應禁止提出。

六、尋找替代選擇方案

如果「給予他人最大利益」的第五條原則未能得出利益的折衝，則可以在此過程中提出替代方案。各方可以共同選擇一種替代方案，以使衝突各方滿意。

七、不超過參與各方的利益平均值

評斷會議決議的公正性，可以給予每一「參與方」的利益，設定一個平均值。如果特定的一方不滿

意自身所獲得的利益，則每一方獲得利益的平均值，將成為評定該特定方的利益所得是否合理。如果這特定一方的所得已經超出全體成員利益所得的平均值，則該請求將被拒絕或修改。

八、設立分部門以解決特定未能調和的權益

如果上述原則可能無法為特定的衝突產生圓滿的結果，則委員會可以組織一個單獨的部門，以更深入地了解利益衝突之所在，並有足夠的時間討論情況，找出解決衝突的方法，並將其提交給委員會，以達成最終共識。

九、通過辯證討論對衝突各方的動機進行重新評估

如果以上這些方法不能解決特定方所主張的利益衝突，則委員會可以在會議上重新評估這些衝突的各方，其動機是否符合無私的信念，以再次確認其主張的正當性，評估他們在進入無私之幕之後，是否始終信守無私的動機參與決策。

十、時間是決定公眾論證與公共決定的重要因素

委員會的共識必須根據各種情況確認做結論的時間，依緊急或常規問題而設定。如果一項一致性的協商會議有不必要的審議或推遲，或就某個特定問題無限期的討論，都不是好的議決模型。會議應該在一開始之時，就確定做結論的時間點。

十一、提議的可見性與可預測性

為了達成共識，在特定問題上將各種可能的選項之影響具體描述，這是非常重要的溝通技巧；這意

味著每個參與者都必須清楚地了解這些決策後的景象。為了實現衝突和解，每個參與方都必須對其所提議案，生動說明自己的提議所將締造的結果願景，包括實質的分配模式、其必要性、特定方所獲得的利益，以及對整個社區所創造的利益。

十二、重申以無私達成協議

當委員會達成結論或達成共識時，委員會成員應向所有出席成員表達感恩，感恩大家都在會議中謹守、履行無私動機的誓言，並依此精神以最具智慧的方式達成最佳結論及最佳解決方案。

「長筷原則」比較是在心態上及程序上，以利他的動機所創造的議決模式。長筷原則確立人人去除私心的情況下，達成最佳的決策。

共識決議會模式

良好的會議形式一定是具備兩種素養，一是無私，二是智慧。

確立了無私的動機，繼而就是智慧。智慧來自多元的思維，越集思越能廣益，特別是傾聽不好聽的聲音，是團隊決策成功的關鍵。

共識決讓每一個成員都能發表意見，參與意見，從而擴大內部的凝聚力。有別於多數決，有贏家、有輸家。共識決在人人平等的基礎上，滿足每一個人的期望，達成一致認同的決議，對於組織最佳的方案，必全力支持推動。這是圓型組織的決策理想。

但是共識決也是有適用的條件，當成員組成的素養比較相當，比較適合採取共識決。

共識決不是絕對的模式適用於所有的決策。當一個決定需要快速形成的時候，不適合採用共識決。

緊急的事件不宜用共識決，因為共識決需要相對長時間的討論與議決。另外，當組織中重要的成員，或是對該議決項具備權威能力的成員或團隊沒有參加會議，或不願意參加會議的時候，也不適合做共識決，因為議決的品質不具備良好的基礎。

共識決適合用於何種議決情境？

第一，當不同的團隊、不同的部門、不同的組織、不同的社群需要共同來決定一項議題時，共識決是比較適合的決策模式。

第二，如果一個方案很需要各方面的支持才能夠實踐，這個時候共識決是合適的議決模式。

第三，在組織裡沒有任何一個人具備較佳的權威來做決定的時候，適合共識模式。換言之，如果組織當中有很權威的人士，應該聽權威人士的意見。一個具備專業的意見可能勝過一千個非權威、非專業的意見。在組織裡或團隊裡，沒有任何一個人具備足夠的知識做決定的時候，共識決是可以適用的。

第四，在一個組織當中，各部門的看法非常不同，這個時候也需要共識決作為會議基礎，或者是一個跨越不同領域，以及必須有創造性的解決方案需要討論的時候，面對一個複雜的問題，共識決是比較合適的決策模式。

共識決的步驟與原則

當共識絕沒有辦法達成的時候，通常有幾個方法可以採用，第一個是延後決定（Deferred Decision），通常如果不是一個緊急的決議案，當成員沒有辦法達成共識時，可以延後這個決議。直到所有的變數與考慮都逐漸清楚為止。或是新的訊息進來的時候，再來做決策。

第二是可以把議決先放到一個次級會議裡召開（Give decision authority to the sub group）。如果是一個跨部門的大型會議，可以成立這一個次級會議，進行可行方案的討論，等次級會議討論有共識以及有可行選項之後，再放到整體大會議進行決策。

如果是在一個有上、下層級的官僚組織體系裡，可以把這個決議提到更高層級會議進行討論及議決（push the decision upward）。中層主管的會議可以提供討論後的選項，提供給高層級主管做議決。

最後就是能夠選立一個所謂 Moderator，亦即主持會議仲裁者。通常仲裁者是比較能夠具備理性的中立方來傾聽各方的意見，讓意見能分別表達。

根據美國北卡羅萊納州仲裁協會的標準，他們對於仲裁者有幾個需求要件。仲裁者是要能促進成員間的充分溝通，要能幫助成員達到互相理解，要能協助將問題清楚的界定，並清晰化問題性質與範疇，要能夠擴大解決問題的各種選項，最後就是能夠引導各方的理解妥協，進而達成全體一致認同支持的共識，這是仲裁者在共識決中重要的角色。

通常共識決能夠形成需要時間，如果時間拉得更長，其實多半是可以形成共識。當然前提是大家的動機心態必須純正良好，再來就是成員們都希望將此一項議題具體達成決策，這兩個前提之下，可以應用所謂的延後決策以達成共識（defer the decision）。

共識者的決策一開始必須先界定清楚議題是什麼？我們要談的議題是什麼？這是第一個步驟 define the issue。就是要問我們究竟在議決什麼議題？我們要關心的是什麼議題？這議題為什麼須要探討？

理解當前所面對的問題，不是當前的議題我們應該如何來回應？而是我們該不該做，什麼時候做，我們應該如何來做？換句話說，大家都共同認為這是一個我們應該來探討、如何來做決定，如何來完成這個事情的最佳時機。

第二個步驟是 develop criteria，就是必須把我們要思考的要件提出來。亦即我們在思考這個問題的時候，我們要達成哪些要件？達成決議的時候需要哪一些標準與要件？成員必須瞭解一下該主題的歷史背景，或是某些重要的事實是什麼？這些事實必須要真正攤開來談。再者就是成員對事實有沒有共同的認定與理解。決定標準（decision criteria），就是建構一個決策的共同標準，我們必須要問，目前有哪些狀況是必須解決的？哪些是我們相對要解決的？這個議題必須要知道一些相對的事情，以及要達成哪些目標等。

第三個步驟是要構思、修正、細化可能接受的選項是什麼？影響這個組織最大的一個議題是什麼？對於這個條件，這些要件會有影響的變數是什麼？我們對這個議題還不瞭解的部分是什麼？如果一切都沒有改變這樣走下去，我們都不處理，什麼事情會發生？

第四步驟為了要達成共識目標（task for consensus），有哪些組織的利益或需求必須被滿足？或是哪一些要求是必須被完成的，哪些是我們必須共同去關心的事。我們的資源又受到哪些限制？成員重新再梳理一次有哪些選項，每個選項大家同意的程度？哪一些選項是大家同意，哪些是大家尚未一致認同？

最後，達成決議之後，有哪些是可能產生後座力的影響，是我們必須要避免的？這是我們在設定這個決議的時候，所必須具備的智慧。我們達成的共識，是所有成員都一致認同這個決定是最好的決定，也願意無條件地全力支持這個決定。這是共識決的第五個步驟，

吾人認為「共識決」是強調平等參與的圓型組織最理想的決策方法。然而共識決遠遠不是一票否決制，不是只要一人說不，整個案子就停擺，這不是共識決的模式。

吾人提出幾項以科學方法建立的共識決的模式，更深入探討群體如何運用理性共識決模式，既達成有效的決策，也保持群體的團結與和諧。

三角理論的共識決（Triangulation）

在地質測量上，在三個角測量最不容易產生偏差。在決策的形成上，能以多角度，多種模型來思考，是達成有效決策的關鍵。三角理論的假設是任何一個角度的弱點，都可以被從一個角度得到彌補。三角理論可以比擬為再現性（Reproducibility）。三角理論當中，固然每一個向度都有優點與缺點，有有利的因素與不利的因素，但是三角理論並不是三者的總合或合併，而是可能在評估各種向度的優缺點之後，找出新的創造性觀點。所以三角向度非三者的整合，而是能夠通過各個視角的優劣，探索出創新的觀點。[1]

三角理論適用於共識決，因為共識決設定多樣的觀點才能讓決策遠離單一性的危機，讓全面性的資訊，衝突的意見能夠被呈現，以藉此找到創新的視角。

委員機制的共識決（Committee Consensus Method）

英格蘭銀行（Bank of England）的營運政策是由金融政策委員會（Monetary Policy Committee，MPC）所制定，金融政策委員會遵循「委員會共識決模式（Committee Consensus Method）」已經行之多年。英格蘭銀行的MPC必須準確預測下一年度的財政收支情況及金融市場的可能變動，這些都需要精準預判的能力，其預判所產出的政策攸關英國下一年的財政與金融市場表現，因此他們採取多視角的共識決，以降低風險與誤判。委員會會議是由銀行總裁及兩位副總裁，並邀請六位專家，共九人成立委員會。除了總裁、副總裁之外，其他六人當中有四人是外部專家。外部專家是囊括各種意見的關鍵，如果委員全部由內部人士擔任，會偏向一致性，缺乏對全面資訊的充分理解。[2]

委員會召開先由一位副總裁主持，每一位委員輪流發言，在幾次會議之後，逐漸形成幾項選擇方案，再召集九人會議。九人會議一開始是由資深副總裁將六人會議的選項分別敘述。總裁再點名各委員分別陳述自己的觀點。在每一位成員都發言之後，開始表決，以多數決的方式決定選項。每一票議決內容都被單獨紀錄，以留下歷史資料，表示各別負責的態度。

這種方法有效地讓各方陳述、辯論，以致產生幾個可能選項，在經由全體會議充分討論，以表決做出決議。這是很負責、很透明的討論議決方式，充分論證後的多數人的看法作為決策機制。充分、各方、透明、多數，是委員會機制的共識決的成功基礎。每一個人都知道自己的決定會被單獨記錄並公布，每一個人會很審慎地思考與決定。這裡的共識決不是一致性決議，因為一致性決議通常是不可能的，但是各種意見的充分表達卻是共識決的關鍵。在各種可能方案都提出後的多數決，是比較能做出最優質的決議。

三頭馬車的共識決

三頭馬車制度（Troika）是由美國聯邦政府的三個金融機構共同構成一個具備三個層次的委員會，共同制定美國的經濟財政方針，以三個機構、三個層級的協同合作，以求能夠完整地涵蓋各方訊息與觀點，備能做出最佳經濟財政方案。這三個機構分別為「經濟顧問委員會（The Council of Economic Advisers, CEA）」，「預算管理局（The Office of Management and Budget, OMB）」以及「財政局（The Department of the Treasury）」。

三頭馬車制度從三個垂直的層級設計，第一層是三個機構的主席，成立政治任命的三人聯席會，稱為T-1。第二層是三個機構的副主席及副局長，總體經濟學家所共同組成，稱為T-2。第三個機構是三個機構的幕僚團隊共同組成，稱為 T-3。首先 T-3 在經濟預測報告書出爐之前兩個月，先針對來年各項經濟的變數提出分析，並聘請外部顧問專家進行評估與分析，外部與內部合作提供資訊與觀點，訊息的完備是這時期的主軸。T-3 在完整地蒐集評估各項資訊與觀點後，做一個摘要報告給 T-2 的成員，再由 T-2 成員多次會議之後，做成結論報告交給 T-1 進入最後的分析與總結。[3]

三頭馬車委員會的最主要目的是如何誠信地評估經濟情勢，以使聯邦政府能確實地做好來年的政府預算。政治正確與評估的正確常常會起衝突與矛盾。經濟顧問委員會當然希望經濟一路成長看好，但「預算管理局」卻必須準確地知道經濟走勢才能合理地規劃預算的規模與結構。財政局作為調控單位，也必須審慎地預估必要的財政準備與調控的機制。

誠實，是這個委員會的信條。因為各種的政治干預會希望提出樂觀的經濟前景，這使得三頭馬車委員會的評估信譽受到影響。因此三方都必須抗拒政治的壓力，經由理性的辯證，評估各方的訊息與意見，誠信地提出他們的預測與結論。

三頭馬車的設計就是在如此重大的財政預測上，不至於因為單一機構的偏失而造成錯誤的預判與預算的偏差。也避免政治力的介入，讓經濟財政預估成為政治宣傳的工具，而損及國家整體的利益與人民的福祉。

這種共識決模式又稱為「約束性模式共識決（Model-Constrained Consensus）」，亦即不讓任何單一模式支配整個政策的討論與形成，讓多種模式、多種觀點彼此參照、辯證，以期求出最佳方案。

德爾菲共識法（Delphi Method Consensus）

「德爾菲共識法」是西元一九五〇年代由O・赫爾姆和N・達爾克首創，最早由RAND公司所採用，初期是用來預測科技用於戰爭所產生的影響預判。取名 Delphi 是取自希臘的一則神話，傳說阿波羅太陽神具備預言的能力，因而把這種預測方法被命名為德爾菲法（Delphi Method）。

「德爾菲共識法」也稱為「專家調查法」。研究人員以匿名的方式將問題（Questionaries）分別傳送給各領域專家，請他們提出意見。專家之間彼此不知道，也不聯繫，所有被諮詢的專家都只跟研究員聯繫。

在第一輪的意見匯總之後，研究人員將前百分之二十五與後百分之二十五的意見先刪除，把將中間值（Medium）的幾種意見再傳送給各個專家，做第二次意見詢問。特別是詢問那些「原初意見」超出「中間值意見」的專家們，是否願意再修改他們的看法。如果某專家不願意再修改原初的看法，他們可以提出註記與說明。研究人員依此方法反覆徵詢、修改、歸納之後，得出專家一致認同的意見，這就是「德爾菲共識法」的精髓。

「德爾菲共識法」避免面對面時可能造成的團體壓力，以及不必要的情緒介入。因為各專家都是保持匿名，因此可以暢所欲言地表達他們的看法。

德爾菲共識法在西元一九八〇年代開始，加州能源委員會用於油價的制定上有產出很好的成果。德爾菲共識法讓諮詢的範圍擴及更大的層面，使得預測的準確度更為提高。

理性共識法

部分學者特別是 Roger M. 認為 Delphi 的決策模式仍然不具綜效、不夠理性、不夠準確，或者直接說不夠科學。因此他提出五種原則來檢測共識決的理性基礎。第一、重複性（Reproducibility），任何的數據或分析必須能夠讓同儕提出重複計算與檢測，必須提出能夠被檢驗的數據與根據。第二，課責性

（Accountability），專家的主觀性必須被充分認知。第三、經驗控制性（Empirical Control），所有專家的評估必須在經驗的基礎上受到控制。第四、中立性（Neutrality），任何專家必須誠實地說出他們真正的想法。第五、公正（Fairness），所有專家再進行觀察以前必須被公平的對待。

Cooke 根據 Roger M. 的五個原則發展出所謂：「專家結構性判斷的程序（Procedures Guide for Structured Expert Judgment）」。這套程序運用在核能意外事件的評估與預測，包括歐洲委員會、美國能源規範委員會都採取這套程序作為專家間的決策模式。這套程序修改了 Roger M. 的原初設計，而轉換為：

第一、檢驗與課責（Scrutability/Accountability），所有決策的程序都必須公開給同儕，所有的資料與數據都提供給專業相當的同儕專家進行檢驗。

第二、公正（Fairness），不進行預先評斷。

第三、中立（Neutrality），不帶偏見的產出與看待結果。

第四、經驗控制性（Empirical Control），所有的量化數據都必須有經驗值的控制。

圓型組織的共識決

「無私、利他、平等及專業」是共識決的四大基本原則。

必須有無私的心態，才能達成共識決。並不是去除個別的利益，而是不把個別利益放諸群體利益之上。因此無私的意涵離不開利他。每個人都想著為他人做什麼？而不是組織為我做什麼？同樣的利他原則也分別在組織與領導人的身上，組織與領導人必須問組織及領導人為成員做什麼？這才是無私與利他的實踐。無私是利他的前提，利他是無私的具體實踐。

有了這兩種心態才能談平等，平等與專業必須同時考量；平等是一種必要的態度與對個人的保障，但是平等不是決策的重要基礎。平等必須尊重專業，專業的介入是決策能否優質有效的關鍵。平等意味著人人都能表達意見，但是並不是人人意見都必須得到滿足才是共識決，這在現實上是不可能的。那麼，誰來決策？我們先前提到多種模式的共識決，每個共識決模式都建立在平等透明的基礎上。但是專業的角色與介入絕對是前提，如果專業者以無私利他的心情去從事決策，成員不用擔心專業壟斷所有的利益分配與價值資產，因為無私與利他是共識決的基本要求。

然而無私與利他難道不是威權決策的基礎嗎？為何要共識決？

因為任何一人的決策總是有盲點，總是難免有所不足。雖然決策出自專業之建議，但是仍必須平等地考量各方的利益、情感與價值，才能夠讓專業判斷不致偏失，避免讓專業犧牲一般非此專業成員的現實利益與價值情感。

其模式如我們先前建議的步驟，從界定議題，建立決策標準，提出各種可能的選項，設立仲裁者，以及考慮組織與個人最大利益，再逐漸形成共識。

一個組織欲採取共識決，必須先建立一個大家都能接受的模式。這是一種涵融哲學道德信念與科學精神的決策模式。

圓型組織的前提是平等，但平等的前提是無私與利他，平等社群的最佳幸福實踐是必須依賴各種專業的參與建構。在專業與專業之間，必須遵循共識的模式進行。專業意見的形成過程也可以吸納一般非此專業成員的意見，這在委員會模式的共識決，以及德爾菲共識決、三頭馬車共識決的模式中都有不同的著重與適用。

以宗家團體慈濟功德會所強調的圓型組織的共識決，其自身的志工來自各行各業，各有不同的專業背景與社會生活，如何取得平等的共識決，其挑戰度甚高。

慈濟志工的無私利他之心是備受肯定的，對於平等與專業則必須進一步探討。慈濟功德會在本會與分會之間，在法脈靜思精舍與慈濟各志業體之間，似乎可以設立委員會，以委員會建立共識決模式，吾人將在下一章節中繼續探討。

註釋

1. Marcel Boumans, *Science Outside the Laboratory: Measurement in Field Science and Economics*, Chapter 6. Consensus, (Oxford Scholarship Online: May 2015), p.3.
2. Marcel Boumans, *Science Outside the Laboratory: Measurement in Field Science and Economics*, (Oxford Scholarship Online:May 2015), p5.
3. Marcel Boumans, *Science Outside the Laboratory: Measurement in Field Science and Economics*, (Oxford Scholarship Online:May 2015), p6.

第十八章——圓型組織的決策：宗教組織篇

慈濟在僧團組織上，其核心仍是繼承漢傳佛教的體制。但是在現代化的開展中，慈濟的組織治理具備著現代化的組織型態，將科學理性與法治理性作為其涵融的力量與助益。吾人認為，慈濟的僧團制度是漢傳佛教的體系，但是慈濟的志工與志業體的體系是極為現代化的組織。證嚴上人以他高遠的人格力量與智慧，將這兩種體制融合得恰如其分，發揮各別的功能與良能。

靜思精舍是慈濟人佛教精神的發源地，慈濟志業體系是佛教精神對社會的延伸與服務，兩者缺一不可。沒有任何一個時期的佛教，比起現代面臨更巨大的挑戰。佛教當年在中國能否適應開展，不是歷史的必然，而是歷史努力開創的成果。佛教在當代能否持續開展與興盛，不是歷史的必然，而是現代佛子的努力創造與發展出來的果實。

今天漢傳佛教所面臨的轉型與適應，比起當年佛教進入中國是否能扎根中國是同樣的嚴峻。

我們考察慈濟的發展與對當代的適應，必須先從歷史的視野，探討慈濟僧團組織之源頭，以及慈濟志業體系構成的歷史條件，才能更深入地了解慈濟組織運作在當代社會之優勢與面臨的挑戰。

中國佛教組織治理的儒家化

儒家與佛教在中國文化的發展中，有深刻的交集、衝擊、融合與再造。佛教從東漢末年傳入中國之後，在魏晉南北朝得以得到發展。期間，儒家在亂世中的地位式微，是佛教在中國各階層得以發展的關鍵。亞瑟．懷特（Arthur Right）在中國歷史中的佛教即主張，正是中國五代十國混亂的政治局面，佛教在各階層逐漸地得到支持，成為各階層立身處世之信仰。

首先，懷特主張五胡時代，入侵中原的君王不願意以漢人的儒家為其立國思想根基，佛教就成為重要的統治基礎之思想依靠。懷特說：

> 首先，佛教對中國來說，是一種外來的宗教。當胡人首領足夠明白他們的部落方式不能支撐他們對北方中國的控制時，他們也不願意採用老謀深算的漢人顧問們竭力推薦的儒家原則，因為這種做法或許意味著文化身分的喪失，以及把致命的權力拱手相讓給臣服的漢人。佛教提供了一種頗有吸引力的選擇，而且佛教僧侶們很多是外國人，要完全依賴統治者的喜好，並且缺乏家族網絡，看起來是很有用又值得信賴的僕人。[1]

他們支持佛教更深的原因是他的倫理是普世性的，可以為所有種族、時代和文化的人們所接受。因此他看來正好可以彌補傷害這些正起的社會裂縫，並有助於建立一個統一而圓通的社會體。[2]

懷特的研究指出，在魏晉時期的混亂，正好給予佛教在諸國伸展的機會。佛教給予各階層安身立命的基準。流落到南方或留在北方的仕紳，大戰亂時期，讓傳統的仕紳階級潰散，名教式微，佛教的天人乘以及布施功德的概念給予富豪階級處事之方。

來自北方的胡人首領，佛教的轉輪聖王給予他們統治合理化的神聖基礎。一般百姓深受連年戰亂之苦，佛教的西方淨土給予他們的苦難得以超越之夢想。

每一個階級都在佛教裡看到自己的角色與位置，佛教在當時成了中國社會主要的信仰。這也是懷特所說的佛教中國的馴化期。

佛教在中國進一步的適應，是在中國本土的扎根。從早期譯經是外國僧侶，在唐朝一統以後，中國僧侶特別是玄奘取經，開啟了另一波佛教的興盛期。唐朝以降，佛教徹底地中國化已然建立。隨著佛教徹底中國化，僧侶修行與寺廟制度得以逐漸中國化。

佛教有信徒們慷慨地捐贈所支持，有信仰純正而卓越的引領者所指引，有那個時代最有天賦的藝術家和建築師所增設，他植入了中國人的生活和思想的激勵。這幾百年是中國佛教獨立創造的黃金時期。

佛教儀式如今成為國家及皇家禮儀的主幹，新皇帝的登基，皇子的出生，皇家祖先的祭典，如今所有這些和其他許許多多場合都包含了佛教的儀式，唱誦經典和咒語，素齋宴請僧團，禮儀性地供養寺廟和廟宇。

隋唐的皇帝們已經重新確立了天子是統一的帝國之中心和中樞，但是這些君王與他們的漢代前任不同；本土傳統的觀念象徵，合理化了漢代君王的地位，而如今他們非常依賴外來的宗教增加他們權力的可信度和威嚴。[3]

隋唐時期，隨著漢人重掌政權，儒家也逐漸恢復其歷史的地位。這時期的佛儒並立，給予佛教的義理與儒家的人倫次第，提供了融合的歷史條件。

當初佛陀創立僧團是以平等的方式、簡單而鬆散的方式，帶領僧團。僧團並沒有嚴謹的組織，一切以修行為目的。居無定處，食以一簞一瓢為足，不積蓄財物，不建置廟宇房產。

佛陀入滅，囑咐弟子以戒為師，沒有立接班人，沒有建立僧團的嚴謹制度，個人守好應該遵循的戒律，犯錯自懺，有過應改，沒有組織嚴密的階級制度，沒有他律的懲罰制度，一切回到以「因果觀」為基礎的修行根本。犯錯造業亦自有因果，何須外在懲罰。修行功夫到極致，證成菩提正果，何須他律來要求。佛教初期流行的印度修行組織是以律藏為中心的僧團時代。

佛教到了中國，建立了寺院制度。一方面中國人對於僧侶離家修行，雲遊乞食，對一向重視家庭的中國社會固難以接受。加上天寒地凍的中國北方，雲遊乞食是不容易實踐的。寺廟的興建，寺廟擁有田地、地產成為普遍的現象。即便在五代十國時期，地方仕紳的供養，寺廟經濟已經相當充裕。加上君王皈依佛教，興建寺廟成為功德之一。寺廟的僧侶眾多，寺廟經濟必須管理，組織型態逐漸建立，某種管理階層制度也已然形成。

吾人從管理、決策及制度等三個面向，分別探討初期印度佛教僧團制度到中國之後的變遷與適應。

漢傳佛教僧團的管理

中國寺廟制度與清規的演進，以道宣和尚及百丈禪師為主要代表。道宣和尚訂定的律制承襲了印度佛教的戒律。印度初期佛教如前所述著重自懺、共懺，每月初一、十五的波羅提木叉是佛訂定戒律以及僧侶發露懺悔的場所。比丘犯錯自行懺悔、自行改過。眾比丘看著懺悔的比丘發露作罪過，自然也有互相勉勵監督不再犯錯之意。戒律一旦訂定，再犯的比丘就要受到戒律的規範，最嚴重的就是默擯，僧團不再與他共語、共處。印度初期佛教是沒有鞭打制度的。

到了中國百丈禪師清規，犯錯比丘是可以鞭打的。初期佛教戒律中必沒有杖打制度，杖打並非佛陀訂定的律法，如道宣律師所說：自三世佛教，每諸治罰，但有折伏、苛責，本無杖打人。但是佛教到了中國施行犯錯僧尼可以接受杖打。道宣律師在《行事鈔》對於體罰制度提出批評說：

「比見大德眾主，內無道分可承，不思無德攝他，專行考楚，或復房中縛束懸首，非分治打。」[4]

「若打罵破戒無戒，袈裟著身剃頭者，罪同出萬億佛身血。」[5]

承繼初期佛教律法的道宣律師雖然一再表達反對體罰，但是從《古清規》到《百丈清規證義記》都一再提杖打、捶擯的方式，可以看出這是中國千年的家長制度及世俗體罰的習俗所影響。[6]這種杖打制度其實必須同理的理解。古代中國家族體系就有杖罰制度，但是父親或母親杖打自己的小孩，打在兒身，痛在娘心。古代孝子被年老的父母杖罰，會痛還感到高興，因為表示父母還健康。宮廷的杖罰是皇帝對犯錯的士大夫或奴僕的一種懲戒，因為皇帝是天下的父母親。

中國古代寺廟的杖罰系統可以理解為家族的家長對於自己親兒犯錯的一種警惕，其目的不是處罰、報復，而是出於愛的警示，希望藉由身的痛，心能記住這種過犯的責任，不要再犯。這跟當代的刑罰制度出於整體正義有很不同的意義。現代刑罰是為了整體秩序的維護，僧團的懲戒雖然也能起團體秩序的維護，但其出發點主要還是以僧侶個人修持之維護與提升為前提。這一點與佛制時代重視個人修行之啟發有融通之意涵。

惟至近代，杖罰已不合時宜，寺廟不再見到這樣的體制，不過儒家的家長制運作體系依然可見。

佛教僧團的決策方式

初期佛教的決議與管理方式以羯磨為核心，強調共識決，這是平等觀的實踐。僧中的每一個修行人都是平等的，每一個人的意見與生活的調適、困難都值得重視。只要在遵守律法的前提下，個人的生活方式與僧團的和合，採取共識的方式進行。佛教的羯磨法通常是要求一致的決定，只要有一人反對，羯磨就不成立。[7] 印順導師引述太虛大師之感慨言：

> 凡從佛出家之比丘、比丘尼眾，莫不擺脫君親家國之累，以個人為教會單純分子，以教會為個人直接團體。無論貧富貴賤，一入佛法大海，胥得蕭然解脫，混然平等。及傳入中國，沿承綱倫劣制，宗法惡習，於淨虛空妄加彩畫，致破壞平等大同之佛教教會，坐受綱倫宗法之宰割，以產生出非驢非馬之佛教家族制，此寺彼庵，各自封執，傳徒及孫，儼同世俗。[8]

顯然初期佛教的羯磨之體制，僧侶在僧團中權利是平等的，沒有誰有特殊的權利，僧團中並沒有領袖的體制，而是以受戒先後為禮節的次序。太虛大師希望改變。

羯磨制之決策

羯磨之於當代，即是「一票否決制」，一票否決制對於一個修行團體而言，其著重僧團的和合，自有其重要性的意義。每一人都值得重視，因為僧團是平等的，不以多數壓抑少數或個人是其精神。僧團的羯磨亦是讓群體學習超越自我的執著，真正具備同理心，對於自我認定的善惡是相對的，包容與接納是修行的關鍵之一。太虛大師在《佛學總論》言：

> 羯磨、梵音，此譯作業，即會議所作事。有四人以上即可作者，有須二十人以上方能作者。白羯

磨、即會議提案報告，在此處即提出此授戒之事。默然、即無反對者。不聽者、即有反對者。和合、即一致通過。[9]

僧團的羯磨制已經行之兩千多年，在今天西方民主政治，逐漸從多數決的民主制（Majoritarian Democracy），轉化為共識決的民主制（Consensual Democracy）。佛制的羯磨自有其貫穿歷史的洞見。

然而羯磨、共識決、一票否決制對於群體共同生活有其優點，但其決策緩慢，到了中國隨著寺廟功能的公共化與世俗化，僧團亦必須與世俗深度的互動、教化。甚至投入慈善工作，廟產的增加與管理，對於世俗的機構，處處講求決策的效率，一票否決制是有其窒礙難行之處。在大乘入世度眾的理念下，漢傳佛教的家長制決策當然更為快速及有效。在面對居士與信徒的各種信仰與世俗的需求下，一票否決制是有其效能的落差與困難之處。羯磨或共識決其決策緩慢，不及應付面對眾多繁雜事務，漢傳佛教走上家長制自有其時代背景。

家長制之決策

家長制的決議風格，以住持為主要決策者，其效率當然比羯磨有效率得多。在聖格領導的僧團，其決策品質與對於信仰的堅守是成果豐碩的。但是家長制在非聖格的帶領下，流俗、媚俗、或鄉愿之風氣就會產生。這不僅僅是對佛教僧團言之，一般中國社會的家長制，家長賢明者，善於治家，家庭和睦，幸福圓滿。不善於治家者，才德不足的家長，其家庭問題叢生，道德敗壞者有之。

因此家長制的前提是必須培養聖者領導，賢者領政的典範治理。培養聖賢作為僧團領導，是傳統漢傳佛教僧團制度發展的關鍵之一。中國歷史上，從傳統到現代不乏德才兼具的高僧輩出，對於僧團的治理、佛法的傳播與社會的影響都有重大的貢獻。

而時到今日，家長制在西方法治理性的衝擊下，逐漸被要求制度化與法規化。雖然寺廟僧團有很大的自主空間，但是當僧團在融入社會的過程中，引進非營利組織（NGO或NPO）的運作模式，家長制的風格就會受到一定的衝擊與轉化。非營利組織在臺灣、中國大陸及世界各國都是以法人形式在運作。法人是以董事會治理，是群體決策，是投票制。投票制與家長制是相背離的。雖然在漢地，僧團在建立非營利組織之後，仍保留了相當強的家長制風格，即便中國與華人家族企業一樣具備強烈的家長制風格，但是在法令的規範下，董事會的決策遵循的法規與必要的透明，就不是家長制，不是家長說了算的決策模式。

包括對於人員的聘任，機構的運營方向，經費的使用等，都是必須團體決議，多數決議，而非一人決議，而且必須向政府報備或核備，因此法治理性對於傳統佛教僧團家長制的衝擊是顯著而重大的。漢傳佛教的僧團運作與信仰之推展如何吸納西方的法治理性，而不會失去其原本的信仰基礎與決策倫理，是一大課題與挑戰。

信仰的核心理念，佛法的傳播與闡述，都不是民主的投票制能確立的，它是靠著思想見解的高遠，修行品德具備的僧才來詮釋、統領。因此，對於信仰的傳播與深化而言，僧團的特定個人之見解與修行，常常勝於多數的投票決。投票多數決恰恰可能扼殺了真理與信仰。

以希臘雅典的民主為例，當時希臘雅典是希臘諸國最民主的社會，也是當代民主政治引為參酌的典範。雅典的官員與法院法官都是由具備公民身分的族群當中，公平地透過選舉或抽籤的方式產生。

當時希臘最重要的智者，也是人類歷史上最偉大的哲學家與聖人之一的蘇格拉底，由於其思想挑戰了當時的主流思潮，被指控是異端，煽惑年輕人，因此法院從公民中選出五百人陪審團。這五百人審判蘇格拉底，結果有兩百六十四人判處蘇格拉底有罪，必須處死。多數決，決定處死人類思想史上最具創造力的哲學家——蘇格拉底。

判刑定讞後，蘇格拉底其實可以輕易逃亡，他的朋友們都已準備妥當。但是蘇格拉底說：「我可以無罪而死，不可以有罪而逃亡。」因此他依照判決，飲毒而亡。

雅典的民主制度，雅典的投票制度，殺死自己的族民中、也是人類歷史中最偉大的智者。所以當代政治哲學家漢娜．鄂蘭（Hannah Arendt）才說，真理不屬於多數決。真理是少數智者，通過辯證所產生。

如果說真理是智者的辯證所產生，那信仰更不是投票所能創設。信仰是有德者、有思想者，透過實踐所證悟。如神學家保羅．田立克所言，「信仰不是知識，甚至不是思想，而是一種心理的證驗。」

真正的信仰是通過信仰者所感悟、證驗的。我們不能透過投票來決定有沒有上帝？正如我們也無法透過投票或多數決，來確認有沒有輪迴？因緣果報存不存在？我們不能投票決定太陽繞地球走，科學的真理與信仰的真實都無法以多數決的方式投票產生。

由此觀之，佛教家長制的精神在於求取「法的典範」，一票否決制（羯磨）意在追求僧團對於「法的共識」。家長制必須植基於法的典範，家長本身即是法的實踐者與典範示現者，家長制必須是聖賢領導，才不會出現獨斷、任意妄為的弊端。然而，不管是世俗或僧團，聖賢之才是可遇不可求，聖賢的認定標準也會因人、因時代而異。所以它無法被標準化、條例化，自然也無法依此複製。

聖賢可以由聖賢來陶冶、培育。禪宗的禪師在徒弟學成之後，要他出師門，自我獨立，這是家長制的一種創新。家長制不是人身依附，而是追隨法的典範，最終自己也成為獨立的新典範。這是典範傳承的可貴。

在歷史上，聖賢之後，也常常出現庸俗之輩。特別是以權力為導向的偉大君王，也常常出現庸俗的繼任者。原因即是，家長制如果是植基權力，而非於德，其繼承就會出現庸俗之人。因為權力的特質是人身依附，不是德的傳承。

家長制如果傾向人身依附，那就會造成私相授受，各種傳統社會的裙帶關係的弊病叢生。如果是法的追隨，而後典範相承，這將會是家長制的最大成就。

這有點像柏拉圖的哲學家皇帝的培育，經過國家的機制，以學院的方式培養之。有像中國的禪讓制度，聖賢傳聖賢，只不過禪讓制度是遴選，不是由機制培養。家長制的優點在於典範的繼承，對於組織精神與永續是比較有利的。所以，「以德為導」的家長制，必須強化機構對成員才德之培育與養成。機構性的培育不一定能培養出聖賢，但大大增加培育更多聖賢的可能性。

家長制與西方法制

不管是「以德為導」的家長制或「以權力為治」的家長制，其決策模式於今日社會仍有扞格之處。先前提到法治的董事會制度，是多數決。我們想像如果每一個來開會者都是聖賢之輩，董事會的決議不管是羯磨，或多數決，或一人決議，都是圓滿和諧。集思才能避免錯誤，因此集思或群體決策似乎都有好處。如果一人決策，該決策者必須是權威而非權力。因為僅依靠權力而決策的錯誤機會較大。權威的養成是自然形成，犯錯機會當然有，但比起讓以一人權力獨斷的模式，其剛愎自用的機會自然增加。

吾人認為，當家長制在面臨一人決議之際，該一人應該在專業及品格上，是公認的權威。如此一來，其犯錯機會不是沒有，但是比起投票，權威的典範更為可靠。權威意味著該成員在某一領域已經投入很長的時間，曾經做出很多的成果與貢獻。醫生的行業，老師是學生的醫療權威典範。即便學生也成為醫師，對於資深老師輩的醫師一樣地尊重，遇到醫療難題，一樣恭敬地向老師請教。

醫療專業的老師也永遠在看病、在學習、在成長。醫生有點像半學徒制，他們有客觀的醫療教本與案例，但是也有師徒相傳的體制，讓醫生的行業兼具科學的客觀性，也具備家長制的典範與傳承。是兼具專業權威與典範傳承的優點。

德行家長制與角色家長制

我們討論重點放在決策的品質，也放在群體的和諧。董事會的董事長是家長制，才德兼備的聖賢家長也自然是察納組織成員的各種意見，最後才做成決策。這是組織永續發展良好的運作模式。如果家長制意味著僅僅是一人判斷，而不是群體參議，那不只決策品質容易偏差，也不符合當代法治社會之要求。

直言之，維持聖賢體系的「德行家長制」，培育聖賢的傳承機制，然後能廣納雅言，集思廣益，最終由以德為導的家長裁決之，是最成功的決策狀況。

在家長制的運作模式下，也可以依議題之不同，選出不同的「家長」，亦即品格及專業的權威者，來主持會議，以審議民主的方式討論，最終由「家長」決議之。這是「角色家長制」。

家長，家過去是家庭，家族，宗族；現在是企業，是機構，是主其事者，謂之家長。把機構經營成為家，機構負責人即是家長。把單位經營為家，家長即是單位負責人。把團隊視為家人，團隊負責人即為家長。家長視團隊同仁如家人，每一個人都可能是家長，「角色家長制」讓每一個人都依不同任務負責承擔決策。決策前先集思，再由主其事的「家長」決策。

比起投票制或一票否決制，聖賢型態以德為導的家長制，更能兼備「集思」的廣益與「決斷」的優質之兩全。中國敦和基金會專門推動中國傳統文化為使命，執行理事長陳越光先生在內部推動決策模式，很符合這種既集思又具備決斷力的體制。每一個專案由專案負責人提出，但經過團隊討論，討論完任何意見如參差不齊，最終由提案人拍板。

美國科技界發展出來的共創制（Holacracy），至今在亞馬遜、Twitter 等公司適用如此的制度。共創制強調，團隊中每一個人都能夠有公平的機會發言、討論，但是最終由某一項專責的角色人物做最後決定。例如討論市場議題，大家都給出意見，最終由團隊中負責市場的專責角色來做決定。吾人把這種決策模式稱為「角色家長制」。

如先前所述，家，是機構、是單位、是任務團隊、也可以是專業者、權威者。我們傳統所說的「成一家之言」，不正就是指專業中的權威者嗎？我們說儒家、道家、佛家，不都是指一種信仰相同的人所匯聚的團體，或指大家所認同的某一種權威價值，都稱為「家」。

「角色家長制」，強調專業分工下的權威者，聆聽大家公平的發言之後，他必須做最後決議。

「德行家長制」，更是以德服人，尊重群體中每一個人的意見，即便其所採取的決策與成員相左，也能善盡溝通讓成員感受到被尊重。仍然能遵守決議，全力執行。

共識決的融會

到目前為止，我們討論了傳統以倫理或權力為基礎的家長制，已闡述了以德為導的「德行家長制」，以專業為主的「角色家長制」。家長制有利於事情的推展與決策的快速，甚至有決策的品質，只要家長是基於德與專業。落入權力為主與倫理階級次序的家長制，則極可能造成扼殺團體成員之創造力，並導致團體集體覆滅的危機。

多數投票制的優點在於解決紛爭，分配利益。但不利於追尋真理與利益信仰。因為真理與信仰的真實不能以多數投票決定；但是攸關不可妥協的利益與權力分配，與其打架、殺人，不如以多數投票決，代替流血衝突。在一個成員都極為權威及高度信仰認同的組織，投票不會導致分裂的情況下，投票制有助於選出最具突破性的領導人。但是宗教信仰的團體，常常以投票作為事項工作的決策，其日常的生活必定會有會議之外的異議與是非。

共識決的民主體制，有助於提升生活的和諧與對於個體差異的尊重，但其前提是對律的遵守。共識決必須在情感融合與信仰認同的前提下，才能夠完善的行使。

因此，共識決與家長制的前提都是在情感的關照與對於信仰的認同，如何將這兩者適當的融合與運用，是宗教型組織可以思考與努力的方向。

以共識決來議定共同的生活方式，以「德行家長制」與「角色家長制」來議定社會負責人的工作與使命，是宗教組織可以借鏡的模式。

圓型組織與信仰團體

共識決與家長制的融合是目前佛教慈濟功德會在嘗試努力的目標。一方面，「德行家長制」的證嚴上人具備萬眾信服的聖賢之格，而其成員，無論是志工與僧眾都在培養共識決的決策方式。家長制與共識決是兩個很大的極端，一個是仰賴一位聖賢決定，一個是一票否決制，每一個人都是平等的參與。這種融合有其優點，亦有其挑戰。

共識決與家長制的共同性在於成員對於團隊的信仰或對於聖格者的信仰極高，但是長期仰賴聖格者的領導，不可能突然習慣大家都平等決議。家長制與共識決有內在本質的張力，一方面要求一個聖格的智慧，一方面要求大家都能平等的共同治理，其核心問題仍在於平等與差異如何同時被關照與融通。我們既不能不讓聖賢領導，又必須關照能力及德性弱勢者。

在家長制的垂直體系，與共識決的平行體系，如何建立一個交叉與融會的組織，證嚴上人以圓型組織來涵融這兩者。

顯然，慈濟基金會的職工場域偏向家長制，是有階級次序的管理機構。執行長、副執行長、主任、高專、專員、基層同仁等。證嚴上人在此家長制的基礎上，強調愛的管理與理念的認同。

而慈濟的志工體系與靜思精舍的僧團體系則強調共識決，在平等的體系底下，仍希望涵融傳統的倫理次序與資深者權威典範的傳承。證嚴上人開創的圓型組織，是結合著「共識決」與「家長制」的組織模式。以下我們繼續深入地探討。

圓型組織的決策理念

在靜思精舍的運作中，採取共識決的方式進行。師父、清修士與居士共同討論，獲致結論後，再以議題所需匯報證嚴上人。靜思精舍的事務，一般居士不會涉入，這裡所指的是慈濟功德會的慈善志業推動，都是由這三圈共同討論。

慈濟基金會則有層級架構，設置執行長、副執行長等，這是現代層級組織必要的設置。而他的運作必須是家的概念，以愛為管理軟化階層組織。

擴大討論，成為慈濟基金會組織裡避免階層化或過度家長制所造成的獨斷與偏私的問題。從證嚴上人的眼光觀之，慈濟基金會的執行長與副執行長比較像是儒家體系裡面的家長、長輩，比較不像是上司、長官。家長要照顧家人，照顧同仁，著重職位的責任，而非只強調權力的歸責。

至今為止，慈濟基金會階層化的組織因為有證嚴上人的聖格領導，一直維持一個軟性、彈性，充滿人情溫暖的組織體系。他的傳承如能以聖格之培育，以聖賢傳聖賢，則其階層組織就會傾向德行家長制，而不會走向「權力家長制」。

再者，對於基層員工能以角色家長制，更能夠軟化階層制可能帶來的僵化結果，讓慈濟能夠不斷地吸納基層力量，能夠互愛協力，從而落實佛陀慈悲等觀的理想。

在慈濟，我們依然可以看到佛教的慈悲等觀所建構的組織裡，承繼著儒家人情結構的網絡，這是慈濟吸納人才的重要關鍵。不僅僅是證嚴上人「付出無所求」的理念，更是這濃厚的人情結構，使得社會各種人才投入慈濟行列，得到生命的價值與喜悅，理念讓人們活得有價值，愛讓人們生活得喜悅。

人情體制與西方法制

慈濟在以慈悲等觀為價值核心，相容儒家人情體制的運作下，以科學實事求是的精神，將宗教慈善推廣到全世界華人及部分非華人的區域，它的成果在佛教歷史上是顯著的。如前面所述，對於人的關懷，是慈濟成功的關鍵。以家為基礎的慈濟世界，盧蕙馨教授將之描述為「情感社群」。[10]

黃倩玉教授觀察慈濟的人情運作中，證嚴上人扮演一個最大的情感動力的角色。慈濟的成功在於將強烈渲染的感情，約制在某種穩定的感情裡的集體性過程，這是慈濟在龐大的組織能成功運作的關鍵。這強烈的情感之集體性格，產生慈濟類家族的特色，這特色接近儒家的人情體制，人與人的關係是做事成功的關鍵，結好緣是慈濟團體做事的重要圭臬。

值得釐清的是，在慈濟並不是講求利益交換的結好緣，正因為不能也沒有利益交換，所以結好緣成為做事的重要基礎。在這種具儒家人情的關係體系裡，慈濟仍然以佛教的清淨無染的長情大愛為導，但是在組織中有不適任的人，或是有不當的行為，其是否能更大範圍的遵循人情體系去圓滿解決？

丁仁傑先生在慈濟的研究中提及，慈濟因為不能引進與佛教自身價值不相符的西方式職權本位的分工管理體系，所以對內部成員之間所發生的不和諧就更強調忍讓原則，即「知足、感恩、善解、包容」，調和人與人之間的意見不同或差距。[11]

證嚴上人的德行與他的法是慈濟社群人與人之間的誤解能得到圓滿解決的樞紐，這是黃倩玉強調聖格領導（Charismatic Leadership）的特色。[12]

吾人的體會是，慈濟內部任何的不和諧，在志工體系是透過資深者或有德望者的協調獲致和諧，這是聖格領導的衍伸。所以證嚴上人強調「以德領眾」，特別是志工體系都是志願者，與企業或公部門的獎懲升遷之體系不同。志工是依靠價值與情感驅動的組織網路，人與人的差異必須以理念、以情感、用佛法與人的德行來調和。這一部分，吾人認為慈濟應該繼續保有它原本之運作模式。

吾人認為，慈濟下一步的努力將會在儒家人情結構與佛教慈悲等觀的價值體系基礎之上，向西方的法制思想吸納。這種吸納是有其內在矛盾的。過度重情，則制度不彰。過度法制化，則情不通達。如丁仁傑所觀察，慈濟未來的制度化即使建立，並不能保證它能帶給志工愛的動力。丁仁傑說：

> 制度的建立是使一個大規模組織能夠延續下去的重要條件，然而卻不是，甚至有時候還是相反的。一個組織能夠更為興盛的條件，尤其是一個以修行為要求的佛教團體，終極上，制度不能取代一切，它是否能夠興盛與繁榮，取決於它是否能夠繼續喚起人們的理想、情感和興趣，而非取決於它的「制度化」是否能夠成功的問題上。[13]

這是真知灼見的觀察，體制化也可能造成理想、熱情與愛心的冷卻。特別是志工體系是自願的、自發的，不支薪酬的，保住每一個人力量是慈濟成功的另外一個重要關鍵。但是如果有「不當者」不願離開，性情不改，創意不再，如何以人情與慈悲處理？因此法制的吸納是慈濟目前正進行、或須進行的課題。

慈濟醫院、慈濟大學、慈濟人文志業中心（含大愛電視臺），都是極為專業導向的機構。政府的法規，專業的準則都在在引導慈濟法制體質的建立。然而過度適應會世俗化，吸納不足則創意與適才適所會出現遲緩的現象。慈濟決策的核心要為此努力或正為此努力，都需要極大的文化創造性的智慧。

這種文化的融合，很可能要經過幾個世代才能夠將「儒家的人情結構」、「佛教慈悲等觀的價值體系」與「西方的法制思想」做適切的、恰如其分的圓滿之融合。果能如此，他將會是中國或東方智慧與西方和合的新文明之典範。

共責制與圓型組織

吾人跟隨證嚴上人多年，常常聽見他詢問我們，某件事你怎麼不知道？你怎麼沒有參與？明明跟我的部門無關的事務，為什麼我必須知道？為什麼我要參與？因為從證嚴上人的角度言之，慈濟事都是大家的事，人人有責。就像家裡發生任何事，都是家裡人的事，大家都有責任。慈濟就是一個家，主管就是家裡的家長、長輩，不僅僅是分工後的主管。這使得慈濟能夠體現集體協作，讓人人都能參與，使得事情能夠更完滿，因為每一個角度都能被看到，都能被關照。

圓型組織裡，每一個人都是領導人，每一個人都是被領導者。

資深合心幹部在大區域合心區是領導者，到了社區的協力區，他投入第一線服務工作，聽從協力幹部的調度，他就是被領導者。在決定大方向，合心是大家長，協力幹部都是家人。回到了社區，家長角色轉換，協力是家長，合心是資深的家人，大家一起為社會奉獻。因此慈濟的圓型組織有德行家長制的特質，也有共創制裡角色家長的特質，他兼顧了尊重專業分工，讓專業能發展做事能力，也涵融倫理次序與歷史精神的傳承。這傳承經由資深合心幹部的典範來傳遞與體現。

決策之際，合心、和氣、互愛、協力都共同討論決定，由資深的合心幹部領導，這是家長制與共識決的融合。如同我們先前提及非洲的部落共識決，他的成功在於有德高望重的大家長——酋長做主持。

大家長的角色不是讓人處處聽他的，而是能夠讓大家順利地討論，暢所欲言，達成共識與和諧。這兩樣缺一不可，事情有共識，情感能和合融洽，才是真圓滿。

儒家家長制的文化難免會出現在圓型組織的運作中，即是某區域的資深合心會過度強調自己的看法，以家長方式訓育年輕幹部，這就形成了將共識決轉成家長制。或者資深幹部在社區，仍以傳統儒家大家長的心態，不能真正在第一線投入或聽取年輕幹部的調度，彎下腰來親自付出。

這是傳統儒家家長制倫理次序的留存，這當然需要很長的時間宣導、培訓，以及透過證嚴上人不斷地呼籲，不斷地開示教導弟子，希望真正落實圓型平等。

一個組織如果能夠體現在議題討論時「共識民主制」，大家未能獲致決議時「德行家長制」，任務執行時「角色家長制」。從討論，到決議，到執行，每一個人都參與，每一個人都受到尊重，每一個人都有其貢獻，如能如此，圓型組織就是共同責任制，才能消弭組織中的垂直階層與平行分工的壁壘。

這樣的組織型態必須從根本的文化思想著手，擺脫傳統階層制，或去除儒家倫理差序格局的文化，需要長時間之覺醒。

儒家的人情體系是維繫人的重要力量，但如何保持那一分對家人的關愛，少一點家長制的傲氣，能夠以平等的共識態度討論事情，在執行時能落實角色家長制，讓人人都是領導者，人人也都接受領導。而隱形、軟性的倫理結構，就在付出中得到尊敬與體現；亦即資深的合心志工是在第一線謙卑地付出中彰顯他自我的德行，那也就是「德行家長制」的體現，這是儒家倫理結構中最具樞紐的因素，也是佛教平等觀的落實與實踐。

而當每一個人能夠實踐遵循這種圓型的體制，而非彰顯個人的特殊性之際，西方法治的精神亦已然實現。

註釋

1. 芮沃壽（Arthur F. Wright）著，常蕾譯，《中國歷史中的佛教》（*Buddhism in Chinese History*）（北京：北京大學出版社，2009年），頁42。
2. 芮沃壽（Arthur F. Wright）著，常蕾譯，《中國歷史中的佛教》（*Buddhism in Chinese History*）（北京：北京大學出版社，2009年），頁42。
3. 芮沃壽（Arthur F. Wright）著，常蕾譯，《中國歷史中的佛教》（*Buddhism in Chinese History*）（北京：北京大學出版社，2009年），頁70。
4. 《大正藏》第40冊《四分律繁補闕行事鈔卷上三》，頁33。
5. 《大正藏》第40冊《四分律繁補闕行事鈔卷上三》，頁33。
6. 釋能融，《律制、清規及其現代意義之探討》（臺北：法鼓文化事業有限公司，2003年），頁484。
7. 釋能融，《律制、清規及其現代意義之探討》（臺北：法鼓文化事業有限公司，2003年），頁100。
8. 釋印順，《華雨香雲》卷二十二，漢文電子佛典集成，CBETA 2022.Q1, Y23, no. 23, p. 289a1-5。
9. 太虛大師，《佛學總論》【太虛大師全集】（臺北：善導寺出版，1980年），頁181。
10. 盧蕙馨，《人情化大愛：多面向慈濟共同體》（臺北：南天書局，2011年），頁99。
11. 丁仁傑，《社會脈絡中的助人行為：臺灣慈濟功德會個案研究》（臺北：聯經出版公司，1999年），頁499。
12. Julia Huang（黃倩玉）, *Charisma and Compassion*, (MA: Harvard University Press, 2009).
13. 丁仁傑，《社會脈絡中的助人行為：臺灣慈濟功德會個案研究》（臺北：聯經出版公司，1999年），頁496。

第十九章——圓型組織的傳承

政治組織的繼承

政治組織的繼承不外乎血緣繼承、指定繼承，與選舉繼承。當然暴力政變推翻王權，不在討論之內。以暴力政變古代有之，今日仍然普遍存在。我們討論法統繼承模式不外乎這三種繼承的模式。

在君主時期，繼承是王朝延續的首要關鍵。父傳子是最普遍的一種形式，但是父傳子經常幾代之後王朝就逐漸衰落，一方面王儲從小嬌生慣養，不知民間疾苦；二方面不能保證王儲是王朝中德性及智慧最優的領導人。皇位比皇帝更具權威。羅馬皇帝奧理略是西方歷史以來四位聖君最出名的一位，奧理略本人就是柏拉圖理想中的哲學家皇帝，但是奧理略將皇位傳給懦弱又耽溺權力的兒子康莫德斯，康莫德斯喜歡格鬥，又用不公義的方式格鬥，終於死在格鬥士的劍下。血緣繼承一直是讓王朝紛擾不安的因素。

血緣繼承的關鍵在於養成。皇室的成員如接受良好的道德與智慧的教育，如中國古代總有國師教導太子們讀書，康熙皇帝具備聖君的格局，他飽讀詩書，善於騎射，熟於論政，是一代奇才。雖然其父親順治早年逝世，但是皇室對他的培養非常成功，這當然也是天資稟賦，天縱英明。血緣繼承還是得靠一點運氣，再怎麼培養，也要天資稟賦才能成才。但是培養的體制很重要。

柏拉圖眼中的哲學家皇帝乃是在菁英中選出最適合治國者，但是其治國者必須捨棄財富與家庭，全心全力為國，這是一種指定繼承的模式。中國古代的禪讓制度，選擇賢德之人培養繼承，這是中國儒家傳為美談的繼承模式。中國現在的隔代接棒，由政治局常委協商推舉，人民大會通過，其實是禪讓制度的一種現代版。禪讓制度的好處，是前一任君王不偏私地將統治權交給有德有才之人，國家比較能夠長治久安。

羅馬共和時期的執政官是經由選舉，或者正確地說是推舉產生。斯巴達擔心一個執政官會專擅，還設兩個執政官互相制衡。

民主的選舉是近代西方最無爭議，被認為最佳的選舉領導人的方式。但是民主選舉的惡鬥，花錢買宣傳，都使得民主選舉容易選出公眾表達能力強，但不見得有能力治國的人。如司馬遷所言：「能言者未必能行，能行者未必能言。」再者選舉容易被金錢操控，最後淪為如美國政治的弊端，政經的寡頭化。人民對候選人了解只從媒體，媒體的曝光度是金錢在作用，金錢透過選舉掌控政治人物。這是民主選舉的弊病。

血緣繼承、指定繼承與選舉繼承在人類歷史上都出現過卓越的領導人，也出現過昏庸之人。不同的是血緣繼承的人選暴戾無道，人民無從選擇，只能接受，要不就是走上革命一途。指定繼承是一種比較穩定的模式，它的負面議題是徇私與寡占。民主選舉的優點是人人有機會，做不好人民可以換，但是不能保證選出最佳治理人才，甚至不能保證不會出現政黨長期壟斷的局面。

血緣繼承的前提是權力的架構，古代有制衡機制，中國古代皇帝很難跟儒生大臣長期對抗，而不受其約制。血緣繼承在現代已經成為國家的崇高象徵，英國王室還是血緣繼承，不過已經沒有實質的權力，而是一種信念與國族的象徵。日本王室是日本人的心靈中心，把權力轉成權威是血緣繼承的現代化轉型。

指定繼承是一個可以長期培養、審議推舉的繼承模式，它具備了專家治理的優點，也避免了血緣繼承的強制性的缺點。指定繼承如果賦予條件，或許更能夠選出真正優質的人才，包括指定繼承人的學經歷的必要規範，包括其本人的道德考察的透明度等，都是指定繼承可以採納的方式。

指定繼承最大的問題核心造成私相授受，一小群治理的人或團體輪流執政，而失去選賢與能的宗旨。寡頭化一直是菁英政治的問題，指定繼承可能會演變成一群特定的統治菁英在自己小圈子內選人，外部沒有參與或參政的機會。誰來指定？當然是當政者指定，要不然就變成選舉制。當政者指定的人選如堯指定舜為繼承人，是考察其德行，又磨練他的能力之後決定。當政者的眼光與胸襟成了指定繼承成功的關鍵。或者不是一人指定，而是一群人指定，這一群人組成的多元性與差異性，也決定了繼承者出自何處？繼承者的能力與品格是否能夠良好的治理國家？

這些因素使得指定繼承在過去與現在都有成功的例證，其成功的條件仍然在於選任者的素養與胸襟。

貫穿這三種繼承方法的其實仍然是文化的素養。文化素養高，血緣繼承也可以成功的行使。文化涵養深厚，指定繼承不會偏私與寡占。文化素養好的選民，才能選出具備優質能力的領導人來領導國家。文化的涵養是優質政治的前提，也是關鍵因素。文化的素養在治理的領域上有別於法制，是一種典範，不同於權力，是一種權威。

本書論述典範的建立遠比法制與權力的制衡更為重要。俄羅斯的民主選舉，讓普丁可以二任當總統，一任當總理，再回來當總統，這就是寡頭政治。任何制度都有漏洞，但是人民或者是統治群體的素養，讓這樣的問題不致發生。

典範治理「以民為本，以德為治，以理用權。」領導人建立典範，如華盛頓建立不連續三任的傳統，讓後世的總統不逾越他立下的標準。華盛頓立下的標準其背後傳達的信念是：「我不當皇帝。」他要美國成為一個真正自由民主的國家，而不是英國的君主制的復辟。

圓型組織的理想就是其成員能在平等的基礎上治理組織，圓型組織的傳承是「以信念非權力」作為傳承的基礎，信念是典範的內涵與基石。平等不意味著失去專業與分工，但是養成自我人格與素養的機會是平等的，在這個平等的基礎上談治理的機會平等。所以以此前提，任何經過良好素養的成員都可以是繼承人。繼承人指的不是一個人，或一群人，而是所有的人，所有經過良好素養培育的人都是繼承人。

如柏拉圖的學院（Academy）所希望培養成的菁英，在今日是頂尖大學如哈佛、劍橋、牛津、耶魯等大學，培養一流的治理人才。當然吾人不是意味著只有這幾所學校培養的人才是素養高的菁英，全球無數的高等學府培養的人才，在社會各領域都發揮其所長。然而為何社會治理仍出現各種弊端？甚至是足以毀滅人類的弊端？這群菁英的養成缺少了什麼？

缺少了慈悲利他的人格養成。柏拉圖的學院希望培養的哲學家皇帝之前提是「無私」。不只是熱愛哲學，具備智慧，更重要的是要能以無私的心治理國家。

哈佛大學商學院的李奧納教授於西元二〇一〇年邀請吾人至哈佛商學院演講，題目是慈濟慈善的運作原則是基於信念與愛。李奧納教授希望信念與愛能讓哈佛商學院的學生耳目一新。

專業與思辨是高等學府的養成目標，然而慈悲與利他是重要的品格素養。高等教育如何塑造慈悲利他與專業思辨同時並進，養成一國優質的治理人才並不只是夢想。圓型組織希望人人傳承，不管做什麼職位，不管擔任何種角色，都是以慈悲利他為本，為民服務，為大眾無私的付出。這種人人繼承的模式，不決定在一國之君，或一國之總統，而是全體上下的合心協力，為國家及社會締造幸福的願景。

或說這是理想的烏托邦，因為人性永遠有惡與自私的成分，當權力在手，私心與控制欲望就升起，於是我們要以制衡、以選舉更替，來預防權力的專擅，來選出優質人選。

然而這些都是從負面預防角度出發，並不是從正面的積極養成治理人才出發。真正積極正面的思維是每一個成員都是各領域的治理者與領導人，如 Morgan 的《Imaginization》一書中所言，人人都是組織的治理者與推動者。如白蟻社會，他們目標一致，信念一致，方法各自努力。我們人類的組織在網路時代會更朝向扁平化、透明化，因此必須讓人人都被賦能，讓人人都有被賦能的機會，成為一方的治理者。到那時，誰能治理什麼會非常清楚，因為訊息的透明讓治理的條件與資格更為清晰。

這是吾人強調的教育圓與訊息圓的重要性，這兩種機制的建立，不管身處何種體制，都能出現人類歷史以來最良善的組織。因為治理以人才為主，人才以德性為先，以智慧為導。良好的教育體制是人才的前提，而平等的治理機制，訊息的對等透明是關鍵。有平等良好的教育機會，有透明公開的訊息分享，治理才能的養成與繼承是隨之而來的成果。

典範繼承可以在每一個層次，每一個領域發生。典範的樹立不見得由上而下，也可能由下而上。一個基層治理良好的治理模式，可能影響高層者的治理，學習採納，或提升任用之。

非上非下，可上可下是典範治理的模式。一個小小的成功治理模式，可以影響一個組織甚至更長遠的組織發展歷史。最上位者建立一切模式的運作會逐漸地失去其意義，共治、協同的組織體制是人人有責，人人都要發揮慈悲利他的精神為大眾服務。因此，德者治之，能者用之，無私者成之。

典範傳承強調以人格為本，以德行體現價值的傳承體系。典範的建立有助於擴大「價值人格化」的影響力，讓大家自願跟隨這個典範，以奠基與形塑組織長久的內在文化。典範傳承隨著歷史的演變，即使原先的制度改變之後，組織仍然能夠以典範的重現，延續固有的核心價值與精神。

宗教組織繼承問題之研究

宗教組織的繼承一直是佛教學術研究的重要議題。從古代中國佛教教派的繼承，到基督教耶穌殉道後的繼承，延伸至今日包括臺灣的重要佛教團體——佛光、法鼓、中臺、慈濟宗門等，當代佛教教團的繼承問題，亦逐漸受到佛教學術界高度地關注與重視。

吾人作為慈濟發言人及慈濟思想的研究學者，許多人向吾人問起，證嚴上人百年後，慈濟的繼承問題如何解決？吾人以此議題，廣泛地探討宗教繼承與永續發展的相關議題。

首先，放諸歷史，宗教團體的繼承有諸多不同之模式，各模式各有其優點，也各有其不同之挑戰。韋伯將組織的繼承分為六大類，第一、是選擇一位具備良好素質的領袖，以承擔接續組織中這項權威的領導位子。第二、是以神聖天啟的形式選出繼承領導人。第三、是由既定的領導人指定繼承者。第四、由權威的組織中之資深幕僚及隨扈選出繼任者。第五、從聖格領導人的近親中挑選繼承人。第六、是以部落儀式的方式，共同推舉繼任者。[1]

吾人則將歷史以來宗教組織之繼承分為：一、指定繼承；二、選舉繼承；三、血緣繼承；四、轉世繼承、五、體制繼承、六、典範繼承。

在各種形式的傳承與繼承中，本文除列舉各種繼承模式之異同，特別著重法的繼承之重要性。中國禪宗之所以能開展出世界性的格局，跟它以法作為繼承、以師徒的典範繼承，使得它擺脫經典範疇與戒律規章的某種框限，以更彈性活潑的形式，適應各種不同的社會文化與歷史環境。

第一、指定繼承

指定繼承。古代政治體制，父傳子的習俗司空見慣。皇帝在諸多孩子中，選認其中一個孩子繼任為太子，一旦選認，該名太子就具備法統的正當性，受到大家的服膺。

繼承議題，存在每一個古老的部落裡。繼承，在組織所扮演的角色，不只是傳承，而是讓原始部落組織的特殊個人的魅力與權威得以體制化。

著名部落組織研究大師瑟維斯指出，原始部落的領袖具備威望，但不具備固定權威的地位，他既不是官僚體制理的領袖，也不是一國之王。他憑藉的是個人的人格特質或領眾能力，是韋伯所稱的魅力領袖（Charismatic）；然而這不是一項職位，而是群體對他的個人尊重。[2] 換言之，人們聽從他、尊重他，不是他有一個固定的權威的職位（Authority Position），而是他個人的道德影響力（Influence）。

這種部落領袖不只是道德的卓越能力，更是表現在部落經濟生活的能力。例如具備有效組織狩獵的能力；或是發明火，可以不再生食，如中國的伏羲氏；或是引領部落進入農業生活，不再無止盡地遷徙，如古代中國的神農氏。這種部落領袖具備的生存能力，使得部落的群族依賴著魅力領導人，帶領他們解決經濟問題，化解部落間的糾紛等。但是在原始平等的部落生活中，這種領袖是一種個人化的，非屬於體制化的權威地位。

學者 Read 的研究顯示，家族式的部落成員相信，魅力領袖的兒子——特別是長子，具備魅力領袖一樣的技能與智慧，能夠引導部落持續維持自給自足的生活。[3] 這是古代社會，父傳子繼承模式的正當性之緣由與發展脈絡。

原始的部落首長制（Chiefdom）包括在玻里尼西亞（Polynesia）、密克羅尼西亞（Micronesia）、美國東南部（Southeastern United States）、加勒比海（Caribbean）、中亞（Central Asia）、以及許多非洲（African）地區的部落，都是以這種類似的模式發展出官僚體制與權威的領袖。[4]

指定繼承以可以是非血緣的繼承。如中國古代的王位繼承，曾經的禪讓制度就是指定繼承。堯傳位給舜，而不是傳位給兒子。這是選擇賢能者繼位的一種美德。

在宗教組織，特別是漢傳佛教組織，僧團無子嗣，師父傳位給自己有能、有德的弟子，其來有自。這種指定制度，基於眾弟子（包括僧團與居士）對於師父的尊重，其接班人具備道德與法統的正當性。然而這種非血緣的接班，或師父指定弟子的接班，也可能發生繼承危機，這危機可能是該繼承者未具備被團體公眾認可的功績或威望。即便舜的威望與養成已經成熟，他在堯過世後都還躲避鄉野三年，讓堯的兒子丹朱執政。但是這三年內，朝廷眾大臣遇事不請示堯的兒子丹朱，而是都驅車前往鄉野請教舜，如此三年後，舜才登基。非血緣的指定繼承仍然尊重血緣的道德脈絡，堯把兩個女兒嫁給舜就是類血緣的繼承。

宗教的指定繼承，在中國當然是非血緣的，繼承者的服眾與否成為關鍵。如五祖弘忍大師傳衣缽給六祖慧能大師，但是僧團弟子追殺慧能，不僅僅是權力的追逐，而是慧能大師當時不具備這樣的威望與服眾。慧能大師的悟性只有弘忍大師能洞察之，一個佛才能了解另一佛。弘忍大師這種魄力貫穿禪宗的歷史，使得禪宗真正進入一個全盛的世代。頓悟，而非漸修是禪宗的魅力所在。「教外別傳，不立文字，直指人心，見性成佛。」

慧能大師之後就不再有繼承衣缽的傳統，禪宗因此分流，反而讓禪宗更形擴大它的影響力。人人都可以是禪宗的繼承人，因此指定繼承未必是宗教傳承最好、最有利的方式。慧能大師雖然不再傳衣缽，但禪宗祖庭世世代代家譜確實分得清楚，一代一代，開枝散葉，鬆散的禪宗傳承，使得禪宗更有利於世界性的發展格局。

第二、血緣繼承

血緣繼承，日本的佛教組織就是血緣繼承。親鸞和尚的淨土真宗流傳了八百年，就是血緣繼承。父傳子，包括新興教派的立正佼成會一樣是血緣繼承，創宗者庭野日敬傳給兒子庭野日曠，第三代準備傳給女兒庭野光祥。父子、父女相承的正當性來自日本宗族的傳統。

日本僧侶第一位結婚的是生於西元一一七三年鎌倉幕府時代的親鸞上人。親鸞上人為了徹底實踐居士生活也能修行成佛，因此娶妻、生子、食肉，與一般居士同。他創立的淨土真宗至今已經八百多年，是日本最大的佛教教派。

明治時代，為了讓佛教臣服於朝廷，將僧侶相當程度的世俗化，更開放地讓僧侶結婚，僧侶飲食如同居士一般，飲酒食肉。而寺廟繼承一如同朝廷父傳子。

直至今日，日本朝政從明治維新之後，邁向現代化已經近兩百年，但是佛教的習俗、繼承，仍維持傳統的模式。信徒能接受這種文化的形式，也能流傳近千年。在佛教的體系裡，除了日本是血緣繼承，其他的佛教體系並無這種現象。

繼承的神聖性

血緣繼承或指定繼承的神聖性不只是傳承者所給予，繼任者的加冕經常必須訴諸於更高的信仰體系。英國女王的加冕儀式必須訴諸於上帝的授予，因此伊莉莎白女王的加冕儀式當時是現場轉播，但是皇冠加冕的那一刻，電視現場轉播鏡頭必須移開，因為那是上帝給予女王的權力時刻，凡人不能觀看。

日本天皇的加冕儀式一樣是神聖的加持，加冕儀式中的一部分，包含了日本佛教的密教儀式。加冕儀式中授予的各種信物、寶劍，都是祖先世世代代留下來的神聖物品。這是神聖性的繼承，使得萬民得以敬仰之。

中國的皇帝，奉天承運，都是訴諸天給予的神聖權力，非人間的力量所能授予。

第三、選舉繼承

選舉制如法鼓山所遵循的，以選舉產生宗教領導人，並設定任期制。這當然使得宗教組織更能新陳代謝，讓各方能量透過選舉的方式，能夠各自發揮，不會將權力集中於一個人。因為除了開創者的聖格能服眾之外，沒有一個繼任者有這樣的崇高地位。然而宗教的組織，就是聖格的延續。

關鍵在聖格的繼承，而非適當地分權或合理的體制。因為沒有聖格，宗教組織與運作就失去其神聖性。

相反的例證是天主教教宗的選舉制度，雖然教宗是由選舉產生，但是教宗仍具備神聖性，這神聖性表現在選舉人都是德高望重的樞機主教，神聖性表現在各種儀式的展現：受袍、戒指、紅鞋、接受群眾歡呼，最重要的是他是來自上帝、來自主耶穌的選擇。神授之，非為人選之。

如同指定繼承、血緣繼承一樣，神聖性的賦予都不是來自人間，而是上帝或更高的超越力量，這力量通過儀式賦予繼任者神聖的權力。

儀式，是神聖性的象徵。如同基督教的聖餅、聖酒，代表耶穌的血液與身體，信徒喝下代表耶穌血液的紅酒與代表耶穌身體的聖餅，就表示與耶穌合一。

因此不管是選舉繼承或指定繼承、血緣繼承，宗教的儀式正是神聖性的傳遞的關鍵。

法鼓山是以選舉制，並且設立任期制作為傳承的方式。這種方式是否與世俗的模式相近？答案應該是否定的。因為其選舉總是以資深的修行人為主，不是開放式的，是相對封閉式的，如天主教的樞機主教選舉教宗一般，選舉人已經具備一定程度的神聖性。不過任期制是否降低繼任者的神聖性？這還有待觀察，也端看繼任者的人格特質、法的詮釋，以及對於宗門事物的圓融與掌握。

第四、轉世繼承

轉世繼承，密藏活佛的轉世繼承是一大特色。西藏的轉世從十三世紀噶瑪噶舉派創立以來，普遍到藏傳佛教的每個支派。活佛的轉世來自修行得道的佛教宗師圓寂後，轉世再來，轉世的神聖性是無可質疑的。轉世又符合佛教大乘的菩薩精神，亦即諸佛、菩薩都乘願再來人間。活佛轉世也符合藏區的原始信仰，認為萬物有靈、靈魂不滅、天人相通的信仰，因此活佛轉世普遍被藏民所接受。這是從文化背景及佛教義理言之。

但其實，噶瑪噶舉派成立活佛轉世，有其現實宗教領導權的繼承之需求。活佛轉世避免了領導群體因為領導人圓寂之後，喪失自己的政治及經濟特權，讓教派得以順利維繫發展。活佛轉世有其宗教力量的現實考量，其與政治及經濟的權力維繫直接關聯。[5]

宗教轉世活佛的認定當然經過嚴格的標準。第一種是預示法，活佛在圓寂前，知道自己行將入滅，會預示弟子自己來世將在何處降生、有何預兆等，以便利弟子儘快找到乘願再來的活佛。

第二種是天斷法，亦即以天斷、神判的鑑別法。活佛預示的轉世可能有幾位靈童都符合這個象徵，因此採用抓鬮法，五世達賴阿望羅桑嘉措就是用這種方法產生。

第三種是推舉法，亦即由高僧指定或是僧團共同決定，誰才是轉世的活佛。第四種是明朝以來一直採用的金瓶掣簽，亦即由政府介入監督，將可能的轉世靈童候選人名單寫在牙籤上，放入金瓶，再以一系列的宗教儀式抽籤決定，誰才是轉世的活佛。

宗教的神聖性常常訴諸於不可知的力量，凡人的不可知、不必知、無從知，與不能知。不管是哪一種選定方法，選定的轉世繼承人從小經過嚴格的宗教教義與儀式的訓練薰習，其宗教情懷與智慧具備一定的高度與能量，能夠讓信徒信服。加上藏人對於轉世活佛視為神，對其有極高的精神依賴與恭敬。

第五、體制繼承

體制繼承，是指一個團隊、一群人繼承傳承者的宗教領導權及神聖性。著名的摩門教的繼承就是體制繼承。

西元一八四四年當摩門教（耶穌基督後期聖徒教會〔The Church of Jesus Christ Latter Day Saints，LDS〕）的創始人約瑟夫．史密斯在俄亥俄州監獄和他的弟弟 Hyrum 雙雙被謀殺。約瑟夫．史密斯生前並未指定繼承人，如果有第二把手那也是他的親弟弟 Hyrum。但是 Hyrum 在監獄中與他同時被謀殺，這使得摩門教的繼承出現嚴重的危機。

約瑟夫·史密斯的夫人 Emma Smith 推舉 William Mark 當繼承人，但是當時約瑟夫·史密斯的祕書 Willard Richards 刻意地推遲召開繼承的會議，他在等待更多的領袖到齊，更重要地是他在等待遠在紐約州的叔叔楊百翰（Brigham Young）的到來。[6]

當時另一位約瑟夫·史密斯的弟弟 Samuel Smith 也宣稱他擁有領導教會的繼承權，但是等不到繼承會議的召開，Samuel Smith 就中毒死亡，傳說是被毒死。[7]

西元一八七四年的七月，亦即約瑟夫·史密斯死亡六週後，Willard Richards 等候的楊百翰終於抵達俄亥俄州。在繼承的會議，楊百翰提出十二使徒團會議（The Twelve Apostle Quorum）的神聖性，他主張不是一個人繼承約瑟夫·史密斯，而是整個十二使徒會議團。

十二使徒會議團在約瑟夫·史密斯在世的時候，並不具備極高的實質權力，楊百翰是當時十二使徒會議的主席，他提出由十二使徒會議繼承約瑟夫·史密斯，受到信徒的普遍支持。

約瑟夫·史密斯領導的教會是權力集中制，教會的運作掌握在他自己以及親信的手中，包括兄弟海瑞·史密斯，包括威廉·馬克，以及其他的兄弟。約瑟夫·史密斯同時成立七十人團，負責宣教活動。五十人團負責伊利諾州 Nauvoo 市的市政。十二人團負責教會儀式、新的教義，以及結婚等事宜。十二使徒團在史密斯生前不是權力機構。

威廉·馬克（William Mark）是當時 Nauvoo 市 Presiding High Council 的主席。他與約瑟夫的妻子 Emma 宣稱威廉·馬克應該擔任十二使徒團的主席，繼承約瑟夫·史密斯的衣缽。但是因為威廉·馬克反對一夫多妻制，一些長老覺得自己的一夫多妻的家庭受到威脅。一方面楊百翰是繼約瑟夫·史密斯之外，家族人際脈絡最普遍廣泛的領袖。學者研究歸結，正是家族的人際脈絡決定了當時的教會權力的繼承。[8] 楊百翰在繼承之際，他通過家族的網絡，已經連結了十五位教會的創始領袖，以及其他多位有著重要影響力的領袖。比起兩位可能的繼承人威廉．馬克，或史密斯的小弟弟，楊百翰的家族網絡遠遠超出其他兩位，這是他勝出的關鍵。

Shoon 和 West 分析，史密斯所留下來的以「家族人脈連結」為主導的權力運作體系，並沒有消失，而是被傳承下來給最能通過家族體系連結人脈的楊百翰。家族網絡是決定當年摩門教繼承的關鍵，這提供聖格制的組織體系傳承的一項指標。聖格制以何種網絡運作權力，這種網絡體系與運作模式會被繼承下來，誰重新擁有這種網絡體系與模式，誰就是繼承人。當然楊百翰的智慧是以這種家族人際網絡建構一個體制繼承，再把自己放在這體制之中，而非體制之上。這是摩門教十二使徒團能持續運作領導教會的個關鍵。

韋伯在卡理斯瑪的繼承問題上，認為卡理斯瑪的繼承通常不是經由民主投票產生，而是經由卡理斯瑪領袖親近的家屬或大臣，由一小群人中選出候選人，再選出繼承人。卡理斯瑪的繼承更像是家長制的模式在傳承。

第六、法的傳承

在探討人類組織歷史的研究中，可以歸結沒有任何一個組織能夠像宗教組織一樣長久，比起王朝數百年、企業上百年、家族數百年，宗教組織千年不墜。

究其原因，是緣於宗教組織乃植基於理念與價值，而不是血緣、利益、或其他物質因素。只有心靈與價值系統，能夠讓組織長久不墜。

戒律會改變，思想會創新，權力會更迭，利益有得失，但是信念與價值貫穿古今而不朽。一個組織越能植基於信念與價值，它的永續就越長久。

從西元二〇〇二年以來，吾人作為慈濟基金會的發言人，期間好多年常常都會被問到，誰會是慈濟證嚴上人的接班人？

吾人的回答是證嚴上人直接告訴吾人的一句話：「每個人都是接班人，每一個人都必須傳承。」

西元二〇〇九年二月法鼓山聖嚴法師圓寂，很多媒體都來問吾人，慈濟證嚴上人的接班問題怎麼看？吾人於是請示證嚴上人，證嚴上人的回答是：「我就住在聖嚴法師的隔壁（吾人理解其意指下一個可能就是我），你告訴他們，慈濟每個人都是接班人，每一個人都要傳承。」

過去數十年來，上人身體瘦弱，從西元一九八〇年代花蓮慈濟醫院興建以來，他就一直被問到這個問題，慈濟的接班人是誰？

其實，佛陀入滅前，在僧團裡，這個問題同樣也曾被提出來討論過。《增一阿含經》曾記載，佛陀約八十歲那一年，一次，阿難尊者提水回來，看到佛陀身體很不舒服，阿難心裡一陣不安，他知道佛陀恐將不久人世。阿難在佛陀梳洗後，就向佛陀請法，阿難尊者說：「佛啊！您將來入滅後，誰來接班？您要不要先跟僧團作交代呢？」

佛陀回答：「阿難，我數十年來將我的法都無分別地、公開地教導給你們每一位弟子，對於僧團的未來領導，我有什麼要跟僧團說的呢？如果你們當中有誰認為自己可以帶領僧團，應該由他去跟你們說。我不過是一個即將入滅的老人，我要跟你們說什麼呢？」[9]

佛陀不立接班人，他的眾多弟子在他入滅之後，到各方傳法，戒律第一的優波離尊者與大迦葉尊者相傳向西傳戒律；阿難尊者與須菩提尊者等向東傳法。眾弟子的各自傳法，使得佛教得以流傳兩千六百年。

佛陀入滅後的經典結集，不只是大迦葉尊者與阿難尊者領導的五百人結集，相傳佛陀當初鹿野苑聽法的五比丘之一的阿若憍陳如尊者，也在界外集合一萬五千多人結集佛陀的教法，這成為後來大乘佛法精義的部分源起。

沒有一個固定的接班人，人人都是法的傳承者，都是法的接班人，信仰才能真正流傳。

禪宗的法之繼承

法的繼承或稱為典範繼承，是禪宗的一大特色。法的繼承相對於指定繼承，選舉繼承，是只要得心法，人人都能繼承，人人都是繼承人。

禪宗在弘忍大師時期被稱為東山法門，相較於他同時期的禪師法融的牛頭宗，東山法門更強調在禪坐、經典與戒律的持守，以偏重漸悟為主。法融禪師的牛頭宗著重以心印心，著重見性成佛的頓悟。法融禪師所言：

> 「菩提（道）本有，不須用求。煩惱本無，不須用除（不用求，不用除）。靈知自照，萬法歸如。無歸無受，絕觀忘守。」[10]

有趣的是，弘忍大師選擇了才進入僧團八個月的慧能，傳承衣缽，以頓悟的覺性作為他選定傳法對象的依據。神秀似乎繼承了弘忍日常強調的漸修之法，而慧能承繼了頓悟的法門。或許對於弘忍大師而言，漸修是方便，頓悟是究竟。漸修方便一般眾生及修行者，頓悟適合大根基之人。

總之，慧能的「直指人心、見性成佛」的頓悟之法，早在牛頭宗時期已經強調，只是到了慧能大師之後，成了禪宗傳法的一大特色。如慧能所言：

> 「得悟自性，亦不立戒定慧。……自性無非、無亂、無癡，念念般若觀照，當離法相，有何可

立！」[11]

但是頓悟的傳授模式是為何？如果頓悟沒有任何其他的工具如經典、懺悔、戒律等，它依據是什麼？依據老師對於學生的日常生活的教導，包括棒喝、參話頭、打掃劈柴中個人的悟性。師者，成為日後禪宗傳法的關鍵。不只是淡化戒律，也淡化經典對於覺悟的重要性，依賴的是老師的傳授與指導。

但是老師的心法傳給誰？傳給每一個人？最後還是由一個人繼承？一代傳一人是禪宗初期的想法，特別是慧能圓寂之後，弟子神會希望持續一代傳一人的模式。

慧能之後的神會的確是一個關鍵性的歷史人物。神會在慧能及神秀都圓寂之後，到了北方，與眾家大師爭論，誰才是禪宗的六祖。慧能接受弘忍傳衣缽之說法也是在這時被具體的提出來。通過神會的辯論，禪宗法統確立了慧能為六祖，而他自己則在貞元十二年（西元七九六年）敕封為第七祖。

神會的想法是一代傳一人，反對分頭並弘。如印順導師所述：

「神會的立場，就是印度固有的付法說；是東山法門建立起來的，一代一人的付囑制。所以神會不只是否定神秀，為慧能爭一六祖的地位；更重要的是，反對『分頭並弘』，會讓禪法陷於分崩離析的傾向。」[12]

然而一代一人的法統，逐漸失去它實際的意義；因為禪法頓悟以師相傳，怎麼可能一代只一人頓悟。因此神會之後的中國禪者，如印順導師的研究所陳，都傾向於多頭分化。於是，

「南嶽、青原門下，不再說八祖，九祖，而以『分燈接席』的姿態，實行『當理與法』，分頭並

弘的付法制，一直傳到現在。東山法門所形成的，一代一人，禪門定於一的付法理想，在中國是完全消失了。」[13]

其實如同 Dumoulin 所做的禪宗研究所陳，神會禪師自己所強調就是 Zen of Patriarch，而不是 Zen of Perfected One。[14]禪，是「祖師的覺悟禪法」，不是「圓覺是一」的禪法。Zen of Patriarch 與 Zen of Perfected One 雖然不是相對立，但是也意味著祖師相傳的覺悟模式人人各有不同。神會以金子相比擬，認為金子可以用不同的形式出現，但是金子的本質相同。沒有一個絕對形式的金子，在以無限量的形式所表現的覺悟中，覺性是如如平等。這無限形式的覺悟根源就是禪宗的祖師們。

禪法的繼承，緊緊扣住禪師的教法，這就是典範繼承了。而禪宗典範的繼承不是複製典範，而是超越典範，自成典範，這是禪宗的絕妙之處。禪宗的覺悟一開始是依賴禪師，到頭來是自成一格，因此，禪宗無限的覺悟之模式逐漸成形，也蔚然成風。

直到今日，禪宗發展為禪學，日本禪師鈴木大拙於二十世紀中葉，逐漸地將中國禪宗的頓悟思想傳到西方的學術界。鈴木大拙與心理學家弗洛姆（Erich Fromm）所合寫的「禪與心理分析」；將禪宗的修行方法，禪坐、清淨心、正念、慈悲等心靈的鍛鍊方法，引進心理學的療癒範籌。

禪宗逐漸發展為禪學。學習禪法不再是佛教徒的專利，而是所有對心靈的靜定有興趣的人共同的修煉法。如同鈴木大拙所言，一部佛教史，不是佛陀到現代經典思想演變的歷史，是每一個人生命的開展史。禪法屬於每一個人。

直至今日，去除宗教性的禪宗，去除佛教的信仰，把禪法當作科學真實一樣的來修煉。科學家證實禪定與腦波的關係。禪定讓自我統一，讓自我與世界和合。

禪，如科學發現的普遍真實一樣，讓每一個人心靈受益。這種普世性的禪法，從禪宗擺脫經典與戒律的框架，而以禪坐、禪定作為修行的方法，是個人化了禪法的價值，也普世化了禪宗對世間的影響。

法的永續

基督教的創教者主耶穌，他生前傳道才三年，就殉道了。耶穌受難後，他的弟子們猶豫著是否解散，各自回到故鄉？漁夫出身的彼得，本來也想回家鄉，但是透過弟子們集體的禱告，以及部分門徒看見耶穌復活的身影，於是又產生了信心，繼續留在加利利傳道。彼得與其他門徒西門、馬太、馬可等十二門徒，各自表達耶穌的行祇與福音。

初期基督教的傳道不是定於一尊，而是多元表述、各自表述，這使得基督的精神能夠更好地適應、觸及不同的文化及不同的人群。

彼得與耶穌的母親聖馬利亞成立教會，至今兩千年不墜，天主教的聖伯多祿教堂，聖伯多祿即聖彼得，是奠基在聖伯多祿的精神之上。

如果說彼得將耶穌的福音傳播到猶太人地區，保羅則是將耶穌的福音傳播到異邦人。耶穌殉道後六年，當時一直在迫害基督徒的猶太教教士保羅，在前往大馬士革途中，耶穌突然向他顯聖，耶穌責問保羅：「為何要迫害我的門徒？」保羅經歷失明，然後被耶穌指定的門徒醫治好，保羅仍有一隻眼睛看不清楚。當他想起一隻弱視的眼睛，就會想起主耶穌，當他知道自己有弱處，主耶穌就能使他強大。保羅知道不信靠自己，而是信靠主耶穌。

耶穌揀選了保羅，讓他悔改，成為耶穌的忠實信徒。保羅在異邦、非猶太人的地區傳教，他發願要把耶穌的福音傳到「世界的盡頭」。他辦到了！保羅遍遊如今的西亞及歐洲各地，包括希臘人、馬其頓人等，都信奉皈依了基督教，保羅是基督教成為世界性宗教的重要關鍵人物。現今基督教有二十四億人口，整個西方的文明精神大半根植於基督教精神。

每個門徒都是耶穌福音的接班人，這是基督教成為世界性宗教的重要基石。

都是接班人

伊斯蘭教的創教先知穆罕默德，他的堂弟阿里是最早追隨他的門徒。阿里十四歲就追隨穆罕默德，並且成為他一生最重要的幹部與追隨者。穆罕默德在晚年曾高舉阿里的雙手，向門徒們高喊：「凡支持我的，就支持阿里，阿里是我最忠實的信徒。」在眾人高呼之後，穆罕默德至死都未明白宣示阿里是他的接班人，也未說明誰是他的接班人，維持模糊似乎正是他的遺願。

默罕默德最年輕的妻子阿依夏，是一支阿拉伯重要部族的女兒，也是穆罕默德最寵愛的妻子。穆罕默德在世之時，阿依夏就與阿里不合。後來追隨阿里的就是當今的什葉派（「什葉」意即追隨阿里）；而阿依夏的追隨者成為如今的遜尼派。默罕默德沒有明白立接班人，一方面創教者必須站在至高點，支持、愛護每一個追隨他的人；另一方面，一旦只明確指定接班人，教團恐怕會立刻面臨分裂。

如今遜尼派與什葉派儘管彼此分合不休，但是都一致尊崇先知穆罕默德，一致認同穆斯林的基本教義與精神。

關於聖者的接班，或世界性組織的接班，都應是群體，非個人；是多人，非一人，這是宗教教團長久延續的重要因素。

容許弟子們各自表述創教者的精神，容許思想的多元性，是世界性宗教誕生的關鍵。

多元性教法之傳承，使得具世界性宗教格局的教團，能夠更大幅度地引領不同文化、不同族群、不同國度的追隨者，能以各自的、適應自己文化特色的角度，來信奉創教者的思想與精神。

聖者對於接班人的默然，正是因為人人都必須是接班人。

真正的信仰，是理念傳承，不是行政傳承。

永續的組織，是價值傳承，不是制度傳承。

管理的精髓，是典範傳承，不是能力傳承。

這正是一個偉大的精神與組織能延續數千年榮景於不墜的基礎。在宗教的傳承體系中，無論是指定繼承、選舉繼承、血緣繼承、轉世繼承或典範繼承，似乎都有成功的例證，也有失敗的例證。

指定繼承在漢傳佛教行之千年，這是家長制底下，以倫理次序建立的成功延續模式。

而血緣繼承似乎與佛法戒律相違，但是日本的淨土真宗也傳了八百多年，似乎法的深度、完備與創立者的身形典範，對傳承而言比起戒律的模式更為重要。

選舉制度如天主教，仍然成功地延續天主教會兩千年的宗教合法性。似乎宗教儀式的神聖性，仍然可以免除選舉在世俗世界可能產生的負面因素。

轉世繼承的神祕性與繁瑣的儀式性，一樣能產生宗教的神聖性。藏密藉此傳承了近千年的法脈。

典範繼承更是在基督教初期、佛教初期都是開展宗教延續與神聖的重要力量。典範傳承就是法的傳承，非制度性、非儀式性。典範傳承似乎是在「指定繼承」、「血緣繼承」、「選舉繼承」或「轉世繼承」中都扮演著最重要的元素。

歸結之，法的建立與深化，是宗教延續、宗派傳承最重要的力量。

一個宗門能否永續千年發展，其「法的體系」與「典範人格」的建立，比其「制度模式」、「戒律規範」，都更為關鍵與影響深遠。

聖格之後的傳承

聖格之後的傳承是以法為核心，以信念為核心。然而，這個信念的傳遞如果是以鬆散的方式進行，就會如同初期佛教、早期基督教或禪宗一般地延續模式。放諸有組織的聖格傳承，在承繼信念與法的同時，必須能保持組織的統一性，如同韋伯所言，從宗主到宗座。這種聖格向組織轉化的模式為何？

韋伯提出見解使聖格之後的組織傳承傾向家長制或貴族制模式進行。韋伯在《支配社會學》一書中說：

「卡理斯瑪支配若想要轉化為一種持久的制度，其所面臨的首要基本問題，也就是是尋找先知、英雄、導師及政黨領袖後繼者的問題。正是此一問題，無可避免地將卡理斯瑪導入法理規則與傳統之中。」[15]

要尋找一個聖的化身，這個化身必須是大家公認的完全合格的新領導人，經常不可得。韋伯認為佛陀之後的僧團，並未能找出任何一個能替代佛陀的新領導人。其僧侶共同體維持原始佛陀教法，以托缽雲遊這種無定形的組織型態繼續存在，韋伯認為是佛教在印度消失的主因。[16]

建造一個體系性的組織是聖格制之後組織延續關鍵。韋伯認為卡理斯瑪的繼承者如果不是指定繼承，通常是由聖格的門徒、隨扈或近親者中找出合適的繼任者，有力的新繼任者在信徒或追隨者的歡呼中誕生。因此，卡理斯瑪的繼任者通常是傾向家長制或貴族制，以及共和的方式選任之，而非全體民主的選任方式來繼承。

當然卡理斯瑪的繼承亦有民主的選舉方式。日耳曼國王的選舉是模仿教會的主教選舉產生，新國王的選舉與教會的教皇、主教的選舉方式完全一樣。但是這與現代多數決的民主選舉方式不同，這種繼承仍然是少數人選舉產生，是共和制與家長制的合併體制。通常被選舉人都是在少數中被篩選、預定，才提供給選舉人。[17]當以民主選舉作為繼承人制度，卡理斯瑪的神聖體制可能完全被拋棄，這就是為什麼天主教教皇的選舉要維持一種神聖的卡理斯瑪繼承，總是由一群少數菁英——樞機主教作為候選人及遴選人。這種共和制與家長制的融合，是宗教維持其神聖性的方法。

在世俗的政權而言，一旦多數決被確立，神聖性被正當性所取代。一個經過正當程序當選的領導人，都具備領導的權威性與合法性。當然這種權威性與合法性在下一次選舉中也可能被拋棄或替換，因而，這不再是神聖的卡理斯瑪型的領袖特質。

卡理斯瑪神聖領導人的繼承有無可能走向大眾民主選舉？這是韋伯仍未解決的問題。

吾人認為，施行選舉，特別是普遍選舉而仍然維持神聖性的可能就是——當信念的傳遞在每一個成員中都已經根深柢固。由共同信念所產生的領導人，必定具備神聖性。另一個思維是，既然法與信念已經深植人人心中，那還需要領導人嗎？事實上，信念的普及化、深度化與平等化一直是神聖領導人所企盼的，人皆能成佛。這就是為什麼佛陀不立一位接班人，這是為什麼慈濟宗的證嚴上人說：「慈濟人，人人都是接班人，人人都要傳法。」[18]牛津大學佛學中心創辦人龔布齊教授所說：「證嚴上人像佛陀一樣，不立接班人。」[19]

不立一位接班人，是因為人人都應要接班，人人都應該要傳法，不立一位接班人更不意味著不建立傳承體制。聖格制的傳承以典範、以法、以信念為核心，但是法必須落實在體制的建立之中。因此，聖格傳承的組織轉化成為宗門永續的關鍵。

禪宗大師慧能法師以不立傳人，純粹以法、以禪風為傳承模式，因此造就一個鬆散的組織型態。以典範，以法傳承，如何融入於組織的建置之中？

由於人人的信念都能平等深化的理想，並不容易即刻實現，因而法與信念的普遍性之於組織領導人的產生，並不等於採行以大眾選舉的模式進行。以大眾參與的選舉制度，在宗教團體通常無法產生神聖的領袖，因為對信念的守持與深化，很難在短時間之內或在聖格之後就能平等地內化到每一位成員。每一位成員對法與信念持守的深淺不一，因此很難在這樣廣大的素質差異的選民中，選舉出一位大家都共同認可的神聖新領袖。

這就是為什麼天主教教宗是由一小群樞機主教選舉產生。樞機主教都是資深的主教出身，他們對於教義與信仰都具備深度的認識；這也是為什麼摩門教一直以橫向共識決，而非垂直共識決為運作機制，因為從高層到底層必然存在著知識程度與信念深度的落差。橫向，同一種階層的領導之間的共識，比起一切層級的全體共識當然比較容易達成。

吾人所論述的圓型組織的旨趣就在全體成員的參與中，仍維持某種程度的「差序」，這「差序」並非不平等，而是分工與協力。同吾人在前一章節所論述，「慈濟宗門大會」讓全球的幹部能參與「慈濟宗規」的制定或覆議，「法脈宗門委員會」負責法脈與志業的連結，而最高領導或領導群仍必須由法脈的特定修行者中選拔產出，而非由全體大眾遴選。全球各地成員的某種程度參與是可能的，但是其成員的素質與經歷必須被嚴謹的界定。

聖格向組織的轉化

聖格領導之後，組織一部分會向民主制轉化，這轉化必須是以信念為核心。如何保留成員平等參與志業與宗門信仰的管道，是宗教民主化的意義。只有信念與法能持續凝聚廣大信眾對組織的參與與向心力。

聖格之後，一部分仍會保留家長制的特質。聖格之後要轉化這種家長制的特質，其所有繼任者必須能拋棄傳統中「用人唯親」與「階層差序」為主的傳統家長制，而是維持家長制中的核心——愛，以愛承繼聖者的大家長之角色。

聖格領導之後，一部分會逐漸向法制治理的轉化。法制治理轉化的成功關鍵是對原則的遵循，而非變成工具化的科層管理。科層的管理如前面篇章所述，容易流於專業化、功利化，最後工具化。那是信念喪失後的組織，是宗教團體延續最大的隱憂。

從此觀察慈濟的聖格後期的繼承體制，不難看出法的傳承、典範的傳承、信念的更普遍化與深化，是慈濟宗必須努力的目標。再者，慈濟的僧團運作仍然維持漢傳佛教特有的某種家長制的特質，這特質結合佛教的慈悲等觀，仍以愛為核心，而非更嚴格的倫理階級或裙帶關係。

證嚴上人所融合的儒家的愛，與佛教的慈悲觀，表述與實踐為長情大愛，仍應是維繫慈濟家長制運作的核心指標。聖格向法制的轉化仍以戒為核心，這是證嚴上人特別強調制度的精神。以戒為制度，亦即原則治理，這是慈濟宗進入現代社會的各種志業專業化與組織化管理的最高指導原則。

愛、信念、與原則三者的結合，是慈濟宗遵循的立體琉璃同心圓組織的三大力量。

註釋

1. Weber ([1922] 1978:246–47) identified six ideal-typical processes for the selection of a legitimate successor, highlighting that "[t]he way in which this problem is met . . . is of crucial importance for the character of the subsequent social relationships" (Weber [1922] 1978:247). These ideal-typical processes include: (1) a search for a new leader based on a set of qualities that coincide with the needs of the authoritative position; (2) a revelatory technique for divining the selection of the new leader; (3) specification of a successor by the original leader; (4) appointment by an authoritative administrative staff; (5) transmission by heredity to the closest relatives of the charismatic person; and (6) transmission through ritual means, such as the laying on of hands (Weber [1922] 1978:246–49).

2. Service R. Elman, *Origins of the State and Civilization*, (New York: W.W. Norton & Company . INC., 1975), P. 52.

3. Service R. Elman, *Origins of the State and Civilization*, (New York: W.W. Norton & Company . INC., 1975), P. 74.

4. K. E. Read, *Leadership and Consensus in New Guinea Society*, American Anthropologist,1959, 61(3) p. 425-436.

5. 星全成 藏傳佛教活佛轉世研究 青海民族學院學報 1998 第一期 頁 45。

6. Eric W. Schoon and A. Joseph West, From Prophecy to Practice: Mutual Selection Cycles in the Routinization of Charismatic Authority. *Journal of Scientific Study and Religion*, P.785-786.

7. Eric W. Schoon and A. Joseph West, From Prophecy to Practice: Mutual Selection Cycles in the Routinization of Charismatic Authority. *Journal of Scientific Study and Religion*, P.787.

8. Eric W. Schoon and A. Joseph West, From Prophecy to Practice: Mutual Selection Cycles in the Routinization of Charismatic Authority. *Journal of Scientific Study and Religion*, P.792.

9. 《佛說長阿含經》卷 2，《大正新修大藏經》第 01 冊，No.0001 。

10. 印順導師，《中國禪宗史》卷 3，漢文佛典集成，CBETA 2022.Q1, Y40, no. 38, p. 126a9-11。

11. 印順導師，《中國禪宗史》卷 8，漢文佛典集成，CBETA 2022.Q1, Y40, no. 38, p. 329a13-14。

12. 印順導師，《中國禪宗史》卷 5，漢文佛典集成，CBETA 2022.Q3, Y40, no. 38, p. 199a5-8。

13. 印順導師，《中國禪宗史》卷 5，漢文佛典集成，CBETA 2022.Q1, Y40, no. 38, p. 199a12-14。

14. Heinrich Dumoulin, *Zen Buddhism: A History*,(Macmillan Publishing Company, 1988), p156.

15. 馬克思・韋伯著，簡惠美譯，《支配社會學》（廣西：廣西師範大學，2010 年），頁 274。

16. 馬克思・韋伯著，簡惠美譯，《支配社會學》（廣西：廣西師範大學，2010 年），頁 276。

17. 馬克思・韋伯著，簡惠美譯，《支配社會學》（廣西：廣西師範大學，2010 年），頁 286。

18. 證嚴上人 2009 年 2 月 4 日對吾人的談話。時值法鼓山創辦人聖嚴法師圓寂之際。

19. Heinrich Dumoulin, Zen Buddhism: A History,(Macmillan Publishing Company, 1988), p156.

總結

哈佛大學法學院法哲學大師溫格爾教授（Roberto Unger）說：「十八世紀至十九世紀之交的哲學家，對於人類的理想生活提供了全面藍圖。不管是共產主義、資本主義、民主政治或君主制都是如此。但是當代的哲學家對於人類的未來及理想失去了藍圖的擘劃，只流於技術性與片段性的專業論述。」[1] 這是對於當代哲學界一個深刻的反思。

固然，學術領域分工越來越細，越來越向工業主義看齊，我們能否宏觀地把握人類生活的整體樣態。本書的立意希望建構理想組織的新類型。

人類的家建在何處

從人類學者瑟維斯對人類組織緣起的研究，歸結出人類組織的發軔是共同生存之需要。一位英雄式的人物帶領部族開拓共同生存的條件，解決共同的生存困境，人類開始有了領袖。[2] 因此人類組織應該是從卡理斯瑪開始，卡理斯瑪為部族建立穩固的家園。

卡理斯瑪死後的繼承人，在部落及追隨者眼中，卡理斯瑪的長子最具備繼承領袖的能力，長子再傳長子，於是人類走向家長制的組織。隨著部族不斷地擴大，建立了逐漸龐大的分工體系，這是官僚體制的源頭。層層節制，階級分工，最高領袖的權力擴大了，也更集中了，君主制於焉誕生。瑟維斯的研究認為這類型的組織是在農業與狩獵的區域發展開來。

但是另一方面，文明初期以航海、商業、城市為主體的地中海一帶，我們看到希臘的城邦產生的民主制度，羅馬各部落在七王之後組成共和。繼而中世紀以後日耳曼蠻族各部落間以群體推舉方式，先選出戰爭領袖，占領羅馬土地之後，繼而選出國王，這是當代民主與共和的發軔。乃至中世紀初，天上的國與地上的國因信仰而結合，產生了神權國家。在文藝復興與宗教改革之後，希臘的理性主義，與基督教所創生的個人主義結合（上帝之下人人平等到天賦人權的轉化），創生近當代的民主共和體制。

本書針對人類歷史以來的組織類型要略為六大類：小國寡民的桃花源、烏托邦、君主制、民主共和制、法治理性，以及圓型組織。

小國寡民的制度，人人生活自主安樂，但不是適於當今廣大世界一切政經社會都互相依賴的體系；烏托邦的體制人人平等，但是情感壓抑；君主制下的人民必須依靠運氣，聖君出世則人人安樂，生逢暴君，只有一人快樂，人人則活著恐懼；法治理性的體制中，人人都納入規律的秩序中，但是極可能喪失生命價值與個體的意義；民主共和制讓人人都得到以解放，但是卻也容易在自由中迷失或喪失自我。

圓型組織將信念、愛與原則合一，希望建構一個人人自主、平等、分工、共責、共律及共善的世界。圓型組織希望創造人人得以成就自我幸福及價值，人人能夠奉獻社會，群體與自我是和合共善。

柏拉圖的理想國奠基在聖君的智慧與無私。西塞羅喜歡的羅馬是共和民主與君主的混合制。佛陀的理想國度是共和、共識決。佛陀在當時無可避免君王制中，期待國王能尊重聖者，愛百姓。尊重聖者，尊重法，是信念的持守。愛百姓，是大家長視人民為子的情懷。遵循信念與愛，是佛陀心中的理想國。

圓型組織的理想是以平等愛、以利他無私的信念、以原則為制度，期望建立一個人人平等付出，人人成就自我清淨智慧的生命為理想。

這個類型不只適用在宗教組織，吾人認為同樣可以引用到政治組織。政治組織一樣從信念出發，以民為本，政治權力的正當行使，不是基於制衡，而是出於共責。不是只有法治，而是共同的信念，政治家們能否與信念領袖們平等治理。我們先前已經闡明，信念領袖是多元的信念，是各價值領域的領袖們能共建一個國家各政黨都能接受的信念與價值。當政黨撕裂，當政治主張模糊國家認同，信念圓的建立，有助於為一個國家創造全民都能接受的「信念最大公約數」。

文化信念爲基底的政體

正如塞繆爾．芬納（Samuel Edward Finer）在他的名著《統治史（The History of Government）》中所言：「信仰系統比當權者更強大，統治者之所以能實施統治，正是借助於信仰系統。統治者如果無法使自己的統治合法化，就無法維持自己的權威。而這種合法化是通過信仰系統所實現。」

如何讓信念圓與行政圓及立法圓共同穩固社會文化的根本，以建立組織共同信念的基礎，這共同信念不是定於一尊，而是在各多元的價值體系中找出共同的信念。信念圓的存在有賴於教育圓與訊息圓的獨立自主，我們在先前章節中闡明極權主義的誕生正是以控制訊息、控制意識形態，以一個真理法則取代法律，讓人民相信這項真理法則，並且推動這項法則。納粹的達爾文式的優勝劣敗合理化種族滅絕，以及德國亟欲統治歐洲的正當性。布爾什維克黨人相信階級鬥爭歷史的法則，因此合理化史達林對異己的屠殺與迫害。行政權、立法權與信念權的分治與合治，是當代政治體制可以思考的方向。

再者，垂直式的共責制是否補充西方橫向的制衡體制的弊端？中國唐朝時期的君王與三省宰相們的互相共議監察與共責，可以提供當代政治體制重新的反思。制衡體制造成的國家耗損與紛擾，不亞於任何一種體制給予人民的不安與危害。當然不是主張君王制的復辟，而是在思考一個政權體制的共議、共責之觀念如何體制化，並成為議事運作的軸心，這是圓型組織推動的目標。值得重申的是，唐代的垂直制衡是上對下制衡，也可以下對上制衡，這種上下相互制衡的原理，是在一個大體系下完成的，這體系就是共同責任。下對上不是責難，而是一起為國政付出、承擔，這是門下省審議中書省給予皇帝詔敕的責任。上對下不是問責，而是讓事情更為完備，這是門下省審議尚書省呈上來的奏摺，大家一起承擔、共議，讓決策施政臻於完善。

信任爲基石的政治

垂直的制衡以信任為基礎，橫向制衡以不信任為起點。我們如何將共責納入治理體系之中，以信任為基礎，而不是以懷疑為基礎。

信任如何成為體制？邊沁（Jeremy Bentham）曾說：「是誰讓我們產生不信任——不就是那些擁有極大權力的人，那麼容易地受到權力的誘惑而且濫用它。」

Benjamin Constant 也說：「每一部憲法都是基於不信任而產生。」對於從事政治的人，當代社會的人民一般都不會理所當然地假定他們的政治行動都是出於善意。但是在攸關人民福祉的政治場域，特別是民主政治必須建立信任體制，而將不信任的機制縮到最小。[3]

特別當代的政治體制是建基於衝突關係，亦即制衡關係。行政、立法、司法彼此制衡，甚或經常彼此對立，這種對立被人視是善，因為有助於防弊。但是為什麼政治的基礎只為了防弊，而不是為了來造福？造福，才是目的。而造福必須基於信任關係。

Warren 在研究〈民主與信任〉一文中指出，民主政治的信任基礎來自於共同目標。政治人物或是人民越是理解一切的利益與事物其實都是息息相關，學習互利與雙贏，才能締造民主政治的信任。在政治場合中不信任的態度，不管在政治人物之間，或人民與政府之間的不信任，經常是來自你輸我贏的賽局之中，因為多數決就是贏者通吃。因此信任關係不可能植基於多數決，而是共識決。共識決的基礎是人民與政治人物都必須有共同的信念與目標。

在古代中國唐朝的文官與君王的信任來自於共同對儒教的信奉。君愛民如父對子，臣敬君如子對父親。父母官，在基層的縣令層次，一樣可以看到古代政治領域的信任關係都維繫在於一個共同的價值場域中，體現創造信任。

這種信任關係來自儒家的教育體系。官員從私塾開始博覽四書五經，進京趕考，選上狀元或進士，然後在朝或回鄉為官。這些官員先是儒生，才是父母官。他們資歷受到敬重，這是信任關係的緊密聯繫。儒家從教育到文化，到政治提供一道完整的價值信仰體系，是維繫古代中國數百年王朝，以及數千年政治社會融合的關鍵。

今日的民主政治與古代君王、賢能制當然不同。不過信任的機制是民主參與重要的因素。Warren 研究指出，人民越是不信任政治人物與政府，人民的參與度就越低。參與度越低，監督政府的力度就越薄弱，造成許多弊端、貪腐以及權力與利益寡占的局面。信任關係的難以建立，直接危及民主政治的正常發展。

如何建立信任關係？在政府之間，在人民與政治之間，共同價值的尋找，組織或國家共同目標的建立，是信任關係的來源與保證，因此吾人於第十四章所提出的信念圓與教育圓扮演著政治信任體制關鍵的角色。信念的不斷討論與辯證，在政黨與行政體系之外，做充分的討論與辯證，只有共同信念與目標，政治體制的信任關係才能建立。

再者，Warren 等人的研究認為，媒體在政治信任中也扮演重要的角色。媒體對特定人物的褒貶，影響民眾對特定人或團體的信任度。媒體過度的批判，是政治與政府缺乏公信力的主要原因。特別媒體一旦被權力或財團操縱，如臺灣許多電子媒體逐漸與政黨結盟；如美國的 CNN 與 FOX 在政治立場上與對待政治人物的觀點長期處在對立的狀態，這在在都挑起政黨與人民、政黨與政黨、政治人物與政治人物之間更激烈的黨同伐異，強化政治的撕裂與不信任。[4]

這就是為什麼吾人主張「訊息圓」獨立於「行政圓」及「立法圓」之外，成為獨立的運作體系，公平、充分、透明地提供民眾有意義的公眾訊息。

尤其研究發現，政府或政治取得人民「信任」，很大一部分是政策的制定過程必須對特定利益的群體公眾揭露訊息。訊息越透明，信任度越高，舞弊也越少。因此「訊息圓」是建立政治「信任體制」關鍵性的一步。

當前政治上的不信任關係有助於煽動家的誕生，這是柏拉圖與亞里斯多德的預言，民主政治會變成寡頭政治，寡頭政治會產生挽救人民的煽動家出現，即所謂的凱撒主義，最後演變成無秩序的暴民，民主政治走向終結。川普是在美國民主走向寡占以後出現，因為政治的不信任，人民遠離政治，不理政治，公眾監督隨之薄弱，這又助於政經的利益交換與貪瀆在私下大肆進行。川普打著人民的救星，新凱撒主義出現於二十一世紀的美國，最後在一場令人震驚與羞恥的人民闖入國會的暴動中告終。

其實第一位訴諸民粹的是小布希。小布希在西元二〇〇〇年的總統大選中說：「我跟我的對手最大的差別是，他信任政府，而我信任你們。」這是直接挑動人民對政府的不信任，把人民對於政治信任的渴望轉到他個人身上。川普變本加厲，終於暴露民主的大缺點，對抗、制衡、不信任，成為當今民主的基調。因為我們一開始就歌頌不信任，所以才創設憲政的制衡體制。在不信任的基調上要怎麼唱信任的歌謠？

學者 Hakhverdian 和 Mayne 的研究認為，縮短信任者與被信者的關係，最有效的方法是知識的對等與分享。政策機構或政府機構應該將他們專業的標準、作業、信念都能用媒介的管道向人民分享、介紹。[5]知識與訊息越是對等，信任的基礎就越堅實。當訊息的管道暢通，執政者的動機越能被民眾了解，信任就能建立。相對地，執政者或政治人物在更透明的訊息揭露與分享中，就更能避免政治人物的私下權謀交易，或與財團之間進行不當得利等。

Hakhverdian 和 Mayne 認為媒體可以扮演積極的專業訊息分享與揭露的角色。[6] 但問題在於現行的媒體結構多半屬於大財團，大財團自身有各種經濟利益，扮演政治與人民溝通的角色不會是他的利益之所在。因此一個更公平、公開、自主的媒體平臺應該被建立。訊息圓的創生可以造就更多的類似「直接民主頻道」，讓議員或任務型的議員，以及政府單位公開分享他們的知識、政策、施政問政動機，這是避免民主寡占之弊端，與挽救不信任的基調瓦解民主政治的良方。

一、圓型組織的三大要素

依人類存在過的組織類型言之，共和制流傳最久、最廣。主要是共和制能夠涵蓋眾多不同利益的人，在一個體制中商議。君主制依靠聖君的誕生，可遇而不可求，在現今強調民主自由的時代無法依存。雖然如此，在許多私人組織，甚或政府組織，這種家長制，君王制的體系仍然存在，對於某些私人機構甚至是一種必然。君王制依靠著英明的領導人治理，效能及指揮系統非常明確。他的缺點，從歷史總結，也顯而易見。但是君王制效能主義，在一個人民失望，社會士氣低落，或高度追求效能的時期，或是戰爭時期，都會擴大對於領導人權力的賦予，正如羅馬在戰爭時期賦予執政官獨裁官的職責，但是有期限。這即是問題所在，一旦給予獨裁者絕對的權力，如何收回來？如何保證下一個獨裁者、君主，勤政愛民？因此共和制就是在對治這種弊端，斯巴達要求兩名執行官，摩門教以三位總裁治理。希臘時期的斯巴達及羅馬時期的元老院都是在制衡絕對權力帶來的問題。

當代民主共和，把君主的位置以民選總統賦予正當性，給予任期制，有國會及司法監督。這種制衡制度，如前所述，一樣造成民主的寡占，因政黨鬥爭而失靈。如何解決此一問題，有些國家採取共識決，如瑞士，以平衡大大小小的政黨或利益團體之所需，而不至於在多數決中犧牲少數的利益。

雖然如此，極大權力（指的是缺乏對權力者制衡與制裁的機制），或絕對權力的政體或私人機構，領導者的素質與良知的培養是關鍵，這是柏拉圖的意圖，哲學家皇帝，這是儒生的盼望，一代代的聖君治理國政。這是佛陀退而請其次的盼望，雖然希望共和制，但是君王有愛、有德，崇尚佛法真理，是轉輪聖王。放到企業機構言之，執行長、總裁具備極大的權力，然在諸多內外法規的約束下，仍具備對資源很大的裁量權，尤其是家族企業。這種現代的「類君王」、「類家長」制之運作，依循金字塔的組織結構，在一個時間之內可能很有效，但長期言之，在快速變動的當代，以及思考人才的傳承，這類組織的缺點仍不離單一領袖的素質與品德，以及繼承的問題。

這就是為什麼出現了共創制，這種類圓型組織的企業運作。Holacracy 以及 Agile 都是為了快速反應社會經濟的變遷，反映市場的需求，以擴大人才的參與與創造力而創生的制度。這制度是人人都能自主，只要依照原則、規則行事。與圓型組織不同之處是共創制，Holacracy 以及 Agile 著重規則，而圓型組織植入的愛與情感。共創制仍然強調信念，但是信念的界定與討論比較集中高端決策者的範疇之中，如董事會，而圓型組織期望人人都能信守同樣的信念。

在政治領域類似企業共創制的組織型態是邦聯制。邦聯制也是另一種擴大式的共和體制，它主要集合不同群體或不同獨立的政權，基於共同利益或理念，相互協調，互惠互利，共同面對問題，解決共同問題。這種高度遵循規則與制度性運作的組織體制，如果缺乏信念的同一性，很容易在利益衝突下瓦解，英國脫歐就是一個例證。歐盟是邦聯制，英國脫歐證實歐盟是以利益為核心，其本身缺乏一致性的信念與理想。一致性未必是單一價值，而是不同價值體系都能認同的最大公約數之信念。以利益為導向的體制，情感的連結自然更弱。

相對地，共識決的制度比較適合在高度信仰或理念認同的機構行使，如摩門教，如佛陀僧團。我們在前面一章節所提過的幾種共識決的運用，很多在金融機構。金融機構的信念並不高，但是目標清楚，因為會計或財政規劃必須很精準。為求見解能夠全面，共識決的機制是最好的決策模式。但是共識決不容易在一個需要快速反應、一個高度創意的機構，因為快速與創意不是共識決組織體系的強項。完整與全面，是共識決的優勢，當機構要維持完整，當決策要維持全面，採行共識決是很有效的機制。

圓型組織的共識決根植於成員對信念之堅固持守，與愛的深度連結。因此在意見不同之際，因為信念，非個人，甚或無私；因為愛的互動，容易同理、容易利他，因此容易能即時反應，做成決策。共識決對於保持組織完整性與一體性而言是有利的，因為多數決容易產生內部的分裂。圓型組織所倡議的共識決機制正是值基於此。

然而對於傳統君王制、家長制、聯邦共和制，無論採取一人決定，或多數人決定，都是內部機制緩慢分裂的隱性因素。投票有效，可計量，共識決緩慢而無效益，因此強致性的政體或機構，不是一人決，就是多數決。然而從長期的眼光言之，一個多數決的機構最大的危機是少數永遠處在被犧牲的狀態，這是社會動盪的隱憂。民主共和的多數決其實是少數人（議會）的多數決，因此容易造成寡占。圓型組織對於民主共和的修正在於真正擴大參與、擴大共識，讓任務型的參政或立法角色能夠彰顯。如我們在前幾章所述。

在當代組織探討中，最不被強調的就是愛。人們都認同組織要有規則，但是組織中的愛經常被忽略，不被討論，不被納入體系之中。這是現代人在組織中苦悶、憂鬱、無意義感、唯利是圖、人際傾軋的原因。組織的愛必須被彰顯，被體制化。愛，從領導人，一直到每一位成員之間愛的聯繫不是個別性，而是希望體制性。換言之，組織能否體質性地納入愛的實踐，如成員從領袖到基層一起投入慈善關懷，養成成員的慈悲，養成成員之間為愛一起付出的情懷。

心理學的研究指出，[7] 在一個強調具備「終極關懷」的信仰的機構，成員比較會具備利他的愛心。機構必須深植具備終極關懷的信念，此有助於培養成員利他的心。心理學家也指出，當人投入幫助弱勢者，他們的生命價值感與幸福感會大大提升，理由是看到生命的不幸讓人起慈悲心，看到他人受苦會反思自己過得很幸福。最後，看到他者的生命因為自己的利他或無私的愛而改變，人們的心靈會有很大的提升。[8]

圓型組織落實在政體、企業、NGO或者是企業，都應將愛與慈悲植入體制之中。這是組織的善，這是組織帶給人生命的成長。組織最大的目的，是能創造個人的幸福、心靈自由與生命的價值，進而群體生活都能和合共善。

	信念	愛	原則	結果
家長制	低度	高度	中度	用人唯親 發展受限
君主制	低度	低度	低度	賢君則治 昏君則亂
共和制	中度	低度	高度	免於專政 互相抵制
共創制	低度	低度	高度	原則至上 專業凝聚
聖格制	高度	高度	低度	信念凝聚 缺乏制度
貴族制	低度	高度	低度	菁英治理 利益與共
圓型組織	高度	高度	高度	人人盡責 和合共善

圖二十一：組織類型與圓型組織理論三大元素

圓型組織的愛，最佳的狀態是平等愛，人人平等互愛。這愛一定是無私的，所以是平等的。然而當愛演變成倫理次第，或是重視裙帶關係，就會逐漸變成用人唯親，造成組織的衰落與墮落。

圓型組織的信念，最佳狀態是人人依著共同理想而奉獻努力。在這個狀態下，組織中人人感受到生命的意義，肯定自我生命的價值。但是信念具備兩面性，一個面向是過度依靠信念或純粹以信念為主導，沒有將信念體制化，會演變成鬆散式的組織；另一個面向的發展是隨著時間推移，信念理想要體制化，但演化為過度的例行化、官僚化，結果信念就走向衰亡。

圓型組織的原則，亦即制度，讓圓型組織能規律與有秩序地運作。原則過度地強調，則走向科層化、官僚化，其結果，淡化信念的組織容易走向功利傾向，失去信念的組織最終走向工具化，組織僵化或為惡所用，走向邪惡的道路。俾斯麥為德國建國打造的強大官僚體制，實現了建立德國的理想，也改造日耳曼人的民族性。但是當此一官僚體制逐漸失去信念之後，為希特勒所運用，進行種族滅絕，發動歐洲戰爭，造成人類的浩劫。這是當組織走向工具化之後所衍生的危機。

信念、愛、原則三者融合，是善治理圓型組織的要素。以建築物比喻，原則是建築骨幹，愛是建築物體，信念是建築功能與形體。三者必須相輔相成，不偏不倚，互相調和。

	高度趨向	中度趨向	低度趨向
信念	理想與共	例行化	組織鬆散
愛	情感相依	倫理次序	用人唯親
原則	制度性高	功利導向	工具導向

圖二十二：圓型組織三大元素體現的各種趨向

二、圓型組織的結構

我們歸結了圓型組織的核心要素是：「信念、愛與原則。」這三個元素放進韋伯的治理框架是：聖格制以信念為核心；家長制以愛為核心；法治型以原則為核心。

這三個元素放進羅馬政治哲學家波利比烏斯的民主、君主與貴族共和的混合體制為：民主以信念為核心、貴族共和制以原則為核心、君主以愛為核心。

能夠結合信念、原則與愛的組織，是圓型組織的理想，是善治理。善治理的圓型組織這三者元素不可偏廢。如果過度偏向信念，組織會趨向鬆散，如禪宗是純粹鬆散的組織型態。禪門弟子各立門戶，互不隸屬，但共同遵循禪宗的修行方法。在政治上以信念為連結的是邦聯，過去美國獨立初期的政治制度是邦聯制，各邦獨立運作。現存的大英國協是邦聯，由五十三個成員國，各自獨立互不隸屬，只是在信念上以英國王室為核心，這是一種君主傳統精神之延續。

如果組織過度傾向法治，人情的愛與信念喪失，會淪為純粹的科層，如一般的企業、政府組織，講求科層，人情與信念淪失，組織缺乏彈性，很難持久。如古代力行法治的秦國，很快就滅國。

組織過度強調家長制的愛，會造成用人唯親，人情包袱重，喪失組

圓型組織元素	信念	原則	愛
韋伯組織類型	聖格制	法制型	家長制
波利比烏斯政體 (羅馬共和體制)	民主制	貴族制 (共和制)	君主制
善治理組織	信念連結的組織	法治運作的組織	愛為領導的組織

圖二十三：圓型組織之於政體的框架

織的創造力與凝聚力。如傳統中國親族王朝的後期，經常是用人唯親，裙帶關係治國，產生國家王朝的敗亡。

聖格制是依賴一個人的聖格之領袖魅力為主導，這個信念能廣泛地普及到一切成員，才是聖格制後期應該具備的建置。如同佛陀不立接班人，人人皆可依法傳承，如同耶穌沒有選任接班人，門徒依自己的模式傳福音。福音是一，信念是一，而傳遞方式各異。佛教與基督教能長期維繫，正是將聖格的信念傳遞到每一個信徒心中。

韋伯認為聖格制的後期經常是演變為家長制，聖格的繼承經常是一小群接近聖格的人所選定。如穆罕默德過世後，第一任哈里發是一群靠近穆罕默德的親信選定；如摩門教創教者約瑟夫·史密斯過世，是由他親近的成員「十二使徒團」共同繼承，選出主席楊百翰成為十二使徒的總裁，繼續領導摩門教。即便是類家長制的繼承，摩門教的教義在約瑟夫·史密斯生前大力倡議的教義教導，從家庭讀經開始，到教堂聚會，教義信仰的普及，仍是摩門教在史密斯突然死亡之後

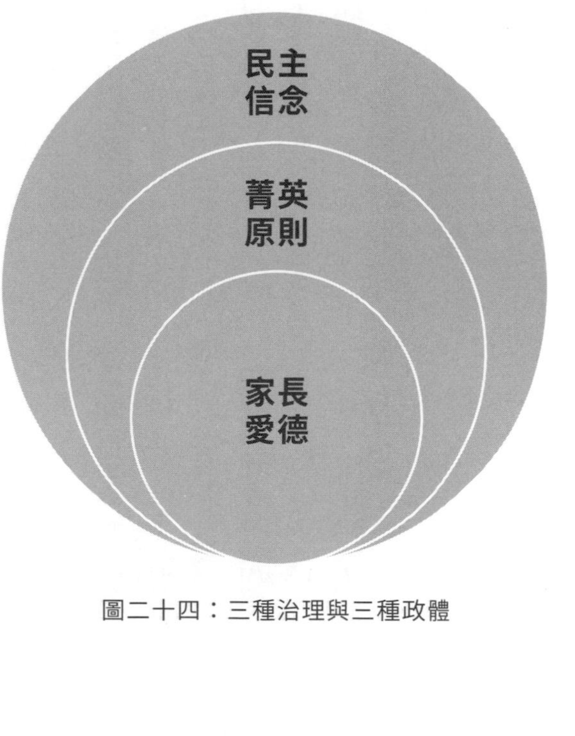

圖二十四：三種治理與三種政體

能延續的關鍵。

信念能團結巨大的人群，願意共同歸屬在一個組織當中。聖格制的後期能像民主轉型的關鍵，是信念的貫徹與深化。對於宗教而言是信徒對信仰教義的理解與堅信；對於政治而言，是國家的人民對創國者信念的堅守與執行。繼承孫中山的國民黨人，對於三民主義的信念不足，因此無法在他過世以後繼續維持三民主義的體制，而是被古老的君王制、家長制的信仰所支配。可見信念、信仰的力量遠遠地超越體制的建置，群體中多數人的信念決定了組織的運行體制。

群體人員有了共同信念之後，如何將信念體制化，是組織存續的一大挑戰。楊百翰成功地將信念體制化，將摩門教義以體制的力量建立起一個更長久的教會。基督教教會的初期是以遴選主教作為信徒事務的領導人，這是逐漸將信念體制化的成果，基督教是以某種民主的遴選方式，而非以家長制的繼承，延續耶穌的教義，這是基督教在當時羅馬社會能夠深耕的力量。一種民主的模式，能號召更多具備相同信念者加入組織，如果以家長制的親近關係為體制的基礎，其格局與開展必然受限。

信念的體制化避免成為固化或形式化官僚體制的關鍵是愛，愛是凝聚向心力的關鍵，愛是讓人人能夠在組織裡面感到安適幸福的關鍵。信念必須以愛實踐，才是讓人快樂地歸屬組織的力量。

信念為核心，愛為凝聚，原則為治理，才是善治理——圓型組織的理想。

信念於聖格與民主體制

以偉大的信念締造組織是聖格制的特質。但是聖格制繫於一人特殊人格力量的運作，不可能長期維持，再尋找另一位聖格來延續的機會十分渺茫。因此如何從聖格制的信念，轉為民主制的信念，以及讓信念普及化到所有組織成員，是聖格之後，組織能延續的關鍵。

當今的民主體制，在政治上意味著政權是由廣大的群眾共同參與所建造，對於宗教組織是所有的信眾共同參與建造一信仰及修行道場。能凝聚廣大人民與信徒於一體的力量，一定是信念。政治的民主信念是民本、民主、平等、幸福等價值，這是民主信念的本質。任何民主政體違背這項信念，將難以存在。一個民主政體避免淪為寡占政體，或是庶民政體最重要的信念的持守，民本、民主、平等、均富等信念，如何深植於所有人們的心中。

對於宗教組織而言，信念的內涵不管是上帝為中心，或以涅槃覺悟為中心，以天道為中心，或以慈悲利他為核心；信念越是能夠貫徹落實在信徒心中，組織的結構與運作就更為穩固。對於廣大的民眾言之，制度不會是第一要件，因為制度可以與時更迭，制度不可能完美，信念才是更永恆的支柱。佛陀時代僧團制度早已不在，但是邁向清淨智慧的覺悟之信念仍然不變；耶穌在世時的門徒體系，或是中世紀的天主教體系不復為當代體系所接受，但是以上帝為中心信念始終存在。

羅馬時期的民主制度（部落代表）與希臘時期的民主制度（公民抽籤），以及當代的直接投票制不同，但是民主的信念，以人民的權利與福祉為中心的信念始終不變。民主能維持在於這一信念，與此信念相反的就是君主、寡頭、極權或暴政體制。信念越深化，民主體制越堅實。

以慈濟言之，慈濟的組織跨足一百多個國家，可見的未來會持續擴大，其成員跨越宗教、種族、與文化的藩籬。其組織成員越能信奉證嚴上人的信念，組織成員的向心力就能凝聚。證嚴上人創立的靜思法脈是信念的源頭，證嚴上人的信念通過他的宣說，通過結集的經典，繼續廣泛流傳在慈濟人的世界之中，是慈濟組織存續的關鍵。

尤其慈濟的世界各組織某種獨立的運作是必然的發展，但是凝聚彼此向心力的關鍵，仍然是對於證嚴上人信念的共同持守。依著信念開展世間的志業，才能成就每個點都是中心點的理想。但是有別於禪宗，慈濟希望成為一個鬆散的組織，某種核心領導與中心制的設置，仍是慈濟當年努力的目標。因此體現每個圓點都是中心點，同時必須又凝聚在同一圓球上，體制設計是下一步建置慈濟永續發展的關鍵。

在探討圓型組織，每一個點都是中心點的理想，信念的統一是圓型組織能夠運作的前提。在這個共同信念下，經由體制的建置，讓各點能夠協同運作。

體制的運作以共和為核心，亦即遵循原則制度的菁英管理階層之間的協同治理。

原則於法治與菁英治理

羅馬元老院是貴族治理，是共和制的治理。它是一種議會的型態，不是一人專政，而是一群菁英執政。一群菁英執政或治理必須以原則、以法治為基礎。信念是大家的前提，在一小群特定被選出的治理人才，避免惡性鬥爭，避免私相授受的最佳途徑，就是遵守原則與法治。希望這群菁英以愛互相關懷是理想，互愛也會造成徇私，因此原則的遵循是最大公約數。這倒不是說愛與信念不重要，但對於菁英治理，共和意味著協商，協商必須有規則，原則與制度的建立是維持菁英治理的關鍵。

圓型組織期望每個圓點都為中心點，而每個中心點的治理則是一群遵循原則的菁英，原則讓組織能夠順暢有規律的運作。慈濟證嚴上人的理念就是「以戒為制度」，戒是內心遵循的處事原則，也是人與人相處互相約束的原理。儀軌是外在的制度，讓人與人在一定的體制軌道上運作，兩者相輔相成，戒與儀軌是法治的體現。在超大型組織如慈濟，各個點的協同必須基於法治原則，才能共同的協同運作。而對於內部的決議而言，原則的遵循才是共識決能夠達成關鍵。無論是菲爾德共識決，或是多層次共識決，都是必須制定的原則，這「原則」的遵循是貴族制、共和制成功的原因。換言之，即便最高領導人在這決策之中，一樣遵循原則與法治，圓型組織的內在軌道就能順利行使。

圓型組織中的菁英治理，以共和、議會的形式體現：在民主政治體制的國家，以議會多數決形式體現；在某些威權國家，以權威導向的協商模式進行；在宗教團體主張以共識決形式進行。共識決能涵蓋最大的能量與人員於一體，避免教團因表決而分裂，這是宗教組織與政治組織不同之處。政治組織具備強制力，因此意見分歧，政權不必然會分裂；但是宗教信仰是自願、自主，共識決才能長久結合更巨大力量。如果不採行如天主教的聖君家長制，共識決是一個比較持久合宜的方案。

愛德於君主制與家長制

圓型組織並不排除最高領導人的設立，最高領導人是信念、是組織的維繫者，更是愛的體現者。最高領導人能夠愛一切成員，愛他所領導的菁英，才能貫徹圓型組織的運作。有別於柏拉圖的哲學家皇帝是以真理為中心，圓型組織的最高領導人期望以愛為中心。佛陀對於組織的理想是國王具備愛，愛民，愛一切眾生。從阿育王不殺生，熄戰爭，勤愛民的表現，不難歸結佛教的組織領導人理想是愛。對於佛陀言之，《本生經》所記載的過去生的諸多國王，都是以愛為聖者稱道。國王尊重法，在佛教中是真理，但是關鍵力量仍是愛。佛陀並未反對君王制，雖他更喜歡共和，喜歡共識決，而不是一人決議。但是君王必須是有愛德的大家長，視民如子，愛民如子，這才是好君王。

吾人認為掌握巨大組織的領導者總會面臨各種不同的利益與見解，以真理為中心容易偏於一方，而失去一方。沒有轉型正義，只有每一種價值都能兼容並蓄，而非一種價值取代另一種價值，才是最高領導人的胸襟。愛天下人，不管他是善是惡，都以愛心對待。這並不是廢棄信念與原則，而是在信念與原則之下，擴大愛，擴大愛才能包容天下人於一爐，凝聚組織，和合共善。

基督教早期的聖徒是以慈善關懷羅馬城內的弱勢者，因而博得美名。聖方濟各、聖納迪諾、聖馬丁等聖人都是以愛德成為基督教的典範。典範的傳遞是宗教組織維繫的巨大力量。

典範之於政治組織依然有效。華盛頓不連任第三屆美國總統，成為美國憲政慣例。林肯解放黑奴的平等精神，堅固美國民主自由的信念。林肯的出發點仍是對於所有人的愛。即使是黑奴，以平等對待，享有平等的權利。

有愛德領導的大家長、有遵循原則的治理菁英，有依止信念的大眾民主，圓型組織才能成功延續。

三、圓型組織的運作

自主、平等、分工、共責、共律與共善，是善治理——圓型組織的六項運作準則。

我們討論了圓型組織的三大基本要素，我們在回顧圓型組織的運作內涵。我們在回顧前面章節闡明的圓型組織的運作，是以自主、平等、分工、共責、共律進而達到「共善」。

「自主」是圓型組織存在的前提。任何一個可稱為善治理的組織，其成員一定是自願加入，也自願地可以退出。自主是一個人生命的根本，是生命價值與幸福的源頭。自主比自由更根本，因為沒有自主，就沒有自由。自由而無自主，就如當今諸多民主政體與資本社會一般，自由度高，但自主性低，一切都在組織與體系的約制甚或相對的剝削當中，民主與自由市場產出的利益常被特定的階層所寡占。自主的程度，是衡量組織成員價值感與幸福感的指標。

組織的目的是讓人獲得自由，讓人得到自主的成長及圓滿。組織的善是成就人人，組織的惡是壓制人人的創造力與生命價值。因此善治理，圓型組織，是以自主為前提，自主必須以平等為目標，否則就開始產生因為人與人的差距，而必然帶來的利益與價值的傾軋與剝削。平等不是齊頭式平等，而是機會的平等，是優勢者給予弱勢者最大的利益，如同約翰．羅斯的主張。吾人則主張進一步地必須以利他為中心，才可能締造既差異又平等的結果。人人利他，互相成就，互相幫助，優勢者幫助弱勢者，才能既尊重差異，又締造人人平等的幸福與價值。

平等必須分工，因為人與人的差異本來就存在，能力差異、環境差異、際遇的差異等，依照個人之所長而發揮是分工的根本。分工才能締造全體組織的創造力與效益。

分工必須共責，才不致壁壘分明，各自為政，甚至本位主義造成互相鬥爭。共責如家人照顧家庭之所需，家庭中一切事務人人有責，「不能少我一人，人人要承擔」是證嚴上人給予慈濟人的處世信念。共責是上、下共責，人人平等共責，不管何種角色，一切事的成就與人人都相關聯。

共責要共律，人人能參與制定規則，人人遵守規則，這是組織和諧運作的基礎。我們列舉過佛陀制戒儀，波羅提木叉是佛陀在聽完眾弟子發露懺悔之後，制定戒律，這是由上而下。律儀則是羯磨，大家共同議事，還有二讀、三讀，無異議者通過，這是共識決。因此，可由上而下，可由下而上，這是共律的精神。我們前文列舉任務型的專業導向，議員共同參與政策制定，以擴大由下而上的共律，共治的法律。也可以由上而下，由行政部門提出法律制訂，讓大眾之代表參與決議。

這五大元素兼顧後，才能獲致共善的結果。共善，即是人人各安其位，人人各蒙其利，這是中和。人人各得福祉，人人還要各正其命，活出生命的價值，這是保和。一個社會與組織若能如此地長治久安，即是太和，即是共善。

四、圓型組織的素養

共善的圓型組織的構成，從慈濟的圓型組織為例，依據它的理想與具體實踐的經驗，其成員應具備的主要素養分別闡述如下：

一、「信念」：核心價值的奉行與持守，在成員中普遍地深化是圓型組織的第一個素養。如「無所求付出」是慈濟的核心價值，是慈濟人積極奉獻的動力；核心價值觀的內化，使長久的奉獻成為可能；為他人付出成為成員生命的中心。

二、「原則」：遵守組織共同制定的戒律與儀軌，在俗世世界稱之為法律與規則。原則或規則的遵

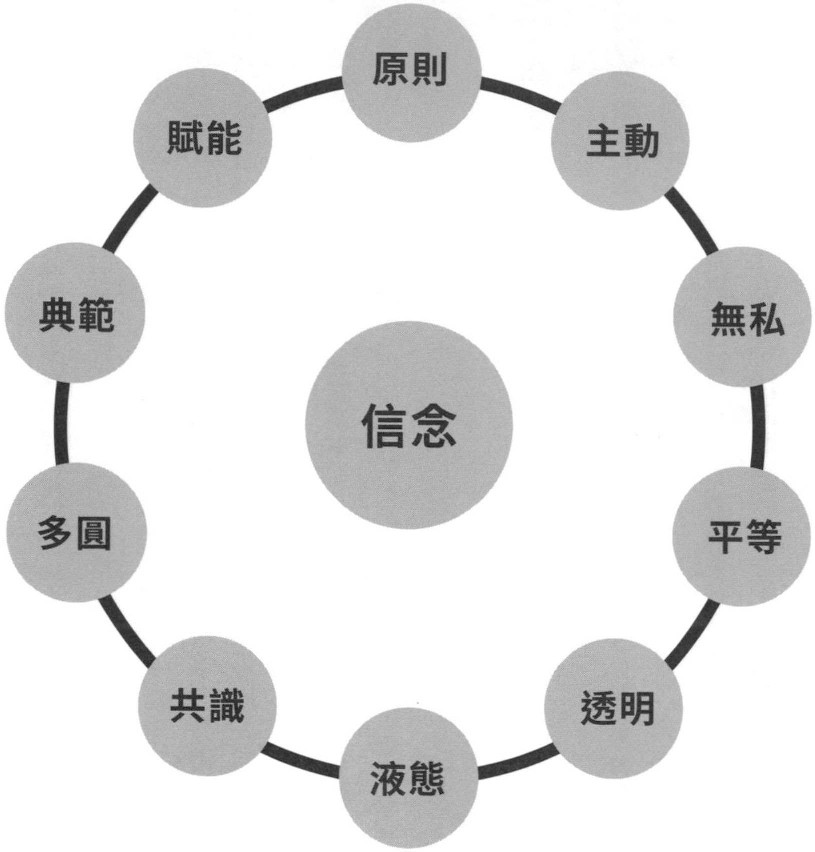

圖二十五：圓型組織理論的十二項素養

守能確保不同意見、不同立場、不同情感的人能在共同的規則遵循下，達成有效決議與執行效益。

三、「主動」：自發性的去助人是來自信仰的深化，因為服務他人是他們生命的信仰。依著這信仰，他們在鄰居發生任何事故或苦難之際，即時主動地發起賑濟，不必等總部的指令，因為服務是信仰，他們想為人民服務。有信念就會立即行動。

四、「無私」：才能互相合作。達到無私需要長期的心靈鍛鍊。佛教的六度萬行，布施、持戒、忍辱、精進、禪定、智慧，六種修煉，從無相布施開始，謹守戒律，才能縮小自己，才能無私。即便付出、守戒，在現實中還是有不能諒解自己的人，就必須忍辱。忍辱到無所可忍，連侮辱自己的人都要愛，都要度化，那是精進。直到與一切人的關係都是正向、都是愛的關係，人的心靈就能真正的靜定。在愛中靜定，這是通過利他行動的心靈修煉方式。

五、「平等」：平等愛是佛教的根本思想。愛一切人，鼓勵一切人去愛人，最後用愛回應仇恨，這是平等愛的真諦，平等愛讓組織成員有高度的凝聚力。能做到人人被愛，人人愛人，即能造就一個跨越文化、信仰、種族及國界的藩籬，成就普世性的善組織。

六、「透明」：是指所做的每一件事，全球成員都能立即知道，這樣就可以正確地快速行動，同步協調與合作。訊息透明，模式透明，人人就能即時參與，互通有無，有效協同。

七、「液態」：最有效動員的組織是液態化的組織。圓型組織無固定的形式，隨時可以調整運作模式，如水一般，隨方就圓。如何達成液態組織的理想，取決於成員對自我的信心與能力的均等。成員能力越是均等，在資訊透明，無私協同的信念下，就能達成液態組織的運作。

八、「共識」：充分的討論，暢所欲言的表達意見，最終達成一致決議，才能讓組織發揮最大的力量。成員必須敞開心扉，與每一個成員討論可能的選項，找到一個真正明智有效的策略，並且是符合核心精神的策略。從共識討論產出智慧與策略。

九、「多圓」：多元中心是圓型組織的基礎，非單一中心，人人都是中心。人人為中心才可以快速的行動，以自我的資源，主動地、自發地利益他人及社會。更有甚者他方有需要，也快速馳援，這是以他人為中心。因為人人都是中心，己方有需要，他方一樣給予支援，這是人人是中心的圓型組織。能做到這一點是因為上述的素養具備的緣故。

共同的核心價值，以服務他人為生命的中心，謹守共同原則、無私、主動、平等愛、透明、共識討論等，具足這些素養，成員在任何時刻，任何地點都能即時參與，協同執行。

十、「典範」：圓型組織強調的不是建立制度，而是樹立典範。慈濟有非洲潘明水帶領非洲當地志工開展縫紉班，幫助數萬黑人婦女。其中數千人投入成為志工，這是潘明水樹立的典範。慈濟在中國大陸也有行善的典範人物，菲律賓、印尼、馬來西亞都有善行的典範人物。人能弘道，典範是組織傳承與延續的關鍵。圓型組織以典範傳承為核心，制度因時、因地會改變，典範的建立傳達組織的精神與價值，讓人們想跟隨他們的腳步，追隨他們的典範。

十一、「賦能」：慈濟在各地緊急賑災之後，志工啟發當地的受助者，災民，讓他們投入做志工，這是慈悲與服務能力的賦能。慈濟的成功，依澳洲道格拉斯教授（Douglas Paton）的研究認為，在於環繞證嚴上人的核心價值，志工自我增能，給予其他志工賦能，也給受助者賦能。達成人人皆是助人者，這是來自佛教的思想無施者，無受者，連給予的新超越。這是一種共同的慈悲，這是一種共善。能做到如此，善就不斷地循環。

十二、「循環」：通過上述十一個元素，創造出善良的循環，慈悲的循環，這是圓型組織理論的本質與目標。

就像物理學所言，一組分離、分裂的粒子，它們彼此距離無窮遠，但根據量子糾纏，無論它們距離有多遠，它們之間仍然協調一致，因為它們具備相同的本質，這就是量子糾纏。因此，一個組織，成員越堅持核心價值，就越有可能同時採取相似的行動。同時行動，因為他們擁有相同的原則和核心價值，這就是所謂的同步性。

五、圓型組織的最終目標

每個人都可以成為中心。

圓型組織人與人的傳承，賦能是關鍵，因此成員一起服務學習非常重要。圓型組織的開始成形，會從一個圓增加到兩個中心圓。如同慈濟總部在花蓮，分部的成員跟隨典範持續在當地投入慈善工作，如果當分部的事務越來越多，結果去增強總部的人員力量，那就逐漸變成錐型結構，不是圓型結構。當核心圈更關注及增強機構或個人，而不是價值觀和原則時，它就變成了一個錐型組織。這時圓型結構可能會傾向於錐型結構，與金字塔很相似，這也是圓型結構發展的危險所在。

當圓點越來越多，核心圈如果沒有選擇加強總部的力量，相反地，把價值觀與原則傳播到世界上的每一個角落，以支援圓型結構，成就圓型組織，形塑圓型理論。因此締造多圓的組織運作。當某地發生了事情，全世界都可以即刻過來支持它。

那總部要做什麼？做教育、做賦能、做協調。它是團隊中的一員，而不是指導者和帶領者，指導世界上的每一件事。遵循圓型結構，一個完整的組織才得以持續和有效發展。

總部與分部的及時支援與參與討論是重要的，當若干圓點出現分歧，儘量由各圓點——特定分支機構決定，而不是由總部決定。總部與各圓點之間能隨時進行團隊協作，資訊透明很關鍵。各圓點與總部無私、協力、共責。

最後，在各圓點運作自主順暢之際，保持組織一體性的共同意志，也是圓型組織的最終要求。只有保持組織的一體性，圓型組織的互為協力、互為中心才可能成立。

圓型組織不是鬆散的組織，是各個自主、互相協力、團結一致、平等互愛、共善共榮的一體性組織。

圓型理論，根據中國的《易經》所說，「群龍無首，大吉」。群龍，不需要領袖；人人都是領袖。亦如佛教之《法華經》所言：「佛佛道同。」這就是圓型理論的最終目標。

註釋

1. Roberto Unger, lecture, at Harvard Law School,2020, Febuary.
2. Service R. Elman, *Origins of the State and Civilization*, (New York: W.W. Norton & Company . INC., 1975), P.75.
3. Mark Warren "Trust and Democracy", The Oxford Handbook of Social and Political Trust Edited by Eric M. Uslaner, Print Publication Date: Mar 2018. Subject: Political Science, Political Behavior Online Publication Date: Jun 2017.
4. Mark Warren, *Trust and Democracy*, The Oxford Handbook of Social and Political Trust Edited by Eric M. Uslaner, Print Publication Date: Mar 2018. Subject: Political Science, Political Behavior Online Publication Date: Jun 2017.
5. Armen Hakhverdian and Quinton Mayne(2012). Institutional Trust, Education, and Corruption: A Micro-Macro Interactive Approach. *The Journal of Politics*, Volume 74, Number3, 739–750.
6. Armen Hakhverdian and Quinton Mayne(2012). Institutional Trust, Education, and Corruption: A Micro-Macro Interactive Approach. *The Journal of Politics*, Volume 74, Number3, 739–750.
7. Neal Krause, *Altruism, Religion, and Health: Exploring the Ways in Which Helping Others Benefits Support Providers*. Altruism and Health: Perspectives from Empirical Research, Stephen G. Post. Print publication date: 2007, Print ISBN-13: 9780195182910, Published to Oxford Scholarship Online: September 2007.
8. Neal Krause, *Altruism, Religion, and Health: Exploring the Ways in Which Helping Others Benefits Support Providers*. Altruism and Health: Perspectives from Empirical Research, Stephen G. Post. Print publication date: 2007, Print ISBN-13: 9780195182910, Published to Oxford Scholarship Online: September 2007.

後記——
寫在「善治理——圓型組織」之後

「善治理」提出的圓型組織模式，吾人於二〇二二年及二〇二三年在哈佛大學甘迺迪學院的「中國研討會（China Workshop）」先後有過兩次的發表。感恩本書出版之前，由臺灣大學政治學系與慈濟基金會在二〇二三年三月十七日，共同舉辦第七屆「全球共善學思會」，以「善治理——圓型組織的思想實踐」為題，邀請九位學者共同發表意見。

會中邀請了美國加州大學社會學系的資深教授趙文詞（Richard Madsen），宏碁電腦創辦人施振榮先生，東吳大學暨臺灣大學法律系李念祖教授，慈濟基金會顏博文執行長，政治大學社科院葉浩教授，哈佛大學訪問學者張文娟教授，香港理工大學社會學系李鎮邦教授等共同與會，討論圓型組織，善治理的模式。會議由臺灣大學政治學系的劉康慧教授主持，劉康慧教授首先介紹圓型組織作為慈濟理想組織類型，邀集大家會聚在一起，共同來探討善治理的組織內涵，以及圓型組織放諸社會組織、政治組織及宗教組織的可能性。

吾人先以專題報告形式，提出「善治理——圓型組織」是以信念與原則為核心，在這個基礎上，組織當中希望人人能平等地參與組織的運作，在「分工、共責」的情況下，達到組織的共善。這是吾人從慈濟證嚴上人於二〇〇七年提出「立體琉璃同心圓」的理念之中，提煉、闡述圓型組織之理想類型，並進一步開展其思想與實踐內涵。

李念祖教授在會中提出精闢的洞見及中肯的建議。念祖兄作為吾人三十多年的好友，也是臺灣的憲法大家，他直接提出「利他」要由誰來界定？以及利他是否是一種強制性？

實則，「利他」不是由誰來給予絕對的認定。利他是自我心中的一種態度，首先自我心中是不是真正地要去利益他人。利他，包含了給予他人福利，包括物質的與心靈的福祉。利他必須讓對方也能夠真正感受到這是對他有益的行動。利他也必須符合人類共同的道德規範，必須符合時代底下共同的普世法則。

李念祖教授甚至假設性地提出，希特勒屠殺猶太人，他也可能說是在利他。這的確是很好的提問，不過，希特勒的利他是屠殺猶太人，猶太人不認為這是利他。殺戮人類本身不是可能是一種利他。利他也是要讓對方覺得是受益，而且利他不只是接受者自願地接受這項行動，它更應符合人類普遍的道德基礎。

利他不應是任意的，不應是全然相對的，它還是有一個共同的道德基礎，殺人不會是被歸為利他的行動。如果從吾人的角度來看，佛教的五戒，應該是人類共同可以遵守的準則：特別是「不殺、不盜、不偷、不妄、不淫」，這應該是貫穿人類歷史共同的道德標準。所以利他不能違背人類普世的共同道德準則。

歸結利他的三大元素：「第一、給予者自認是利他；第二、接受者也覺得受益；第三、利他行動符合人類普遍的道德標準。」

李念祖教授又提出來利他是不是強制？是否可以用公權力來制定利他？吾人認同李念祖教授的見解，利他絕不是強制，利他必須是自願的，如果強制利他，利他就會成為一種「應該的暴行」，如心理學家荷妮所言。前蘇聯共產主義的失敗就是在強制利他，強制放棄自我。而一個民主政治基礎下的利他，應該是基於內心自發的一種意願，自發的一種行動。利他的意義是讓人人體會到利他不害己，利他是更好的利己，而願意去主動利他。宗教意義的利他是「付出無所求」；社會意義的利他是「利他利己」；商業意義下的利他是「利眾利潤」；憲政意義下的利他是「利他不害己」。

李念祖教授提出的第三個問題同樣非常深刻，李教授認為圓型組織不宜放諸於憲政制度。李教授認為，圓型、利他，作為社會組織是可行的，但如果放諸憲政體制恐有窒礙難行之處。因為憲政有公權力，必須假定人性惡的時候，如何防止惡。憲政不能假定人性之善，必須考慮人性之惡。李教授說，如果每個人都利他，圓型或不圓型的組織有差異嗎？

吾人的知見是，即便是人人利他，也是需要組織與制度的設計。因為利他不只是動機，利他還必須要有方法，才能實現利他。這個利他的方法，就是必須要建構良好組織的前提。只有善的動機，加上善的方法，才能實現共善的結果。即使兩個都願意利他的人在一起，還是必須思考利他的行為如何來行使，利他的機制如何來建立？才能夠讓大家都「各蒙其利」，「各安其位」，同時「各正其命」。李念祖教授所談的是動機的利他，吾人圓型組織的思考是動機的利他，還必須是有方法的利他，以達到結果的利他，所以組織的建置是不可免。圓型組織提出共責制，希望組織中人人有責，而不是只是一昧的課責，造成互相的對抗與對立。

圓型組織是不是適合放諸憲政體制？吾人認為，西方的憲政體制耗盡一切力量防止惡，但是缺乏擴大善的設計。憲政可不可以考慮擴大善，鼓勵善？而不是一昧地防止惡。防止惡，其實惡並未減少。威瑪憲法之後出現希特勒獨裁與殘暴，防止惡並沒能消滅惡。憲政體制一開始就應該考慮擴大善的體制設計，讓人人願意行善，讓善具備憲政價值的實踐。而關於這一點李教授是認同的，如美國聯邦政府補助各州的高速公路之興建與修補，前提是該州必須立法限制十八歲以下的青年飲酒。這是法律意義下的鼓勵善，擴大善。

吾人並不主張取消憲政體制的權力分工、制衡或集中，吾人希望憲政制度開始考慮共責，平衡課責，考慮擴大協同而非僅依賴權力制衡。制衡造成民主政治的對抗，甚至制衡也無法取消當前許多民主國家權力的逐漸寡占——特殊化、世襲化、職業化。吾人認為，不管是任何一種憲政制度，都應該體現一種平等觀；非能力的平等，而是在價值，在原則中平等。即使最高領導人也能夠體現價值，遵守原則，展現一種聖賢的品德，讓跟隨者也體現同樣的價值。在價值中人人平等地為這個組織付出，同時也得到人人自我生命的幸福與價值。

加州大學趙文詞教授（Richard Madsen）提出公民素養，作為政治組織、社會組織及宗教組織的共同基礎，吾人認為這見解十分地深刻。圓型組織的成功之處，就在於組織能給予成員充分賦能，在平等的基礎上，人人都得到賦能，才能夠產生更好的公民素質與公民素養。因此，一個良好的圓型組織，就是讓人人都充分地得到發揮，充分地獲致身、心、境的圓滿具足。而公民素養就是在這樣的平等賦能當中得以展現，公民素養與素質支撐整個圓型組織的平等與良善的運作。

繼而政治大學葉浩教授提出來如何避免「讓通往地獄的道路，是由善意所鋪成」。葉浩教授與李念祖教授所提的都是動機的善，吾人主張的善必須包含「方法的善」與「結果的善」。吾人所提的善治理的善，是包含動機、方法以及結果，這三者並行不悖才是善，才是真正的利他，前面已經詳述。

哈佛大學甘迺迪學院訪問學者張文娟教授認為，整個世界的治理體制都是以西方文化為核心，很少以東方的思想與文化出發。她認同吾人所講的善治理，很難得地是從東方文化及哲學的觀點來闡述組織治理的模式，張教授認為這個方向值得繼續地探討與發展。張文娟教授也提出，吾人所提的「善治理」似乎更著重在「應然面」，而較缺乏「實然面」的建置。善治理——圓型組織究竟應該如何實踐？這是張教授所提出的問題。吾人在宗教組織治理已經將宗教組織的圓型組織的建置，提出具體模式及實踐之道。吾人在第十四章也提出了圓型組織只如果放諸憲政組織如何實踐之道，以六個圓型的權，來取代傳統西方的三權分立，以共責來平衡課責。這是吾人對於實然面所提出的看法。

當然，圓型組織的見解都不是最終的，也不是完美的。吾人是指出一個人類新的治理模式之可能，為善的治理提出一個新的方向。期待世界的眾善知識，賢人志士來共同探討，共同建構。

會中施振榮先生作為宏碁電腦創辦人，他以王道思想來呼應圓型組織的利他與善理想。施振榮先生創立宏碁電腦之初，就是以人性本善來設計，不是防止惡，而是以善為基礎，來設計宏碁的組織運作。施振榮先生說：「我們的組織裡每一個設計都是以善為核心，以信任為核心，所以對於『信任』理念不夠的人，或本身不能常保善意的人，最終都會選擇自動離開。」宏碁以善為核心的制度設計，至今已經超過四十年，仍然維持良好的運行，繼續在全球發展事業。宏碁公司目前員工有三分之二是非華人，而宏碁以善性與信任為核心的制度仍然沒有改變。

香港理工大學李鎮邦教授提到了慈濟的圓型組織，以核心價值為其前提，讓志工能在地自主地做慈善的創造與投入，使得慈濟的慈善志業能在全球開展驚人的成績。慈濟的永續發展能持續以圓型組織來運作，是應該堅持的方向；而其建制與實踐也是一個非常值得深思研究的課題。

慈濟基金會顏博文執行從慈濟法治的角度，探討慈濟永續發展所需要的治理模式。顏執行長與吾人都認知到，慈濟是以聖格為領導的核心，自然是偏向以聖人為治理，這是慈濟人能不斷地投入慈濟志業的關鍵。有聖格在世，一切的事與人，自然環繞著聖格的理念來實踐。但是一個組織當中，不可能人人都是聖人，因此，聖格領導的後期，傾向法的治理是組織延續很重要的關鍵。這也是韋伯在支配的類型裡不斷提出來，聖格之後通常傾向法治治理。因此顏博文執行長近年致力於董事會的治理，希望能夠強化董事會，讓董事會在多元的前提下，在維持慈濟宗教理念的前提下，讓慈濟的組織治理能永續地開展下去。這當然也是吾人所提出的圓型組織治理的理想。

慈濟的圓型組織必須包含「聖格制」、「家長制」、以及「法治」，將聖格中的信念、家長制中的愛，以及法治中的原則，三者合而為一。「信念、愛與原則」是圓型組織能夠實踐的三個最重要的前提以及核心要素。

祈願《善治理：圓型組織的思想與實踐探究》之出版，能對當代組織的治理，乃至對人類歷史以來組織治理的探索能有所貢獻。更期盼個人之管見，能有助於慈濟宗組織之永續發展，慈濟宗延續證嚴上人的大願，奉獻佛教，奉獻眾生。

參考文獻

1. 芮沃壽（Arthur F. Wright），《中國歷史中的佛教》（*Buddhism in Chinese Buddhism*），北京大學出版社，2009 年。
2. Richard Gombrich and Yu-Shuang Yao, *A Radical Buddhism and Modern Confucian, Tzu Chi in Socio-Historical Perspectives*. Buddhist Study Review. BSRV 30.2, 2013.
3. Clarke, B. Peter, *New Religion in Global Perspective*, Routledge, 2005.
4. Julia Huang（黃倩玉）, *Charisma and Compassion*, Harvard University Press, 2009.
5. 《四分律繁補闕行事鈔卷上三》，《大正藏》，第 40 冊。
6. 《增壹阿含經》卷第二十六《大正新修大藏經》第 02 冊，No.0125。
7. 《無量壽經會譯》，《卍新續藏》第 01 冊，No.0005。
8. 樓宇烈，《宗教研究方法講記》，北京大學出版社，2013 年。
9. 樓宇烈，臺灣花蓮慈濟靜思精舍，新講堂，2010 年 12 月 20 日。
10. 釋德仉，《證嚴上人之衲履足跡》夏之卷，靜思人文出版社，2006 年。
11. 釋太虛，《學法總學》，慈善寺佛經流通處，1993 年。
12. 釋印順，《華雨集》第四冊，正聞出版社，1993 年。

13. 釋能融，《律制、清規及其現代意義之探討》，法鼓文化事業有限公司，2003 年。
14. 何日生，《無量義經與證嚴上人》，法印學報第二期，2012 年。
15. 昆丁·史金納（Quentin Skinner），《現代政治思想的基礎（卷一）：文藝復興》（*The Foundations of Modern Political Thought (Volume 1): the Renaissance*），左岸出版社，2004 年。
16. 柏拉圖，侯建譯，《理想國》，聯經出版公司，1983 年。
17. George H. Sabine *A History of Politcal Theory*, The Dryden Press 1973.
18. 《韓非子》，三民書局。
19. 戴維·比瑟姆（David Beetham），《韋伯與現代政治理論》（*Max Weber and the Theory of modern Politics*），結構群出版社，1990 年。
20. Hannan Arnedt, *Eichmann in Jerusalem: A Report on the Banality of Evil*, Penguin Books , 2006.
21. 星雲法師，《佛教與會議》，佛光資訊中心，2020 年。
22. 郭建勳譯注，《新譯易經讀本·乾卦第一》，三民書局，2002 年。
23. 郭建勳譯注，《新譯易經讀本·繫辭上傳第五章》，三民書局，2002 年。
24. Elman R. Service, *Origin of the State and Civilization*, W.W. Norton & Company . INC. New York, 1975.
25. Read, K. E., *Leadership and Consensus in New Guinea Society*, American Anthropologist, 1959.
26. John Carman and Anthony Harding, *Ancient Warfare*, Sutton Publishing, 2004.
27. Allen, Kieran, *Weber : Sociologist of Empire*, London : Pluto Press. 2017.
28. 郭建勳譯注，《尚書》，三民書局，2011 年 11 月。
29. 賴炎元、傅武光譯注，《韓非子》，三民書局，2016 年 6 月。
30. 《愚賢經·卷一》，〈國王慈心剗丁求法〉，中臺世界譯文。

31. 王弼注，樓宇烈校釋，《老子》，2011年。
32. L.P. Chambers, *Plato's Philosophy-King and Amercain Ploitics*, The Educational Forum, 6:1, 26-38, Taylor& Francis, Routledge Publising, 1941.
33. Jeremiah H. Russel, *When Philosophy Rule: The Platonic Academy and Statemeanship*, History of poltical ought, Volume 33, Numebr2, Imprint Academic 2012.
34. Steven B. Smith, *Political Philosophy*, Yale University Press, 2012.
35. 愛德華．吉朋（Edward Gibbon），席代岳譯，《羅馬帝國興亡史》第一冊，聯經出版公司，2016年。
36. Winters and Jeffrey, *Oligarchy*, Cambridge University Press, 2011.
37. Josiah Osgood, *Rome and the Making of a World State*, Cambridge University Press, 2018.
38. Henrik Moristen, *Politics in the Roman Politics*, Cambridge University Press, 2017.
39. Martin, Thomas R. *Ancient rome, From Romulus to Justinia*, New Haven : Yale University Press, 2012.
40. 塞穆爾．芬納（Samuel Edward Finer）著，王震，馬百亮譯，《統治史》（*The History of Government*），華東師範大學出版社，2014年。
41. Francisco Pina Polo, *The Consul of Rome*, Cambridge University press, 2011.
42. Greg Woolf Edited, *Cambridge Illustrated History Roman World*, Cambridge University Press, 2003.
43. Arther Ferrill, *The Fall of the Roman Empire, Tames and Hudson*, Ltd, London, 1986.
44. Mortimer N.S. Sellers, Harriet I. Flower edited, The Roman Republic and French and American Revolution, *The Cambridge Companion to Roman Republic*, Cambridge University Press, 2004.
45. 漢娜．鄂蘭（Hannah Arendt）著，蔡佩君譯，《政治的承諾》（*The Promise of Politics*），左岸出版社，

2010 年。
46. Dorothy Pickles，朱堅章譯，《民主政治》（*Democracy*），幼獅出版社，1978 年。
47. Tam'as Nyirtkos, *The Tyranny of the Majority*, Routledge, 2018.
48. Robert A. Dahl, *A Preface to Democracy Theory*, Chicago University Press, 2016.
49. Harvey C. Mansfield, *Democracy and Populism*, Transaction Publishing, 1995.
50. John G. Matsusaka, *For the many or the Few: The Initiative, Public Policy, and of American Democracy*, Chicago Publishing Online, 2013.
51. Andre Bächtiger, John S. Dryzek, Jane Mansbridge, and Mark Warren, *The Oxford Handbook of Deliberative Democracy*, 2018.
52. Emil Velinov, Vasko Vassilev, Igor Denisov, Holacracy and Obliquity: contingency management approaches in organizing companies, *Problems and Perspectives in Management*, 1727-7051, 2018.
53. 《荀子》，三民書局。
54. 樓宇烈，北京大學哲學系中國哲學講座，2013 年 5 月 6 日。
55. Steven Pfaff, Nationalism, Charisma, and Plebiscitary Leadership, *Sociological Inquiry*, Volume 72, Issue1, 2002.
56. Gramsci, Antonio, *Prison Notebooks*, Vol. 1. Edited by Joseph Buttigieg. New York: Columbia University Press, 1991.
57. 馬克思・韋伯（Max Webber），康樂編譯，《支配的類型》，允晨出版社，1985 年。
58. 紀伯倫，王季慶譯，《先知》，方智出版社，2009 年。
59. 陳金華，「道與器」，牛津大學善經濟圓桌論壇，2019 年。

60. Zoher, Time Magazine, "The Buddhist believes that what we have done will influence the next life. The hereafter is the realm of unknown, but in this life, Cheng Yen is already Saint. 2010.
61. 何日生，《慈濟實踐美學・上冊：慈濟宗門人文精神與思想略說》，立緒出版社，2008 年。
62. Richard Gombrich, Yu –Shuang Yao, *A Radical Buddhism for Modern Confucians: Tzu Chi in Socio-Historical Perspectives*, Buddhist Studies Review, Vol. 30 No. 2, 2014.
63. Tzu Chi in Socio-Historical Perspectives. Buddhist Study Review. BSRV 30.2, 2013.
64. 三藏曇摩伽陀耶舍譯，《無量義經・德行品第一》，《大正新修大藏經》第 9 冊，No.，0276。
65. 盧蕙馨，〈慈濟志工行善的人情脈絡〉，《慈濟大學人文社會科學學刊》，2002 年。
66. 釋證嚴，《靜思語》，九歌出版社，1989 年。
67. 釋證嚴，《靜思精舍與清修士開示》，2007 年。
68. 釋證嚴，2008 年歲末祝福，人文志業中心，2008 年 1 月。
69. 俞秀珍，《慈濟美國月刊》393 期，2014 年 3 月 29 日。
70. 《慈濟年鑑》，佛教慈濟基金會，2014 年。
71. 史迪格里茲（Joseph E. Stiglitz）著，陳儀譯，《史提格里茲改革宣言》（*People Power and Profit Progressive Capitalism for an Age of Discontent*），天下文化出版社，2020 年。
72. Hans J. 著，張自學譯，《國際政治學》（*Morgenthau Politics Among Nations*），幼獅文化事業公司，1982 年。
73. Samuel Taylor Coleridge, *Essay on his own times*, Vol.II, London; William Pickering, 1850.
74. 托克維爾，董國良譯，《論美國民主》，北京商務出版社，1994 年。
75. Noam Chomsky, *How the World Works*, Soft Skull Press, 2011.

76. 蕭公權，《中國政治思想史》，聯經出版公司，2001 年 11 月。
77. John D. Donahue, Richard J. Zeckhauser, Stephen Breyer, *Collaborative Governance*, Princeton University Press, 2011.
78. Asma Afsaruddin, *The First Muslims:History and Memory*, One World Publication, 2008.
79. 《新約聖經》馬太福音 16:13-19.
80. Marcel Boumans, *Science Outside the Laboratory: Measurement in Field Science and Economics*, Oxford Scholarship Online: May 2015.
81. 芮沃壽（Arthur F. Wright），《中國歷史中的佛教》（*Buddhism in Chinese Buddhism*），北京大學出版社，2009 年。
82. 《大正藏》，第 40 冊，《四分律繁補闕行事鈔卷上三》。
83. 釋能融，《律制、清規及其現代意義之探討》，法鼓文化事業有限公司，2003 年 03 月。
84. 太虛大師，《佛學總論》，【太虛大師全集】，善導寺出版，1980 年。
85. 丁仁傑，《社會脈絡中的助人行為：臺灣慈濟功德會個案研究》，聯經出版公司，1999 年 7 月。
86. Elman R. Service, *Origins of the State and Civilization*, W.W. Norton & Company . INC. New York, 1975.
87. K. E. Read, *Leadership and Consensus in a New Guinea Society*, American Anthropologist 61(3), 1959.
88. 星全成，〈藏傳佛教活佛轉世研究〉，《青海民族學院學報》第一期，1998 年。
89. Eric W. Schoon, A. Joseph West, From Prophecy to Practice: Mutual Selection Cycles in the Routinization of Charismatic Authority, *Journal of the Scientific Study and Religion*, Volume56, Issue4, 2017.
90. 《佛說長阿含經》卷二，《大正新修大藏經》第 01 冊，No.0001。
91. 釋印順，《中國禪宗史》，中華書局，2010 年。

92. Heinrich Dumoulin, Zen Buddhism: A History, Macmillan Publishing Company, 1988.
93. 馬基維利（Niccolo Machiavelli），《君王論》（*The Principle*），商務出版社，1998 年。
94. Dieter Grimm, Constitutionalism: Past, Present, and Future, Oxford University Press, 2016.
95. 馬丁・古德曼（Martin Goodman），《猶太教四千年》（*History of Judaism LaVie*），城邦文化出版有限公司，2020 年 08 月。

何日生作品集
善治理：圓型組織的思想與實踐探究

2023年8月初版 定價：新臺幣650元

著　　者	何　日　生
校　　對	潘　貞　仁
內文排版	李　偉　涵
封面設計	兒　　日

出　版　者	聯經出版事業股份有限公司	副總編輯	陳　逸　華
地　　址	新北市汐止區大同路一段369號1樓	總編輯	涂　豐　恩
叢書編輯電話	(02)86925588轉5305	總經理	陳　芝　宇
台北聯經書房	台北市新生南路三段94號	社　　長	羅　國　俊
電　　話	(02)23620308	發行人	林　載　爵
印　刷　者	世和印製企業有限公司		
總　經　銷	聯合發行股份有限公司		
發　行　所	新北市新店區寶橋路235巷6弄6號2樓		
電　　話	(02)29178022		

行政院新聞局出版事業登記證局版臺業字第0130號

本書如有缺頁，破損，倒裝請寄回台北聯經書房更換。 ISBN 978-957-08-7048-0 (平裝)
聯經網址：www.linkingbooks.com.tw
電子信箱：linking@udngroup.com

國家圖書館出版品預行編目資料

善治理：圓型組織的思想與實踐探究/何日生著．初版．
新北市．聯經．2023年8月．624面．17×23公分（何日生作品集）
ISBN 978-957-08-7048-0（平裝）

1.CST：社會哲學 2.CST：組織理論 3.CST：文集

540.207 112012036